新曲綫
New Curves
用心雕刻每一本......
http://site.douban.com/110283/
http://weibo.com/nccpub

用心字里行间　雕刻名著经典

第4版

管理经济学与组织架构

詹姆斯·布里克利
[美] 克利福德·史密斯 著
杰罗尔德·齐默尔曼

张志强 王春香 张彩玲 译

人民邮电出版社
北 京

图书在版编目（CIP）数据

管理经济学与组织架构：第4版/（美）布里克利，（美）史密斯，（美）齐默尔曼 著；张志强，王春香，张彩玲 译. －北京：人民邮电出版社，2014.1（2021. 11 重印）
ISBN 978－7－115－33099－4

Ⅰ. ①管… Ⅱ. ①布… ②史… ③齐… ④张… ⑤王… ⑥张… Ⅲ. ①管理经济学 ②企业－组织结构
Ⅳ. ①F270 ②F272.9

中国版本图书馆 CIP 数据核字（2013）第218627号

James A. Brickley, Clifford W. Smith, Jr, Jerold L. Zimmerman
Managerial Economics and Organizational Architecture, Fourth Edition
ISBN 0－07－352301－1

管理经济学与组织架构（第4版）

◆ 著　［美］詹姆斯·布里克利　克利福德·史密斯　杰罗尔德·齐默尔曼
译　张志强　王春香　张彩玲
策　划　刘　力　陆　瑜
责任编辑　徐向娟
装帧设计　陶建胜

◆ 人民邮电出版社出版发行　北京市东城区夕照寺街14号A座
邮编　100061　电子函件　315@ptpress.com.cn
网址　http://www.ptpress.com.cn
电话　（编辑部）010－84931398　（市场部）010－84937152
三河市少明印务有限公司印刷
新华书店经销

◆ 开本：787×1040　1/16
印张：39.25
字数：773千字　2014年1月第1版　2021年11月第4次印刷
著作权合同登记号　图字：01－2007－4976

定价：128.00元

本书如有印装质量问题，请与本社联系　电话：（010）84937152

内 容 提 要

本书译自 Brickley、Smith 和 Zimmerman所著的 *Managerial Economics and Organizational Architecture* 的第 4 版。

本书利用微观经济学分析工具（需求、生产和成本、定价、博弈论等）来分析和解决有关公司治理、激励冲突、经理人薪酬以及公司并购等管理问题，其视角是公司内部结构而非外部市场。本书大量借鉴了有关组织的研究去探讨改进组织的治理状况。

全书共 23 章，内容包括：行为的经济学观点；市场、组织以及知识的作用；需求；生产和成本；市场结构；具有市场控制力的定价；战略经济学：创造和获取价值；战略经济学：博弈论；激励冲突与合约；组织架构；决策权：授权程度；决策权：组合任务形成工作和子单元；吸引和留住合格的员工；激励性薪酬等。

本书适合于 MBA、EMBA 学生以及管理学、经济学、商务学高年级本科生和研究生，也适合于管理咨询和相关企业培训。

Dedicated to our children——

Erica, Nic, Alexander, Taylor, Morgan, Daneille, and Amy.

译者序

不知道从什么时间起，主流经济和管理研究已经演变为基于一套特定数据的假设检验和回归分析，即实证研究，美其名曰“用数据说话”，实际是探讨经济和管理“现象”之间的“统计”关系。与传统的理论和应用研究不同，实证研究不深究经济和管理决策的本质机理，除了研究上较为简单容易，也不会挑战或动摇权威的地位，所以在目前的学术领域备受欢迎。而且通过检验大大小小的权威提出的“假说”或“假设”，还可以提高相应权威及其“假设”的知名度，“为权威争光”。其实，所谓的“假设”也就是一种主观猜测。目前看，这种猜测正确与否还在其次，关键是形成了为发表文章或迎合权威喜好而进行猜测式研究的风气，缺少深度思考和专业灵感，缺少理论和实际意义。

实际上，“用数据说话”的方式很多，“用数据说话”并不等于实证研究，实证研究也未必是最有效的“用数据说话”的方式。特别是，数据还会“说不同的话”。在有关问题的实证研究中，样本数据选择和处理不同，变量定义和计量不同，都会导致不同甚至相反的结论。在这种情况下，应该相信哪个结论呢？所以，应该明白，如果不探究事物的本质，表面的“数据”未必是可靠的。试想，如果一个人每天都统计是地球围绕太阳转，还是太阳围绕地球转。其过程和结果必然是，第 1 天太阳围绕地球转，第 2 天太阳围绕地球转，……，第 365 天太阳围绕地球转。第 1 年太阳围绕地球转，第 2 年太阳围绕地球转，……，第 n 年太阳围绕地球转。于是，在“大样本”数据的支持下，只能得出结论——“太阳围绕地球转”。因此，无论你身处科学研究领域内还是外，都不要为表面现象或数据所迷惑。

科学研究要探究事物的本质，而不是表面现象或数据。特别重要的是，经济和管理科学也是科学！我们欣喜地看到，布里克利、史密斯、齐默尔曼三位教授的《管理经济学与组织架构》基本没有受主流研究偏差的影响，不以主观猜测为依据，也不玩八股的数据游戏，坚持揭示经济和管理问题的本质，并以理论创新为基础推演出有效的管理决策工具和方法。这是真正的科学研究，这在目前的学术领域是非常难得的。目前的学术考核注重发表论文的篇数和申请到的科研经费的金额。显然，写一本有理论和应用价值的好书会占用作者很多时间和精力，不利于提高作者自己的学术地位，但只有这样的研究才真正有利于学科发展，有利于企业改进管理，有利于社会经济发展。《管理经济学与组织架构》10 余年来在国际和国内都一版再版，深得国际和国内读者的厚爱而畅销不衰，足见其理论和应用价值。

成为《管理经济学与组织架构》的译者深感荣幸。通过一版又一版的翻译、校对，我们感受到这部作品的日益完善，也感受到作者在其中倾注的心血。与出版者的合作，令我们感到愉快，心中常常感念上天赐予的这份缘分。说到缘分当然还有与读者的缘分。希望新版的读者继续给予支持，多提宝贵意见。

谢谢！

张志强　王春香　张彩玲

前　言

由于受安然、安达信、环球电讯、世通以及爱迪菲尔等公司的爆炸性丑闻的影响，企业的经营环境发生了巨大变化。现在，“公司治理”已经成为公司董事会、资本市场和政府机构的常用语。经理人现在要面临更多的政府监管，如果披露误导大众的信息，他将受到更为严厉的惩罚，并且受到投资人更多的质疑。人们的共识是，过去的惨重失败是由品质不良的人造成的，而更多的政府监管有助于解决这些问题。但我们不敢苟同。我们认为，这场企业界的灾难是由于设计不佳的组织架构造成的。这些公司毁灭的前景已经植根于公司组织的DNA之中。本书探讨了组织应该如何通过公司控制机制，使管理者有动力去创造而不是毁损公司的价值。对于任何已经或将要身居管理职位的人来说，我们所探讨的问题都是至关重要的——无论他们的组织是营利性组织还是非营利性组织。

30年前，给商学院学生讲授的管理经济学实际上是一门“枯燥乏味的学科”。许多学生拒绝学习标准的经济学工具，比如边际分析、生产理论以及市场结构等，因为他们觉得这些太过深奥，与他们将会遇到的实际商业问题不相关。许多学生希望他们在公司中负责定价决策。他们谋求大公司的职位，最终希望掌管公司的运营管理、市场营销、财务管理和信息系统管理。传统的经济学课程对上述职位提供的帮助很少。但是，新一代的经济学家却开始应用传统的微观经济学工具来解决有关公司治理、激励冲突、经理人薪酬以及公司并购等问题。这些经济学家着重考虑的是公司的内部结构，而不是公司的外部市场。本书大量借鉴了这些关于组织的研究，探讨如何应用这些成果改进组织的治理状况。

新的需求：教学中强调相关性但又不失严谨

今天的学生除了要理解市场是如何运行的以及供给和需求的原理，还要理解得更多。他们还必须理解组织内相互作用的自我利益团体，以及如何通过公司治理机制控制这类相互作用。随之，今天的管理经济学课程必须包含更为宽泛的议题，因为对于有抱负的经理人去面对后安然时代来说，这些议题变得更为重要。当然，为了更好地满足学生的需求，提供相关的知识和材料不能以牺牲学科的严谨性为代价。学生必须学会如何符合逻辑地思考市场和组织的问题。对于他们在其职业生涯中很可能遇到的各种商业问题的严谨分析而言，经济学的基本工具为学生提供了必要的分析技能。

全球竞争和快速的技术变革，除了使人们对公司治理的兴趣提高，也促使公司进行了重大的组织重组、行业进行了重新调整。公司现在广泛采用集中攻关的跨职能小组来解决有关的问题。许多公司从职能型组织结构（生产、营销以及分销）变为更为扁平的、以流程为导向的组织。而且，这种变化的步伐没有任何放慢的迹象。今天的学生已经认识到这些问题。他们想要掌握更多的技能，使得他们能够成为有效的管理者，能够管理组织的变化。

针对这些变化，商学院的教学计划也随之变化。在单一职能领域的狭窄的技术专长（无论是运营、会计、财务、信息系统还是市场营销）是不够的。在新的环境中，要成为有效的管理者必须掌握跨职能的技能。为应对这些挑战，商学院的课程设计变得更为综合。管理者所面临的问题不再仅仅是财务问题、运营问题或者市场营销问题。相反，绝大多数的商业问题涉及的因素牵扯到多个传统的职能领域。由于这一原因，学校的课程设置必须鼓励学生综合应用他们在各个学科所学到的各种概念和理论。

本书为管理经济学和组织经济学提供了多学科和跨职能的方法。我们认为这至关重要。作为作者，我们的兴趣范围涉及经济学、财务、会计、信息系统以及金融机构。这使得我们可以从多个职能领域搜集实例，来说明基础经济框架对于分析管理者常面对的各种问题所起的作用。

我们非常感激读者对于《管理经济学与组织架构》前三版给予的肯定和接受。许多采用本书的教师告诉我们，本书的前几个版本帮助他们将自己的课程变成了所有课程中最受欢迎的课程。除组织经济学课程外，本书还在微观经济学、人力资源管理以及战略管理课程中广泛使用。在前三版中，读者可以发现，在管理者进行组织设计去激励以个人利益为先的员工做出有利于公司价值增值的选择方面，经济学工具有着很强的分析力。本书的第四版继续强调市场和组织设计的基础重要性。我们通过安然公司（第 1 章）、安达信公司（第 22 章）以及爱迪菲尔公司（第 10 章）的失败作为学习案例，说明组织架构设计不佳会导致灾难性后果。其他的教科书很少提供本书所涉及的设计有效的组织架构方面的重要管理议题，包括业绩评估系统以及薪酬计划；在员工之间分配决策权力；管理和协调各部门间转移定价的争议。鉴于公司治理的重要性日益增加，缺少这方面的知识一直是个严重的问题。我们在写作本书时所确立的一个主要目标是：为目前有抱负的管理者提供解决组织问题的严密、系统、综合的框架。从这一目标出发，我们致力于用简单直观的术语介绍基本的理论概念，并通过各种实例（绝大多数实例都是来自于实际的公司实践）应用做进一步的说明。

概念框架

尽管主流媒体和组织研究文献充斥着相关专业术语——全面质量管理（TQM）、业务流程再造、外包、团队、风险、授权以及公司文化等等，但并没有为管理者提供一种系统的综合框架，帮助他们解决组织问题。本书运用经济学的分析来建立这种框架，并运用这种框架来组织和综合重要的组织问题，因此，使各种讨论议题更具有可读性。

通过本书的学习，读者可以掌握经济学的基本工具，以及如何运用这些工具解决重要的管理问题。在涵盖了标准管理经济学关于定价和生产的决策问题的同时，本书还特别论述了组织问题。具体而言，本书有助于读者更好地理解：

- 企业的环境（在投入要素和产品市场方面的技术、管制和竞争）如何驱动其战略选择。
- 企业的环境和战略如何影响组织设计的选择——我们称为组织架构。
- 企业的组织架构如何像其 DNA 一样重要。企业最终的成败都可以追溯到其组织架构，因为组织架构将影响组织中的人如何行为，也就是将有利于还是不利于企业的价值增值。

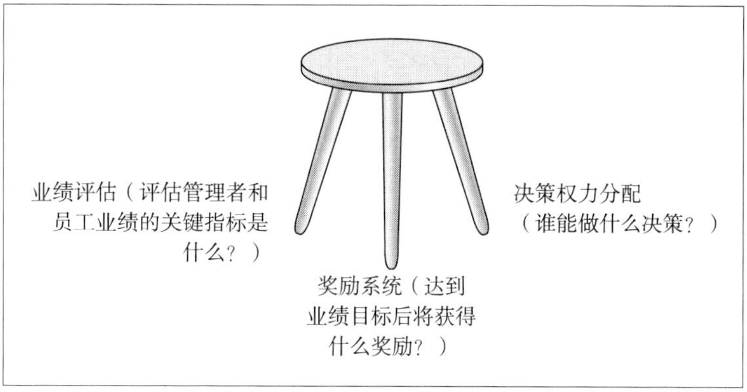

- 企业的各种政策，比如战略、融资、会计、营销、信息系统、运营、薪酬以及人力资源等政策之间如何相互联系，因此，这些政策之间的相互协调就非常重要。
- 管理者如何通过组织架构的三大特征——决策权力分配、奖励系统、业绩评估系统——的设计来达到理想的结果。

组织架构的三个部件正如一个凳子的三条腿。对每家公司来说，凳子的任何一条腿都要与另外两条腿相协调，凳子才能起作用。而且，每家公司的架构都必须与其战略相匹配。一个平衡的凳子在不恰当的环境中照样难以发挥作用。矮凳子在库房中也许很好用，但酒吧的老板可能更愿意买高凳子。

采用本书的理由

本书着重论述了我们认为目前对管理者最为重要的议题。例如，它提供了对传统微观经济学（需求、供给、定价以及博弈论）和公司治理（决策权的分配、集权与分权、业绩评估与激励、外包以及转移定价）议题的深度讨论。我们认为，与经济学教科书典型的议题（比如公共政策方面的最低工资法、反托拉斯法以及收入再分配的讨论）相比，我们所选择的议题对于管理者是更有价值的。还有其他重要的特征使本书区别于现有的其他教科书，例如：

- 本书提供了可以用于分析组织问题的综合的、跨职能的框架。我们在介绍有关知识时，描述和总结了多个职能领域的相关研究成果，然后说明如何应用我们的框架来分析具体的组织问题。
- 本书综合了有关战略和组织架构的议题。学生可以学习到经营环境的因素（技术、竞争以及管制）如何驱动公司的战略选择，以及公司的战略选择与组织架构之间的相互作用。
- 教师、学生以及一般读者会发现本书的前三版具有可读性和趣味性。本书采用了大量直观的描述和简单的例子。
- 摘自商业类出版物的大量实例再加上我们的经验，可以更为直观地说明理论和概念。例如：在第 4 章中，我们描述了 9·11 恐怖袭击对于需求曲线的影响；在第 14 章中，我们讨论了一家位于世贸大厦的受到重创的公司如何做出反应。这些实例说明（许多是通过专栏单独编排）进一步强化了对基础原理的理解，并帮助读者更形象地应用抽象的概念。每一章都从一个具体的案例开始，并通过引例贯穿全章的始终，将有关的知识连成一体，从而帮助读者回忆和应用该章的主要内容。
- 在这本书中，我们也讨论了一些非传统经济学的议题，包括战略、外包、领导力、组织形式、公司伦理以及管理创新的应用。商学院的课程设置经常受到批评，原因是课程的设置落后于目前最为热门的话题，比如公司治理等。本书的最后 6 章探讨了目前的管理趋势，并说明本书所提供的分析框架如何应用于理解和分析时下关注的问题。

将本书与商学院的教学相结合

本书对于各种类型的 MBA 学生、EMBA 学生以及管理类本科生都是有用的工具。尽管本书最初是作为罗切斯特大学 MBA 学生组织经济学的选修课程，但是，本书基本模式的设计使它被多专业广泛采用。据讲授创新管理的教师说，多个专业都采用了本书。除了微观经济学基础课程外，本书也是公司治理、战略管理以及人力资源管理专业的选修课程。有关管理经济学的基本知识在本书第一编和第二编中——前 10 章的内容。这些基本的工具对于理解和应用我们在本书中提供的组织架构是必要的，我们根据与管理相关的重要性对这些工具进行了筛选。根据我们的经验，对于那些具有丰富的工作经验及在本科学习时属于非经济学专业的学生来说，这些经济学工具有非常重要的价值。我们将有关需求、生产/成本、市场结构、定价以及战略管理的讨论设计为可以选读的内容。因此，如果读者不需要复习这些工具，可以跳过本书第 4 章到第 9 章的内容，而不会存在阅读障碍。

我们强力推荐和建议，所有的读者都阅读本书的第 1 章到第 3 章以及第 10 章。这几章提供了全书的基本工具和分析框架。正如我们上面所指出的，第 4 章到第 9 章，介绍了基本的管理经济学核心问题，即需求、成本、生产、市场结构、定价以及战略管理。第三编（第 11 章到第 17 章）建立了组织架构的基本分析框架。我们建议，读者可以顺序地阅读这几章。最后，第四编（第 18 章到第 23 章）探讨了几个管理专题：外包、领导力、管制、商业伦理以及管理创新的过程和管理组织的变化。这些是最后的章节——应用和说明了本书所提供的分析框架。教师在授课时可以根据他们的兴趣和教学时间选择这些章的内容。

第 4 版

本书致力于运用经济学去分析现实世界的管理问题。第 4 版仍然保持这一宗旨，但与前三版相比，第 4 版在以下几个方面有所不同。

- 加入了新的一章，即第 18章“公司治理”，运用前面章节演绎出的组织架构分析框架分析了重要的公司治理问题。这章替换了第 3 版中的第 18 章——探讨公司如何选择组织的法律形式。
- 新版扩大了对微观经济学基础的讨论，并包括更详细地讨论和分析比较优势、消费者剩余和生产者剩余以及政府干预下的价格上限和下限的意义。
- 全书各个部分仍然尽力从目前的商业出版物中寻找合适的素材，从而生动有力地说明本书的理论框架如何用于解决现实问题。

- 第 7 章增加了一个小案例，是关于苹果公司对从 iTunes 音乐商店下载音乐的定价问题。
- 对于激励性薪酬和业绩评估的研究介绍做了更新。

顶级案例研究：安达信公司

本版还包括了安达信公司的案例研究，这家世界性的会计师事务所随着安然公司丑闻信息的披露而走向毁灭。案例描述了安达信公司从 1914 年建立起的历史，包括公司如何进入咨询领域，以及安达信咨询公司痛苦的分离，直到最后悲惨的结局——公司妨碍了证券交易委员会对安然公司的调查而犯下重罪，随后被禁止开展对上市公司进行审计的业务。安达信公司在 2002 年 8 月终止了审计业务。在 20 世纪 90 年代，安达信公司对其组织架构进行了大幅度的改变。这个案例形象地说明不成功的组织架构如何毁灭了一个曾经盛极一时的公司。这个案例在第三编的最后，它可以让学生应用本书的概念框架来分析：

- 环境和战略变化对于安达信公司组织架构的影响。
- 安达信公司声明说，对于安然公司审计的问题是由组织中个别“品质不佳的合伙人”造成的。
- 安达信公司如何做才能够避免这场灾难。
- 在安达信公司的公司文化中“硬的”和“软的”因素之间的关系。

新的和改进的补充材料

www.mhhe.com/economics/brickley4

Kathryn Combs、Charles M. Gray 和 John Spry 对网页的内容从头到尾做了彻底的修订。教师和学生都可以在新的网页上找到许多配合本书第 4 版的新资源。教师可以找到在线的教师手册、PowerPoint 讲义、各章的总结和概要。我们还加入了教学提示和课堂练习，比如适合课堂练习的在线拍卖。学生可以从中找到更新的填空题和应用题（附有答案）、与商务报刊文章的链接、相关的网站链接，以及修订的推荐书目的资料。

致 谢

没有任何一本教科书是凭空产生的。本书的知识内容也深深地植根于数十人在发展、检验和应用组织理论方面的辛勤耕耘。正如我们在第一版的前言中所详细介绍的，该书的最初原型是20世纪70年代威廉·梅克林和迈克尔·詹森在罗切斯特大学所讲述的组织经济学课程。威廉和迈克尔的有关教学和研究激发了我们对于组织经济学的兴趣，从而促成了许多我们有关组织问题的研究，并对本书的内容和写作有着深远的影响。任何感谢和褒奖都不能充分表达我们对于他们直接或者通过作品所给予的鼓舞和激励的感激。

威廉和迈克尔强调组织设计的三个关键特征：（1）组织内决策权力的分配；（2）奖励；（3）业绩评估系统。我们把称之为组织架构的三个要素，作为本书最为重要的组织设计。正如读者们会看到的，这一结构提供了管理决策制定中大有用处的、丰富的知识内容。

有一大批学者对组织经济学的研究文献做出了重要贡献。通过这些人的辛勤工作，我们学到了很多东西。我们在罗切斯特大学的许多同事也对本书的完成做出了贡献。Ray Ball、Rajiv Dewan、Scott Keating、Stacey Kole、Andy Leone、Glenn MacDonald、Larry Matteson、David Mayers、Kevin Murphy、Mike Ryall、Greg Schaffer、Ronald Schmidt、Larry Van Horn、Karen Van Nuys、Ross Watts、Michael Weisbach和Ron Yeaple都提供了大量富有启发性的评论和建议，有助于我们理清许多重要问题的思路。Don Chew作为《应用公司财务杂志》的主编，在发表基于此书的一系列文章方面提供了极有价值的帮助。他在写作这些文章方面所提供的支持大大改进了本书的面貌。我们与Janice Willett合写了《从组织设计到创造价值——从战略到结构》，并因此丰富了我们对于许多重要问题的理解和阐述。

本书的写作同样还受益于许多人的努力。除了西蒙学院的各级学生外，在美国和海外的数十个同事也认真审阅了本书的手稿，[1]并给了我们详细的反馈意见，对此我们深表谢意。本版更新部分的初稿得到如下教授的审阅：

---

[1] 前三版的初稿得到以下教授的审阅：John Brown, Thomas Cate, David Ciscel, Mark Cohen, Kathryn Combs, Michael Curley, Gordon Dash, Gary Ferrier, Luke Froeb, Michael Gibbs, Charles M. Gray, Philip Grossman, James Henderson, Ira Horowitz, Harvey James, Jr., Daniel LeClair, Creighton Long, Alejandro Manelli, Robert Maness, Stephen Margolis, Stanley Masters, J. Peter Mattila, Daniel McConaughy, Robert Michaels, Ron Necoechea, Seth W. Norton, Richard Pace, David Parker, Pedro F. Pellet, Farhad Rassekh, Rose M. Rubin, Steven Shapiro, Tim Sorenson, David St. Clair, Martin Stahl, Michael Sykuta, Steven Tomlinson, Roger Tutterow, Walter Verdon, Edward Weiss, Mike Williams, Robert Windle, Daryl Winn, Pan Yatrakis, Asghar Zardkoohi, and Huizhong Zhou.

Jill Caviglia-Harris, Salisbury University
Kathryn Combs, University of St. Thomas
Jayoti Das, Elon University
Dal Dida, Jackson State University
Bruce Domazlicky, Southeast Missouri State University
Stephen Gohmann, University of Louisville
Darren Grant, University of Texas at Arlington
Charles M. Gray, University of St. Thomas
Carl Raul Gwin, Baylor University
Stella Koutroumanes Hofrenning, Augsburg College
John Machnic, Webster University
Stephen Magnum, Ohio State University
Catherine Matraves, Michigan State University
Roger Meiners, University of Texas at Arlington
Thomas Merz, Michigan Technological University
Ingmar Nyman, Hunter College
Pedro Pellet, Nova Southeastern University
Carol Reade, California Maritime Academy
David St. Clair, California State University, East Bay
Steven Shapiro, University of New Haven
William F. Shughart II, University of Mississippi
Kathryn Spier, Northwestern University
Mark Thompson, Stephen F. Austin State University
Edward G. Weis, National-Louis University

我们要特别感谢 Henry Butler、Luke Froeb、Mel Gray 以及 Chris James。他们都对本版的初稿提供了有见地的评论。同时，我们也要感谢完成我们多项调查的 500 名读者的反馈。他们的意见成为我们提高写作工作的依据。我们非常感谢 Kathy Jones 所做的努力，她提供了大量的秘书工作支持。最后，我们要感谢我们在 McGraw-Hill/Irwin 的同事——Gary Burk、Paul Shensa、Ellen Cleary 以及 Becca Hicks。对于我们完成本书写作的工作他们给予了充分的鼓励和支持。借助他们的视野和出版经验，他们为我们提供了重要的反馈意见和见解，以此在不改变我们写作宗旨的情况下，帮助我们扩大了本书的读者群。

本书代表了这个领域的最新发展。尽管如此，随着进一步的研究和我们的继续学习，发展还在继续。《管理经济学与组织架构》涉及一个令人振奋的、动态的领域。我们希望通过本书可以传达一部分令人振奋的信息。教师、学生以及书评人经常会提到本书的知识与企业经营的相关性、本书的可读性以及本书框架的逻辑性。然而，在最终的分析中，教师及其学生决定了我们在本书中所做的努力的真正价值。

我们感谢众多读者给我们的大量反馈。他们的慷慨评价对于本版的改进起了重要的作用。尽管我们在写作本书时已经形成了确定的目标，但是，对于虚心听取别人的建议，并向同我们有相似的研究方向但却有不同思路的人学习是非常重要的。尽管我们不太可能听取每个人的意见，我们还是要继续认真地考虑这些建议，对于与我们的追求一致的建议应给予积极的响应。如果读者要与我们分享阅读本书或者课堂经历的感受，欢迎随时与我们罗切斯特大学的 3 位作者联系。在此感谢各位的支持。

jim.brickley@simon.rochester.edu

cliff.smith@simon.rochester.edu

jerry.zimmerman@simon.rochester.edu

简要目录

第一编　基本概念　1

第 1 章　导　论　3
第 2 章　关于行为的经济学家观点　15
第 3 章　市场、组织以及知识的作用　41

第二编　管理经济学　75

第 4 章　需　求　77
第 5 章　生产和成本　104
第 6 章　市场结构　131
第 7 章　具有市场控制力的定价　154
第 8 章　战略经济学：创造和获取价值　181
第 9 章　战略经济学：博弈论　218
第 10 章　激励冲突与合约　241

第三编　设计组织架构　263

第 11 章　组织架构　265
第 12 章　决策权：授权程度　285
第 13 章　决策权：组合任务形成工作和子单元　310
第 14 章　吸引和留住合格的员工　329
第 15 章　激励性薪酬　357
第 16 章　个人绩效评估　381
第 17 章　部门绩效评估　406

第四编 组织架构的应用 433

第 18 章 公司治理 435

第 19 章 纵向一体化与外包 465

第 20 章 领导：激发组织内变革 494

第 21 章 理解经营环境：管制经济学 515

第 22 章 道德与组织架构 541

第 23 章 组织架构与管理创新过程 565

术语表 584

参考文献 601

详细目录

第一编　基本概念　1

第1章　导　论　3

管理经济学与组织架构　4

　组织架构　5

　经济学分析　6

经济达尔文主义　7

　适者生存　7

　经济达尔文主义和标杆管理　8

本书的目的　10

　我们研究组织的方法　10

　全书概览　11

案例研究：巴林银行　12

第2章　关于行为的经济学家观点　15

经济行为概览　16

　经济选择　16

　边际分析　16

　机会成本　17

　个人的创造性　19

图解工具　20

　个人目标　20

　无差异曲线　21

　约束条件　22

　个体选择　23

　选择的变化　25

美林证券对诚实的激励　27

管理的意义　28

有关行为的各种模型　31

　金钱至上模型　31

　快乐即是生产力模型　32

　良民模型　32

　环境造就人模型　33

管理者应该采用哪种模型　33

不确定情况下的决策　35

　风险回避　36

　确定当量和风险补偿　36

　风险回避和报酬　37

案例研究：Interwest 保健公司　38

第3章　市场、组织以及知识的作用　41

经济系统的目标　41

产权和市场经济中的交换　42

　产权的两个方面　43

　交易所得　44

供给和需求基础　48

　市场价格机制　48

　线性供给和需求　51

　作为社会调节器的价格　52

　计量交易所得　53

　政府干预　54

　外部性与科斯定理　57

市场与中央计划　60

　一般的和具体的知识　60

　知识的创新　62

　具体知识与经济体制　64

　市场中的激励　65

契约成本与企业的存在　66

　市场上的契约成本　66

　企业内的契约成本　68

管理的意义　69

案例研究：俄罗斯“民营化”中的产权安全　70

第二编　管理经济学　75

第4章　需　求　77

需求函数　77

需求曲线　78

需求定律 79
需求弹性 79
线性需求曲线 84
影响需求的其他因素 86
相关产品的价格 86
收 入 88
其他变量 90
行业需求与企业需求 90
行业需求曲线 90
定义行业与市场范围 90
网络效应 92
产品特征 93
产品寿命周期 94
需求估计 95
面谈法 96
价格试验法 97
统计分析法 98
案例研究：家用录像机 101
管理意义 102

第5章 生产和成本 104

生产函数 104
规模收益 105
要素收益 106
投入要素的选择 108
等产量曲线 108
等成本曲线 110
成本最小化 112
投入要素价格的变动 113
成 本 114
成本曲线 114
短期与长期 117
最小有效规模 121
学习曲线 122
范围经济 123
利润最大化 124
要素需求曲线 126
成本估计 127
案例研究：Rich 制造公司 128

第6章 市场结构 131

市 场 132
竞争性市场 132
企业供给 133
竞争性均衡 135
进入壁垒 137
现有企业的反应 138
现有企业的优势 139
退出成本 140
垄 断 141
垄断竞争 142
寡 头 144
纳什均衡 144
产出竞争 145
价格竞争 147
经验证据 148
合作与囚徒困境 148

第7章 具有市场控制力的定价 154

定价目标 155
标准情况：单位产品的单一定价 156
利润最大化 156
利润最大化价格的估计 158
获得更高利润的潜力 161
同质的消费者需求 162
批量定价 162
分步定价 163
价格歧视——有差异的消费者需求 165
个人需求的信息开发 166
需求分布信息的使用 169
捆绑销售 172
其他考虑 173
多期考虑 173
策略的相互作用 175
法律问题 176
定价策略的实施 176
案例研究：iTunes 音乐的定价 177

第 8 章 战略经济学：创造和获取价值 181

战 略 182
价值创造 182
 生产成本和生产者交易成本 184
 消费者的交易成本 184
 增加需求的其他方法 186
 新产品和服务 189
 合作增加价值 190
 将组织知识转化为价值 190
 创造价值的机会 192
获取价值 193
 市场控制力 193
 生产的优势要素 196
 对沃尔玛成功的部分解释 201
 所有的好事情都会结束 203
多元化经济学 205
 多元化的好处 205
 多元化的成本 206
 管理意义 206
战略的形成 209
 了解资源和能力 209
 了解环境 210
 外部环境和内部资源的综合分析 211
 战略和组织架构 211
 所有的企业都能获取价值吗 212
案例研究：沃尔玛网站 214

第 9 章 战略经济学：博弈论 218

博弈论 219
同时行动并且没有重复的相互作用 220
 分析收益 220
 占优策略 221
 纳什均衡回顾 222
 竞争与协调 225
 混合策略 226
 管理意义 229
序列相互作用 230
 先动优势 232
 策略行动 233
 管理意义 234
重复的策略相互作用 235
策略相互作用与组织架构 236
案例研究：Holland 甜品公司与 Monsanto 公司 237

第 10 章 激励冲突与合约 241

企 业 242
企业中的激励冲突 243
 所有者与管理者的冲突 243
 其他冲突 245
通过合约控制激励问题 246
 无成本的合约 246
 有成本的合约和信息不对称 249
 合约签订后的信息问题 250
 合约签订前的信息问题 253
隐性合约与对声誉的关注 257
节约契约成本的激励 258
案例研究：eBay.com 260

第三编 设计组织架构 263

第11章 组织架构 265

基本问题 266
 市场架构 267
 企业架构 267
架构的决定因素 270
 架构变动 273
 组织内的相互依存 274
公司文化 275
组织架构无效的情况 278
管理意义 280
 评价管理建议 280
 确定标杆 281
 案例研究：柯达公司 282
第三编概要 283

第12章 决策权：授权程度 285

任务与决策权的分配 286
集权与分权 288

分权的收益 288
分权的成本 290
权衡说明 292
管理意义 295
同一层级决策权的分配 298
给团队分配决策权 299
团队决策的收益 299
团队决策的成本 300
管理意义 301
决策管理与控制 301
决策权分配与知识创新 304
影响成本 305
案例研究：梅福特大学 307

第13章 决策权：组合任务形成工作和子单元 310

组合任务形成工作 310
专业化的还是宽泛的任务分配 310
富有成效的任务组合 314
组合工作形成子单元 314
按照职能组合工作 315
按照产品或地区组合工作 316
按职能组织与按产品或地区子单元组织之间的权衡 317
环境、战略与组织架构 320
矩阵组织 321
混合设计 322
网络组织 323
子单元内的组织 323
决策权分配的新趋势 323
案例研究：Bagby复印公司 327

第14章 吸引和留住合格的员工 329

合同目标 330
工资水平 331
基本竞争模型 331
人力资本 332
差别补偿工资 333
有成本的市场工资率信息 336
内部劳动力市场 337
建立长期聘用关系的原因 338
内部劳动力市场的成本 339
内部劳动力市场的工资 340
职业与终身工资 340
影响成本 345
工资—福利组合 346
员工偏好 346
雇主的考虑 348
工资与福利的选择 348

第15章 激励性薪酬 357

基本激励问题 358
所有权激励 360
最优风险分担 361
有效的激励合约 362
委托—代理模型 363
信息原则 368
集体激励性报酬 369
多任务的委托—代理问题 370
激励性报酬的形式 371
激励性薪酬与信息披露 372
激励性合约的选择效应 373
激励性报酬有效吗 374
案例研究：关于CEO薪酬的争论 377

第16章 个人绩效评估 381

确定绩效标准 383
时间和动作研究 384
过去的绩效与棘轮效应 384
计量成本 385
机会主义 386
投机取巧 387
任期问题 387
相对绩效评估 388

企业内绩效 389
不同企业间的绩效 390
主观绩效评估 391
多任务与非平衡努力 391
主观绩效评估的方法 392
主观绩效评估的问题 394
客观绩效指标与主观绩效指标的结合 397
团队绩效 397
团队生产 399
团队绩效评估 400
政府对劳动力市场的监管 402

第17章 部门绩效评估 406
计量事业部绩效 407
成本中心 408
费用中心 409
收入中心 410
利润中心 411
投资中心 412
转移定价 413
转移定价的经济学问题 417
常用转移定价方法 422
重组：别无选择时的方法 426
内部会计系统与绩效评估 426
会计系统的运用 426
决策管理与决策控制之间的取舍 428
案例研究：Celtex 429

第四编 组织架构的应用 433

第18章 公司治理 435
上市公司 436
公司的组织形式 436
股票交易所 437
股票所有权格局 437
公司治理的目标 437
所有权和控制权的分离 438
激励问题 438
公司的生存 438
上市公司的收益 439
美国公司的高层架构 439
决策权的来源 440
股 东 441
董事会 445
高 管 447
国际公司治理 452
市场力量 455
2002年的萨班斯—奥克斯利法案 456
公司治理：历史的观点 459

第19章 纵向一体化与外包 465
生产的纵向链 466
在竞争市场上购买的好处 469
非市场交易的理由 470
契约成本 471
市场力量 474
税收与政府干预 476
其他考虑 476
纵向一体化与长期合同 477
非完备合同 477
所有权与投资激励 478
专用资产与纵向一体化 478
资产所有权 481
其他原因 482
选择的连续统一体 483
合同的期限 484
与分销商签定合同 484
搭便车问题 484
双重加价 486
管制问题 489
外包的最新趋势 489
案例研究：AutoCorp公司 491

第20章 领导：激发组织内变革 494
领 导 495

建立愿景 495
激　励 496
企业内部的决策 497
代理问题与组织政治 497
理解变革态度 497
改变组织架构 499
设计建议 501
保持灵活性 501
承　诺 502
分配后果 502
营销建议 503
认真分析与基础工作 503
依赖于声誉 504
强调危机 505
组织的控制力 505
控制力的来源 506
将建议与其他建议结合起来 509
联盟与互助组 509
组织控制力是坏事吗 510
象征符号的运用 511
案例研究：环球保险公司 512

第21章 理解经营环境：管制经济学 515

管制对于管理者的重要性 516
政府干预的经济学动因 517
定义和实施财产权 517
纠正市场失灵 519
财富的再分配 525
政府监管的经济学理论 527
政府监管的需求：特定利益群体 527
政府监管的供给：政治家 528
市场监管 530
无谓损失、交易成本与财富转移 534
管理意义 534
进入限制和有限替代 534
建立联盟 537
对企业参与政治过程的评论 537
案例研究：AutoCorp公司 539

第22章 道德与组织架构 541

道德与选择 543
公司使命：道德与政策制定 544
道　德 545
价值最大化 545
公司的社会责任 547
经济学家的社会责任观点 548
公司政策的制定 550
鼓励道德行为的机制 553
契约成本：道德与政策执行 556
道德规范 558
改变偏好 559
教　育 560
公司文化 561
案例研究：泰诺悲剧和强生公司的信条 562

第23章 组织架构与管理创新过程 565

管理创新 566
对管理创新的需求 569
全面质量管理的兴起 569
其他管理创新 570
为什么管理创新经常失败 571
市场营销 571
低估变革的成本 574
没有考虑到凳子的其他几条腿 574
组织架构的管理变革 578
案例研究：软件开发公司 579

术语表 584

参考文献 601

第一编

基本概念

1 导　论

2 关于行为的经济学家观点

3 市场、组织以及知识的作用

第 1 章

导　论

安然公司是 1985 年由两个天然气管道公司合并而成的。因为相信即将放松管制的能源行业会为那些具有远见和开发意愿的企业创造巨大的发展机会，因而安然公司积极地创建和实施一种新的经营模式。安然公司是与天然气、电力和煤炭这些资产相联系的衍生证券交易的开拓者。在从传统的、资本密集型的天然气管道公司转型的过程中，它建立了一种对有形资产依赖更小的扁平的管理结构，以及一种具有企业家精神的敢于承担风险的企业环境（一种对创新和非传统的产品和实践非常欢迎的企业环境）。安然公司的一系列变革为它赢得了巨大的社会认可，它连续六年都在《财富》杂志的最令人钦佩的公司榜上获得“最具创新性”公司称号。

在 2000 年之前，安然公司已在几个不同的行业中从事经营，例如：运输和分销行业，提供天然气和电力输送服务；批发业务，为其他的能源供应商和公司提供能源服务产品；零售业务，为企业提供能源产品和服务；宽带服务，为不同的服务商进入光缆网络提供服务；以及其他的业务，包括水资源和风力能源。1990 年，安然公司的收入 80%来自于它的常规的天然气管道业务，但到 2000 年，95%的收入来源于它的能源批发业务和服务项目。安然公司的管理层认为，像埃克森美孚石油公司（其资产负债表充斥着石油储备、天然气站点、炼油厂以及其他一些有形资产）这样的垂直一体化巨人都是些恐龙式的企业。安然的 CEO 杰弗里·斯基林说：“在过去人为资产工作，现在我们把这种状况颠倒过来了——资产为人工作。”

为了支撑这种迅速扩张的业务领域，安然公司把他的希望寄托在年轻的 CFO 安德鲁·法斯托的身上。除了开发传统的债务和权益资本外，法斯托还加紧使用一些复杂的合伙经营形式，其融资的细节在安然公司的资产负债表上看不出来。[1] 例如，为了资助其水业务的经营，安然公司成立了 Azurix 公司，并把公司的三分之一资产卖给了公共投资者，筹集到了 6.95 亿美元的资金。安然公司还成立了一个叫大西洋水业托拉斯的合伙企业，安然在这家公司持有 50%的股份。安然公司的合伙人是 Marlin 水业托拉斯，后者的股票只对机构投资者销售。为了吸引债权人，安然公司许诺以它自己的股票来偿还债务——如果安然公司的信用等级跌落到投资等级以下，以及股票价格跌落到一个约定的价格以下，安然公司自己将对合伙公司的 9.15 亿美元的债务负责。

只要安然公司保持繁荣发展，这些保证对安然公司就算不了什么。但是安然公司的几个业务部门都开始出现了较大的问题。在 2000 年夏末，加利福尼亚的电力短缺导致电力供应的中断。安然公司（以及其他的能源公司）受到了政府官员的指责——加利福尼亚发起了一项对安然公司和其他的能源公司的价格欺诈行为的调查。安然公司在巴西和英国水务方面的投资也遇到了政治障碍。例如，英国政府降低了它所允许的向客户收费的比率。安然公司在印度的一个30亿美元的电力项目中拥有65%的股份，但是这家电力工厂也因其最大的消费客户拒交电费而陷入混乱。紧接着受2001年9·11的恐怖袭击影响，油价的大幅度下跌对安然公司的交易活动造成了巨大的损失，而且技术变革也使得宽带服务供过于求。

在2000年8月达到近700亿美元的顶峰之后，安然公司的市值开始暴跌。2001年12月，安然公司申请破产，这是以往所发生的最为壮观的企业破产案之一。什么地方出错了？根据《商业周刊》的报道：

> 安然公司的失败不仅仅是因为错误的会计账目或高层的腐败嫌疑……，不恰当地强调收入的增长和个人的能动性，以及令人震惊地缺乏常规的公司内部监管和平衡，使得公司的文化逐渐从一种鼓励积极进取的政策向一种依赖于不道德的私下交易的方向倾斜。最后，过多的决策权给了一些年轻的没有经验的管理者，同时又缺乏将失败降低到最小程度的必要控制。这是一个简单地将许多糟糕的赌注都压在一些前景并不太好的业务上运营的企业。

正因为如此，《商业周刊》指出，安然公司的问题从根本上说是组织设计上的问题。错误就在于公司结构的三个关键方面。第一，在其管理结构扁平化的过程中，安然公司终结了对其低层雇员的特别决策权力的授权，而没有同时保留一个适当的监督权。第二，主要是根据近期收益的增长和成功地完成一项交易来评估业绩。第三，该公司为它的高层管理者提供了巨额报酬，从而使他们过度冒险。安然公司的内部风险管理小组负责考察各种交易，但是小组内180名雇员的业绩评估却部分地依赖于提出和推荐这些交易的相关人员。也许，很多年以后，安然公司的事实情况才能够全部公开，然而，有一点现在就可以肯定，那就是安然公司的问题早就潜藏在安然公司的组织设计中了。

管理经济学与组织架构

标准的管理经济学教科书着重论述以下问题，这些问题对于一个组织的成功非常重要。

- 公司将进入一个什么样的市场？
- 将如何实施公司产品的差异化？
- 在生产中公司将采用什么样的投入要素组合？
- 公司应该如何确定其产品的价格？
- 哪些公司是本公司的竞争者？他们对本公司产品的营销将做出何种反应？

强调这些问题当然是重要的（在本书中我们也将强调这些问题），但同时，安然公司倒闭的故事告诫我们，上述重要问题的列举并不全面。强调与公司内部组织有关的问题同样重要。组织设计方面的缺陷将导致利润损失，甚至最终导致公司的失败。

事后来分析，似乎很容易找出安然公司组织方面的问题，如果事先在这些方面做出改进，就可以降低这种灾难的可能性。但是，关键的管理问题在于是否可以在事先发现这些潜在的问题，并经过调整提高组织的有效性。我们相信，对这样一个基本管理问题的回答毫无疑问是肯定的。要研究这些问题，就需要一种可以始终作为研究依据的理论框架。

当然，在我们之前已经有人认识到公司组织的重要性，并提出了改进组织的各种建议。在任何一家书店的商业类书架前，你都可以看到很多关于组织标准、授权、全面质量管理、组织重组、外包、团队组织、公司文化、授权、矩阵组织、适时生产以及小型化等方面的著作。所有这类图书的作者都会极为赞同这样的观点：一个公司的组织以及由公司管理层所采用的相关政策对公司的业绩和价值都有相当重要的影响。而且书中都会讲述那些由于听从了他们的建议而大获成功的公司故事。

然而，所有这些被触及到的问题在于，每一本书都强调组织问题的一个特定方面（无论是质量控制，还是对下级授权或是薪酬体系），通常，除了强调所选的方面之外，书中并不论述其他方面的问题。结果，各版本书中所提出的建议通常是片面的，而这些出版物本身很少说明相应的各种方法在什么情况下是最为合适的。实际上，大多数这类图书都含蓄地假设了，书中的方法可以成功应用于所有的公司。然而，这种假设通常并不正确，最终，这些文献并不能给实际的管理者提供一种解决组织问题的有效框架。

组织架构

与上述绝大多数商业类畅销书中的方法相反，我们试图提供一种分析这一问题系统的理论框架，以便能够始终如一地用于解决各种组织问题及建构更有效的组织。根据我们的理论框架，公司组织有三个关键方面：

- 公司内部决策权的分配
- 奖励个体的方法
- 评估个人和业务单位绩效的系统结构

并非巧合，这些方面与我们在安然公司的案例分析中所得出的三个方面是相同的。

我们引入组织架构（organizational architecture）这一概念，它具体指公司组织中这三个关键方面。我们不想简单地用“组织”这个词来代表一个公司上述三方面的特征，因为“组织”这个词已经被广泛应用为仅指层级结构（也就是决策权的分配以及报告关系），而通常并不包括业绩评估和奖励系统。所以，我们引入组织架构的概念，以便于我们把注意力集中于组织的这三个关键方面。

简单地说，我们认为，对于一个成功的公司来说，通过决策权的分配，应该能够有效地将决策权限与相应的决策信息相联系。然而，我们在分配决策权的同时，高层管理者必须保证其奖励和业绩评估系统可以为决策者提供合理的激励，使他做出有利于公司价值增长的决策。

随着所处具体环境和条件的不同，公司决策权的分配将会有所不同（有些公司将会采用某些决策权下放而另一些决策权集中的做法），并使公司的奖励系统和业绩评估系统与之相适应。在现实中，虽然公司之间很难采用完全相同的组织架构，但成功的公司都会保证其组织架构的上述三个方面是相互协调的。

我们的方法是综合的，因为我们在论述中涉及多个学科：会计、财务、信息管理、市场营销、一般管理、运营、政治学以及战略等。而另一个使本书区别于畅销书的特征是，本书采用的方法主要以基础经济学原理为依据。

经济学分析

长期以来，经济学都被应用于价格政策问题——比如，“提高公司产品的价格将如何影响公司的销售，从而如何影响公司的价值？”本书也将论述这类标准的管理经济学问题，包括定价、广告、规模以及生产中所采用的要素投入组合的确定。除此之外，我们还要运用同样的理论工具来研究有关组织架构的问题。比如，“将公司的一个部门由成本中心变为利润中心，这将如何改变员工的激励、员工决策以及如何影响公司的价值？”

从本质上讲，经济学提供的是有关个人如何选择和决策的理论。比如，在设计组织时，应该时刻牢记，个人对于各种激励会做出反应。管理者和员工都会采取各种各样的办法来利用他们所面临的各种各样的机会。然而，这同样意味着，当有关的激励结构不合理时，他们的行为会导致公司价值的下降。所以，在选择公司政策时，管理者必须估计客户、供应商和员工的潜在反应，以防出现不应有的结果，这一点非常重要。否则，个人就会利用组织制度的漏洞，初衷良好的政策就未必能得到满意的结果。

我们根据经济学原理来研究管理者应该如何设计公司的组织，以激励个人做出提高公司价值的选择。例如，有事实表明，公司总裁在退休之前的一段时间内，会削减公司的研究和开发（R&D）经费预算，但这一现象并不是普遍的。[2]研究表明，这种短期行为可以通过一些方法得到控制，例如，将公司 CEO 的激励报酬与公司的股票价格相联系，或者将前任 CEO 和继任 CEO 之间决策权力的交接安排在前任 CEO 离任前的数年当中。还有，公司 CEO 退休后是否有机会进入董事会，要看他在任期的最后几年的业绩表现。[3]

传统的经济学分析通常都是简单地将公司看作是一个“黑箱”，通过这一黑箱，将投入（劳动力、资本和原材料）转化成产出，而对于公司的内部结构却考虑得很少。[4]近年来，经济学家开始更多地注意组织架构问题。[5]但是，几乎没有人将各种零散的研究综合起来，以便形成一种管理应用的分析模式。我们应用经济学的基本工具来研究可能影响公司价值的有关决策，例如，集权还是分权？在一家公司中，将哪些不同的任务结合到一起组成一种工作，而将哪些工作分配到公司内的业务单位？对于业绩的评估，是采用更为客观的方法，还是采用相对主观的方

R&D 与经理人的权力交接

假设一个公司将 CEO 的奖金与企业的利润联系起来，并且现任 CEO 将在两年之内退休。这位 CEO 就可能削减公司的 R&D 经费预算，以提高使本年和下年利润增长的预算。然而再过五年，由于新产品开发的中断，公司的利润将会大受影响。到那时，公司的状况就与这位 CEO 无关了。研究表明，事实上对于某些以研发为主的公司来说，这是一个很重要的问题。

资料来源：P. Dechow and R. Sloan（1991），“Executive Incentives and the Horizon Problem,” *Journal of Accounting and Economics* 14，51–89.

对于不完善的激励体系的创造性反应

一家软件公司的经理想要更快地发现和消灭软件漏洞。他提出了一项激励计划——对于质量检验人员，每发现一个漏洞就付给 20 美元；而对于程序人员，每确定一个漏洞也付给 20 美元。由于制造漏洞的程序人员也是查找漏洞的人，他们对这一计划的反应就是在软件程序中制造更多的漏洞。这种反应使得这项计划的成本迅速上升，因为有了更多的漏洞需要发现和消灭。该计划只推出一周就被迫取消了，而在这一个星期内，有的员工净赚 1 700 美元的奖金。

资料来源：S. Adams (1995), "Manager's Journal: The Dilbert Principle," *The Wall Street Journal* (May 22), A12.

法？是实行固定的薪酬制度，还是实行变动的（或者激励性的）薪酬制度？将有关的业务保留在公司内部，还是通过外包来解决？总而言之，我们研究管理者如何设计和改进组织架构，才能激励个人做出有利于公司价值增长的选择。

在这一分析中，关于均衡（在产品、劳动力以及资本市场上，由供给和需求的相互作用而形成）的思想代表了管理决策中的重要约束。理解价格和数量如何随着成本、产品特征或销售条件的变化而变化是一种重要的管理技能。例如，原油价格超过五倍的上升（1999 年的每桶不到$12 到 2005 年的每桶超过$70），促使了石油公司增加生产；鼓励了石油化学公司改变他们的投入组合，以节省现在更昂贵的投入要素；也促使销售人员重新评估他们的决策——通过电话与潜在的客户联系而减少面谈；也鼓励了汽车制造商在设计新型汽车时，更加注重汽油的节约。而所有这些对于变化的激励都依赖于组织的结构。例如，如果公司要求自己负责与潜在客户接触的成本，销售人员就会更多地依赖于电话和邮件，但是，如果公司支付所有的销售费用，结果可能就是另一种情况。

经济达尔文主义

适者生存[6]

查尔斯·达尔文如果看到了安然公司的倒闭，一定又可以成为一个竞争促使不适者消亡的例子。正如在《物种起源》中所描述的，自然界的历史演绎出适者生存的法则。而在工业中，我们也看到了经济达尔文主义。因为在竞争中，那些结构不合理、不能适应变化的组织最终会走向毁灭。市场竞争作为一种压力有效地促成了合理高效的决策——包括组织决策。公司间竞争的结果是，只有那些能够维持低成本经营的公司才能生存下来。如果公司运作（包括组织架构）的效率低下，成本又高，竞争将对这些公司造成巨大压力，迫使他们进行改变，否则只有关门大吉。

法马和詹森提出："从事一项活动的一个组织如果想存活下去，就必须在保证能够补偿成本的情况下，按照最低的价格提供顾客所需要的产品。"这一生存法则表明，一个精心设计的组织架构会有利于公司的成功，但并不是公司成功的充分条件。公司必须有一个有关其产品的

经济达尔文主义：通用汽车公司和克莱斯勒公司

1994 年年初，在美国汽车工业内两家组织架构不同的公司展开了新车型开发的竞争。通用汽车公司强调功能的特殊性，因此，建立了一个个功能开发小组。每个小组由相同的功能领域的专家组成，负责与其专业相关的特定功能的开发。比如，一个小组的职责可能是设计车的外形，而另一个小组可能负责开发引擎，这些小组同时开展各自的工作。一个小组的有些成员也可能同时是跨职能小组的成员，负责各功能领域之间的协调开发。

与通用汽车公司不同，克莱斯勒汽车公司几乎单靠一个跨功能产品小组负责新车开发的全过程，并做出所有相关的决策。克莱斯勒的设计开发小组由工程师、设计师、财务分析师、市场营销专家和生产人员组成，这些人都向一个项目经理汇报。该项目经理有权指挥每一个小组的成员并安排他们的工作。

通用汽车公司的 CEO 杰克·史密斯认为，克莱斯勒与通用汽车在运营方面的差别主要归因于两个公司组织之间的不同。克莱斯勒将其新的 Viper 车推向市场花费了 3 年时间，通用汽车推出一个新的车型通常要用超过 5 年的时间。保守一点讲，克莱斯勒从每 100 美元的销售额中获得 7 美元的盈利，而通用汽车公司从 100 美元的销售额中只能获得 70 美分的盈利。

通用汽车公司和克莱斯勒公司的情况为我们提供了一个生动的例子，从中我们看到，在各项活动的组织上，公司之间的基本决策会有多大不同。幸运的是，对于像通用汽车这样的公司，这种决策的过程是一种正在进行时。1995 年，通用汽车公司重组了其产品开发过程，基本的改革方向是与克莱斯勒模式更为接近。因此，在全球工业中，经济达尔文主义是重要的推动力。

资料来源：A. Stertz (1992), "Detroit's New Strategy to Beat Back Japanese Is to Copy Their Ideas," *The Wall Street Journal* (October 1), A1.

完备的经营战略，以保证顾客愿意为这些产品付出超过其产品成本的价格。不管公司的组织架构经过如何的精心设计，单纯通过制造简单产品创造价值的潜力是非常有限的。

尽管如此，在公司的经营战略（包括它的产品组合）确定的情况下，组织架构的选择对于公司的盈利性以及价值会有重大影响。一个合理的组织架构通过促成有效的生产，可以降低成本。通过更高的产品质量保证、更值得依赖的交货时间和更及时的服务，也可以提高客户愿意支付的价格。

经济达尔文主义和标杆管理

在达尔文所分析的生物系统中，其作用的主要力量是生物组织的随机变异和外部环境的冲击（比如，气候的变化）。而在经济系统中，我们所考察的多是有目的的主动变化。例如，为了更好地与可口可乐公司竞争，百事可乐模仿了许多可口可乐公司的做法。正如可口可乐公司那样，百事公司剥离了它的快餐连锁业务(Taco Bell、KFC 和 Pizza Hut)，而集中于它的核心业务。另外，百事公司正在调整它的装瓶厂网络。一位分析人士评论说："百事公司开始看起来更像可口可乐公司了。"[7] 事实上，这一做法通过标杆管理的过程已经正规化了。

企业的随机变异（试验）

在组织内部，某些变化类似于达尔文的随机变异。企业有时在没有详细了解变化的真正内涵前就采取了变化。如果这项变化表现得很有效率，就有可能被输出到其他的地方去。一家公司和它的战略越是成功，该公司的革新就越有可能被他的竞争对手模仿。例如，Just for Feet公司的CEO哈罗德·鲁滕伯格承认，他就是按照试错法来进行工作的。很多想法就像过时的胶底运动鞋一样消失掉了。店铺里的育儿室不见了，原因是鲁滕伯格所说的"它太忙了"。一个价值100 000美元的可以驾车穿过的橱窗也取消了。他说："许多事情在开始的时候并没有计划好，当我回过头来看时，这只是运气和奇迹在起作用。"

资料来源：N. Harris（1998），"Just for Feet," *Business Week*（July 20），70–71.

标杆管理通常意味着观察那些做得最好的公司，并学习他们的做法以赶超他们。但是，这种过程有时也会按照一种非正常的方式进行。正如阿门·阿尔奇安所说的："一旦发现某些企业获得成功，其他企业就会研究那些共有的成功因素，并在追求利润和成功过程中，群起而效仿。"[8] 比如，如果在下期《财富》杂志的封面文章中，介绍丰田又创造出一种新的库存控制系统，那么全美国的管理者（甚至全世界的管理者）都将看到并会自问，这种系统也适用于我的公司吗？无疑，最有兴趣尝试这种系统的管理者将是目前库存控制存在问题的公司管理者。[9] 某些公司将会获得成功，但是，有些公司尽管已预测到了目前组织运行存在潜在的"副作用"（比如法斯托不受任何监督的冒险激励），但也不愿进行改变，这就有可能造成一种灾难性的后果。

尽管从长期来看，竞争会改进公司组织的有效性，但是，随意的组织创新尝试会导致公司暴露在失败的高风险下。组织变化需要付出昂贵的代价。成功的组织并不仅仅是一些好主意的集合，成功的组织要素之间应该相互协调——一家公司组织架构的不同要素需要在相互协调的情况下共同作用，才能达到公司的目标。所以，重要的是能够分析组织成熟的变化所引起的一系列问题，并预测它对于整个公司经营的影响。

因此，经济达尔文主义的概念对于管理来说就有着重要的深层意义。第一，现有的组织架构并非是随机选择的结果。在绝大多数行业中，公司惯常采用的组织都有着完整的经济学解释。第二，在任何时点上，能够幸存下来的组织架构都是一种相对最优选择，而不是绝对意义上的最优选择。也就是说，在竞争中它们是最好的，但并不一定是没有改进的余地。第三，如果企业从事经营的环境变了——不管是技术环境、竞争环境，还是监管环境发生变化，适宜的组织架构都要随着变化。这三个结论合在一起意味着，尽管总是存在组织架构改进的可能性，但管理者不应该不加仔细分析就否定当前的组织架构。因此，在充分理解主要的组织变化之前，高层管理者应该首先很好地理解为什么公司采用了目前的组织架构，同时更要理解，为什么在特定的条件下某些特定类型的组织运行良好。最后，如果环境相对稳定，企业的高层管理人员就应当对组织变动的建议所设想的好处持怀疑态度。

全球经济中组织架构的转变

1996年，天津光学和电子信息集团是一家典型的中国国有企业。虽然这家电子制造商对自己的熟练的技术人员很自豪，但是错误的管理却使该公司滑到了破产的边缘。摩托罗拉公司改变了它。摩托罗拉公司提出，只要天津光学和电子信息集团采用美国电信公司的质量控制和管理方法，摩托罗拉公司就把它作为自己的一个供应商。到1999年，天津光学和电子信息集团把它三分之一的产品都销售给摩托罗拉公司，并开始小额赢利。天津光学集团的主席张秉均说："现在，我们认为我们可以生存下去了。"

每一个天津光学集团的雇员每年都有两个星期的时间坐在教室里接受现代管理实践的培训。这种努力是值得的：天津光学集团的生产线每2.5秒就能生产出一部薄芯片的手机，其次品率与摩托罗拉在美国的工厂基本一样。摩托罗拉还为超过100个以上的海外供应商提供培训，以提高他们的产品质量。一位培训部主管Ying Shea说，摩托罗拉公司每年拿出200万美元的预算用于向"潜在的供应商展示西方的管理方法，并让他们理解我们正在做什么、为什么这么做。"

美国的跨国公司帮助它的中国伙伴建立一个效率更高的组织架构和内部运行机制，这只是外国企业在中国经济中所起的重要作用的一个例子。自从20年前中国开始对外开放引进外资，外国公司就成为中国经济改革的一个重要引导者。他们不仅向中国企业介绍现代的生产技术，而且向他们介绍效率更高的组织架构。一些估算表明，包括上述间接作用，外国企业和它的合作伙伴已占到了中国万亿美元经济总量中的五分之一。

资料来源：E. Guyot（1999），"Foreign Companies Bring China More Than Jobs," *The Wall Street Journal*（September 15），A26.

本书的目的

本书的主要目的是要提供一种坚实的概念框架，用来分析组织问题及建立更有效的组织架构。本书同时也提供一些基本的管理经济学知识，讨论如何运用这些知识进行日常运营的决策——例如，投入、产出以及价格决策。这些知识同样也提供了一套工具，使读者可以更好地理解市场，这对于做好组织决策也是很重要的。

我们研究组织的方法

我们从两个基本概念入手——个人利益是人们行为的出发点，以及每个人并不总是享有同样的信息。正如我们上面所指出的，这一框架暗含着组织架构的三个关键要素，即决策权的分配、奖励系统和业绩评估系统。通过决策权的分配，成功的组织可以实现决策权限与相应信息的有效联系，从而做出高质量的决策。相应地，成功的组织也会开发出奖励和业绩评估系统，以便为以个人利益为依据的决策者提供合理的激励，使得他们的决策有利于增加整个组织的价值。

同样重要的是，现在的公司组织非常复杂，而理解在这样的组织中人们将会如何行动则相对困难。与探讨这类课题的其他著述一样，我们面临着一种权衡和取舍——以更为复杂从而更接近于现实世界的组织作为我们的分析对象，还是忽略一些细节，以使我们的分析更易于把握。从某种意义上讲（特别是以前很少有对现存问题的正式分析），我们探讨复杂的问题，但在讨论中却运用简单的例子。尽管如此，我们的经验告诉我们，通过这样一些可以接受的简单例子，我们可以得出重要的管理内涵。

最后，我们认为这种经济学框架的强有力的特征是，它可以应用于其他任何相关的管理政策，比如财务、会计、信息系统、人事关系、运营与营销等政策。从这个意义上讲，通过完整的商业课程，本书可以起到一个重要的整合作用。由于在现实管理中，跨职能小组受到越来越广泛的重视，使得这种类型的整合日益重要。

全书概览

- **第一编：基本概念**。介绍与本书有关的基础知识。第 2 章归纳介绍了关于行为的经济学观点，强调其管理意义。第 3 章是对于市场的描述，说明了组织存在的根本理由，并强调组织内部知识传播的关键作用。
- **第二编：管理经济学**。用经济学理论的基本工具分析企业问题。第 4 章到第 7 章的论述涉及传统管理经济学的有关课题，包括需求、生产和成本、市场结构以及定价。这 4 章给读者提供一套基本的微观经济学工具，运用这些工具，可以分析基本的运营政策，比如投入、产出和产品定价决策等。第 8 章和第 9 章集中分析公司战略——前者分析如何创造和获取价值，后者运用博弈论的方法考察企业和它的竞争对手、供应商以及其他合作伙伴之间的相互关系。这几章也提供了后续各章有关组织问题的重要背景知识——深入理解市场环境对于做出合理的组织决策是非常重要的。[10]第 10 章研究了公司内部所存在的利益冲突，以及如何通过建立契约使这些利益趋于一致，或者使这些冲突得到控制。
- **第三编：组织架构设计**。这是本书的核心内容。第 11 章介绍了组织设计问题的基本要点。第 12 章和第 13 章集中于公司内部决策权分配的两个方面——对于各种决策分权水平的选择，以及如何将各种任务结合成工作，并进而将各项工作结合成一个相对独立的子单元。第 14 章和第 15 章研究了薪酬政策。首先我们探讨了吸引和保留合适的员工团体所必需的报酬水平。然后，我们讨论薪酬包的组成，包括工资的结构、福利待遇和激励性薪酬对于公司价值的影响。在第 16 章和第 17 章，我们分析了个人和部门的业绩评估问题。第三编的最后是关于安达信的综合案例。
- **第四编：组织架构的应用**。它用我们前面介绍的框架深入分析现实的管理问题。第 18 章到第 23 章讨论组织的法律形式，包括外部购买、领导力、管制、道德伦理以及管理创新等问题。

案例研究：巴林银行

1762年，弗朗西斯·巴林与他的兄弟约翰在伦敦创建了巴林银行，他们的银行因资助国际贸易而发展壮大。在美国独立战争期间，巴林兄弟为英方提供资金支持，而战后，又为英美之间重新开展的贸易提供信贷。1803年，巴林银行帮助美国购买了路易斯安那，并资助英国对抗拿破仑。1818年，巴林银行的影响力已经如此之大，正如杜克·德·理查柳所描写的那样，“在欧洲，共有六大力量：英格兰、法国、普鲁士、奥地利、俄国和巴林兄弟。”

1890年，当无法收回其早年对阿根廷的贷款时，巴林银行几乎陷于破产，但英格兰银行挽救了它。在随后的10年间，巴林家族重振了巴林银行的雄风。虽然再也没有像以前那样地位显赫，但作为一个主要由家族成员经营、基本上由一个慈善机构拥有的信用可靠的机构，巴林银行保住了其良好的声誉。在20世纪90年代的前5年，巴林银行的影响力又有很大的扩展，这部分得益于其大量的远东证券交易。

1995年2月底，巴林银行董事会开会总结1994年的经营成果。银行的利润只有很小幅度的上升，但对其大多数竞争者来说，在当时恶劣的外部环境下，取得这样的成果已经实属不易。这些成果的取得，很大程度要归功于其在新加坡的证券业务，这曾经是一项非常赚钱的业务。但是，有一天下午，事情却发生了戏剧性的变化。新加坡营业所的交易明星尼克·里森意外地出走，并从此销声匿迹。当高级管理层审查该银行的记录时，资料表明出了大问题。

原则上，里森只从事最简单的操作——在大阪股票交易所（Osaka Stock Exchange）和新加坡国际货币交易所（Singapore International Monetary Exchange，SIMEX）之间根据证券价格开展套利业务。[11] 里森本来可以通过在报价较低的交易所里买进证券，同时，在报价较高的交易所里卖出证券，而锁定一个基本上是无风险的利润。而且，虽然价差通常较小，但由于交易数额巨大，所以获得可观的利润并不难。在这种套汇操作的过程中，虽然巴林银行在这两个交易所都会积累大量的交易头寸，但是买进的证券头寸和卖出的证券头寸应该是保持均衡的。在这种情况下，银行其实并不冒什么价格波动的风险。

然而，当检查银行的记录时，管理人员发现里森在两个市场做的都是多头买进。实际上，里森下了一个大的赌注——证券价格会上升。但是，结果相反，证券价格下降了。于是，银行的偿债能力受到严重威胁。

看起来，里森是利用了该银行内部控制机制的漏洞。在新加坡分部中，他既负责银行和客户的交易，同时又对本部门的交易结算拥有控制权。新加坡分部规模不大，而里森对于交易及银行的后台办公系统（记账、付款和结算）都有有效的权限。利用这种权限，他就可以隐瞒损失，篡改其交易活动的性质——编造各种谎言。比如，他明确地告诉过银行的高级管理层，他所做的某些交易是代表客户而不是代表银行，而银行的内部控制系统并没有发现这是一个骗局。

巴林银行一般根据里森的交易利润，把50%的毛利作为年度奖金支付给管理人员以及像里森这样的高级管理人员。

到3月初，银行的总亏损额已达14亿美元。里森最终在法兰克福机场被德国警方捕获，后被移交到新加坡。在那里，他接受了指控，并被判3年监禁。最后，这一大英帝国最古老的商业银行，以1英镑的象征性价格卖给了ING（一个大的荷兰金融机构）。至此，巴林家族作为所有者损失了其全部投资。

请分析巴林银行的组织架构是如何导致它的失败的？

推荐书目

A. Alchian (1950),"Uncertainty, Evolution, and Economic Theory," *Journal of Political Economy* 58, 211-221.

M. Jensen (1983),"Organization Theory and Methodology," *The Accounting Review* 58, 319-339.

M. Jensen and W. Meckling (1992),"Specific and General Knowledge, and Organizational Structure," *Journal of Applied Corporate Finance* 8:2, 4-18.

注　释

1. 应当注意，法斯托是1999年10月因《CFO杂志》的"CFO资本结构管理优胜奖"而成名的。
2. K. Murphy and J. Zimmerman (1993),"Financial Performance Surrounding CEO Turnover," *Journal Accounting and Economics* 16, 273-315.
3. J. Brickley, J. Linck, and J. Coles (1999),"What Happens to CEOs after They Retire? New Evidence on Career Concerns, Horizon Problems, and CEO Incentives," *Journal of Financial Economics* 52, 341-378.
4. 当然会有例外，F. Knight (1921), *Risk, Uncertainty, and Profit* (London School of Economics: London); R. Coase (1937),"The Nature of the Firm," *Economica* 4, 386-405; and F. Hayek (1945),"The Use of Knowledge in Society," *American Economic Review* 35, 519-530.
5. 例如，R. Coase (1960),"The Problem of Social Cost," *Journal of Law and Economics* 3, 1-44; S. Cheung (1969),"Transaction Costs, Risk Aversion, and the Choice of Contractual Arrangements," *Journal of Law and Economics* 12, 23-42; A. Alchian and H. Demsetz (1972),"Production, Information Costs, and Economic Organization," *American Economic Review* 62, 777-795; K. Arrow (1974), *The Limit of Organization* (W. W. Norton: New York); M. Jensen and W. Meckling (1976),"Theory of the Firm: Managerial Behavior, Agency Costs and Ownership Structure," *Journal of Financial Economics* 3, 305-360; Y. Barzel (1982),"Measurement Costs and the Organization of Markets," *Journal of Law and Economics* 25, 27-48; O. Williamson (1985), *The Economic Institutions of Capitalism: Firms, Markets, Rational Contracting* (Free Press: New York); and B. Holmstom and J. Tirole (1989), "The Theory of the Firm," in R. Schmalensee and R. Willig (Eds.), Handbook of Industrial Economics (North-Holland: New York).
6. 这部分引自：A. Alchian (1950),"Uncertainty, Evolution, and Economic Theory," *Journal of Political Economy* 58, 211-221; G. Stigler (1951),"The Economics of Scale," *Journal of Law and Economics* 1, 54-71; and E. Fama and M. Jensen (1983),"Separation of Ownership and Control," *Journal of Law and Economics* 26, 301-325.
7. N. Harris (1997),"If You Can't Beat 'Em, Copy 'Em," *Business Week* (Novermber), 50.
8. Alchian (1950), 218.
9. 这引发了一个问题：为什么有创新想法的企业愿意公开它，也许是免费公开的收益大于竞争优势的损失。

10. 第 2 和第 3 章应通读。熟悉管理经济学和公司战略的读者可直接阅读第 10 章，重点放在组织方面（但是这样的读者会发现第 4 到第 9 章的内容是很有用的回顾）。其他人则应在阅读组织方面的内容之前先阅读第二编。
11. 里森交易的是 Nikkei 225 期货和约，Nikkei 225 是日本股票市场的主要指数。
12. J.A. Tannenbaum（1995），“Focus on Franchising：Franchisee Gains，” *The Wall Street Journal*（June 19），B2.

第 2 章

关于行为的经济学家观点

2002 年 5 月，美林证券公司同意支付 1 亿美元用来解决客户的指控。客户指控说，美林的分析师们把他们自己认为特别差的投资对象推荐给客户。内部的 E-mail 也为纽约州首席检察官的公诉提供了有力的证据。例如，网络服务公司 InfoSpace，分析师们对其评价的等级很高，但是私下里这些分析家们却称这个公司是个“火药桶”和“一堆垃圾”。虽然 InfoSpace 公司的股票价格从 261 美元下降到了 14 美元，但美林的分析师们却从未建议卖出 InfoSpace 的股票。美林的分析师们将 Excite@Home 评级为“持有或买进”，但是私下里这个投资团队却认为它“一文不值”。

发生在美林证券的事件也冲击到其他投资公司，影响波及整个投资领域。其他的（证券）投资公司都公开声明，他们将采取强有力的措施确保美林证券事件不在他们的公司内重演。《财富》杂志刊发了一篇题为“寻找最后的诚实分析师”的封面文章。[1]这件丑闻引起了世界范围内的公众和政府监管者的极大关注。例如，纽约的首席检察官开始对所罗门美邦公司的分析师，以及其他曾经向投资者推荐世通的投资公司的分析师们进行大规模的调查。2002 年 7 月，世通成为美国历史上最大的破产公司。2002 年 12 月，美国最大的 10 家投资银行同意监管部门的要求，出资 12 亿美元建立补偿基金，以“保护投资者免受经纪公司的利益侵害”。

美林证券、所罗门美邦和其他投资公司的经理们不得不快速行动，开始强调这个潜在的问题。首先，管理层必须弄清楚是什么促使美林证券的分析师们误导他们的投资客户。然后才能制定政策改变这种状况。如果管理层认为这个问题只是由少数不诚实的雇员引起的，那么，合适的办法就是把这些人找出来并把他们开除。相反，如果管理层认为这个问题是因一些心情不佳的工作人员向客户发泄他们的失意情绪所造成的，那么就要采取一个工作丰富计划，以便提高雇员的满意度以及所期望的分析师的诚实度。否则，就会像美林证券那样——它的薪酬计划可能是引起其分析师发布误导性投资报告的一个诱因。如果真是如此，恰当反应就是重新构建它的薪酬计划。当然也可能存在许多其他的假设和反应。

美林证券的例子说明了一个一般道理：管理者对于问题的处理很大程度上依赖于他们对人的动机的理解，以及他们对人的反应的预测——依据他们对于行为模型的假定。绝大多数管理措施都会影响到个体的行为，比如雇员、客户、工会领袖和次承包者的行为。对于有关措施会激励出什么样的个体行为（或相应的模型），持不同观点的管理者，所做的决策和采取的措施就会不同。

本章首先简单地总结经济学家用来研究个体行为的一般框架。我们将引入一些图解工具以帮助分析。接下来，我们将利用这些经济学框架来分析美林证券所遇到的问题，并探讨这一分析中所隐含的管理意义。我们将有关行为的经济学观点与其他的观点进行比较，并讨论为什么在管理决策中经济学的框架特别有用。最后，我们将探讨在不确定情况下的决策。

经济行为概览

每个人通常都有无限的需求。人们都想要更多的财富、更优质的服务、更好的房子、更豪华的汽车和其他个人所需的物品。他们还想要更多的时间进行娱乐活动。许多人还想改善由于缺少财富所面临的困境——孩子挨饿、没有住房和自然灾害等。人们也会关心生命、宗教、道德等问题，渴望得到别人的尊重和爱。

与人们的需求相反，资源是有限的。面对有限的收入，每个家庭不能按照个人的愿望随心所欲地开销和购买。自然资源也是有限的，我们所有的树木的数量以及土地的面积都是一定的。一天只有 24 小时，疾病不可避免，谁也不能长生不老。

经济选择

经济分析是基于这样的认识——每个个体都会确定其需求的优先次序，以便在可能的方案选择中选择其最偏爱的。如果凯茜·米泽面临着台式电脑还是笔记本电脑的选择时，她会告诉你为什么更喜欢其中一种而不是另一种，也会告诉你这两种电脑的差别何在。比较两者的价格后，她会购买那种更为偏爱的电脑。如果凯茜每周有 1 000 美元的预算，她会考虑支出这一预算的多种方式，随后，选择能够给她带来最大幸福感的物品和服务的组合。在有限的预算约束内，她不可能购买所有想要的东西。然而，从她个人的角度看，在所拥有的有限资源内，她的选择是最优的。

经济学家在某种意义上并没有断言人们（他们只关心个人的消费）是自私的。在经济学领域，人们同样可以关心其他一些事情，比如慈善、家庭、宗教和社会等。比如，凯茜也许会将 100 美元捐给一个教堂，只要这一捐献比其他消费能给她带来更大的满足感。

同样，经济学家并不认为个人如同一台超级计算机，从来不会做出错误的决策。上帝并没有赋予每个人完备的知识和足够的预见能力，信息的获取也并不是不花费成本就可以做到的。[2] 例如，凯茜从一个餐馆的菜谱上点了一道菜，最后的结果仅仅是确认了她并不喜欢这道菜。在经济学领域，由于知识的不完备性，她只是在其可能的范围内做到最好。但是，她会从她的经验中学习，不会一次又一次出现同样的判断错误。[3]

边际分析

边际成本和边际收益是与一项决策有关的增量成本和增量收益。[4] 对于经济决策而言，只有边际成本和边际收益才是重要的。如果边际收益大于边际成本，就应该采取行动。玛丽·奥黛娅与一个办公设备公司签订了产品销售合同。每给客户打一个电话，她将得到 50 美元。因

客户赢利性的边际分析

第一联合银行（自从被 Wachovia 收购以后）使用一种叫作爱因斯坦的电脑程序对客户进行排队，排队的依据是客户的赢利性。“有利可图”的客户是指在他们的户头上有几千美元的存款，使用出纳每月不到一次，并且很少打电话到银行的客户服务中心的人。“无利可图”的客户是指经常去银行，其户头上的存款不到 1 000 美元，并且经常打电话的人。当客户要求降低信用卡的利率或免除银行 28 美元的债券—支票手续费时，接待员会浏览这个客户的账户。计算机系统会在客户名字旁边显示出一个红色的、黄色的或绿色的条框。绿色的条框告诉接待员这是个有利可图的客户，应该让他高兴并答应他的要求（当然是在接待员的权限以内的要求）。标有红色条框客户的要求很少能得到满足，因为银行希望他们转到别的银行去。这个系统是第一联合银行如何使用边际分析来决定提供给消费者个人的服务水平的一个例子——爱因斯坦程序可以帮助接待员确定满足银行客户需求的边际成本和边际收益。

资料来源：R. Brooks（1999），“Unequal Treatment,” *The Wall Street Journal*（January 7），A1.

此，玛丽每多做一次销售的边际收益就是 50 美元。与销售相比，玛丽更喜欢打网球。如果她认为再打一个电话，失去的打网球的边际价值将大于 50 美元，那么那天她就不会再打销售电话——因为她的边际成本已经超过了她的边际收益。如果在打网球上失去的价值少于 50 美元，她就应该继续拨打销售电话。[5]

边际分析是现代经济学分析的一个里程碑。在经济决策中，“过去的就让它过去吧。”那些已经发生的成本和收益属于沉没的成本和收益（假定他们都不会再发生），因此，与当前的经济决策无关。玛丽上个月支付了 5 000 美元加入一个网球俱乐部。这一费用并不影响她目前是再打一个电话，还是停下来去打网球的决策。这种支出已经成为历史，并不影响玛丽当前的选择和取舍。

作为另一个例子，考虑卢德·赫威格的情况。卢德·赫威格拥有自己的公司，从事木地板装修业务。装修一次新的木地板可以获得 20 000 美元的收入。他的人工和其他营业费用的成本（不包括木地板）为 15 000 美元。他拥有装修木地板所需的木地板库存。这些木地板在当初花费了 2 000 美元。由于市场价格的上升，这些木地板当前的价值为 6 000 美元，而这一价值在未来预期不会有什么变化。他是否应该接受这一合同？

他应该比较这一装修项目的边际成本和边际收益。边际收益是 20 000 美元。边际成本是 21 000 美元——人工和营业费用成本 15 000 美元再加上 6 000 美元的木地板成本。这些木地板的历史成本 2 000 美元与决策是无关的。它必须花费 6 000 美元才能得到新的木地板用于这个项目。由于边际成本超过了边际收益，卢德· 赫威格最好是拒绝这个项目而不是接受它。这个例子表明，在计算边际成本的时候，重要的是要使用追加资源的机会成本，而不是它们的历史（会计）成本。

机会成本

既然资源是一种约束，个人就会面临一种权衡。将有限的资源用于一种目的就意味着将不

即便是专业的经济学家也难免算错机会成本

机会成本是一个微妙的概念，在应用于具体分析时需要多加小心。即便是训练有素的专业经济学家，如果不仔细考虑所有相关的成本，分析中也难免出错。乔治亚州立大学的两位学者（P. Ferraro 和 L. Taylor）在一个经济学年会上向与会的 200 名经济学家提出了下面的问题：

你赢得了一张埃里克·克莱普顿音乐会的免费门票（无再出售价值）。鲍勃·迪伦在同一天晚上也有演出，而这是你的次优选择。看迪伦演出的门票价格为 40 美元。在任何给定的一天中，你都愿意花 50 美元去观看迪伦的演出。假设看这两场演出再没有其他成本和费用。根据这些信息，听埃里克·克莱普顿音乐会的机会成本为多少？（A）0 美元；（B）10 美元；（C）40 美元；（D）50 美元。

你对这个问题的答案是什么（在你继续往下阅读之前）？

仔细地应用机会成本的概念就可以得出一个清晰的答案——10 美元。对你的时间的次优利用，即去观看迪伦的演出，可以得到一个净收益 10 美元（观看迪伦演出的价值 50 美元减去买票需要花费的 40 美元）。边际分析表明，只要你从听音乐会中获得享受的价值不低于 10 美元，你就应该去听克莱普顿的音乐会。例如，如果你认为听克莱普顿的音乐会的价值是 15 美元，那么与去观看迪伦的演出相比，你去听克莱普顿的音乐会就使你有了 5 美元的好处，因为观看迪伦的演出只值 10 美元。有趣的是，在这些专业经济学家中只有 21.6%的人选择了正确的答案，这个比例甚至低于他们都随机选择而选对的概率。进一步的调查表明，选错答案的原因的确是在分析中出错，而不是题目的措辞有误导。将同样的题目给学过经济学的在校学生选择，成绩更差。

鉴于这个情况，这里有必要强调，无论是管理者、学生，还是专业的经济学家，在应用机会成本进行相关分析时，都要充分考虑到所有的显性成本和隐性成本。做错了一个假设的机会成本的问题也许无关紧要，但管理在实际决策中如果错误地估计了机会成本则可能导致严重的价值损失。

资料来源：Suggested by R. Frank (2005)，"The Opportunity Costs of Economics Education," *New York Times* (September 1)，C2.

能用于其他的目的。例如，如果莱瑞· 马特森用 4 小时打高尔夫球，他就不能用同样的 4 小时去粉刷自己的房子。将资源用于某一特定目的的机会成本，是将资源用于其他可替代方案中最好方案的价值。用 4 个小时去打高尔夫球的机会成本是莱瑞将这 4 个小时用在其他最好用途的价值。

边际分析经常会涉及到相关机会成本的慎重考虑。如果莱瑞开了一家新的比萨店，聘请了一个经理，每年工资成本为 30 000 美元，这 30 000 美元就是一种显性成本（直接以美元表示的费用）。但莱瑞可以考虑，如果他自己管理餐馆，结果是否会更好？因为他不需要为自己支付工资，从而可以避免这 30 000 美元成本。对这个问题的回答（至少部分地）取决于他时间的机会成本。如果按照在外面可以得到的最好的工作，他自己 1 年正好可以获得工资收入 30 000 美元，他自己管理比萨店的隐性成本与另外聘请一位经理的显性成本就是相同的——如果他自己管理这家比萨店，他将失去 30 000 美元的收入。显性成本和隐性成本都是机会成本，都应该在分析中予以考虑。假设在付给这位经理工资之前，莱瑞的比萨店的毛利为 35 000 美元，

机会成本与 V-8

坎贝尔汤料公司利用机会成本原理成功地进行了其 V-8 蔬菜汤料的广告宣传活动。在他们的广告片中，片中的主角刚喝完了一种软饮料之后，后悔不迭地拍着脑门大叫，“哎呀！——我本来可以喝一杯 V-8的！”因为一个人不可能同时喝一杯软饮料又喝一杯 V-8，喝一杯软饮料的机会成本就是放弃喝一杯 V-8 的价值——在这一商业广告中，通过主角的表演以及其他的声光效果等给观众留下了深刻的印象：放弃喝一杯 V-8 的成本的确是相当高的。

而他自己另外干一份工作可以得 40 000 美元。那么，目前花 30 000 美元聘请一位经理负责比萨店的业务，就可以得到净利润5 000 美元。由于他在外边的工作可以得 40 000 美元，所以他的总收入就为 45 000 美元。如果他自己管理比萨店，他只能赚得 35 000 美元。在这个例子中，对莱瑞来说自己在外边找一份工作，并雇请一位经理来管理比萨店，结果会更好。[6]

个人的创造性 [7]

在这个经济学的理论框架中，个人在一定的资源约束下最大化自己的满足感。应该说，在将约束降低到最小程度方面，人们都是非常富有创造性和想象力的。例如，当政府颁布一项新的税收政策时，几乎同时就会有会计和财务人员设计出巧妙的办法，可以减少新政策的影响。而一些自雇人员则通过改变目前公司的状况来减少税收政策的影响。

另一个例子，一位 33 岁的巴西农场工人最近退休了，他享有全部的社会保障福利，因为他使社会保障审计员相信他从三岁就开始工作了。巴西没有最低退休年龄的规定，巴西人平均的退休年龄是 49 岁。[8]

同样，当黑客和公司间谍不断地开发出更复杂的程序去窃取网站或互联网上的信息时，那些能够及时侦查出黑客侵入的软件就会很受欢迎并较为复杂。这种侵入—侦查软件行业的总产值在 1999 年约为 1 亿美元，现在已升到 10 亿美元。[9]

理解个人的创造性有重要的管理意义，我们将在本章的后面以及全书当中探讨这个问题。

系统的创造性游戏

MIS 公司的一个管理者替公司购买计算机，每次只买一台并用他自己的信用卡支付货款。然后他再向公司申请往他的费用账户上补款。虽然这个过程会造成公司的延误成本（公司购买 20 台计算机要花上将近一年的时间），但是这位管理者却收到了他的信用卡公司奖给他的短途飞行里数。

资料来源：S. Adams（1996），*The Dilbert Principle*（Harper Business：New York），326.

图解工具

经济学家经常利用一些图解工具来说明个人是如何做出选择的。这些工具的运用将会贯穿本书始终。在典型的管理学院中，其他课程也会涉及到这类图解工具的应用，比如在财务类课程、人际关系课程和市场营销类课程中。我们引入这些工具的目的在于，方便读者应用这些工具进行简单的分析。随后，我们将运用这些工具来分析美林证券的问题。

个人目标

*物品*是人们认为有价值的东西。物品包括一些基本的产品，比如食品和服装，也包括类似于理发和教育的服务，以及无形的情感（比如家庭和社会的关心与爱护）。行为的经济学模型假设在一定的资源约束（比如有限的收入）下，人们在购买物品时将以个人满足感最大化为决策准则。经济学家通常用术语*效用*来反映个人的满足感。

为对个人如何做出决策进行更详细的分析，经济学家用*效用函数*来反映个人偏好。这一函数表达了总效用与物品消费水平之间的关系。个人的目标是在资源约束下，使这样一个函数的数值最大化。[10] 为说明这一概念，我们举一个简单的例子。在这个例子中，假设这个人只关心两种物品。从对两种物品的分析中所得出的结论，可以很容易地扩展到多种物品的情况，比如食物、住房、衣服、尊重以及关心和爱护等。

假设多米尼克·拉里斯只看重食物和衣服的价值。作为一般的形式，他的效用函数如下：

$$\text{效用} = F(\overset{+}{\text{食物}}, \overset{+}{\text{衣服}}) \tag{2.1}$$

对于上述两种物品来说，多米都愿意要更多——因此不管是食物增加还是衣服增加，多米的效用数值都会上升。在这个例子中，多米的具体效用函数为：

$$\text{效用} = \text{食物}^{1/2} \times \text{衣服}^{1/2} \tag{2.2}$$

对疯牛病的反应

在 2003 年 12 月，华盛顿州接到一份怀疑一个农场有疯牛病的报告。日本、韩国和墨西哥等国都实施了从美国进口牛肉的禁令。牛肉的价格下跌了 1.7%。加工或提供牛肉的上市公司的股票价格也出现下滑。泰森食品下跌了 7.7%，而麦当劳下跌了 5.2%。玉米作为牲畜必需的食物，其价格下跌了 3.3%。作为最大的农用设备制造商，Deere 的价格下跌了 3.6%。但其他公司还不错。例如，Pilgrim's Pride 鸡肉的股票价格上升了 11.7%。而研制疯牛病菌测试产品的公司 BIO-RED 实验室的股票价格上升了 20.2%。

资料来源：C. L. Hays (2003), "Business Tied to Beef Expect to Feel Pinch," *New York Times* (December 25), A22. P. E. Tyler (2003), "Long String of Countries Suspend Imports of American Beef," *New York Times* (December 25), A22. "Report of Cow Disease Hurts Shares in Short Trading Day," *New York Times* (December 25), C5.

比如，如果多米有 16 个单位的食物和 25 个单位的衣服，他的总效用就是 20（效用 = $16^{1/2}\times 25^{1/2} = 4\times5 = 20$）。如果食物和衣服各有 25 个单位，多米的结果就会更好。在这种情况下，他的效用是 25（效用 = $25^{1/2}\times25^{1/2} = 5\times5 = 25$）。

按照最为偏好到最不偏好的次序，效用函数将不同的食物和衣服组合进行排序，但它并没有表明一个组合偏好值比另一个组合的偏好值更大。如果某一食物和衣服组合的效用指数是 100，而另一个组合的效用指数是 200，多米自然会选择第二个组合。但是，这并不必然意味着第二个组合比第一个组合好一倍。[11] 并且，同一物品组合的效用与另一个人的效用是不能比较的。

无差异曲线

效用函数中所隐含的偏好可以通过*无差异曲线*（indifference curves）表示出来。无差异曲线代表了能够产生相同效用的物品的所有组合。按照效用函数公式 2.2，对于多米来说，16 单位食物和 25 单位衣服的组合与 25 单位食物和 16 单位衣服的组合，是没有区别的。这两个组合都会产生 20 个单位的效用，因而是在同一条无差异曲线上。图 2.1 表示多米的两条无差异曲线。例如，如果在曲线 1 上给定两个点，让多米选择，他会说选择哪一个都无所谓。无论选择哪一个，他都将得到 8 个单位的效用。

在多米的无差异曲线上，任何一点的斜率都代表着为获得衣服的微小数量的增加，他所愿意放弃的食物的数量（通过这种交换，他的效用并没有变化）。[12] 在两种物品间权衡的标准的无差异曲线的斜率是负的。如果多米得到的食物数量减少了，那么，要保持总的效用不变，惟一

图 2.1　无差异曲线

图中的两条无差异曲线代表能够产生相同效用的食物和衣服的所有组合。在上述例子中，具体的效用函数为 $U = F^{1/2}\times C^{1/2}$。这里，$F$ 是食物，C 是衣服。无差异曲线向右上方移动表示效用的增加。无差异曲线 2 代表能够产生 20 个单位效用的所有的食物和衣服的组合，而无差异曲线 1 代表能够产生 8 个单位效用的所有的食物和衣服的组合。也可以画出代表其他效用水平的无差异曲线。

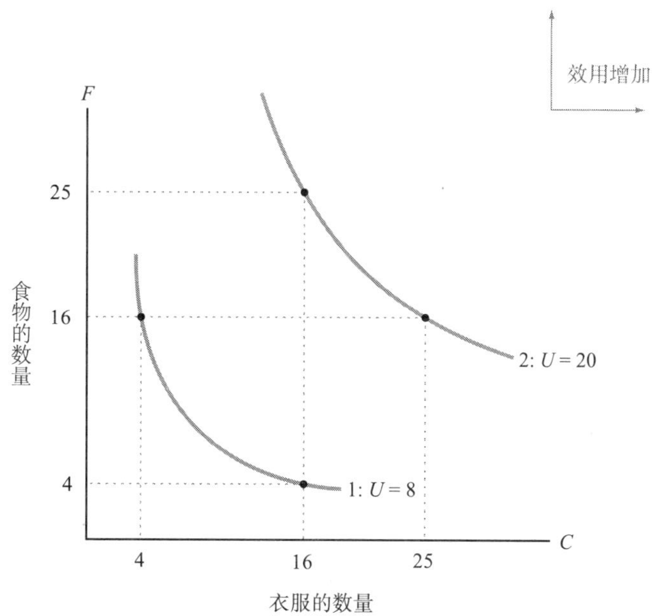

的办法是要获得更多的衣服。在无差异曲线上的某一点，如果斜率为–2，就意味着为得到 1 单位衣服，多米愿意放弃 2 单位的食物。或者说，多米愿意放弃 0.5 单位的衣服，以得到 1 单位的食物。这种替代的意愿有着重要的含义，下面我们给予进一步的讨论。

在如图 2.1 所示的坐标系中，曲线向右上方移动意味着效用的增加。保持食物的数量不变，随着衣服数量的增加，效用也将增加（曲线向右移动）。保持衣服的数量不变，通过增加食物的数量，效用也将增加（曲线向上移动）。所以，在图 2.1 中，多米就将处在无差异曲线 2 上，而不是无差异曲线 1 上。这样，他会得到 20 个单位的效用，而不是 8 个单位的效用。

经济学家通常都将无差异曲线画成向原点凸出的形状（如图 2.1 所示）。这一向原点凸出的特征意味着，如果多米拥有相对较多的食物，他就愿意为增加少量的衣服而减少大量的食物。因此，在图 2.1 中，相对于衣服的数量，当食物的数量较多时，无差异曲线就较为陡峭。相反，如果衣服的数量相对较多，增加一定数量的衣服仅能替换少量的食物。对应地在图 2.1 中，随着多米拥有更少的食物和更多的衣服，无差异曲线显得更为平缓。无差异曲线向原点凸出的特征所隐含的行为，与人们所观察到的个人行为相一致——绝大多数的人都会购买一种相对平衡的食物和衣服的组合。

约束条件

多米当然愿意拥有更多数量的食物和衣服。遗憾的是，他面临着一定的预算约束，不能任意购买。假设他的收入为 I，而 1 个单位的食物和 1 个单位的衣服的价格分别为 P_f 和 P_c。他的总的支出不能超过 I，因此他面临着如下的约束：

$$I \geqslant P_fF + P_cC \tag{2.3}$$

这里 F 和 C 代表所购买的食物和衣服的数量。这个约束条件表明，只有那些总的成本低于 I 的食物和衣服数量的组合才是可行的。将这一表达式重新整理，可以写成：

$$F \leqslant I/P_f - (P_c/P_f)C \tag{2.4}$$

我们将这一约束条件表示在图 2.2 中，这一约束条件也称为预算线。所有在预算线及其以下部分的食物和衣服的组合都是可行的。而在预算线之上的组合是不可行的，因为收入是 I。纵轴 F 上的截距 I/P_f 表明，如果将全部收入用于购买食物而不购买衣服，多米会得到多少单位的食物。而在横轴 C 上的截距 I/P_c 表明，全部收入用于购买衣服所能得到的衣服数量。预算线的斜率（$-P_c/P_f$）是 –1 乘以两种物品价格的比率。我们将这种价格的比率 P_c/P_f 称为衣服的相对价格。它代表要得到 1 个单位的衣服，需要放弃多少个单位的食物：它是衣服的机会成本。比如，如果衣服的价格是 8 美元，而食物的价格是 2 美元，衣服的相对价格就是 4。要保持总的支出不变，每增加购买 1 个单位的衣服，就要放弃购买 4 个单位的食物。食物的相对价格是 P_f/P_c（在本例中为 0.25），即每增加购买 1 个单位的食物，需要放弃购买四分之一个单位的衣服。

一旦多米的收入或者两种物品的相对价格有所变化，约束条件随着就会变化。如图 2.3 所示，收入的变化会引起预算约束线的平行位移，但预算约束线的斜率并不受影响。收入的增加

图 2.2　约束条件

约束条件反映了在个人收入（I）一定的情况下，可行的食物和衣服数量组合。预算约束线在纵轴和横轴上的截距分别反映出，如果全部收入都用来购买食物或者衣服而不购买其他物品，可以得到的数量。而预算约束线的斜率等于-1 乘以两种物品的价格比率。例如，如果衣服的价格是 8 美元，而食物的价格是 2 美元，斜率就将是-4。这一斜率意味着，要增加购买 1 个单位的衣服，就要放弃购买 4 个单位的食物。如果两种商品的价格相同，斜率将为-1。

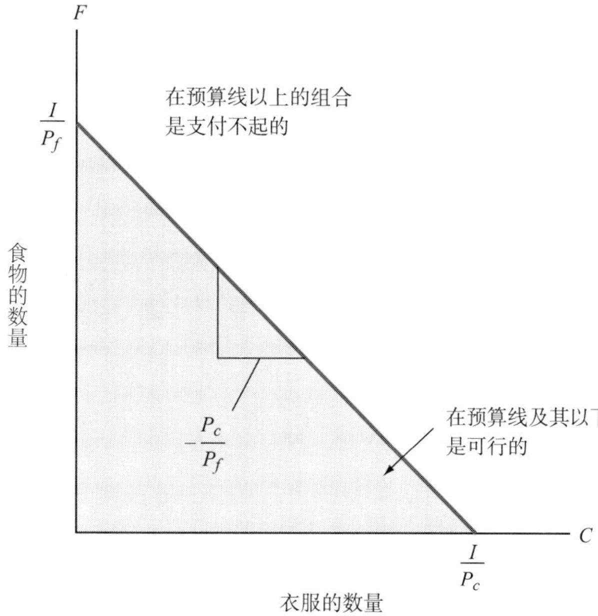

会推动预算约束线向外（向上和向右）平行位移，而收入的减少会推动预算约束线向内（向下和向左）平行位移。预算约束线的斜率将随着两种物品价格的相对变动而变动。如图 2.4 所示，如果与食物的价格相比衣服的价格相对上升，预算约束线就将变得更为陡峭。如果相对食物的价格衣服价格下降，预算约束线将变得更为平缓。

个体选择

按照这一经济学思路分析，多米的目标是在预算约束的条件下求得效用最大化。多米的效用在预算约束线和无差异曲线的切点上达到最大化。[13] 图 2.5 描绘出了这一最优选择。多米可以选择无差异曲线 1 上的 b 点和 c 点，但无差异曲线 2 上的 a 点代表了更高的效用，因此最受偏爱。多米当然也想选择无差异曲线 3 上的点。遗憾的是，在多米的收入水平约束下，这些点是不可能达到的。

多米选择问题的图解结果从直观意义很容易理解。在切点上，无差异曲线和预算约束线有着相同的斜率。无差异曲线的斜率代表多米用食物换取衣服的意愿，而预算约束线的斜率代表由市场所决定的交易条件。在最优选择点上，交易的愿望与能力相等。在其他食物和衣服的可行组合点上，通过食物和衣服之间的替换，多米所得的效用都可以增加。比如，如果根据目前的支出组合，多米愿意用 5 个单位的食物换取 1 个单位的衣服，而实际上衣服的相对价格为 4（无差异曲线比预算约束线更为陡峭），那么多米更愿意购买更少的食物和更多的衣服（他愿意拿 5 个单位的食物来交换 1 个单位的衣服，但是在市场上，他只需拿出 4 个单位的食物就可以获得 1 个单位的衣服）。另一方面，如果根据目前的支出组合，多米愿意用 1 个单位的食物来

图 2.3　收入的变化

图中显示出当收入变化时，预算约束线将会平行位移，但预算约束线的斜率不变，因为两种物品的价格都没有变化。斜率为-1乘以两种价格的比率。

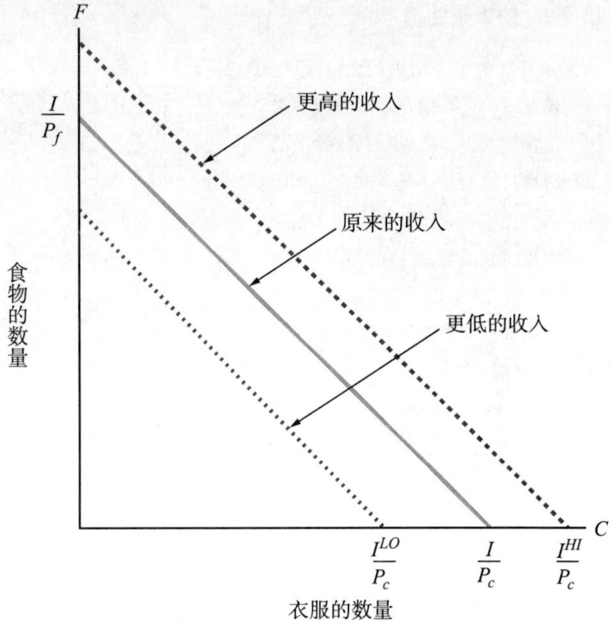

图 2.4　价格变化

图中显示出随着衣服价格的变化，预算约束线的斜率将如何变化。预算约束线的斜率为$-P_c/P_f$。因此，衣服价格的上升（从P_c上升到P_c^{HI}）会造成预算约束线更为陡峭，而衣服价格下降（从P_c下降到P_c^{LO}）将使预算约束线更为平缓。食物价格的变化也会引起预算约束线斜率的变化。

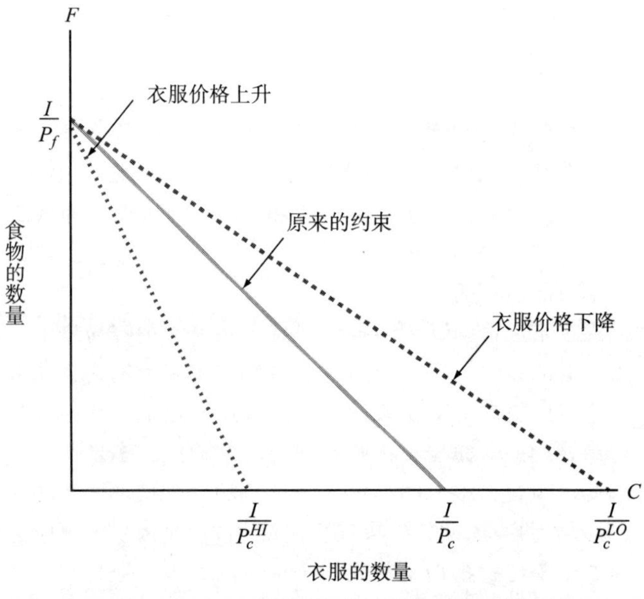

图 2.5　最优选择

对于相应的个人来讲，选择 *a* 点会得到最好的结果。在 *a* 点上，预算约束线和无差异曲线相切。这一食物和衣服的最优组合（F^* 和 C^*）所产生的效用，高于任何其他可行点产生的效用（比如 *b* 点和 *c* 点）。个人会更偏好无差异曲线 3 上的点。遗憾的是，在现有收入水平约束下这些点是不可行的。

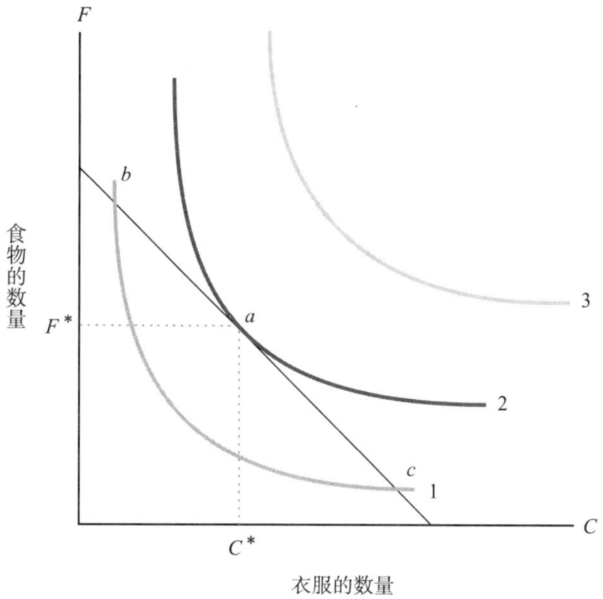

换取 1 个单位的衣服（无差异曲线比预算约束线更为平缓），那么多米更愿意购买更多的食物和更少的衣服——因为在市场上，他可以用 1 个单位的衣服换得 5 个单位的食物。

在本章前面，我们曾经讨论过边际分析如何成为现代经济学的里程碑。理解本部分介绍的图解工具对边际分析的描述非常重要。在边际分析中，只要增量收入大于增量成本，个体就会采取行动。我们的图解分析正是与这个决策准则相一致的。相对价格的比率 P_c/P_f，就是用食物的单位数表示的 1 单位衣服的边际成本，即多获得 1 单位衣服的机会成本是需要放弃的食物的单位数。类似地，多获得 1 单位食物的机会成本是 P_f/P_c 单位的衣服。无差异曲线的斜率反映了用食物的单位数表示的追加 1 单位衣服的边际收益。例如，如果多米愿意拿 5 个单位的食物交换 1 单位的衣服（无差异曲线的斜率=–5），那么他从 1 单位的衣服中获得的边际收益就应该等于从 5 个单位食物中获得的效用。同样，他从 1 单位食物中获得的边际收益就应该等于从 0.2（1/5）个单位的衣服中获得的效用。如果多米没有达到无差异曲线和预算线的切点，拿 1 单位的某商品交换另一种商品的边际收益一定大于边际成本。假定多米愿意拿 5 个单位的食物交换 1 单位的衣服，但在市场上只需拿 2 个单位的食物就可交换 1 单位的衣服。在这种情况下，多米就应该拿食物交换衣服，因为这样做的边际收益（增量收益）大于边际（增量）成本。在最优点（切点）上，消费任何 1 单位商品的边际收益都等于其边际成本，因此没有理由做进一步的交易。

选择的变化

如前所述，只要两种物品的价格和多米的收入有所变化，约束条件就将随着变化，相应地

图 2.6　最优选择与价格变化

此图显示出随着食物价格的增加，最优选择点的变化。在本例中，个人选择更少的食物（F_1^* 而不是 F_0^*）。这是一种典型的情况——通常，当一种物品价格上升时，人们将购买更少的数量。由于本例中的效用函数，多米所购买衣服的数量保持不变（C^*）。作为一般的情况，所购买的衣服的数量也将会上升和下降，具体取决于新的切点的位置。

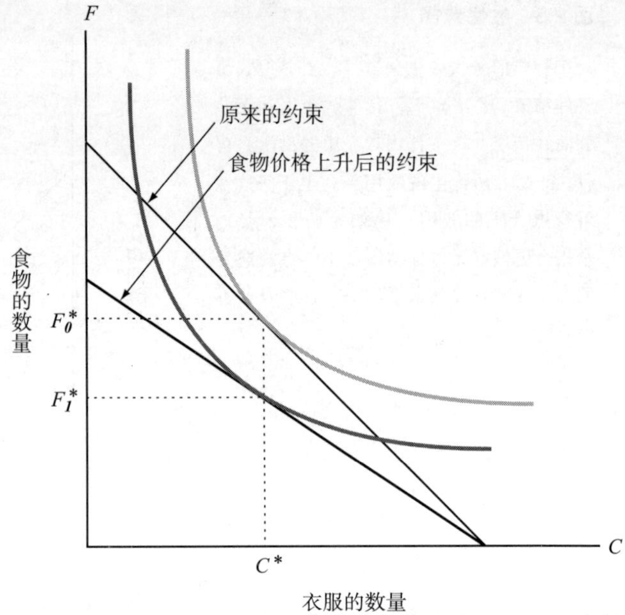

他就要做出不同的选择。相对价格的变化会改变约束条件的斜率。通常，当一种物品的相对价格上升时，个体会选择更少地购买这一物品。[14] 图 2.6 显示出当食物的相对价格上升时，多米将如何减少食物的购买——食物变得更贵，所以其吸引力会相应下降。一般来说，所购买的衣服数量也将出现上升或下降，它取决于新的切点的位置（对于本例中假设的具体的效用函数而言，所购买的衣服数量保持不变）。即使衣服价格相对更有吸引力，食物价格的上升也使得可用的收入更为有限，所以减少了对两种物品的购买。多米收入的变化将引起预算约束线的平行位移，也将改变多米的最优选择。在第 4 章，我们将详细探讨收入和价格的变化是如何影响消费选择的。

如果偏好变了选择也会改变。现在的偏好毫无疑问是改变了。（你是否相信在下一个圣诞节，过去几年十分流行的‘R’Us 玩具公司的忍者神龟动画人物、Tomaguchi 电子宠物、Tickle-Me-Elmo 布娃娃或 Poke 贺卡，还能满足玩具市场的需求吗？）目前，经济学家对此很少进行解释。经济学中几乎没什么理论能够解释引起偏好变化的原因。并且因为管理经济学主要注重实际运用，因此以偏好为基础的解释只有在其他的解释行不通之后才会被提出来。在某种程度上，这些以偏好为基础的解释特别简单——它们解释得也很好。实际上，任何观察到的行为都可以用偏好来解释：为什么冰冻的凝乳制品的消费量相对于冰激凌的消费量上升了？因为人们的偏好变了，所以人们需要更多的冰冻的凝乳制品和少量的冰激凌。但这只是对消费量减少的表面解释。如果没有对偏好为什么变化的深刻理解，那么你虽然可以解释所有的事情，但没办法对任何事情进行预测性分析。

最终，这种分析的管理作用来自于它有能力确定那些对目前的问题有可预知影响的政策工具。纵观多方面的问题，假设内在的偏好是相当稳定的，并分析这些约束条件有规律变动的影响，就能够得出重要的管理见解及找到有效的管理工具。

美林证券对诚实的激励

经济学家通常侧重于考虑如食物和衣服这类消费品的消费，这一侧重是自然的，因为经济学家对理解消费者行为感兴趣。这一分析可以很容易扩展应用到人们所关心的其他物品，比如爱与尊重等。[15] 我们可以通过这种扩展来分析美林证券的问题。

假设同在美林证券的其他分析师一样，苏珊·陈看重两种物品的价值——金钱和诚实。她的效用函数为：

$$效用 = F\,(\overset{+}{金钱},\ \overset{+}{诚实}) \tag{2.5}$$

金钱是一般购买力的象征，可以用它购买各种各样的物品，比如食物、衣服以及住房。除了金钱之外，苏珊还看重诚实，因为与其他人以诚相待使苏珊觉得心情舒畅。

假设诚实可以按照一定的单位计量，苏珊也愿意要更高的诚实数值。例如，5 个单位的诚实会提供比 4 个单位的诚实更高的效用（在现实中，按照一种数量标准计量像诚实这类的物品可能非常困难。但是这种复杂性并不会影响进行数量分析的实质意义）。

美林证券对本公司的股票分析师支付年度奖金，奖金多少部分依赖于这些分析师在公司的投资银行业务（比如证券承销活动）方面的贡献大小。如果苏珊完全诚实并把某个企业评价为较差的投资对象，那么这家公司的管理者就可能把他们的投资银行业务转向其他的证券公司。结果美林证券的投资银行业务收入就会有损失，而苏珊的年度奖金就会减少。这种奖金制度迫使苏珊做出权衡和取舍。她可以选择诚实并因为诚实而感觉良好，也可以在对股票进行评估时选择不诚实的态度，并因此获得高额奖金（作为一个投资分析师，她也会考虑拥有好的或坏的名声对她未来收入的影响。但是，在本章的分析中，我们将只考虑一个时期的简单情况，而不考虑建立良好声誉可以获得更多的未来收益的问题。在后面几章，我们将在这一分析的基础上加以扩展，考虑多个时期的情况）。

图 2.7 显示出了苏珊所面对的约束。这一约束表明，在公司薪酬计划和条件已定的情况下，苏珊所能得到的金钱和诚实的最大数量。[16] 如果苏珊牺牲所有的诚实，那么她得到的年收入最大为$\$_{max}$。如果她在投资评估时完全诚实，她的年收入就要少得多（她的收入有一个最低线，即最低工资$\$_{min}$，因为她的基本工资是与投资银行的业务量相联系的，而且她的分析毫无疑问会影响美林客户的股票）。在这些约束条件下，苏珊也可以沿着约束线做一些中间选择。虽然苏珊愿意获得超过最高年收入$\$_{max}$的收入，但这是不可能的。

苏珊选择的诚实和收入的组合，使她处于可达到的效用最高的无差异曲线上。这一组合正好位于她的无差异曲线和约束线的切点上。最后，苏珊选择了数量相对较低的诚实，因为美林证券管理层采用的奖励计划使得诚实的代价很高。如果苏珊选择更多数量的诚实，她就必须放弃更大数量的收入。

管理层也可以通过改变薪酬计划，来改变苏珊和她的同事所面临的约束。在美林证券的例

图 2.7 美林证券的分析师们所面临的约束特点

图中的约束线表明，在公司的薪酬计划和条件已定的情况下，分析师所能得到的金钱和诚实的最大数量。如果该分析师牺牲所有的诚实，并推荐那些很糟糕的投资，那么他将得到最多的年收入\$max。如果该分析师提出客观的投资建议并把某些股票列为较差的投资（选择较高程度的诚实），那么投资银行就会损失某些业务。既然该分析师的奖金是以投资银行的收益为基础的，那么这个职员只能得到较少的收入。I_c 代表完全诚实。

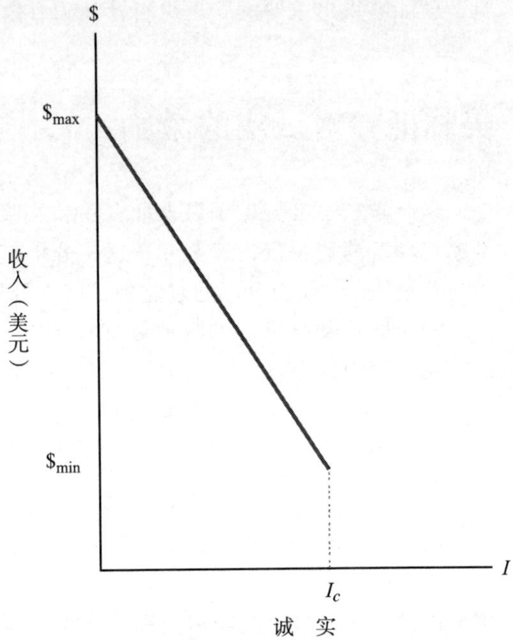

子中，在决定年度奖金时，降低对投资银行收入的强调，就会减少靠不诚实的投资建议而获得的金钱收入，从而使约束条件更为平缓。而约束线斜率的变化将导致切点的变化，进而引起选择的变化。图 2.8 显示出，当不再过分强调投资银行的收入时，苏珊的最优选择会如何变化。[17] 最后的结果是导致更为诚实的行为。本质上苏珊“购买了”更多的诚实，因为它相对便宜了。与这一分析相一致，美林证券与纽约州达成的协议就是改变它评估和奖励其分析师的方式。现在，奖金是与投资建议的质量挂钩，而不是与投资银行的收入挂钩。

管理的意义

上述分析表明，经济学的理论框架可以用于分析和说明管理问题。管理者对于影响有关个人的行为感兴趣，比如对于员工、客户、工会领导以及次承包商等。理解什么可以调动个人的行为是非常重要的。按照经济学的解释，个人的行为是追求个人效用最大化的结果。只要交易的条件有吸引力，人们就愿意交换（例如，为了增加收入而减少休闲时间）。通过正确地设计个人所面临的约束线，管理者就可以影响或引导有关个人的行为。因为约束线的设计将会影响到个人所面临的权衡，从而影响到他们的最终选择。比如，管理者可以通过薪酬计划激励员工，或者通过定价决策来鼓励客户购买。

个人做出经济选择的结果是约束条件和个人偏好的函数。在所面临的约束条件下，个人力图获得最高水平的满足。然而，我们所讨论的管理意义主要侧重于约束条件，而不是个人的偏

图 2.8 在两种不同的薪酬政策下，美林证券分析师的最优选择

方案1 反映了原有的薪酬计划。根据这一方案，薪酬是以投资银行收益为基础的奖金，相应的约束条件较为陡峭。方案 2，企业在奖励分析师时不再过度强调投资银行的收益，约束条件也较为平缓。结果是职员在第二个方案下会比在第一个方案下选择更多的诚实。

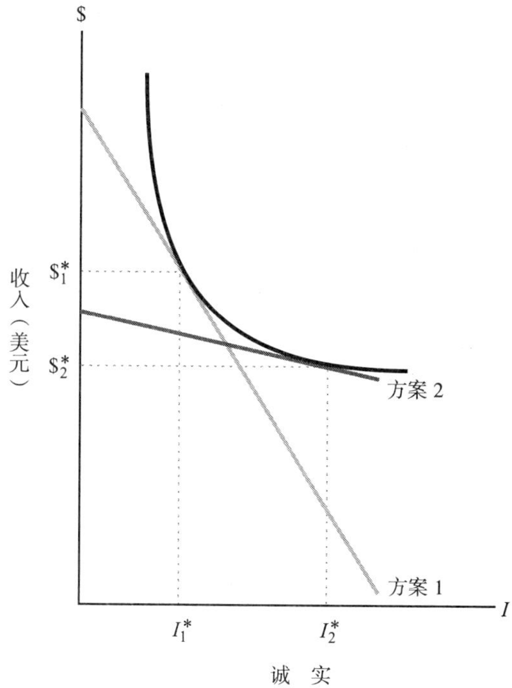

好。作为一种管理工具，侧重于个人偏好的分析用处不大。个人偏好通常也难以观察到，而（正如我们前面所提到的）实际上，任何观察到的选择的改变都可以简单地归结为个人趣味的改变。而且，所谓江山易改本性难移，外部力量很难改变个人的偏好。说到美林证券的员工为什么会不诚实，按照个人偏好来解释，是因为职员从不诚实的行为中可以获得更多的个人效用(或者与其他公司的员工相比，美林证券的员工愿意为较少的金钱奖励而付出较多的个人诚实)。

金钱和工作满意度

青年总裁组织曾对 400 名管理人员做过调查，他们承认“对金钱的追求毁灭了他们”，但他们在选择职业时并不太看重金钱。他们有些人把财富等同于自我价值，而有些人则说“他们永远都不够”。在态度调查时，职业发展计划总是被放在员工需求的第一位。管理者通常坚持认为他们从不会仅仅根据金钱来做职业选择。有一位管理者把他的家庭安宁和幸福看得最为重要，但他在职业选择时仍要考虑工作的货币价值。有一位得到一大笔奖金的管理者说，他将把这笔钱用于孩子的教育上。“它给了我一种轻松的感觉，现在我可以把一部分钱用于以前从没有干过的事情上或把它存入养老基金。”因此，这些管理人员很显然看重金钱以外的东西，也很自然地在金钱和他们看重的事情之间进行选择。

资料来源：H. Lancaster (1998), “Needy or Greedy?” *The Wall Street Journal* (June 30), B1.

这一解释对于指导美林证券的管理者解决相应的问题并没有多大的帮助。按照这种理解，美林证券应该解雇那些不诚实的员工，并招聘更为诚实的员工来充实原有的岗位。个人偏好的不可观测性限制了这种经济学方法的应用。美林证券很难判定：作为一个整体，新的员工是否会比原有的员工更诚实。你无法直接通过提问确定应聘者是否诚实。如果他不诚实，他就会毫无羞愧地说自己是诚实的。

事实是，在降低约束条件的影响方面，人是充满智慧和创造性的，这使得管理问题变得复杂化。改变外在的激励将影响员工的行为，尽管有时对员工行为的影响是出乎意料或者有违初衷的。考虑苏联早期曾采用激励性薪酬去激励员工的两次尝试。为了避免出租车司机将车停在停车场不动，他们是按照行使的总里程来获得奖励的；为了促进生产，灯具制造厂的工人是按照他们生产产品的重量（以千克为单位）来获得奖励的。作为对这些激励计划的反应，出租车司机经常在莫斯科郊外的高速公路上开着空车飞驰，而灯具厂则生产更笨重的灯具固定装置，甚至吊灯经常从天花板上坠落下来（生产一个 100 千克的灯具比生产 5 个 20 千克的灯具节约成本；工人们还用铅代替了相对较轻的金属，从而大大增加了吊灯的重量）。美林证券最初想用奖金去激励分析师更努力地工作并加强各商业单位间的合作。但没有料到的是却由此产生了不诚实的行为，这可以说是这种奖金计划的负效应。

总而言之，对行为的经济学分析和解释有着重要的管理意义。根据这一理论框架，管理者要通过设计合理的激励方法来激励员工的理想行为。然而，在设计时管理人员必须保持谨慎，因为不合理的激励可能会产生一些违背常理的行为。

应该指出，个人的偏好在很大程度上是观察不到的，所以，很难准确地预测出个人的精确选择，从这个意义上讲，经济学的分析也是有局限性的。出于这种考虑，我们侧重于分析大众化的行为，或者某些典型个人的行为。比如，一个经济学家也许无法预测出在新的激励计划下哪些人会更为努力地工作。但经济学家可以成功地预测出：与干好干坏都可以拿到固定工资的情况相比，如果实行收入与业绩挂钩，全体职员将更努力地工作，产出也会上升。管理者最感兴趣的组织架构设计是，无论将什么人安排在一个特定的职位上，各项工作都可以顺利地开展。个人虽然有进有出，但管理者希望即使有一些变化发生，整个组织仍然运转良好。在这一背景下，经济学的理论框架很可能是有用的。对于与具体的个人个性有重要关系的管理问题，其他的理论框架也许更有价值。例如，如果董事会正在面试一位未来的 CEO，通过心理学的角度来透视候选人的行为将是极其重要的。

林肯电气公司不合理的激励政策

林肯电气公司是一家生产电弧焊设备的成功企业。其激励性薪酬制度是非常有名的，许多学生和商业人士都将林肯电气公司作为研究对象。公司的激励计划看上去是其高劳动生产率的重要原因。基于这一点，林肯电气公司决定将这一激励性薪酬计划扩展到公司行政人员身上。为此，在打字机上安装了计数器，按照打出的字数付给秘书薪水。这一政策导致了打字数量的增加。然而，这个政策没有执行下去，因为管理者发现，秘书利用午饭时间打一些毫无意义的东西，以图增加收入。

资料来源：N. Fast and N. Berg (1975), "The Lincoln Electric Company," Harvard Business School Case #376-028.

有关行为的各种模型[18]

我们已经知道关于行为的经济学模型可以用于管理决策。现在，我们讨论另外四种管理者（不管是性格豪爽的还是含蓄的）所常用的解释行为的模型，对这些模型我们仅进行简单的介绍。但是，我们的目的在于要抓住一些管理者拥有的关于行为的杰出观点的本质，并且说明所持观点的不同将会如何影响管理决策。我们还将这些观点与经济学观点做出比较，说明为什么经济学的理论框架对管理者来说是特别有用的工具。

金钱至上模型

有些人认为，找工作的惟一重要条件就是看货币报酬水平的高低。但是，正如我们前面所阐述的那样，人们有令人难以置信的宽泛的兴趣，它远远重要于金钱。而这些兴趣则以种种不同的行为表现出来。比如，红十字会的工作多数是由一些不拿工资的志愿者做的；人们经常选择早早退休，离开一个有规律地领取工资的工作而去享受更多的闲暇时光；有危险的职业必须提供更多的工资才能吸引人们从事这项工作。

这种混乱来自于对标准经济分析的误解。经济学的核心是对权衡的研究（请看前面我们在无差异曲线中对食物和衣服取舍的分析）。经济学家经常把金钱作为一种物品来考虑，但这只是因为金钱是一种很方便的价值单位——它代表了基本的购买力。它的使用并不表明我们只应考虑金钱。

霍桑试验：快乐即是生产力相对于经济学的解释

1924~1932 年，在西屋电气公司的霍桑工厂，进行了七项卓有成效的生产率研究。所有七项研究都集中于改变外界变量（例如，休息时间的长度和工作日的长度）时装配工人生产率的反应。出乎意料的是，几乎与具体的政策规定无关，只要外界变量有所改变工人的生产率都会上升。例如，只要改变车间的照明，不管是将光线增强还是减弱生产率都会提高。打开所有的灯生产率会提高，关掉所有的灯生产率也会提高。这就是著名的霍桑试验的结果，众多的心理学研究都讨论过霍桑试验。霍桑试验经常被作为快乐即是生产力模型的有力证据。在试验中的工人得到了特殊的关照，与其他工厂的工人相比，他们没有工头的监督。管理者征集受到影响的工人的意见，从而他们被赋予更多的责任感。这里讨论的这些活动增加了工人的工作满意度和绩效。

帕森斯（Parsons，1974）提出，霍桑试验的结论可以通过薪酬系统的同步变化来解释。在试验之前，所有工人的工资都与大约 100 名工人为一组的集体产量挂钩。而在试验中，薪酬政策改变为按照每 5 个工人为一组的集体产量来核算。在这种情况下，一个工人的产量对他自己的工资收入将有更直接的影响。按照经济学理论的预测，这当然会刺激产量的增加。耐人寻味的是，霍桑试验的最后一次是在薪酬系统没有改变的情况下观察工人的反应。在最后一次的试验中，产出水平没有任何变化。

资料来源：H. Parsons (1974)，“What Happened at Hawthorne?” *Science* 183，922–932.

快乐即是生产力模型

管理者有时宣称快乐的员工比不快乐的员工工作效率要高。在设计制度和政策时，信奉这一快乐即是生产力模型的管理者，会按照让员工满意的目标来设计工作环境。心理学理论（比如马斯洛和赫兹博格的理论）经常被用来作为提高工作满意度的指导性文献。[19]

一个坚信快乐即是生产力模型的管理者可能会认为，美林证券的问题是由将不良情绪发泄给客户、对工作不满意的员工造成的。这一观点意味着，美林证券可以通过一些措施——比如设计更有趣的工作、提高工资率以及改善工作环境等提高员工的满意度，从而解决公司的问题。快乐的员工就会为客户提供更好的投资建议。

从人们所关心的物品上考虑，经济学模型与快乐即是生产力模型并没有区别。与其他标准的经济物品（比如食物、衣服和住房等）一样，经济学模型允许个人看重爱、尊重、有趣的工作以及令人愉快的工作环境等的价值。这两个模型的主要区别在于靠什么来激励员工的行为。在快乐即是生产力模型中，当员工高兴时他们就会付出更大的努力；在经济学模型中，当有回报时员工就会付出努力。

考虑给予一个员工终身的职业保障，再加上较高的薪水，而且薪酬水平与工作业绩无关，在这些条件下考虑两个模型。快乐即是生产力模型表明，这个员工将会更有效地工作，因为特别的工作保障和高收入都会增加对工作的满意度。而经济模型则认为，这个员工将会付出更少的努力 (因为对于这个员工来说，更努力地工作不会得到追加的回报；放松自己也不会被解雇)。

良民模型

有些管理者采用良民模型。这一模型的基本假设是：员工有强烈的意愿做好工作；他们为自己的工作而感到骄傲，愿意在工作中有出色的表现。按照这种观点，管理者有三种基本的作用。第一，他们需要就组织的目的和目标与员工进行沟通。第二，他们需要帮助员工找出实现这些目的和目标的方法。最后，管理者应该提供员工业绩的反馈，以使员工持续不断地改进他们的工作。没有理由实行激励性薪酬，因为从本质上讲员工个人都有兴趣做好自己的工作。

这种观点认为美林证券的问题之所以会发生，是因为员工不理解怎么做才有利于公司。员工也许认为增加投资银行的收益就有利于公司的利益，即使为此需要在一定程度上牺牲诚实。在良民模型看来，美林证券的管理者应该与员工进行充分的沟通，从而激发员工的诚实。从长期来看，如果分析师不再蒙骗客户，企业会因此受益。管理者应该召开一系列的分析师大会，强调诚实和客观的投资建议的重要意义。

在良民模型中，员工总是把公司的利益放在第一位。员工的个人利益与公司的利益之间从来不会有冲突。相反，经济模型假设员工只关心他们自己的效用最大化，由此就会引起潜在的利益冲突。经济学的观点预测，在实际工作中，美林证券的管理层呼吁分析师应该诚实的策略将不会对分析师的行为产生什么影响，除非相应地改变奖励系统，从而刺激分析师对于诚实更感兴趣。

文化与行为

在东京，丢失手机、雨伞以及现金等都可以到东京市警事厅失物招领中心找回来——日本人严格遵守捡到物品上交的原则。在 2002 年，该失物招领中心经手交还了 23 000 000 美元的现金和 330 000 把雨伞。这个系统可以追溯到公元 718 年时制订的一个行为规范。对于别人丢失的物品（包括动物和仆人）必须在发现后 5 日内上交政府官员。不上交发现的物品将受到严厉的惩罚。在 1733 年，有两个政府官员因为私自留下了一包衣服而被判决游街示众并依法处死。目前的法律允许捡到物品者在 7 天之内上交。如果该物品得到认领，上交者可以获得奖励（物品价值的 5%~20%）。如果该物品在 6 个月中没有得到认领，则上交者可以取回它。

得到认领的最常见的物品是手机——大约 75%得以归还。而认领率最低的是雨伞，只有 0.3%。

资料来源：N. Onishi (2004)，"Never Lost, but Found Daily," *New York Times* (January 8)，A1.

环境造就人模型

环境造就人模型认为，在很大程度上，个人的行为是由其幼年时期所受的教育决定的。有些文化和家庭会鼓励个人积极的价值观，比如勤奋和诚实；而有些文化和家庭也许会鼓励一些负面的价值观，比如懒散和自私。根据这一模型，美林证券公司存在一些不诚实的分析师。对此的一种反应是解雇这些分析师，而招聘背景更好的更为诚实的分析师。

管理者应该采用哪种模型

行为是一个复杂的课题。任何行为的模型都不可能适用于所有情况。例如，要预测一个人会喜欢红色的衬衫还是白色的衬衫（假设价格相同），经济学的模型就无能为力了。但是我们所关心的是管理领域的决策。在这个领域，完全可以相信，经济学模型是非常有用的。

大多数管理者都对于培育和引导行为的变化感兴趣。例如，管理者想要消费者更多地购买他们的产品、想要员工付出更多的努力、想要工会接受更小的工资增长。与其他的模型不同，经济学的理论框架给管理者提供了一种如何改变有关行为的具体指导。通过改变决策方面临的成本和收益，就可以激发出理想的行为。例如，激励性薪酬可以用于激发员工的积极性，而价格的调整可用于引导消费者的购买行为。

大量事实证明支持这一假设——这种经济学的理论框架对于行为变化的解释是非常有用的。最为常见的例子是面对更高的价格，消费者会购买更少的数量。证据还表明，对于其他一些行为的解释这一模型也非常有用。这些行为包括投票，家庭的组成、分解和结构，吸毒行为以及犯罪的发生等。[20]

在商业环境下预测行为时，良民模型显得更力不从心。如果员工都愿意努力工作生产出符合要求的高质量产品，管理工作就变得简单易行了。而快乐即是生产力模型也有很大的局限

经济学理论框架与犯罪行为

通常人们都将罪犯看作是心理不正常的人。然而，事实表明，罪犯的行为至少部分是可以通过经济学的理论框架加以解释的。这种框架预言罪犯会考虑实施一项犯罪活动的边际成本和边际收益，一旦边际收益超过边际成本，他就会实施犯罪。按照这一观点，增加破案的成功率以及对于罪犯惩罚的严厉程度将会减少犯罪。在一项开创性的研究中，伊萨克·埃利希研究了在各州之间重大犯罪的发案率是否随着预期惩罚的严重程度而变化。他发现，惩罚的可能性每增加1%，抢劫罪的发案率相应地减少1.3%。发案率同样会随着惩罚的严重程度的增加而递减。因为埃利希的研究，学者们开始就这个问题展开全面的研究。一般而言，研究的结果都证实，经济理论模型在预测犯罪活动方面是很有效的。

资料来源：I. Ehrlich（1973），“Participation in Illegitimate Activities：A Theoretical and Empirical Investigation，” *Journal of Political Economy* 81，521–565.

性。最为重要的是，现存的事实表明工作满意度与工作业绩之间没有什么关系（下一页我们选摘了斯考特的《对于快乐即是生产力模型的驳斥》）。无论如何快乐员工的生产率并不一定就高。有时，管理者也许会根据环境造就人的观点，解雇一些带有不好个人特质的员工。对于绝大多数管理问题的解决，这一方法的作用是有限的。同样，在现行的限制就业歧视的法律约束下，这种方法经常会导致公司陷于严重的法律纠纷。

对于快乐即是生产力模型的驳斥

理查德·斯科特总结了有关快乐即是生产力模型的一些主要问题（以下称为人际关系活动）：

实际上所有这些人际关系活动的应用从意识上和实践上都遭受了猛烈的抨击。在表面上，人际关系活动使得理性占统治地位的冰冷的工厂和车间更为人性化，但这只是似是而非的表象，它很快就遭到了根本性的攻击：人们认为，它不过是代表了一种更为精妙的和伪装的损人利己的形式而已。有批评指出：工人合法的经济利益被不合理地忽略了；实际的利益冲突被否定了，而不是得到了公正的解决；管理者的作用成了一种新品牌的精英主义。整个运动其实可以以“母牛社会”称之，也就是说，满足母牛的基本需求，使它生产更多的奶。当然，满足工人的目的在于，使他们生产更多的产品。

意识上的批判只是更强有力抨击的初次爆发，随着时间的推移，有关基于经验事实的研究将使人际关系活动一败涂地。几十年来的研究从来都没有发现在工人的满意度和生产率之间有什么关系。

资料来源：W. Scott (1981)，*Organizations*：*Rational*，*Natural and Open Systems* (Prentice Hall：Enlewood Cliffs，NJ)，89–90.

不确定情况下的决策

至今为止，我们所考虑的都是有关某项选择的完全确定的决策。比如，多米已知食物和衣服的确切价格，而苏珊已知在美林证券的诚实和金钱收入的准确损益情况。然而，决策者经常要面对的是不确定的情况。比如，在做不同风险投资方案（比如股票和债券）的选择时，决策者必须预测可能出现的损益情况。即使这样，最终的结果还可能是相当不确定的。本章所进行的分析也可以扩展到不确定情况下的决策。[21] 有关不确定情况下决策的详细讨论并不是本书的主题。下面一部分我们简单介绍本书后面部分将要用到的几个关键概念。

期望值

泰勒·麦克卢尔为不动产公司销售房地产，从公司那里得到销售佣金。为简单起见，假设在一年中他有三种可能的收入：如果销售情况好，他会获得 200 000 美元的收入；如果销售情况不好，他将一无所获；如果销售情况一般，他会获得100 000 美元的收入。概率是一种结果发生的可能性。在这个例子中，假定每种结果都有同样的可能性，因此发生的概率都为三分之一。一种不确定的未来损益的期望值是指所有可能结果的加权平均值，而每一种结果的概率就用作权重。期望值衡量的是一种中间趋势——平均将发生的损益。在我们的例子中，期望值为：[22]

$$\begin{aligned}\text{期望值} &= (1/3\times 0) + (1/3\times 100\ 000) + (1/3\times 200\ 000)\\ &= \$100\ 000\end{aligned} \tag{2.6}$$

波动性

虽然泰勒期望的平均收入为 100 000 美元，但他的收入并不是确定的。*方差*是反映损益波动情况的指标，它被定义为每一种可能出现的损益与期望值之差的平方的期望值。在上述例子中，方差为：

$$\begin{aligned}\text{方差} &= 1/3(0-100\ 000)^2 + 1/3(100\ 000-100\ 000)^2\\ &\quad + 1/3(200\ 000-100\ 000)^2\\ &= \$6\ 700\ 000\ 000\end{aligned} \tag{2.7}$$

*标准差*是方差的平方根。在上述例子中，标准差为：

$$\text{标准差} = (6\ 700\ 000\ 000)^{1/2} = \$81\ 650 \tag{2.8}$$

方差和标准差都可以作为计量风险的指标。究竟用哪一个指标并没有什么关系，因为通过简单的换算，可以由一个指标的数值得出另一个指标的数值（标准差较高意味着方差较高）。在这个例子中我们采用标准差计量风险，部分是因为标准差是以通常所用的计量单位美元来表示（方差的计量单位是美元的平方）。标准差越高风险越大。某件事情的结果是确定的，则它的标准差为零。

风险回避

与绝大多数人一样，泰勒持有风险回避的态度——假设期望的损益情况一定，他偏好选择较低的标准差。因此，随着期望值的上升他会获得效用，但是随着标准差的上升，他获得的效用会减少。图 2.9 列出了泰勒的三条无差异曲线，每条曲线都显示了能够给泰勒带来相同效用的所有期望值和标准差的组合。与我们前面所做的分析不同，这里有一项物品选择是"坏的"——泰勒并不喜欢风险。因此，在这个图中无差异曲线有着正的斜率，而向左上方的移动意味着效用的增加（请回忆，在标准分析中，曲线都有负的斜率，而向右上方移动意味着效用的增加）。无差异曲线的斜率反映了泰勒对于风险回避的程度。更陡峭的无差异曲线意味着更高程度的风险回避（如果无差异曲线完全垂直，要保持泰勒得到的效用水平不变，那么每增加 1 个单位的风险，就必须有非常大的期望价值的增加来补偿）。如果他的无差异曲线完全是水平的，那么意味着他持风险中性的态度。持风险中性态度的人只关心期望值，而不关心风险的大小。无差异曲线 3 的效用最高，而无差异曲线 1 的效用最低，泰勒目前正处于无差异曲线 2。在收入计划中的既定选择下，泰勒也会考虑不同的预期损益和风险，最终他会选择能够达到最高无差异曲线的一种组合。

确定当量与风险补偿

图 2.9 表明，风险性佣金（其期望价值是 100 000 美元）和确定的收入 80 000 美元对于泰

图 2.9 期望值和标准差的无差异曲线

图中给出了一个风险回避投资者的三条无差异曲线，该投资者偏好更高的期望值和更低的标准差。标准差反映了风险的大小。既然风险是一种坏事，无差异曲线就是向右上方倾斜的，有正的斜率。向左上方移动意味着效用增加。目前，该投资者有期望值为 100 000 美元、标准差为 81 650 美元的报酬组合。这一风险收益组合的确定当量为 80 000 美元，风险补偿为 20 000 美元。

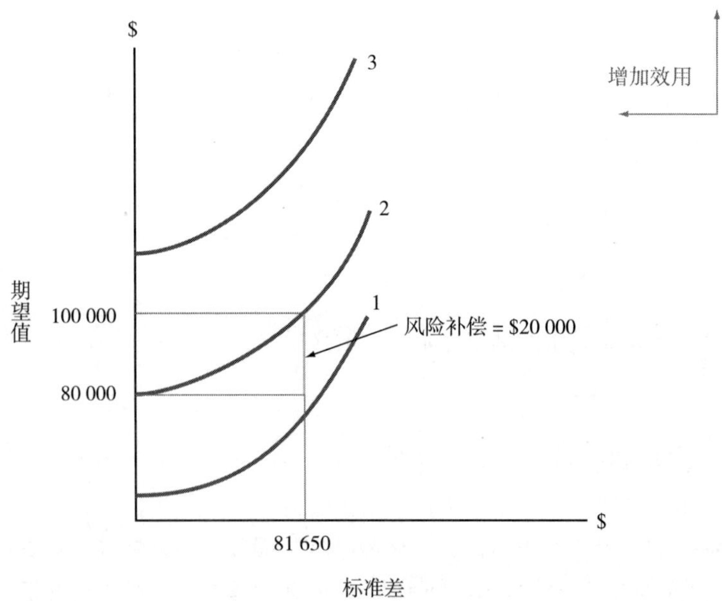

勒来说是没有区别的。这 80 000 美元是泰勒风险收入的确定当量——他愿意用不确定性收入 100 000 美元去交换确定性收入 80 000 美元。风险性收入的期望价值与确定当量之间的差别称为风险补偿（risk premium）。这个 20 000 美元的风险补偿增高了不确定性收入的期望价值。从而，泰勒从风险收入所得的效用与确定当量收入所能产生的效用是相同的。

假设泰勒收到了另一家房地产公司的聘用通知，每年付给他固定工资 90 000 美元。泰勒自己觉得这一新工作除了在收入方面与现有的工作不同外，其他方面都完全相同。那么，他目前的收入状况将不利于促使他继续留在不动产公司工作。虽然他目前的期望收入更高，但他宁愿选择一个确定的收入 90 000 美元，而不愿选择不动产公司的风险收入 100 000 美元。如果不动产公司有意留他，就必须至少提供给他一种效用与 90 000 美元固定收入相同的报酬。

风险回避和报酬

进行多种投资的股东，拥有许多大公司的股票。管理人员通常不喜欢多种投资，往往把他们的人力和资本投入到一家企业。正如我们在本书的后面将要讨论的，这种投资上的不同会导致管理人员在投资决策时特别厌恶风险，而多种投资的股东则喜欢冒风险。企业的所有者可以通过某种薪酬计划引诱经理人员进行风险更大的投资，这种薪酬计划的特点是当投资结果好时予以奖励，当投资结果差时则予以轻微的处罚。但是安然公司（请看第 1 章）的最高管理层在这个方向上走得太远了——促使他们的管理人员承担了太多的风险（把他们的行为成功地从风险回避者变成了“风险热爱者”）。[23] 在本书的后面章节我们将对这一问题进行更详细的分析。

风险回避与风险承担

劳伦·阿比特决定在拉斯维加斯赌场的 35 号轮盘上赌 2 000 美元。但马上她就开始怀疑自己的决定。劳伦基本上是一个风险回避者，很少参与赌博。但她现在在 Trilogy 软件公司工作，该公司的 CEO 认为承担风险并接受其结果对一个企业的成功是至关重要的。其 CEO 想促使员工抓住机会。“你并不赢钱，……只是去试一试。”劳伦参加了公司为新员工举办的为期三个月的培训班。培训班教员工如何在其他的事情中评价有风险的项目，而不能因为项目有风险就马上接受或拒绝这个项目。该培训班还告诫员工，在 Trilogy 公司不承担风险就得不到奖励。因此，虽然劳伦不喜欢冒风险，但在 Trilogy 公司工作，为了经济利益她不得不这样做。

资料来源：E. Ramstad (1998), “High Rollers, How Trilogy Software Trains Its Raw Recruits to Be Risk Takers,” *The Wall Street Journal* (September 21), A1.

案例研究：Interwest 保健公司

Interwest 保健公司是一个非营利性组织，它拥有 10 家医院，分布在西部的三个州。辛西娅·曼佐尼是Interwest 公司的总裁，维杰·辛格是财务总监，所有 10 家医院的主管都向曼佐尼报告。

令辛格大伤脑筋的是，各医院的职员在将有关数据输入公司管理信息系统时很不认真。这些数据包括病人摄取、治疗及康复的信息。这一系统用于支持各种管理报告，比如，涉及到各种治疗的成本估算。这一系统也用于在各种认定程序下支持联邦政府所要求的有关报告。辛格认为，没有高质量的信息，提交公司管理层和政府的报告就没有多大意义，而且可能产生误导。因此，辛格非常担心管理者会因此出现决策失误，也担心会失去联邦政府的资助。联邦政府定期对 Interwest 公司进行审计，如果审计人员发现有关报告并不准确，那么，资助就会因此而中断。

经辛格说明，曼佐尼相信存在这些问题。她也认识到，精确的系统对于公司的管理计划和争取联邦政府的资助都是非常重要的。6 个月之前，她邀请各医院的主管以及总部的财务人员一起度假，其目的在于与各个医院的主管沟通、说明数据输入的问题，并强调做好有关工作的重要性。会上争论激烈，各个医院的人都指责辛格太官僚，不关心对病人的服务。辛格则指责医院的职员不理解准确报告的重要性。到会议结束时，曼佐尼觉得必须迫使医院主管保证数据输入的准确性。然而，6 个月之后辛格还在抱怨问题没有任何好转。

曼佐尼聘请你为咨询顾问，希望你分析这些问题，并提出改变现状的建议。

讨论问题

1. 引起这一问题的潜在原因是什么?
2. 你将分析哪些信息?
3. 你可能会建议采取哪些措施来增加数据输入的准确性?
4. 你对于行为的观点将会如何影响你对这一咨询任务的完成?

推荐书目

G. Becker (1993),“Nobel Lecture：The Economic Way of Looking at Behavior,” *Journal of Political Economy* 101，385-409.

M. Jensen and W. Meckling（1994),“The Nature of Man,” *Journal of Applied Corporate Finance* 7，4-19.

注 释

1. June 10, 2002, issue.
2. 经济学家有时候采用有限理性（bounded rationality）一词。按照这一概念，个人总是有目的的并按照理性的方式行事。然而，人们在存储、加工以及传递信息中有着认知上的局限。正是由于这些局限，使如何组织经济活动这一问题变得特别有趣。H. Simon (1957), *Models of Man* (John Wiley & Sons: New York) .

3. 至少，除了喜剧表演之外，人们是能够学会总结经验教训的。几十年来，来自 *Peanuts* 的查理·布朗一直试图踢到由 Lucy van Pelt 控制的足球。但是，Lucy 总是在最后一秒钟把球抢走。很少有人能像布朗那样不可救药地盲目乐观——他们学会了总结经验教训。
4. 技术说明：边际成本和边际收益应该定义为随着某一决策变量的微小变化，相应的成本和收益所发生的变化。例如，生产的边际成本是追加生产该产品的一个微小的数量 (比如，追加生产一件产品)，所发生的追加成本。常见的情况是决策涉及到一些离散的选择，比如是否新建一家工厂。在这种情况下，就无法定义决策变量的一个微小变化。增量成本和增量收益可以表达在这种决策情况下成本和收益的变化。对于我们当前的讨论来说，边际概念与增量概念的技术差别并不重要。
5. 为了简化，我们从几个问题中概括出这个例子。我们忽略了玛丽从销售中得到的快乐。还有，今天的销售工作很可能会对她将来的职业生涯有影响。最后，如果玛丽感觉上午 9 点打网球和下午 7 点打网球没什么区别，那么她就可以在白天工作时间做销售，晚上再去打网球。
6. 另外，为了简化例子，我们假设拉里到外面工作和自己管理比萨店在个人满足程度上没什么区别。在第 10 章之前，我们也不讨论雇佣一个经理还是自己管理比萨店的成功问题。
7. 这部分内容摘自：W.Meckling (1976),"Values and the Choice of the Model of the Individual in the Social Sciences," *Schweizerische Zeitschrift für Volkswirtschaft und Statistik*, 112, 545-560.
8. P. Fritsch (1999),"In Brazil Retirement Has Become a Benefit Nearly All Can Enjoy," *The Wall Street Journal* (Septeber 9), A1.
9. J. D'Allegro (1999),"Intrusion Detection Matures," *National Underwriter* (March 8), 9.
10. 显然在进行消费的选择决策时，绝大多数的个人并不是按照要使一个数学函数取值最大来考虑问题的。然而，它可以近似地反映个人是如何做出决策的，从这个意义上说，这种表达式可以提供有关实际行为的有用结论。数学家认为，如果一个人的行为始终是与某些基本的“原理选择”(可比较性、可转化性、趣味性以及可替代性等) 相一致，那么，这个人的决策就如同按照一种效用函数最大化来进行一样。
11. 这就像考试成绩的排名，考了 80 多分的人并不表明他就比考了 40 多分的人聪明 2 倍。
12. 我们知道，一条曲线的斜率反映了曲线的倾斜程度。它定义为对应于横轴上每一单位的变化，纵向高度上的增加或减少的单位数。一条曲线上某一点的斜率可以通过几何方法求得，即在曲线上的该点划一条切线，然后确定这条切线的斜率。在多米的无差异曲线上，某一点的斜率代表着在保持效用不变的条件下，对于衣服一个微小数量的变化的食物数量变化。因为通过定义多米的效用不会受到影响(他仍然处在同一条无差异曲线上)，所以他愿意接受这种交换。
13. 为简化起见，我们不考虑角解——即预算约束线与两轴的交点。在交点上，个人会把所有的收入全部用于购买一种物品。
14. 尽管一般的规律是当一种物品的相对价格上升时，个人也许会更多地购买这一物品。然而，这种情况并不是经常发生的。
15. G. Becker (1993),"Nobel Lecture: The Economic Way of Looking at Behavior," *Journal of Political Economy* 101, 385-409.
16. 为简单起见，我们将约束条件画成直线。但实际上，对于我们的分析来说，约束条件并不一定是直线。

另外，我们还要说明，把金钱放在纵轴上只是因为它是价值的一个方便的表示形式，不是因为金钱比其他的事情更重要。我们可以用它来表示苏珊愿意用诚实交换其他苏珊所看重的东西，比如巨无霸、钢琴或牛仔裤。

17. 我们对于薪酬计划的改变是按照使苏珊处于同一条无差异曲线来确定的。这种做法的道理如下：美林证券必须提供给苏珊足够的效用，以使她继续留在公司工作。若达不到这种效用水平，苏珊就有可能辞职到其他公司工作。美林证券也不想给苏珊提供比能够产生这一最低效用更多的收入，因为那样会减少公司的利润。因此，美林证券按照使苏珊能够得到相同的效用标准来调整收入。在图 2.8 中，可以将苏珊的无差异曲线看作是这种“保留”的效用。

18. 这部分内容取自 W. Meckling (1976).

19. F. Herzberg, B. Mausner and B. Snyderman (1959), *The Motivation to Work* (John Wiley & Sons: New York); and A. Maslow (1970), *Motivation and Personality* (Harper & Row: New York).

20. G. Becker (1993).

21. 例如：E. Fama and M. Miller (1972), *The Theory of Finance* (Dryden Press: New York), Chapter 5.

22. 请注意，期望值并不一定非要等于某一种可能的结果。在计算加权平均数时，它可能取值在两种结果之间。在这个例子中，它恰巧等于其中的一种结果，即 10 万美元。

23. 大多数的管理者都有风险回避的偏好（效用函数）。但是，管理行为既是偏好又是约束的函数。因此，通过薪酬计划的设计可以抵消或加强风险回避偏好。那些限定了潜在的上升而没有限定潜在的下降的薪酬计划，促使人们更倾向于回避风险。相反，限制住下降但没有限制住上升的薪酬计划则使人们较少回避风险。

第 3 章

市场、组织以及知识的作用

在20世纪的大部分时间里，苏联与美国之间，都在进行着市场经济与中央计划经济谁好谁坏的尖酸刻薄的争论。苏联相信中央计划经济的优越性，用赫鲁晓夫不吉利的预言就是，“我们将埋葬你们。”然而，在20世纪90年代，全世界都目睹了许多国家中央计划经济的瓦解。苏联解体了，柏林墙拆除了，东德和西德重新统一了，东欧的社会主义国家也发生了剧变。与此同时，市场经济在一些国家（比如新加坡和美国）正欣欣向荣。

看上去，这些事件有力地支持了计划经济不如自由市场经济的论点。然而仔细考察，在自由市场经济中，也有大量的中央计划经济的成份存在。的确，在现代经济中绝大多数的生产是由企业完成的。而资源是通过管理者以一种与中央计划十分接近的方式进行分配的。管理者通过各种管理措施确定了一家公司的产品组合以及生产方法，这些决策可能涉及到数十亿美元的资源和成千上万的员工。的确，世界上最大的公司的规模往往超过很多国家国民经济的总规模。比如，2002年，秘鲁、肯尼亚以及葡萄牙的国民生产总值分别为550亿美元、120亿美元和1 220亿美元。而同样在2002年，埃克森美孚、通用汽车公司、沃尔玛的净销售额分别是2 050亿美元、1 870亿美元和2 170亿美元。如果集中的计划没有可取之处，为什么市场经济中的公司还会如此广泛地依赖于它呢？

在本章中，我们将考察三个问题：市场系统是如何运转的？与中央计划系统相比，在大规模的经济中，市场系统有哪些相对优势？在市场经济中，为什么在企业内部还有如此多的经济活动？

对于公司的管理人员来说，这些问题的答案有特别重要的意义，原因有两方面。第一，只有很好地理解了市场是如何运转的，管理者才可以就有关投入、产出以及定价问题做出合理的决策。第二，国民经济的运转与一个企业的经营相类似，因为他们都是组织经济活动的人类创造性行为。通过对市场经济、中央计划经济以及公司经营活动的比较对照，理解各自的相对优势、劣势，对于更好地理解经营领域的相关问题（比如，是否应该实行分权，是自制还是外购企业所需的投入要素等）有着重要的指导意义。

经济系统的目标

每一个经济单位——不管是整个国民经济、企业还是一个家庭都面临着三个基本问题：

- 生产什么
- 如何生产
- 如何分配最终产出

经济单位可以按照多种组织方式来解决这些问题。例如，国民经济可以依靠中央计划或者自由市场的方式来组织运行。类似地，公司和家庭也可以进行集中的决策，在这种情况下，CEO或者一家之主将做出所有的主要决策。除此之外，也可以采用分权的做法，给公司和家庭中的其他成员相当重要的决策权。

既然存在多种方案，那么哪一种是组织经济活动的最好方式？要回答这个问题，我们需要一些比较各种备选系统的标准。遗憾的是，对于究竟应该以什么作为标准并没有一致的意见。例如，你可以认为理想的经济系统应该是能够生产你所想要的产品组合，同时产品全部归你所有，但你的邻居一定不同意你的标准。由于存在这些意见上的分歧，在比较经济系统的有效性时，为避免引起争议，经济学家往往都着重于运用相对狭窄的标准，即帕累托效率（Pareto efficiency）。[1]按照帕累托效率，如果没有其他分配方案能够保证在所有个人福利不降低的情况下，至少有一个人的福利变好，那么就可以说资源获得了最优的分配，即资源的分配符合帕累托效率。如果一个经济系统不能保证资源分配的效率，那么对系统实施帕累托改进，就可以增进系统内成员的福利（增进某些成员的利益而同时并不伤害另一些成员的利益）。

例如，假设一个经济单位生产1 000台个人电脑，不生产VCR。如果有人愿意用个人电脑换VCR，而且通过交换并不减少社会中其他成员的效用，那么这种资源的分配就没有达到帕累托效率。按照帕累托效率的概念，如果经济单位生产更多的VCR和更少的个人电脑，系统内各成员就会过得更好。即使这一措施仅对一个人有不利影响，它也不是帕累托改进。从整个社会的角度考虑，经济学家就不能说这样一种变动是好还是坏。[2]帕累托效率同样要求有关物品的生产必须按照一种有效的方式进行。如果可以生产更多的VCR，而同时并不减少生产个人电脑的数量，资源的分配就没有达到帕累托效率（反之亦然）。

在中央计划经济中，政府官员决定生产什么、如何生产以及谁得到最终产品。在自由市场经济中，这些决策都是通过分散的个人决策来实现的。至少从概念上讲，一个中央计划官员可以订购任何可能生产的产品，也可以分配相应的产品。因此，至少从原则上讲，任何自由市场经济可以达到的资源分配，中央计划经济都可以达到。下面我们的讨论先从自由市场经济如何运行，以及如何可以达到帕雷托效率的资源分配入手。然后我们将讨论为什么在一个自由市场经济中，大的经济组织往往能够比在中央计划经济中实现更有效的资源分配。

产权和市场经济中的交换

产权（property right）是一种法律赋予的可以选择使用一项经济物品的权利。如果将产权分配给一个具体的个人，这种产权就是*私有产权*。由于可以转让（出售和赠予）给其他个人，所以私有产权是*可以转让的*。例如，如果威勒瑞·芳拥有一辆汽车，只要她觉得合适（在交通法的限制内），就可以使用这辆汽车，并可以禁止其他人使用这辆汽车。如果她愿意，还可以将

Priceline.com 公司的专利

政府实施的专利权更好地定义了新发明中的产权。美国的专利颁发给那些有实用性、创新性以及复杂性的新工艺、新机器、新制造方法或新材料和新配方。专利保护发明者的智力产权，并因此通过激励人们进行新颖的、复杂的发明，保护公众的利益。

Priceline.com 公司因其发明的全世界第一套购买者驱动的电子商务系统而获得专利，这套系统的使用者可以上网直接为他们所购买的物品或服务叫价。有人置疑 Priceline.com 公司的系统是否真的是新颖的和不容易想到的。如果这项专利得以保持，那么在未来，电子商务公司要使用这种消费者可以自己叫价的系统，就要向 Priceline.com 公司支付专利使用费。这种专利费实际上相当于对所有的网上消费者征税，这一做法将会引起不必要的诉讼官司并阻碍电子商务的发展。很显然，给某种发明授予专利，会减少未来使用这种方法进行创造发明的动力。

资料来源：J. Gurley (1999), "The Trouble with Internet Patents," *Fortune* (July 19), 118.

这辆汽车卖掉（将她对于这辆汽车的产权转移给其他人）。政府通过维持警察和法院系统来保障这种产权。

市场经济的一个重要特征是私有产权的运用。从法律上讲，土地和其他资源的所有者有权决定如何利用这些资源，将这些资源拿出来与其他人交易也是常见的。他们有开办新企业的自由，也有关闭自己企业的自由。相反，在中央计划经济中，财产通常归国家所有；政府官员决定如何运用这些资源。

产权的两个方面

所有权涉及两个方面的问题：*使用权*（use right）和*转让权*（alienability right）。所有权的这两个方面并不总是在一起的。你拥有自己的身体，因为你可以决定从事什么活动。然而，对于转让还有许多的法律限制。例如，你不能随便地超越法律的限制，签订契约卖掉你的一个

哥伦比亚没有保障的产权

在哥伦比亚，不断有一贫如洗的农民离开农村移居到城市。这些进城的农民聚居在滋生犯罪和暴力的简陋贫民窟中。然而哥伦比亚仍然有大量的可耕地——面积与北达卡塔州相当。这些土地只有约20%被用于农业。这些看起来矛盾的事实都是40年来哥伦比亚政府与涉足毒品交易的反政府武装相互冲突的副产品。这些暴力活动迫使许多人背井离乡。而其他人也被迫离开自己的土地，或者在威胁和恐吓下按照最低价出售了土地。

资料来源：J. Forero (2004), "Columbia's Landed Gentry: Coca Lords and Other Bullies," *New York Times* (January 21), A4.

肾，尽管实际上你有两个肾，而且只留下一个肾也可以活得很好。进一步，与一个死于肾衰竭的富人相比，你对自己第二个肾的价值看得并不重。由于这一法律限制，所以并没有自由交换的肾的市场。在某些交易中，还可以卖掉使用权而保留转让权。例如在租赁契约中，承租者获得了使用一套公寓的权利，但并没有权利再转卖这套公寓。相反，房主有权利卖掉这套公寓，但是在租赁契约有效期内，他没有权利使用这套公寓。

交易所得

要理解市场经济是如何运作的，就有必要理解产权交易的动机。为什么人们会参与买卖？答案是买或卖会改善他们的状况。

在经济学的理论框架中，人们排列他们自己偏好的次序，并采取行动实现自己的效用最

汤姆·苏耶、哈克勒贝瑞·芬与交易所得

汤姆·苏耶和哈克勒贝瑞·芬是马克·吐温小说中的两个人物，他们之间的对话正好可以作为从交易中得到好处的一个例子：

"哎——那是什么？"

"没有什么，一只扁虱而已。"

"你在哪儿抓到的呢？"

"在森林外。"

"你拿它有什么用呢？"

"不知道。但我不想卖掉它。"

"好的。但它不过是一只个大的小扁虱。"

"是的，任何人都可以抓到一只本来不属于他们的扁虱，但我有了它就很满意了。它真的很好玩。"

"嘿，这种扁虱多得是，如果我想要的话，我早就有上千只了。"

"好的，那为什么你不呢？因为你知道你不能。这是一只漂亮的刚刚出生的扁虱，我敢肯定，这是今年我看到的第一只扁虱。"

"嘿，哈克！我用我的牙来换你的扁虱怎么样？"

"先让我看看。"

汤姆拿出一个纸包，小心翼翼地打开。哈克仔细地盯着看，这种诱惑太强烈了。最后他说：

"它是真的吗？"

汤姆撅起小嘴，露出缺牙的位置。

"好了，好了，"哈克说，"成交。"

汤姆将扁虱关进箱子（它最终将成为可怜虫子的监狱），两个男孩分手了，每个人都觉得比以前更富有了。

资料来源：M. Twain (1944), *The Adventures of Tom Sawyer* (Whitman: Racine, W1), 54—55.

大化。交易之所以会发生，是因为有关项目对买者的价值高于对卖者的价值，从而通过交易所得改善双方的状况——自愿交易总是双边利好的。比如，如果宙斯·卡莱纳斯愿意为一辆汽车支付 16 000 美元，而罗彻斯特汽车公司愿意按照 10 000 美元出售这样一辆汽车，那么这个交易产生的潜在增值是 6 000 美元($16 000–$10 000)。如果汽车交易是按照 13 000 美元的价格进行的，那么双方各改善了 3 000 美元。宙斯付出了 13 000 美元，得到一种他认为值 16 000 美元的物品，而罗彻斯特汽车公司为得到 13 000 美元，放弃了仅 10 000 美元的价值。如果实际交易是按照在 10 000 美元到 16 000 美元之间的其他价格进行的，总的价值增值仍然是 6 000 美元，但是这一价值并没有在买卖双方之间平分。例如，如果是按照 15 000 美元成交，宙斯可以获得 1 000 美元的价值增值，而罗彻斯特汽车公司将获得 5 000 美元的价值增值。[3]

这些交易的所得是从哪里产生的呢？一个来源是偏好的差别。买者和卖者对相应的交易款项有着不同的价值观。比如，一些人认为新车比其他车更有价值。而另一个重要的来源是与买

A. 多纳和玛里奥生产肉和啤酒所需要的时间

	肉（1 磅）	啤酒（1 夸特）
多纳	1 小时	2 小时
玛里奥	6 小时	3 小时

B. 专业化和交易之前的时间（30 小时/周）分配与产量

	肉	啤酒
多纳	18 小时；18 磅	12 小时；6 夸特
玛里奥	18 小时；3 磅	12 小时；4 夸特
总产量	21 磅	10 夸特

C. 专业化生产

	肉（磅）	啤酒（夸特）
多纳	30	0
玛里奥	0	10
总产量	30 磅	10 夸特

D. 交易后可能的分配之一

	肉（磅）	啤酒（夸特）
多纳	23	6
玛里奥	7	4

表 3.1　比较优势

本表提供了比较优势的一个例子。A 部分显示了多纳和玛里奥生产 1 磅肉和 1夸特啤酒所需要的时间。多纳和玛里奥每人每周工作 30 小时。B 部分显示了他们在相遇和交易之前的时间分配以及相应的产量。尽管从生产的绝对量考虑，玛里奥生产两种产品的效率都不如多纳，但他有生产啤酒的比较优势（他生产 1 夸特啤酒的机会成本是 1/2 磅肉，而多纳的机会成本是 2 磅肉）。多纳在肉的生产方面有比较优势。C 部分说明如果两人都只专注于自己有比较优势的产品生产，其总产量的增长情况。D 部分显示了多纳和玛里奥交易之后的一种可能分配。专业化和交易使两个人都从中获益。

方相比，卖方可能以更低的成本生产出该项物品，因此，在该物品的生产上有一种比较优势。在现代经济中，每个人都会专门生产那些他们有着相对优势的产品，并拿来交换他所需要的产品。专业化分工极大地提高了社会生活标准。不妨设想，如果你现在完全靠自给自足（自己织布做衣服、自己开荒种地、自己盖房子、自己造汽车），那么与当前在专业化经济中的水平相比，你的总体生活水准肯定会大大下降。

表 3.1 提供了比较优势的一个数字例子。多纳和玛里奥通过打猎和酿造啤酒各自生产他们自己的食物和饮料。A 部分显示了多纳和玛里奥生产 1 磅肉和 1 夸特啤酒所需要的时间。B 部分显示了他们各自在相遇和交易之前的时间分配以及相应的产量。多纳和玛里奥每人每周工作 30 小时。多纳每周用 18 小时打猎，用 12 小时酿造啤酒，总共生产了 18 磅的肉和 6 夸特的啤酒。玛里奥每周用 18 小时打猎，用 12 小时酿造啤酒，总共生产了 3 磅的肉和 4 夸特的啤酒。在相遇之前他们总共生产了 21（18+3）磅的肉和 10（6+4）夸特的啤酒。

与玛里奥相比，多纳在两种产品的生产上都有绝对的优势——他生产 1 磅肉或 1 夸特啤酒所用的时间都比玛里奥少。然而，玛里奥有生产啤酒的比较优势（更低的机会成本）。玛里奥生产 1 夸特啤酒的机会成本是 1/2 磅肉（用生产 1 夸特啤酒所用的 3 小时他可以生产 1/2 磅肉），而多纳的机会成本是 2 磅肉。对应地，多纳在打猎方面有比较优势。多纳生产 1 磅肉的机会成本是 1/2 夸特啤酒，而玛里奥要放弃 2 夸特啤酒的生产才能生产 1 磅肉。

C 部分说明，如果两人都只专注于自己有比较优势的产品生产，那么总产量将如何增长。如果多纳将 30 小时都用于打猎，将生产 30 磅肉，而玛里奥可以生产 10 夸特啤酒（如果他只生产啤酒）。这一专业化使啤酒生产维持在 10 夸特内，生产增加 9 磅。[4] 通过专业化和交易使

企业战略规划：对交易经济学的忽视

在 20 世纪 70 年代，许多公司采用了一种特殊形式的企业战略规划。这个方法背后的思想是将公司看作如同是各种股票的投资组合。通过系统的分析优胜劣汰，好的就被保留下来，而不好的就卖掉。特别是公司将所有的项目都按增长潜力和市场份额排序。其中具有高增长潜力和高市场份额的项目被称为“明星”，而低增长潜力和低市场份额的项目被称为“瘦狗”。作为瘦狗的项目就将卖掉，而那些作为明星的项目就保留下来。明星项目所需的投资将由现金牛类的项目予以提供。现金牛项目或业务有较高的市场份额和较低的增长潜力。因此资金都投资于那些好的项目，以加强公司的竞争优势。

尽管这种思路听起来颇为高明，而其理论基础却与基本的交易经济原理相违背——只有当出售可以得到的价格超过自己持有所能得到的价值时才可以卖掉。与上述的分析有所不同，这一原则意味着：除非可以按照足够高的价格出售，否则，瘦狗项目也应该保留下来。而且，如果价格足够高，明星项目也可以卖掉。

到 80 年代，许多公司发现，违背交易经济学基本原理的操作使得他们积累了大量的并非最优的项目。当这些公司通过出售、分拆以及资产剥离等关闭自己的一些工厂、分部和子公司时，他们股票的价格会大幅上升。

资料来源：“The New Breed of Strategic Planner”（1984），*Business Week*(September 17)，62–68.

交易所得

在1880年，美国正向全世界最有效率的经济迈进。而劳动生产率在各州之间仍然差异巨大。北卡罗来纳州是生产率最低的州，只有生产率最高的内华达州的18%。在1880年，内华达州生产率之所以会高，是因为许多人移民到那里当矿工。在2002年，新墨西哥州作为全美最穷的州，人均收入是康涅狄格州的60%，而康涅狄格州是全美最富的州。作为巨大的自由贸易区，美国各地的收入水平已经趋于一致。尽管仍然存在差距，但这些差距已经大大缩小了——而这并不是以牺牲富裕的州为代价的。

资料来源：V. Postrel（2004），"A Case Study in Free Trade: American Incomes Converge, but Not at the Bottom," *New York Times*（February 24），C2.

两个人都可以从中获益——收益来自于交易。最终的分配情况取决于多纳和玛里奥之间的谈判。D部分展示了多纳和玛里奥交易之后的一种可能分配。通过这样的分配，两个人都拥有与原来相同数量的啤酒，但拥有更多的肉。与各自独立工作相比，专业化和交易可以带来帕雷托改进。

尽管可以在所有的产品生产中获得绝对优势，但不可能在所有的生产活动中获得相对优势。[5]专业化和交易在当今世界经济中是一个常见的特征。比较优势也在多种管理情境中存在。例如，尽管某高管也许做任何事情都比某个员工更有效率（花时间更少），但该高管也不能事必躬亲（如打促销电话、在生产线上操作、打文件、接电话等）。如果让这位高管专注于他自己有相对优势的活动将有利于公司的价值增值。

一个常见的错误概念是，交易之所以会发生是因为人们有过剩的物品——人们卖掉他们消费不完的物品给其他人。然而，这一观点并不能解释为什么个体会卖掉他们的房子、汽车、珠宝、土地以及其他资源（比如汤姆的牙和哈克的扁虱），这些物品都是他们非常看重的东西，而且也并不存在供给过剩的问题。关于交易的经济学解释是，交易并不是因为人们持有太多或者太少的某种物品而引起的。只要一个人愿意为某种物品支付其主人认为价值更高的价格，交易就会发生。虽然你非常喜欢你的新赛车，但是如果有人出足够高的价钱，你还是会卖掉它。在eBay网站上拍卖的收藏品，其赢家往往是一些喜欢收集其他相关物品的人。

认识到交易是价值创造的一种重要形式是非常重要的。交易活动产生的价值会使个人的情况得到改善，在交易中得到的收益也提供了一种重要的刺激，使资源流向更有效的用途。如果乔治·尼可尔斯能够高效地利用一块土地，那么他就愿意为这块土地支付比别人更高的价格。而这块土地当前的主人乔迪·克罗，则有动力将这块土地卖给乔治，因为她可以通过出售土地得到收入。在市场经济中，正是由于有这些动力刺激，促成了帕累托有效的资源分配。如果所有双方利好的交易都被利用完了，就没有可能在不使某个人的情况变得更坏的情况下，改变资源的分配。

供给和需求基础

交易所得说明了个人参与买卖的原因。但是，在一个自由市场经济中，有数以百万的个体分别从事这类交易决策，他们之间的决策靠什么协调才能免于无休止的争论呢？为什么没有出现某些物品的大量过剩，而同时又有另一些物品的大量短缺呢？是什么限制了公众的需求，使它接近于供给的数量？这些问题的答案都来源于对市场价格体系的理解。

市场价格机制

有关价格机制的基本经济学原理可以通过标准的供给和需求曲线图说明。图 3.1 描绘了对于一种特定型号的个人电脑的供给和需求。例如，一台具有标准质量和性能的奔腾 IV 个人电脑。图中纵轴代表这台个人电脑的价格，而横轴代表在某一时期（比如，一个月）内市场中个人电脑总的需求量和供给量。

市场包含了所有这种个人电脑的潜在买者和卖者。假设在市场上有许多买者和卖者，而与整个市场的交易相比，任何个人的交易额非常之小，以至于任何买者和卖者的交易都不能影响市场上该种个人电脑的价格。在这种情况下，没有一个买者和卖者具有市场支配力——所有的交易都是按照现行的市场价格进行的。我们将这种类型的市场叫作竞争性市场（competitive market）（在第 6 章，我们将扩展对竞争性市场的分析，对非竞争性的市场结构也做进一步的考察）。

需求曲线（demand curve）显示出在每种价格下（假定所有其他因素保持不变），消费者愿

图 3.1 个人电脑行业的供给和需求

需求曲线表明在每种价格下消费者想要购买的个人电脑数量。供给曲线表明在每一种价格下生产者愿意供给的个人电脑数量。均衡状态是这两条曲线的交点，在这一点供给量等于需求量。如果价格 P^{HI} 高于市场出清的价格 P^*，那么个人电脑供给就会过剩，说明生产者所供给的个人电脑数量超过了消费者想要购买的个人电脑数量，因此会出现存货。如果价格 P^{LO} 低于市场出清的价格，就意味着个人电脑供应出现短缺，说明供应的数量少于消费者想要购买的数量，存货也会减少。过剩和短缺都会对市场价格和交易数量造成一种压力，迫使它们趋于均衡水平（P^*）。

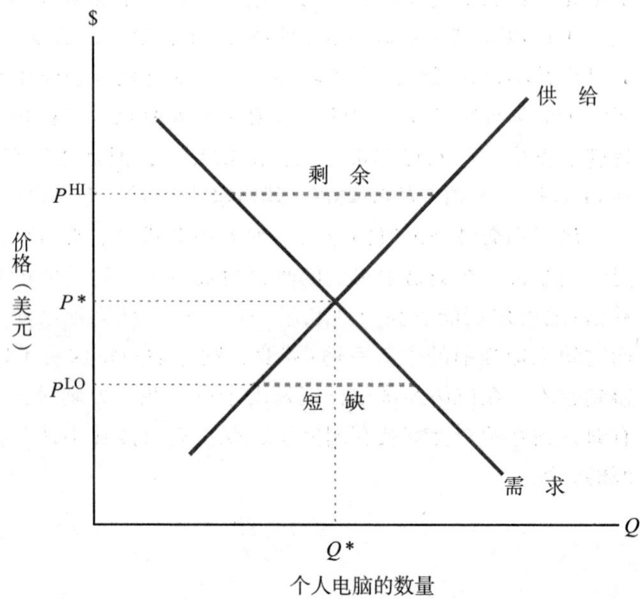

在利达杯赛中需求、数量以及价格的变化

利达杯赛代表全球高尔夫顶尖高手之间的较量。在 2003 年，利达杯高尔夫球赛在纽约州的罗彻斯特橡树山庄俱乐部举行。这一比赛每天吸引了超过 30 000 名的现场观众，许多观众是从远离罗彻斯特的地方赶来的。

在这些观众中，有相当一部分都想在罗彻斯特期间玩一把高尔夫球。罗彻斯特有若干个高尔夫球场对外开放。然而，这个地区还有许多高尔夫球场是私人使用的，通常只有会员和他们的亲朋好友可以玩。由于公共高尔夫球场的需求迅速增加，在利达杯赛举行期间，也有若干私人的高尔夫球场对外开放。这些高尔夫球场收费很高，每打一场收费 100 美元到 250 美元（通常，球场主人对自己的客人收费约 50 美元）。这个例子进一步表明，需求的增加会刺激供给量和产品（在这个例子中指打高尔夫球）价格的增长。

意购买这种个人电脑的总数量。需求曲线是向下倾斜的，因为如果价格更低，消费者通常会买得更多。例如，与价格为 P^{HI}（比如说 1 500 美元）相比，如果价格是 P^{LO}（比如说 900 美元），那么消费者购买这种个人电脑的总量就会更多。

供给曲线（supply curve）显示出在每一种价格下（假定所有其他因素保持不变），生产者愿意销售这种个人电脑的数量。供给曲线向上倾斜：价格越高，生产者愿意也能够生产和销售更多数量的个人电脑。比如，在价格为 900 美元时，很多潜在的生产者就不能通过产品的销售补偿他们的生产成本，从而就不能进行生产；而在价格为 1 500 美元时，生产者就会生产更多的产品并将产品拿到市场上出售。

在市场上，这两条曲线交点的价格为**市场出清价格**（market-clearing price）P^*，相应的交易数量为**市场出清交易量**（market-clearing quantity）Q^*。在市场出清价格上，对于这种个人电脑的需求量恰好等于这种个人电脑的供给量。这时，在价格为 1 200 美元的水平上，市场被称为处于**均衡状态**。

在市场上，有一种很强的力量推动价格和交易数量趋向于均衡水平。为了明白其原因，假设市场价格在均衡价格之上，比如，在图 3.1 中的价格 P^{HI}。在这样一个较高的价格下，会出现这种个人电脑的**过剩**，即生产的数量会超过消费者愿意购买的数量。随着这种个人电脑存货积压越来越多，这种过剩不断给市场价格以向下的压力，因为卖者都争相出售他们的产品。随着价格的下降，生产厂家将生产更少的个人电脑，而需求却随着价格的下降而增加了，因此这一过程将减少个人电脑的过剩数量。相反，如果市场价格是在市场出清价格之下，比如在图 3.1 中的价格为 P^{LO}，那么存货会降低，订货会增长——这种个人电脑就存在**短缺**。在这种情况下，消费者将竞相购买有限数量的个人电脑，这将抬高个人电脑的价格。随着价格的上升，厂家将更多地生产这种个人电脑，而同时消费者将更少地购买这种个人电脑。这样，短缺就会减少以致消除。当市场处于均衡状态时，就没有交易价格和交易数量方面的压力——需求量恰好等于供给量。在这一点，存货稳定在一定的水平上，市场价格处于稳定状态。

如图 3.1 的需求和供给曲线图是一定时点上市场情况的一种快照。随着时间的推移，需求和供给曲线都可能会发生变化。图 3.2 表明在相应的个人电脑市场上，需求曲线变化的影响。

图 3.2 需求变动对于个人电脑的均衡价格和均衡交易量的影响

原有的均衡是由需求曲线 D_0 和供给曲线 S_0 的交点所决定的。左图表明需求增加的影响，最后的结果是导致更高的均衡价格和更多的均衡交易量；右图表示需求减少的影响，最终的结果是导致更低的均衡价格和更少的均衡交易量。

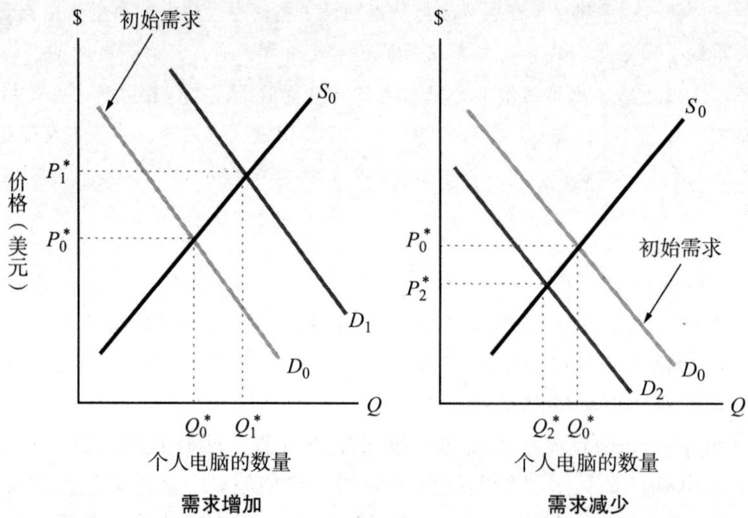

左边的图描绘了需求的增加。在这里，需求曲线向右移动，因为在每一个价格水平上，消费者都愿意消费更多的个人电脑。对于个人电脑需求的增加可能有多种原因，包括消费者拥有的货币购买力的增加，以及支持该种个人电脑软件价格的下降等。这些变化将刺激消费者在任何给定的价格水平上购买更多的个人电脑。随着需求变化，在原有均衡价格上继续进行市场交易将出现个人电脑的短缺。这种短缺将促使市场价格上升，这反过来又会刺激更多的生产。最后的结果是，个人电脑的价格和交易量都有所上升。右边的图反映了一种相反的影响，即需求的减少。需求曲线向左移动也是由一系列因素（比如，经济衰退引起许多企业减少对个人电脑的购买，或者个人税收的增加减少了消费者的购买能力等）引起的。

图 3.3 表明供给曲线的变化对个人电脑市场的影响。左边的图显示出供给曲线向右移动的情况。向右移动意味着供给增加，因为在每种价格下，生产者愿意供给更多数量的个人电脑。许多因素可以促成供给的增加，比如，人工费用以及其他用于生产个人电脑的投入要素的价格下降，可以使生产个人电脑更有利可图，从而增加供给。促成供给增加的还有技术变革，它允许企业以更低的成本更高效地生产。在原有的均衡价格下，随着供给曲线的移动，存货会增加，个人电脑供给会出现过剩。这种过剩将迫使市场价格下降，这反过来又会刺激需求的增加。最后的结果是导致更低的均衡价格和更多的均衡交易量。右边的图表明相反的情况，即供给曲线向左移动时的影响。

图 3.3　供给变动对于个人电脑的均衡价格和均衡交易量的影响

原有的均衡是由需求曲线 D_0 和供给曲线 S_0 的交点决定的。左图表明供给增加的影响，最后的结果是导致更低的均衡价格和更多的均衡交易量；右图表示供给减少的影响，最后的结果是导致更高的均衡价格和更少的均衡交易量。

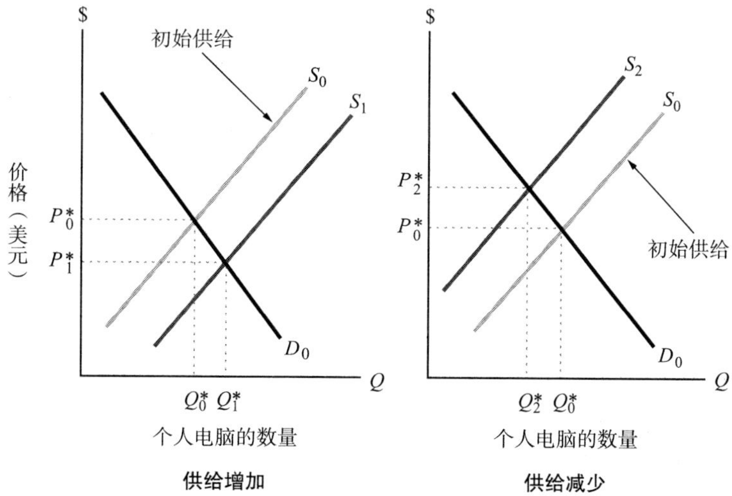

线性供给和需求

在本书中，我们自始至终用的是线性需求和供给曲线（如图 3.1 到 3.3 所示）。线性的曲线简化了分析，并且在实际应用中往往也是个合理的近似值（至少在所考虑的取值范围内如此）。这一部分内容将给出一些用线性供给和需求曲线进行供给和需求分析的例子。

假设苹果的供给函数为：

$$Q_s = 30 + 0.2P_a - 3W \tag{3.1}$$

其中，Q_s 是苹果的供给量，单位是百万磅；P_a 是苹果的市场价格，单位是美分；W 是农业工人的小时工资率。供给函数说明，随着苹果市场价的上升或工人工资率的下降，农场主都会生产出更多的苹果。农场主只所以会在工资率下降的时候生产更多的苹果是因为生产成本降低了。现在的工资率是每小时 10 美元。把这个数值代入公式（3.1）中去求出 P_a，就会得到现在的供给曲线[6]：

$$P_a = 5Q_s \tag{3.2}$$

供给曲线说明了在假设所有的其他因素（在这个例子中就是农业工人的工资率）保持不变的情况下，价格与供给量之间的关系。

假设苹果的需求函数为：

$$Q_d = 20 - 1/3P_a + 0.002I \tag{3.3}$$

其中，I 是人均收入。需求函数说明，当苹果价格下降和（或）收入增加的时候，消费者将购买更多的苹果。现在收入为 10 000 美元。把这个数值代入到需求函数中去求出 P_a，就会得到现在的需求曲线：

$$P_a = 120 - 3Q_d \tag{3.4}$$

当市场均衡时，供给量等于需求量，即 $Q_s = Q_d = Q^*$。其中，Q^* 表示均衡交易量。把 Q^* 代入到供给曲线和需求曲线［公式（3.2）和（3.4）］中并让它们相等(因为只有一个均衡价格)，就可以得出均衡交易量 Q^*：

$$5Q^* = 120 - 3Q^*$$
$$Q^* = 15 \tag{3.5}$$

把均衡交易量 15 代入到需求曲线或供给曲线公式中［公式（3.2）或（3.4）］，就得到了均衡价格 75 美分。[7]

请注意，工资率的变动会使供给曲线发生移动，而收入的变动会使需求曲线发生移动。请试一下，如果收入增加到 20 000 美元，看你能否找到新的均衡价格和均衡交易量。请解题之后再看尾注中的答案。[8]

作为社会调节器的价格

供给和需求的均衡表明，在协调个体的消费和生产决策方面，价格起着关键作用。例如，如果市场上个人电脑的产量太少，存货就会减少，因此零售商就会抬高价格。更高的价格意味着潜在的生产者可以由生产其他低价值产品转为生产个人电脑。因为产权是私有的，转产的收益自然就作为对个体的奖励，从而可以刺激个体电脑生产迅速增加。高价格同样刺激消费者减少对个人电脑的需求，最终的结果是需求量与供给量趋于一致。这就是亚当·斯密所指的“看不见的手”。

如果每一个人都参与交易，而且所有的双边利好的交易都已完成，那么价格系统就将促成帕累托最优的资源分配。[9]并不需要政府的干预和中央计划，而仅仅靠消费者和生产者，按照

在线简历使雇主应接不暇

互联网大大减少了求职者向各个意向中的公司发简历的成本。他们不再需要把简历用高质量的纸打印出来、写上地址、贴上邮票并邮寄出去。只需要轻轻点一下鼠标，简历就发过去了。在一些公司中，每天都会有成千上万份简历涌进他们的电子邮箱。1999 年，由互联网递交的简历有 500 多万封——是 1994 年的 200 多倍。当一种物品的成本（比如递交简历）下降，这个物品的供给量就会上升。

资料来源：S. Armour（1999），“Online Resumes Bogging Down Employers,” *Democrat and Chronicle*（July 19），1F.

他们的个人利益根据市场价格做出有效的反应，就可以促成有效的资源分配。价格有效地控制和协调着经济中每个人的决策。随着交易的完成，在不降低某个人福利的情况下，产品组合和最终的产品分配将不会再改变，同时生产也达到最有效的状态。

在竞争性的经济中，效率的逻辑是简单明了的。在均衡价格下，每种产品供给量等于需求量，也没有短缺或过剩。想要参与交易的人都如愿以偿，而所有可以通过交易获得价值增值的机会也都完全得到利用。在做供给决策时，企业有强大的动力去采用最有效的生产方法，并使产品组合（这种生产选择会使他们实现利润最大化）价格最大化。在保证不降低某个人福利的情况下，无论是生产还是分配，都已经无法再做任何改变。

计量交易所得

在有些应用中，用一种尺度或单位（如美元）来计量贸易或交易所得是很有意义的。这种对贸易或交易所得的计量是独立于个人的主观效用评价的。消费者剩余和生产者剩余就有这样的特征，这两个变量经常用于计量贸易所得以及消费者、生产者或社会作为一个整体的某些行动的效果。

图 3.4 描绘出一个市场的供给曲线和需求曲线，均衡价格为 10 美元，均衡交易量为 10 个单位。需求曲线表明，某个消费者愿意为获得第一个单位的产品而支付 19 美元。然而，这个消费者只需也只能按照市场价格 10 美元来支付。这里 9 美元的“剩余”是对消费者从购买第一个产品中获得的交易所得的计量。沿着需求曲线从开始直到均衡交易量的 10 个单位，曲线上各点所代表的剩余的总和就是全体消费者愿意为该产品支付的价格与他们必须支付的市场价格之间的总差异。我们将这个差异称为消费者剩余，并在图 3.4 中以三角形 A 表示。在本例中

图 3.4　消费者剩余和生产者剩余

在本图中，消费者支付了 100 美元，获得了 10 个单位的产品（10 美元×10 单位）。为获得这 10 个单位的产品，他们本来愿意再多支付 50 美元。这 50 美元(三角形 A）代表了消费者从交易中获得的收益，被称为消费者剩余。生产者得到 100 美元的收入，如果能够补偿他们生产的增量成本 50 美元（三角形 C)，那么他们就愿意供应这些产品。这额外的 50 美元（三角形 B）代表了生产者从交易中获得的收益，被称为生产者剩余。

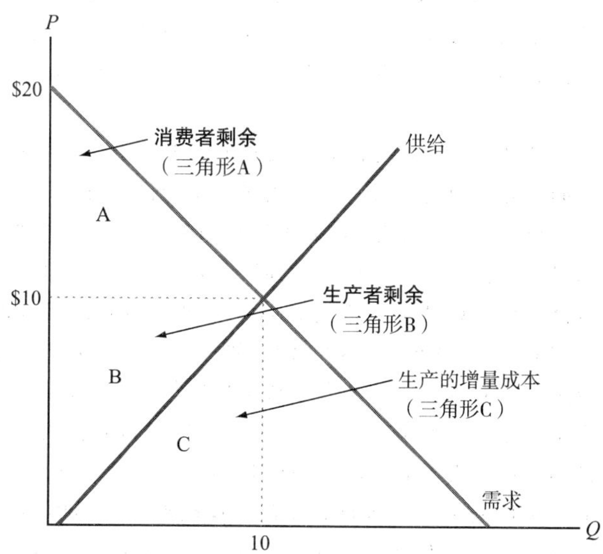

消费者剩余为 50（1/2×10×10）美元。请注意，消费者愿意为获得这 10 个单位支付 150 美元（三角形 A+三角形 B+三角形 C），但他们实际只须支付 100 美元（三角形 B+三角形 C）。他们通过参与到这个市场获得交易所得为 50 美元。

按照同样的思路可以计量生产者从交易中获得的净收益。在本书稍后部分，我们将介绍供给曲线下面的区域代表生产者生产相应产品所发生的增量成本。在本例中，增量成本为 50 美元（三角形 C）。只要增量收入至少可以达到增量成本 50 美元，生产者就愿意供应 10 个单位。然而，实际上生产者收到 100 美元（三角形 B+三角形 C）。这额外的 50 美元（三角形 B）代表了生产者从交易中获得的收益，它被称为**生产者剩余**。

从市场交易中获得的总的所得为消费者剩余和生产者剩余的总和。在本例中，来自交易的总收益（剩余）为 100 美元（三角形 A+三角形 B）。在本书中许多地方我们用消费者剩余、生产者剩余和总剩余的概念来计量各种行为对消费者、生产者和"社会福利"的作用。

政府干预

我们已经讨论了在没有政府干预或中央计划的情况下，一个功能完善的价格系统如何完成有效的资源分配。尽管如此，政府有时还是会参与进来，制定价格上限或者下限。本部分我们就讨论这类行为的经济影响（在没有这些干预的情况下一个功能完善的市场）。

价格控制

在 2003 年，美国平均的汽油零售价格是每加仑 1.15 美元。由于各种各样的因素，比如中国和印度需求的增加、伊拉克战争、卡特里娜飓风等，汽油价格在2004 年和 2005 年大幅度上升。2004 年汽油的平均价格为每加仑 1.60 美元，到2005 年 7 月则突破每加仑 2 美元大关。在 2005 年 8 月，汽油供应受卡特里娜飓风的冲击（那场横扫东南海岸的风暴）。汽油价格一路飙升，超过了每加仑 3 美元，而且人们预计，价格还会上升。对于如此高涨的价格，消费者表达了担心和愤怒。有些团体呼吁政府实施价格控制，保护消费者免受"不公平"的汽油价格的损害。

图 3.5 描绘了政府实行汽油价格上限的经济影响。自由的市场均衡价格为每加仑 3 美元。然而，假设政府通过了一条法律，不允许加油站的收费超过每加仑 2 美元。在这个每加仑 2 美元的价格上，需求量 Q_D 大于供给量 Q_S——存在汽油供应的**短缺**。额外的需求意味着汽油必须通过非价格机制来分配。一种机制是按照客户先来后到出售汽油，直到卖完为止。这种机制很可能导致为购买汽油而排长队，增加消费者的等候时间。而且，那些特别需要汽油的消费者（比如，也许驾车出行对他们特别重要）不一定能够买到汽油。由于政府设置了价格上限，供应量会因此减少，这又会导致交易所得（总剩余）的减少。消费者剩余和生产者剩余的减少分别由三角形 A 和 B 来代表。消费者会从每加仑 2 美元的汽油价格中受益，但这是以牺牲汽油经销商、汽油批发商、汽油炼厂和油田所有者的利益为代价的，因为按照这个销售数量，他们收取了更低的价格（除非消费者的收益被诸如不得不排队等候的成本所抵消）。长方形 C 代表生产者剩余转化为消费者剩余的部分（忽略其他成本）。

图 3.5　政府实行汽油价格上限的经济影响

在本图中，自由的市场均衡价格为每加仑 3 美元。政府不允许加油站的收费超过每加仑 2 美元。在这个每加仑 2 美元的价格上，需求量超过供给量——存在汽油供应的短缺。额外的需求意味着汽油必须通过非价格机制来分配，比如排队等候。三角形 A 和 B 分别代表由于价格上限引起的消费者和生产者损失的交易所得（消费者剩余和生产者剩余）。长方形 C 代表生产者剩余转化为消费者剩余的部分（忽略消费者可能因此要负担的其他成本）。这个价格上限还会扭曲消费者节约汽油消费的各种激励，比如，消费者本来也许会把家搬到离工作地点更近的地方，或者买一辆更小的汽车。

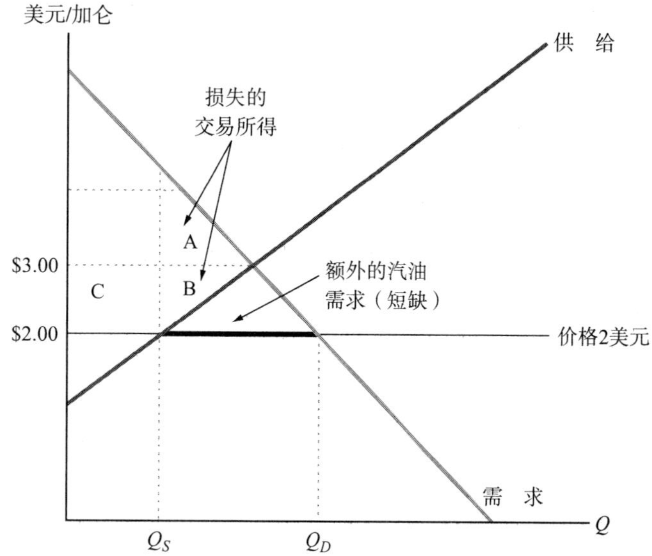

在 20 世纪 70 年代，由于石油禁运和价格控制，美国发生了严重的汽油短缺。人们对当时经历的为购买汽油而排长队和由此引起的种种不便仍然记忆犹新。有些加油站按照顾客驾驶证的号码来供应汽油——一天单号，再一天双号。同时也限制每位顾客购买汽油的数量。自从 80 年代早期取消价格控制以来，这些种种不便很难再见到了。

在 2005 年，消费者对高涨的汽油价格以各种各样的方式做出反应。有些人减少了外出的计划，也有些人换成了更便宜的交通方式（如拼车、坐公共汽车、骑自行车等）。还有些人把家搬到离工作地点更近的地方，或者买一个更省油的汽车。这个价格控制不但造成了短缺，它还扭曲了对消费者的各种激励——他们本来会采取更多的行动来节约汽油消费。

价格下限

价格下限的一个最突出的例子是最低工资法。在美国，《公平劳动法案》（Fair Labor Standards Act, FLSA）要求，对于员工每个小时的工作，雇主都要付至少等于最低标准的工资(每小时 5.15 美元)。如果某个州的最低工资标准高于联邦最低工资法的规定，则雇主还要按照自己州的规定支付更高的工资。例如，2006 年 2 月，纽约州的最低工资标准为每小时 6.75 美元。

图 3.6 描绘了最低工资法的经济影响。按照市场的出清价格，本例中非熟练劳动力的工资率为每小时 4 美元。然而，雇主不允许支付低于每小时 5.15 美元的工资。而在每小时 5.15 美

图 3.6 最低工资法的经济影响

本图描绘了非熟练劳动力的供给和需求。自由的市场均衡工资率为每小时 4 美元，受雇人数为 Q^*。政府设置了最低工资每小时 5.15 美元,这导致了劳动力的超额供给(失业)。有数量为 Q_D 的人按照最低工资每小时 5.15 美元获得工作，他们受益于这样的法律规定（除非他们有为获得或保持目前的工作而花费的额外费用抵消了部分好处)。长方形 C 代表了雇主剩余转化为受雇的员工剩余的部分。相比之下，介于 Q_D 和 Q^* 之间的人则受到这个法律的伤害。本来这些人可以按照市场机制获得每小时 4 美元的工作，然而，由于实施了最低工资法，他们就失业了。总体来看在劳动力市场上，总的交易所得有所减少。由于交易量的减少而损失的厂商的剩余和劳动力的剩余分别由三角形 A 和 B 来代表。

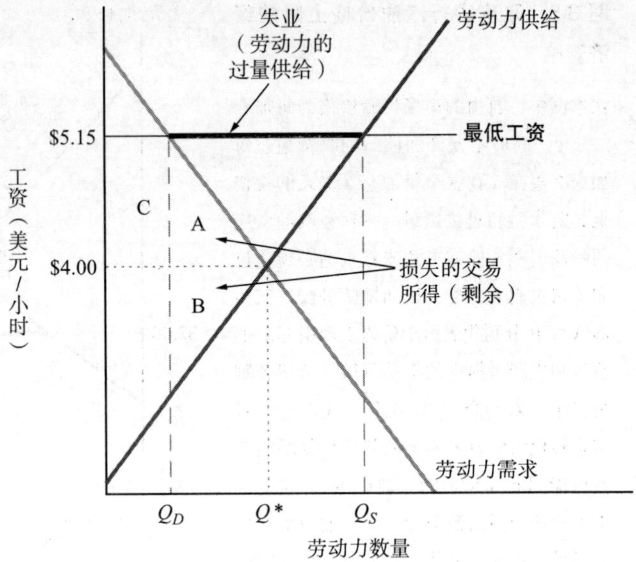

元的工资水平上，劳动力的供给量 Q_S，大于需求量 Q_D，即存在失业。在每小时 4 美元的工资水平上，厂商愿意雇佣更多的工人，而进入劳动力市场的人数也会减少。因此，在每小时 4 美元的工资水平上，劳动力的供给量等于需求量 Q^*——不存在失业。[10]

有数量为 Q_D 的人按照最低工资每小时 5.15 美元获得工作，他们受益于这样的法律规定(除非他们为获得或保持目前的工作而花费的额外费用抵消了部分好处)，但他们的雇主却为此付出了代价——这些雇主要支付更高的工资。长方形 C 代表了雇主剩余转化为受雇的员工剩余的部分。相比之下，介于 Q_D 和 Q^* 之间的人则受到了这一法律的损害。本来这些人愿意按照市场机制获得每小时 4 美元的工作。然而，由于实施了最低工资法，他们就失业了。总体来看在劳动力市场上，总的交易所得有所减少。由于交易量的减少而损失的厂商的剩余和劳动力的剩余分别由三角形 A 和 B 来代表。公司与失业的劳动力建立雇佣关系对双方都有利，但最低工资法阻止了这种关系的建立，这些三角形描述出由此造成的剩余损失。在 2005 年 8 月，美国青少年的失业率为 16.5%，而成年人的失业率为 4.3%。青少年之所以会存在这么高的失业率，一个潜在的原因就是最低工资法的影响。[11]

最低工资法还影响到人们获得工资的方式。例如，假设在实施新的最低工资法之前，非熟练工人获得每小时 4 美元的工资外加健康保险。硬性规定雇主应该支付的最低工资将可能引起健康保险的减少。对于那些宁愿要健康保险而不愿意要更高工资的工人来说，这就意味着待遇的恶化。

工会与最低工资法

在克林顿总统执政的1997年，联邦最低工资标准提升到每小时5.15美元。工会为这一法案提供了强有力的政治支持。在签署这个法案时，克林顿总统讲道：

> 在美国，加入工会的工人很少有拿最低工资的。这些工会绝大多数都支持通过最低工资法，因为他们认为这是一件有意义的事情。他们花费了自己的时间、自己的钱财以及自己的精力来帮助那些不属于他们自己组织内的人，我在此对他们表示感谢。

克林顿总统的演讲与第2章讨论的**良民模型**是一致的——工会花费时间和钱财，不是为自己谋福利，而是因为这是“有意义的事情”。而**经济模型**则预计了另一种可能性。提高低熟练程度的工人的工资将增加对工会内的高熟练程度工人的需求（特别是其中的低工资工人）。例如，随着工会内的工人与非工会工人的成本差异的缩小，企业可能更愿意通过与工会组织签订合同来获得人工服务。

外部性与科斯定理[12]

除交换关系之外，当一方的行为影响另一方的福利或生产可能性时，就说明存在经济的外部性（externalities）。经济外部性妨碍了自由市场分配资源的效率。如果一个企业排放的气体会污染大气，那么它对周围邻居的福利就有不利的影响。如果该厂家并不承担由此引起的成本，它就有可能选择一种有违资源分配效率的污染水平（也就是说，过度污染）。在考虑应该为控制污染投资多少的决策时，厂家的管理者将只以它自己的成本和收益为依据。真正有效的投资决策应该同时要考虑对邻居所造成的成本和收益（有效的投资水平应该是追加投资的总边际成本等于总边际收益——而不仅仅是这一家企业自己所发生的成本和收益）。

经济学家通常认为，经济的外部性无疑会妨碍市场机制自动生成有效的资源配置。在这种情况下，就有必要通过政府干预来提高资源配置的效率。比如，一种传统的建议是按照厂家造成污染的程度来征税。开征这种税之后，就会激励厂家减少污染。

1960年，诺贝尔经济学奖得主罗纳德·科斯提出了一种令人信服的观点——通过交易，自由市场系统可以更有力地促成有效的资源配置。在自由市场系统中，只要产权是可以交易的，就存在着为提高经济效率而重新安排这些权利的动力。经常建议政府干预也许是不必要的，在很多情况下甚至是有害无益的。假设在法律上，一个企业有权随意污染环境。但是，如果这个企业降低污染水平，周围的邻居总能付给它相应的补偿。因此，这个企业就面临着污染的成本（如果企业不控制污染，就会有无法收到周围邻居所给补偿的机会成本）。只要污染所带来的价值大于给周围邻居造成的成本时，这家企业就会继续污染环境。显然，不通过征收污染税也可以解决问题。即使在法律上周围的邻居有权要求这家企业不排放任何污染物，但与该企业有权随意排放污染物的情况相比，污染的程度最终会是一样的。在这种情况下，这家企业将付给周围邻居补偿，以获得污染的权利。无论在法律上是企业有权利，还是周围的邻居有权利，当这家工厂污染（生产）的边际收益等于它自己承担的加上它给周围邻居所造成的边际成本时，交易所得就会得到完全利用。

俄罗斯的产权

一项互换交易是个人之间就一种物品的产权达成的协议。如果产权不合法，交易将受到很大的限制。在运转良好的经济中，对于保障产权和加强交易保障来说，法律系统是重要的基础。俄罗斯在转向市场系统时存在着很大的困难，因为他们并没有为保障个人产权建立完善的法律制度。尽管他们也有法院系统，但由于效率低下，这些系统对于私营企业和个人保障的作用非常有限（法院的办事效率很低，运转成本却很高，有时还有腐败现象）。

良好法律制度的缺乏，给为加强财产权和促进交易而想要创立内在机制的企业提供了获益的机会。在俄罗斯，大的企业都拥有自己的保障力量。如果对方不信守契约，他们就利用自己的保障力量强制对方执行契约（特别像黑手党）。而从另一方面看，这些大公司自己通常都会自觉地遵守契约，因为对他们来说，建立良好的声誉，从而使其他团体或企业愿意跟他们做交易，这对于公司的未来是非常重要的（见第10章）。可以说在俄罗斯，大公司拥有强制执行契约的力量是一种竞争优势（利润）。而小公司很难与大公司竞争，因为他们没有相应的保障力量，也没有保证履行合约的声誉。

应用法律系统总是很昂贵的，即使在发达的经济中也是如此。全世界的管理者们都有潜力创造价值，只要他们可以设计出一种有效的方法来保证契约的执行。因此，许多公司都不惜大量的投资来建立自己作为精诚合作伙伴的声誉。

资料来源：A. Grief and E. Kandel (1995), "Contract Enforcement Institutions: Historical Perspective and Current Status in Russia," in *Economic Transition in Eastern Europe and Russia* (Hoover Institution: Palo Alto, CA), 291-321.

科斯定理与"蜜蜂的传说"

有关经济外部性的一个引用最多的例子是"蜜蜂的传说"。养蜂人为周围果园的果树提供了授粉服务，而果园的主人反过来也给养蜂人的蜜蜂提供了食物。许多经济学家都将这一现象看成是外部性的经典案例。如果养蜂人和果园的主人并不从对方那里得到提供好处的相应补偿，那么他们各自按照自己的福利最大化原则来决策，将出现投资不足（从社会的角度）。

依据科斯定理，养蜂人和果园的主人可以通过私下协商来解决这一外部性问题。这也正是在现实中发生的事情。实际上，养蜂人和果园的主人经常达成某种协议。果园的主人经常租用养蜂人的蜂箱，来为那些并不为蜜蜂所喜欢的果树授粉，而养蜂人也经常为那些蜂蜜所喜欢的果树的主人付费。既然有了这样一些相互支付的款项，在投资决策时，养蜂人和果园的主人就都会有动力去考虑对另一方的影响。通过这一过程，养蜂人和果园的主人都会达到最有效的投资规模，而不需要政府的干预。

资料来源：S. Cheung (1973), "The Fable of the Bees: An Economic Investigation," *Journal of Law and Economics* 16, 11-34.

科斯的理论令绝大多数经济学家相信，经济的外部性对于前面我们所讲的思想来说并不是一个多大的问题。它同样意味着，与对收入分配的影响相比，财产（合法）权的分配对于资源的最终使用并没有很大的影响——只要这种权利还可以交易。在我们的例子中，无论谁先拥有了产权，这家企业都会排放同样数量的污染物。但是，拥有产权的一方会得到更多福利，因为它是接受污染补偿款项的一方。

无论如何，正如科斯所指出的，自由市场交换并不总是能解决经济外部性问题。克服外部性问题所需的交易是需要花费成本的——另外还有契约成本（contracting cost）。这类成本包括调研和信息成本、谈判和决策成本以及制定政策和监督实施的成本。[13] 这些成本的存在，会影响理想结果的实现。在我们的例子中，与周围邻居遭受污染损害的总成本相比，这家企业也许愿意收到较低的补偿去控制污染。尽管如此，与这家企业的谈判所发生的成本，以及在邻居之间应该如何分摊这些补偿的决策成本，有可能会很高，以至于造成无法达成双边利好的协议。通常，这种达成协议的成本会随着参与谈判人数的增加而增加。在我们的例子中，如果这家企业周围的财产都属于一家邻居所有，这家企业就只与这一家邻居谈判，那么达成有效协议的可能性最高。

科斯定理

只要契约成本足够低，财产权有明确的归属并且可以很好的执行和随意交换，那么最终的资源分配就是有效的，而无论开始时财产权的分配情况如何。

同样重要的是，财产要有明确的归属，而且是可以执行、交换的。假设没有法律系统保障产权，周围邻居就不愿意为控制污染付给企业补偿，因为他们并没有获得执行产权去阻止企业污染。而收到周围邻居的付款之后，一旦这家企业背信弃义，不为治理污染而投资必要的基础设施，周围的邻居就无能为力。

政府的和私人的北极探险

从1818年到1909年，共有35个国家的政府和56个私人组织建立了北极探险队。他们在北极地区定位、探索西北通道、寻找北极点，以及进行其他一些重大的发现。大部分重大的极地发现都是由那些私人探险队发现的。而大多数的悲剧都发生在政府探险队。用其他的指标来衡量，政府探险队的表现比较差。平均来看，政府探险队利用船只探险，平均死亡5.9名（8%）队员，而私人探险队平均死亡0.9名（6.2%）队员。政府探险队利用船只探险，平均动用了1.63艘船，最后废掉了0.53艘。相反，私人探险队利用船只探险，平均动用了1.15艘船，最后只废掉了0.24艘。在那些探险活动超过一年以上的探险队中，46.7%的政府探险队遭受了坏血症的袭击，而私人探险队的患病比例只有13.2%。

证据表明，上述这些差异不是因为探险队的目标不同、来自的国家不同、探险队的领导者以前参加的探险的次数不同或探险队建立的时间不同所引起的，而是由于政府和私人探险队组织的机制不同。发生的事故表明，与私人探险队相比，政府探险队雇佣的领导者缺乏动力，对极地探险也缺乏准备；探险队的组建和任务的完成是由不同的人来领导的；对诸如服装、饮食、帐篷、极地探险的方式、组织结构和最佳的团队规模等新信息的采用也比较缓慢。

资料来源：J. Karpoff（2001），"Public versus Private Initiative in Arctic Exploration：The Effects of Incentives and Organizational Structure，" *Journal of Political Economy* 109, 38–78.

上面的讨论说明，市场经济将有利于生成一种有效的资源配置，只要产权有明确的归属，而交换的契约成本又足够低。当这些条件具备时，资源的有效分配就会实现，而无论初始的产权是如何分配的。这种基本原理通常被称为科斯定理（Coase theorem）。

科斯定理的背后驱动力是交易可以带来价值——个人都有动力去寻找并实施双边利好的交易，这一原理具有重要的管理意义。即便管理者没有必要的财产权去承担一个特别的项目，也不意味着他就不能承担项目。如果相应的项目会产生足够的价值，上述管理者就可以从目前的财产所有者那里获得必要的产权。假设开发建设一个购物中心，沃茨建筑公司可以创造巨大的价值，而这一购物中心的位置选在一个居民区。周围地区的房地产所有人都有可能支持沃茨建筑公司的决策，只要他们也能分享一部分由此创造的价值。通过在大购物中心旁边开设一个新的公园，沃茨建筑公司还可以获得周围邻居的更多支持。

科斯定理也说明，对组织研究来说，契约成本是一个核心问题。在不存在契约成本的情况下，无论决策权的分配情况如何，有效的资源配置结果总是可以实现的。从效率的角度来看，决策权是集中还是分散并没有关系。在考虑这类组织问题时，重要的是契约成本。我们将在下一部分进一步讨论这个问题。

市场与中央计划

历史表明，在大的经济系统中，对于生产与消费决策的控制和调节，价格系统比中央计划系统更有效。不需要政府计划的协助，自由市场经济就能够生产出为消费者所喜欢的产品，并能够避免大量的短缺与过剩。

在大的经济体内，市场之所以比中央计划更有效，其原因至少有两个。第一，在做经济决策时，价格系统会刺激人们更好地利用知识和信息。第二，它会强烈地刺激有关个人做出最有效的决策。

一般的和具体的知识[14]

图 3.7 表明，知识传播的成本变化可以表示为一种连续的过程。在这一连续过程的一端是一般知识（general knowledge），一般知识的传播通常是不必花费什么费用的。像价格和数量的

图 3.7 知识传递的成本

随着所传递知识的不同，知识传递的成本有一种连续的变化。在一端是一般知识，传递的成本接近于零；随着信息传递成本的增加，信息也变得越来越具体，我们用具体知识这一术语来指那些传递成本较高的知识。

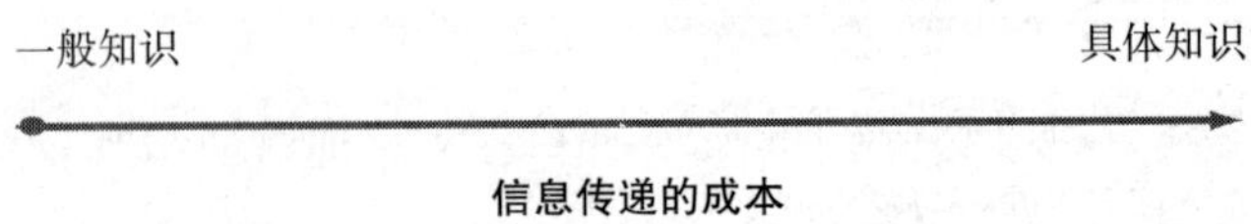

通用电气公司忽略了具体知识的使用

在20世纪70年代后期，各种信息综合表明，住房和家庭都在趋于小型化。根据这一信息，通用电气公司的高级策划人员得出结论，家用电器小型化将是一种未来的潮流。根据这一推论，通用电气公司投入巨资开发体积更小的电冰箱和其他家用电器。

由于这些公司策划人员与房屋建筑师和零售商缺少接触，所以他们没有意识到卫生间和厨房并没有变小。而且实际上，双方都工作的夫妻需要更大的电冰箱，以便减少去超市购物的次数。令人遗憾的是，公司的高管对市场也缺乏了解，没有发现这些策划者所犯的错误。结果使通用电气公司浪费了大量的时间和资金去设计小型的家用电器。这种损失之所以会发生，是因为公司在决策过程中并没有考虑住房趋势的具体知识。

资料来源："The New Breed of Strategic Planner", *Business Week* (September 17, 1984), 62.

知识就属于一般知识——一个商店的店员轻而易举地就可以告诉你糖的价格是每磅1美元。信息传递成本增加的过程，就是信息越来越具体的过程。在这一连续过程中得分较高的知识（这种知识的传递成本较高），我们称之为具体知识（specific knowledge）。

至少有三个因素会影响信息传递的成本。第一个因素是相应信息的发出者和接收者的特征。一般而言，与那些背景不同的人之间的信息传递和交流相比，对于那些有相似的教育、语言和文化背景的人，信息的传递和交流就更便宜。第二个因素是所采用的交流和沟通技术。例如，电子邮件的采用大大降低了信息传递的成本。第三个因素是传递的知识本身的性质。有些知识很难归纳、综合或者通过一种节省时间的方式来传播。随着具体背景的不同，以下三种类

具体知识的动态特性

在历史上，规模经济曾经刺激零售公司的业务集中在标准产品和分配上。在那些大型零售连锁店的各分店中，对于周围邻居的特定需求知识逐渐被忽略了——相对来讲，这些信息的收集和加工都非常昂贵。而那些小型的当地商店十分注意迎合当地消费者的需求，这种状况使大型零售连锁店失去了竞争力。

由于计算机和电子扫描设备的开发和应用，有关周围邻居的特定需求信息的收集和处理相对简单了，从而，这方面知识的具体性也就下降了。结果是，零售公司开展了更多的针对各个分店周围区域消费群体的营销活动。比如，在洛杉矶的北好莱坞区，西尔斯的一个门市做了特定的安排，以便适应周围地区西班牙人的特定要求。有关的标识和名称都是用西班牙文写的，店内存有富有民族特色的商品。比如，丰富多彩的南美音乐明星的磁带和光盘。[15]而在其北几百英里外，在圣宙斯的西尔斯门市就供应大量小型号的服装，以吸引在该地区的亚洲居民。同时，在佛罗里达，西尔斯的门市则供应肥大的色彩较为平淡的衣服，以满足当地老年人的购物需要。

资料来源："Customers on Target", *Financial Times* (August 18, 1995).

型的知识在性质上属于具体知识：

- **特定环境下的个人知识**(idiosyncratic knowledge of particular circumstances)。要知道某运货卡车是否还有空间再装上某种货物，或者某个客户是否想购买某个特定的产品，最好是去请教在现场工作的人。如果这些信息不马上加以运用，它将变得毫无用处。比如，当这辆卡车交给其他人（比如一个中心调度员）来安排时，就会失去再装货物的机会（例如，这辆卡车已经离开)。
- **科学知识**（scientific knowledge)。有关 DNA 如何在生物机体中起作用的知识通常不容易传播给那些不是科学家的人。
- **合成知识**（assembled knowledge)。一个会计为某企业编制税收报告多年，可能就会积累有关税种和税收折扣，以及该企业收入特征的重要知识。另一个例子是学习操纵一台复杂的机器。在这两个例子中，相应的知识都不容易传递给其他人。

对于合理地分配资源来说，具体知识是非常关键的。许多经济机会转瞬即逝，在现场的人（有关于机会具体信息的人）必须立即行动才能利用相应的机会。在经济决策中不能有效地利用科学知识和合成知识，将会增加不必要的成本耗费。一个经济系统要获得成功，就必须鼓励在经济决策中运用相应的具体知识。

知识的创新

图 3.7 表明，在一定时点区间内，各种知识从一般到具体持续发生着变化。理解知识的动态性质是很有必要的，至少有两个因素可以刺激知识传递的成本变化。第一个因素是技术——

苹果电脑公司对于具体知识的运用

苹果电脑公司的第一台手提电脑有许多附属部件，重量达 17 磅，市场销售情况不是很好。1990 年，本着完全从消费者角度考虑的原则，苹果电脑公司开始重新设计这种手提电脑。产品开发小组成员包括软件设计师、生产工程师、市场营销人员以及工业设计人员。一开始，这些人员都分赴工作现场，目的是观察使用其他产品的潜在客户。小组成员们发现，用户经常在飞机上、出租车里、家里以及床上使用他们的手提电脑，他们不仅仅希望电脑的体积变小，而且希望携带方便。作为回应，苹果公司为其 PowerBook 手提电脑设计了两个显著的特点——球形的鼠标和在键盘前面有可以放手掌的地方。这个新产品不但便于使用而且与众不同。销售情况大大改善。

在手提电脑领域，有关客户真正想要什么的知识由公司内部与客户有密切接触的职员掌握。这个小组的成员具备重要的科学知识和综合知识，指导他们接受新的信息，并运用这些信息设计出适销对路的产品。而且，他们有权按照新发现调整产品。在中央计划经济中，在产品设计时，考虑这种具体知识的可能性不大——中央计划官员要考虑成千上万的产品开发决策。

资料来源：“Hot Products, Smart Design Is the Common Thread,” *Business Week* (June 7, 1993), 54–57.

通信和计算机技术的进步极大地降低了特定类型信息传递的成本，使得它从相对具体变得一般。第二个因素是个人的行动——个人可以采取行动，将具体知识向一般知识转化。比如通过撰写操作手册，可以将具体的操作经验转化为一般知识。

诺纳卡和塔丘奇认为，将大量感受、思维模式、信念、经验以及其他类型的具体知识加以转化，使其通过正规的和系统的语言形式来交流和传递，这将是产品创新获得成功的一个极为重要的方面。[16] 比如，在20世纪80年代，日本松下公司开发了一种自动化的新鲜面包生产设备。有关如何做出味道鲜美的面包的具体知识由面包制作师掌握，这种知识并不容易传递给他人。正因为如此，完全自动面包机的开发尝试一直没有获得成功，因为这种设备所生产的面包质量很差。另一方面，如何制造自动面包机的知识由工程师掌握。显然，要成功地制造出一台面包机，就需要在面包师和工程师之间进行有关具体知识的交流。为实现这种知识的交换，这家日本公司的经理专程赶到大阪的一家饭店里，听面包师讲有关面包制作的课程。最后，这位经理发现制造好面包的关键在于，面包挤压成形的过程中有力地揉抻生面团。这种观念可以作为一般知识传递给设计工程师。最终，这家日本公司制造出第一台家用的、完全自动的面包制作机器，而且在市场上大获成功。

1778年，经济学家兼牧师托马斯·马尔萨斯预言，人口的增长将超过粮食的增长并最终导致大范围的饥荒。[17] 他的观点很直观：因为土地和其他的自然资源是有限的，人口的增长（受“性冲动”的驱使）最终会超过可能的粮食供给量。但是这种预言（经济学因此被称之为“沉闷的科学”）并没有到来。例如，美国的人口从1900年的0.76亿上升到2005年的2.96亿（几乎上升了300%），但同期的农业用地和从事农业生产的工人的数量却大大降低。在今天，只有不到3%的美国人口从事农业生产，但是人均粮食供给却是从来没有过的高，而且这种粮食供给的增长不只是在美国发生。从1951~1992年，世界人均粮食生产上升了34%。[18] 那么马尔萨斯为什么错了呢？

将成功的IT应用转化成软件

查尔斯·贝尔福德是总部位于加拿大的一家管理咨询公司——管理智慧公司的总裁，他建议客户从他们现有的信息技术(IT) 中获得价值，而不要购买新的软件或硬件。他认为，企业应当修订他们现存的权力分配、公司治理以及计划和管理活动，以便找出低成本、低风险的IT改进方法。应当激励管理人员确保成功的导向实验得到认同，然后在整个组织中贯彻执行。查尔斯·贝尔福德鼓励客户进行企业重组，这样，一个高层管理者就能从全局的角度主持IT产品的开发，使企业获得长期发展。例如，贝尔福德先生说：“通过调整你公司中网站内容管理的权力分配，你就能够把你的过度臃肿的网站或贪得太多的内联网络转化成一个健康的资产，并为他们各自的客户服务。”

贝尔福德先生坚持认为，把IT行业中一些实际做法（成功的地方IT企业的做法）转换成菜单或软件，并让这个新发明的软件在企业中发挥作用的惟一方法，就是改变公司的组织架构。

资料来源：C. Belford，“Add Value to Tech Assets without Br eaking the Bank,” *The Globe and Mail* (March 28，2002)，B16.

菲亚特——运用具体知识开发市场

传统上，领先的汽车制造商都在发展中国家销售他们已经成熟的车型，而不考虑在这些市场上可能有某些特殊条件。然而，为满足发展中国家人们对汽车的特定需求，菲亚特公司投资20亿美元开发一款新型轿车A178。这种车外观新颖，价钱不贵，而且能够适应较差的路况。这一新车型设计所需要的具体知识来源于设计小组中各国的工程师，包括巴西、意大利、土耳其、波兰、阿根廷、印度、南非以及摩洛哥的工程师。根据菲亚特公司的预测，一旦进入正常生产，A178轿车每年的销售量可望达到900万辆。菲亚特公司自己有生产这一产品的决策权，无需就此向某个重要的政府官员申请并得到批准。

资料来源："Fiat Steers New Model towards Developing Markets," *Financial Times* (August 24, 1995).

像最近大多数的悲观主义者一样，马尔萨斯低估了技术进步的作用——想出更好的办法使用现存的资源。[19]例如，现在的计算机比十年以前的计算机强大得多，但生产它们并没有花费更多资源。还有，计算机的设计者们开发出了很多方法循环使用计算机所用的材料。用更好的方法来使用现存的资源，这种过程不仅出现在制造业，在相关的服务行业也是如此。例如，请思考一下麦当劳公司在20世纪50年代所做的"快餐"配送方面的创新，其背后的真正目的。

经济学家保罗·罗默认为，这类发展和增长的机会都是无限的。[20]人们不断地把他们头脑中的一些观念和知识，转换成能用于生产新产品和提供新服务的"软件"（菜单或公式）。日本松下公司就是一个好例子，它成功地把厨师掌握的具体知识转化成了工程师应用的一般知识。正如我们在第8章将要讨论的那样，一个好的管理者应对这种知识创新机制有充分的理解，并在企业内部培育这种机制的形成。

具体知识与经济体制[21]

诺贝尔经济学奖得主弗里德里克·哈耶克，提出了一种令人信服的观点，即与中央计划经济相比，在经济决策中，自由市场经济更有可能考虑相关的具体知识。他指出，经济决策中相关的具体知识，并非只传递给某一个人。相反，它会在经济中广为传播。根据定义，没有通过统计的综合，这种知识传播的成本会较高。现实中有大量的这类信息，一个中央政府的计划官员不可能有着足够的脑力来做相应的计算和处理。哈耶克得出结论说，在经济决策时，中央政府的计划官员难免会忽略重要的具体知识。

相反，市场体制下的经济决策是由分散的个人做出的，他们通常都具备相关的具体知识。技术或者市场精英，比如微软公司的威廉姆·盖茨和戴尔公司的米歇尔·戴尔，都有着创立新公司以推出自己的产品的自由。做出这类决策的有关信息并没有必要传递给在华盛顿的政府官员，以做出集权式的生产决策。因此，这些信息才能更有效地得到利用。

这些分散的决策行为通过市场价格得以协调。比如，由市场决定的工资水平（劳动力的价格）的增加向雇主发出信号：劳动力供应出现短缺，应该节约使用。反过来，更高的工资本

诺贝尔经济学奖得主哈耶克关于价格机制“魔法”的论述

“为使我们更为深刻地了解价格机制的运作及其可能达到的效果，有必要花一点时间说明一个简单而又常见的例子。假设在世界的某个地方，出现了利用某种原材料（比如说锡）的新机会增加了，或者说，这相当于锡的一个供应来源消失了。究竟是什么原因引起锡的短缺，对我们的分析来说是无关紧要的，但这种无关紧要恰恰说明了一个重要问题。锡的使用者知道，这种锡在其他方面的使用更有利可图，从而，他们必须节约使用。对他们中的绝大多数来说，并不需要知道锡的需求具体在什么地方会迅速增加，或者还有什么其他办法可以节约使用有限的锡。如果他们当中有少数人直接知道锡的新需求，并将自己的资源转向这一新需求；如果人们知道锡的供求之间出现了缺口，并试图通过对另外一些资源的利用填补这一缺口，锡的短缺所造成的影响就将迅速扩展到整个经济体系。它不仅仅是影响对锡的利用，而且包括对锡的替代品以及这些替代品的利用，不仅仅是对能够制造锡的所有投入要素的利用，而且包括对这些投入要素替代品的利用，如此等等。所有这些的发生都是在没有辅助知识（能促进替代品产生的对锡的最初供求状况变化原因的了解）的条件下发生的。以上行为都只是市场行为之一，其原因并不是有人对相关领域做了调查，而是因为将有限的个人视野充分地叠加——通过许多中间媒介，相关信息就传播到了整个市场。而仅有的事实是，任何一种商品的价格——或者这种商品在某一地区的价格，都是由相应的生产和运输成本决定的——每个人的简单决策通过市场交易的相互传递传播到整个市场，从而，问题得以解决（如果在概念上可行）。”

资料来源：P. Hayek (1945), “The Use of Knowledge in Society,” *American Economic Review* 35, 519—530.

身，就会刺激企业雇主更节约地使用劳动力。正如哈耶克所强调的，这个系统的一个重要优势就是，依靠价格机制可以节省将信息转化为有效决策的成本。公司通常没有必要详知工资水平为什么上升，工资上升本身就是所需知道的最重要的事情。据此，他们足以做出价值最大化的决策。[22]

市场中的激励

私有产权对市场经济的运转起着关键的作用，因为它为分权制决策者提供了强大的激励——激励他们按照具体的信息去决策，而决策所创造的福利直接归资源所有者所有。如果艾丽斯·陈拥有一块土地，她就有动力使这块土地的利用更有效率，因为她会得到相应的利润。如果贾马尔·哈默德可以使这块土地的利用效率更高，那么艾丽斯就会将这些土地卖给哈默德（从交易中可以获得增值）。其结果是，产权得到了重新安排，而同时，资源的决策权与相应的具体知识结合了起来。

相反，在中央计划经济中，决策者只有有限的动力使有关信息（即使他们有这方面的信息）的利用更有效，因为他们并没有拥有他们所控制的资源。进一步，在统一决策的中央计划经济下，水平低下的官僚机构也没有多少动力来做出有效的决策。某辆轿车的最好用途也许是运送游客尽快离开机场，然而，一个中央计划者可能将这辆车分派给他的兄弟，因为对他来

日本、计算机以及产业政策

20世纪90年代早期，一些著名的政策倡导者指出，在近10年中，日本的计算机及计算机相关产品将超过美国，原因在于日本强有力的、成功的政府规划者。持这一观点的政策倡导者认为，美国在竞争中处于劣势，因为它没有依靠中央的经济计划。到了1995年，"你每天在办公室里看到的，并不是日本的富士、NEC或者日立的产品，而是康柏、IBM或者苹果公司的电脑——这些都是美国公司设计和生产的。"日本公司在软件行业也败下阵来。1993年，美国计算机公司通过一系列措施"入侵"日本个人计算机市场。1994年，美国公司在日本的计算机市场份额翻了一番，达到30%。

资料来源："Japan, Computers, and Industrial Policy," *The American Enterprise* (July/August, 1995), 86.

说，与使整个经济更有效运转相比，让他兄弟高兴更重要。说到底，是因为这个官员不能拥有使用这辆轿车的利润——这些利润都归国家所有。

契约成本与企业的存在

按照哈耶克的观点，市场调节比中央计划好。那么，为什么管理者在进行资源配置的决策时，公司的行为经常与中央政府的计划相类似呢？[23] 从概念上讲，企业并不一定必须存在。所有的生产和交换都可以通过市场交易来完成。比如说个人电脑，消费者可以从各个独立的市场交易中获得所有的个人电脑部件，然后，再付钱请人为他组装成整机。当然，在现实中，绝大多数的计算机是由公司组装完成的，而卖给消费者的通常只是最终的成品。

那么，为什么资源的分配要由企业和市场共同完成呢？罗纳德·科斯回答了这个问题。[24] 其基本理论是，经济交易会发生交易成本，其包括研究和信息成本、谈判和决策成本，以及政策制定和监督实施成本。如果交易的结果导致了无效的资源配置，那么也会有机会成本（我们将在第10章中对此做更详细的讨论）。组织经济交易的最优方法是使交易成本最低的方法。[25] 在有些情况下，市场交换的方法对各方可能都好；而在另一些情况下，组成公司的方法可能更好。

市场上的契约成本

通过市场进行交易的基本成本包括价格的发现和谈判。[26] 比如，企业总是存在两种潜在的优势：

- **更少的交易次数**。如果有 M 种生产要素和 N 个顾客，一家公司可以投入 M 种要素，并将产品卖给 N 个顾客。总的交易次数是 $M+N$。相比之下，如果每一个顾客单独为每一个生产要素进行交易，那么就将有 $M \times N$ 次交易。例如，装备一台计算机可能需要10个工人。如果有1 000个顾客，每一个顾客分别与每一个工人谈判，总共要有10 000次交易。如果

赫伯特·西蒙关于组织和市场的论述

人们通常将美国看作是市场经济。与其他市场经济一样，在美国绝大多数的经济活动都是通过公司来完成的。引用前诺贝尔经济学奖获得者赫伯特·西蒙的话：

假设一位来访者穿越外层空间从火星来到地球，装备特殊的电子望远镜能够看清社会结构。

以深绿色区域代表企业，模糊的轮廓勾勒出相应的部门。红线代表市场契约成本，它连结着各个公司，形成了一种空间网络。在公司内部，这一外星来访者还看到浅蓝色的线，这种线标示出从公司老板到各级工作人员之间的权力关系……不管来访者实际看到的是美国还是前苏联，中国的城市还是欧洲的社区，较大的区域都被绿色覆盖，因为几乎所有的居民都是企业的员工。组织将是这一景观的主要特点。这一来访者发回火星的信息将会这样描述："通过红线连结的巨大绿色区域"。而不太可能说："一个红线网络连结着绿色的节点。"

资料来源：H. Simon（1991），"Organizations and Markets，" *Journal of Economic Perspectives* 5，25-44.

一家公司雇佣10个工人，并向1 000个顾客销售计算机，那么总共只有1 010次交易。

- **信息专业化**。考虑购买个人电脑的情况。如果分别购买各种部件，你对电脑部件了解多少呢？但另一方面，个人电脑生产厂家却懂得这方面的专业知识，从这一厂家购买计算机的顾客只关心最终产品的质量就可以了。

我们将进一步说明具体有哪些重要的契约成本促成了企业的存在，这些契约成本与企业所拥有的专用资产（specific assets）有关。当资产用于目前的用途比用于其他用途价值更大时，我们就说资产是专用的。一个极端的例子：一台机器可能仅仅在某一个工厂中才可以用于生产某一部件。对于特殊买主所需要的部件生产来说，这种机器是有价值的，但是，对于其他用途来说，它就没有什么价值。在这个例子中，独立的供应商可能不愿意购买这样的机器，因为他们不愿意陷于只有一个买者的被动境地。比如，供应商可能担心将来买者会施加压力，迫使自己降价，或者对于产品的质量和数量提出无理要求，或者随便减少购买数量等等。由于存在这些令人担心的问题，当相关的资产具有高度的专业化时，在买者和卖者之间就不可能达成市场交易。对这个问题的解决方法之一是生产者自己保留这台机器，在一个更大的企业中投入生产要素产出相应的部件。

企业的另一个潜在优势是，在有些情况下可以通过建立声誉减少契约成本。与那些预期在很长时间都会参与市场的交易方进行交易，个人可能会更有信心。他们明白交易方为了提高他们的声誉和未来的商业机会，他们有动力做到诚实可信。与个人相比，组织很可能有更长的寿命（一些较大的公司在19世纪就存在了），因此预期会比不知名的个人更守信用。这种信任的增加可以促成谈判和维持协议成本费用的降低。我们将在第10章中更详细地讨论这个问题。

政府管制同样有助于解释企业存在的原因。有时，企业生产产品更便宜，因为与市场交易相比，企业可以避免在各个生产阶段的税收。

企业核心业务和股票回报

罗纳德·科斯提出，对市场的运用涉及契约成本，在有些情况下，将这些交易控制在企业内部，可以压缩成本。然而，企业还是会引起契约成本。20 世纪 90 年代，许多企业认为企业的规模太大，经营的范围也太广了。这些企业于是决定集中于核心业务，放弃了不相关的业务（比如，通过出售资产）。事实表明，平均来说通过着重于核心业务活动，企业的股票市值都有所上升。

资料来源：R. Comment and G. Jarrell(1995)，"Corporate Focus and Stock Returns," *Journal of Financial Economies* 37，67-87.

企业内的契约成本

我们已经讨论了促成企业存在的几种契约成本。既然存在这些成本，为什么整个经济不形成一个大的企业呢？答案在于，企业内部的资源配置同样会产生契约成本。例如，随着企业规模的扩大，企业经理将越来越难做出有效的和及时的决策。他们将更有可能出现决策失误和对环境变化的反应滞后。随着规模的增大，企业的重要决策必须要交给非所有者的管理专家来处理，而要保证这些专家能够从企业所有者的利益出发做出决策，又需要花费一定的激励成本。第 10 章将更详细地讨论这类企业内的契约成本。

有效的组织

参与交易和生产的个人有动力应用减少成本的组织方法，因为可以分享更多的价值增值。比如，在给定价格的情况下，如果可以缩减成本，就会创造更多的利润。[27] 在竞争性市场上，个人会不断地搜寻新的和更好的方法来减少成本，以提高他们的竞争优势和增加利润。总之，与市场交换相比，通过企业来组织经济活动的成本更低时，有关经济活动就会保留在企业内部；反之亦然。同时，就像我们将要看到的，这一思路对于组织的内部设计有着重要的意义。

管理的目标

到现在为止，我们的讨论都是假定公司的决策者就是其所有者。公司所有者有浓厚的增加公司利润的兴趣，因为他们会得到利润。在公开上市的公司，管理者通常并不是公司的主要股东。尽管如此，在本书的第二编中，我们假设公司的管理者还是致力于公司的利润最大化，或准确点说是企业价值，即企业利润流现值的最大化，他们为此进行投入、产出以及价格的决策，而且将价值最大化作为他们的惟一目标。[28] 这一假设是一个合理的起点，因为如果企业长时间不盈利，就无法再生存下去。绝大多数公司管理者都有持续的压力，必须努力地创造价值。同样，也存在其他激励，比如奖励性报酬，这类激励有利于使公司管理者与公司所有者的利益保持一致，从而使得在公司取得利润最大化时，也使公司管理者的目标函数最合理。在绝

CEO的变动与公司的利润

在微观经济学中，一个标准的假设是公司经理人致力于公司利润最大化。经理人通常都很关心利润，原因之一就是，如果利润和股票价格的表现不佳，他们现有的职位就没有保障。比如，有研究表明，最差的公司与最好的公司相比，前者经理人的更换率是后者的1.5倍。

资料来源：关于对这一事实的评论，参见J. Brickley (2003), "Empirical Research on CEO Turnover and Firm Performance: A Discussion," *Journal of Accounting and Economics* 36, 227—233.

大多数经济学教科书中，利润最大化是一个基本的假设前提。然而，从第10章开始，我们将给出更多的企业特性，并对公司内部管理者与所有者的利益冲突做更详细的分析。

管理的意义

我们从本章一开始，就先概括说明了市场经济是如何运作的。理解这些问题，包括理解供

企业与市场：市场有效的条件

经济学理论认为，经济活动如果通过企业组织比通过市场组织成本更低时，就会保留在企业内部。反之，亦然。在当今世界上，许多经济活动都保留在企业内部。如果在全世界没有这些大企业在有关产品的生产和分销中发挥重要作用，那么很难想像这个世界将会怎样。然而，这些企业的存在，只是一种相对短暂的现象。在19世纪中期之前，几乎没有什么大的企业。大多数生产都是通过一些小的所有者直接管理生产来完成的。这类生产活动几乎都是通过市场交易和价格来协调进行的。我们不妨引用阿尔弗雷德·钱德勒对于1850年以前企业组织的描述：

传统的美国企业是一种单一经营单元的企业。在这样的企业中，一个或几个所有者在一个办公地点以外经营着一家商店、工厂、银行或者运输线。通常，这种类型的企业只简单地从事一种经济活动，制造一种产品，业务范围限于一个地区。在现代企业兴起之前，这些由个人所有和管理的小企业的经营活动，都是通过市场和价格机制来协调和监督的。

随着能源的开发和应用、交通以及通讯设施的改善，大型企业有了经济可行性。燃煤提供的蒸汽动力成为一项重要能源，使得大型工厂可以代替手工业者和小工厂所有者，而铁路的出现使得企业可以运输大量的产品到新兴的城市中心。电报使得企业可以在更大的地理区域协调工人的活动。这些发展最终使得通过行政手段来协调生产和分销，比通过无数市场中间环节的交易来协调更便宜。

资料来源：A. Chandler (1997), *The Visible Hand: The Managerial Revolution in American Business* (Harvard University Press: Cambridge, MA).

惠普公司和它的核心业务

当公司规模太大不好控制时，许多公司会选择把自己分离成几个公司。1996年，AT&T公司把它的军事仪器部门出售给了Lucent Technologies公司，把它的计算机制造部门出售给了NCR公司。1999年，惠普公司宣布把它年收益760亿美元的实验和检测业务变成一个独立的公司，只保留年收益达395亿美元的计算机和打印机业务。这项措施使惠普更加集中于它的核心业务上。1998年到1999年，惠普的收入增长较慢，部分原因是在向新的投资发展方向比如互联网的转移上，惠普比它的竞争对手慢。有一位分析家评论说："惠普公司若想跟上戴尔和太阳微系统公司的步伐，它就必须更加灵活并转变得快一点。"

资料来源：D. Hamiltons and S. Thurm (1999), "H-P to Spin Off Its Measurement Operations," *The Wall Street Journal* (March 3), A3.

案例研究：俄罗斯"民营化"中的产权安全

从1992年起，大约有70 000家俄罗斯国有企业实行了私有化。许多买主都是来自美国和西欧的外国公司和投资者。私有化的目的是要从中央计划经济向市场经济转变。

但是，20世纪90年代的后期，俄罗斯境内的一股微弱的经济思潮引起了俄罗斯选民的关注。许多政府官员，比如莫斯科的市长Yuri M. Luzhkov开始推进"去私有化"，用当地的话说就是"*deprivatizatsia*"。在这一政策下，过去的私有化被宣布为都是非法的，因此过去的交易也将被推翻。然后这些企业或者作为国有企业进行经营，或者被出售给另外一方。例如，1999年10月，法庭就剥夺了华尔街的Kohlberg Kravis Roberts公司和美俄投资基金在圣彼得堡的Lomonosov Porcelain Factory的大部分利润。这些公司是在1998年购买的工厂，但是法庭判定五年前的私有化交易都是非法的。资料表明，该公司有可能被重新卖给管理者，这些管理者曾经在新投资者出现的时候准备辞去他们的工作。

许多政府官员比如Luzhkov，呼吁不是所有的私有化交易都要被推翻——只推翻那些非法的。但问题是，关于什么是非法的，现在的私有化法解释不清楚。最初的投标报价者的投资申请书如果丢失了一页，这笔交易就可能被判定为违法。而且，实际上任何人的一声抱怨也可能引发对过去交易的调查。

讨论问题

1. 去私有化的前景对私有企业经营者的投资会产生什么影响？
2. 去私有化对外国在俄的投资会产生什么影响？
3. 你认为大范围的去私有化对俄罗斯的长远利益有好处吗？
4. 谁从"去私有化"过程得到好处了？谁遭受了损失？
5. 假设大多数人在去私有化过程中都受到了伤害而不是得到好处，那么为什么地方官员还支持这样的政策？

资料来源：M. Coker (1999). "That Russian Company You Bought? Maybe You Didn't," *Business Week* (December 13), 70.

给和需求的变化将如何影响产品价格，对于管理者做出生产决策是很重要的（在第二编中，我们将进一步扩展这一分析，研究在各种具体情况下，管理者如何做出最优的要素投入、产出以及定价决策）。

我们也讨论了知识和激励对于决定经济系统有效性的作用，以及契约成本对于经济交易应该通过市场还是通过企业实施的重要性。尽管我们是在整个经济系统的水平上做这些相关的讨论，但这些问题与理解在公司水平上的组织架构决策是直接相关的。如果企业要有效地组织经济活动，就必须按照一定的方式（按更好的利用相关的具体知识、更有效地利用组织成本的方式）去组织。企业也必须提供合理的激励，以使组织成员以高效的方式行动。从第10章开始，我们将引用本章的概念，来分析组织架构问题。

推荐书目

R. Coase (1988), *The Firm, the Market, and the Law* (The University of Chicago Press: Chicago).

J. Earwell, M. Milgate, and P. Newman (1989a), Allocation, Information, and Markets (W.W. Norton: New York).

——— (1989b), *The Invisible Hand* (W.W. Norton: New York).

F. Hayek (1945), "The Use of Knowledge in Society," *American Economic Review* 35, 519–530.

M. Jensen and W. Meckling (1995), "Specific and General Knowledge, and Organizational Structure," *Journal of Applied Corporate Finance* 8:2, 4–18.

O. Williamson (1985), *The Economic Institutions of Capitalism* (Free Press: New York).

注　释

1. 这一名称是为纪念威尔福莱德·帕累托而确定的。威尔福莱德·帕累托，1848~1923，意大利经济学家和社会学家。
2. 因此，经济学并不解决为社会从多种有效的资源配置方案中选出最优方案的问题。生产你所偏好的产品组合，并全部归你所有是有效的（只要不使你的福利变坏，这一分配就不会改变）。然而，其他人会说这样的资源配置既不公正，也不公平。经济学家并不具备解决公平问题的知识，因此很少去尝试平息这类争论。
3. 有时，交易之后某些人也会后悔。例如，宙斯有可能对于他在罗彻斯特汽车公司买的汽车不满意。在交易时根据他掌握的信息，他一定会觉得购买那辆汽车是有利的，否则，他就不会购买它（至少不会从罗彻斯特汽车公司购买）。假设宙斯完全具备利用交易机会的能力。
4. 在这个例子中，多纳和玛里奥完全专业化，并只生产一种产品。更为一般的情况是，在两个人中至少有一个人会专注于生产一种产品。如果生产更多的这种产品比只让第一个人生产这种产品可以获得更多的收益，那么另外一个人也许会花一些时间生产同样的产品（即他不具有比较优势的产品）。
5. 注意按照数学的逻辑：生产一种产品的机会成本是他生产这种产品所花的时间与他生产其他产品的时

间之间的比率。例如，玛里奥生产1磅肉的机会成本是1/2夸特啤酒（1小时/2小时）。这个比例的倒数2（2小时/1小时），是多纳以生产1磅肉所表示的生产啤酒的机会成本。如果生产单位产品的机会成本多纳的比率比玛里奥的比率小，则玛里奥比率的倒数肯定比多纳比率的倒数小。因此，多纳在第一种产品的生产上有比较优势；而玛里奥在第二种产品的生产上有比较优势。在数学上，不可能有一个人在所有产品的生产上都有比较优势。

6. 回忆一下，在画供给和需求曲线时，一般纵轴表示价格。
7. 我们把 W 和 I 分别代入供给函数和需求函数［公式（3.1）和（3.2)］)，就得出了供给曲线和需求曲线决定的均衡价格。通过把均衡价格代入（3.1）或（3.3)，我们就可以得出均衡交易量。我们将进一步说明从基本的需求和供给函数如何得出需求和供给曲线。我们在下一章需求曲线的例子中说明这个推导过程。
8. 在这个例子中，收入的增加使需求曲线向右移动，从而导致均衡价格和均衡交易量的上升（见图3.2)。具体来说，收入从10 000美元增加到20 000美元，形成了新的均衡交易量22 500 000磅和新的均衡价格1.125美元（112.5美分)。
9. 在一种竞争性的市场上，当契约成本足够低时，这些条件就将得到满足。稍后，我们将讨论在市场经济中，促成经济无效性的一些因素。
10. 在现实中，即使在没有最低工资法的规定下，测算的失业率也不会降低为零。在任何时间，总是有人在更换工作或者寻找更好的工作。我们在这里不考虑这些问题。
11. 美国政府也曾经试图减少最低工资法对青少年就业的影响，即规定雇佣前90天中工资不受这个法律限制。但在这个期间，受雇的青少年也必须至少获得每小时4.5美元的工资。
12. 这一部分引自 R. Coase（1960),"The Problem of Social Cost", *Journal of Law and Economics* 3, 1–44.
13. C. Dahlman（1979),"The Problem of Externality", *The Journal of Law and Economics* 22, 148–162.
14. 这一部分引自 M. Jensen and W. Meckling（1995),"Specific and General Knowledge, and Organizational Structure", *Journal of Applied Corporate Finance* 8：2, 4–18.
15. 南美洲许多国家讲西班牙语——译者注。
16. I. Nonaka and H. Takeuchi（1995), *The Knowledge-Creating Company*（Oxford University Press：New York）.
17. Thomas Malthus（1778),"An Essay on the Principle of Population"（printed for J.Johnson, in St.Paul's Church Yard, London）.
18. J. Perloff（2001), *Microeconomics*（AddisonWesley, Boston), 154.
19. 关于有限资源的涵义的最近一个例子，参见 D. Meadows（1977), *Limits to Growth：A Repot for the Club of Rome's Project on the Predicament of Mankind*（New American Library）.
20. 关于罗默的经济增长理论，参见 P. Romer（1993)),"Economic Growth," *Fortune Encyclopedia of Economics*（Time Warner Books, NY); and P. Romer（1995), "Beyond the Knowledge Worker," *World Link*, January/February, 55–60.
21. 这一部分引自 F. Hayek（1945), The Use of Knowledge in Society, *American Economic Review* 35, 519–530.
22. 生产者也许想要知道劳动力的未来价格。比如，如果预期未来的价格上涨是暂时的，那么公司可能会尽量避免裁减人员。

23. 在公司中，资源经常通过管理部门的行政命令从一个部门转移到另一部门。比如，通过高层管理的行政决策，部门经理将在各个部门之间调动。在这类行政性决策中，并不运用价格——相关部门通常并不与上级管理者讨价还价。
24. R. Coase,(1937), Economica, "The Nature of the Firm," *New Series*, Ⅳ, 386-405.
25. 契约成本并不总是能够与基本的生产成本分离开来。生产的最优方法也取决于组织交易的方法。因此，更确切地说，组织的最优方法是能够使总成本（生产和交易的成本）最低的方法。如果我们着重于契约成本，则容易解释基本的观点。
26. 经济学家通常同意契约成本促成了企业的建立和存在，但有些经济学家不同意契约成本是企业存在的最重要原因。在本章中，我们试图通过一些简单的例子说明，这些契约成本的确是很重要的因素。
27. 企业的利润（Π）是它的总收入（TR）与总成本（TC）之差：Π=TR-TC。如果企业销售收入为 1 000 000 美元，而成本为 750 000 美元，那么它的利润就为 250 000 美元。
28. 我们很多的基本分析强调在单一时期中实现利润最大化。这样的方法使我们不必做太复杂的分析就可以得出相应的管理见解。

第二编

管理经济学

4 需　求

5 生产和成本

6 市场结构

7 具有市场控制力的定价

8 战略经济学：创造和获取价值

9 战略经济学：博弈论

10 激励冲突与合约

第 4 章

需　　求

舞台剧公司（PTC）是一家位于中西部的地方性剧院，每年上演 6 部剧目，范围从莎士比亚戏剧到现代音乐剧。PTC 将其票价定在 30 美元。在典型的夜场演出中，500 个座位的剧场大约可以坐满 200 个座位。PTC 的董事会最近正在讨论下一季的票价是否可以下调为 25 美元。这一提案的支持者提出，票价的下调将会吸引更多的观众，因此会增加门票的销售数量和销售收入。

在提案的讨论会上，PTC 的董事们就这一提案展开了激烈的争论。显然，董事会缺少足够的信息以便做出正确决策。例如，满足 PTC 顾客就餐需要的附近餐馆已经表示，他们将在下一季前尽早实施价格上调计划。这种价格上调计划将影响 PTC 面对的需求吗？PTC 的最优价格会受到影响吗？尽管随着门票价格的下降，门票的销售数量更多，但总收入或利润必定会增加吗？为吸引更多的观众，可以改善 PTC 上演剧目的质量，也可以降低价格，但哪一种方法更好呢？经过激烈讨论，董事会决定降低价格的建议有待于更进一步的研究。

PTC 董事会的讨论表明，剧院经理要对产品需求有更详尽的了解，才能做出合理的定价决策。另外，理解产品需求对有关广告、产量水平、新产品开发和资本投资项目的选择等管理决策也是非常重要的。

我们在第 3 章已经对供求分析做了简短的介绍。在第 3 章，我们介绍了需求曲线的概念，并简单地讨论了可以促成需求曲线移动的一些因素。本章则要对需求进行更详尽的讨论，其中重要的议题包括：需求函数、需求曲线、影响需求的因素、行业需求与企业需求、网络效应、产品特征的需求、产品寿命周期和需求估计。

需求函数

管理者需要知道影响他们产品需求的各种因素。只要对这些因素了如指掌，他们就可以对定价、产出、资本支出以及其他战略问题进行决策。事实上，拙劣的定价决策将毁损公司的价值，也将毁损高管的职业前途。Kraft 食品公司对自己北美业务部的经理贝齐·霍尔登实行了降级处理，因为她提高价格的决策使 Kraft 损失了市场份额。在这期间，Kraft 的股票价格下降了 20%，而其他食品公司的股票价格上升了 9%。[1]

需求函数（demand function）是产品的需求量与影响这一需求量的所有因素之间关系的一

种数学表达式。作为最为一般的形式，需求函数可以写成如下等式：

$$Q = f\ (X_1,\ X_2,\ \cdots X_n) \tag{4.1}$$

这里 X_i 代表影响产品需求的各种因素。

在需求函数中，需求量 Q 是因变量（因为其取值依赖于等式右边变量的取值），X_i 是自变量。在本章中，我们将着重讨论三个最重要的自变量：产品的价格、相关产品的价格以及潜在消费者个人的收入。有关的分析方法也可以扩展到其他变量，比如广告支出、消费者偏好以及消费者的预期（比如，未来价格变动的趋势）。

为了具体说明，我们将继续沿用表演者剧院的例子。假设对于 PTC 夜场门票的需求可以用下面的函数来表达[2]：

$$Q = 117 - 6.6P + 1.66P_s - 3.3P_r + 0.0066I \tag{4.2}$$

这里 P 是 PTC 门票的价格，P_s 是附近一个交响乐大厅的门票价格，P_r 是附近餐馆就餐的平均价格，而 I 是本城区内居民的平均收入。

正像前面所说明的，我们假设 PTC 的票价目前定在 30 美元，而交响音乐厅的门票和餐馆就餐的价格分别为 50 美元和 40 美元。居民的平均收入为 50 000 美元。根据这些数据，PTC 每天晚上将卖出 200 张门票。现在，我们来更深入地考察一下需求函数中的这些自变量。

需求曲线

产品的价格在需求分析中特别重要，原因有两个。第一，价格是消费者在购买决策时重点考虑的变量之一。第二，管理者可以选择和确定自己产品的价格，而其他影响需求量的变量，比如其他公司的产品价格以及居民的收入水平等，是他们所不能控制的。既然有这样特殊的重要性，在需求函数中，经济学分析通常都要将价格从其他自变量中拿出来，以确定价格变动的影响。

产品的*需求曲线*（demand curve）表明，假设所有的其他因素不变，在特定的时期内，在每种可能的价格水平上消费者将会购买的数量。[3] 在图 4.1 中，左图描绘了对 PTC 门票的需求。按照习惯，以纵轴代表价格，而以横轴代表数量。[4] 对 PTC 门票的需求曲线方程为：

$$P = 60 - 0.15Q \tag{4.3}$$

通过将其他变量目前的取值带入公式（4.2）解出价格 P，就可以得到这一表达公式。比如，根据公式（4.3），在门票价格为 30 美元时，消费者愿意购买的数量是 200 张；当门票的价格为 40 美元时，购买的数量为 133 张。[5]

需求曲线是假定其他因素固定不变时，价格与需求量之间的关系。居民收入水平的变动、附近音乐厅票价的变动以及附近餐馆价格的变动等，都将引起需求曲线的移动（截距变化）。比如，图 4.1 中右图表明，随着居民收入从 50 000 美元增长到 51 000 美元，需求曲线向右移动——意味着在每一价格水平上，居民会多购买 6.6 张门票。由于本剧院门票价格的变动而引

图 4.1　需求曲线

左图代表舞台剧剧院门票的需求曲线。按照习惯，以纵轴表示价格，而以横轴表示数量。对 PTC 门票的需求曲线公式为：$P=60-0.15Q$。这一需求曲线表明价格与需求量之间的关系，比如，当门票为 30 美元时，销售数量为 200 张；而当门票为 40 美元时，销售数量为 133 张。右图说明随着居民收入从 50 000 美元增长到 51 000 美元，需求曲线将会向右移动，也就是说，在每一价格水平上，居民将购买更多张门票。需求量沿着曲线移动，是由于 PTC 门票的价格变动引起的，这被称为需求量的变动。而整个需求曲线的移动，是由于其他因素引起的，比如居民收入的变动等，这被称为需求的变动。

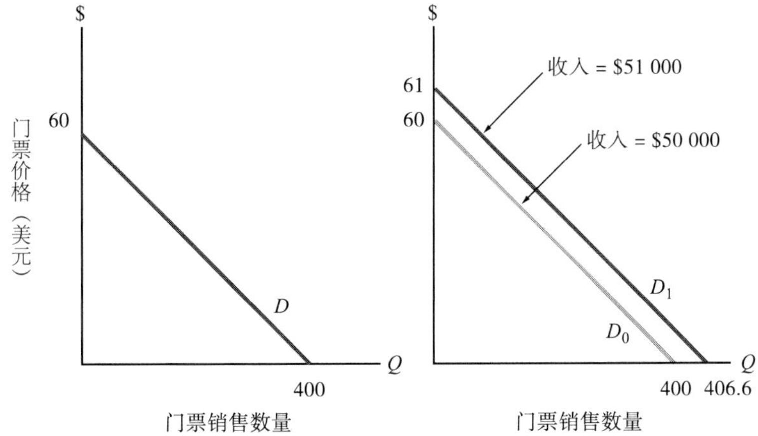

起的购买量沿着需求曲线的移动被称为*需求量的变动*（changes in the quantity demanded）。由于其他因素（比如居民收入的变动）引起的整个需求曲线的移动，被称为*需求的变动*（changes in demand）。

需求定律

正像我们在第 3 章所讨论过的，需求曲线通常总是向右下方倾斜的，即随着产品价格的提高，购买的数量会减少（或肯定不会更多）。PTC 的需求曲线斜率为−0.15。当产品价格上升时，消费者可能会增加购买数量，尽管这在概念上是可能的，但是，出于实际的考虑，管理者最好还是假定对他们产品的需求量将随着价格的上升而减少。[6] 对于 PTC 的董事会成员来讲，如果认为随着其价格的提高，门票的销售数量将增加，那显然是一种愚不可及的想法。需求曲线的负斜率已经作为*需求定律*（law of demand）而广为人知。

需求弹性

在需求曲线的各点上，需求量对于价格的敏感性是不相同的。在其他情况下，价格的微小变动将导致需求量较大的变动，而在其他情况下，价格的大幅度变动只会引起需求量较小的变

从惨痛的教训中认识需求定律

Mercury One-2-One 是英国的一家移动电话公司。作为一项吸引新客户的促销活动，公司在圣诞节期间为在 11 月 8 日到圣诞夜前注册的新客户提供免费通话服务。

但是，公司做梦都没有想到，客户会如此毫无节制地滥用这一节日优惠。这一促销活动创造了超过 33 000 小时的通话记录，使得网络线路阻塞，而一些正常使用的客户却无法接通电话。一时间，客户怨声四起。圣诞节期间的通话数量达到日常平均通话量的十倍。许多人都打国际长途，甚至根本就不挂断电话，有的国际长途通话时间长达 12 小时。平均通话时间大约为一个半小时，按照平时的价格，这将花费 60 美元，相当于美国分公司平均一个月的电话账单。这一促销活动花掉了公司数百万美元。一位国会议员在就某些对英国贸易委员会的意见进行解释时，曾引用上述公司总经理的话说："当然，总是存在没有得到满足的需求。"

资料来源：K. Pope（1994），"Phone Company's Gift of Gab Jams Its Lines," *The Wall Street Journal*（December 28），B1.

动。对管理决策来讲，与这种敏感性有关的信息是至关重要的。例如，如果将票价降到 28 美元就可以使剧场满座，那么 PTC 就不必将其价格降到 25 美元。

可以用需求曲线的斜率来反映需求量对价格变动的反应。然而，这一指标的用途有限，部分原因是它取决于具体所采用的数量单位。例如，如果当数量用吨来表示时，需求曲线的斜率为-2，而将这一数量的单位换为磅，那么这一斜率就变为-0.001。利用斜率系数去推断需求量对价格的敏感性还需要其他的计算。经济学家设计了一种与数量单位无关的指标来反映这种敏感性，这就是需求的价格弹性（price elasticity of demand）η［通常，这一弹性被简称为需求弹性（elasticity of demand)］。

价格弹性反映由一定的价格变动百分比所引起的需求量变动的百分比。根据需求定律，所有产品的价格弹性都为负值。然而，根据习惯，通常用正数来表示这一弹性。价格弹性高表明需求量对价格的敏感程度大。因此，需求弹性 η 可以表示如下：

加剧的国际竞争与需求弹性

对于某种产品的价格弹性通常会随着其替代品的增加而增大。近年来，许多美国公司都面临着日益加剧的国际竞争。其结果是许多美国公司的产品的需求弹性增大。例如，伊士曼柯达的胶卷就是很好的一例。长期以来，柯达都是全世界的胶卷垄断厂家。相应地，消费者对柯达胶卷的价格并不敏感——他们没有其他选择。近年来，柯达面临着日本富士通公司日益增加的压力。还有来自于采用连锁店品牌的胶卷的竞争，比如美国的 3-M 公司（采用连锁店品牌的胶卷用商店的品牌命名，并在大的折扣店、零售店和杂货店里销售）。结果是，柯达胶卷的需求对于价格的变化更为敏感。这种价格弹性的变化促使柯达公司改变其定价策略和产品开发战略——不只集中于销售高品质和高价位的胶卷。

$$\eta = -（Q\text{变动的百分比}）/（P\text{变动的百分比}） \tag{4.4}$$

价格弹性的计算

运用弧弹性（arc elasticity）的概念可以近似地求出需求曲线上任何两点之间的价格弹性。[7]弧弹性的计算公式如下：

$$\eta = -[\Delta Q/(Q_1+Q_2)/2] \div [\Delta P/(P_1+P_2)/2] \tag{4.5}$$

这里，Δ 代表两点之间的变化。[8]图 4.2 表示出了对 PTC 门票的需求曲线上的两点。如图中所示，这两点之间的弧弹性为 1.4。因此，在这一区域内，价格每增加 1%，消费者所购买的门票数量大约降低 1.4%。

价格弹性的取值范围为零到无穷大。如果价格弹性为零，需求量将不受价格的影响。如图 4.3 中的左图所示，在这种情况下，需求曲线是一条垂直线。如果如右图所示，价格弹性为无穷大，那么价格的微小增长将引起顾客不购买产品，需求曲线成为一条水平线。例如，如果定价高于当前的市场价格，那么一个小农场主可能卖不出任何大豆。如果价格弹性大于 1，需求就是富有弹性的；如果价格弹性等于 1 时，需求为单位弹性；如果价格弹性小于 1，需求就是缺乏弹性的。

价格弹性也会沿着大多数需求曲线上点的位置的变化而变化。比如，在线性需求曲线上，在数量非常低时，弹性非常高，而随着数量越来越大，这个弹性就接近于零（不妨尝试计算一

图 4.2 弧弹性

右图表示出了对 PTC 门票的需求曲线上的两个点。如图所示，这两点之间的弧弹性为 1.4。因此，在这个区域内，价格每增加 1%，消费者所购买的门票数量大约降低 1.4%。

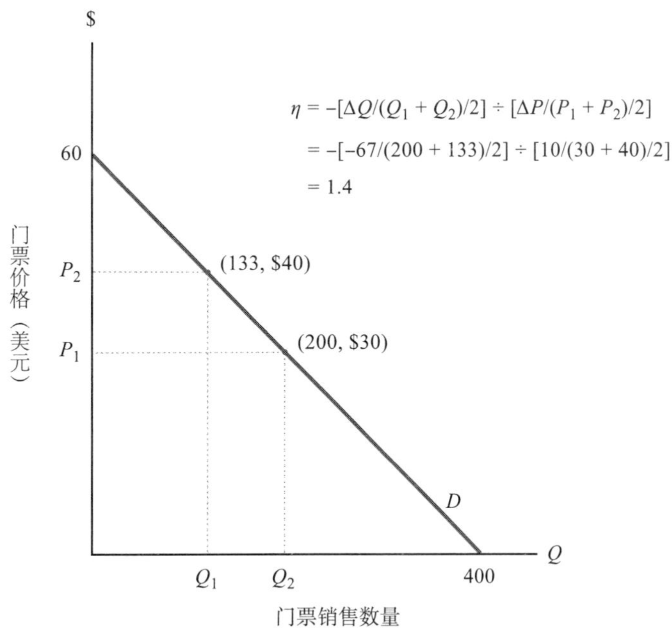

图 4.3 价格弹性的范围

价格弹性的取值范围为零到无穷大。如果价格弹性为零，需求量将不受价格变动的影响。在这种情况下，如左图所示，那么需求曲线是一条垂直线。如果价格弹性为无穷大，如右图所示，那么价格的微小上升会导致产品销售量下降为零，需求曲线是一条水平线。

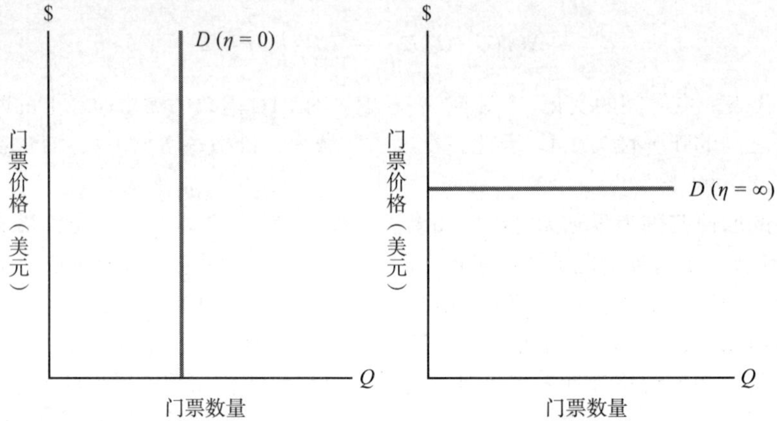

下 PTC 需求曲线上各部分的弧弹性）。我们在下面将更详细地讨论这一问题。

价格变动和总收入

PTC 的董事会所关注的问题之一是，如果价格下降总收入将如何变化。正像下面将要说明的，总收入与价格的关系取决于需求弹性。总收入可以通过销售或需求量乘以价格得到（也就是 $P \times Q$）。如果价格弹性是*缺乏弹性的*（小于 1），那么需求的数量对价格的变化不敏感。价格上涨 1%，将导致需求量减少不到 1%，从而总收入会增加。同样，随着价格的下降，总收入也将下降。相反，如果需求是*单位弹性的*（等于 1），那么价格 1%的变动会导致需求量向反方向变动 1%，两者相互抵销，总收入保持不变。最后，如果需求是*富有弹性的*（价格弹性大于 1），那么价格的小幅上升将导致总收入下降，而价格的小幅下降将导致总收入上升。这些关系总结在图 4.4 中，下面我们将更详细地讨论这些关系。

价格弹性的决定因素

当产品有好的替代品时，产品的需求弹性将会很大。比如，当一个航班的预定票数超过实际座位数时，如果有其他航班目的地相同且不会有明显延误，则很容易找到愿意放弃预定的乘客。相反，如果预定超员的航班是当天最后一个航班，要找到愿意放弃预定的乘客可能需要准备若干张免费的机票。

价格弹性

经济学家估算了各种产品的价格弹性，其中的一些如下：

白糖 = 0.31

土豆 = 0.31

轮胎 = 1.20

电力 = 1.20

鳕鱼 = 2.20

电影 = 3.70

这些估计表明，白糖和土豆的价格弹性相对较低。其原因可能在于这些物品在人们支出预算中的比重相对较小。同时，白糖几乎没有替代品。鳕鱼和电影有较高的价格弹性。鳕鱼是一个定义范围很窄的产品（与鱼相比），有着很多类似的替代品。而对于很多人来说电影是一种奢侈品，如果定价较高，人们会选择其他的娱乐方式。

资料来源：E. Mansfield and G. Yohe（2004），*Microeconomics*（W.W.Norton：New York），135.

图 4.4　价格弹性、价格变化与总收入

随着价格的变动，一种产品的总支出会如何变动，这取决于价格弹性。本图表明了价格的微小变化、总收入以及价格弹性三者之间的关系。

缺乏弹性的需求（$\eta<1$）
$\Uparrow P \Rightarrow \Uparrow$ 总收入
$\Downarrow P \Rightarrow \Downarrow$ 总收入

单位弹性（$\eta=1$）
$\Delta P \Rightarrow$ 总收入不变

富有弹性的需求（$\eta>1$）
$\Uparrow P \Rightarrow \Downarrow$ 总收入
$\Downarrow P \Rightarrow \Uparrow$ 总收入

随着同一城市中竞争性娱乐场所的增加，对 PTC 门票的需求弹性将会增大。由于有很多的娱乐方式可选择，PTC 门票价格的稍许增加就有可能促使居民选择其他娱乐方式。而如果选择余地有限，那么更多的居民会宁愿付出更高的价格来购买 PTC 的门票，而不愿留在家里。

需求弹性也取决于相应物品在消费者预算支出中的重要性。如食盐和胡椒粉等物品，其消费只占人们总收入中的一小部分，相对来讲对于价格变动极不敏感，或者说对价格是缺乏弹性的。另一方面，如重要的家用电器和汽车等类物品，在人们的支出中占有很大的比重，消费者就更有可能货比三家收集信息，因此对价格更敏感。

价格弹性的第三个决定因素是需求曲线适用的时间长度。在长期中，需求对价格的变动比在短期内表现得更富有弹性或更敏感。PTC 票价的提高有可能会导致其当晚门票销售量的下降。

需求弹性与航空定价

如果旅行者的逗留期间包括一个星期六晚上，那么购买往返机票会获得较大幅度的折扣优惠。航空公司提供这种折扣可以增加收入（和利润）。在周六晚上逗留的旅行者一般是游客，游客对机票的需求通常都有较高的价格弹性。确定比标准机票更低的票价就会增加总收入——机票销售数量的增加可以弥补价格下降的损失。航空公司对那些在周内往返的旅客并不提供这样的折扣，这些旅客基本都是商务旅行者，他们的需求弹性相对较低。降低票价将降低收入，因为机票销售数量的增加不足以弥补降价损失。在运营高峰期间，航空公司也几乎不提供折扣，比如，在感恩节期间，需求是相对缺乏弹性的，即使不提供较大的折扣，飞机仍然可以满座（第7章将对产品价格进行详细讨论）。

而其长期效应也许会更大，因为消费者会因此而发现其他更便宜的娱乐场所，或者在下一季不再购买门票（这种效应将引起需求曲线向左移动）。类似地，石油的价格上升将导致近期石油需求量下降——消费者会降低室内温度标准并减少开车外出。而在长期中，随着消费者进一步加强住房的保暖措施，购买体积更小、燃油效率更高的汽车，以及选择使用其他能源，这种效应可能会更大。

线性需求曲线

PTC 董事会对是否降低票价的决策，取决于价格与其总收入的关系，进一步讲取决于其需求的弹性——如果降低价格会减少总收入，那么董事会降价就毫无意义。现在我们将更深入地分析价格与收入之间的关系，并讨论 PTC 董事会的最优定价策略。通过这一分析，我们将说明线性需求曲线的特性。了解和掌握这些特性对于理解本书后面部分的分析是非常有用的。[9]

总收入

PTC 任何一场表演的总收入（TR）等于卖出门票的数量乘以门票价格。门票价格可以由需求曲线公式（4.3）得出。因此，总收入可以写成：

$$
\begin{aligned}
\mathrm{TR} &= P \times Q \\
&= (60 - 0.15Q)Q \\
&= 60Q - 0.15Q^2 \qquad (4.6)
\end{aligned}
$$

图4.5 描绘了 PTC 的需求曲线和总收入曲线。在到达需求曲线的中点之前，随着价格的下降，总收入不断上升。在这一范围内，需求曲线是富有弹性的——需求量增加的百分比超过价格下降的百分比。中点的价格弹性为单位弹性。超过这个中点，价格的下降会导致总收入的减少。因此，在这一范围内需求曲线是缺乏弹性的。这些都是线性需求曲线的一般特征。

图 4.5 线性需求曲线的需求、总收入以及边际收入

在本图中，我们将 PTC 的需求曲线和总收入曲线上下排列。在需求曲线的中点之前，随着价格下降，总收入不断增加，因此，在这个范围内，需求曲线是富有弹性的——价格下降的百分比小于需求量增加的百分比。而在中点，弹性为单位弹性。超过这个中点，价格下降将导致总收入的减少。因此，需求曲线在这一范围之内是缺乏弹性的。经济学中的一个重要概念是边际收入，其定义为需求量的单位变动量所带来的总收入的变动量。在本图中，我们画出了 PTC 的边际收入曲线。

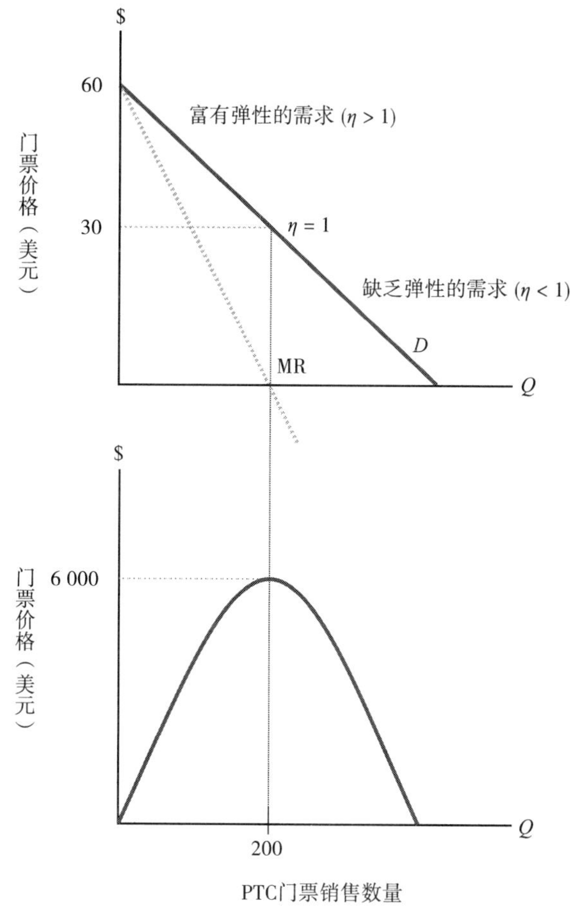

边际收入

经济学中的一个重要概念是边际收入（marginal revenue），其定义为需求量的单位变动量所带来的总收入的变动。从直观上理解，第一个单位产品的边际收入恰好等于产品价格。因此，需求曲线与边际收入曲线的截距相同。随着销售数量的增加，边际收入将低于价格——为多卖1个单位的产品，所有单位的产品都必须降价。在到达需求曲线的中点之前，边际收入都是正值（在这一范围之内，总收入也不断增加）。在中点上，需求弹性是单位弹性，边际收入为零。超过这个中点，边际收入为负值——追加销售1个单位的产品虽然也带来收入的增加，但要小于由于降低价格所带来的收入减少。因此，线性需求曲线的边际收入（MR）是一条直线，它与需求曲线有着相同的截距，而其负的斜率为线性需求曲线的两倍（见图 4.5）。PTC 的边际收入曲线方程为：

$$MR = 60 - 0.3Q \tag{4.7}$$

利润最大化

所有 PTC 的成本都是固定成本，不会随某一晚上门票销售数量的变动而变动——演员和有关设施的费用都必须支付，而不管观众究竟有多少。因此，PTC 董事会的目标是其总收入最大化（对于 PTC 来说，由于成本固定，总收入最大化也就是总利润最大化）。图 4.5 表明，收入在价格为 30 美元时达到最大。因此，在目前条件下，PTC 董事会不应该把门票价格降到 25 美元。目前，PTC 每晚可获得的总收入为：30 美元×200 = 6 000 美元。如果将价格降低到 25 美元，那么每晚的总收入将是：25 美元×233 = 5 825 美元。[10]（即将提高的餐馆价格将改变 PTC 的最优定价策略。在本章的最后，作为现实问题我们将考察 PTC 的定价政策应该做出什么样的改变。）

请注意，与这个例子相反，大多数企业并不是想要实现总收入最大化。只有固定成本的 PTC 是一个特例。在大多数企业，成本与收入都会随着产量的变化而变化。一个追求利润最大化的企业必须考虑成本和收入两方面。我们将在第 5~7 章中更详细地讨论这些问题。

影响需求的其他因素

除了产品本身的价格，相关产品的价格和潜在消费者的收入都是影响产品需求的比较重要的因素。

相关产品的价格

互补品与替代品

对一种产品的需求会受到相关产品价格的影响。例如，如果当地的交响乐提高了售票价格，去 PTC 的消费者会增多，而听交响乐的观众可能会减少。因此，在公式（4.3）中，对 PTC 门票的需求与交响乐的售票价格之间有正向相关的关系。在市场上，相互之间有这种竞争关系的产品被称为替代品（substitutes）。相反，如果附近的餐馆提高价格，对 PTC 门票的需求就会下降（请注意在需求函数中是负号）。比如，一些潜在的 PTC 观众也许会选择留在家里，因为在外“宵夜”的成本提高了。在市场上，相互之间有像剧院演出和餐馆饮食之间关系的产品，也就是说需要共同消费，被称为互补品（complements）。另一个互补品的例子就是 DVD 电影和数字光盘播放器。1997~1999 年期间，DVD 机的价格从 600 美元下降到 299 美元。这两年间，DVD 机的销售收入从不到 50 000 美元上升到 60 000 美元以上。消费者为了能够欣赏到更好的音响质量和画面，他们还会购买更大的电视和更好的音响系统。大屏幕电视的销售收入上升了 12%，音响销售额上升了 11%。阿拉斯加州安克利治市 Shimek 音像店的老板泰瑞·史密克说：“市场的扩大主要是受 DVD 电影的驱使。”另外，对 DVD 的需求也在上升。最初的直接原因，是有更多的好莱坞电影被制成了光盘。相应的数字在 1988 年为 1 800 张，1999 年上升到 5 000 张（同期的 VHS 录影带的数量为 18 000 张）。[11]

计算机硬件与软件之间的互补作用

在过去的十年中，个人计算机的价格急剧下降。实际上，不但PC的价格下降，而且PC的质量和运算能力还在大幅度上升。这种PC价格的下降极大地刺激了PC需求量的上升。另外，对于软件产品的需求量也因此而大幅度增加。目前，世界上许多大公司（例如微软公司）专门生产个人计算机用的软件。计算机的硬件和软件是互补品，因此它们的交叉价格弹性是负值。

交叉弹性

需求的交叉弹性（cross elasticity of demand）常用来作为衡量两种产品之间替代程度的指标。交叉弹性定义为：其他物品价格一定百分比的变化所引起的某一物品需求量变动的百分比。用与公式（4.5）相类似的公式，可以计算出任何两种物品 X 和 Y 之间的交叉弹性：

$$\eta_{xy} = -[(\triangle Q_x/(Q_{x1} + Q_{x2})/2)]\div[\triangle P_y/(P_{y1} + P_{y2})/2] \tag{4.8}$$

并不像价格弹性总是为正值（当你把价格弹性乘以-1之后），交叉弹性可能为正值，也可能为负值——替代品之间有正的交叉弹性，而互补品之间则有负的交叉弹性。一种商品是否有很强的替代性或互补性，部分地取决于这种商品定义的精确性。百事可乐与可口可乐之间也许有很高的交叉弹性，而宽泛意义上的可乐与其他软饮料之间的交叉弹性可能就要小得多。[12]

交叉弹性有着重要的管理意义，因为如果别的公司调整价格策略，管理者经常要预测自己的产品将会受到什么影响。PTC的董事会非常关心餐馆将要进行的提价对其门票需求有什么影响。如果附近餐馆的就餐价格与剧院门票之间有很强的互补作用，那么餐馆价格的提高就会引起对PTC门票需求的严重下降。在这种情况下，PTC的董事会就要想办法，比如，通过降低门票价格或者加强广告宣传，以消减这种不利影响。相反，如果餐馆就餐与剧院门票之间没有很强的互补作用，餐馆提价就不会对门票的需求产生严重影响。在本例中，餐馆就餐的价格每提高10美元，每晚的门票销售数量将减少33张。运用公式（4.8），相应地这两点[（200张，40美元）；（167张，50美元）]之间的交叉弹性为-0.81，这说明在这个范围之内，餐馆价格每提高1%，门票的销售数量平均说来将下降0.81%。这一弹性表明，PTC演出与餐馆饮食之间有很强的互补作用。

派生需求

有些产品的需求，不是因为个人在消费这些产品的时候得到了满足，而是因为在消费其他产品时也被消费。对这些产品的需求是从对其他产品的需求派生而来的。例如，汽车用油。很少有人会从为他们的汽车购买汽油中得到满足。相反，汽油只是你的汽车所提供的运输服务的一种派生需求。宝洁公司发现，每天往刮胡刀上喷一点他们的浴室清洁产品会延长刮胡刀的寿命三到四倍。为此他们专门开发了一种保养刮胡刀的产品。这种新产品的需求就是从对刮胡刀的需求派生而来的。

交叉弹性的估计

经济学家测算了大量商品之间的交叉弹性。下面是其中一小部分：

电力与天然气	= 0.20
牛肉与猪肉	= 0.28
天然气与燃油	= 0.44
人造奶油与黄油	= 0.81

上面列出的商品相互之间都是替代品。例如DVD机和DVD影碟这类互补品之间的交叉弹性为负值。天然气显然不是电力的强有力的替代品。为了取暖，人们可以用天然气也可以用电力，但是天然气很少用于照明。另一方面，天然气和燃油是功能更接近的替代品（两者往往都用于取暖）。人造奶油和黄油之间也有很强的替代性。

资料来源：Mansfield and G. Yohe（2004），*Microeconomics*（W.W.Norton：New York），135.

收　入

正常品与低档品

影响一种物品需求的另一个因素是潜在买主的收入。随着个人收入的增加，人们会购买更多的物品，而对于所有物品的总支出也会增加。然而，随着收入的增加，对于某一特定物品的需求也许会增加也许会减少。对高级滋补品以及珠宝首饰之类的需求，将会随着收入的增长而增加，而对其他物品的需求比如肉类和蔬菜类罐头食品，也许会下降。随着收入的增长需求也增加的物品被称为正常品（normal goods）。而随着收入的增加需求反而下降的物品被称为低档品（inferior goods）。

收入弹性

需求对收入的敏感性通常通过收入弹性（income elasticity）来衡量。收入弹性的定义为：一定百分比的收入（I）的变动，所引起的对一种物品需求量变动的百分比。收入弹性可以通过下面的公式计算：

$$\eta_I = [\Delta Q/(Q_1 + Q_2)/2] \div [\Delta I/(I_1 + I_2)/2] \tag{4.9}$$

正常品的收入弹性为正值，而低档品的收入弹性为负值。

对于企业的产品收入弹性有着重要的意义。如果企业生产的产品有很高的收入弹性，那么产品的需求将受周期波动的影响更大。需求在经济扩张时期将会迅速增长，而在经济衰退时期将会迅速萎缩。在现金流管理和人员招聘与解聘决策时，管理者必须要提前预测这些波动。如

俄罗斯的可乐战

1999年，非常可乐（Crazy Cola）在俄罗斯的Krasnoyarsk占有48%的市场份额。非常可乐是由当地OAO Pikra公司生产的，这是一家由一个60岁的名叫Yevgeniya Kuznetsova工厂的工人领导的企业。Kuznetsova女士以前在一家国营企业中工作，这家企业从事为百事可乐进行装瓶的业务。

一瓶1.5升的非常可乐售价大约为39美分，而2升的可口可乐或百事可乐售价为77美分。Krasnoyarsk是个贫穷的地区，许多居民不愿意为可乐的品牌付更多的钱。引用一位25岁的大学毕业生的话说："非常可乐很滑稽，但这是我们当地的产品，它是给那些没有钱的人喝的。可口可乐和百事可乐的口感要更好一些。"这就说明非常可乐是一种**低档品**，而可口可乐和百事可乐是**正常品**。如果当地居民的收入增加了，那么对可口可乐和百事可乐的需求就会增加，而对非常可乐的需求就会减少。

资料来源：B. Mckay（1999），"Siberian Soft-Drink Queen Outmarkets Coke and Pepsi," *The Wall Street Journal*（August 23），B1.

果企业生产的产品收入弹性较低，那么在经济周期的循环过程中，其产品需求会更稳定。研究表明，一些劳务性产品，比如家政服务、医疗服务、子女教育以及餐饮业等都有相对较高的收入弹性，而其他一些物品，比如绝大多数的食品、汽油、石油以及酒类的收入弹性则相对较低(以完全价值来表示)。

收入弹性也会影响到企业的选址决策。例如，PTC的需求有较高的收入弹性（高于1.6）。弹性是驱使剧院创始人在选址时将其确定在人均收入较高的社区的因素之一。他们预期，如果

收入弹性的估计

经济学家已经估计了多种产品的收入弹性。我们选择几种列举如下：

面粉	= −0.36
人造奶油	= −0.20
牛奶	= 0.07
肉	= 0.35
牙科服务	= 1.41
餐饮服务	= 1.48

根据这些估计值，面粉和人造奶油属于低档品。随着个人收入的增加，人们在这方面的支出会越来越少；其他物品属于正常品，随着收入的增加，人们在这些物品上的支出会有所增加；而牙科和餐饮服务对于收入变动的敏感程度很高。

资料来源：E. Mansfield and G. Yohe（2004），*Microeconomics*（W.W.Norton：New York），135.

将剧院设在人均收入较低的社区，观众数量就会少得多。

其他变量

我们的讨论都集中在绝大多数需求函数所涉及的最重要的三个自变量上——产品自身的价格、相关产品的价格以及收入。其他变量比如广告支出，也很重要。对这些其他变量的分析，在思路上是类似的。随着这些其他变量的变动，需求也许会上升或者下降。可以通过合适的弹性指标来衡量这种敏感性——比如，广告弹性。很明显，管理者并没有足够的时间去考虑对其产品需求有影响的所有可想到的变量。要做出合理有效的决策，就要求管理者必须理解更重要的因素的影响，其通常包括产品自身的价格、类似的替代品和重要的互补品的价格以及居民收入。

行业需求与企业需求

行业需求曲线

尽管我们前面的分析都集中在企业这一层次的需求，但需求函数和需求曲线也可以在整个行业进行定义。例如，我们可以考察 PTC 所在的娱乐业的市场需求函数。这一需求函数表达的是，所有公司推出的所有娱乐项目的门票销售总量，与影响需求的因素之间的关系。管理者常常会对全行业的需求感兴趣，因为行业需求可以提供潜在的市场规模及市场趋势的重要信息。例如，如果零售店的经理报告本年度的销售业绩平平，那就要看整个行业的状况，看是市场需求萎缩了、销售分公司的市场份额上升了，还是市场需求增加了但零售店的市场份额却减少了，总公司可以据此来判断零售店经理的经营业绩。而且，对于行业需求的估计有时以适当的成本就可从外部的分析师以及公布的数据中获得。

在一个行业内，各公司之间直接进行竞争，而他们的产品很可能是强有力的替代品。而另一方面，整个行业作为一个整体，往往不太可能有很强的替代品。一个人如果有意参与夜间娱乐活动，可以根据各种活动的价格来做出选择。而更宽泛定义的娱乐活动很少有替代品。因此，与对整个行业产品的需求相比，对于行业内个别企业产品的需求往往有更高的价格弹性。

定义行业与市场范围

在做这种分析时，管理者遇到的一个问题是如何定义相关的行业和市场区域。比如，应该将 PTC 看作是剧场行业，还是应该归于更为宽泛的娱乐行业？交叉弹性提供了对这一类型问题的重要信息。PTC 与交响音乐厅门票的交叉弹性为 0.4，这一相对较高的弹性值表明（参见本章前面交叉价格弹性的估计方框中的内容），在 PTC 与广义的娱乐业公司之间，有着很强的竞争关系，因此不应该把 PTC 仅仅归类为剧场业。[13] 作为 PTC 的管理者，还必须对其市场的地理区域做出明确的定义。如果 PTC 提高了其门票价格，那么，原有的顾客会转向附近城市的剧院吗？如果是这样，那么这些城市也应该划归于 PTC 所属的市场区域。

"9·11" 引起需求曲线的大幅度移动

"9·11" 对世界贸易中心和五角大楼的恐怖袭击造成了很多物品或服务的需求曲线的移动。请看下列行业需求曲线向左移动的例子：

- 酒店的入住率下降了30%~40%。万豪酒店三分之一的小时工都是兼职的。
- 迪斯尼公司调整其主题公园的开业时数，减少了40 000个兼职工人的工作时数。
- "9·11" 恐怖袭击给美国航空业造成了70亿美元的损失，营业收入下降了40%。"9·11" 之后，许多航空公司的运营不足其运营能力的50%，因此被迫解雇了20%的雇员。美国政府为航空业提供了150亿美元的保障贷款。
- 原油的现货价格急剧下降到两年来的最低，每桶20美元。

但是，不是所有企业的产品和服务的需求都受到 "9·11" 的不利影响。下列企业的需求曲线就向右移动。

- 美国国旗的销售量急剧上升。Annin公司是一家拥有675个雇员的国旗制造商，也是该行业的市场领导者。它生产的3x5英尺的美国国旗比较受欢迎，到2001年10月，它所生产的这种型号的国旗销售量一个星期就从30 000面上升到100 000面。它的五个工厂加班加点地生产，但经销商仍要等到15个星期才能拿到这种畅销型号的国旗。
- 生物测定系统的需求量大幅度增加。生物测定系统用数字化的面孔、虹膜或指纹扫描来区别不同的人。生物测定贸易委员会估计 "9·11" 之后其世界范围内的销售收入增长会加倍。当9月17日股票市场重新开盘后，三个最大的生物测定上市公司的股票价格平均上升了70%。
- 能为机场检测炸弹的透视技术系统，每套成本都在750 000~1 500 000美元之间。这些企业的股票价格在股票市场重新开盘后的第一盘交易里就上升了165%。
- 美国政府增加了国防部预算100亿~150亿美元。这些资金的大部分将用于智能技术，比如像软件公司Narus生产的能追踪和挑选互联网上的数据和邮件的软件，以识别潜在的恐怖分子。

平均来说，上市公司遭遇的需求下降较大。例如，大萧条之后，股票市场经历了其历史上最黑暗的一个星期，损失惨重。"9·11" 之后，股票市场损失了1.2万亿美元的市值。尽管如此，在大量的损失者之外还有一些赢家。

资料来源：E. Brown, "Heartbreak Hotel?" *Fortune* (November 26, 2001), 161-163; M. Gunther, "The Wary World of Disney," *Fortune* (October 15, 2001), 104; K. Marron, "Systems That Use Physical Traits to Control Access to Sensitive Data Are Catching On in Post-Sept.11 Era," *The Globe and Mail* (March 28, 2002), B16; B. O'Keefe, "Securing the Air, One Bag at a Time," *Fortune* (October 15, 2001), 244; B. Powell, "The Economy under Siege," *Fortune* (October 15, 2001), 87-108; J. Simon, "Greed Meets Terror," *Fortune* (October 29, 2001), 145-146; S. Tully, "From Bad to Worse," *Fortune* (October 15, 2001), 118-128; D. Voreacos, "As Country Wraps Itself in Flags, Company Strains to Make Them," *Houston Chronicle* (October 7, 2001), 10; M. Warner, "Web Warriors," *Fortune* (October 15, 2001), 148.

商店的布局影响需求

帕可·昂德希尔称自己是“零售业的人类学家”。当顾客在他的客户店如西尔斯、Gap和麦当劳购物时，他的咨询公司将这些顾客录影。然后他为这些商店的布局提供建议。例如，大多数的北美人进入商店后都是往右转，而大多数的英国和澳大利亚消费者则是往左转。消费者不喜欢货架排列太窄，他们也不喜欢别人从背后推挤他们（他把它称作“干扰—冲突因素”）。那些儿童食品应放在下面或中间的货架上，以便小孩子能够拿到。帕可·昂德希尔发现，在有男人相伴的时候，女人在商店里逗留的时间只有平常时间的一半，因此他建议在商店的周围放置很多椅子。当女人购物的时候，男人可以舒适地坐在椅子上等待。

资料来源：K. Labich（1999），“Attention Shoppers：This Man Is Watching You,” *Fortune*（July 19），131-133.

网络效应

对某些产品来说，需求随着消费者数目的增加而增加。例如，除非有用户网络，否则传真机和电话没有什么特别的用途。这种认识对当今的通讯和信息产品非常重要。例如，消费者不愿意购买像高清晰度彩电、DVD机和新的文字处理系统这样的新产品，除非他们相信这些产品具有潜在的广泛用途。消费者知道，如果一个产品没有足够的需求，那么其重要的互补品，比如DVD光盘，就不可能以高质量或吸引人的价格生产出来。消费者还担心，若想得到新产品的可靠而又不太昂贵的服务比较困难。他们可能还了解到，使用一项新技术只是发现这项技术因为需求不足而被废弃掉了。例如，尽管索尼公司很积极地推销它的录像机用的Betamax技术，但这项技术还是完全被VHS格式所取代。现在VHS遭遇了来自DVD的类似命运。

对于依赖网络环境的产品通常具有相对高的弹性需求。降低价格有两种效应。一个是标准的价格效应：产品以一个吸引人的低价位进行销售，消费者就会购买更多的这种产品；第二个就是网络效应：当更多人使用这种产品时对这种产品的需求会进一步升高。当一个新的消费者购买这种产品时，对其他的使用者就有一种外部性作用。因为这种产品又多了一个使用者，对其他的现有使用者和潜在的使用者来说，这种产品变得更有吸引力了。

网络效应不仅对产品的定价有重要意义（我们将在第7章详细讨论这个问题），而且对产品的设计也有重要作用。例如，当软件生产商对软件进行升级换代时，他要考虑新产品与原来

对汽油的需求弹性

在行业层次上的汽油需求是相对缺乏弹性的——即使汽油价格有较大的变动，整个行业的需求量也不会有很大的变化，而各个加油站的需求弹性就要大得多。如果在一个路口有多个加油站，其中一个加油站提高自己的价格，就很容易失掉许多销售机会，而其他加油站则因此受益。

eBay 网站和网络效应

最大的在线拍卖网站 eBay，是少数几个兴旺发达的互联网企业之一。最近几年的年增长率达到 72%。2001 年，eBay 网站报告的利润为 9 000 万美元，营业收入为 7.49 亿美元，每一季度都吸引顾客达 3 700 万人。超过 100 万的卖家在 eBay 网站上展示他们的产品。许多卖家专门通过 eBay 网站销售他们的产品。例如，Angie Cash 每个月能卖出 10 000 美元的产品，而每一件产品的成本不超过 20 美元。eBay 网站为客户提供了很多方便，比如快捷的 e-mail、信息板和自我监督系统，在这儿，买家和卖家可以相互评估各自的业绩。eBay 网站是一个开发网络效应的交易平台。随着买家和卖家数量的增加，对 eBay 网站的需求也在增加。卖的人越多，越能增加买的人找到自己想买的东西的机会；同样，买的人越多，越能增加卖的人以较高的价格卖出自己产品的机会。

资料来源：E. Brown，"How Can a Dot-Com Be This Hot?" *Fortune* (January 21, 2002), 78-84.

版本的软件是否兼容的问题，还要考虑与市场上其他产品的竞争问题。使新产品与竞争性产品兼容会减少产品的独特性。但是，因为网络效应，最终的净作用会增加产品的总需求。例如，如果微软文字处理软件与 WordPerfect 软件兼容，消费者会更愿意购买微软文字处理软件，因为这会增加与WordPerfect 软件使用者沟通的方便。

产品特征

至今为止，我们都将产品的特征作为给定的因素。我们对于 PTC 门票需求的分析是基于既定的质量和剧目，其中包括开演的时间、座位舒适感等等。假设这些特征已定，我们考察了价格以及其他因素对 PTC 门票需求产生的影响。

了解顾客的需求对产品设计也有重要影响。比如，当地居民是喜欢莎士比亚戏剧还是更喜欢现代剧？他们是喜欢悬疑剧还是喜欢音乐剧？他们喜欢包厢内舒适的座位还是更喜欢靠近舞台的座位？改变剧目的开演时间是否可以克服附近餐馆提价的不利影响（将开演时间推迟 30 分钟，也许人们在开演前就会有更充裕的时间在家吃晚饭）？

在管理决策和选择公司战略时，对这类问题的回答是非常重要的。的确，当管理者说到了解消费者需求的重要性时，他们往往是指对消费者来说更重要的具体的产品特征（在第 8 章，我们将讨论公司战略的形成）。营销经理有责任了解影响需求的各种各样的产品特征，其中包括价格、产品设计、包装、促销广告和分销渠道等。[14] 在全面质量管理（TQM）这样的管理创新中，更宽泛地考虑需求有着重要作用。

对绝大多数公司来说，一个重要的问题是如何将公司各种人员掌握的信息进行整合。例如，将有关消费者需求的信息纳入产品设计的决策过程。

了解消费者想要什么

当韩国现代汽车公司已故的创始人的大儿子郑梦九（Chung Mong Koo）于 1999 年当选为公司的 CEO 时，他马上着手对公司进行根本性的改革。一直以来，消费者都认为现代在生产便宜的、低质量的、令人厌烦的汽车。自郑梦九上任以后，他参观了一家工厂并开始检测正在生产的汽车。他发现电线松动、输油管太杂乱、螺钉被漆成了不同的颜色。他命令所有的螺钉都漆成黑色，在汽车引擎盖下的所有东西都整理整齐之前任何汽车不准出厂。郑梦九生气地说："我们能够生存下去的惟一办法就是提高我们的质量，我们要达到丰田汽车的水平。"

郑梦九成立了一个质量控制小组并进行程序化管理。他还请美国汽车专家帮助改变现代汽车的笨拙车型。他提升了两位美国设计师，这两个人负责为美国市场设计开发一种新的 SUV 车型。他要求本公司的韩国高层管理人员必须听从这两位设计师的建议。2000 年现代公司的 Santa Fe SUV 正式下线，这是一个巨大的成功。丰田和本田汽车公司在几年前就引进了 SUV 车，但美国人对他们的汽车提出了批评，因为他们的车太小，四缸的发动机功率也太低。现代公司给了美国人想要的东西，比如 V-6 的引擎（满足美国人想要大马力汽车的需求），可放软饮料瓶子的更大的茶杯座，以及车上使用移动电话的相应配件。另外，Santa Fe 比丰田和本田的同类汽车要宽和长，并有更长的售后服务保证期。郑梦九拯救了现代汽车的产品质量和设计理念，公司的销售收入和销售利润都大幅度上升，特别是在美国市场上更是如此。相对于其他汽车公司的产品来说，现代公司的产品质量排位已大大提高。这个案例说明产品特征（特别是质量）对产品需求的影响。

资料来源：M. Ihlwan，L. Armstrong，and K. Kerwin（2001），"Hyundai Gets Hot，" *Business Week*（December 17），84–86.

产品寿命周期

对于产品特征的讨论表明，管理者应该不断地寻求与开发新的和更好的方法，以确定和回应顾客的需求。这些活动导致了新产品的问世。管理人员必须认识到，市场对某种新产品的需求不可能永远保持下去。经常的情况是，随着一种新产品的知名度不断扩大，其行业需求曲线会不断外移。然而，最终随着消费者转向其他新产品或更好的产品，需求曲线可能会向内移动。对新产品需求的这一变化规律，就是所谓的*产品寿命周期*（product life cycle）。

如图 4.6 所描绘的，按照产品寿命周期假设——对一项产品的需求通常分为四个主要阶段：导入期、成长期、成熟期以及衰退期。在成长期，全行业的总需求迅速上升；而在成熟期，需求继续增长之后就开始下降。在衰退期，需求会持续不断地下降，最终，该项产品将从市场上消失。对于特定产品，在制定新产品开发计划以及在进行市场进入、退出和产品定价决策时，管理者必须明白这些趋势。

在成长期，需求的增长将带动一些新厂商的进入。例如，在 20 世纪 90 年代，对于个人计

图 4.6 产品寿命周期

按照产品寿命周期假设，一项新产品的行业需求将经历四个主要阶段：导入期、成长期、成熟期以及衰退期。

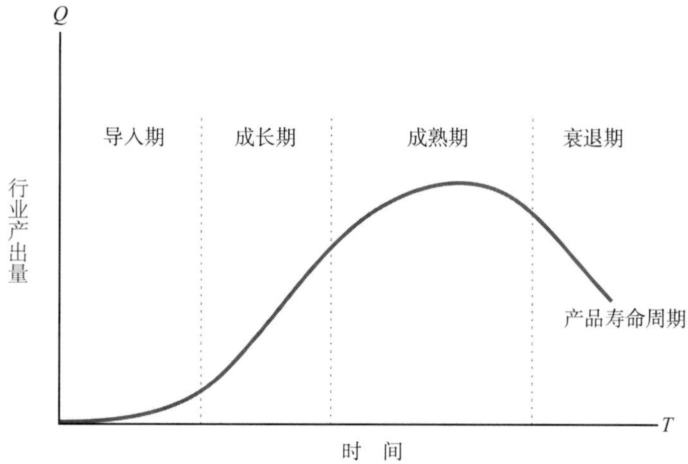

算机（PC）需求的增加促使许多公司开始生产 PC。由于新厂商的加入，原有厂商通常会损失一些市场份额。如果行业需求增长的速度快于新厂商增加的数量，即使市场份额下降，原有厂商也可以继续保持销售的增长；如果厂商数量增加的速度快于行业需求的增长，那么原有厂商就会压低价格降低利润，从而导致需求量下降。

这一讨论表明，第一个引入一种成功产品的厂商有时会获得先动优势（firstmover advantages)。这种情况下，在其他厂商进入之前，他们已先享有了较高的利润。他们同样还可以在没有竞争对手的情况下开发客户基础，并可能有足够的时间去学习如何改进生产效率。这些优势说明，为什么有那么多的厂商不遗余力地进行新产品的开发和投入。但是，在试图开发创新产品的过程中，管理者必须预期他们的政策对潜在竞争对手的进入决策可能产生的影响（见第 8 章和第 9 章)。

根据以上的分析表明，在一个行业的成长期，管理者应该慎重考虑是否应该进入。在这个阶段，竞争有可能非常激烈，而且他们面对的需求有可能在未来某个时点下降。要在这样的环境中生存和繁荣，相对于竞争对手，公司必须有某种竞争优势（competitive advantages）（比如，生产成本相对较低)。对此我们将在第 8 章中详细讨论。

需求估计[15]

在 PTC 的例子中，我们已知需求函数。在现实中，管理者并没有如此幸运——他们通常必须自己估计公司的需求函数。有时，特别是在短期，需求函数的估计相对容易，但有时估计会非常困难。有些公司运用大量统计方法来对需求函数做数量估计，而有些公司则采用定性方法来估算其需求函数。

需求估计是一个复杂的问题，其内容大大超出了本书的范围。这里，我们只对需求估计中

先动优势和金融创新

美国投资银行推出了一系列给人印象深刻的金融创新产品。银行家估计开发出一种新的金融产品需要投资 50 000~5 000 000 美元。但是，他们创造出来的证券产品却没办法申请专利，而且美国证券交易委员会规定发明者披露相当详细的产品设计信息。因此，竞争对手可以以更低的成本模仿这个产品，并在培养投资者、发行者和监管人员的过程中，利用创新银行的投资。银行家估计，模仿者的开发成本只有创新者开发成本的 25%~50%。如果金融创新产品是盈利的，那么，创新者的成本劣势必须由其他收益（先动优势）来补偿。这些优势包括更高的价格、更低的生产成本或更大的数量。

在对 58 项金融创新产品所做的研究显示，1974~1987 年间，这些创新产品曾筹集了 2 800 亿美元的资金，但没有证据表明这些产品在其短暂的“垄断期间”，即在其他的模仿产品推向市场以前能够维持高价格。从长期来看，他们的产品价格实际上比竞争对手的产品价格要低。这个结果不应该令人格外吃惊。投资银行一般选择一个最好的顾客作为其某一创新产品的发行者。这些发行者在向投资者、监管者和评级机构解释这种金融产品的时候负有特殊的责任。如果紧随着你的发行，竞争对手利用竞争性的投资银行以一个更低的成本发行了一个模仿性的产品，那么企业的管理者毫无疑问就会很生气。因此，投资银行从产品创新获得的利润不可能通过高价格来实现。他们比模仿的竞争对手承销发行更多的他们所发明的这种产品。银行通过利用规模经济和学习效应似乎也可以降低成本（在第 5 章，我们讨论这一成本问题）。

资料来源：P. Tufano（1989），“Financial Innovation and First-Mover Advantages,” *Journal of Financial Economics* 25，213-240.

常用的三种技术做简单讨论：*面谈法、价格实验法和统计分析法*。我们将主要说明每种方法的基本成本与收益。对这些情况的了解将有助于管理者掌握消费者的需求估计，以及根据本公司的条件对选择需求分析的类型提供指导。尽管每种方法都有它的局限性，但各种方法之间并不是排他的。因为各种方法的局限性不同，许多管理人员在进行需求估计时，会采用多种方法合并估计，以增加对公司产品需求的理解。

面谈法

面谈法试图通过向顾客调查、填写问卷以及专题讨论等方式估计需求。也许这种方法的最为朴素的形式是仅仅去询问顾客在面对不同的价格时会购买什么产品，对于这些问题的回答有可能是不可靠的。首先，人们会有意撒谎，因为他们希望公司制定出较低的价格。第二，即使他们想实话实说，也难以预测自己在市场中实际购买时面对各种选择会怎样决策。

对于顾客的面谈还可以采用更复杂的方法。例如，也许可以询问顾客对两种替代品之间的价格差别有什么意见。现在如果某一顾客在不知道其他产品价格的情况下，购买了一个产品，那么可以得出这一顾客很可能是对价格不敏感的。

使用技术估计需求

AC尼尔森公司一直使用一种叫作La maquinita的手提电脑（一种小机器）来收集拉丁美洲人购买习惯方面的信息。作为洛杉矶试点项目的一部分，500个拉丁美洲裔的家庭把他们购买的所有东西都通过条形码扫进一个仪器。这是第一次收集拉丁美洲人购买习惯方面的综合信息。拉丁美洲人现在在美国的总人口中已占12%。最后，AC尼尔森公司将把这些数据卖给那些销售产品的公司。最有可能的结果是针对拉丁美洲人的产品广告支出将增加。1998年，针对拉丁美洲人的广告支出估计为17.1亿美元，约占全美广告支出的2%。这个例子说明了如何使用新技术来估计产品需求。

资料来源：R. Wartzman (1999), "A Push to Probe Buying Habits in Latino Homes," *The Wall Street Journal* (August 5), B1.

有时，公司也可以采用模拟市场（simulated market），询问试验者在模拟市场如何运用模拟货币做出购买决策。这种试验有可能会得出非常有价值的结论。然而，花费模拟货币的人在做决策时与花费自己的钱时所做的决策并不见得一致。

通过客户调查，可以更好地了解客户对各种产品特征的评价。许多公司都请客户填写顾客服务意见书，也有的公司在提供产品销售和服务之后，给客户打回访电话，询问客户对产品和服务质量的满意程度。在各种各样的有关客户喜好的信息中，最为重要的是销售人员以及公司其他代表与客户直接接触所得到的信息。

然而，如果在顾客总体中选取的样本不具有代表性，那么所有的调查方法所得出的信息就可能是很不准确的。例如，如果你有兴趣估计一个收入弹性为负的产品的需求，那么在一个高档商场分发调查问卷就不是个可取的办法。在引出调查信息的时候还有一些很微妙的问题。一个调查小组警告说："那些好奇的、好表现的以及乐于帮助人的人，在自愿参与调查的样本中所占的比例可能很大。如何保证那些主动参与调查的人是由这种过分表现自己的人、害羞的、怀疑的和从内在就不愿意表现自己的人共同组成呢？"[16]

价格试验法

第二种方法是采用价格试验（price experiment）。比如，PTC董事会也许会将其门票价格降低到25美元，然后再追踪门票销售数量的变化。但是，作为公司营销战略的一部分，PTC可以印刷一些宣传手册，详细介绍本季上演的剧目、成本、日期和票价。因此，用门票价格做试验，就要重新印刷他们的宣传手册。这将增加PTC对这类价格试验的成本。另外一些类型的企业，变动价格所带来的成本变化很小。比如，在市场上通过互联网进行价格试验的企业，变动价格就特别容易。

与PTC不同，许多企业都是在多个地区从事经营。如果一个企业对不同地理市场的价格变动比较灵活，那么它就有潜力比在单独的市场中做试验获得更多的信息。但是，必须小心行事。从理论上说，地区市场在地理位置上是相互分割的，因此他们都有自己的媒介渠道。所

普通股股票需求曲线的估计

长期以来，对于公司普通股票需求弹性的问题一直争论不休。许多经济学家认为，这些需求曲线是完全弹性的，因为在市场上有着大量的具有类似风险—回报特征的股票。在这种情况下，个人对股票的需求曲线将是一条水平线。而另一些人认为，每一种股票都是惟一的，很少有什么替代品。因此，投资者个人的需求曲线将是向右下方倾斜的。

管理者们都非常关心自己公司普通股股票需求曲线的斜率，因为这种斜率将影响到他们按什么价格发行新股票。如果需求曲线是向右下方倾斜的，那么新发行股票的价格必须低于目前股票的市场价格；如果需求曲线是水平的，那么新股票就可以按照目前股票的市场价格发行。当然，管理人员希望能以可能的最高价格卖出新股票。

现存的经验表明，在公司宣布新股发行的时间，股票价格通常会下降3%左右。这一发现似乎表明普通股股票的需求曲线是向右下方倾斜的。然而，这一发现还可以有另外的解释。如果股票市场投资者认为，管理者总是在其股票被高估时发行新股，那么发行新股的消息就将引起需求曲线向左移动而价格将随之下降（因为投资者从公司发表的声明中推断，公司股票被高估了）。根据新股发行引起公司股票价格下降的现象，我们就确定出公司普通股股票的价格弹性，这显然是不够的——价格下降也许是由需求的变动引起的，也许是由于需求量的变动引起的。

这个例子表明，即使在有充足的价格和需求量数据的情况下，估计需求曲线也并非总是容易的。的确，在现实世界中，公开上市股票的价格与需求量数据是最容易获得的。

资料来源：C. Smith (1986), "Investment Banking and the Capital Acquisition Process," *Journal of Financial Economics* 15, 3–29.

以，在一个市场中降低价格的广告，不会从企业的其他地区市场中转移需求。

价格试验方法的使用至少有三种局限性。第一，需求可能不同，这取决于消费者预期价格变动是长期的还是暂时的。识别消费者对将来价格变动的预期也比较困难。第二，直接市场试验并不是一种可控制的试验。在试验的同时，可能会有其他变化同时发生。例如，在PTC董事会降低门票价格的同时，交响音乐厅也降低了价格。而观察到的需求变化就同时反映了两种变化的效果。第三，一些管理者担心价格试验是有风险的。由于提高价格的试验失去的顾客，可能很难再回来了，即使以后价格降低也没有用。另外，一旦试验中降低了价格，再提高价格可能会非常困难（顾客会产生反感，而宁可去你的竞争对手那里购买）。

统计分析法

许多公司经常采用统计技术，比如用回归分析来估计需求函数。计算机以及大型数据库（关于销售、价格以及其他相关因素）的应用大大增加了这种方法的可行性。通过运用统计技术，通常可以分离出特定因素的影响。通过分析大样本的实际市场数据来获得更可靠的分析结果是可能的。

即便统计方法能为管理者提供重要的需求信息，但管理者必须认识到这种方法也存在潜在问题。运用这种方法，研究人员可以打印出长达数页的运算结果与图表，然而，这并不意味着这一分析是完美无缺的，也不意味着结果是可靠的。下面，我们简单说明分析人员在运用统计方法估计需求时所遇到的三种问题。

重要变量的缺省

我们可以通过一个例子来说明变量的缺省（omitted variables）问题。假设一家公司的实际需求函数为：

$$销售量 = 120 - 2P + 8A + 0.04I \tag{4.10}$$

这里 P 是产品价格，A 是广告支出，I 是居民收入。

表 4.1 列出了 1998 年、1999 年和 2000 年各项变量的数据。虽然在进行需求估计时，这些数据对于营销经理来说都是可以获得的，但想要估计需求的 Brendis Isaccssdottir 并不一定会知道广告支出与居民收入都是需求量的重要决定因素。假设 Brendis 忽略了居民收入这一因素，并运用统计方法来估计销售数量与广告支出之间的关系。[17] 运用回归分析，可以得出下面的函数式：

$$销售量 = 140 + 48A \tag{4.11}$$

根据表中的数据，似乎这一模型能够完美地预测销售量。然而，实际上，等式过高地估计了广告的真实影响，这必将造成对有关决策的严重误导。根据这一分析结果，公司有可能预算

	1998 年	1999 年	2000 年
收入（I）	\$3 000	\$4 000	\$3 500
广告（A）	2	3	2.5
价格（P）	10	10	10
销售量（S）	236	284	260
实际需求	$S = 120 - 2P + 8A + 0.04I$		
估计的需求	$S = 140 + 48A$		

表 4.1 变量缺省问题的实例

在本例中，公司的实际需求曲线为：$S = 120-2P+8A+0.04I$。1998~2000 年有关变量的数据列在了表中。如果分析人员忽略了收入，运用统计方法估计广告支出与销售量之间的关系，将得到如下需求函数：$S = 140+48A$。按照表中的数据，通过这一模型可以非常准确地预计销售量。然而，估计的等式实际上严重地高估了广告的影响。当与分析有关的重要变量没有纳入分析人员的考虑，而这一变量与分析中纳入考虑的解释变量有相关关系时，就会出现变量缺省问题。

过多的广告支出。当与分析有关的重要变量没有纳入考虑，而这一变量与统计分析中纳入考虑的解释变量有相关关系时，就会出现变量缺省问题。[18]将不重要的变量包括在分析中，不会使其他变量的估计系数发生偏离（然而，包括不相关的变量可能会降低各种估计的准确性）。

多重共线性

如果影响需求的因素之间高度相关（趋向于共同变化），那么精确估计一种因素的影响就是不可能的。[19]例如，在需求函数中，居民收入与教育程度是两个重要的变量。如果在所分析的系列数据中，高收入总是与高的教育程度相联系，那么就不可能将这两种因素的影响区别开来。

识别问题

Brentis 所面临的另一个潜在的重要问题是*识别问题*（identification problem）。这个问题也可以通过一个例子来说明。假设营销经理收集到一个特定行业过去价格与销售量的数据，并打算依据这些数据估计行业的需求曲线。在过去的三年中，销售量与价格的组合观察值如下：(10，10 美元)、（12，8 美元）和（14，6 美元）。Brendis 将这三点连结起来作为需求曲线，这样的估计是有效的吗？由于存在识别问题，答案通常是否定的。

每一组数据组合都反映每年该行业的供给曲线与需求曲线的交点。如果在三年中，由于如个人收入的变化，需求曲线发生移动，那么这些点就是来自 3 条不同的需求曲线。这些点的连

图 4.7 识别问题的一个例子

一位分析人员收集了她的企业所在行业过去的价格与销售数据。在过去的三年中，需求曲线与供给曲线不断发生移动。这样，连接三个价格与数量的组合点得出当前的行业需求曲线（图中的 D_3），是一个好的估计。给定一段时间内的每一个时点上影响产品需求与供给的所有条件，这三个组合点就是*均衡点*。但是，它们不是沿着同一条需求（或供给）曲线上的三个点。

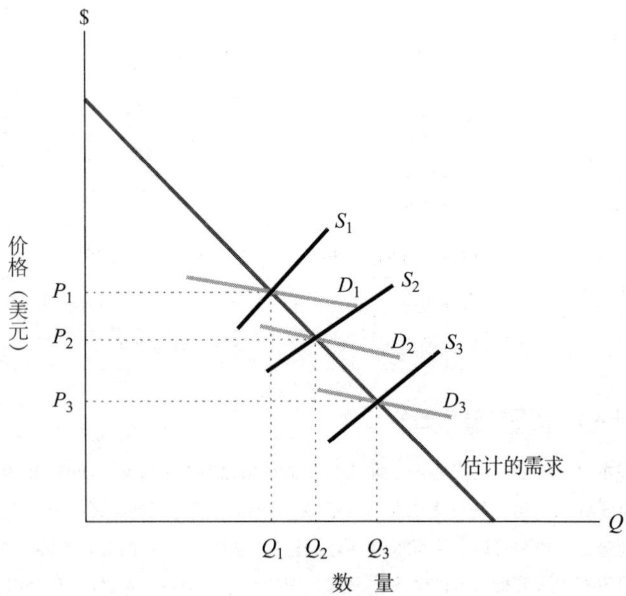

案例研究：家用录像机

家用录像机（PVR）是一种数字音像记录仪器，用来录制和播放通过电缆、卫星或地方广播所接收到的电视节目。与其所替代的 VCR 不同，PVR 具有更多的功能，它不但有很强的连续记录 80 个小时节目的能力，而且还很容易编排节目。一台 PVR 是由一个内置的硬盘和一个微处理器组成。在主人安装好硬件以后，PVR 就可以通过一个电话线或一个光缆接口把所有即将播放的电视节目单都下载下来。使用者只要输入他们想录的节目的名字，这套系统就会找到这个节目的时间和频道并自动地录制下来。使用者必须申请加入有线和卫星系统，才能够录制这些频道的节目。

与录像带相比，除了容易编排节目和具有很强的录像能力之外，PVR 的使用者还可以边录制新节目边看已经录好的节目。还可以让画面暂停（比如，电话铃响了），然后再继续观看剩下的节目。可以看即刻的重放或把画面的移动放慢，并可以略过商业广告。事实上，像旧式的 VCR 一样，PVR 的使用者也可以在他们观看节目的时候进行控制（这叫作“时间的位移”）。但是，PVR 会提供比 VCR 更清晰的画面，操作起来也比 VCR 简单。PVR 的使用者还可以提前把下星期的电视节目单下载下来。

现在有两家公司（TiVo 公司和 Replay TV 公司）正在销售硬件和接受申请服务。这两家公司都是从 1997 年开始运营的。到 2003 年中期，TiVo 公司已拥有约 700 000 个注册用户，Replay TV 公司也约有 100 000 个注册用户。这些公司正在开发新的技术，以便使用者能更容易地“剪去”广告。

光缆公司已开始提供一种将光缆盒和 PVR 结合在一起的产品，每个月也只额外增加一点费用。这进一步简化了这套装置和使用者的操作，账单也只有一个。

讨论的问题：

1. 讨论 PVR 如何影响广告商的需求？
2. “敌人”是一个顶级的电视网络节目，假设你负责制定“敌人”商业广告的价格。留给这个节目的时间是 60 分钟，但是这个节目本身的播放时间只有 30 分钟。剩下的时间可以卖给其他的公司，为他们的产品做广告，或把时间捐出来做公益广告。广告的需求函数为：

$$Q_d = 30 - 0.0002P + 26V$$

其中，Q_d 是电视节目广告的需求数量（分钟），P 是你负责的广告的每分钟价格，V 是预期观看广告的人数（百万人）。

a. 你所有的成本都是固定的，你的目标就是从广告销售中得到的总收入达到最大。假设预期的观众数量是 1 000 000 人。你应该如何定价？你将卖出多少分钟的广告时间？总收入是多少？

b. 假设价格与（a）中的一样。如果因为 PVRs 的原因，预期的观众数下降到 500 000 人，这对广告的需求量会产生什么影响？请计算两点间的“观众弹性”，并用文字说明这个数值的含义。

3. 随着更多的观众开始使用 PVR，那些大的电视网络（CBS、NBC、ABC 和 FOX）的收入会发生什么变化？
4. 如果很大一部分观众开始使用这种“广告剪掉”系统，讨论其长期影响。
5. 当更多的消费者采用 PVR 系统时，你会对那些大的电视网络运营商以及那些电视节目的制造商提什么建议？

资料来源：J. Gudmundsen (2002), “Video Gizmos Change the Rules,” *Democrat and Chronicle* (August), 5E and 8E; B. Fisher (2003), “Tivo and Replay TV Have Features to Satisfy Any TV Junkie,” *Detroit News* (June 24); R. Reilly (2003), “Great Invention Period,” *Sports Illustrated* (December 22).

线就不能成为目前需求曲线的估计。实际上，如果供给一直是稳定的而需求发生了变化，那么它描绘的就是行业的供给曲线。[20]假设在我们的例子中，需求曲线与供给曲线每年都要发生移动。如图 4.7 所示，在相关时期的特定条件下，最终的价格与需求量的组合是观察到的均衡点。连接这些点作为目前需求曲线 D_3 的估计，显然是不合适的。

有时，Brentis 并没有足够的信息去解决识别问题，在这种情况下，采用消费者面谈和市场试验的方法来估计需求要更好一些。也有些时候，分析人员掌握了足够的信息来识别需求函数(她需要识别那些对需求有影响，而对供给没有影响的因素，反之亦然)。在某些情况下，即当需求曲线平稳的时候，分析人员就不必担心识别问题。假设需求曲线在三年中并没有发生移动，而所有不同的销售量与价格的组合变动都是由于供给的变动引起的。在这种情况下，通过连接观察到的销售量与价格的组合，她就可以获得合理的需求曲线。

管理意义

我们已经讨论了管理者在试图估计自己产品的需求时所面临的一些困难，这些问题也许很难解决。尽管如此，需求曲线的估计在管理决策中起着重要作用，特别是在价格决策中。在信息不完全与资源有限的条件下，成功的管理者都尽力解决这些问题。

推荐书目

G. Stigler (1987), *The Theory of Price* (Macmillan: New York), Chapter 3.

注 释

1. S. Ellison and V. O'connell (2003), "Kraft Removes Holden as Co-Chief," *The Wall Street Journal* (December 17), A3 and A8, and E. Herman (2005), "Former Co-Ceo Holden Leaves Kraft," *Chicago Sun-Times* (June 25) .
2. 请注意，这一函数假设 PTC 可以卖出非整数张门票。这种假设在我们的分析中并没有实际作用。然而，它可以使我们画出连续的需求曲线。一种思考方式是将这个例子中的需求量作为每个晚上平均卖出的门票张数。这样，非整数张门票就可以理解了。还请注意，我们假设 PTC 每场演出的需求是保持不变的。PTC 在星期五和星期六晚上的演出总是事先安排好的。如果他们想扩大演出时间——每天晚上或下午都演出，那么这些时间演出的需求条件就可能发生变化，门票价格也因此会发生变化。这些问题将在第 7 章中进行讨论。
3. 技术说明：我们可以从无差异曲线与预算线分析推导出消费者个人的需求曲线。假定其他产品的价格以及居民的收入是固定的，一种产品（比如说食品）价格是变化的。个人的最优数量选择被记录。个人的需求曲线只是在相应商品（在本例中为食品）的各种价格水平下，个人最优选择的记录。进一步，在每一个价格水平上，企业的需求将是所有个人需求的总和。
4. 在随后的一章中，我们将考虑产量与成本之间的函数关系。把价格放在纵轴上，我们就可以方便地在一个坐标轴上把需求量（收入）和成本方便地表示出来。

5. 四舍五入，保留整数。
6. 如果某产品的收入效应超过替代效应，那么消费者在更高的价格水平上购买更多的商品，则称为吉芬商品（Giffin Goods）。我们在本书后面的部分不考虑这种可能性。
7. 也可以计算需求曲线上某一点的价格弹性，称为点弹性。这种点弹性的计算需要微积分知识，而且更为重要的是，需要一条平滑的需求曲线。尽管在本例中，我们假设曲线是一条连续的平滑曲线，但是，现有的数据仅能满足少数几种价格与数量的组合。
8. 公式（4.4）可以改写为：$\eta=-(\Delta Q/Q)\div(\Delta P/P)$。在计算两点间的弹性时，会出现一个问题，即选用开始的 P 和 Q 的值与选用最终的 P 和 Q 的值，计算的结果将会不同。公式（4.5）使用两个 P 和两个 Q 的平均值（初始值与最终值之和再除以 2）就消除了这个问题。
9. 技术说明：这个结论同样可以应用于非线性需求曲线。在需求曲线的各点上，找出需求曲线的切线。如果切点正好在切线的中点，则弹性为单位弹性，等等。
10. 根据需求曲线：$25 = 60 - 0.15Q$，所以，$Q = 233$。
11. E. Ramsted (1999), "As Prices Tumble, Sales of DVD Players Explode for the Holidays," *The Wall Street Journal* (December 9), 31.
12. 下面我们将扩展这种讨论，说明管理者是如何利用交叉弹性来定义一家企业所在的行业。
13. 交叉弹性也被用于作为反垄断案例的裁决依据。反垄断案例通常着眼于一家公司是否在一个行业中有过大的市场控制力。因此，如何定义行业对最终的结论有十分重要的影响。如果行业定义很窄，一家公司也许会占有很大的市场份额（因此有很大的市场控制力），但是，如果将市场的定义拓宽，其市场份额就会小得多。例如，政府认为 ReaLemon Company 垄断了浓缩柠檬汁的市场——市场份额超过了 90%以上。公司回应说市场定义应再宽一点，因为他们面临着自然加强型柠檬汁、鲜柠檬、冰冻柠檬水和酸橙汁等产品的强有力的竞争。
14. 若要进一步对有关产品特性做需求的经济学分析，请参阅 K. Lancaster (1996), "A New Approach to Consumer Theory," *Journal of Political Economy* 74, 132—157.
15. 本部分引自 W. Baumol (1997), *Economic Theory and Operation Analysis* (Prentice Hall Englewood Cliffs, NJ), 234–236.
16. E.Webb, D. Campbell, R. Schwartz, and L. Schrest (1966), *Unobtrusive Measures* (Rand McNally College Publishing Company: Chicago).
17. 管理人员不必担心价格控制，因为在这一时期中它是一个常数，为 10 美元。
18. 这一问题并不总会导致对解释变量系数的过高估计。根据解释变量之间相互关系的不同性质，有关的系数可能会被过高估计也可能会被过低估计。在本例中，系数被高估了，因为广告支出与居民收入是正相关的。
19. 应用最小平方法进行回归分析有一个重要条件，就是解释变量之间不完全线性相关。如果解释变量之间完全线性相关，或接近完全线性相关，那么变量之间相关系数会等于或接近于 1。这意味着这两个解释变量同消同涨，这样的两个解释变量之间就存在多重共线性。在这种情况下，要分别确定两个变量各自对函数值的影响就非常困难。而从另一方面看，参数的估计值会受到严重影响，即不可能分别求得每个参数的数值。从一定意义上讲，在回归分析中，多重共线性问题是与变量缺省问题相反的一个问题，即变量重复问题——译者注。
20. 是行业的长期供给曲线，不同于至今所讨论的短期供给曲线——译者注。

第 5 章

生产和成本

20 世纪 90 年代，钢材的价格相当不稳定。例如，1994 年，随着美国经济从衰退中复苏，国内钢材价格看涨。[1] 的确，在过去的 20 年中，钢材市场一直保持着最强劲的势头。特别是，在 1992~1994 年间，钢材价格从每吨 90 美元上升到 135 美元。在年初钢材价格大幅度上升之后，国内的钢铁企业都计划在年末将板钢的价格再提高 10 个百分点。与钢材市场紧密相连的是电镀市场，其产品价格有望上升 20 个百分点（事实上在 1995 年，产品价格每吨已超过了 142 美元）。美国的汽车生产厂家是受这种价格上升影响最大的企业之一，因为他们是国内钢材的使用大户。

为了应对国内钢材价格上升的影响，美国的汽车厂商开始积极地到海外寻找新的供应商。例如，1994 年 7 月，通用汽车公司寻求一些海外公司的报价，比如 Sidmar、Solldac、Thyssen 以及 Klochner 等公司。钢材价格的上升，会影响公司的定价和产量决策。同时，钢材价格的上升还会迫使美国的汽车生产商在生产中使用其他原材料。例如，到 1995 年，各家汽车公司都在他们汽车的发动机、传动装置、车体、加热和冷却系统和避震装置部件中增加了铝的使用量。[2]（铝的价格相对稳定，1992 年初的价格是每磅 0.534 美元，1994 年 1 月的价格是每磅 0.533 美元。）使用铝的目的是代替铸铁和钢的消耗。另外，汽车公司还增加科研经费，用于研究塑料、镁和可循环材料在生产中使用的新方式。

到 2005 年，受中国高速增长因而对钢材需求大增的影响，钢材价格几乎飚升到每吨 500 美元。由于卡特里娜飓风的影响，预期钢材价格将继续增长。钢材价格的大幅度上升给汽车厂商带来更大的压力，迫使他们寻找其他的供应渠道和在生产过程中减少钢材使用数量的方法。

这些例子引出了一系列令管理者感兴趣的问题。首先，企业在生产过程中如何在可替代的投入要素之间进行选择？随着投入要素价格的变动，最优投入要素组合是如何发生变动的？投入要素价格将如何影响企业最终的生产成本和产量决策？本章将着重解决上述问题及其他相关问题。主要内容包括：生产函数、投入要素选择、成本、利润最大化、成本估计和要素需求曲线。

生产函数

生产函数（production function）表示投入与产出之间的关系。在既定投入量的基础上，根据生产函数，能确定出可行的最大的产出量。生产函数是由可利用的技术水平决定的。生产函数通常用数学公式表示。比如，给定技术条件，汽车供应商可以用钢材、铝、塑料以及劳动力等投入要素生产出汽车部件。作为最一般的形式，生产函数可以表示成：

$$Q = f(x_1, x_2, \cdots, x_n) \tag{5.1}$$

其中，Q 是产量，x_1，x_2，…，x_n是生产过程中的可变投入要素。

为简化说明，我们假设本例中的汽车部件全部是由两种投入要素（钢材和铝材）生产的。在这一背景下，我们假定一个特定的生产函数[3]是：

$$Q = S^{1/2}A^{1/2} \tag{5.2}$$

其中，S 是钢材的投入量（磅），A 是铝材的投入量（磅），Q 是生产出来的汽车部件数量。依据这个生产函数，在一定的时间内，投入 100 磅的钢材和 100 磅的铝材可以生产出 100 单位的汽车部件；投入 400 磅的钢材和 100 磅的铝材能生产出 200 单位的汽车部件；依此类推。[4]

规模收益

规模收益（returns to scale）是指，当所有的投入要素都按照同一比例变动时，产出与投入要素之间的关系。规模收益不变（constant returns to scale）是指所有的投入要素变动 1%，产出也跟着变动 1%。比如，公式（5.2）就是一个规模收益不变的生产函数。企业在生产中，每一种要素都投入 100 磅，就可以生产出 100 单位的汽车部件。如果企业将要素的投入量都增加 1%，投入 101 磅，就可以生产出 101 个单位的汽车部件。[5]

规模收益递增（increasing returns to scale）是指如果所有的投入要素都变动 1%，产出变动比例会超过 1%。例如，公式（5.3）就是这种类型生产函数的一个例子：

$$Q = SA \tag{5.3}$$

这里，100 磅的钢材和 100 磅的铝材能生产出 10 000 个汽车部件，同样 101 磅的钢材和 101 磅

大众汽车的规模收益递增

为了参与全球竞争，大众和沃尔沃建立了长期的合作关系，大众借此在沃尔沃的某些型号的轿车安装上了自己的发动机或者改装了自己的发动机。这项措施使大众公司在投入要素小比例增加的基础上，产品产量即发动机的产量却有了很大幅度的上升，因此大众的生产率也有了很大的提高。这种效率的提高通过降低发动机的成本使沃尔沃的效率也有所提高。这是一个规模收益递增的例子（请注意，1999 年福特汽车公司购买了沃尔沃的轿车分部）。

资料来源：B. Mitchener, A. Latour, and S. Moore (1998), "VW-Volvo Talks Suggest Success Isn't Enough to Ensure Independence in Automotive Industry," *The Wall Street Journal* (July 2), A17.

的铝材能生产出 10 201 个汽车部件（产出的增长率是 2%）。企业至少在某一个产量范围内经常处于规模收益递增的状态。主要原因之一是，只有大规模经营才能更广泛实行专业化。比如，如果一家汽车公司只有三个雇员和三台机器，为生产出汽车，那么从头至尾每一个雇员和每一台机器都不得不承担各种各样的工作，而让每一个工人和每一台机器完成的生产任务种类太多，其生产效率可能就会低。相反，一个大型企业雇佣数以千计的工人，使用数以千计的机器，就可以实行高度的专业化（正如我们在第 3 章所讨论的那样，专业化往往会产生高效率）。

规模收益递减（decreasing returns to scale），是指如果所有的投入要素都变动 1%，产量变动比例会低于 1%。公式（5.4）就是这种类型的生产函数的一个例子：

$$Q = S^{1/3}A^{1/3} \tag{5.4}$$

关于一家企业处于规模收益递减阶段的可能性，说法不一。一些经济学家认为，企业很少会表现为规模收益递减。如果企业在某一既定的生产规模上其设备能生产出既定的产出，那么它简单地复制原有的生产，加倍投入生产要素，不就可以得到加倍的产出了吗？的确，有关这个问题的经验研究表明，企业的一般情况是在生产的初期表现为规模收益递增，随后在很大一段产出范围内都保持规模收益不变。另一方面，一些经验分析表明，某些企业可能经历着规模收益递减。[6] 而且，随机观察表明，大企业比小企业在更大程度上出现效率低下的问题。比如，随着企业规模的变大，协调和控制问题变得越来越尖锐。

在我们的例子中，所有产出范围的规模收益都是一样的。例如，公式（5.2）总是表示规模收益不变，而公式（5.4）则总是表示规模收益递减。大多数的生产函数在产出的不同范围内，其规模收益的类型是不一样的。大多数情况下，在产出相对较低的时候生产函数有递增的规模收益；随着产出的持续增长，就出现了规模收益不变；当产出增长到一定程度，就出现规模收益递减。也可能存在另外一些组合。

要素收益

要素收益（returns to a factor）是指，假定其他要素投入量固定不变，产出与单个投入要素

*S*的投入量	*A* 的投入量	*S* 的总产量	*S* 的边际产量	*S* 的平均产量
1	9	3.00	3.00	3.00
2	9	4.24	1.24	2.12
3	9	5.20	0.96	1.73
4	9	6.00	0.80	1.50
5	9	6.70	0.70	1.34

表 5.1 要素收益

在生产函数 $Q= S^{1/2}A^{1/2}$ 时，上表显示出，钢材的总产量、平均产量以及边际产量的情况。铝的投入量固定在 9 个单位；*S* 的总产量是在 *S* 的每个投入量水平上的总产量；*S* 的边际产量是由于增加一个单位 *S* 的投入所得到的产量的增加量；*S* 的平均产量是总产量除以 *S* 的单位数。

食物摄入量与生产率：边际收益递减的实例

经济学家约翰·斯特劳斯分析了西非小国狮子山国农场主的调查数据。通过分析，他估计出了个人农作物产量与每日卡路里摄入量之间的关系。日卡路里摄取量在 0~5 200 时，他发现产出与卡路里摄取量之间的关系为正。然而，这个关系正好符合边际收益递减规律。例如，如果工人们每天消耗 1 500 卡路里热量，再增加 1%的卡路里摄入量，就会使农作物产量增加 0.5%。这种卡路里摄入量对农作物产量的影响，随着卡路里摄入量的增长而逐步下降。如果工人们每天消耗 4 500 卡路里的热量，再增加 1%卡路里的摄入量，只能使农作物产量增长 0.12%。如果工人每天的卡路里消耗量超过 5 200，估计两者之间的关系就变为负的——增加卡路里摄入量，反而会导致农作物产量下降。显然，超过 5 200 卡路里这一点，食物摄入量的边际产量变为负值。

资料来源：J. Strauss（1986），"Does Better Nutrition Raise Productivity?" *Journal of Political Economy* 94，297-320.

变化之间的关系。要素收益可以表达为总产量、边际产量和平均产量。某一要素的*总产量*（total product）是指在其他要素投入量固定不变的情况下，随着该要素投入量的增加，所获得的一系列产出。一种要素的*边际产量*（marginal product）是指在其他要素投入量固定不变的情况下，该要素的投入量每变动一个单位，所带来的总产出的变化。最后，*平均产量*（average product）是指总产量除以所使用投入要素的单位数所得的数值。

可以通过等式（5.2）的生产函数 $Q=S^{1/2}A^{1/2}$ 来说明这些概念。表 5.1 显示出，在投入要素 A 的投入量固定在 9 个单位的情况下，要素 S 的总产量、边际产量以及平均产量的情况。[7] 在这一特定的生产函数中，总产量随着 S 的增加而增加，而边际产量是下降的。这就意味着尽管总产量随 S 增加，但其增加的速率是下降的。平均产量在整个产出范围内也是下降的。

一般来说，在整个产出范围内，边际产量和平均产量不一定非下降不可。的确，许多生产函数都表明，在某一产出范围内，边际产量和平均产量是增加的。然而，大多数的生产函数在投入要素达到一定点后，边际产量开始下降。这一现象通常被称为*边际收益递减规律*（law of diminishing returns）（或边际产量递减规律），即随着要素投入量的增加，单一可变要素的边际产量最终会下降。我们可以用耕种土地这一典型的例子来说明这一规律。土地的面积固定为一英亩，如果没有工人就不会有任何产出。如果雇佣一名工人，可以产出 10 蒲式耳谷物，则这第一名工人的边际产量就是 10。当企业投入的工人人数从 1 增加到 2，产出的变化幅度可能会更大。例如，两个工人进行专业化分工协作，可能会生产出 25 蒲式耳谷物，劳动的边际产量因此就为 15 蒲式耳。在这一产出范围内，边际产量是增加的。随后，当企业继续增加工人人数（土地面积是固定的）时，产出就会以较小的速率增长。当工人人数增加超过一定点，再增加工人，总产量反而会下降，因为可能会出现协调和人员冗余的问题。在这种情况下，边际产量是负的。

图 5.1 表示出要素收益的一般情况。上图表示总产量，下图表示边际产量和平均产量。随着要素 S 的投入量从 0 增加到 S_1，边际产量开始上升。在这一阶段，总产量曲线是凸的，说明总产量是在以递增的速率增长。[8] 从点 S_1 开始，要素收益出现递减，边际产量开始下降，在 S_1

图 5.1 要素收益：常见的情况

该图表示出总产量、边际产量、要素收益的一般模式。在下图边际产量先上升，后下降，最后变为负值。下图当边际产量上升时（在 0 和 S_1 之间），总产量以递增的速率上升（曲线是凸出的）。当边际产量开始下降，但仍然为正值时（在 S_1 和 S_2 之间），总产量继续上升，但是以递减的速率上升。超过 S_2，边际产量为负值，总产量随产出的额外增加开始下降。在小于边际产量时，平均产量不断上升；在大于边际产量时，平均产量不断下降；平均产量和边际产量相等时，平均产量最大。

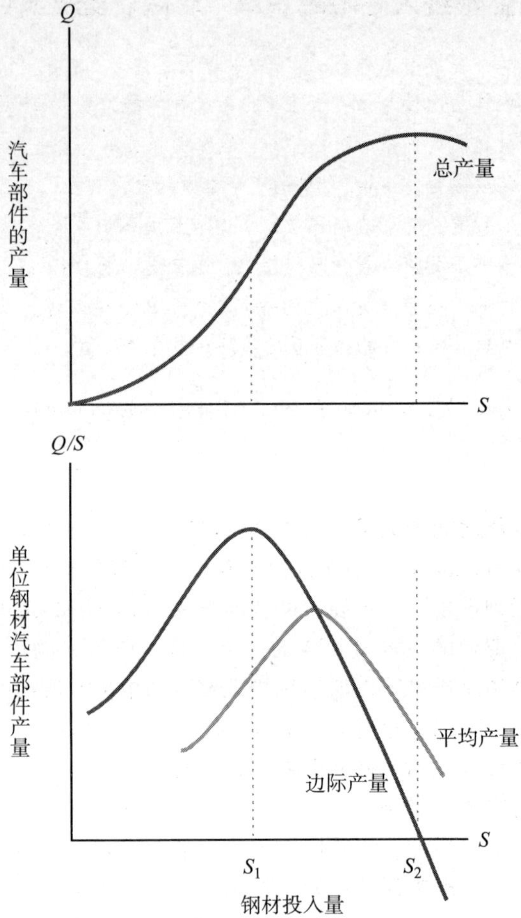

与 S_2 之间，边际产量是正的，因此总产量继续上升。但这时的总产量是以递减的速率上升（总产量曲线是凹的）。超过点 S_2，边际产量变为负值，因此随着 S 要素的投入量继续增加，总产量开始下降。在平均产量小于边际产量时，平均产量不断上升；在平均产量大于边际产量时，平均产量不断下降；在平均产量和边际产量相等时，平均产量达到最大。[9] 这种关系是一个基本规律。[10] 棒球比赛的平均分就说明这一关系背后的规律。

投入要素的选择

等产量曲线

大多数的生产函数允许投入要素之间的某些替代。例如，假设某企业的生产函数为 $Q =$

棒球平均分

当平均产量呈上升趋势时，边际产量高于平均产量；当平均产量呈下降趋势时，边际产量小于平均产量。这种关系可以推广到所有的平均与边际的性质上。棒球运动员击球平均分就是一个有用的说明。击球平均分就是用该球员击中的次数除以总击球次数。假设某个球员在比赛开始时击球平均分为 0.300。如果他击了 4 次，但只击中了 2 次，那么今天的边际击球平均分为 0.500，而且他的总击球平均分肯定会上升。如果该球员击了 4 次，但只击中了 1 次，边际击球平均分为 0.250，总的击球平均分肯定会下降。

$S^{1/2}A^{1/2}$，其首席运营官阿历克西·戴陈科想生产 100 个汽车部件。在这种情况下，钢材和铝材的许多不同组合都能生产出 100 个单位的汽车部件。比如，100 磅的钢材和 100 磅的铝材能生产出 100 个汽车部件；25 磅的钢材和 400 磅的铝材，或者 400 磅的钢材和 25 磅的铝材，也都能生产出 100 个汽车部件。图 5.2 画出了正好能够生产出 100 个汽车部件的所有可能组合。显然，更多的投入——等产量曲线上往上和往右的点的组合也能生产出 100 个汽车部件，但这些点所代表的生产方法是无效率的。这个曲线被称为等产量曲线（isoquant）（iso 是相等的意思，quant 是从 quantity 引用过来的）。一条等产量曲线显示了假设在高效生产的情况下所有生产同一产量的要素组合。每一个可能的产量水平对应着一条等产量曲线。图 5.2 分别画出了产量为 100、200 和 300 个汽车部件的等产量曲线。

生产函数随着要素之间相互替代的难易程度不同而不同。在某些情况下，没有任何替代的

图 5.2　等产量曲线

等产量曲线代表了为生产既定数量的某种产品的所有可能方式。不同的产量对应不同的等产量曲线。数字显示了生产函数 $Q=S^{1/2}A^{1/2}$ 在产量为 100、200 和300 个汽车部件时的等产量曲线。

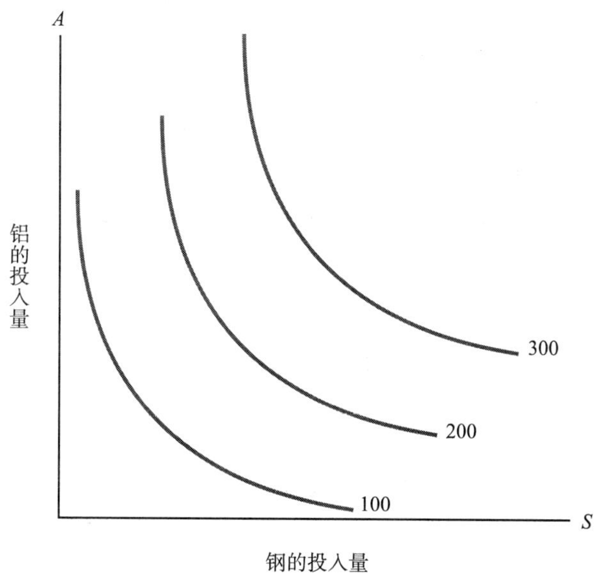

可能性。假设为了生产出 100 个汽车部件，你必须投入 100 磅的钢材和 100 磅的铝材；为了生产出 200 个汽车部件，你必须投入 200 磅的钢材和 200 磅的铝材，等等。任何超量的钢材或者铝材，若没有相应的铝材或者钢材配合，都不会增加产量——因为它们必须按固定的比例投入生产。正如图 5.3 所示，固定比例生产函数的等产量曲线其形状像一个直角。另一种极端的情况是完全替代品（perfect substitute），投入要素之间可以随意地相互替代。假设不管投入 2 磅的钢材还是 2 磅的铝材，都可以生产 1 个汽车部件。在这种情况下，为生产 100 个汽车部件，既可以用 200 磅的钢材也可用 200 磅的铝材，或者用二者之间的任何一种组合。正如图 5.3 所表示的，完全替代的等产量曲线是一条直线。大多数生产技术介于上述两种极端情况之间。如图 5.3 所描绘，正常的产量曲线都有弧度，但还没有达到直角的程度。投入要素的替代程度取决于等产量曲线的曲率——越接近直角（曲率较大），则替代程度越低。

一般来说，等产量曲线是凸向原点的（正如图 5.3 中间的坐标图所表示的）。这种凸出的特征说明，随着被替代要素投入量的减少，一种要素对另一种要素的替代性降低。在我们的例子中，如果企业投入大量的钢材和少量的铝材，那么也可以仅用较少的铝来替代相对大量的钢，而产出保持不变（见图 5.2）。在这个例子中，与钢相比，铝可能更适合制造汽车部件的某些部分。而随着铝材使用量的相对增加，它替代钢的能力就会下降：对其他部件来说，钢比铝是更合适的制造材料。现实中，多数生产过程都具有这一特点。

等成本曲线

有很多方式可以生产一定水平的产出，那么阿历克西如何选择要素投入组合？答案将取决于投入要素的成本。假定企业面对完全竞争的投入要素市场，并且可以按照现行的市场价格购

图 5.3 固定比例、完全替代和正常情况下的等产量曲线

生产函数因投入要素相互替代的难易不同而有差异。在某些情况下，投入要素必须按固定比例投入生产过程，不存在任何替代的可能性。这时的等产量曲线形状是一个直角。另一种极端的情况是完全替代——投入要素之间可以任意地相互替代。这种情况下的等产量曲线是一条直线。大多数生产函数的等产量曲线介于上述两种极端情况之间。正常情况下的等产量曲线都有弧度，但还没有达到直角程度。

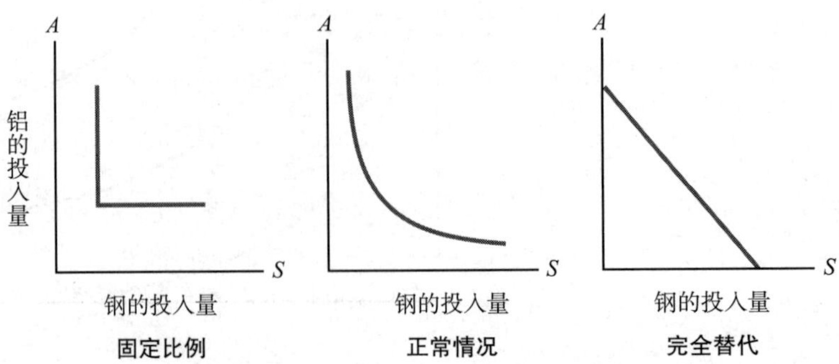

房屋建设中的投入要素替代

在太平洋西北部，人们使用大量的木材建房。例如，房屋的框架、侧梁、地板、屋顶等都用木材。而在西南部（例如亚里桑那州），人们大量使用灰泥和砖瓦建房。形成两地差异的重要原因是相比于西北部西南部没有大面积的森林。这个例子说明，在进行房屋的建设时，人们能够找到各种替代物。但是，即使是在西南部，人们在建房钉框架时还是要用木材，这说明其他材料又不能完全替代木材。

买任何需求的投入要素。钢材价格以 P_s 表示，铝材价格以 P_a 表示。总成本 TC 等于在生产中每一种投入要素的使用量乘以各自的价格，然后再将乘积加总。

$$\mathrm{TC} = P_sS + P_aA \tag{5.5}$$

等成本曲线（isocost lines）是指达到同一成本额的所有 S 和 A 的投入量的组合。假设 P_s=0.5 美元/磅，P_a=1 美元/磅，总成本为 100 美元。则

$$\$100 = \$0.5S + \$1A \tag{5.6}$$

即

$$A = 100 - 0.5S \tag{5.7}$$

图 5.4 画出了这条等成本曲线。注意截距为 100，它表明如果 100 美元全部用来购买铝，则能购买 100 磅。斜率–0.5 即两种要素的价格之比（P_s/P_a）乘以–1——因为铝材的价格是钢材的两倍，1 磅的钢材可以替代 0.5 磅的铝，而总成本保持不变。

假设投入要素的价格不变，则代表不同成本水平的等成本曲线相互平行。图5.4 用 100 美元和 200 美元的等成本曲线说明了这一性质。注意，等成本曲线离原点越远，表示总成本越大。

图 5.4 等成本曲线

等成本曲线表示达到同一成本额的所有投入要素的组合。在这个例子中，P_s=0.5 美元/磅，P_a=1 美元/磅。此图表示了成本支出为 100 美元和 200 美元的等成本曲线。等成本曲线的斜率是两种投入要素价格之比乘以–1。在这个例子中斜率是–0.5。不同支出水平的等成本曲线相互平行。

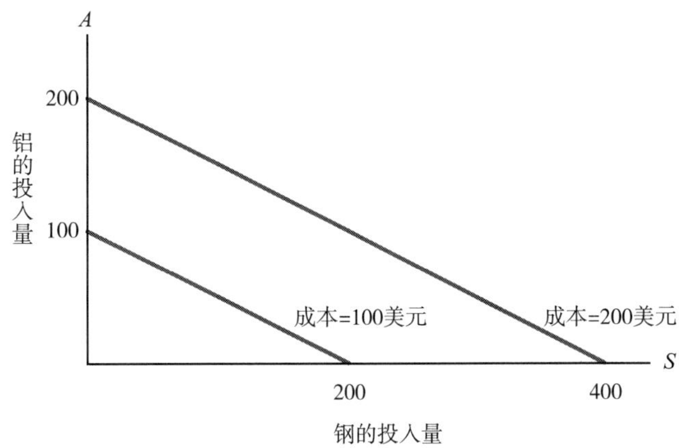

图 5.5 等成本曲线与投入要素价格的变动

该图显示了投入要素价格的变动对等成本曲线斜率的影响。实线表示铝材的价格为 1 美元、钢材的价格为 0.5 美元时的等成本曲线；虚线表示两种投入要素的价格都为 1 美元时的等成本曲线。两种情形下的总成本都为 100 美元。

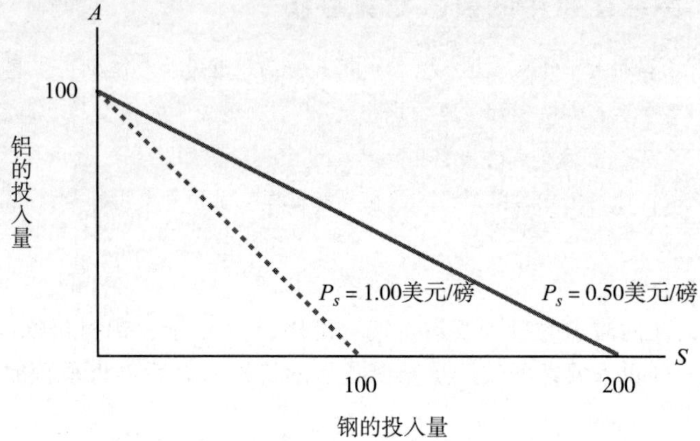

因此，如果产出不变，企业就会采用可能的最低的等成本曲线。

等成本曲线的斜率随投入要素的价格之比的变化而发生变化。如图 5.5 所示，如果钢材的价格上升至 1 美元，则等成本曲线会变得更陡些（斜率为–1）。这时企业要想获得 1 磅钢，必须放弃 1 磅铝。相反，如果钢材的价格下降到 0.25 美元(在图上没画出来)，则等成本曲线就会变得平坦一些（斜率为–0.25）。这时，企业要取得 1 磅钢，就只需放弃 0.25 磅的铝。同样，铝材价格的变化也会导致等成本曲线斜率的变化。决定等成本曲线斜率的是投入要素的相对价格(即斜率等于$-P_s/P_a$)。

成本最小化

对任何既定的产出 Q^*，阿历克西想选择使总成本最小的投入要素组合。正如图 5.6 所示，成本最低的组合（S^*，A^*）在等产量曲线 Q^* 和等成本曲线的切点上。阿历克西愿意以更少的费用（在一条更靠近原点的等成本曲线上）生产出既定的产品数量，但更低成本的生产是不可能的。企业也可以选择其他能生产出 Q^* 的投入要素组合。[11] 但是，任何其他的投入要素组合都会使企业处于更高的等成本曲线上。请看图 5.6 中（S'，A'）点的组合。这一投入要素组合能生产出 Q^* 单位的产出。但通过使用较多的钢和较少的铝，也可以生产出这一产出，而生产成本更低廉。

在最优投入要素组合点上，满足下列条件：

$$\mathrm{MP}_s/P_s = \mathrm{MP}_a/P_a \tag{5.8}$$

其中，MP_i 是投入要素 i 的边际产量（关于投入要素的边际产量请看表 5.1）。公式5.8 很容易理解，边际产量与要素价格之比，说明再增加 1 美元的投入要素支出能增加多少产出。在产出的最优组合点上，必须使所有投入要素的边际产量与要素价格之比都相等。否则，就可以在保持成本不变的情况下有增加产量的可能，方法是减少比率较低的要素投入，同时增加比率较高的要素投入。比如，如果投入 1 美元的铝产量增加 10 个单位，而投入 1 美元的钢产量增加 20 个

图 5.6 成本最小化

在任何给定的产出水平 Q^* 上，根据等成本曲线与等产量曲线的切点确定出投入要素的组合，可以使生产成本最低。在本例中，切点为 (S^*, A^*)。企业总希望其等成本曲线更接近原点。然而，企业将没有足够的资源来生产 Q^*。企业也可以用其他的要素投入组合来生产 Q^*，比如 (S', A')。然而，这一组合增加了生产成本。

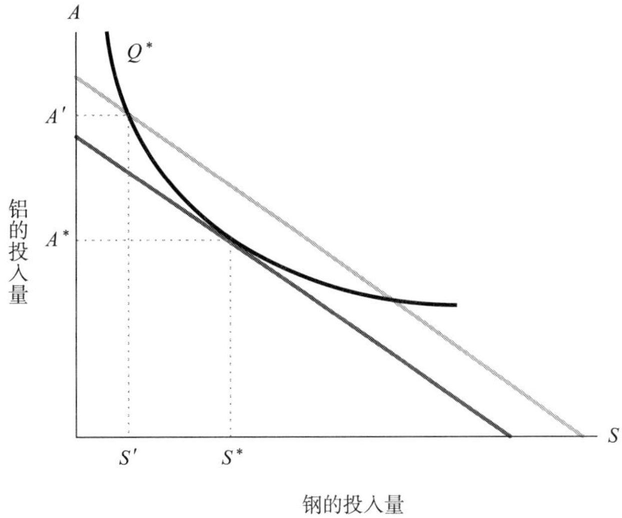

单位，维持总成本不变，那么企业就可以通过减少购买 1 美元的铝而增加购买 1 美元的钢，使产量增加 10 个单位。当这样的替代是可能的，那么就说明阿历克西没有选择最优要素组合。

投入要素价格的变动

一种投入要素的价格相对上升，就会促使阿历克西减少该要素的投入，而增加其他要素的投入。图 5.7 显示了因为钢材价格上升，对于生产 Q^* 的最优投入要素组合是如何变化的——阿

最低工资法

1997 年9 月 1 日，美国的最低工资上升到 5.15 美元/小时。克林顿总统和其他倡导提高最低工资的人认为，提高最低工资标准会使穷人的生活大大改善。本章的分析说明了为什么许多经济学家和政治家对这一观点表示怀疑。尽管当某些工人确实从最低工资的提高中获得好处，但另一些工人的情况可能会变得更糟。特别是，最低工资的标准提高后，企业很可能会通过更高度的自动化和增加高技能的工人来减少低技能工人的数量。因此，随着工资的增加，以最低工资标准雇佣的工人人数可能会下降。统计显示，当最低工资从 3.35 美元/小时上升到 4.25 美元/小时时，青年男性的就业率下降了 7.29 个百分点，青年女性的就业率下降了 11.34 个百分点，黑人青年的就业率下降了 10 个百分点。那些拥有工作的人因为最低工资生活变好了，但那些想找工作却找不到的人生活变得更糟了。

资料来源：D. Deere, K. Murphy, and F. Welch (1995), "Employment and the 1990 - 1991 Minimum-Wage Hike," *American Economic Review* 85:2, 232-237.

图 5.7 最优投入要素组合与投入要素价格的变化

右图显示出，对于既定产出为 Q^* 随着某个要素价格的上升，最优投入要素组合将如何变化。在本例中，钢材的价格上升企业就增加铝的使用量，而减少钢材的使用量，以保持产出不变。这种影响被称为替代效应。替代效应的大小取决于等产量曲线的曲率。曲率越大，企业的两种投入要素的替代效应就越小。

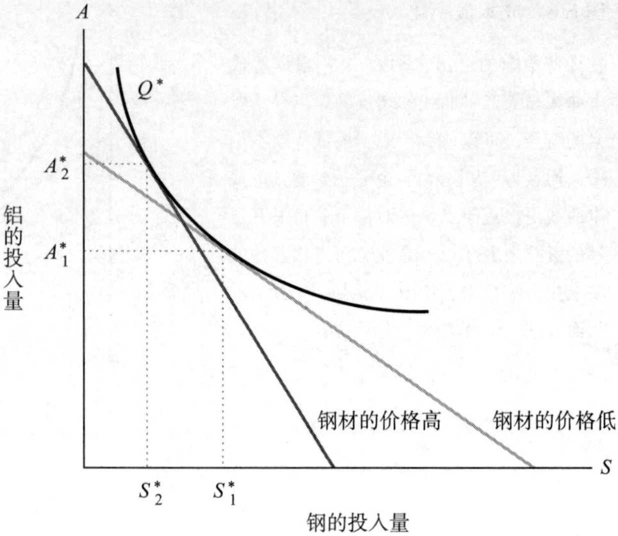

历克西会减少钢材投入而增加铝材投入，而得到同样的 Q^*。这种影响被称为替代效应（substitution effect）。替代效应的强弱取决于等产量曲线的曲率。曲率越大，对任何给定的价格变动，企业在两个投入要素之间进行替代的可能性越小。替代效应可以帮助解释在 1994 年美国国内钢材价格上升所带来的汽车公司的种种反应。这些公司增加了对国外钢材的购买。他们还积极寻求其他方式用其他投入要素（比如铝材）来替代钢材。

成 本

以上我们分析了企业应当怎样选择投入要素组合，才能使生产成本达到最小。现在我们将扩展分析，更多地研究不同产出水平下的成本。有关成本的分析在产出和定价决策中占有十分重要的地位。

成本曲线

总成本曲线（total cost curve）描述了总成本与产出之间的关系。从概念上讲，总成本曲线可以从以上讨论的等产量和等成本曲线的分析中推导出来。对于每一种可能的产出水平，都有一个成本最低的生产方法——如图所示，它是由等成本曲线和等产量曲线的切点决定的。总成本曲线简单描述了与成本曲线相关联的生产成本与对应的产出之间的关系。例如，如果生产 100 个汽车部件的最低成本是 1 000 美元，那么在总成本曲线上就有一点（100，1 000 美元）。如果生产 200 个汽车部件的最低成本是 1 500 美元，那么在总成本曲线上的另外一点就是

利用互联网寻找工作的人

现在越来越流行用互联网投简历。根据加利福尼亚卡尔斯巴德的一家研究公司 Computer Economics 公司的统计，1999 年，网上的个人简历共有 500 万份，是 1994 年的 200 倍。与工作有关的网站数量从 1998 年的大约200 个上升到 2002 年的 1 200 个。这种爆炸式的增长反映了在网上找工作的优势。工作申请更容易被许多的企业接收到。而且申请者不需要像以前那样做那么多的文字工作，也节省了出行时间。但是，申请者通过网上发来的大批量的个人简历也给雇主带来意想不到的、令人头疼的问题。一些公司的邮箱每天都被几千封邮件塞满。还有一些公司对大量的e-mail 简历已感到厌烦，渴望进行更多的直接接触。Computer Economics 公司的迈克尔·厄布斯科说："你接到了许多不合格的人的申请，e-mail 的内容太多，它使你的邮箱和服务器陷入麻烦。"因此，在工作提供者的生产过程中，使用互联网发布信息减少了成本，也导致了工作寻求者的 e-mail 的大量增加，因为他们都选择用这种廉价的办法来替代其他的相对昂贵的办法。

资料来源：S. Armour（1999），"Online Resumes Bogging Down Employer," *Democrat & Chronicle*（July 19）,1F.

（200，1 500 美元）。边际成本（marginal cost）是指与一单位产出的变化相联系的总成本的变化。平均成本（average cost）是指总成本除以总产出所得的数值。经理们有时以增量成本来代替边际成本，以单位成本来代替平均成本。

图 5.8 描绘了一假定企业的总成本、边际成本和平均成本曲线（该图画出的是成本曲线的一般形式，并不是所有企业的成本曲线都是如此）。上图表示总成本随着产出的增长而增长。在 0 和 Q_1 之间，总成本以递减的速率增长（曲线是凹的）。在这一阶段，如下图所示，边际成本是下降的。[12] 超过 Q_1 点，总成本以递增的速率增长（总成本曲线是凸的），而且边际成本开始上升。当边际成本低于平均成本时，平均成本呈下降趋势；当边际成本大于平均成本时，平均成本呈上升趋势。在平均成本的最低点，边际成本等于平均成本。正如前面的分析，这些关系是一般的规律：它们可以应用到平均成本和平均产量的计算中，也可以应用到棒球的平均分和 GPA 的计算中。

生产函数和成本曲线

如果投入要素的价格保持不变，成本曲线的形状就取决于其生产函数。例如，在某一产出阶段，如果生产函数显示出规模收益递增状态，则长期平均成本在这一阶段肯定是下降的。因为规模收益递增，意味着投入要素的支出增加 1%，这会导致产出以超过 1%的速度增长，因此平均成本一定会下降。相反，如果规模收益递减，投入要素的支出增加 1%，会导致产出以低于 1%的速度增长，所以平均成本肯定上升。最后，规模收益不变意味着平均成本也保持不变。平均成本通常呈 U 形曲线（如图 5.8 所示）。这个形状说明，开始阶段是规模收益递增，随后则是规模收益递减。[13]

边际成本曲线与相应的生产函数之间也有直接的联系。回想前面的公式（5.8），成本最小

图 5.8 成本曲线

该图画出了一假定企业的总成本、边际成本和平均成本曲线。上图是总成本曲线。总成本随着产出的增长而增长。在 0 和 Q_1 之间，总成本以递减的速率增长（曲线是凹的）。在这一阶段，如下图所示，边际成本是下降的。超过 Q_1 点，总成本以递增的速率增长（总成本曲线是凸的），而且边际成本开始上升。当边际成本低于平均成本时，平均成本呈下降趋势；当边际成本大于平均成本时，平均成本呈上升趋势。这些关系是一般的规律。

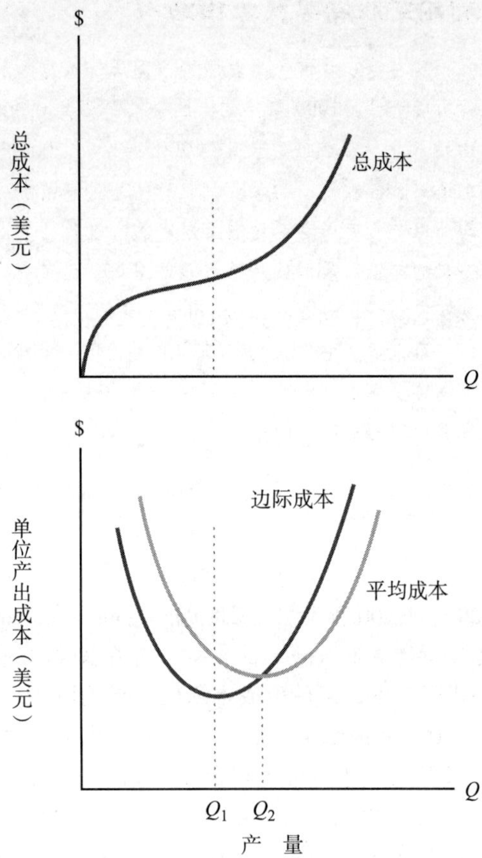

化要求所有投入要素的边际产量与要素价格之比都相等。为了便于说明，我们假设以最优的投入要素组合来生产 100 单位的汽车部件，钢材和铝材的边际产量与要素价格之比都是 2。通过将其中任何一种投入要素的支出增加1 美元，产出都会增加 2 个单位。这一比率的倒数（1/2）是生产额外一单位产出的边际成本——如果投入要素的支出增加 1 美元，能使产量增加两个单位，那么产量增加额外一个单位的边际成本就是 50 美分。这个例子说明，保持投入要素价格不变，边际成本取决于投入要素的边际生产率：边际生产率越高，边际成本就越低。在我们的例子中，如果边际生产率翻倍，则边际产量与要素价格之比就是 4，边际成本就是 25 美分。反过来的边际生产率与边际成本的关系也很直观。如果投入要素增加很少就能使产出有很大的增加，那么就说明生产产品的边际成本较低。

投入要素的价格也能影响成本曲线的形状。例如，大量的购买通过折扣会使平均成本下降。与此相类似，一台机器生产 20 000 个产品的花费不会是生产 10 000 个产品花费的两倍。相反，如果企业大批量购进投入要素，那么随着产出的增加，平均成本将会上升。因此，即使企业没有出现规模收益递减的状态，长期平均成本曲线的形状也是向上倾斜的。

产业对更高金属价格的反应

在2003~2004年，金属价格大幅度增长。例如，热轧钢的价格增长超过80%。制造企业纷纷通过改善劳动生产率和转向更便宜的替代品来减少这些高价原材料的冲击。例如，不锈钢生产商开始使用更多的铬和锰，而减少使用镍。位于康尼狄克州的Southington的Craig Yarde of Yarde金属公司说，价格的上升使公司受益，因为公司有4 000万磅的金属库存（这些库存主要是铝和不锈钢）而增加了市场价值。

资料来源：B. Simmon (2004)，"Surge in Cost of Metal Squeezes Pricing and Profits," *New York Times* (February 26)，C.1.

机会成本

管理者在构建成本曲线时，必须慎重使用投入要素的价格。在第2章，我们将机会成本定义为：资源用于次优用途的价值。相对于历史成本而言，投入要素的现行市场价格能更准确地反映机会成本。比如，某汽车供应商花600美元购买了1 000磅的铝，而随后市场价格上升到900美元，那么使用这1 000磅铝材的机会成本就是900美元。如果该公司使用铝材，那么其重置成本就是900美元。另外，如果这批存货卖给其他企业也能得到900美元。无论哪种情况，企业在生产中使用这批铝材都是用掉了900美元。

管理决策制定的相关成本是机会成本。在决策时应考虑所有投入要素的机会成本是很重要的，不管该要素是不是在市场上购买的。例如，如果企业主在本企业工作，那么他的机会成本就是，将在本企业工作的时间用在次优企业工作所能得到的最大收益。

短期与长期

成本曲线分为短期成本曲线和长期成本曲线。短期是指一段经营期间，在此期间，至少有一种投入要素（通常是资本）在供给上是固定不变的。比如，在短期内，不大可能改变厂房的规模，或改变机器的数量。而在长期，企业是完全可以改变的——任何投入要素都不是固定的。

短期与长期的定义不是依据日历时间划分的。每时期的长短取决于企业在多长时间内可以改变它所有的投入要素。对于一个租借办公室开展清洁服务的公司来说，其短期相对较短——也许只有几天而已。而对一个耗资巨大（高度专业化的厂房和设备）的大型制造企业来说，其短期可能就相对较长一些——可能是几年。

短期成本曲线有时又被称为经营曲线（operating curves），因为它们多用于近期的生产和定价决策。对于这些决策，通常假定工厂的规模和其他要素是恰当的（因为管理者在短期内无法控制这些要素的数量）。长期成本曲线又被称为计划曲线（planning curves），因为在涉及工厂规模和设备购置的长期计划决策中，长期成本曲线发挥了重要作用。

固定成本和变动成本

在短期内有些成本是固定的，不随产出的变动而变动。即使企业没有任何产出，这些固定成本也会发生。比如，不管企业生产多少产品，都必须支付经理的薪水、所借资本的利息、租金以及保险费和财产税。变动成本随着产出的变动而变动。这些成本包括像原材料、燃料和某些劳动成本。在长期中，所有的成本都是变动的。

短期成本曲线

图 5.9 描绘了 TAM 公司的短期成本曲线。对于这家企业，假设基本的厂房规模是固定的，其他所有的投入要素都是变动的。上图表示总成本。总成本是固定成本（FC）和总变动成本（TVC）之和。总成本曲线的形状完全取决于总变动成本曲线的形状。固定成本只是改变了总成本曲线的位置。在点 0 和 Q_1 之间，总成本曲线是凹的，在这一阶段，变动要素的边际生产率是

图 5.9 短期成本曲线

本图描绘的是 TAM 公司的短期成本曲线。上图是总成本曲线（TC）和总变动成本曲线（TVC），固定成本只简单地改变了变动成本曲线的位置。下图描绘了边际成本和平均成本曲线。平均固定成本随着产出的增加而下降，这是由于固定成本可以被更多的生产单位所分摊。边际成本（MC）在 Q_1 前是下降的，由于边际收益递减规律的作用，在 Q_1 后又开始上升。边际成本只与变动的投入要素有关，与固定成本完全无关。只要边际成本低于平均成本，平均总成本（ATC）和平均变动成本就是下降的；在边际成本大于平均成本时，又逐渐上升。在平均总成本和平均变动成本各自的最低点上，边际成本与平均总成本和平均变动成本相等。平均总成本总是比平均变动成本大，因为 ATC=AFC+AVC。但是，随着产出的增加和 AFC 的下降，两者的差额逐渐缩小。

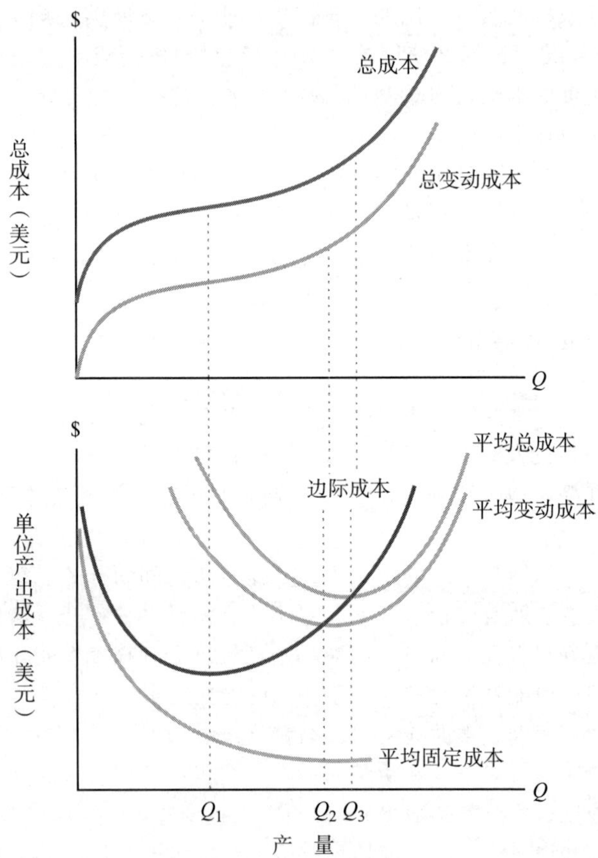

上升的（假设投入要素的价格不变）。超过了 Q_1 点，总成本曲线变成凸的，变动要素的生产率开始下降。这种曲线的形状特征是与边际收益递减规律相关的。产出在较低水平时，固定要素没有被充分利用，增加变动要素的投入就会大大地增加产出。在这一阶段，总成本以递减的速率上升。最后，变动投入要素的边际生产率开始下降，增加额外单位产出的成本也随之增加。

下图表示边际成本和平均成本。平均固定成本（AFC）等于总固定成本除以产出。平均固定成本随着产出的增加而降低，因为固定成本被分摊到更多单位的产出上。由于边际收益递减规律的作用，边际成本（MC）在 Q_1 之前是逐渐下降的，超过 Q_1 点则逐渐上升。注意，边际成本只与变动的投入要素有关，而与固定成本完全无关。平均变动成本（AVC）是总变动成本除以产出。只要平均成本大于边际成本，平均总成本（ATC）和平均变动成本就是下降的；只要平均成本小于边际成本，平均总成本（ATC）和平均变动成本就是上升的。在 ATC 和 AVC 的最低点时，边际成本与边际成本相等。平均总成本总是大于平均变动成本，因为 ATC=AFC+AVC。但是，随着产出的增加和 AFC 的降低，两者的差额越来越小。

长期成本曲线

在短期，企业没有能力调整他们的生产规模。但是在长期，如果一家企业想生产更多的产出，它就可以建造一个更大的、更有效率的工厂。在长期，生产的长期平均成本（LRAC）小于或等于短期的平均成本。的确，LRAC 曲线可以被看成是短期平均成本曲线的包络线。图 5.10 说明了这一概念。该图显示了四种潜在的工厂规模。我们假设只有这四种可行的生产规模，每

图 5.10　长期平均成本曲线是短期平均成本曲线的包络线

在长期，平均生产成本（LRAC）小于或等于短期的平均生产成本（SRAC）。可以将长期平均成本曲线看成是短期平均成本曲线的包络线。此图画出了四种潜在的工厂规模，每一种规模提供的都是在某一产出范围内低成本的生产方法。例如，最小的工厂提供了产量从 0 到 Q_1 的成本最低的生产方法；次小的规模提供了产量从 Q_1 到 Q_2 的成本最低的生产方法，依此类推。假设只有四种可能的生产规模，每条曲线的深色部分说明了在每一产出水平下，长期平均成本最小的部分。

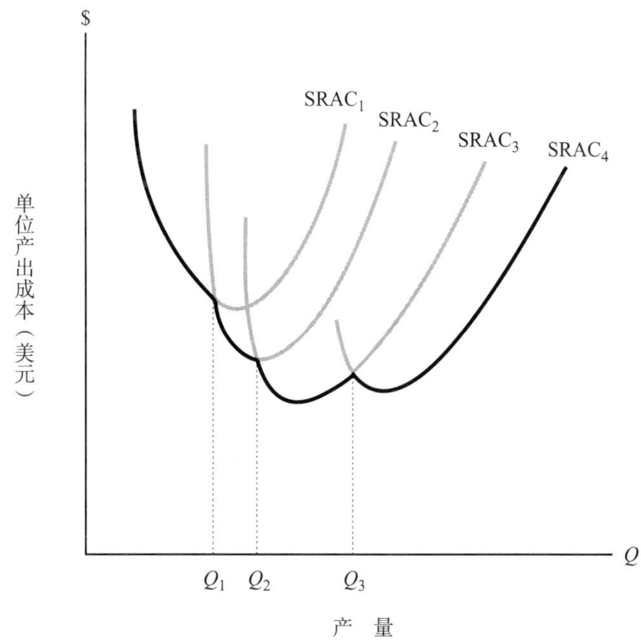

Delorean 汽车公司

Delorean 汽车公司的经历突出说明，在工厂规模大大低于最小有效规模的情况下，经营是何等困难。约翰·德洛瑞恩一直是通用汽车公司的高管，他在 1979 年离开了通用汽车公司，着手组建自己的汽车公司，即 Delorean 汽车公司。新公司的战略是集中生产高档次的豪华跑车。公司第一个车型（也是惟一的车型）是不锈钢 DMC12，价格为 29 000 美元——这在 20 世纪 80 年代早期是非常高的。在汽车生产中，尽管最小有效规模相对较大，但德洛瑞恩认为可以通过设计更高质量的跑车与大汽车公司展开竞争。1980 年的生产计划为 3 000 辆，但是公司很快遇到财务困难。1982 年，德洛瑞恩由于密谋购买和分销 220 磅价值 2 400 万美元可卡因而被捕。联邦官员证实，德洛瑞恩介入毒品交易的目的是要拯救他的危在旦夕的汽车公司。尽管德洛瑞恩最后被宣告无罪，但公司还是面临着难以克服的财务困难，并很快宣告破产。

一种规模的工厂都在其相应产出范围内按照最低成本的方法生产。例如，最小规模的工厂在产量从 0 到 Q_1，按照成本最低的方法生产；次小规模的工厂在产量从 Q_1 到 Q_2，按照成本最低的方法生产，依此类推。每条曲线的深色线部分表示在每种产出下，长期平均成本最小的部分。

如果我们再进一步分析，设想有许多种不同且可行的生产规模，但它们的规模大小只稍有差异，则 LRAC 曲线就会较为平滑，如图 5.11 所示。图 5.11 还画出了长期边际成本曲线（LRMC）。正如我们曾经分析过的，当边际成本小于平均成本时，平均成本就逐渐下降；当边际成本大平均成本时，平均成本就逐渐上升；在平均成本的最低点上两者相等。

图 5.11 长期平均成本与边际成本曲线

如果有很多种不同的工厂规模只是有微小差异，则最后的长期平均成本曲线（LRAC）相对平滑，如图所示。当平均成本下降时，长期边际成本（LRMC）在平均成本之下；而当其上升时，则长期边际成本在平均成本之上。两者在平均成本最低点相等。最小有效规模就为 LRAC 首次最低时（本例中为 Q^* 处）的工厂规模。

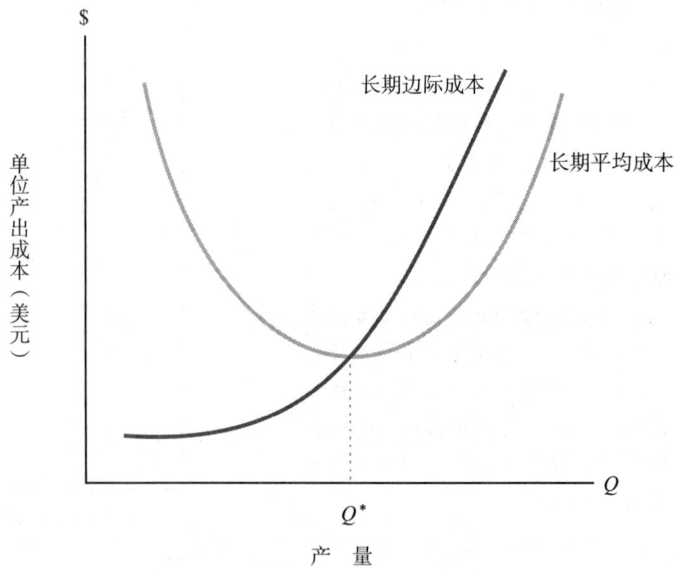

公用事业

电力生产是典型的与大的规模经济相关——发电量越大，电力的平均生产成本越低。这一生产特点意味着在一个区域内，与分散建立几个小型的发电厂相比，集中建立一个大型的发电厂效率会更高。但是，在该地区只有一个电力生产者的问题是：企业有可能得以控制消费者对电力的使用，因此只有有限的电力供给源。为了解决这个问题，可以建立一个公用事业委员会来管制公用事业产品的价格。

最小有效规模

最小有效规模（minimum efficient scale）是指长期平均成本曲线初次达到最低点时的生产规模。在图 5.11 中，这个最低点在 Q^*。最小有效规模既影响最优的生产规模，又影响潜在的竞争水平。

平均生产成本曲线在最小有效规模上达到最低点。正如我们在下一章要讨论的，竞争会促使企业采用这个生产规模。如果企业所建的工厂，其规模与最小有效规模差异很大，那么他们在竞争中就会处于劣势，因此会迫使他们改变生产规模。一个复杂的因素就是运输成本。如果运输成本较高，那么小型的、地方性工厂的成本劣势大多可以通过运输成本的节约来补偿。在这种情况下，当考虑生产和分配的总成本时，那些规模小于最小有效规模的小企业在竞争性的市场中就能够存活。

一般而言，如果最小有效规模相对于行业总需求而言较小时，那么行业内部竞争者的数目就会很大，竞争就会很激烈。例如，假定凯特·波尔克正在评估进入一个行业（她看到行业内的企业有大量利润）的可能性。如果她的企业必须生产市场上 10%的产出才能使成本有效率，那么凯特应该关注她的进入可能促使产品的价格下降，因此会降低其企业进入这个市场的可能性；如果她的企业只需生产市场上 1%的产出就可以有效率地生产，就会加大其企业进入该市场的可能性。

在一个行业中，如果在一个较大的生产区间内平均成本是下降的，则该行业被看作为具有

规模并不总是重要的

Regis 公司拥有 10 000 家美容美发店，动用火车购买洗发香波，花费数百万美元做广告，在每家美容店采用最先进的技术监控美容操作。尽管如此，在美国仍然有 300 000 家独立的美容美发店，如 Supercuts 等，对 Regis 连锁店构成非常有效的竞争。Regis 的总裁保罗说，“我们所经营的不是一家大公司，我们所经营的是 10 000 家规模为 300 000 美元的公司。”他说他们有效运转的方法是：位置是第一考虑，发型的质量是第二考虑。这些也是一家独立的美容美发店可以提供的要素。

资料来源：F. Bailey (2003)，“In some Businesses, Size is Irrelevant to Success,” *The Wall Street Journal* (November 11)，B13.

规模经济（economies of scale）。在规模经济大的行业中，企业数量自然会受到限制。比如，如果最小有效规模是整个行业销售量的 25%，那么就只允许有 4 个企业以最小有效规模生产。即使行业中只有少数几个企业，那么企业之间的竞争程度也是非常高的。但是，与那些规模经济小的行业相比，进入者的威胁就较小。潜在的新的竞争者的威胁，是企业战略计划中经常要考虑的重要因素。在随后的几章中，我们将详细描述企业的市场结构是如何影响管理决策的。

学习曲线

对某些企业来讲，随着企业生产经验的积累，一定产出水平的长期平均生产成本会逐渐降低。例如，产出越多，生产者就越可能获得改进生产工艺的重要信息。随着工作经验的积累，工作效率也越来越高。[14] 学习曲线描述了平均成本和累计产量之间的关系。累计产量是指该企业在以前的生产阶段生产的全部产品。图5.12 显示的是在早期阶段学习效应的一个例子。但最终，随着企业生产的持续进行，这些效应会越来越小。

图 5.13 说明了规模经济与学习效应的不同。规模经济是指在生产阶段内平均成本随着产量的增加而降低。学习效应是指整个平均成本曲线（生产既定产量的平均成本）的移动，即在生产期内随着累计产量的增加平均成本降低。学习效应有时使行业中的现有企业比潜在的进入者具有竞争优势，它取决于信息的性质（第 3 章）以及信息在员工之间的分配。这个问题在第 8 章将更为深入地讨论。

图 5.12 学习曲线

学习曲线描述的是既定产出 Q^* 的平均成本与过去的累积产量之间的关系。在这个例子中，生产的早期阶段有重要的学习效应。随着企业生产的持续进行，这种效应越来越小。

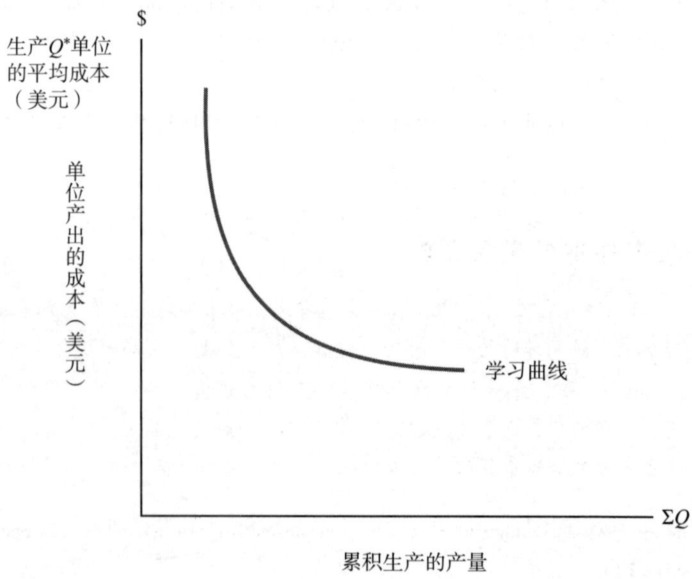

图 5.13　规模经济与学习效应

此图画出了企业在累积产量较低时和累积产量较高时的平均成本曲线。在这两种情形下都存在规模经济(平均成本随产出的增加而下降)。但是由于学习效应，当企业经历累计产量水平较高时，每一产量水平的平均成本都较低。

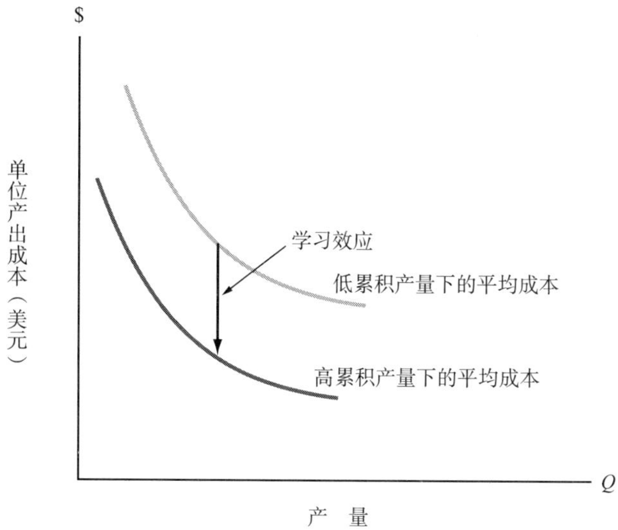

范围经济

至此，我们已经讨论了单一产品的生产。但是，大多数企业生产的产品不只一种。与在不同的企业单独生产几种产品相比，当在一个企业内生产这些产品的成本较低时，就存在范围经济（economies of scope）。多种产品的生产可以节约生产成本，其原因有很多。效率可能来自于生产设备的共同使用、协调营销计划和共享管理系统。而且，某些产品的生产会随带得到一些对企业有价值的副产品，例如，一个牧羊场会同时生产羊肉和羊毛。

范围经济有助于解释为什么企业会生产多种产品。例如，百事可乐公司是一家主要生产软饮料的公司，但它同时还生产许多小食品（例如玉米片和小点心）。这些副产品的生产可以利用百事可乐公司原有的生产开发系统、产品分销渠道以及市场营销体系。这些问题将在第 8 章更详细地讨论。

化工行业的规模经济和学习效应

马文·理波曼研究分析了化工行业的规模经济和学习效应。他发现，生产规模每翻一倍，平均成本就会降低 11%；累积产量每翻一倍，平均生产成本就会降低 27%。因此说明在化工行业，规模经济与学习效应同时存在。上述数据还说明，学习效应比规模经济重要，因为前者更能解释化工行业从 20 世纪 50 年代到 70 年代成本下降的情况。

资料来源：M. Lieberman (1984) "The Learning Curve and Pricing in the Chemical Processing Industries," *Rand Journal* 15, 213-288.

公寓管理中的规模经济和范围经济

纽约家庭财产公司是一家房地产投资信托公司，主要是在美国的东北部、中西部以及大西洋沿岸的中部市场从事公寓社区的开发。董事会主席诺曼·里恩霍茨说："从去年年初开始，我们拥有的有价证券已经增长了一倍多。通过集中在我们的核心市场进行发展，我们实现了实实在在的规模经济——特别是在广告和人力成本方面。而且，我们在不同市场上确定出最有效的操作方式，并把它们应用到有价证券的资产上，从而实现了我们的范围经济。"

资料来源："Home Properties Reports Record Second Quarter 1999 Results" (August 5, 1999), *PR Newswire*.

范围经济与规模经济是不同的概念。范围经济涉及的是产品的联合生产所带来的成本节约，规模经济涉及的是某一产品的大量生产所产生的效率。在没有规模经济的情况下也可能有范围经济，反之亦然。

利润最大化

至此，我们已经讨论了不同产出下的成本问题。但是，管理者应该选择什么样的产出水平才能使企业的利润最大呢？为回答这个问题，我们要使用前面第 2 章中介绍的边际分析概念。

边际成本和边际收益是与决策有关的增量成本和增量收益。在经济决策中，重要的是增量成本和增量收益。当某项行动方案的边际收益大于它的边际成本时，这个方案就可行。在决策是否要增加生产一单位的某产品时，增量收益就变为边际收入（见第 4 章）。同时，增量成本

DSP 生产中的规模经济和范围经济

1999 年，德州仪器公司是生产数字信号处理器（DSP）的领袖企业。三分之二的数字电话、大多数的高效磁盘驱动器和三分之一的调制解调器都安装了德州仪器公司的DSP。他们的产品还用于许多其他的产品上，比如数码相机、在线收音系统、数字话筒、手提信息处理装置、打印机、电子汽车控制装置和无线网络设备。DSP 是可以编程的。它们特别擅长于超速的计时计算，如果你想对文件进行压缩、解压、译成密码，或对信号和图像进行过滤，DSP 都能得心应手。程序化使 DSP 的生产并不昂贵。一个移动电话里的 DSP 和数码相机里的 DSP，其主要区别就是控制软件的不同。因此，虽然它的芯片要用于不同的产品，但德州仪器公司同样能够获得巨大的**规模经济**。同时，它还能够获得**范围经济**。例如，它能够平衡不同产品的技术发展。虽然几年前，德州仪器公司的技术发展相当缓慢，但它现在是世界的引领者了。例如，它制造的移动电话芯片电路只有0.18 微米（百万分之一米）大。这一尺寸与英特尔公司和 IBM 的最先进的芯片大小已相差无几。

资料来源：E. Schonefeld (1999), "Hotter Than Intel," *Fortune* (October11), 179-184.

"9·11" 恐怖袭击后劳动力需求的下降

"9·11" 恐怖袭击之后，加入工会组织的劳动力遭到了沉重的打击。在袭击之后的三个月内，76 万个工作岗位被削减掉，失业的人员大约 50%是工会会员——该比率大约是占美国劳动力总数 13.5%的工会人员人数的四倍。高于平均失业率的原因就在于在遭受沉重打击的旅游行业中，工会会员的比例较高。随着政府和地方预算的降低，代表广大雇员利益的工会也不得不削减工作岗位。"9·11" 使旅游行业的需求曲线往左大幅度移动。需求曲线往左移动，企业的边际收入曲线也会往左移动。因此，劳动力的边际产量收入，即边际收入和要素的边际产量的乘积（保持劳动力的边际产量不变）也会向左移动。

资料来源：A. Bernstein (2001), "A Sock in the Eye for Labor," *Business Week* (December 17), 44.

就等于边际生产成本（包括任何分销成本），而固定成本不影响决策。因此，只要边际收入大于边际成本，企业就应该增加额外的产量；如果边际收入小于边际成本，就不应该增加额外产量。生产的利润最大化水平必须满足下面的条件：[15]

$$MR = MC \tag{5.9}$$

正如我们在第 4 章所看到的，边际收入取决于产品的需求曲线。企业面对的有效需求曲线受产品市场竞争程度的影响。第 6 章我们将详细讨论不同市场条件下的企业产出决策问题。

20 世纪 90 年代金属材料价格的变动导致汽车制造业总成本的变动。一般来说，与这样一种变动相伴的是产品边际成本的变动。例如，钢材价格的下降不仅意味着钢材要替代其他的投

图 5.14　最优产出与边际成本的变动

此图说明边际成本的下降（从 MC_0 到 MC_1）使企业的最优产出增加了（从 Q^*_0 到 Q^*_1）。

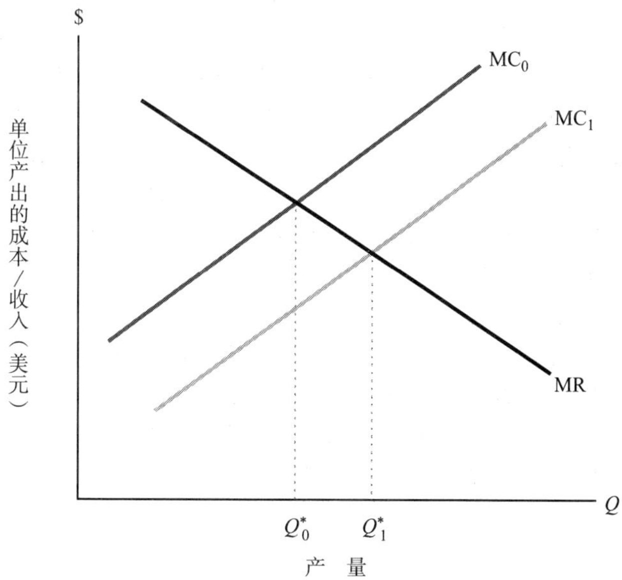

入要素，而且还意味着产出的增加。图 5.14 就说明了这一作用。注意，这里的分析假定了其他相关因素保持不变。如果汽车的需求同时下降（因此边际收入曲线向下移动），最终的结果可能会是产出也增加。但是，产出的增加比钢材价格不变时要少。

要素需求曲线

在讨论最优投入要素组合时，我们注意到满足下列条件可以达到有效生产：

$$\mathrm{MP}_i / P_i = \mathrm{MP}_j / P_j \tag{5.10}$$

该公式适合所有的投入要素 i 和 j。边际产量与要素价格之比，反映了某要素增加 1 美元的投入支出所增加的产出。这个比例的倒数反映了产出的增加所带来的货币成本的增加，或边际成本：

$$P_i / \mathrm{MP}_i = P_j / \mathrm{MP}_j = \mathrm{MC} \tag{5.11}$$

在利润最大化产出水平上，MR=MC。因此，最优产出水平必须满足下列条件：

$$P_i / \mathrm{MP}_i = \mathrm{MR} \tag{5.12}$$

或者

$$P_i = \mathrm{MR} \times \mathrm{MP}_i \tag{5.13}$$

公式(5.13) 是企业投入要素 i 的需求曲线。[16] 它有一个简单的解释。公式的右边表示增加一个单位的投入要素所带来的增量收入（增量产量乘以增量收入）。我们把这种增量收入叫作投入要素 i 的边际收入产量（marginal revenue product，MRP_i）。图 5.15 说明的是一种投入要素的需求曲线。[17] 在当前的投入要素价格 P^*_i，企业应投入 Q^*_i 单位的要素才达到最优。投入要素的最优投入量标准是：投入要素的边际成本（要素价格不变时，就等于它的价格）等于投入要素的边际收入产量。从直观意义上讲，如果投入要素的边际收入产量比要素价格高，那么企业增加该要素的投入量，就会增加它的盈利性；如果投入要素的边际收入产量比要素价格小，那么企业减少该投入要素的投入量，就会增加它的盈利性；当投入要素的边际收入产量等于该要素价格时，利润达到最大。

我们已经分别讨论利润最大化产出水平和投入要素最优投入量，这似乎说明这两种决策是两种不同的选择。其实，这两种决策有直接的关系。一旦企业选定了投入要素的数量，那么根据生产函数就确定了产出。因此，追求利润最大化的企业选择边际收入等于边际成本时的产出，并按照每种投入要素的价格都等于其边际收入产量的方式来生产。在我们的汽车公司的例子中，钢材价格的上升会同时引起汽车产量和生产方法的调整。

图 5.15　要素需求曲线

生产要素需求曲线是该要素的边际收入产量曲线（MRP）。边际收入产量定义为投入要素的边际产量乘以边际收入。它代表追加投入一个单位要素所得的增量收入。当投入要素的价格等于边际收入产量时，企业的利润达到最大。

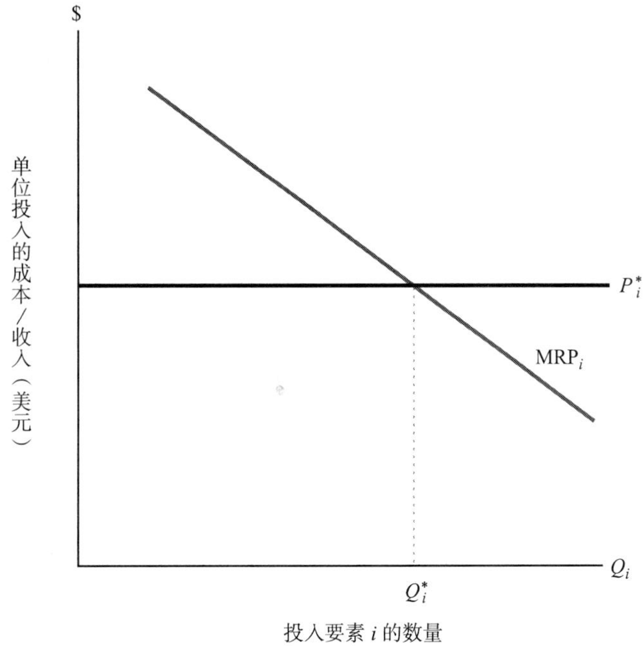

成本估计

我们的讨论表明，对于管理决策来说，完备的成本知识是很重要的。在经营决策中，短期成本是一项十分重要的考虑因素。例如，当从增加产出中所获得的边际收入大于生产的短期边际成本时，就可以通过扩大生产来增加利润。相反，如果边际收入小于短期边际成本，减少产出就可以增加利润。反过来，长期成本会为最优生产规模和选址提供重要信息。例如，如果规模经济很重要，那么，通过建立一个大型企业并将产品运送到各地市场更有可能是最优的。相反，如果规模经济很小，则小型的可节约运输成本的地方性企业更可能是最优的。

如果管理者按照这种方法将成本纳入他们的分析，那么他们必须准确地估计各种因素（包括可控的和不可控的）与短期和长期成本是如何相联系的。[18] 用于估计成本曲线的最常用的统计技术方法是回归分析。回归分析方法可以估算成本与产出之间的关系（可能控制的其他因素，比如影响成本的产品组合或天气）。这种分析所用的数据可能是成本、产出和其他变量的时间序列数据，也可能是跨部门的数据，包括在同一时间点的不同企业和工厂的观察数据。例如，在许多分析中都假定短期总成本与产出之间近似于线性关系：[19]

$$\mathrm{VC} = a + bQ \tag{5.14}$$

这里 VC 是该期的总变动成本，Q 是产量。

更详细的成本估计超出了本书的范围。在此我们只想说明，在进行成本估计时，会同样遇到在需求估计中遇到的问题（例如变量缺省的问题）。相关成本数据收集方面的困难也是在成本估计中经常碰到的一个问题。成本估计通常要以会计报表为基础，但会计报表记录的都是历史成本。正如我们已经讨论过的，这些历史成本不能完全反映资源投入的机会成本。还有一个问题就是选择合适的函数形式的问题。公式（5.14）假设的是一个线性模型，但是，成本曲线不一定是线性的。比如，也许用一个二次模型更合理一些，其中包括 Q^2 项。

大多数工厂都生产多种产品，这是使成本估计更复杂的问题之一。在同一个工厂中生产多种产品是因为范围经济的存在。与在两个工厂分别加工两种不同类型的谷物相比，在同一个工厂加工两种谷物通常更便宜。这是因为当企业生产多种产品时，可以更有效地利用固有资源。在一个工厂生产多种产品的情况下，只有合理地分摊固定成本，才能够计算一个产品的总成本和边际成本。这种分摊由于联合成本的存在变得更主观和更复杂。成本会计通过做会计分录记录每种产品的成本，包括投入每种产品的固定资源和变动资源的成本。这些成本会计计算的生产成本多用于估计短期和长期的平均成本和边际成本。

尽管存在上述种种估计问题，成本曲线在管理决策中仍然发挥着重要的作用。但是，管理人员在运用这些估计的曲线时保持慎重的态度是很重要的。比如，在做重大决策时，管理者通常要进行敏感性分析，即检验在估算成本函数的参数发生合理的变动时该决策是否还具有吸引力，这对管理者是有指导意义的。

案例研究：Rich 制造公司

金纳·皮卡莱托是 Rich 制造公司的生产经理。每年，她所在的部门都从 Bhagat 公司购买 100 000 个机器零部件。合同规定，Rich 公司除了付给 Bhagat 公司产品成本外，还要付给它 5% 的加价（成本加成定价）。目前，Bhagat 的单位产品成本中，包括 10 美元的人工费用和 10 美元的其他费用。因此，现在的产品价格是 25 美元。合同还规定 Rich 公司可以按这个价格最多购买 100 000 个零部件，但又规定最低的购买量必须达到 50 000 个。

Bhagat 的工人都加入了力量强大的工会。在最近的合约谈判中，Bhagat 同意提高 30% 的工资。在这份劳动合同中，特别明确了工资和福利。但是 Bhagat 可以自由选择雇佣多少数量的工人。

Bhagat 宣布将它的机器零部件的价格每个提高 3 美元。这是由于新的工会合同的压力，劳动力的成本增加了 3 美元。现在，金纳有责任评估这项提价的声明。

讨论问题

1. 为什么许多公司在供应合同中使用成本加成定价法？
2. 你认为成本加成定价法有什么潜在的问题？
3. 金纳是否也竞相提价？请解释。
4. 这种价格的提高是否可能在短期内或长期内得到调整？为什么？
5. 机器部件的价格上升 3 美元将如何影响金纳自己的生产决策？

推荐书目

G. Stigler（1987），*The Theory of Price*（Macmillan：New York），Chapters 6–10.

注　释

1. 这一例子的详细内容见 "General Motors Eyes Imports to Counter Price Increases," *Metal Bulletin*（July 11，1994），21.
2. A. Wrigley（1994），"Automotive Aluminum Use Climbing in 1995's Models：Automotive Applications Will Use Some 120 Million Lbs. in 1995," *American Metal Market*（August 9），1.
3. 这个生产函数是柯布道—格拉斯生产函数的一种情况。柯布—道格拉斯生产函数的一般形式为：$Q=\lambda S^{\alpha}A^{\gamma}$。柯布—道格拉斯生产函数在实验估计中经常使用。然而，这一特定形式的生产函数并不能很好地描述所有企业的生产过程。
4. $100^{1/2}\times 100^{1/2}=10\times 10=100$，$400^{1/2}\times 100^{1/2}=20\times 10=200$.
5. $[(100\times 1.01)^{1/2}]\times[(100\times 1.01)^{1/2}]=101$.
6. 例如，E. Berndt，A. Friedlaender，and J. Chiang（1990），"Interdependent Pricing and Markup Behavior：An Empirical Analysis of GM，Ford and Chrysler," working paper，National Bureau of Economic Research，Cambridge，MA.
7. 这一生产函数假设产量不一定是离散取值。例如，产量可以是吨，从而可能有非整数吨的产量。
8. 技术说明：这一点的边际产量等于总产量曲线上该点的斜率（$MP=\partial TP/\partial S$）。因此，当总产量曲线是凹的，边际产量递减；当总产量曲线是凸的，边际产量递增。
9. 从图上来看，某一点的边际产量是总产量曲线上该点切线的斜率，平均产量是总产量曲线上该点与原点的连接线的斜率。
10. 当平均值在最低点时，边际值与平均值也相等。
11. 注意：这里的成本最小化问题与第 2 章介绍的消费者效用最大化问题之间的相似性。有关的数学计算是相同的——都是在约束下达到最优的问题。对于给定的预算，消费者要使效用最大化。成本最小化等同于在给定预算约束的情况下，使产出最大化（这里的预算约束是与成本最小化的生产方法相联系的）。
12. 技术说明：某一点的边际成本是从总成本曲线上导出的（$MC=\partial TC/\partial Q$）。在图上，它等于总成本曲线上这点的斜率。因此，当总成本曲线是凹的，边际成本递减；当总成本曲线是凸的，边际成本递增。某一点的平均成本是总成本曲线上的该点与原点的连接线的斜率。
13. 有些经济学家提出，典型的长期平均成本曲线是 L 形的——一旦达到最小有效规模，任何追加的产出都可以通过复制生产过程，按照不变的平均成本生产出来（生产函数并不经历规模收益递减的过程）。但是，这种观点假设，组织成本并不随着企业规模的增大而等比例增加。见 P. McAfee and J. McMillan（1995），"Organizational Diseconomies of Scale," *Journal of Economics and Management Strategy* 4:3，399–426.
14. A. Alchian（1959），"Costs and Outputs," in *The Allocation of Economic Resources*，by M.Abramovitz and

others (Stanford University Press: Palo Alto, CA), 23–40.

15. 技术说明：由于利润等于总收入减去总成本，所以公式（5.9）是利润最大化的一阶条件。这一条件在利润最大和利润最小时都成立。在利润最大时，边际成本曲线从下面与边际收入曲线相交（二阶条件）。
16. 技术说明：投入要素 i 的边际产量也取决于在生产过程中使用的其他要素水平。因此，对一种投入要素的需求曲线必须假定随着投入要素 i 的价格变动，其他投入要素可以调整到最优的投入量。如果要素 i 的边际产量不受其他要素使用水平的影响，则这一调整并不重要。
17. 技术说明：利润最大化的二阶条件保证了投入要素的需求曲线是边际收入产量曲线向下倾斜的部分。因此，图 5.15 仅画出了这一曲线向下倾斜的部分。
18. 另外，通过成本曲线的估计，有些公司还可以获得他们的潜在生产函数的一些信息。回忆一下，成本曲线的形状依赖于生产函数。因此，从相应的成本曲线的形状特征推测出生产函数的特征是可能的。在多数情况下，用于估计成本曲线的数据比用于估计生产函数的必要数据更容易取得。
19. 一般而言，估计变动成本时要估计出一个截距。虽然当产出等于零的时候变动成本毫无疑问也等于零，但大多数的成本曲线都是非线性的。令截距等于零，就使得估计出的斜率不太准确——随着产出的变化相应发生的成本变化。

第 6 章

市场结构

自从 Home Box Office（美国时代公司的子公司）1975 年开始播放节目之后，有线电视的用户就有了很大程度的增长。[1]今天，成千上万的申请者从有线电视公司购买了多频道的节目。而以前，在大多数的地方市场上，消费者只有一种选择——从一个当地的运营商那儿购买有线电视，或看当地播放的“免费”频道。由于管制限制，地方的有线电视公司会设定价格而不惧怕对手的低价竞争。相应地，每年有线电视价格的增长率超过了通货膨胀率。根据美国联邦通信委员会的分析，2001 年有线电视的价格平均每月上升 7.5 个百分点，而通货膨胀率只有 3.2 个百分点。前几年上升的更多。

1994 年，Direc TV 开始提供另一种形式的有线电视——卫星电视。起初，消费者不得不支付 850 美元来安装和使用设备，而要观看卫星电视的节目则还要交费。因为价格的原因，许多消费者认为卫星电视不是一个可行的选择。那些尚无经营经验的卫星电视公司，依靠比传统的有线电视频道更多和画面更清晰来吸引一部分消费者。在远离有线电视公司从事经营的大部分地区，他们是成功的。

直到 2002 年，市场才出现明显的变化。地方的有线电视公司也开始提供更多的频道，接收的画面质量也有所提高，而同时卫星电视公司也大幅度地降低了他们的价格和电视台之间的连接费。对许多消费者来说，卫星电视和有线电视已经变成了相当接近的替代品了。因此，在这两种服务之间的决策更多地取决于他们的相对价格。有一个消费者，以前每月花 80 美元购买 Mediacom 公司的有线电视服务，现在已转到 Direc TV 公司的卫星电视服务上，费用是每月 50 美元，他总结说：“我感觉我得到了数字电缆所能给我的所有的东西，但花的钱却更少。”

对日益增加的竞争的反应是，有线电视的管理者进行了一系列重大的政策变革。首先，有线电视服务的定价更有竞争力了。在 40 多个州拥有 680 万用户的 Charter Communication 公司，就是面对竞争压力调整定价政策的一个有线电视公司的例子。例如，在圣·路易斯，Charter Communication 提供 99 个频道的基本服务，费用是每月 45.85 美元，与其竞争的 Dish Network 公司提供 60 个频道的基本服务，每月的费用是 22.99 美元。在解释市场上的收费限制时，Charter 的 CEO 在 2002 年曾说：“我们曾经两次考虑过提高收费。”第二，有线电视公司开始为价格/频道敏感性不同的消费者提供不同的价格/频道组合，以迎合不同消费者需要。例如，AT&T 公司就提供一个每月 50 美元的 150 个频道的较贵的组合，还有一个每月 40 美元的 100 个频道的较便宜的组合。以前他们则只提供一个 125 个频道的每月 43 美元服务组合。第三，竞争的增加还会影响公司的广告战略。例如，公司开始增加有线电视的相对收益（例如可以接入地方频道；能够减少“下雨天导致的信号不清的问题”；不会因卫星设备的安装而影响房屋的外观，等等）。

有线电视的例子说明，企业的政策选择比如价格、产品设计和广告等，是如何受市场环境影响的。那些在一个受保护的市场中行之有效的政策，在面对更富竞争性的市场环境中，必须进行根本的修正。管理者清楚企业所处的市场环境以及这种市场环境是如何影响决策制定，是非常重要的。本章的目的就是通过对不同市场结构的分析，增加对相关问题的理解。我们的分析集中于不同市场结构下企业的产出和定价决策。随后的几章再详细考察其他政策，比如企业的战略和组织架构如何依赖市场环境。

我们先详细讨论市场和市场结构，然后分析竞争性行业。基于价格在行业内确定的环境下，完全竞争处于竞争序列的一端。对于在广义的市场环境下运营的企业，竞争性市场为其提供了管理内涵。随后，我们讨论行业内能够限制竞争的进入壁垒问题。紧接着这一部分，我们将分析竞争序列的另一极端情况：垄断的市场结构。在一个垄断的行业里，只有一个企业。与竞争行业的企业相比，垄断行业的企业有实际的定价权。在简略地分析一种混合结构——垄断性竞争之后，我们考察行业中只有几家企业的寡头垄断的情况。

市　场

市场（market）包括所有愿意并能够购买或销售某一特定产品的企业和个人。[2]这既包括那些正在从事买卖该产品的企业和个人，也包括那些潜在的进入者。**潜在的进入者**（potential entrants）是那些具有确实可信的威胁、准备进入该市场，并能影响现有企业定价和产量决策的所有个人和企业。

市场结构（market structure）是指市场环境的基本特征，包括：（1）买者和卖者的数量和规模，以及潜在的进入者；（2）产品的差异程度；（3）有关产品价格和质量的信息数量和获取成本；（4）进入和退出的条件。我们首先通过考察竞争性市场来分析市场结构。

竞争性市场

经济学家一般根据 4 个基本条件来描述竞争性市场的特征：

- 潜在的买者和卖者的数量很多；
- 产品是同质的；
- 有准确的信息，而且可以以低成本方式迅速传播；
- 可以自由地进入和退出市场。

尽管很少有市场是完全竞争的，但有许多市场都接近于上述描述，而且，竞争性市场建立了观察分析其他市场结构的一个基准。大豆市场是比较接近于竞争性市场的一个例子。在这个市场中，有大量的农场主种植大豆，同时也有大量的企业和个人购买大豆。大豆基本上是一种

图 6.1　完全竞争下的企业需求曲线

在一个竞争性市场中，企业将产品的市场价格看作是既定的。需求曲线是水平的。边际收入与平均收入都等于市场价格。

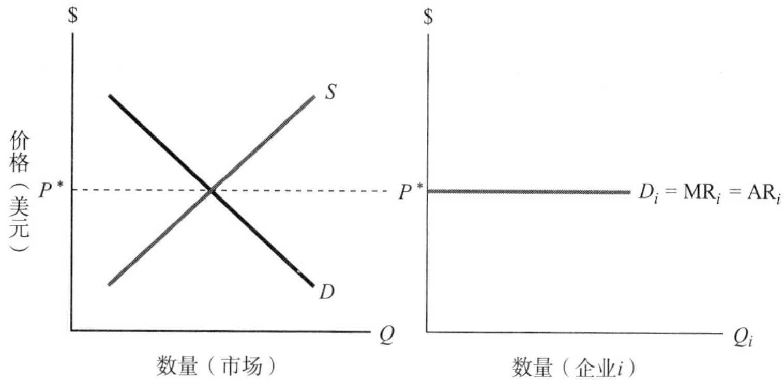

同质的产品，不同生产者之间的产品差异很小。信息的差异有限，进出该行业的成本也相当小。

在竞争性市场中，对买和卖的个体来说产品的市场价格是既定的——单一的参与者对价格没有任何控制能力。如果某个卖者的要价高于市场价格，那么买者只会买其他供给者的产品。同时，卖者可以按照市场价格来销售自己的产品，因此他们没有理由用折扣来吸引买者。在这种情况下，企业的需求曲线视为一条水平线——企业可以以市场价格 P^* 销售任何可能的产出，但却不能以高于市场价格 P^* 的价格销售任何产出。图 6.1 所画的就是一条水平的需求曲线。在水平的需求曲线下，边际收入（MR）和平均收入（AR）都等于价格。

企业供给

短期供给决策

在上一章我们看到：当边际收入等于边际成本时，企业的利润达到最大。这个直观结论是很简单的——只要增量收入大于增量成本，就应该增加产出。超过这一点，再增加产出就会使利润下降，因为增量收入小于增量成本。在一个竞争性市场中，边际收入就等于产品价格（P）。在短期，企业的生产规模（还可能包括其他投入要素）是固定的。有关的成本就是短期边际成本（SRMC）。在竞争性行业中，短期利润最大化的条件是：

$$P^* = \text{SRMC} \tag{6.1}$$

这个条件是经济学的一个重要命题，它说明无论价格如何，竞争性企业都应当选择能使价格等于 SRMC 的产出进行生产。当然，企业还可以选择完全停产。当产品的价格不能弥补平均变动成本（AVC）时，企业停产会更好些。没有产出，就没有任何收入来弥补固定成本，因此企业就会出现亏损。但是，这种亏损终究比生产所带来的亏损要少（因为销售收入比生产的变动成本还要小）。在短期，企业停止生产的条件是：

$$P^* < \text{AVC} \tag{6.2}$$

企业的供给曲线描述的是在每一价格下企业愿意生产的产品数量。因此，企业的短期供给曲线是短期边际成本曲线超过平均变动成本曲线以上的部分。图 6.2 所画的就是企业的短期供给曲线。

长期供给决策

企业在短期内可能出现亏损，但却发现继续留在该行业仍是其最优选择。但是在长期中，企业必须盈利，否则它将不得不退出该行业。价格必须大于或等于长期平均成本（LRAC）。因此，在长期企业停止生产的条件是：

$$P^* < \text{LRAC} \tag{6.3}$$

在长期生产中，企业可以调整它的生产规模。企业的长期供给决策是基于它的长期边际成本（LRMC）。企业的长期供给曲线是长期边际成本超过长期平均成本以上的部分，如图 6.3 所示。[3]

图 6.2 企业的短期供给曲线

企业的短期供给曲线是短期边际成本（SRMC）曲线超过平均变动成本（AVC）曲线以上的部分。当产品的价格不能弥补平均变动成本时，停产是企业更有利的选择。

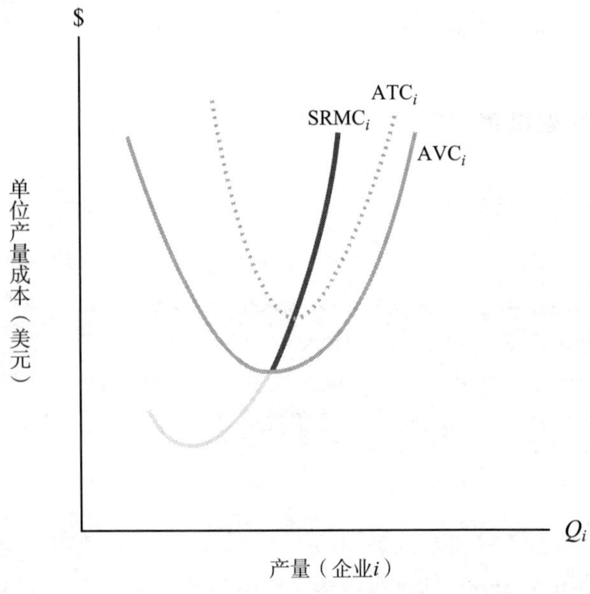

图 6.3　企业的长期供给曲线

企业 i 的长期供给曲线是长期边际成本（LRMC）曲线超过长期平均成本（LRAC）曲线以上的部分。如果价格低于 LARC，那么企业就应该退出该行业。

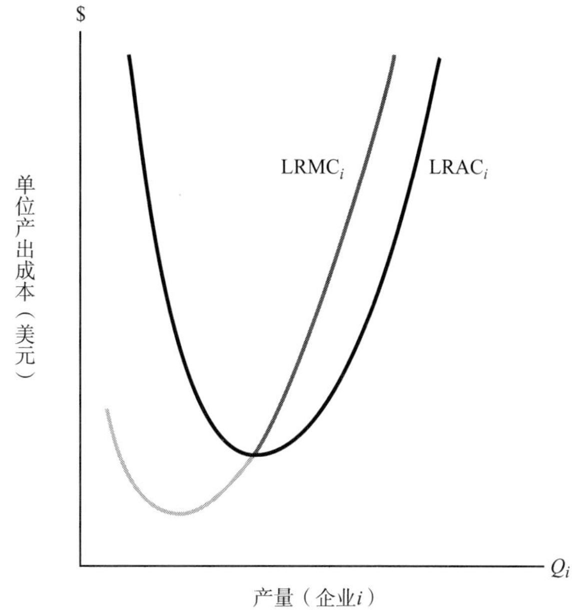

竞争性均衡

在第 3 章我们已经讨论过，在竞争性市场中，价格是如何由行业需求曲线和供给曲线的交点来决定的。行业需求曲线描绘的是在每一市场价格下，市场上所有买者需求的总量。同样，行业的供给曲线表示所有卖者的供给量的总和（见以上的讨论）。

考虑一个例子，在图 6.4 右边的坐标图中，我们以 S_0 来表示供给曲线，以 D_0 来表示需求曲线。这时，市场价格为 P_0^*。左图表示的是行业中的典型企业 i（有许多这样的企业）的长期供给决策。在价格 P_0^* 上，企业 i 生产 Q^*_{i0} 的产量。成本曲线包含一个正常利润率（正常的资本收益是 LRAC 的一个构成部分）。因此，在价格为 P_0^* 时，企业 i 获得经济利润（大于正常利润）。经济利润等于单位利润（P_0^*–LARC）乘以产出 Q^*_{i0}，以阴影部分的面积来表示。经济利润的存在会刺激其他企业进入该行业。[4] 这种进入会导致行业供给曲线向右移动。由于产量的增加，存货水平也会超过企业期望的水平，因此市场价格随之下降。当没有经济利润时，这种进入就会停止。在图 6.4 中，当市场价格等于 P_1^* 时，这个条件得到满足。这时，企业没有动力进入或离开该行业（现有的企业能得到正常利润），存货维持在他们期望的水平，市场达到均衡。在竞争性均衡中，企业在平均成本曲线的最低点（P^*=LRMC=LRAC）上从事生产。因此，均衡与有效生产相联系。

战略考虑

尽管很少有市场满足经济学家描述的理想化的完全竞争市场条件，但很多市场接近于这种

图 6.4 竞争性均衡

左图表示该行业中具有代表性的企业 i 的长期供给决策。在右图中，供给与需求曲线（分别以 S_0 和 D_0 表示）决定了市场价格为 P_0^*。在市场价格是 P_0^* 的情况下，企业的产出为 Q^*_{i0}。价格为 P_0^* 时公司将获得经济利润。这一经济利润等于单位利润（P_0^*–$LARC_i$）乘以总产出 Q^*_{i0}，并以长方形阴影面积来表示。经济利润的存在会刺激其他企业进入该行业。这种进入会导致行业供给曲线向右移动，以及市场价格的下降。当没有经济利润时，这种进入就会停止。在图中，当市场价格等于 P_1^* 时，这个条件得到满足。这时，没有什么刺激促使企业进入或离开该行业（现有的企业能得到正常的利润率，存货也维持在企业期望的水平），市场达到均衡。在竞争性均衡中，企业在平均成本曲线的最低点（$P_1^*=LRMC_i=LRAC_i$）上从事生产。因此，均衡与有效生产相联系。

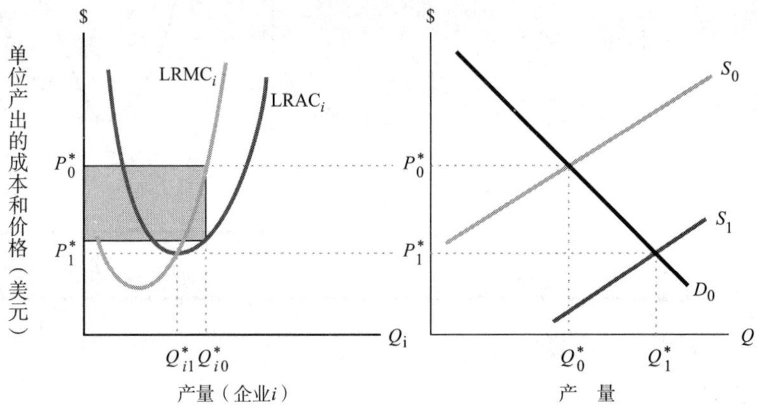

市场结构。在大多数行业中，都有强大的竞争力量促使经济利润随着时间的推移减少。这些竞争力意味着许多战略优势（例如新市场的先动优势）可能都是短暂的。如果市场的条件类似于竞争模型，那么迅速调整以争取短暂的竞争优势是很重要的。另外，潜在的进入者还应当认识到，随着时间的流逝，目前行业中观察到的经济利润很有可能会消失。这种考虑会影响企业长期资本投资和进入决策。比如，面对日益增长的竞争威胁，有线电视公司会加强对国内投资项目的审查。在竞争性市场中，企业还必须力争提高效率和控制成本。那些低效率的企业会亏损，

低碳水化合物食品领域的进入

估计有 3 200 万美国人听从 Atkins 饮食的指导，每年花费在低碳水化合物食品上的总价值大约有 25 亿美元。Atkins Nutritionals 公司销售 120 多种产品，并将其名称特许给数十家公司使用。“食品行业没有太大的增长，而所有的增长几乎都被 Atkins 所占有，”Prudential 证券公司的约翰·麦克梅林说。但是，从 Kraft 到 General Mills 等食品业巨头都已经开始生产竞争性产品。例如，Heinz 正在推出其 One Carb 果酱。“竞争不可避免，”Atkins 的总裁斯科特·卡贝克说。

资料来源：B. Grow（2003），“The Low-Carb Food Fight Ahead,” *Business Week*（December 22），48.

影子运费

美国大部分的三合板都来自于太平洋西北部。由于这一垄断地位，全美国的三合板价格基本上都是西北部公司的价格加上运费。如果这一状况不能维持，那么西北部的供应者就会在那些价格较低的城市减少三合板的供应，而在那些价格较高的城市增加供应。供给的改变会影响城市三合板的价格，直到达到均衡，即各城市价格之间的差异仅仅反映了运输成本的差异。

在一起法庭诉讼案中，东南部的木材商受到指控，理由是按照“西北岸的价格加运费”来定价，但提供的却是当地生产的三合板。依照法规，这些企业赚取的是不公平的利润，因为他们根本就没有运输费用。陪审团判定厂家应该赔偿消费者数十亿美元。这些企业当真赚取了额外的经济利润吗？答案可能是否定的。东南部当地的生产供应当地的消费，生产者具有运输优势。造成这种优势的原因可能就是东南部木材产地的有限性。也许，这些稀缺的木材产地已被抬高了价格，因而三合板制造商在现今普遍的价格（西北部价格加运费）下也只能赚取正常利润。

资料来源：A Alchian and W. Allen (1983), *Exchange and Production: Competition, Coordination and Control* (Wadsworth Publishing: Belmont, CA), 228-231.

并被迫退出市场。

优势企业

即使在竞争相当激烈的行业中，也总是有一些企业例外地在长期中经营得很好——例如，低成本的生产者和有某些特殊优势，比如相对于竞争对手来说，具有地理位置优势的企业。然而，超额收益最终往往不是由企业业主所得，而是由具有特殊优势的投入要素所得。例如，离公路交叉口（因为能给顾客提供出行方便）较近的土地通常比离公路交叉口远的土地卖价高。同样，其他企业都愿意为有突出才能的管理者提供更高的工资。在许多情况下，企业使用这些优越的投入要素也只能得到一个正常的回报率（P^*=LRAC）（第 8 章将详细讨论这些问题）。

进入壁垒[5]

虽然竞争模型与许多市场情形都很接近，但在另一些行业中，企业的确具有很强的市场控制力——市场价格受个别企业产出决策的影响。市场控制力存在的一个必要条件就是行业中存在有效的进入壁垒。

为了理解进入壁垒的构成，看一下某个企业进入某一行业的决策是很有用的。当企业看到行业内现有企业能赚取大量的利润时，他们就会考虑进入这个新市场。例如，如果 Wen Ho 看到一个有线电视公司很赚钱，它（像许多其他企业一样）就很有可能考虑进入该行业。进入决策取决于三个重要因素。第一，Wen公司很关注它的进入是否会影响产品价格，这又部分地取决于现有的企业对新进入者如何反应，比如他们可能会降价吗？第二，Wen公司关注现有企业的竞争优势。如果现有企业存在竞争优势，新进入的企业就很难复制——新企业是否能得到与现有企业相同的利润？第三，Wen公司关心退出成本的大小。如果这种进入失败，那么离开这个行业将付出多大的代价？下面我们依次讨论上述因素。

现有企业的反应

专用资产

如果一项资产在其他任何领域使用，都不如在目前的领域使用更有价值，那么该项资产就是专用资产。请看阿拉斯加石油管道的例子。它在现在的用途上有很高的使用价值。它是专门用来运输从北部山坡到普拉德霍湾的石油的——除此之外它没有任何用处。而且，要把它挪走，则要花费昂贵的代价。如果行业内现有企业在专用设备上投人了大量资金，那么他们就会顽强地竞争以维持自己的地位；如果业内企业购置的资产没有那么强的专用性，并且转换用途的费用较低，那么行业业内企业的竞争可能就不会那么激烈。

规模经济

在规模经济很大的行业中，其最小有效规模（见第5章）要到产出水平很高时才会出现。在这样的行业中，新进入者必须大量生产才能取得成本效率。而大规模的生产，可能会对价格产生重要影响。例如，如果最小有效规模是市场总需求的30%，那么当某个新进入者努力达到这一市场份额时，价格会下降——它的进入会毫无疑问地引起的业内企业激烈的价格竞争。注意最小有效规模绝对数额的大小，没有它占整个市场相对规模的大小重要。不同行业的最小有效规模是不一样的。有一项调查显示，最小有效规模占行业生产能力的比重，估计从0.5%（水果/蔬菜罐头行业）到33%（石膏产品行业）。[6]全球化市场的发展增加了有效的市场规模，因此降低了进入壁垒。例如，美国汽车与全球汽车市场的规模。

声誉效应

对新进入者做出反应的行业内现有企业，其声誉会影响潜在的进入者。在某些情况下，现有企业可能会牺牲掉自己的短期利润来对进入者进行激烈的反应。比如，如果有新进入者企业

A1coa的过剩的生产能力

1940年在一起反垄断诉讼案中，因为采取持有过剩的生产能力的战略，Alcoa制铝公司败诉。法庭判决的理由是，再没有什么比过剩的生产能力能更有效地阻止其他企业的进入了。

就降价，以建立起一种很难对付的竞争者形象。但是注意，有新企业进入原有企业就降价这种威胁不一定都是确实可信的。如果新企业真正进入了，那么现有企业不一定真的实行降价政策，因为他们自己也会因此遭受损失。因此，对潜在的进入者来说，不去理会这些威胁也许是明智的——如果潜在的进入者相信现有企业不过是在虚张声势。我们将在第9章详细讨论这些问题。

过剩的生产能力

在拥有过剩的生产能力的情况下，如果企业削减生产，那么平均成本就会大大提高（取决于平均成本曲线的斜率）。具有过剩的生产能力的企业如果降低价格更能满足新客户的需求，那么这样也能迫使新的竞争对手退出该行业。因此，当行业中存在过剩的生产能力时，潜在的经营者就不可能进入，因为他们预期部分现有企业会有过激反应。[7]过剩的生产能力往往不是厂家有意造成的。例如，企业在经过一段时间的循环生产和增长之后，就会出现过剩的生产能力，因为他们投资以更好满足高峰时期的需求。而在另外一些情况下，为了阻止进入，企业可能会有意识地选择持有过剩的生产能力，以阻止新企业的进入。

现有企业的优势

先行合约

现有企业通常在原材料、分销渠道、货架空间以及最终产品的供给方面拥有长期合同。这些合约关系对新进入者来说是一种重要障碍，因为它们限制了消费者和供货商从现有企业转向新进入者的机会。

许可和专利

有时，如许可的要求以及专利的保护等政府管制，会限制某些行业的进入。例如，医生的

进入消费者电器领域

Xoceco公司自20年前成立以来，已经从为中国市场生产低成本的彩色电视机，转变为生产纯平电视机。他们打算像戴尔或惠普这样的公司通过供应产品在美国市场上销售。他们不打算花费巨资为其产品研制芯片和软件，而是购买相应的零部件进行组装，并可以因此降低行业领军企业的产品价格。这样，消费电子类领军企业，像索尼和松下公司，就受到相关电脑组件价格上升的威胁，正如IBM面临的情况一样。

资料来源：E. Ramstad and P. Dvorak (2003)，"Off-the-Shelf Parts Create New Order in TVs, Electronics," *The Wall Street Journal* (December 16)，A1.

数量受各州许可要求的限制。与没有限制的情况下相比，这种限制使医生的服务要价高出许多。政府管制者和拥有许可证的医生强调，实行许可经营的管理是为了保护消费者的利益。但消费者是否真正能够从严格的许可管理中受益则是有争议的——因为他们通常为此要付更高的价格。

标准的专利期限是 17 年。在这个期间，其他企业不允许模仿相应的发明创造，因此拥有专利的企业是被赋予了市场垄断权。专利的目的是鼓励发明创造。从实践的角度来看，用专利来阻止进入其效果并不确定（比如，可以通过聪明的设计来绕过专利障碍）。

学习曲线效应

在第 5 章中，我们讨论了在一些行业中，随着生产经验的积累平均成本是如何降低的。随着企业生产经验的积累，他们学会了如何降低单位成本。由于学习曲线效应，相对于行业内企业来说，新企业处于成本劣势。这些效应是否重要，取决于新企业是否只简单地模仿行业内企业通过他们的经验而学到技术。

先驱品牌优势

有时，企业作为某个行业中的第一批进入者而受益。例如，在某些行业中（例如非处方药品），即使其他品牌产品的价格相当低，满意的消费者可能也不会轻易转换品牌。这种趋势在*经验产品*（experience goods）上表现得更为明显。经验产品是指产品质量需要经过消费者尝试才能获知的产品。比如，消费者可能不愿意尝试新的止痛药，因为他们害怕新产品没有以前的品牌有效。如果在购买之前可以看出产品的质量，那么行业内现有企业的优势就会降低。有时，现有企业在经验产品上的竞争优势会由新进入者采取以下措施而抵消：免费提供样品；得到某种认可；获得政府的证明。但是，每一项措施都可能引起附加成本——为克服现有企业优势的这些成本会阻止进入。

退出成本

一个重要的考虑进入因素就是退出该行业的成本。在某些行业，“打一枪换一个地方”是有可能的。例如，建立一个铺柏油公路的新公司，只需要很少的专用设备投资和培训即可。当

政府对退出的限制

有些政府管制者企图限制企业关闭工厂。这些管制者是出于这方面的考虑——当企业关闭工厂时，工人们就会失去工作。但是，限制关闭工厂就可能会减少人们进入该行业的愿望。如果某个行业亏损时也不能轻易退出，那么企业就不愿进入该行业。因此，政府限制退出的潜在影响，就是降低了相关行业的竞争，抬高了消费品价格以及降低了就业水平。

潜在的利润很高时，就会有新的企业快速地进入，而当利润下降时，则可以以低成本退出。在另一些行业，特别是那些拥有专用资产的行业，退出成本就很高。当企业决定退出时，这些行业中的企业负担很高的成本，比如把员工转移到新址，清理工厂以及其他资产。高昂的退出成本会阻止最初的进入。

垄　断

有效的进入壁垒会限制竞争的威胁，并赋予现有企业市场控制力。竞争性市场是市场结构的一个极端，另一个极端就是行业中只有一家企业的垄断。在这种情况下，行业的需求曲线和企业的需求曲线是同一条曲线。

利润最大化

假设垄断企业对所有的消费者都采取同样的价格（正如下面的分析，之所以采取这样的价格政策，可能是迫于政府管制的压力，或因为不能阻止消费者之间的转卖。在第 7 章，我们将放宽这个限制条件）。企业的目标就是沿着需求曲线，选择能使利润最大的价格/产量组合，也就是当 MR=MC 时的组合。

为了便于说明，考虑下面的线性需求曲线：

$$P = 200 - Q \tag{6.4}$$

（假设边际成本固定为10 美元。）回想一下第 4 章的有关内容，线性需求曲线的边际收入曲线是一条截距与需求曲线相同、斜率为其两倍的直线。图 6.5 描绘的就是这个例子的需求曲线、边际收入曲线和边际成本曲线。当边际收入等于边际成本时，最优产量为 95 单位。为销售这些产品，企业的产品价格为 105 美元。该企业的单位产品利润为 95 美元（105 美元减 10 美元），总利润为 9 025 美元（95 美元×95）。在上图中，矩形 $abcd$ 的面积表示企业的总利润。

与完全竞争相比，消费者面对的是一个垄断的供应者，其确定的产品价格比生产和销售的边际成本和平均成本高，因此企业也能够得到经济利润。相比于竞争性行业，垄断行业限制了产出。在我们的例子中，如果该行业是竞争性的，那么市场价格就会为 10 美元（等于边际成本），销售的总产量为 190 个单位（第 7 章将详细讨论拥有市场控制力的企业的定价问题）。

交易中未充分利用的收益

按照垄断者所做出的产出与定价决策，有一些消费者虽然愿意按照高于边际生产和销售成本的价格购买，但也得不到产品。因此，交易收益并没有得到充分利用。交易中潜在收益的相关损失在图 6.5 中以三角形 cde 的面积来表示。沿着需求曲线的相应部分，消费者对产品的价值评估超过 10 美元，但少于 105 美元。而企业不会为这些消费者降低产品价格，因为企业不想把其他消费者的购买价格也降低（回想一下，在这一章中我们假设企业对所有消费者都采用统

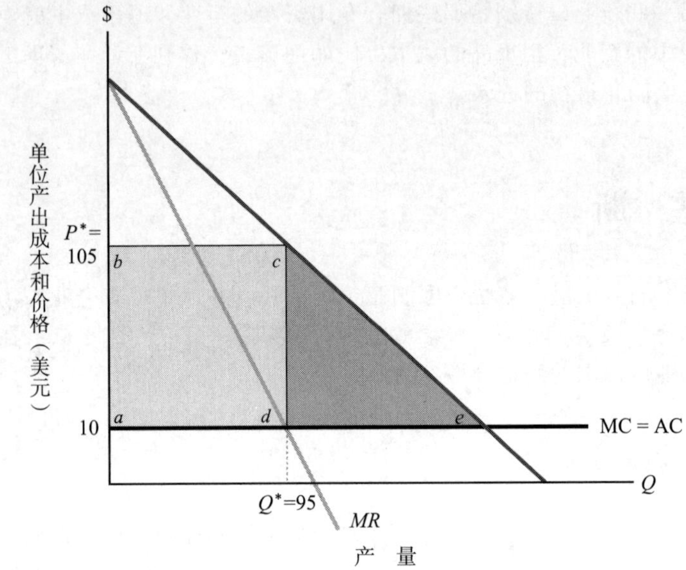

图 6.5 垄断

本图说明了一个垄断者的价格和产出决策。在本例中，需求曲线为 $P=200-Q$，边际成本为 10 美元。当边际收入等于边际成本时，最大产出为 95 单位，此时企业利润最大。为销售这些产品，企业的产品价格为105 美元，该企业的单位产品利润为 95 美元（105 美元-10 美元），总利润为 9 025 美元（95 美元×95）。在图中，矩形 *abcd* 的面积表示企业的总利润。有些消费者愿意付出高于边际成本的价格，但却无法得到产品。在图中，三角形 *cde* 表示了交易中潜在收益的相关损失。公司不会降低价格来满足这些消费者的需求，因为公司不想同时为其他消费者降低价格。

一的价格）。从企业的角度看，销售更多的产品给更多的消费者，其所得多于所有的产品都按照更低的价格销售所带来的损失而产生的抵消。[8]

垄断竞争

顾名思义，垄断竞争（monopolistic competition）是一种介于竞争和垄断之间的混合的市场

高尔夫球的垄断竞争

高尔夫球有很多牌子。有些高尔夫球手认为这些牌子的球是完全的替代品，因此只根据低价来购买。另一些高尔夫球手则喜欢某一特定的牌子。例如，他们可能认为某一牌子的高尔夫球比其他品牌的球会飞得更远或更好控制。因此，这些高尔夫球手愿意为他们所喜欢的球支付更高的价格。但是如果价格差异很大，比如一打的球就相差数美元，他们也会进行替换。而且，如果某个企业开发出了一些比较受欢迎的产品特征，比如在球上印上许多小波纹，那么其他的企业在很短的时间内就会模仿。因为高尔夫球设备企业在生产自己品牌的球时都有垄断，所以都有某种市场控制力。但是，这种控制力由于行业存在着竞争而受到了限制。

结构。在这个市场结构中，有多家企业生产类似的产品，行业进出自由。因为各企业销售的产品是有差异的，所以竞争并没有消除市场控制力。具有这些特征的行业包括：牙膏、高尔夫球、滑雪板、网球拍、洗发液、除臭剂等。比如，尽管高露洁和佳洁士牙膏直接竞争，但有许多消费者不认为这两个牙膏品牌是完全的替代品。因此，两家企业都有某种市场控制力。如果行业内现有企业能赚取大量利润，那么就会有新的企业进入牙膏行业——没有什么大的进入壁垒。

垄断竞争和垄断相类似，因为在这两种市场结构中，企业的需求曲线都是向下倾斜的。比如，一家牙膏企业可以抬高其产品价格，而不会失去全部的销售量。假如企业的需求曲线是向下倾斜的，那么企业都努力选取利润最大的价格—产量组合。产出决策的依据与完全垄断中的分析一样，都是选择 MR=MC 时的产出。

但与垄断相比，垄断竞争也有不同点。在垄断竞争市场中，经济利润会引起企业进入市场。如果一种具有增白效果的牙膏在市场上很受欢迎，那么其他企业就会仿造这一产品。这种进入会导致企业原来的需求曲线向左移动并减少利润。当需求曲线移动到平均成本等于价格时，经济利润等于零，如图 6.6 所示。

企业的进入会迫使利润趋近于 0。然而，某些品牌始终要比其他品牌有特色。而且，由于生产技术和投入的差异，各品牌产品的成本都不一样。因此，对某些企业来讲，在垄断竞争市场中赚取经济利润是有可能的。[9]

图 6.6　垄断竞争

在垄断竞争市场中，一个行业中的各家企业会出售有差异的产品。本图显示出这一行业中企业 i 的需求曲线。这条曲线是向下倾斜的。与垄断的定价决策类似，企业按照边际收入等于边际成本确定产出。垄断竞争不同于垄断，因为在存在超额利润的情况下，就会有新企业进入。新企业的进入将推动企业的需求曲线向左移动（某些顾客会从新进入的企业购买同类产品）。当产品价格等于平均成本时，企业将不能获得经济利润。在图中，当价格为 P_i^*，产量为 Q_i^* 时，便出现这种情况。

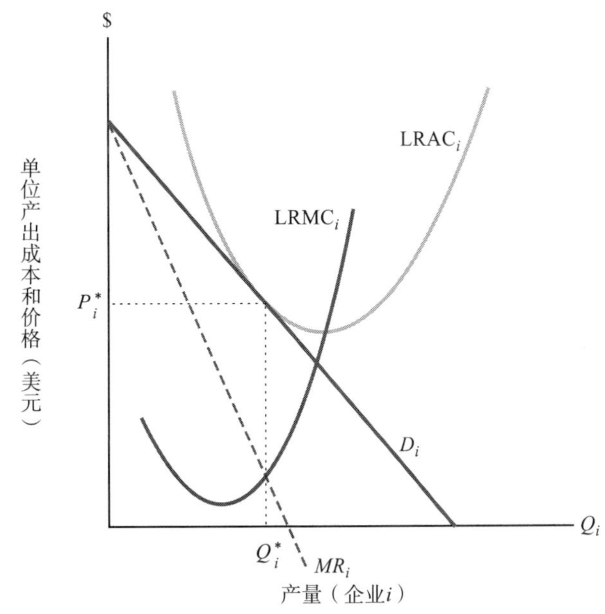

寡 头

在寡头市场中，少数几家企业生产出了市场的大部分产品。寡头行业的例子包括汽车行业，以及20世纪50年代的钢铁业等。这些行业具有较大的规模经济，以及其他较大的进入壁垒。1995年，美国前四位谷物生产商生产了行业90%的产量，而前8位生产商则几乎生产了全部的谷物。产品可能会有差异也可能没有差异。企业能够赚取大量利润。由于有效的进入壁垒，新企业的进入也不会使这些利润减少。但我们将会看到，行业内现有企业的竞争有时会使寡头行业的经济利润减少。

在其他市场结构的分析中，我们假定企业竞争对手的价格是固定的，任何企业的价格变动都不会引起竞争对手的反应。这种假设在有许多小企业的竞争性市场和只有一家大企业的垄断市场中是合理的。但是，这种假设在寡头行业中却很少有效。比如，当美国航空公司考虑降低其特定航线的票价时，很显然它要关注联合航空公司和其他竞争者是否会随之降价。事实上，在做大部分重要决策（例如广告竞争和产品设计决策）时，寡头行业的企业都要考虑其他竞争对手对大多数主要政策决策的反应。这些行业的决策制定需要有*战略考虑*。决策者必须认识到竞争者按照自我利益进行经营是合理的。因此，站在竞争者的角度考虑他们会做出的反应，这对决策者是至关重要的（这个基本原则，在这儿我们只进行简短讨论，在第9章再详细讨论[10]）。

纳什均衡

竞争企业在决策时要明确地考虑其他企业的行为，此时我们需要潜在的规律来定义均衡，这是我们分析寡头的前提。如果企业在既定条件下已经做到最好，并且没有理由变动价格或产量时，该市场就达到了均衡，前面我们已用过这一概念。比如，在竞争性均衡中，没有理由进入和退出该行业（现有企业赚取“正常”利润）。现有企业没有理由变更产出水平（所有的企业都在 $MC=MR=P^*$ 的状态下生产，存货也保持在他们期望的水平上）。

将这一基本的思路稍作调整，就可以用于寡头市场的分析。在以下的分析中，在考虑了竞争对手的情况下，企业将做到最佳。同时，企业会预期，其他企业也会按照对自己最有利的方式对任何行动做出反应。由于每家企业都是在给定其他企业反应的情况下，做出实现利润最大化的决策，因此他们之间的行为是*非合作型*的。企业之间没有共谋来实现共同的利润最大化。在竞争对手的反应一定的情况下，每家企业力争做到最好，这时市场均衡存在，经济学家称之为*纳什均衡*（Nash equilibrium），以纪念诺贝尔奖得主约翰·纳什——他是最早对这些一般概念做研究的学者。

为了说明这一方法，假设一个简单的环境：行业中只有两家企业——*双头垄断*。两家企业的产品差别不大，但企业分别选择价格。企业可以选择高价或者低价策略。企业收益情况如图6.7所示（每一格的左上角表示进入企业Won的情况，右下角表示进入企业Tu的情况）。比如，如果两家企业都定高价，那么企业Won的利润是400美元，企业Tu的利润是200美元。[11]

当企业Won定高价企业Tu定低价时，出现均衡。任何其他组合都是不稳定的——给定其中一家企业的行为，另一家企业就有动力改变目前的价格。例如，如果两家企业都定高价，那

图 6.7 纳什均衡

在这个例子中，假设行业中只有两家企业——Won 公司和 Tu 公司。两家企业对他们生产的相似产品单独确定价格，企业可以选择高价或者低价的策略。企业收益情况如图所示（每一格的左上角表示企业 Won 公司的利润，右下角表示企业Tu 公司的利润）。当 Won 公司定高价 Tu 公司定低价时出现均衡——以阴影方格来表示。任何其他组合都是不稳定的——给定其中一家企业的行为，另一家企业就有动力改变目前的状况。这种均衡被称为纳什均衡。

	Tu公司低报价	Tu公司高报价
Won公司低报价	$20 / $40	$40 / $0
Won公司高报价	$200 / $250	$400 / $200

么企业 Tu 为了自己的利益就会降低价格（其利润也会从 200 美元增加到 250 美元）。另外的组合是企业 Won 定低价企业 Tu 定高价，或两家企业都定低价，这样的组合同样是不稳定的——如果对方定价不变，企业都有动力变动自己的价格。纳什均衡是一种自我强化的均衡。如果企业 Won 定高价，企业 Tu 的最优选择就是低价；同样，如果 Tu 定低价，Won 的最优选择就是定高价。如果给定对方的选择，那么剩下的企业就没有理由去改变自己的战略。

在这个例子中，纳什均衡不是两家企业联合利润最大化的结果。如果两家企业都选择高价，联合利润会更高一些。从概念上讲，可以以一种比纳什均衡结果更好的方式，来分配这种定价策略所得的联合利润。比如，将 600 美元的联合利润平均分配，每个企业得到 300 美元。正如这个例子所示，非合作均衡不一定使企业的联合价值达到最大化（因为交易的潜在收益还没有完全利用，通常在不损害其他企业利益的情况下，通过联合决策的改变，可以使一个或更多企业的境况变得更好）。

产出竞争

第一个关于寡头模型的分析是在 1838 年由奥古斯汀·古诺提出来的。为了说明这个模型，再次假设行业中只有两家企业，企业生产的产品差别不大。在古诺模型（Cournot model）中，每家企业都把竞争对手的产出水平看成是既定的，然后决定生产多少。给定其他企业的选择，在均衡状态下，任何企业都没有变动产出水平的动力（因此，这就是纳什均衡）。

假设双头垄断企业面临下面的行业总需求：

$$P = 100 - Q \tag{6.5}$$

其中，$Q = Q_A + Q_B$。为简化起见，假设这两家企业的边际成本都等于 0，即 $MC_A = MC_B = 0$。每一家企业都把另外一家企业的产出看作是固定的。因此，企业 i（i=A 或 B）的预期需求曲线为：

$$P_i = (100 - \overline{Q}_j) - Q_i \tag{6.6}$$

其中，$\overline{Q}_j$ 是另一家企业的预期产出。企业 i 的边际收入是：[12]

$$\text{MR}_i = (100 - \overline{Q}_j) - 2Q_i \tag{6.7}$$

令边际收入等于边际成本时（在这个例子中等于零），企业 i 的利润达到最大。当边际收入等于边际成本时，整理这一表达式，就得到下列的*反应曲线*（reaction curve）：

$$Q_i = 50 - 0.5Q_j \tag{6.8}$$

反应曲线表达的是当企业 j 的产出既定时的企业 i 的最优产出决策。在这个例子中，除了下标是相反的之外，两家企业的反应曲线完全相同。

当两条曲线相交时，就达到了均衡。在这一产出水平上，假设另一企业的产出既定，那么每一企业都实现了利润最大化。任何一家企业都没有动力去变更产出。均衡状态如图 6.8 所示。在均衡状态下，每一企业也都生产 33 单位的产出，总产出为 66 单位，价格为 33.34 美元。这一产出水平比竞争性市场下的产出少。在竞争状态下，总产出达到 100 单位，价格为 0（P^*= MC）。在古诺均衡中，企业能得到经济利润——价格为 33.34 美元，而平均成本为 0。因此，每

图 6.8 古诺均衡

例子中双头垄断面临的行业总需求曲线为 P=100−Q，其中 Q 代表两家企业产出之和。两家企业面对的边际成本都等于 0。图中显示出两家企业反应曲线的情况。反应曲线表达了当企业 j（i，j=A 或 B）的产出既定，企业 i 的最优产出。在两条反应曲线相交时，市场达到古诺均衡。这时，每一企业都生产 33.33 单位的产出，市场价格为 33.34 美元。与竞争性均衡相比，企业的产出更少而利润更多；与两家企业共谋达到的均衡相比，企业的产出更多，而利润更少。

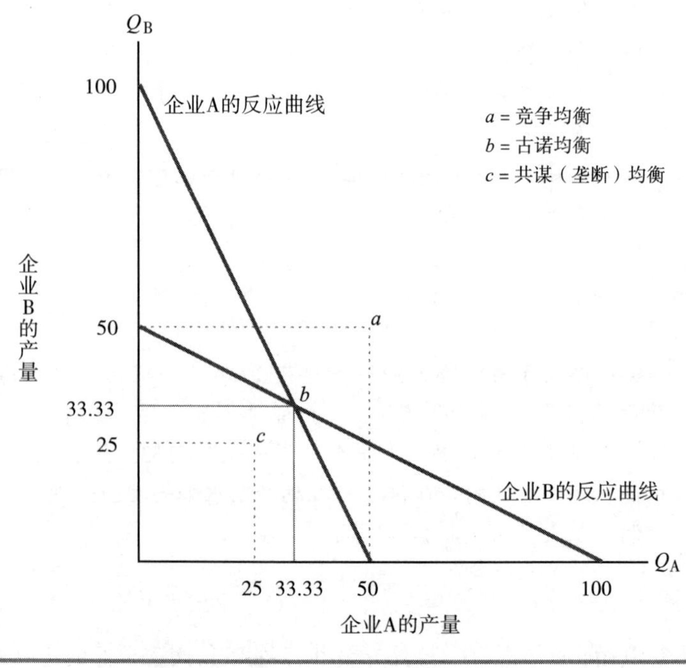

图 6.9　比较共谋均衡、古诺均衡与竞争均衡下的价格与产出

在本例中，行业总需求曲线为 $P=100-Q$，边际成本都等于 0。图中显示了共谋均衡、古诺均衡与竞争均衡下的价格与产出情况。在共谋均衡下，产出最小而价格最高。在竞争均衡下，产出最大而价格最低。

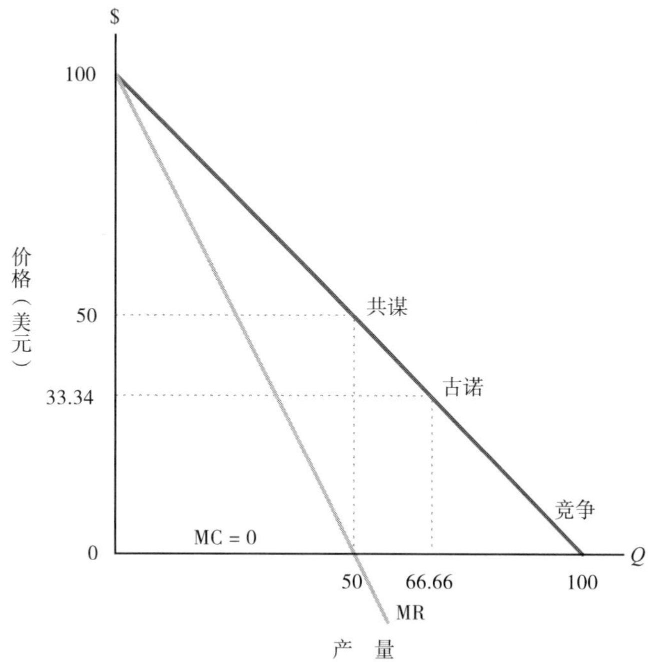

家企业都能得到 1 110.89 美元的利润。这个利润比两家企业共谋生产 50 个单位的垄断产出（例如每个企业生产 25 个单位）所获得的利润要少。在有效共谋下，联合利润是 2 500 美元而不是 2 221.78 美元。图 6.9 表示了使用最初的行业基本需求曲线所得到的三个价格/产量结果（这个模型可以很容易地扩展到两家以上的企业。基本结论是一样的：随着企业数目的增加，结果越来越趋于竞争性市场）。

价格竞争

在古诺模型中，企业着重考虑产出选择。另一种可能性是，企业可能着重考虑产品价格。[13] 在这里，纳什均衡是让所有的企业都选择一个与边际成本相等的价格（竞争的结果）。为了说明原因，假设其中一家企业选择了一个大于 MC 的价格 P'。在这种情况下，其他企业的最优选择是制定一个低于 P' 的价格，以便占有行业的所有销售量（由于我们假定企业的产品是相似的，所以消费者购买价格最低的企业的产品）。假定第二家企业制定的价格恰好低于 P'，那么现在第一家企业的最优选择是稍微将价格下调。这一过程会一直持续。只有当价格等于边际成本时，两家企业就再没有任何动力进一步降低价格了（进一步降低价格就会导致低于成本的销售，并遭受损失）。当然，两家企业都愿意找到一个避免竞争并得到更多的利润的方法。正如我们下面的讨论，合作行为的培养是较为困难的——在某些情况下还是违法的。

价格战

寡头行业的企业有时也展开激烈的价格竞争，其结果往往是两败俱伤。比如航空业和无线电行业。在航空业中，主要的航空公司（包括美国航空公司、联合航空公司、Delta 航空公司和西北航空公司等）进行轮番降低飞行票价的价格大战，使航空业的整体利润大大降低了。例如，2002 年，美国航空公司降低了它的夏季票价，希望吸引新旅客。但是，这种价格的降低一般来说几小时之内就会被行业内的其他企业模仿。同样，在 2002 年，无线电运营商比如 Sprint PCs、AT&T 无线、Verizon 都通过提供类似的呼叫计划和最低的价格来争夺彼此的消费者。只要一家企业提供了新的呼叫计划，其他的企业马上跟上。外界的分析家们普遍认为：企业的这些降价行为会导致利润的减少。财务分析师根据无线服务公司的股票走势建议客户要他们减少对这些部门的投资，因为密集的价格战降低了利润。

资料来源：S. Mehta（2001），"First That Old Sinking Feeling," *Fortune*（December 10），34-35；and M. Rollins（2002），"Wireless Services Second Quarter Preview：Less Than a Zero Sum Game," *Solomon Smith Barney Industry Note*（July 8）.

经验证据

有许多不同的寡头垄断的经济模型。我们已经介绍了两种，并借以说明经济理论对行业未来的发展不能做出准确无误的预测。一些模型得出的结论接近于完全竞争——企业根据边际成本确定销售价格，但得不到任何经济利润。另一些模型得出的结论接近于完全垄断。在寡头垄断市场中情况究竟会怎么样，这是一个经验问题。现有的证据表明，寡头垄断会导致产出少于竞争性行业的产出，但企业能够得到经济利润（至少在某些行业是这样）。[14] 企业有时也展开价格竞争，但这会导致两败俱伤，其所得利润通常也比垄断企业得到的要少。

合作与囚徒困境

正如我们讨论过的，在寡头垄断行业中由于受企业自身利益的驱动，企业会积极寻求合作，获得比竞争更多的利润。从理论上讲，如果企业有效地共谋，像一个单独的垄断企业那样共同决定产品的价格和行业的产出，那么企业获益是最大的。共谋得到最大的联合利润，然后再在本行业内的企业之间进行分配。许多政府很清楚企业之间有动力这样做，从而颁布了一系列反垄断法，以限制企业共谋制定价格的能力。这些法律的制定，目的在于降低消费者购买产品的价格。美国已实行了一些更为严格的反垄断法。在国际上，企业拥有更多的自由去建立合作协议以提高利润（比如 OPEC 卡特尔）。[15]

囚徒困境

即使企业可以自由合作，合作也不总是轻易就能够达成。个别企业受自我利益的驱动，会去“欺骗”其他企业，并不遵守产出和价格协议。这种激励可以通过著名的囚徒困境来说明。在最早的囚徒困境中有两名嫌疑犯。假设美国证券交易委员会正在调查一桩内部交易计划，他们的注意力现在集中在两名股票经纪人——艾维·瓦瑟曼和比·哈佛纳身上。这两个人已被逮捕并受到指控。但是，警察并不掌握足够的证据，从而很难证明这两名嫌疑犯参与了内部交易，除非其中一人自己认罪。警察将艾维和比分别关押在不同的房间里，试图让他们自己认罪。如果两个人都不认罪，只能判他们在交易活动中犯了一点小的过失，监禁两个月就没事了。如果两个人都认罪了，他们将分别在狱中呆上 12 个月。但是，如果其中一个认罪另一个不认罪，认罪的在请求为法庭做证之后马上就会被释放，另一个人则要被判入狱 18 个月（原来的罪被判 12 个月，妨碍司法公正被判处 6 个月）。每一个人面临的结果（服刑时间）如图 6.10 所示。

两个嫌疑犯都认罪就达到纳什均衡。在给定结果下，每一个嫌疑犯总是出于各自的利益考虑选择坦白（假设另一个人的行为一定）。如果艾维不认罪比认罪就会得到释放；另一种情况，如果艾维认罪比也认罪，就会使服刑时间从 18 个月减少到 12 个月。在这两种情况下，认罪对

图 6.10　囚徒困境

在囚徒困境中，有两名嫌疑犯：假设美国证券交易委员会正在调查一桩内部交易计划，他们的注意力现在集中在两名股票经纪人——艾维·瓦瑟曼和比·哈佛纳身上。这两个人已被逮捕并受到指控。但是，警察并没掌握足够的证据，从而很难证明这两名嫌疑犯参与了内部交易，除非其中一人自己认罪。警察将艾维和比分别关押在不同的房间里，让他们自己认罪。如果两个人都不认罪，只能判他们在交易活动中犯了一点小的过失，监禁两个月就没事了。如果两个人都认罪了，他们将分别在狱中呆上 12 个月。但是，如果其中一个认罪另一个不认罪，认罪的在请求为法庭做证之后马上就会被释放，另一个人则要被判入狱 18 个月（原来的罪被判 12 个月，妨碍司法公正被判处 6 个月）。每一个人面临的结果（服刑时间）如图所示。在表中的每一个格中，都分别列出了罪犯艾维和罪犯比被判入狱的时间。纳什均衡是两个嫌疑犯都认罪——有阴影的方格。已知这样的结果，每个嫌疑犯从各自的利益考虑，都应该认罪（在给定对方行为的情况下）。

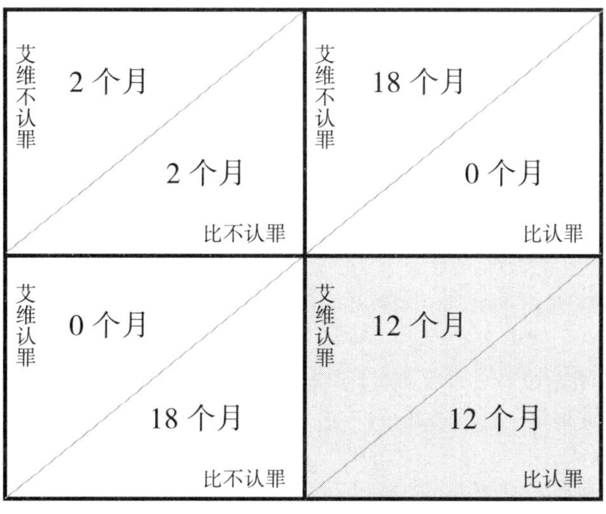

于比来说都符合自身利益——认罪是一种占优的策略。因为这种结果是对称的，因此对艾维来说，最好的选择也是认罪。尽管每个人认罪都是从个人角度出发的选择，但是他们按照整体利益考虑，显然不应该认罪。不认罪，两个人在狱中只被监禁 2 个月，而都认罪则要在狱中监禁 12 个月。囚徒困境说明，当罪犯各自做出选择时，任何形式的共谋协议（不坦白）都有可能被打破，除非有某种机制促使俩人遵守协议——都不认罪（对某些特定的罪行可能会存在这样的机制，比如酷刑——如果他们预期提供证据就可能被警察处死，那么这两个罪犯就都有动力不认罪）。

卡特尔

卡特尔（Cartel）是一种为价格和产出合作而达成的正式协议（这些行为在美国基本上都是非法的）。试图维持卡特尔组织的企业面临类似囚徒困境问题——我们可以把它叫作卡特尔困境。为增加总体利润，卡特尔成员可能同意限制产出。但是，单个企业受利益驱使可能会欺骗其他成员。如果其他的企业都限制产出，那么一家企业的额外产出不会对产品价格产生多大的影响。然而，在卡特尔维持高价格的情况下，这家企业的利润会因为销售数量的增加而上升。但是如果所有的企业都被这种增产的利益所诱惑，那么卡特尔就土崩瓦解了。实际上，卡特尔经常因为这些利益激励而解体。这种结果如图 6.11 所示。图中列出了两家企业试图组成一个卡特尔的结果。本来是出于他们共同利益的考虑限制产出，但是正如囚徒困境，该企业又受各自利益的驱使而毁约并增加产出。纳什均衡的选择是两家企业都增加产出。

图 6.11 卡特尔困境

两家企业 AV 公司和 Bea 公司试图建立卡特尔组织。如果双方都限制产出，那么产品就可以卖出高价，每家企业的利润都是 500 美元。如果在卡特尔中，两家企业都违约以增加产出，价格将被压低，每家企业的利润是 200 美元。如果一家企业增加产出，而另一家企业限制产出，那么市场价格将处在中间水平。产出较高的企业将获得 600 美元的利润（因为销售数量的增加），但是，另一家企业将只获得 150 美元的利润（因为价格较低）。此图中显示了这样一种结果。纳什均衡是两家企业都增加产出——在图中的阴影部分。已知上述结果，对于单个企业来说，有利的选择总是增加产出（在给定另一家企业产出的情况下）。

	Bea公司低产出	Bea公司高产出
AV公司低产出	\$500 / \$500	\$150 / \$600
AV公司高产出	\$600 / \$150	\$200 / \$200

离氨酸行业的共谋

马克·怀特卡是 Archer Danier Midland 公司（ADM）的高级主管。他控告其前任雇主非法定价。离氨酸是一种从玉米中提取的氨基酸，用于猪和家禽的饲养（可促进其生长）。ADM 于1991 年进入离氨酸市场。在此之前，离氨酸市场已经被两家日本公司所统治。ADM 迅速地获得了市场份额，但是由于竞争，离氨酸的价格从每磅 1.30 美元下降到 0.60 美元。据怀特卡说，ADM 的管理者在 1992 年就开始与日本的竞争者合谋，商讨如何从保护各自利益的角度出发来固定价格。总的来说，在这场三家公司的竞争中，竞争者每月都要损失数百万美元的利润。怀特卡还指出，在 ADM，最流行的说法是：

竞争者是我们的朋友，消费者是我们的敌人。

1996 年，ADM 被判非法抬高价格，并为此支付 1 亿美元罚金。1999 年，怀特卡被判处两年半的监禁。

资料来源：M.Whitacre, as told to R.Henkoff（1995），"My Life as a Corporate Mole for the FBI," *Fortune Magazine*（September4），52-62; K. Eichenwald（1999），"Three Sentenced in Archer Daniels Midland Case," *New York Times*（July 10），C1.

如果能对毁约施加有效的惩罚，那么卡特尔就能维持下去。为了使这些惩罚行之有效，卡特尔的成员必须能观察到（或准确地推断出），哪家企业已经违约。某种程度上，卡特尔成员预期在多次反复实践的基础上彼此会相互影响，因此会更有动力去合作。在企业之间相互影响的基础上，还会促使双方投资建立有效的强制机制去限制欺骗。这些激励措施有可能足以避免卡特尔困境。总之，如果行业内企业的数目较少，那么合作是很容易实现的，因为很容易识别并惩罚违约者。

即使不允许企业组成卡特尔，还是有许多合作的途径可以增加利润。比如，经过一段时间，某企业可能变成一个公认的价格领导者。当面临新的需求或成本条件时，这样的企业就会变更价格，方法是在同等条件下估计卡特尔会如何确定价格。其他企业会跟着变动价格，这样的结果就像卡特尔成员的行为一样。对于个别企业来说，仍存在短期违约的激励（例如降低价格以获得更多的销售额）。但是，企业可能会避免这种短期诱惑，以促进长期的合作，并因此获得更高的长期利润。[16]

另一种促进合作的潜在机制是与行业中企业雇佣的买家签订合同条款。最惠国条款向买方保证，企业作为卖方，不能向另外的客户以更低的价格出售。这些条款减少了企业向单个客户低价销售的激励，因为同样的价格让步还必须提供给其他客户。竞争者同价条款保证，企业作为卖方，出价要与竞争者相同。这样的条款保证了企业违约降价就比较困难，因为任何企业的降价行为都很可能会受到客户的密切注意。

我们这里对竞争对手在产出市场上的战略性相互作用的讨论，只是对这类问题的一个简单介绍。在第 9 章，我们将详细分析这些问题。

推荐书目

A. Dixit and B. Nalebuff (1991) , *Thinking Strategically* (Norton: New York) .

G. Stigler (1987) , *The Theory of Price* (Macmillan: New York) , Chapter 3.

R. Pindyck and D. Rubinfeld (1992) , *Microeconomics* (Macmillan: New York) , Chapters 8–13.

注 释

1. 有关本例的详情请见 P. Grant（2002),"The Cable Guy Cuts His Rates," *Wall Street Journal*（September 25)；and Reuters Limited（2002),"FCC：Cable Prices Rose 7.5% over 12 Months"（April 4）.
2. 不同企业产品的具体特征往往千差万别。因此，知道哪些企业和个人应该划归同一个市场并不是一件简单的事情。正像在第 4 章所讨论的，可以借助于交叉弹性来确定市场范围。如果产品之间交叉弹性较高，可以认为是属于同一市场的产品，因为它们是“相近的替代品”。
3. 在短期和长期的利润最大化并没有什么不一致。在任何给定产出上的 LRMC 都等于 SRMC，因为对于这样一种产出水平，厂商会选择最优生产规模。因而，企业可以同时选择 P^*= SRMC = LRMC 的产出。
4. 企业所报告的利润都是基于会计定义：销售收入减掉经营的显性成本。因此，会计利润的计算，并没有包括业主的企业家才能和权益资本的机会成本，而经济利润则包含这些成本。有大于 0 的经济利润就会吸引企业的进入，因为进入到这样的行业，其收益会高于其他行业。而大于 0 的会计利润并不总是会吸引企业的进入——收益不见得能足以补偿所有者的机会成本。
5. 本部分简要总结了有关进入壁垒的经济学文献。有关内容的详细分析可以参阅 S.M；Oster（1994)，*Modern Competitive Analysis*（Oxford Press：New York）.
6. K. Lancaster and R. Dulaney（1979)，*Modern Economics*：*Principles and Policy*（Rand McNally：New York)，211.
7. 由于行业需求的大幅度下降也会造成过剩的生产能力。在这种情况下，经营利润通常会很低，而进入没有什么吸引力。我们目前的讨论集中于这样的情况：现有企业可以赚得经济利润，并同时拥有过剩的生产能力。这些经济利润也许不会导致实际的进入，因为现有企业会以降价相威胁。
8. 经济学家经常把这些损失的交易收益称作无谓净损失（dead-weight loss)。这种非效率（或称为社会成本）是政府经常颁布有关管制法案（比如反垄断法）来限制垄断形成的一个重要原因。由于担心在垄断情况下消费者要负担更高的价格，政府也会加强管制。虽然政府管制有降低无效率与财富转移（从消费者到企业）的可能性，但要明白政府管制并不是无代价的（比如，政府官员要耗费工资，法庭也要耗费大量费用)。从全社会的角度来看，应该权衡政府管制所带来的收益与相应的成本。
9. 垄断竞争没有充分利用交易的收益有两个原因。第一，就像在垄断的情况下一样，由于没有向所有的将该产品价值看作高于其边际成本的顾客销售，就会有净损失。第二，厂商并没有在平均成本曲线的最低部分生产（见图 6.6)。通过减少企业数目而增加每个企业的产量，可以进一步降低平均成本。然而，解决无效率的管制很有可能是无效的。顾客也会看重产品差异化的价值，因此增加产品花色品种花费更高的平均成本，也许比花色品种少平均成本低要好。第二，由于没有什么进入壁垒，因此企业的市场控制力不可能更大。

10. 这一章介绍了博弈论的基础知识。在本书的后面部分，我们将提供充足的博弈论应用的背景资料（这些内容分别在几章的附录中介绍）。第 9 章我们将详细讨论管理者在决策中如何应用这个理论工具。对博弈论的详细分析感兴趣的读者应当阅读第 9 章。
11. 利润由于相应生产成本的不同而不同。
12. 请回忆线性需求曲线的边际收入曲线是一条与需求曲线具有相同截距、负斜率是需求曲线两倍的直线。
13. 这种情况经常被称为贝朗模型（Berrand）。贝朗是法国经济学家，他在古诺的著作发表大约 50 年之后，曾经写过一篇短文提出：在有些市场上，生产者意在确定价格而不是产出。
14. D. Carlton and J. Perloff（1990），*Modern Industrial Organization*（HarperCollins：New York），Chapter 10，讨论了一些相关的经验文献。
15. 在一些小国家中，许多地方生产的重要产品是用来出口的。在这种情况下，出于本国利益的考虑，可能会允许形成卡特尔。最终，消费者会为此付出更高的价格，社会资源的分配与运用也会因此而效率低下。然而，很多这样的成本是由其他国家的人们承担的。
16. 的确，经济学家们已经揭示出，在所有长期的关系中，如果没有特定的到期时间，合作有可能是均衡的——有关各方不一定是处在卡特尔困境中。我们将在第 9 章和第 10 章的附录中更为深入地讨论这个问题。

第 7 章

具有市场控制力的定价

Beyond.com 公司从 1994 年开始在互联网上销售软件。最初，该公司只有三名雇员，在位于加利福尼亚 Menlo 公园的一家理发店的楼上办公。到了 1999 年，该公司已有了极大的增长，变成了一家向个人、公司和政府机关销售商业和即用软件的上市公司。2000 年 1 月，公司宣布实行战略转移——从向消费者零售转向向企业销售。

在这个转变之前，零售买主和企业的消费者都是通过 Beyond.com 公司的网上商店购买产品。1999 年，在线购买准备了大约 30 000 个库存保有软件（SKUs），3 300 多个软件能够马上通过电子配送的方式送货，其中包括一些主要的出版商比如 Adobe、Lotus 、微软和太阳公司。

Beyond.com 公司以折扣价格销售受欢迎的软件。1999 年，访问 Beyond.com 公司网站的消费者对定价决策都显示出强烈兴趣。请看下面的例子：（1）*Quicken Deluxe*，一种先进的财务软件，对苹果系统的用户售价是 54.97 美元，对 Windows 系统的用户售价是 59.95 美元。但是，Windows 系统的用户可以从厂商那里得到 30 美元的回扣，因此净价格是 29.95 美元。对苹果系统的用户没有回扣；（2）*Encarta Encyclopedia 99*，价格是 35 美元，但从微软公司可以得到 25 美元的回扣，从 Beyond.com 公司可以得到 10 美元的回扣，因此是免费的；（3）*Expedia Streets* 和 *Expedia Trip Planner*，这是微软公司生产的两种软件，只以 35 美元（回扣前的价格）的价格捆绑销售；（4）政府和公司部门的大量购买还可以有进一步的价格折扣。

定价是一种关键的管理决策。这些例子说明了一些与产品定价相关的复杂性。例如，管理者应该怎么样确定产品的基本价格？企业为什么要使用优惠券和采用回扣的方式定价？对于同样的产品，为什么有的消费者支付的价格比别的消费者要高？企业为什么要捆绑销售？为什么企业还会免费销售它的产品？为什么有些企业愿意对大量购买提供价格折扣？

本章对具有市场控制力的定价进行了基本分析，并对上述以及相关的问题给予了回答。本章剩下的内容还包括：第一，我们讨论价格决策所依据的目标。其次，我们分析企业对所有的消费者统一定价的标准情况。随后，我们再考虑更复杂的定价政策问题。在本章的最后，我们简单讨论一系列其他的问题，包括多期考虑的问题、战略的相互作用问题、立法和实施的问题。

定价目标

当企业的需求曲线向下倾斜，该企业就具有了市场控制力（market power）。具有市场控制力的企业提高价格而不会失去所有的消费者到竞争对手那里。最终的定价目标就是选择一种定价政策，使得企业的价值最大化。我们继续沿用前面管理者在单一时期中寻求利润最大化的标准的经济学分析。虽然管理者实际上追求的是所有将来利润现值的最大化，但如果预期企业的环境是不变的，那么这两个问题是一样的。在本章的后面，我们讨论未来利润是如何影响现在的定价决策的。然而，单一时期的分析为定价决策提供了一种有用的见解。

图 7.1 表示了一家企业的需求曲线和它的产品生产的边际成本曲线。需求曲线反应了消费者愿意为产品支付的价格。出于自身利益，只有在极特别的情况下企业才愿意以低于边际成本的价格销售产品——多数情况下它不生产会更好（在本章的后面，我们考察多期的情况下，企业也许会把现在的价格压低到边际成本以下）。因此，三角形的阴影面积表示了最大的潜在交易收益。如果企业按照边际成本销售产品，那么所有的收益会以消费者剩余的形式由消费者得到。消费者剩余是指，消费者在购买某种产品时，愿意支付的价钱和实际支付的价钱之间的差额。在利润最大化的驱使下，经营者都想方设法设计定价政策，尽可能地将这部分剩余据为已有：管理者的理想是把所有潜在的消费者剩余都转变成企业的利润。

我们首先回顾标准情况——企业对所有的顾客都实现统一定价。在这种情况下（正如在第 4 章和第 6 章所分析的那样），企业能得到一部分但不会得到全部的潜在交易收益。随后，我们考虑更复杂的定价政策问题。

图 7.1　具有市场控制力的定价

需求曲线反映了消费者愿意为产品支付的价格。一般来说，企业以低于边际成本的价格销售产品不符合企业的利益，因为企业不生产产品会更好一些。因此，最大的潜在交易收益可以用三角形阴影面积来表示。企业的目标就是选择出一种定价策略，使企业的交易收益份额最大化，从而使企业的利润达到最大。

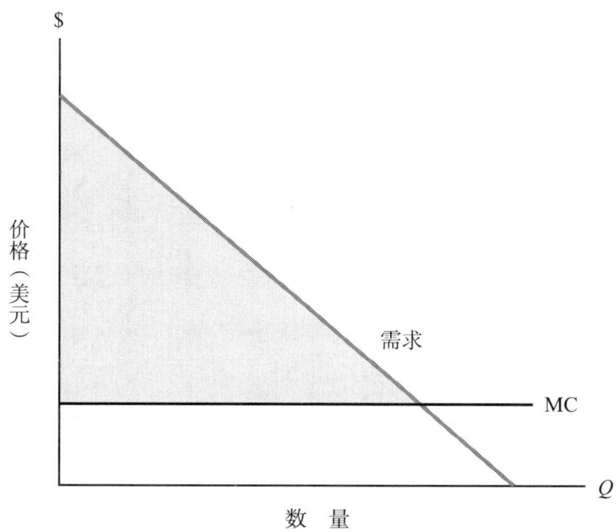

标准情况：单位产品的单一定价

利润最大化

假设 Beyond.com 销售的软件产品叫作 *Checkware*。它是以 10 美元的价格从生产商那里买来并选择一个零售价格在互联网上销售。所有的消费者不管买多少都一律同价。Beyond.com 公司没有其他的增量成本，它所面临的需求曲线如下所示：

$$P = 85 - 0.5Q \tag{7.1}$$

其中 P 是价格，Q 是需求量（单位是千个）。

价格定为多少，Beyond.com 的利润能够达到最大？

第 6 章已分析过，当边际收入等于边际成本时的价格—产出组合，企业的利润最大。在这个例子中，边际收入是 $85-Q$，边际成本是 10 美元。[1] 因此，最优的产量和价格分别为 75 个单位和 47.5 美元。利润是 2 812 500 美元。图 7.2 说明了这个结论。

我们集中分析的这个例子提供了许多基本知识。但是，必须注意到，这个例子至少在四个重要的方面简化了定价分析。第一，不管购买多少所有顾客支付的单价都一样。因此没有考虑更复杂的定价策略问题。第二，企业只销售一种产品，因此产品之间的相互作用没有考虑。第三，需求曲线是单一时期的。这一分析集中于单一时期利润的最大化，并从长期的思考中抽象出来（例如，这一时期的定价是如何既影响未来的需求又影响未来的成本的）。第四，需求曲线是假设不管Beyond.com 的要价是多少，竞争性产品的价格都是保持不变的。在某些市场上，行业内企业的定价决策有可能是相互作用的。在本章的后面，我们将分析放松这些假设条件后的状况。

图 7.2 单位产品的单一定价

软件的边际成本是 10 美元。需求曲线是 $P=85-0.5Q$。如果企业对所有的消费者都统一单位定价，那么边际收入（$MR=85-Q$）等于边际成本时利润最大。最优的价格和产量分别为 47.5 美元和 75 个单位。

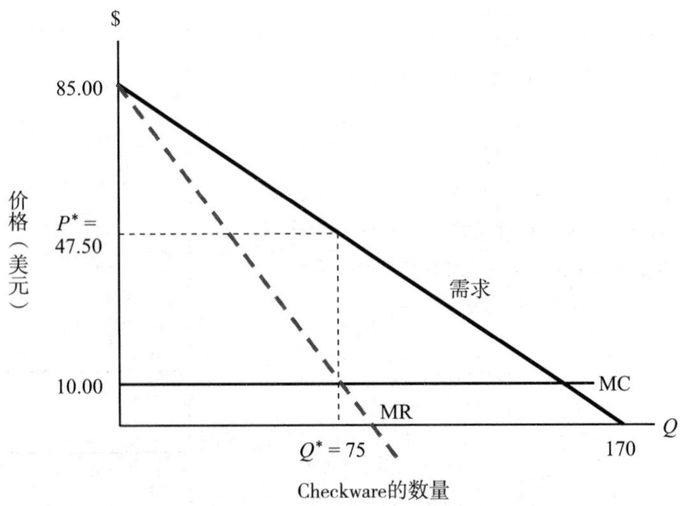

相关成本

令边际成本等于边际收入时管理者可使企业利润最大化。正如本书所强调的，沉没成本是定价—产出决策中的非相关成本——我们只考虑增量成本。假设Beyond.com 公司先前在开发它的网上商店及建立和宣传它的网站时已花费了 100 000 美元，虽然 Beyond.com 公司希望创造足够的利润以弥补这笔原始投资，但这笔支出也已经是沉没的了，因此与现在的定价决策没有关系。

正如我们前面的分析，对管理者来说，集中考虑机会成本而不考虑会计成本非常重要。例如，假设 Beyond.com 有一批 *Checkware* 软件包的存货，这是以前以 18 美元的价格从生产商那里购进的。这笔历史成本与现在的定价决策没有关系，重要的是现在重置这批存货要花费的成本——10 美元。[2]

价格敏感性

考察垄断的定价决策的另外一种方法，就是使用第 4 章介绍的价格弹性的概念。请回忆一下，价格弹性 η 就是对价格敏感性的度量。价格弹性越大，需求的数量对价格的变动就越是敏感。通过一些代数运算可以很容易看出，垄断者的边际收入等于边际成本的最优价格策略可以重新写成：

$$P^* = MC^*/[1-1/\eta^*] \tag{7.2}$$

其中 P^*、MC^* 和 η^* 分别表示在最优产出水平时使利润最大的价格、边际成本和需求弹性。

请回忆一下，需求的价格弹性是从 0（完全无弹性）到 ∞（完全弹性）。随着价格弹性越来越大，企业的市场控制力越来越小。

没有企业会在其需求曲线的非弹性部分（η>1）从事经营。为了理解其原因，假设这一结论是错的——利润最大化的价格在需求曲线的缺乏弹性部分。现在考虑高于利润最大化时的价格。对于缺乏弹性的需求曲线，总收入随着价格的上升而上升。随着价格的上升，销售量会减少，生产成本也会降低。因为收入是增加的，成本是降低的，利润就会随着价格的上升而增加，因此利润最大的点不会位于需求曲线的缺乏弹性部分。所以我们可以确定 η^*<1，最优价格也比边际成本大。

如果企业具有潜在的市场控制力，那么它的需求曲线就是缺乏弹性的，在边际成本之上的价格加成也会较高。相反，如果企业只有有限的市场控制力（比如有许多好的替代品），那么价格弹性就会较高而价格加成较低。

在我们的 *Checkware* 例子中，价格加成是 37.50 美元（47.50 美元–10 美元）。最优价格—产量组合时的价格弹性是 1.27（使用第 4 章附录中的技术计算）。图 7.3 比较了这种产品与另外一种价格弹性较高的软件产品（*Illustrator*）的情况[3]：

$$P = 42.50 - 0.25Q \tag{7.3}$$

在这个需求曲线下，最优的产出和价格分别为 65 和 26.65 美元，此时的价格弹性为 1.62，

图 7.3 价格敏感性和最优的价格加成

在边际成本之上的最优价格加成幅度取决于需求曲线的弹性。随着需求弹性的增大，最优价格加成幅度会降低。左图是 *Checkware* 的需求曲线，其弹性比右图的 *Illustrator* 需求曲线的弹性要小。相应地，左图需求曲线的最优价格加成幅度比右图的要高（超过成本 37.50 美元和超过成本 16.25 美元）。在最优的价格和产量组合点，左图需求曲线的价格弹性是 1.27，右图需求曲线的价格弹性是 1.62。

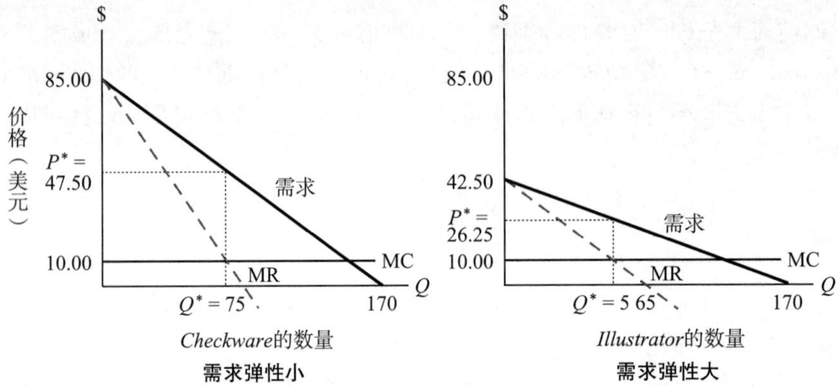

而第一个例子中的价格弹性是 1.27。相应的价格加成幅度也较低（16.25 美元而不是 37.50 美元）。

利润最大化价格的估计

经济理论认为，管理者应当把价格定在边际收入等于边际成本处。现实中应用这个原理时的实际问题是，管理者通常不知道他们的需求曲线和边际收入线的准确信息（第 4 章讨论了估计需求曲线的方法）。因此，依赖于不同的环境，成本加成或加成定价政策（下面讨论）可以作为在没有更准确信息的条件下的一种有用的近似或粗略的估计方法。

线性估计

在信息有限的情况下，可以运用的一种技术就是*线性估计方法*。这种方法要求定价决策者估计现在的价格、现在的销售量、价格变化（比如说变动 10%）之后的销售量以及生产的边际成本。

在我们的例子中，假设 Beyond.com 公司的决策者萨莉·麦格劳现在确定的产品价格是 70 美元，现在每一时期销售 30 个单位。萨莉估计如果她把价格降低 5 美元，也就是 65 美元，那么她将卖出 40 个单位。这种估计依据的是竞争对手对同样的产品的定价水平（来源于过去变动价格的经验等等）。这些信息使她知道了需求曲线上的两个点。如果她假设这个需求曲线是线性的，那么她就可以求出这条需求曲线。估计的需求曲线斜率为（65–70）/(40–30）=–0.5。为了求出截距，她必须把现在的价格和需求量代入到需求曲线（$P = a + bQ$），并令斜率等于–0.5，则：

$$70 = a - 0.5 \times (30)$$

求出的截距为：

$$a = 85$$

因此，估计需求曲线为：

$$P = 85 - 0.5Q \tag{7.4}$$

有了这个估计出来的需求曲线，并已知边际成本为 10 美元，那么萨莉就有了足够的信息来解决“最优”价格问题了。无论这个价格是否接近于实际的最优价格，都取决于她对成本和价格敏感性估计的是否准确，取决于需求曲线是否接近于一个线性的需求曲线。即使需求曲线不是线性的，线性的结果也不会是一个糟糕的估计，特别是她开始时的价格与最优的价格相差不太大的时候。

在这个例子中， 萨莉会把价格从 70 美元降低到 47.50 美元。销售量的相应变动会给她提供更多的信息，这对将来的定价决策非常有用。例如，销售量的上升与萨莉的预测是否接近？如果她对所估计的需求曲线缺乏信心，她就会担心价格降低 22.50 美元太多了，那么她开始时就会把价格少降一点，随后如果经验证明降价是对的，就把价格再多降一些。或者，她可以在购买价格的基础上提供 22.50 美元的回扣。如果降低价格这项措施被证明是错误的，那么她就可以简单地取消回扣（下面将详细讨论回扣的问题。）

成本加成定价

在企业中，一个很通用的定价方法就是*成本加成定价*。使用这种方法，企业可以计算出平均的总成本，在此基础上加上一个目标回报率就得到了价格。

例如，假设萨莉预期销售出 75（000）单位的产品，目标销售回报率是 20%。总成本包括 10 美元的单位变动成本和 100 000 美元的初始投资。为了求出价格，萨莉必须先计算出单位成本：

$$\text{单位成本} = \text{变动成本} + (\text{固定成本}/\text{销售量}) \tag{7.5}$$

在本例中，

$$\text{单位成本} = 10\text{ 美元} + (100\text{ 美元}/75) = 11.33\text{ 美元}$$

运用下列公式就可以求出满足目标回报率的价格：

$$\text{价格} = \text{单位成本}/(1 - \text{目标回报率}) \tag{7.6}$$

在我们的例子中，用这个公式计算出来的价格是 14.16 美元（11.33 美元/0.8）。销售回报率是（14.16 美元−11.33 美元）/14.16 美元= 0.20。

我们前面曾经强调，利润最大化定价只考虑增量成本，并依据消费者的价格敏感性。成本加成定价似乎将这两方面的考虑都忽略了。加成价格是在平均总成本的基础上加成，它忽略了对产品的需求——恰恰是因为萨莉确定了 20%的销售利润率目标，但这并不意味着消费者会在设定的价格上购买萨莉设想的数量。

那些价格政策一贯不当的企业将会发现，与采用更好的定价技术的情况相比，他们现在获得的利润要少，甚至还有可能在竞争中败北。但是如果成本加成定价如此缺少合理性，那么为什么在市场中还有那么多的企业使用呢？一个解释就是管理者在选择目标回报率和目标销售量时隐含地考虑了市场需求。如果萨莉知道产品面临的竞争很小，那么她就会选择比面对更大竞争的情况下销售更多的产品，并获得更高的回报率。从理论上讲，总有某些目标销售量和总成本的回报率能产生利润最大的价格。

在我们的第一个例子中，*Checkware* 的最优价格和产量分别为 47.50 美元和75 000 个单位。相应的单位成本是 11.33 美元。目标回报率定为 76.15%，利用公式（7.6）计算出的利润最大时的价格为 47.50 美元。如果萨莉意识到 *Checkware* 具有潜在的市场控制力时，她就会选择一个更高的目标回报率（在这个例子中是 76.15%）。同样，对于那些没有什么市场控制力的产品，她就会选择一个较低的目标回报率。因此，如果 *Illustrator*（见图 7.3）具有与 *Checkware* 相同的单位成本，那么，萨莉将可以选择 56.84%的目标回报率，这意味着价格将为 26.75 美元。

事实证明，当管理者采用成本加成定价时，他们的确是依据市场控制力来选择目标利润率和产量的。请设想一个典型的杂货店运用成本加成定价方法进行价格加成。稳定的产品，比如面包、汉堡、牛奶、各种汤等都是价格敏感性相对较高的产品，因而只能获得很低的利润（成本之上的加成低于 10%）。高利润的产品都是那些需求弹性相对较小的产品，比如香料、时令新鲜水果和非处方药（加成高达 50%甚至更多）。一个经验丰富的杂货店老板评论说"价格敏感性是确定利润大小的基本考虑"。[4] 在某一既定产品成本变动的相关范围内，能够得到最大利润价格的产品的回报率相对稳定，并且相关系列产品的成本变动较小时，成本加成方法更有用。

加成定价法

许多管理经济学教科书都建议使用公式（7.2）：$P^* = MC^*/[1-1/\eta^*]$ 作为定价经验法则。这种方法一般叫作*加成定价法*——先把现在的价格弹性和边际成本估计出来，然后代到公式（7.2）中去，就得出了最优的价格。

公式（7.2）表示的是满足最优价格—产量组合的条件。但是价格弹性通常沿着需求曲线不断变化。如果萨莉现在选择的价格—产量组合是次优的，那么现在的价格弹性就与最优点上的价格弹性不一样。在公式（7.2）中，只有当现在使用的价格弹性与最优价格—数量组合点上的价格弹性比较接近时，用现在的价格弹性估计最优价格的效果才比较好。虽然在一条线性的需求曲线上价格弹性是不断变动的，但在一些非线性需求曲线的某一区间内，价格弹性可以是保持不变的。事实上，某些需求曲线是*等弹性的*——在整个需求曲线上价格弹性都是一样的（比

如 $P=a/Q$；请看第 4 章的附录部分）。

假设条件的重要性

在我们 *Checkware* 的例子中，基础的需求曲线是线性的。毫不奇怪，线性估计的结果比较好。相反，加成定价的结果差。如果萨莉开始时的价格是 70 美元，产量是 30 个单位，那么用需求曲线（$P = 85-0.5Q$）计算出来的价格弹性是 4.66（可以用第 4 章附录中介绍的方法来推导）。将 4.66 代入到公式（7.2）中去，并把边际成本 10 美元也代进去，就得出了“最优”价格为 12.73 美元。但是这个结果与最优的价格 47.50 美元相差甚远。这说明在选择经验法则的时候，对假设前提的考虑特别重要。不难想象，在另外一些情形下，运用加成定价方法得出的估计数要比线性估计的结果好。

获得更高利润的潜力

在实行单一定价的标准情况下，企业能够获得部分但不是全部的潜在交易收益。图 7.4 提供了图示说明。矩形阴影面积表示企业的利润，三角形 *abc* 的面积表示消费者剩余。三角形 *def* 表示额外的潜在交易收益，这部分收益的产生来源于消费者——有一部分消费者对产品的评价超过产品的边际成本，但是在较高的单价 P^* 没有买到产品。下面我们将讨论，企业如何通过更复杂的定价策略来获取这两个三角形表示的交易收益，来增加利润。

微软的市场控制力和定价

2001 年，世界范围内的PC 机发货量下降了 4%，而同时，微软的管理者却设法把它的Windows 产品的销售量提高 16%。Windows 操作系统和微软办公软件继续轻易地就吸引了大量的资金。分析家们认为，大多数的消费者实际上在桌面软件上别无选择。虽然分析家们很少把微软描述成一个“垄断者”，但他们经常把微软说成是具有“独一无二的市场地位”或“巨大的安装基础”。微软发现有几种方法可以提高价格。微软公司已停止要求各公司为自己的每一个员工购买个人软件拷贝。它现在提供的是一个长期的政府许可的网络站点，人们可以从这个站点上直接下载软件拷贝到自己的个人计算机上。有了这个站点，各种组织每年交给微软公司一定的年费，就可以使用微软的软件而不必去购买软件。一位来自Gartner Inc.研究企业的分析师阿尔文·帕克斯评论这种新的定价政策时说：“最终，对每一个人都意味着涨价。”一位 Banc One 的分析师瓦尔特·凯茜说：“虽然他们说的可能是‘鼓励’，而实际上他们正在迫使人们升级。”

资料来源：R. Buckman（2002），“Microsoft Sprints On as Tech Sector Plods,” *The Wall Street Journal*（August 8），C1–C3.

图 7.4 获得更高利润的潜力

如果企业实行单一单位定价，那么在价格 P^* 处利润达到最大化，相应的数量为 Q^*。相应的利润用矩形阴影的面积表示。消费者所得到的剩余为三角形 *abc*，而三角形 *def* 表示交易中未实现的收益（部分消费者对产品的评价超过产品成本，但是因为产品的单价 P^* 较高而没有购买产品）。企业通过设计更复杂的定价策略，就可以部分地获取这两个三角形表示的交易收益，从而赚取更高利润。

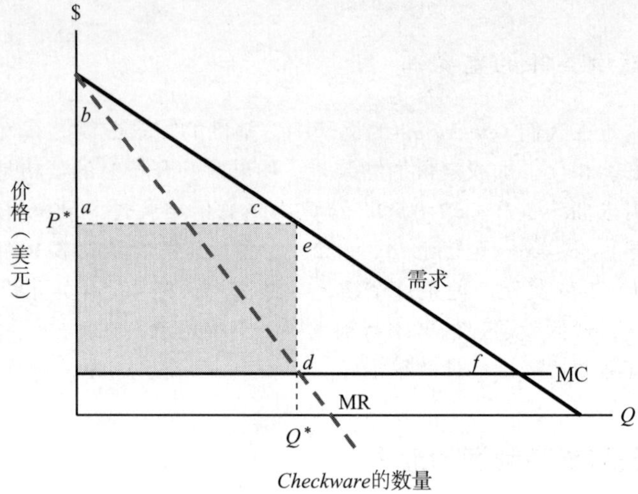

同质的消费者需求

一个产品的潜在消费者，他们的个人需求曲线可能比较相近，也可能相差很大。例如，在 *Checkware* 的例子中，所有的潜在消费者都愿意为这个产品支付相同的最高价格。另外一种情况，一些消费者可能愿为这个产品支付高价，而另外一些消费者可能只愿意以相当低的价格购买该产品。在我们讨论更复杂的定价策略之前，我们先考察同质的需求——把他们的需求限制为是相似的。当企业面对的是既定的个人消费者，并希望得到最大利润时所采用的这些相同技术在这里都是适用的。随后，我们再考察不同需求的状况。

批量定价

一个产品的总需求曲线是由单个消费者在每一价格下的需求量的加总得出来的。对许多产品来说，单个消费者有可能考虑购买超过一个的数量（比如水果、衣服等）。在标准情况中，不管消费者购买的数量是多少，消费者所支付的单位产品价格都是一样的。更一般的情况是，企业会依据消费者购买数量的大小，对其收取不同的单位产品价格。根据消费者购买数量的大小确定产品单价（即使是所有的消费者都具有类似的需求曲线），企业的利润有时也会增加。[5]

对某些产品来说，个人需求曲线是向下倾斜的。这就意味着随着购买数量的增加，消费者对每一额外单位产品的边际价值的评价是逐渐降低的。从概念上说，企业通过对每一产品的定价都等于该产品的边际价值，就可以获取全部的潜在交易收益。因此，对第一个产品可以要价 100 美元，对第二个产品要价 99 美元，对第三个产品要价 98 美元，等等（在这里价格代表消费者对每一额外单位产品所给予的边际价值）。现实的考虑通常会使这样的定价策略行不通。

Hickey–Freeman 的批量定价

Hickey–Freeman 是一家主要生产高质量的职业装和男装的企业。每年的冬天和秋天，它都会在纽约、印第安纳和缅因州的工厂里存有大量的存货。在最近的春季销售中，Hickey–Freeman 公司以下列方式为其高端服装定价。买一套服装的价格大约是 700 美元，买第二套服装的价格大约是 600 美元。如果消费者购买两套以上的服装折扣会更多。许多消费者都至少需要一套职业装用于工作。因此，他们可能很愿意为第一套服装付高价。而许多消费者又喜欢多拥有几套服装，他们愿意为每套服装支付的价格随着购买套数的增加而大幅度降低。Hickey–Freeman 公司的定价策略，使它比所有的职业装都按一个单位价格销售获得了更多的利润。例如，如果它把所有的服装都统一定价为 700 美元，那么那些对额外几套服装的评价超过边际生产成本（但低于 700 美元）的消费者，就不会购买额外几套服装。另一方面，如果企业把所有的服装都定价为 600 美元，那么它就失去了对某些服装要更高价格的机会。

但是，定价政策可以对第一个购买数量段（比如 1~5 个单位）定高价，对随后的数量段逐渐降价。例如，在 1~5 这个数量段内，单位产品的价格是 98 美元，在 6~10 这个数量段内，单位产品的价格 95 美元，等等。正如下面所讨论的，批量定价不仅在消费者需求同质的情况下可用来攫取额外的利润，在某些消费者的需求不同质的某些情况下也可以用来增加利润。[6]

另外，对包装大小的选择也是一种批量定价。假设一个普通的消费者对第一件 T 恤的评价是 16 美元，对第二件 T 恤的评价是 10 美元。如果经销商单件地卖 T 恤，他必须以每件 10 美元或更低的价格才能让消费者买两件。但如果他们把 T 恤打包销售，两件卖 26 美元，那么消费者则会很乐意接受，而实际上他们为每件 T 恤支付的有效价格是 13 美元。

分步定价

在采用分步定价的情况下，消费者先要为获取购买商品的权利支付一笔费用，然后每消费一个单位的产品再额外支付费用。典型的例子就是游乐园。游园者需要先支付门票费用，然后，每参加一个项目就支付一次费用（迪斯尼乐园就是采用这种定价方式）。[7] 一些高尔夫球场和网球俱乐部、信息服务和电话服务供应商也都采用这种分步定价。

对所有的消费者都实行单一定价的标准情况，也可以说是分步定价的一个特例。进门费等于 0，进一步购买的价格就是报价。一般来说，使用分步定价（入门费是正的，加上随后的价格）会使企业得到比标准情况下更多的利润。正如我们下面所讨论的，当潜在的消费者拥有相对同质的产品需求时，结果的确如此。

为了说明这种方法，请看一个例子。在这个例子中，所有的消费者对产品的需求都是相似的，即 $P=10-Q$。图 7.5 画出了一个普通消费者的需求曲线。生产该产品的边际成本是 1 美元。企业能够获取的潜在的交易收益以三角形的阴影面积来表示，等于 40.50 美元（$0.5\times9\times9$）。首先让进门费等于全部的交易收益（或略小一点），然后再让价格等于边际成本 1 美元，这样定价使企业获取的利润最大。在这种定价策略下，消费者购买 9 个单位。相反，如果企业实行单

图 7.5 分步定价

在这个例子中，所有的潜在消费者对产品的需求都是相似的。图中画出了一个普通消费者的需求曲线：$P=10-Q$。生产该产品的边际成本是 1 美元。企业能够获取的潜在的消费者剩余是 40.50 美元，以三角形的阴影面积来表示。首先让进门费等于全部的消费者剩余（或略少一些），然后让价格等于边际成本 1 美元，这样定价就使企业得到的利润最大。在这种定价政策下，消费者购买 9 个单位。

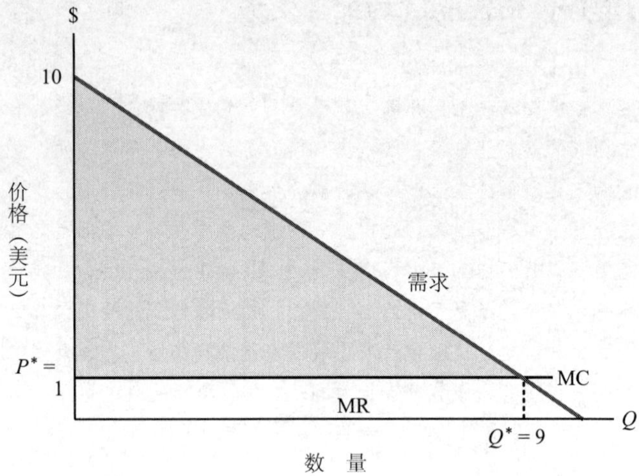

一定价，它能做到的最好的情况就是得到 20.25 美元的利润（通过边际收入等于边际成本的方法）。在这种情况下，单位产品的价格是 5.5 美元，消费者购买 4.5 个单位。

当消费者对产品的需求不是相似的，分步定价策略仍能使企业获利，但是消费者对产品需求的差异越大，这种定价策略的效用就越低。从现实或法律的角度来看，企业必须对所有的潜在消费者提供相同的分步定价。收取一个高额的入门费，使企业从那些对产品需求高的消费者那里获取更多的消费者剩余，但是需求低的潜在消费者则选择不购买。当消费者的需求差异很大时，最好的做法是收取一个较低的进门费（有可能等于 0），然后再将价格定到边际成本以上。在这种情况下，如果实施分步定价的成本（设计定价策略、收费等等）保持不变，那么企业第二步实行单一定价往往会赚得更多。在下一节，我们讨论另外一些定价政策，即当面对的需求差异更大时如何增加企业的利润。

资本品的分步定价

消费者经常从某个企业购买资本品[8]，然后再买其他配套的物品以获得资本品的服务。例如，吉列公司销售刮胡刀和专用的刀片。Hidden Fence 公司销售并安装宠物笼舍系统，该系统需要一种特殊的电池，而这种电池只有 Hidden Fence 公司销售。这些情形都类似于分步定价的情况。如果消费者需求是相似的，把资本品的价格定为等于全部的消费者剩余，然后再把消耗品的价格定在等于边际成本的水平上，这样企业就能够达到利润最大。如果消费者需求是不同的，那么最好的做法就是把资本品的价格定得低一些，再把消耗品的价格定到高于边际成本的水平上。

价格歧视——有差异的消费者需求

潜在的消费者在他们为产品支付价钱的意愿上差别很大。在我们的标准情况中，企业对所有潜在消费者的要价都一样。在消费需求有差异的情况下，企业如果能够对那些愿意付高价的消费者要高价，企业就能够得到更多的利润。

当一家企业的产品对不同的消费者实行不同的价格，而这种差异的原因不是生产和运输成本的差异，那么就说明存在价格歧视（price discrimination）。由于价格歧视的存在，价格加成或边际利润将因消费者的不同而不同。有利可图的价格歧视必须满足两个条件。第一，潜在消费者对产品需求的价格弹性不同（需求必须是有差异的），否则，没有办法细分市场。当不同的需求价格弹性存在时，就可以对那些对价格不敏感的消费者提高价格，从而获得较多的利润。第二，企业必须能够界定分市场，并能够限制消费者在不同分市场之间的转移。否则，对不同消费者定价不同的任何尝试，都会被分市场间的转卖所抵消。一部分消费者可以低价购买，然后转手再卖给其他的消费者，要价只要比企业的要价略低就可以。

有时，管理者对个人产品需求信息掌握的比较充分（特别是当消费者愿意为产品支付较多的价钱时）。例如，如果安德鲁·利昂一直在对一群重复购买的消费者销售汽车，那么他有可能对每一个消费者的价格敏感性都了解得很清楚。另外一种情况，管理者对个人产品需求信息掌握得非常少。例如，在安蒂的早期职业生涯中他没有什么经验，对来到汽车专卖店的消费者的分辨能力也较弱。但他仍能通过消费者需求分布的有限信息实行某种类型的价格歧视。我们首先讨论管理者掌握充分的个人需求信息情况下的价格歧视问题。然后，我们再考察管理者只掌握需求分布信息情况下的价格歧视问题。

香烟价格飞涨，灰色市场盛行

要取得价格歧视的成功，企业不仅要能够界定不同价格弹性的分市场，而且要能够限制分市场间的交易。

从历史上看，香烟公司在其著名品牌的定价上，一直是美国市场上的价格比外国市场的价格高。20 世纪 90 年代后期，美国市场上的香烟价格上升了 50%多，本来用于出口的香烟现在出现在国内的商店里或互联网上销售。这些反销到美国市场的香烟是“通过复杂的、非公开的销售网络进行销售的”。

例如，1999 年，一家加利福尼亚的折扣商店 Cigarettes Cheaper，共销售了 45 000 条香烟，这些香烟都是由 R.J.Reynolds 公司为出口而生产的。一条出口转内销的威斯顿烟售价是 24.89 美元，而正常的威斯顿烟售价是 30.39 美元。另外，互联网上还提供便宜的出口烟。在比利时的 Brasschaat，商人 Tehoe Rooijakkers 说在他的网站上，通过低成本的广告，万宝路、威斯顿和骆驼牌香烟每天都卖到了 150 条。

这些举动都遏制了烟草公司为他们的名牌香烟在美国市场上定高价的能力。

资料来源：S. Hwang (1999), “As Cigarette Prices Soar, a Gray Market Booms,” *The Wall Street Journal* (January 28), B1.

学费的定价方法

进行个性化定价的企业，都力求获得每一个消费者愿为产品支付的最大货币量。而那些没有实行完全个性化定价的学院和大学，则是通过财务资助计划来对不同的学生收取不同的学费。学校规定的学费是向任何一个学生收取的最高学费。价格敏感性相对较高的低收入学生，通常得到的财务资助比高收入的学生要多。另外，学习好的学生有可能得到许多奖学金，选择的机会更多，因此学校会给他们提供很多的学费优惠。来自一个高收入家庭而又资质平庸的学生，他们所支付的学费比其他的学生要高。

个人需求的信息开发

个性化定价[9]

假设有许多潜在的消费者。每一个消费者对产品的评价都表示该消费者对产品愿意支付的最高价钱——他们的保留价格。为简化起见，假设每一个消费者至多购买一个单位产品。个性化定价（一级价格歧视）使企业能够获取消费者愿意为这个产品支付的最大货币量。对每个消费者收取的价格使购买产品和不购买产品的顾客都无差异。在这种情况下，企业能够攫取所有的潜在交易收益。这种极端形式的价格歧视比较罕见，只有当消费者的数量非常少且不能够相互转卖时才可行。运用个性化定价，使所有愿意支付高于产品边际成本价钱的消费者都可以买到产品。所有的交易收益都被挖掘掉，结果就是高效率。当然，所有的交易收益都被企业占有。

虽然完全个性化的定价比较罕见，但是新的技术使企业很容易做到按照消费者的意愿报价。例如，进行网上销售的企业可以根据过去的购买记录、通过电子注册得到的人口统计方面的信息、点击量等改变报价。同样，借助商品目录进行销售的企业可以（而且经常这样做）通过个性化的插页，依据消费者的购买历史和个人特征（例如邮政编码）来改变报价。在老式的印刷技术下，在能够储存消费者信息的计算机数据库出现以前，这种类型的个性化定价比较困

Virtual Vineyards 公司

Virtual Vineyards 在互联网上销售高端葡萄酒和土特产，比如 El Serpis Anchovy 橄榄和狐狸牌的精致食品 Killer Corn Relish。该公司还在网站上提供建议、每月的葡萄酒消售计划以及其他一些服务。Virtual Vineyards 公司追踪每一个用户的点击情况，并根据这个用户的行为特点马上做出特定产品组合的报价。按照同样的思路，亚马逊网站跟踪每一个消费者的购买情况，并在下次登录时推荐另外的相关商品。许多通过其他媒介得不到的市场营销机会，现在通过互联网都能够得到了。

资料来源：C. Shapiro and H. Varian (1999), *Information Rules: A Strategic Guide to the Network Economy* (Harvard Business School Press: Boston).

难。[10]

分组定价

有时，管理者通过观察一个人的个性特征，比如年龄、收入或装扮就可以判断这个人的价格敏感性。这样，管理者即使过去从来没有跟这个消费者接触过，他也能够很好地判断出这个人对产品的需求。

分组定价（三级价格歧视）是指，企业把它的消费者分为几个组，并对不同的组确定不同的价格。比如，公用事业公司对个体消费者和商业使用者的要价不同；计算机公司给予教育领域的用户价格折扣；航空公司依据预留机票的提示数量收取不同的价格。Beyond.com 公司对政府机构和大公司的要价比其他消费者的要低。如下面的例子所说明的，某企业可以细分其市场，并在每个细分市场令每个市场的边际收入等于边际成本来使利润达到最大。

企业可以根据许多特征来对消费者进行分组。三个主要特征是年龄、购买时间和收入。例如，电影院经常对年长的居民和学生实行优惠，下午场的价格比晚间场次的价格要低，依据地区的平均收入而对不同的地区实行不同的价格。目的就是对那些价格敏感度低的组实行高价。

请看雪鱼滑雪场的例子。可以将对滑雪场的需求划分为当地的滑雪者和外地的滑雪者，为每一个滑雪者提供服务的边际成本是 10 美元。假设滑雪场的需求曲线如下：

$$\text{外地：}\quad Q_0 = 500 - 10P \tag{7.7}$$

$$\text{当地：}\quad Q_1 = 500 - 20P \tag{7.8}$$

每一价格下的总需求都等于两种类型消费者的需求总和：[11]

图书定价

企业可以依据许多特征对消费者进行分组。然后根据其价格弹性的不同，对每一组收取不同的价格。

图书出版商用来细分不同市场的一个特征就是时间。当新书上市时，通常只出精装版，而且价格相当高。随后再出平装版，价格也大幅度降低。那些对本书需求较高的消费者（因此价格弹性较低）会等不及平装版的出版就付高价购买这本书。那些需求较低的消费者会等到便宜的版本出现再去购买。在平装版上市之后，出版商一般会继续供应精装版。精装书比平装书做礼物可能更合适。还有一些消费者会为了他们的藏书可能更喜欢购买精装书。因此，这两种类型的书都有市场。继续提供多种版本的图书就是菜单定价（下面要讨论）的一个例子。

2005 年末，亚马逊网站销售由罗琳编写的系列畅销书中的第五册《哈利·波特与凤凰令》，其中就有多种版本。精装版的售价是 19.20 美元，而平装版的售价是 9.99 美元。另外，还有一种大开本的精装版，售价是 25.95 美元，CD 的价格是 47.25 美元，录音盒带的价格是 29.70 美元。精装版的和平装版的还被装在一个五册一套的盒子里出售。该系列的第六册《哈利·波特与混血王子》目前只销售精装版的。

$$Q = 1\,000 - 30P \tag{7.9}$$

如果该公司以同样的价格销售所有的门票，那么利润最大时：[12]

$P^* = 21.66$ 美元，$Q^* = 350$，$Q_0^* = 283$，$Q_1^* = 67$，利润 = 4 081 美元。

该公司可以对两种不同的滑雪者收取不同的价格，从而得到更多的利润。通过使两个市场达到边际收入等于边际成本来确定各自的最优价格。按照这一定价政策，可以得到下面的价格、数量和利润：

$P_0^* = 30$ 美元，$Q_0^* = 200$，$P_1^* = 17.50$ 美元，$Q_1^* = 150$，利润 = 5 125 美元。

其中，P_0 和 P_1 分别是对外地滑雪者和当地滑雪者收取的价格。滑雪场对外地滑雪者的票价高一些，因为他们对价格的敏感性比当地滑雪者要小。

图 7.6 显示了各个市场的最优定价政策。雪鱼公司认为这两个市场是各自独立的，并对每一个市场都制定了最优的垄断价格。与公式（7.2）一致，在弹性较大的当地滑雪者市场，最优价格加成较少。使用第 4 章附录中的点弹性公式，可以算出当地和外地滑雪者市场在最优价格时的点弹性分别为 2.33 和 1.5。超过边际成本以上的价格加成分别为 7.5 和 20 美元（价格加成后的价格变为 17.50 美元和 30 美元）。

雪鱼公司可以用许多方法对两组收取不同的定价。可以在远离主要滑雪场旅馆的超市销售优惠券。可以预计，超市销售的优惠券大部分会流入到当地人手中。另外，可以在滑雪季节开始之前，就在当地销售折扣门票（不可转让）。这两种方法都可在滑雪场使用。外地的滑雪者以低于 30 美元的价格购买门票越难，这项定价政策就越能获益。

图 7.6 雪鱼滑雪场的最优定价

雪鱼公司可以将其消费者细分为两个市场——外地滑雪者和本地滑雪者。两类滑雪者的边际服务成本都为 10 美元。在每一个细分市场上进行垄断定价可以得出公司的最优定价政策。对于外地滑雪者其价格加成较高，因为他们的需求比本地滑雪者缺乏弹性。最优的价格分别为 30 美元和 17.50 美元，外地滑雪者需求弹性为 1.50，而本地滑雪者的需求弹性为 2.33。

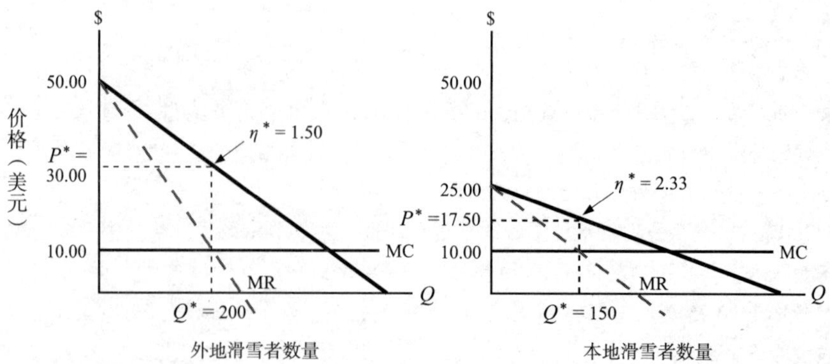

需求分布信息的使用

在某些情况下，管理人员没有足够的信息以便对消费者进行有意义的分组。例如，即使是零售商知道低收入的人比高收入的人价格弹性要大，但当他们走进商店时，零售商还是没办法判断消费者的收入水平。[13] 尽管如此，管理者对个人需求范围或分布是有可能掌握足够的信息来实行有利可图的价格歧视的。在这一节，我们重点讨论解决这个问题的两种方法。每一种方法都依赖于自我选择原则。消费者有选择的权利。通过他们的选择，他们就暴露出了有关价格敏感性方面的信息。

菜单定价

运用菜单定价（二级价格歧视），所有的潜在消费者都面临着相同的购买选择菜单。典型的菜单定价涉及批量定价——单位产品价格因购买量的不同而不同。[14] 例如，移动电话公司一般会让消费者在几个费率计划中进行选择，每一个计划中规定的每月最低通话时间不一样，因而每分钟的话费也不一样。消费者根据他们自己可能的通话时间来选择最佳的费率计划。精心地设计这样一种选择菜单，比企业只是简单地对所有的潜在消费者都收取同样的产品价格（例如，不管通话量是多少，每分钟的话费都是 0.10 美元）得到的利润要多。如果这样的数量折扣仅仅是基于成本，那就不存在价格歧视。但是，大批量的使用者确实有动力去搜寻低价的方法，因此他们比小批量的使用者的价格弹性可能更大，所以，即使单位产品的成本相似，批量定价也使企业对不同组的消费者实行了不同的价格。公用事业单位通常采用这种方法定价。

一个相关的定价策略就是为潜在的消费者提供一个价格—数量组合的菜单。例如，*Turbo Tax* 公司为其软件设计了豪华版和标准版。豪华版包括另外一些特点，以吸引高手使用。生产和销售这两种版本的软件的边际成本是一样的。但是，公司从豪华版上赚取的利润更多，因为选择这一版本的消费者比选择标准版本的消费者的价格弹性可能要低。

表 7.1 表示了菜单定价的一个数字例子。在此，*Turbo Tax* 软件市场划分为两种类型的使用者：熟练的使用者和非熟练的使用者。表中给定了两种类型的使用者对豪华版和标准版的保留价格（愿意支付的最高价格）。假设生产软件的边际成本为 0。

最理想的是，在使用者购买之前就能够鉴别这两类使用者。假设企业能够阻止消费者之间转卖软件，那么企业对购买豪华版的熟练使用者要价 100 美元，对购买标准版的不熟练的使用者要价 20 美元，这样能使企业的利润达到最大。这种定价策略等同于个性化定价。

由于企业不能在使用者购买之前识别出其类型，所以它把标准版的价格定在 20 美元，把豪华版的价格定在正好低于 85 美元（比如 84.99 美元）。消费者自己知道自己的类型，他们会选择一种使自己的消费者剩余最大的质量价格组合。非熟练的使用者购买标准版的软件，他们得不到任何消费者剩余。熟练的使用者购买豪华版的软件，得到的消费者剩余正好超过 15 美元（如果他们购买标准版软件所享受到的剩余）。熟练的使用者购买低质量产品的可能性限制了豪华版的定价。如果豪华版的定价超过 85 美元，那么熟练使用者通过购买 20 美元的标准版就能够得到更多的消费者剩余，因此豪华版一点都卖不出去。

结果是：熟练使用者得到了一些消费者剩余，企业比个性化定价时得到的利润要少。尽管

	熟练的使用者	非熟练的使用者
标准版	35 美元	20 美元
豪华版	100 美元	20 美元

表 7.1 菜单定价的例子

在这个例子中，有两种版本的 *Turbo Tax* 和两种类型的使用者。表中显示了每一种消费者愿意为产品支付的最高价格(保留价格)。生产这两个版本的边际成本都是 0。运用菜单定价，企业对标准版的定价是 20 美元，对豪华版的定价是 85 美元（或略低一点）。消费者通过自我选择使自己的消费者剩余达到最大。熟练的使用者会购买豪华版（消费者剩余是 15 美元)，非熟练的使用者会购买标准版(消费者剩余是 0)。与个性化定价不同，企业不能得到全部的交易收益。企业倾向于把豪华版的价格定得高一些。但如果它这样做，熟练的使用者就会去购买标准版的软件。

如此，企业也比只提供一种版本、一种价格的情况下得到的利润多。例如，企业可以只提供豪华版，售价是 100 美元，而且只对熟练的使用者销售；或者是以 20 美元的价格对两种类型的消费者销售。但一般来说，提供两种质量—价格组合的产品，企业所得的利润更多。[15]

优惠券和货价返还

企业在产品定价时经常采用优惠券。例如，大多数的星期天报纸都包含许多优惠券，为在到期日之前使用优惠券的消费者提供打折优惠。有时候也通过直接邮递、产品包装和杂志插页的方式分发优惠券。

企业也经常提供货价返还，消费者使用货价返还优惠就可以冲减掉一部分购买价款。例如，汽车制造商经常为在货价返还期内购买汽车的消费者提供大额的货价返还（例如 1 000 美元）。软件制造商和零售商（例如微软公司和 Beyond.com）也经常为他们的产品提供货价返还。货价返还优惠经常与杂货店销售的产品联系在一起。

优惠券和货价返还为消费者提供了价格折扣。价格折扣反过来会吸引新的消费者（新的第一次使用的消费者或从其他品牌转移过来的消费者）或增加现有消费者的购买量。一些企业使用优惠券或货价返还进行价格折扣，而不是简单地降价，一个最主要的原因就是价格歧视。

优惠券必须从报纸上剪下来并带到商店，而货价返还通常要求消费者填一个表格并把它寄到制造商那里。许多消费者并不使用优惠券和货价返还优惠购买产品，因为使用优惠券和货价返还优惠省下的钱，还没有搜寻和换回钱所花的时间价值大。一般的优惠券和货价返还的使用者可能都是时间的机会成本相对较低的人（例如，使用者可能没有在外工作或收入很低)，这样的消费者可能价格的敏感性较高。因此，发行优惠券和实行货价返还是降低需求弹性较大的潜在消费者实际价格的一种方法。[16]

1999 年，Beyond.com 为 Windows 系统的用户购买 *Quicken Deluxe* 软件提供 30 美元的制造商货价返还。申请货价返还的消费者支付的净价格是 29.95 美元，而没有使用货价返还优惠的消费者支付的价格是 59.95 美元。大多数的消费者预期都会以 30 美元的货价返还优惠条件购买产品。但仍有一部分消费者最后没有用这30美元的货价返还，原因就是这部分人的时间价值较高而对价格不太敏感。[17]与价格歧视的原理一样，他们比价格敏感度高的货价返还使用者付的价钱要高。

使用优惠券和货价返还计划是要花费成本的。例如，设计促销计划、印刷和分发优惠券、处理货价返还事宜等都需要花费成本。这些成本可能会很大，因此必须在实行这一计划的收益和成本间进行对比，以决定是否实行这样的计划。我们已经知道这些计划的潜在好处之一就是通过价格歧视可以增加企业的利润。另一个潜在的好处是，由于促销，一些新的消费者开始使用产品——如果他们喜欢这个产品，即使在将来没有优惠券他们也会购买这个产品，这样就会增加企业的未来收益。[18]优惠券（比如报纸和杂志上的优惠券）有时可以看作是一种广告形式，因此会降低产品的宣传成本。

有趣的是，Beyond.com对苹果系统的用户购买*Quicken Deluxe*软件不提供货价返还。苹果系统的使用者与Windows系统的使用者相比，能选择的软件产品会更少。而且，当地零售商的存货，也是苹果的产品比Windows的产品少。替代品的缺乏，意味着一般的苹果系统的消费者比一般的Windows系统的消费者的价格敏感度低。因此，Beyond.com对价格弹性大的Windows用户提供优惠，而对价格弹性低的苹果用户不提供优惠。最后，如果在将来，苹果系统的机器比Windows系统的机器生存机会小，那么对将来的销售来说，现在吸引新的苹果系统用户没有吸引新的Windows系统用户的收益大。

哈利·波特——一个价格歧视的例子

Sears.com销售成套的《哈利·波特》DVD，价格为55美元左右外加运费（大约为10美元）。顾客可以在线获得一个折扣卡，将这个折扣卡寄给Sears.com就可以获得运费的返还。这样一来，事情将会怎样呢？为什么不简单直接地按照55美元销售这套DVD？这样不是可以避免一些成本吗？比如，签发和邮寄支票以及印制海报和奖券都要花费不少的费用。

为说明这个政策的潜在收益，假设如果该DVD按照统一的价格向顾客销售，那么Sears.com应该定价为65美元。在这样的政策下，Sears.com在利润上会有潜在的损失，因为还有一些顾客愿意支付高于Sears.com的生产成本但低于65美元的价格。Sears.com的目的明显是找到一种方法，既能按照较低的价格向这部分顾客销售，又不必对其他顾客降价。能够实现这个目的的一种方式就是使用货价返还。可以推测，那些愿意支付65美元价格的顾客会有更高的时间的机会成本（平均来说）。这使得他们不太可能填写地址并邮寄折扣卡。最终，放弃折扣退款的顾客就按照65美元的价格付款，而使用货价返还的顾客就按照55美元的价格付款。

对于这样一个货价返还计划的决策，有一系列的问题需要考虑。首先，需要权衡计划的管理成本和增加的销售利润。同时，有的顾客本来按照65美元的价格也会购买，但现在他却办理了货价返还，这对Sears.com来说同样有损失。

	Expedia Street	Expedia Trip Planner	捆 绑
一般的消费者	20 美元	15 美元	35 美元
专业使用者	30 美元	10 美元	40 美元

表 7.2 产品的捆绑

在这个例子中，有两种类型的消费者：一般的消费者和专业的使用者。表中列出了每一种消费者对 *Expedia Street* 和 *Expedia Trip Planner* 的保留价格。产品组合的保留价格，是任何一组的消费者对产品保留价格的加总。如果企业想把这两种产品销售给两种类型的消费者，那么它必须分别把价格定价为 20 美元和 10 美元（每一种产品的最低保留价格）。它从每一个消费者那里都可以得到 30 美元的收入。如果它把产品捆绑起来进行销售，捆绑后的价格为 35 美元（每一产品组合的最低保留价格），企业赚的会更多。在这个例子中，捆绑销售能增加利润，是因为两组消费者对两种产品的相对评价呈负相关的关系。专业使用者与一般的消费者相比，愿为 *Street* 付的价格更大，而一般的消费者与专业使用者相比，愿为 *Planner* 支付的价格更大。因此，产品组合的最低保留价格比每一种产品的最低保留价格的加总要大。

捆绑销售

到现在为止，我们分析的都是企业只生产一种产品的情况。在这一部分，我们将扩展分析企业生产多种产品的情况。[19]

企业经常把产品捆绑起来进行销售。例如，1999 年，Beyond.com 只提供一组捆绑销售的产品——*Expedia Street* 和 *Expedia Trip Planner*，售价是 35 美元（货价返还前的价格）。这种捆绑是把先进的街区地图和旅行计划技术结合到一个产品包里。其他的捆绑销售还包括，在商店购买东西可以免费停车、刊登广告的报纸早晨版和下午版的价格一样，体育赛事的季节性门票、饭店提供的价格固定的套餐等。

捆绑销售的一个原因，就是根据消费者对产品需求的差异性来获取更多的利润。[20] 例如，表 7.2 列出了两种类型的潜在消费者：一般的消费者和专业的使用者。数字说明了每一组的消费者愿意为 *Expedia Street* 和 *Expedia Trip Planner* 支付的最大价格（保留价格）。假设生产这两种产品的边际成本都为 0（为了简化讨论）。只有当消费者剩余为非负数的时候，潜在的消费者才购买产品。

为什么企业要捆绑产品销售，强迫消费者要想获得其中一个软件就必须两个都买？假如企业不实行捆绑销售，它若想对两组消费者都进行销售，那么它最多只能把 *Street* 定价为 20 美元，*Planner* 定价为 10 美元。使用这一定价政策，它从每一类消费者那都能收取 30 美元。但是，企业可以对产品进行捆绑销售，并对所有的消费者的定价都是 35 美元（产品组合的最低保留价格）。

在这个例子中，虽然每一组的消费者都认为 *Street* 比 *Planner* 的价值大，但两组消费者对两种产品的相对评价具有负相关的关系。也就是说，专业使用者与一般的消费者相比，愿为 *Street* 付的价钱更大，而一般的消费者与专业使用者相比，愿为 *Planner* 支付的价钱更大。这个特征说明，最小的捆绑价值比每一种产品的最低保留价格的加总要大。因此，企业捆绑销售比

捆绑视频游戏

微软公司在视频游戏领域与索尼公司展开竞争。微软公司捆绑了限量版的 Xbox 和微软的 Halo（一个枪战游戏），售价为 169 美元。Halo 是除了 Xbox 外的最为流行的游戏之一，微软公司推出这一捆绑的目的在于激励游戏机本身的销售。

资料来源：R. Guth（2004），"Game Gambit: Microsoft to Cut Xbox Price," *The Wall Street Journal*（March 19），B1.

企业单独销售赚的钱更多。如果有一组消费者对两种产品的评价都比别的组高，那么捆绑销售就没有任何好处(最低的捆绑价值与最低的个人保留价格的加总相等)。

一般来说，产品不会只捆绑销售。通常，企业会采取一种选择性（或混合）捆绑的策略，产品既单独出售，也以比每种产品加总的价格略低的价格捆绑销售。当某些消费者对一种产品的评价高，对另一种产品的评价却低于产品的边际成本时，实行选择性捆绑比单纯的捆绑销售所得的利润要多。对这些消费者来说，企业捆绑销售所得的额外收入比生产这些产品的附加成本低。

其他考虑

多期考虑

未来的需求

1999 年，Beyond.com 对 *Encarta Encyclopedia 99* 定价是 35 美元。但是，货价返还之后的净价格为 0。如果企业的目标是单一产品在单一时期（作为标准情况）的利润最大化，那么最优的价格永远都不可能为 0。[21] 但是，管理者在考虑当前时期销售的同时，还要考虑未来时期的销售。免费赠送软件可以吸引新的消费者，它把这种产品的全部消费成本降低到竞争产品以下。如果这些消费者喜欢这个产品，他们就会在将来以正价格购买这个产品。这就是企业为什么"免费赠送产品样品"的一个主要原因。

如果信息成本比较高，那么以低于边际成本的价格销售产品就是一种有效的定价策略。如果一个消费者花费了许多时间学习使用新的软件产品（比如 *Encarta*），那么他在将来还会继续使用这个软件，而不愿意花费时间学习使用新的产品。因此，如果价格差不多，那么消费者就有可能购买现在用的软件的升级版或将来版，而不去购买其他竞争性产品。这种锁住效应就是为什么一些软件公司在发展的早期阶段免费赠送产品（或定价很低）的一个原因。

企业有时将价格降低到单一时期的最优价格以下，因为他们认为维持与消费者之间的良好信誉关系更重要。例如，1991 年 3 月，一场严重的冰雹造成了纽约州北部的大面积停电。消费者对发电厂的需求很高，它可以以极高的价格售电。但是，当地的电站并没有大幅度地提高电

免费样品的早期使用

1870 年，经过 10 多年的实验之后，罗伯特·切泽布拉格在布鲁克林开办了一家工厂，生产矿脂。但开始时他一瓶也卖不出去。他设法给医生和药剂师送去样品，但他们拒绝订货。最后，他决定必须为自己的药膏打开一个市场，他把一盎司装的药瓶放进马车，然后赶着马车到处分发样品。当人们用完了之后，就会到药剂师那里购买，然后就开始订货。切泽布拉格很快就雇佣了 12 辆马车在农村地区四处兜售。随着需求量的持续增加，凡士林使坚持的切泽布拉格成了一个相当富裕的人。

资料来源：I. Flatow（1992），*They All Laughed*（Harper Perennial, New York）.

价。原因之一是，如果这样做他们会被看作是乘人之危——这一策略损害企业的声誉并减少将来的需求。制药公司在为新产品定价时也面临同样的问题。这些公司都有动力将产品价格定在利润最大的价格水平上（以补偿他们的研发成本和其他的成本）。但是，他们在定价的时候，必须考虑“公共利益”组织和政府管制者的反应。

网络产品的赠送

对新建互联网企业来说，赠送服务或产品是一个普遍的策略。例如，1998 年，Egreetings Network 销售电子生日贺卡，每张 0.5 美元到 2.5 美元；1999 年，它所有的网上贺卡都是免费的。雅虎也免费提供网上电话簿服务。

这些公司认为免费政策是一种“便宜的”培养客户基础的方法（与广告和其他的促销手段相比较而言）。例如，不到一年，有 1 200 000 人注册参加 Netzero 的免费在线链接服务。公司希望在将来向这些消费者销售产品，或者对那些想要利用客户基础做广告的公司收费，以获得收益。例如，FreePC 和 NetZero 都是免费网络服务运营商，现在就通过向那些在他们的网站发布产品广告的广告商收费来赚钱，使用者一注册就可以看到广告商的广告。使用者必须提供详细的信息才能够得到免费服务，而这个信息进一步就传给了广告商。这些网络服务运营商不是真正提供“免费”的链接服务——消费者通过他们收到的商业广告而付费，就像“免费”的电视一样。

这些定价战略，有些也是要付出代价的。例如，1994 年，Netscape 公司免费赠送它的浏览器。在最初投放的两个月内，大约 1 500 000 人试用了它。90 天后，有的人开始付费，但大多数人没有。它鼓励使用者抱怨软件缺陷，因而 Netscape 公司知道了如何改进产品。这种免费的浏览器帮助 Netscape 公司销售其他的产品。1998 年，大约有 1 亿份的 Netscape 导航投入使用，大多数是免费的。美国在线以 42 亿美元的价格收购了 Netscape 公司。微软也以 4 亿美元的价格收购了 Hotmail Incorporated（提供免费 e-mail 服务)。尽管如此，这种定价策略是有风险的，也肯定不是对所有的公司都是值得的。

资料来源：G. Anders（1999），“Eager to Boost Traffic，More Internet Firm Give Away Services，” *The Wall Street Journal*（July 28），A1；and “No Charge，” *Attaché*（September 1999），14-16.

未来的成本

正如第5章所讨论的，对某些企业生产固定产出水平来说，生产的长期平均成本会随着企业经验的积累而下降。比如，随着经验的积累，员工会获得如何改进生产流程的重要信息。当这种学习效应比较重要时，企业最好在开始时就大量生产，以获得经验和在后期赢得相对于竞争企业的成本优势。产出高就可以售价更低——比企业按照更低产量确定的单期最大利润的价格低。

但是，许多成本优势都是短暂的，因为竞争企业经常模仿创新。因此，管理者应当仔细考虑采用这样的高产量、低价格策略是否合适。第8章将详细讨论这个问题。

可储存的产品

在许多例子中，我们都讨论过可储存的产品。也就是说，产品销售和产品消费不是一回事。当你降低产品的价格，需求量上升的原因有两个：第一，因为需求曲线是向下倾斜的，随着价格的降低会有更多的消费量；第二，如果价格的降低是暂时的，那么消费者会购买更多的产品以备将来消费。因此，对于可储存的产品来说，随着时间的推移，销售量的变化大于消费量的变化。

策略的相互作用

本章的分析是以产品的需求曲线开始的。在需求和成本结构既定的情况下，管理者选择利润最大的定价策略。这种方法是假定替代品的价格是保持不变的(请回忆需求曲线的定义)。因此，在这种分析中很明显没有考虑竞争者的反应。虽然这种方法在许多实际应用中是一个有用的分析起点，但在只有少数几个大的竞争者的市场中，这种方法却没那么有用。在这些市场中，定价时忽略竞争对手的反应是愚蠢的行为。例如，如果联合航空公司采取大的降价举措，假设其他大的航空公司（例如，美国航空公司和德尔塔航空公司）不会坐视不管才是安全合理的。这时，管理者在产品定价时明确地考虑竞争对手的反应是非常重要的。第9章提供的一系

细分市场

欧盟委员会试图促成欧共体内统一的药品市场。拜耳公司是一家德国制药企业，它受到指控，罪名是与法国和西班牙的批发商签订合约，阻止他们将一种治疗心脏病的药物Adalat从法国和西班牙这些价格较低的地方出口到英国（英国的价格要高出40%）。欧洲法院（欧洲的最高法院）判决欧盟委员会处罚拜耳公司的做法是错误的。这个裁决让拜耳公司有了更多的灵活性，它可以对市场细分并对相同的产品采用不同的价格。

资料来源：P. Meller（2004），“Europe Effort to Control Pricing is Set Back,” *New York Times*（January 7），W1.

列工具（来源于博弈论），对于这种互动的产品定价是非常有用的。

法律问题

法律限制了企业对不同的消费者实行不同定价的能力。例如，罗宾逊-帕特曼法案限制美国企业对零售商实行不同定价，除非它能证明这种差异是由成本引起的（企业在证明成本公正的辩护上有相当大的困难）。法律还可能限制价格水平。例如，在许多国家中，公用事业公司的价格是受管制的。管理者在仔细考虑我们本章所讨论的价格政策时，应该考察一下在特定的法律制度下该项价格政策是否合法。

在很多方面，法律限制驱动企业的定价政策选择。例如，在大学城里，地方商人的抱怨促使市政委员会通过了一项法律，限制街边的商贩销售手工艺品。但是卖花的商贩除外——当地长期以来有一种习惯，在球赛开始前给约会的异性朋友送花，当地的姑娘们都会收到许多鲜花。未被吓倒的手工艺品商贩们买来花束，摆在摊面上，把鲜花和手工艺品捆绑起来销售，鲜花还是“免费”的。20 世纪 70 年代，一些制造商开始提供货价返还优惠而不是降低产品价格，因为当美国政府对价格实施控制的时候，货价返还和降低价格是不一样的。

施乐公司最初对外租赁复印机的时候，要求租赁者必须购买施乐公司的复印纸，并把纸的价格定在边际成本以上。IBM 公司在其制表机和 IBM 卡上，采取的也是类似的定价策略。目的就是要从大量使用者那里获取高额利润。政府认为这两家公司的做法是违法的，并成功地对其进行了指控。如果没有法律方面的问题，这两家公司取得的结果是一样的。销售纸和穿孔卡片的价格不用超过边际成本，他们可以采用分步定价的方式把机器租出去，然后再按照边际成本销售这些物品——每月有一笔固定的收入，加上每复印一次或读一次卡所得的收入。

定价策略的实施

本章我们介绍了产品定价的有关问题。我们讨论了价格决策的目标，进行了产品定价的基本的经济学分析，对许多现实当中的定价政策提供了合乎情理的解释。我们还对经营环境（比如客户基础的性质，管理者所掌握的信息的类型）的主要特征进行了分析，这些特征能够影响企业的定价决策。

根据我们的目的，我们已使分析相对简化。定价策略的实施因为许多重要因素的存在而变得复杂。第一，本章介绍的定价政策不是相互排斥的。许多公司可以并确实使用的是定价政策的组合（例如 Beyond.com）。第二，我们的分析主要集中于单一产品的定价，但是大多数企业销售的产品都不止一种。在许多情况下，制定定价政策时考虑多种产品的需求和成本的相互作用非常重要。第三，不同时间的最优定价政策可以变化。第四，在定价策略形成过程中，企业必须仔细考虑法律和其他的战略问题。因此，为了有效地管理产品定价，把本章介绍的基本内容与行业经验，以及定价的经济学训练结合起来是非常重要的。[22]

案例研究：iTunes 音乐的定价[23]

从 2003 年 4 月开始，顾客可以通过苹果电脑的iTunes 音乐商店在网上购买数字音乐和可听图书。该音乐商店与苹果公司的 iTunes 软件集成为一体，顾客可以借此管理他们的数字音乐图书馆，还可以连接自己的 iPod——这是苹果公司生产的极为成功的 MP3 播放器。

苹果公司的股票价格从 2003 年 4 月的每股 7 美元上升到 2005 年 8 月的每股46 美元（经过股票分拆的调整）。相比于微软公司（在同一时期中，微软的股票价格从每股 21.5 美元上升到每股 27 美元），苹果公司的股票上升了 6.5 倍。苹果公司的骄人业绩主要得益于其数字音乐业务的增长（PowerBook 的增长也有贡献）。在 2005 年 8 月，在美国，下载音乐和 MP3 播放器市场上，苹果公司的市场份额分别占到 75%和 80%。苹果公司从 2002 年到 2004 年产品的净销售收入可以在苹果公司的 2004 财务年度的 10-K 报表的第 28 页上看到。（10-K 报表可以在美国证券交易委员会的 *Edgar Archives* 网站获得：http://www.sec.gov/archives/edgar/data/ 320193/000104746904035975/a2147337z10-k.htm）。

以音乐商店为开端，苹果公司对所有的下载音乐都按照每首歌 0.99 美元确定价格。其中大约每首歌 0.70 美元要付给拥有相应歌曲音乐版权的大的音乐制作公司。这些大的音乐制作公司开始对这种安排都愿意接受，因为这至少提供了一种方式，可以从网上的音乐下载中获得一定的收入。在开发 iTunes 之前，许多顾客通过诸如 Napster 等提供的服务下载音乐，而不必向音乐制作公司或音乐家支付费用。

到 2005 年 8 月，音乐商店的销售已经成长为一个巨大的业务，四家大音乐制作公司中的两家对每首歌0.99 美元的价格表达了不满。索尼 BMG 音乐娱乐公司和华纳音乐公司更愿意接受更为复杂一些的定价计划，希望能够按照歌曲的流行程度计算和收取不同的价格。例如，一首流行的新单曲，应该卖到 1.49 美元，而旧的“金曲”可以卖得远低于每首 0.99 美元。这两家音乐公司的管理者提出，如果实施这样的灵活的定价政策，他们公司的收入都将上升。他们抱怨说，苹果公司有动力低价出售下载的音乐，因为这样可以促进他们自己的 iPod 的销售。引用一家音乐制作公司的管理者的话说，“乔布斯先生[24]享有两条收入流：一条来自于我们的音乐销售，另一条来自于他的 iPod 销售。而我只有一条收入流，而且它还要受制于人。真是令人不爽。”

并不是所有的大的音乐制作公司都持有这样的观点。例如，在 2005 年 8 月，环球音乐集团（该行业中第一大公司 Vivendi 环球公司的一个分部）就支持苹果公司的愿望，认为可以保持每首 0.99 美元的价格不变。

四大音乐制作公司之间不同的观点，反映了他们对快速增长的数字市场看法不同，也就是说，这个市场究竟是否已经足够稳定，从而可以支持多种价格的组合，特别是可以支持更高的高端价格。仍然有成千上万的消费者通过无授权的文件互换网络来免费交换音乐，在这种情况下提高价格就有可能激励更多的人采取这种做法。一位音乐经理人指出，“我认为（提价）还不到时候。我们仍然需要让更多的人转变习惯，愿意到网上购买音乐。我不认为转变更多人的习惯的一种方式是提价。”

像在 2005 年 8 月，苹果公司在与这些音乐制作公司的谈判中有相当的谈判控制力。这些音乐制作公司中的某一家基本上不可能试图通过不提供自己的音乐而迫使苹果公司改变定价政策。然而，分析家预测由于竞争的加剧，苹果公司对这些音乐制作公司的制约作用在未来将会减弱。

例如，大的无线业务公司都有可能开始向手机用户提供音乐下载服务。

讨论问题

1. 提出你的观点，说明为什么变动的定价政策可能增加来自苹果音乐商店的收入(与单一的定价政策相比)。
2. 讨论其他潜在的、也能增加来自苹果音乐商店收入的定价政策。
3. 对于下载音乐采用更为复杂的定价方式的风险和潜在成本是什么？
4. 苹果公司的定价目标是来自苹果音乐商店的收入最大化吗？这是大音乐制作公司的目标吗？请解释（提示：请看苹果公司 10-K 报表中各种产品的收入数据)。
5. 你认为苹果公司对下载音乐定价的控制能力在未来会有变化吗？请解释。

推荐书目

T. Nagel 1994, *The Strategy and Tactics of Pricing: A Guide to Profitable Decision Making*, 2nd edition (Prentice Hall: Englewood Cliffs, NJ).

C. Shapiro and H. Varian (1999) , *Information Rules: A Strategic Guide to the Network Economy* (Harvard Business School Press: Boston).

注 释

1. 为了简化说明，我们假设边际成本是不变的。更一般的情况是，还需要边际成本函数方面的信息。
2. 假设这个软件包原来的成本是 18 美元，现在的售价是 16 美元。因此企业报告会计损失是 2 美元。但是，如果单位存货的重置成本只有 10 美元，那么企业实际上能得到 6 美元的经济利润（当零售价格从 18 美元降到 10 美元时，Beyonel.com 每一单位的存货损失为 8 美元)。
3. 对这两种需求曲线来说，当价格为 0 时销售量都是 170 个单位。但是，在第二种情况下，随着价格的上升需求量下降得比较快。
4. J. Pappas and M. Hirschey（1990)，*Managerial Economics*，6th edition（Chicago：Dryden Press）.
5. 请注意在下面的讨论中，我们假设消费者不能大量购买产品，然后再转售给其他的消费者（低于企业对购买数量小的消费者的定价)。下面详细讨论这种假设的重要性。
6. 为了简化说明，我们假设边际成本是不变的。如果生产、包装或销售成本随着数量的增加而降低，那么就可以提供价格折扣，即使没有市场控制力也如此。由于企业拥有市场控制力，所以随着数量的增加，价格的降低会超过成本的降低。
7. W. Oi（1971)，"A Disneyland Dilemma：Two-part Tariffs for a Mickey Mouse Monopoly," *Quarterly Journal of Economics*（February)，77-96.
8. 这里指耐用消费品，或消费品中可以长期或多次使用的部分——译者注。
9. 经济学家经常把价格歧视区分为一级价格歧视、二级价格歧视和三级价格歧视。这种说法来源于庇古

(1950)，*The Economics of Welfare*（Macmillan：London）。遗憾地是，这些说法没有被很好地描述。沿用 C. Shapiro and H. Varian（1999），在 *Information Rules*：*A Strategic Guide to the Network Economy*（Harvard Business School Press：Boston）的说法，我们采用个性化定价、菜单定价和分组定价这些有较强描述性的术语。

10. 但是，请注意，互联网也降低了信息的成本，使得细分市场（有效价格歧视的必要部分）变得更困难了（请回忆前面出口香烟的例子）。
11. 这个需求曲线假设价格小于或等于 25 美元。在更高的价格上，本地的滑雪者将不会购买门票，而总需求曲线就是外地滑雪者的需求曲线（$Q=500-10P$）。
12. 到这里，读者应该已经明白，这个问题可以通过令边际收入等于边际成本，然后解出 Q^* 而得到解决。然后，价格可以通过需求曲线方程解出来。例如，总需求曲线可以通过整理公式（7.9）得出：$P=33.33-0.033Q$。当门票按照统一价格卖给所有的滑雪者时，边际收入为 $MR = 33.33 - 0.067Q$。既然边际成本为 10 美元，最优数量就为 350，那么价格为 21.66 美元。通过公式（7.7）和公式（7.8），经过类似的计算，就可以解出每一细分市场上的最优价格和数量。
13. 即使零售商知道每一个消费者的收入，对不同的消费者采用不同的价格既不现实也不合法。
14. 请注意，批量定价既可以用于消费者需求相同的情况（从既定的消费者人群获取更多的利润），也可以根据消费者购买数量的大小确定差别价格（从而获取更多的利润）。在这一节，我们讨论的是第二种情况。
15. 如果熟练使用者的数量大于非熟练使用者的数量，那么把豪华版的价格定为 100 美元，并只对熟练使用者销售，可能更好。
16. 价格歧视不可能解释大量的货价返还或优惠券的使用。例如，如果汽车公司为消费者提供 2 000 美元的货价返还，它就可以合理地预期所有的消费者都会利用这个优惠。因此，货价返还优惠就相当于在做销售时，对所有的消费者都降了价。但是，货价返还优惠通常是制造商提供的，而制造商不直接控制零售价格。若想更多地了解优惠券、货价返还和其他的销售促销方式，参见 R. Blattberg & S. Neslin（1990），*Sales Promotion*：*Concepts*，*Methods*，*and Strategies*（Prentice Hall：Englewood Cliffs，NJ）.
17. 另外，消费者也可能代表公司购买产品。在这种情况下，既然公司付账，消费者对价格就不敏感。
18. 有时，简单地通过降低购买价格（例如进行一次促销）也能得到这样的收益。
19. 多种产品的定价问题相当复杂。在这里，我们的目的只是简单介绍产品捆绑销售的基本观点。详细的分析，请参见 J. Long（1984），"Comments on 'Gaussian Demand and Commodity Bundling,'" *Journal of Business* 57，S235–S246.
20. 有时，产品捆绑销售是为了减少包装成本，或减少想同时购买几件产品的消费者的成本。例如，某种程度上大多数的使用者都想利用 *street mapping* 和 *trip planning* 这两种产品的特点，把两种技术结合到一起，来降低消费者购买和结合使用这两种产品的成本。
21. 销售多种产品的企业有动力把个别产品的价格定到边际成本以下。例如，麦当劳有时促销，以低于成本的价格出售汉堡。目的就是为了吸引那些购买其他产品，比如薯条的顾客，薯条的价格是大大超过成本的。
22. 在某些行业，为成功实施产品定价策略的管理者支付高工资，突出了定价决策的复杂性。例如，在大的航空公司中，高级的定价管理者都属于高收入的职业。
23. 本案例是根据多篇公开发表的文章和美国证券交易委员会的资料编写的。其中最为重要的资料之一是：

J. Leeds（2005），“Apple, Digital Music's Angel, Earns Record Industry's Scorn,” *New York Times* (nytimes.com, August 27)。

24. 苹果公司的创办人和总裁——译者注。

第 8 章

战略经济学：创造和获取价值

在过去的 40 年中，沃尔玛已成为世界上最大、最赚钱的零售企业。[1]它的折扣店、山姆会员店和购物中心（折扣零售店和大宗杂货店的混合体）遍布美国各地，在许多其他的国家，比如墨西哥、加拿大、波多黎各、德国、巴西、阿根廷、中国、韩国和印度尼西亚也都有沃尔玛商店。2005 年，沃尔玛报表上的销售额是 2 205 亿美元，净收入超过 103 亿美元。它共有 160 万名员工在其世界各地的 5 170 个商店工作。

自从山姆·沃尔顿 1962 年创办了他的第一家商店，公司的整体财务业绩就表现非凡。为了让你有切身感受，假设你在该公司于 1970 年刚上市时就购买了 1 000 美元的股票，并一直持有到 2002 年。这笔投资现在的价值超过 500 万美元以上（年复利增长率为 30%）。另外，在这段时间内，你还可以收到公司派发给你的现金分红。这一业绩使得沃尔玛的股票成为市场上最抢手的股票之一。

虽然沃尔玛的业绩是令人瞩目的，但并不是一点问题都没有。在 1993 年第二季度股票价格大幅下跌之后（在市场整体基本持平时，它的下降幅度超过了 20%），直到 1997 年，沃尔玛的股票价格一直在平缓下降，即使是整个股票市场处于上升的时期也是如此。另外，曾长期超过零售行业增长速度的销售额的增长，也下降到一般的水平。

20 世纪 90 年代，为了提高经营业绩，沃尔玛采取了各种办法——在国际市场上开新的商店、开新的购物中心、涉足电子商务领域。1998 年，沃尔玛又进入到传统的杂货店领域，在阿肯色州它开办了三家“试验性”的、面积在 40 000 平方英尺的杂货店（与传统的超市面积差不多）。1997~2005 年，与总的股票市场和零售行业相比较，沃尔玛的股票又表现良好。

所有的管理者都愿意使自己公司在持续增长时期的经营状况好于整个市场以及所在的行业。沃尔玛的例子说明这样的业绩是有可能的，但它同时也提出了至少五个重要的问题：

- 这些公司为什么会成功？
- 是不是所有管理完善的企业都能获得持续的优异业绩？
- 要想取得优异的经营业绩，管理者应采取什么行动？
- 管理者是否通过多元化经营（正像沃尔玛尝试开办杂货店那样）可以提高企业的财务回报？
- 是不是业绩好的企业都会像 20 世纪 90 年代中期的沃尔玛那样，最终“倒退到跟其他的企业一样”？

在这一章，我们将运用本书所阐述的基本经济学概念，解决上述问题及一些相关的问题。

战 略

战略是指管理者用来创造利润的基本政策。例如，企业在什么行业从事经营？企业提供什么产品和服务？为什么样的消费者生产？在其经营环境中，企业采取什么基本方法与其他的企业竞争或合作？一家企业的战略不是集中于经营细节，而是解决企业所面临的更宽泛的和长期的问题。[2]一般来说，战略不是一成不变的，但是要随着时间的变化而变化。例如，沃尔玛的战略集中在折扣零售和相关的杂货行业。它拥有和经营的商店类型基本有 4 种：折扣店、山姆会员店、购物中心以及杂货店。它提供的产品种类很多——“天天低价”（有低成本结构的支持）、有限的广告，以及友好的、进行良好沟通的“销售伙伴”。最初，沃尔玛的战略是集中在美国东南部的农村地区开办商店，现在的战略是在全世界经营商店。最终，除了企业的组织架构之外，战略是决定企业成功或失败的关键因素。

战略决策制定的最终目标就是实现稳定增长的利润。[3]为了实现这个目标，管理者必须想方设法创造价值和获取价值。前几章，我们集中分析了如何通过投入要素、产量和定价政策来创造和获取价值，还分析了竞争是如何限制管理者获取价值的能力的。但是，这几章（像传统的管理经济学文献中的大多数讨论）的分析集中在单一产品上，同时还假定行业和产品的特征是保持不变的。

在这一章，我们将从一个更宽泛的角度来分析管理者是如何创造和获取价值的。下一节分析在一个既定的行业中价值的创造问题；随后几节考察价值的获取以及行业的选择问题；最后一节将提供一个运用本章所阐述的概念的基本框架。

企业经常与少数几个与自己相似的竞争对手进行竞争。例如，波音公司在商用喷气式客机的生产中，主要与空中客车进行竞争。在这样的企业中，管理者在制定关于定价、新投资、广告以及其他的战略决策时，考虑竞争对手的可能的反应是非常重要的。例如，波音公司在为宽体喷气式客机定价时，如果没有考虑空中客车的可能的反应，那将是非常愚蠢的。在这一章里，我们集中分析企业如何创造和获取价值的宽泛的问题，因此我们抽象出分析中明确包括的竞争对手如何反应。在第 9 章，我们将使用博弈论来清楚地分析战略决策过程中竞争对手是如何反应的。

价值创造

图 8.1 表示了某一个行业的供给和需求曲线。它与我们前面的供给和需求曲线有一个重要的区别——它清楚地描绘出了消费者和生产者的交易成本。消费者的交易成本包括如搜寻产品的成本、掌握产品特征和性能的成本，与供应商讨价还价的成本，以及实施合约的成本等类似的成本。如果这些成本比较低，需求者就愿意为产品付高价。例如，银行的自动柜员机增加了顾客对银行服务的需求，因为它能减少顾客排队等候的时间，并能提供基本的银行服务。图中，虚的需求曲线表示潜在的需求——没有消费者交易成本情况下的需求。实的需求曲线表示假设单位消费者交易成本为 a 时的有效需求曲线。同样，生产者在与消费者和供应商进行交易的时候也要发生交易成本（例如，与顾客商讨买卖条件，雇佣律师起草供货合约）。虚的供给

图 8.1　创造价值的方法

图中表示了某一个行业的供给和需求曲线。因为包括消费者和生产者的交易成本［单位消费者（生产者）的交易成本是 a（b）］，所以它与前面的供给和需求曲线图不一样。如果这些成本比较低，那么消费者就会有更多的需求，生产者也会供给的更多。价值包括消费者剩余和生产者剩余。管理者可以通过减少交易或生产成本，或增加产品的需求来增加价值——例如，提高可以察觉到的产品的质量。

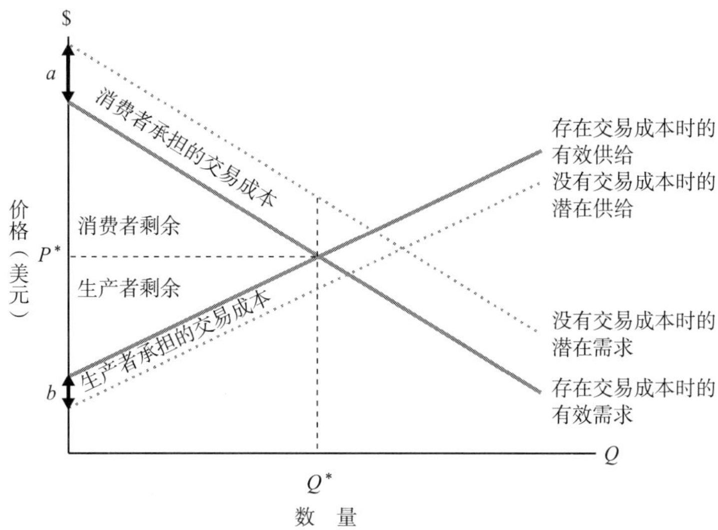

曲线表示潜在的供给——生产者在没有交易成本的情况下愿意提供的这种产品的数量。实的供给曲线表示当单位交易成本为 b 时的有效供给曲线。[4]

虚的需求曲线（交易成本发生前的需求）下面的区域和虚的供给曲线（交易成本发生前的供给）上面的区域，一直到 Q^* 为止可以划分为四个部分。首先，有两个平行四边形代表消费者和生产者的交易成本。其次，有两个三角形代表消费者和生产者的剩余。行业的总价值就是生产者剩余和消费者剩余的总和。

创造利润的第一步就是发现创造价值的方法。第二步，正如下面所讨论的，就是设计获取这些价值的途径。图 8.1 表明，在行业内管理者至少可以使用 4 种基本方法来增加价值。

- 管理者可以采取措施降低生产成本和生产者的交易成本，将有效的供给曲线向右移动。
- 管理者可以实行某些政策，减少消费者的交易成本，把有效的需求曲线向右移动。
- 管理者可以采取行动，而不是减少消费者的交易成本来增加他们的需求，把有效的和潜在的需求曲线都往右移动。
- 管理者可以设计出新的产品和服务——本质上是创造出新的需求来。

下面我们将分别来讨论这些战略。[5]

创造价值：减少消费者的等待时间

许多企业都不在意消费者的等待时间。2000年，俄勒冈公共事业委员会责令Qwest通信公司赔偿消费者2.7亿美元，以补偿消费者因安装延迟而等待的时间——有线电视公司要求顾客在窗口等待四个小时办理手续。差不多每一个医生都有四个焦急的病人在等候看病。如果美国居民的时间价值是每小时20美元，那么纳税人每年在纳税申报时就浪费了260亿美元。有些公司已意识到了消费者的时间价值，并根据减少等待时间成功地建立起了公司战略。假设一个消费者的税后收入是100 000美元，她一年工作2 000个小时，那么她的时间价值就是每小时50美元。如果她决定去书店购买至少20美元的约翰·格里沙姆的小说，那么来回的路上、在书店停车和买书，总共要花费一小时。买书的总成本是70美元。如果花6分钟在网上购书，那么她要付20美元的书费和4.5美元的邮费。网上购书的总成本是29.5美元（包括5美元的时间价值），与去书店买书相比节约了40.5美元。事实上，大多数的网上售货企业的战略都是节约消费者的时间。下列企业的战略目标就是尽量使消费者节约时间。温迪的Big Bacon Classic，两个半小时就可以送到。消费者租车的时候，租车公司提供在家门口提车和还车的服务。Virgin Atlantic Airlines公司允许头等仓的顾客把汽车开进机场并在汽车里办理登机手续。J.C. Penny公司对待网上的定单，三天就交货，或直接在店内提货。

资料来源：K. Barron（2000），"Hurry Up and Wait," *Forbes*（October16），158–164.

生产成本和生产者交易成本

在第5章中，我们讨论了管理者如何选择投入要素以便使生产成本最小。随着时间的推移，管理者可以发现新的技术方法来减少这些成本并增加价值。他们还可以想出办法来降低与消费者和供应商之间的交易成本。例如，当个人电脑刚开发出来的时候，它们的生产成本相对较高。经过一段时间后，生产企业掌握了减少这些生产成本的方法。所以，个人计算机在市场上的销售量大大增加，行业所创造的总价值（消费者剩余加上生产者剩余）也大大增加。计算机制造商们也想出办法，减少他们与供应商和消费者进行交易的交易成本。例如，大的计算机制造商与主要的软件生产商之间，建立了电子联系以便降低订购软件程序的成本。他们还开发了计算机网络，以便减少与消费者之间的交易成本。

通过设计新的、低成本的生产和分销零售产品和服务的方法，沃尔玛公司已成功地把它的有效的供给曲线向右移动。例如，它的相当高效的轮轴—轮辐分销系统降低了商店的存货成本。沃尔玛通过直接与主要供应商（如宝洁公司）的计算机联网，减少了它的交易成本。这种联网削减了重新储存产品的成本，并基本上省掉了向这些供应商开纸质支票的环节——他们是通过电子支付系统来支付的。

消费者的交易成本

减少消费者的交易成本也能够增加价值。例如，早期的沃尔玛是在乡村小镇开办商店的。

戴尔电脑：减少生产者和消费者的交易成本

戴尔公司开发出一套系统，从消费者那儿收集信息，并按照消费者的要求快速而低成本地把产品组装出来。这样就使戴尔公司避开了经销商网络以及他们所要求的利润加成，因此，计算机的价格比较低（但是请注意，采取这样一种竞争战略更多的是强调产品的价格而不是服务，因此他们的产品适合于对计算机比较熟悉的人，而不适合于第一次购买计算机的人）。这种战略使戴尔公司的收入超过了 300 亿美元，占领了大约 25%的 PC 市场，也使得米切尔·戴尔成为世界上 40 岁以下的最富有的人。戴尔公司在原有的战略基础上进一步扩展，现在为大客户提供定制服务。例如，第一联合资本市场集团是一个大客户，其电脑使用量超过了 2 500 台，戴尔公司在工厂里为其安装了特殊的软件、相关的外部设备以及网络服务器。这些软件和设备都是附加的服务，并且戴尔公司把电脑直接运到第一联合资本市场集团指定的交易商那里。据说，这个过程每年为第一联合集团节约 50 万美元的开支。这里提供的只是一些例子，说明像戴尔这样的公司是如何为自己和消费者节约交易成本的。

资料来源：A. Serwer (1998)，“Michael Dell Rocks,” *Fortune* (May 11)，58-70; and A. Serwer (2002)，“Dell Does Domination,” *Fortune* (January 21)，70-75; and G. McWilliams (2003)，“Dell Pins Hopes on Services to Boost Profit,” *The Wall Street Journal* (November 11)，A1.

这些商店增加价值的办法之一就是减少当地居民购物时花费在路上的时间。以前，这些居民要开很长时间的车到市中心进行一次性大批量采购。沃尔玛还通过店内的布局减少消费者的交易成本。例如，沃尔玛通过商店的顾客收据来获取“市场数据”。分析这些数据，沃尔玛就知道哪些商品有可能被同时购买。于是，沃尔玛就利用这一信息把通常会一起购买的商品摆放在一起，以减少消费者在店内寻找货物的时间成本。例如，把香蕉与谷类食品、快餐饼干与咖啡、

减少消费者的交易成本：卡夫的午餐食品

卡夫公司在纽约埃文的食品工厂曾一度频临倒闭。但在 20 世纪 90 年代后期，由于对午餐食品（孩子们带到学校去的各种午餐食品）需求的大增，该公司的雇员增长了三倍。卡夫做的午餐食品包为家长们（要给孩子准备带到学校去的午餐）提供了极大的方便。食品包里包括肉、奶酪、薄脆饼干和一瓶饮料。另外，还可做午餐的食品包括比萨饼、面包、热狗和汉堡。新鲜的口味、鲜艳的包装，力争孩子们在出去游玩的时候都带着它。卡夫午餐食品瞄准的是孩子们的消费重点。因此，自从 1988 年该产品生产线引入之后，它已成为卡夫公司的一大业务。午餐食品的品牌经理杰夫·梅尔说，“午餐食品的基本理念就是便于家长们在为孩子选择午餐食品时，孩子们也能参与意见。”美国杂货制造商的女发言人莉萨·麦丘补充说，“人们现在没必要考虑购买烹饪原料、对原料切片或切丁并进行烹饪，等等。现在，人们在厨房里花费的时间越来越少。这种便利的趋势还将继续下去。”

资料来源：M. Daneman (1999)，“Cashing In on Kids,” *Democrat and Chronicle* (July 19)，1F.

恐怖袭击影响了航空业的价值创造

一家企业不可能完全控制它的需求或成本。因此，企业创造价值的能力会受到那些不受它控制的因素的影响。请看 2001 年 9 月 11 日的恐怖袭击是如何影响航空业的价值创造的。在消费者看来，感觉坐飞机的价值降低了，因此机票的售出比率急剧下降，这直接导致了潜在价值创造的下降。还有，因为额外的检查和加强的安全措施增加了航空公司的成本，同时，消费者排队的时间变长了，在机场等待的时间也变长了，携带的行李又受到了严格限制，这些又导致了那些已售出机票创造的价值下降。大多数航空公司都宣布 2001 年第三季度亏损——他们的平均成本超过了机票的价格。只有当坐飞机旅行的价值超过了其总成本，消费者才会选择坐飞机。因此，在那一季度，航空业创造的净价值大大降低了，甚至是负的（航空公司的损失超过了消费者获得的净价值）。

杀虫剂与打猎的装备、纸巾与消炎药、量勺与烘烤原料、闪光灯与万圣节服装放在一起。[6]

减少消费者交易成本的另一个例子，就是那些涉及到网上交易市场的行业。例如，想买书的消费者用搜索引擎在网上搜索，就会看到一大串相关的书目，这些书可以采用电子的方式在亚马逊这样的网上书店订购，并且还有折扣。这种服务通过帮助消费者找出那些他们可能会感兴趣的图书并让其很容易订购，减少了消费者的交易/搜寻成本。

增加需求的其他方法

除产品价格外，需求曲线保持所有其他变量不变。我们已经讨论过管理者如何通过减少消费者的交易成本来增加需求。他们还可以通过影响变量，如预期产品质量、互补品的价格或替代品的价格，来增加产品的有效需求，以及由此影响产品交易的总价值。

塞尔维亚麦当劳的需求增加

1999 年，由北约发动的对南斯拉夫的 78 天的空袭期间，位于贝尔格莱德的 15 家麦当劳店都关闭了。那些愤怒的群众视麦当劳为美国和西方的象征，恣意地破坏这些快餐店。为了增加产品需求，南斯拉夫的麦当劳店采取了一项反对北约、支持塞尔维亚运动。例如，作为一种激起当地人的自豪感和认同感的民族情绪，他们发行海报，并做一些西服翻领上的扣子(扣子上有一金色拱形物，上扣一顶传统的塞尔维亚式的小帽子，叫作 *sajkaka*)。他们还在反北约的游行集会上免费发放干酪汉堡，并把其中一个快餐店的地下室变成了避难所。他们还开始促销 McCountry（美国国内的一种猪肉汉堡，上面撒了一些干辣椒粉）。战争结束后，在贝尔格莱德麦当劳产品的需求急剧上升。16 岁的 Jovan Stojanovic 说："我不会把麦当劳与美国联系在一起。麦当劳是我们的。"

资料来源：R. Block（1999），"How Big Mac Kept from Becoming a Serb Archenemy," *The Wall Street Journal* (September 30)，B1.

免费发放刮胡刀增加对刀片的需求

1885 年，当金·吉列发明了著名的双层刀片后，他就免费发放刮胡刀。联合雪茄商店在顾客购买一盒雪茄烟后就赠送一个刮胡刀。银行把刮胡刀当零钱使，并把它们作为修面—储蓄活动（shave and save campaigns）的一部分而免费发放。这些促销活动的目的，就是使那些得到刮胡刀的顾客在日后使用中不断地购买刀片。在 2005 年，吉列公司被保洁公司收购，价格为 570 亿美元。

资料来源："No Charge," *Attaché*（September 1999），14–16；and A. Coolidge（2005），"Gillette: P&G Not Our First Choice," *The Cincinnati Post*（March 16）.

产品质量

提高可察觉的产品质量的措施能够增加需求。如果这些措施没有引起生产成本的大幅增加，那么总价值也会增加。例如，以金属钛制作的高尔夫球杆的出现，增加了对高尔夫球设备的需求，而抛物线形状的滑雪板的发明，增加了对滑雪板和滑雪的需求。结果是，需求的增加大于相关生产成本的增加——因此，这些行业创造的总价值也增加了。

互补品的价格

管理者有时可以采取措施降低互补品的价格，以便增加对自己产品的需求。为了说明，假设有一家生产个人计算机的计算机公司和一家生产计算机的互补品的打印机公司。[7] 为简化起见，假设消费者要么两个产品都买，要么两个产品都不买（这两种产品有很强的互补关系），再假设计算机的价格为 P_c，打印机的价格为 P_p，则每一种产品的需求为：

$$当\ P_c + P_p \leqslant 12\ 时，Q = 12 - (P_c + P_p)，否则\ Q = 0。\tag{8.1}$$

Q 是计算机和打印机的组合销售量，两种产品的边际生产成本都为 0。

假定其他企业的价格保持不变，如果两家企业在定价时没有合作，那么每一家企业都会寻求自己利润的最大化。[8] 在这种情况下，计算机公司会把自己的需求曲线看作：

$$P_c = (12 - \overline{P}_p) - Q \tag{8.2}$$

打印机公司的需求曲线为:

$$P_p = (12 - \overline{P}_c) - Q \tag{8.3}$$

其中，P_p 和 P_c 代表其他企业价格的期望值。[9] 令边际收入等于边际成本（在这个例子中，边际成本为 0），每一家企业的利润达到最大。

$$计算机公司 \qquad (12 - \overline{P}_p) - 2Q = 0 \tag{8.4}$$

$$\text{打印机公司} \qquad (12-\overline{P}_c)-2Q=0 \tag{8.5}$$

将公式(8.1)中的 Q 代入上两个公式并加以整理，就得到了下面的两个反应曲线（见第6章）：

$$P_c=6-0.5\overline{P}_p \tag{8.6}$$

$$P_p=6-0.5\overline{P}_c \tag{8.7}$$

同时解这两个等式，均衡价格为 P_p^* 和 P_c^*。[10] 图 8.2 说明了这个结果。在均衡时，两家企业的价格都为 4，因此每一个产品的销售量为 4 个单位。每一家企业的利润是 16，利润加起来是 32。

现在再考虑如果企业合作定价，比如企业合资会出现什么情况。为使联合利润达到最大，企业一起使边际收入等于边际成本[11]：

$$12-2Q=0 \tag{8.8}$$

当联合价格为 6（例如，$P_c=P_p=3$）的时候，他们共卖出 6 个单位的产品。这时，他们的利润总额为 36。联合定价所得到的利润总额，比他们在定价时不进行合作所得到的利润要高。在企业单独定价的时候，他们不会考虑他们的高价政策对其他企业利润的负面影响。在定价时

图 8.2 计算机公司和打印机公司的非合作定价

如果两家企业的定价是非合作性的，那么每一家企业都试图使自己的利润达到最大，并期望其他企业的价格保持不变。同时求解这两个最大化问题，得到的均衡价格分别为 P_P^* 和 P_C^*。该图说明了这一结果。图中画出了每一家企业的反应曲线。一家企业的反应曲线是在另一家企业的价格决策既定的条件下，本企业的最优价格。当均衡时（在两条反应曲线的交点上），两家企业选择的价格都为 4。每一个产品的销售量也为 4。每家企业的利润都是 16。两家企业的利润加起来是 32（如果企业进行合作，每家企业的定价都是 3，那么两家企业的利润就是 36）。

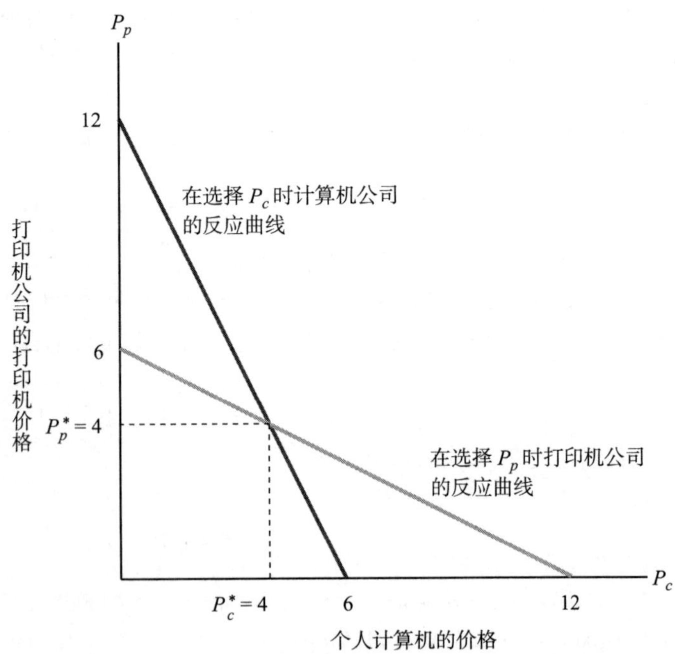

航空公司限制手机的使用

美国的航空公司警告乘客说使用手机“会干扰飞机上的通信和导航系统”。他们没有告诉乘客的是，实际上并没有什么科学证据支持这个结论。1996年，由美国联邦航空管理局委托的一项调查显示，在查看了几千次的飞行记录以后，没有发现一例飞行仪器受手机使用影响的事件。而且，飞机制造商波音公司和空中客车曾做过实验，故意用手机的频率干扰飞机，但没有发现他们对飞机的通信、导航或其他系统有影响。手机未影响飞机的一个可能的原因就是手机所用的频率与飞行系统所用的频率不一样。那为什么航空公司还极力地限制使用手机？原因是经济方面的——航空公司收入的15%来源于机载电话。飞机上的电话服务的两大提供商GTE和AT&T，对在飞机上打电话的收费是每分钟6美元（超过一般手机费率的20倍）。

资料来源：J. Auerbach，（1999），“Connecting Flights：Cell-Phone Use Aloft May Not Be the Danger That Airlines Claim，” *The Wall Street Journal*（October 5），A1.

进行合作，他们就会考虑这种相互作用。请注意，在这种情况下，因为两种产品的价格都降低了，因此消费者的状况也会变得更好。

替代品的价格

低价的替代品会减少产品的需求。有时，管理者也能够影响替代品的价格。例如，电影院通常禁止顾客带食物进影院。这些对低价替代品的限制措施，增加了顾客对影院提供的零食的需求。

新产品和服务

到此为止，我们的讨论一直集中在通过增加现有产品的需求减少现有产品的成本来创造价值。开发出新的产品和服务也能够创造价值。例如消费电子行业。现如今，价值创造多的产品大多都是相对较新的产品，例如，MP3技术、数码相机和数字影像播放机（DVD）。[12]

技术和价值

20世纪后半期，信息、通信和生产技术发生了天翻地覆的变化。这些技术变革为价值增长带来了很大的机会。例如，90年代盛行的“企业流程再造”运动，就是用计算机和信息技术来降低成本（比如，通过程序化系统来处理订单、发送货物、支付应付账款和收回应收账款）。弹性生产技术使企业能够定制某些类型的产品以更好地满足消费者的特定需求。计算机和信息技术还可以用来减少与供应商之间的交易成本。运用技术来增加价值可能仍然是21世纪的焦点问题。

新的照相系统

企业可以通过与其他企业进行合作增加价值。请回顾20世纪90年代新的照相系统的发展。这套系统与传统的照相系统相比，有几大优点。胶片出卷很方便，胶片卷筒也很容易就放到照相机的底部。具有特殊的密码功能，使得相机也有所发展。使用者在照相的时候可以从几种照相程序中进行选择（例如，传统的35毫米或全景）。顾客可以收到一个所有的照片都印在上面的照片索引，以便后来冲印照片时使用。

为了最大程度地满足消费者对新系统的需求，生产胶卷和相机的公司采用一个标准的系统参数是很重要的。如果市场上有几种不相匹配的胶卷、相机和冲印设备品牌，那么对这种产品的需求就不会高。共同开发这套系统对参与开发的企业都有好处，因此，过去一直是竞争对手的企业，比如胶卷业的柯达和富士，照相机行业的佳能、美能达和尼康都进行了合作，共同开发新系统。现在，这套系统已经开发出来了，并采用了标准的技术参数，而这些公司重新又在各自的胶卷和相机市场上展开了竞争。

合作增加价值

计算机和打印机的例子，说明企业有时通过相互合作而不是相互竞争能够增加价值。这个例子中，企业是互补品的生产者。另外，企业通过与消费者、供应商，甚至是竞争者之间的合作也能够增加价值。例如，与供应商和消费者进行合作开发出相应的计算机和信息网络，能够减少供应成本并使企业生产出更有价值的产品——更多地按照消费者的要求生产产品（请看戴尔计算机的例子）。与竞争者进行合作的一个方式就是共同开发项目以减少共同成本。例如，大的汽车制造商共同参与研究和开发电力汽车的电池。将电力汽车大范围推向市场，一个先决条件就是电池的寿命要长。如果每一个公司都独立行动，预计开发成本将会更高。另一个例子是近海石油钻探，其成本是相当大的。在对沿岸地区的石油开采进行竞标之前，美国政府允许各石油公司联合对该地区进行探察，他们分享数据并共担成本。

美国的反垄断法认为，竞争对手企业为了垄断价格而进行合作是非法的。尽管如此，许多形式的合作是合法的，并且能增加生产者和消费者的双方福利（请看计算机和打印机的例子）。

将组织知识转化为价值

为了创造价值，企业员工必须把他们现有的关于生产过程、交易成本、消费者需求等方面的知识转化成能用于企业实践的相关理念。第3章中，我们讨论了知识转化过程的有关知识。在这一节，我们考虑这种分析的战略含义。请回忆一下，企业内部的资源一般可以分为三类。第一类就是有形资产，包括土地、厂房和设备。第二类是无形资产，比如专利、商标和品牌知名度。这些资产一般不列入企业的资产负债表，但在创造价值和获取价值时特别重要——企业的经营方式、产品工艺和配方，都是一种特别重要的无形资产。第三类也许是最重要的，就是企业的人力资源。

硅谷的企业通常把这三种类型的资源称之为硬件、软件和湿件。硬件是由物质资产组成。

软件主要用来描述企业的“软性”资产，比如能够创造价值的产品工艺和配方。湿件则指员工的脑力，或者说“头脑计算机”。

企业拥有并可以获取硬件和软件上的价值，但它只能“租用”湿件。湿件是每一个员工的私有财产，如果他们愿意就可以带着这些资产转移到另外一家企业去。为了创造和获取价值，管理者必须想办法把存在于员工湿件中的知识（即使是那些连员工自己都没意识到的他们所拥有的知识）转换成企业的软件。

麦当劳公司的变革就是一个很好的例子。第一家麦当劳店的建立是在 1956 年。公司的硬件包括房地产和设备。但它最重要的资产是它的软件。麦当劳主要的价值资源就是它销售汉堡、薯条和饮料的新配方。这种配方可转变成一种经营方式，并且能够在世界各地进行复制。如果麦当劳在 1956 年就停止了创新，那么那些模仿麦当劳并在原有配方上稍加改进的新公司，比如汉堡王、温迪和肯德基就会把麦当劳赶出这一行业。但是，麦当劳通过把湿件转化成新的软件而不断地改进其配方从而创造并获取价值。今天的麦当劳与 1956 年相比，产品供应的种类大大增加，店面的设计更加有效，产品的加工工艺也更好了。

麦当劳麦香鱼的开发就说明了湿件向软件的转化。最初，麦当劳只卖汉堡和薯条。按照麦当劳的价值创造思路，他们是有意识限制产品线，这样产品的生产效率就比较高也比较快捷。但是，在天主教盛行的街区，经销商在星期五根本卖不出去汉堡，因为天主教不允许在星期五吃猪肉。经过努力，当地的经销商开发出一种美味的鱼肉三明治。起初，麦当劳不允许卖这种新三明治，因为这与只卖汉堡的公司形象不符。同时，它还会导致各个加盟店之间的差异——搞特许经营的公司都尽量避免这种情况。但是最终，麦当劳公司意识到了销售鱼肉三明治创造

索尼克的汽车穿梭餐厅是如何将湿件转化为软件的

索尼克公司是美国第五大快餐连锁店，最大的汽车穿梭餐厅品牌。它拥有 2 400 家汽车穿梭餐厅，2002 年的销售额是 20 亿美元。索尼克的 CEO 玛蒂·穆花一半的时间用来视察各个门店，并且一个星期中有 3~4 次与她的女儿们在索尼克吃饭。“我们这样做确实得到了许多想法，……我们走出去并询问人们为什么会来这里，……我们鼓励员工吃我们自己的产品。”

有一个连锁店的员工们厌倦了小甜圆面包，开始吃汉堡包、鸡块儿和烤面包。于是，索尼克就开始推出“烤三明治”，这种产品也很受消费者的欢迎。一个消费者建议说，把一根香肠插到小木棍上，外面裹上一层黄油牛奶煎饼，再放到油里面炸。现在，这个产品已变成了早餐新品。一家连锁店的经理还发明了烤鸡肉卷。所有这些产品都在索尼克的连锁店里全面推广。

请注意，索尼克是如何鼓励人们去试验新产品的（提高他们的湿件），然后再将这些湿件转化成软件。穆和她的员工然后选择采纳哪些建议，并对这些食谱进行修改和整理。索尼克的例子说明，一家公司是如何利用它的组织架构把某个汽车穿梭餐厅的湿件转化成用文字描述的新食谱（软件），然后再在分散于各地的 2 400 家汽车穿梭餐厅中进行推广。还有，索尼克的企业文化鼓励人们大胆尝试，并确认有潜在价值的湿件，然后再把湿件转化成能在全企业进行推广的软件。

资料来源：“Required Eating Makes This Job Fun,” *Democrat and Chronicle* (June 3, 2002), 7D.

和获取的价值。公司层的专家琢磨出了各种改进三明治的方法，并想办法降低生产成本（例如，试验了不同类型的鱼，把它切成汉堡包的大小）。最后，麦香鱼被引进了所有的麦当劳加盟店，并从此以后成为菜单上的一种主食。

麦香鱼的想法最初只存在于经销商的湿件里，而改进产品的方法存在于公司层专家的湿件里。在这个阶段，想法和知识并不能创造价值。但是湿件最终转化成了软件，并成为麦当劳公司创造和获取价值的配方的一个部分。“巨无霸”的故事与麦香鱼很类似，它是由匹兹堡的一家经销商想出的点子，这个经销商想卖大一点的三明治给钢铁工人。

软件与硬件的不同就在于软件不是稀缺资源。一台特定的机器只能在某一个地方进行使用，而软件可以在世界各地进行复制并创造价值。例如，麦当劳现在有超过 10 000 家的加盟店，都是在同一经营模式下从事经营（当然，正如我们将要讨论的，软件也能被竞争对手复制，从而减少企业的潜在利润）。

企业在将湿件转换成软件时，成功与否的可能性主要取决于企业内部决策权的分配以及如何评价和奖励员工（也就是企业的组织架构）。

创造价值的机会

发现更好的方法来使用现存的资源，驱动了企业创造更多价值。今天的个人电脑比 20 世纪 80 年代的主机功能强大得多，生产时消耗的资源也少得多。计算机生产技术的改进所创造的价值，不是来源于发现了新的原材料或资源，而是来源于更高效地使用现存的资源。我们引用增长经济学理论提出者保罗·罗默的说法：[13]

> 经济的成效和生活水平的提高，不是来源于地球上的原材料或某种大量物质，而是来源于重组的过程。而重组的过程则意味着指令、方案、构成以及做事的方法（软件）。

新价值创造的可能性是无限的。请看罗默关于生产过程的一个小例子，这个生产过程总共有 20 个步骤。这些步骤的顺序可以变化，变化的方式有许多种（大约是 2.4 后面跟着 17 个 0)，因此它影响价值创造。当然，在大多数的生产过程中，总是有一个自然的顺序，这样就排除掉了某些步骤的组合——例如，喷完漆后再焊接车身显然不合理。但是，即使重新安排地球上资源的所有方法是既定的，持续价值创造的可能性也是巨大的。这个讨论说明，以低成本来生产改进了的产品，企业面临的是创造更好的“指令、方案、构成及方法” 的无限机会。新机会可能以技术的形式出现，并持续演变。例如，20 世纪的后期，信息技术、通信技术和生产技术发生了很大的变革。这种技术变革为价值的增值带来了极大的机会。20 世纪 90 年代的“企业流程再造”运动，就是用计算机和信息技术来降低成本的(比如，用程序化的系统来处理客户订单、进行分销、支付应付账款、回收应收账款)。柔性的生产技术使企业能够调整产品的设计以适应消费者的特定需求。计算机和信息技术则减少了企业与供应商之间的交易成本。利用技术来增加价值可能仍是未来发展的一个重点。

获取价值

创造价值只是利润产生的第一步。获取这部分价值也是必要的一环。如果竞争对手能够快速地复制企业的变化并进入市场，那么减少交易/生产成本或增加消费者的需求（例如，通过开发软件来创造新的价值）对企业的用处不大，这样的竞争会消除企业的利润。

图 8.3 比较了竞争性市场中的企业和具有市场控制力的企业。在竞争性市场中，企业面临的是一条水平的需求曲线，企业是一个价格接受者。拥有了市场控制力，企业就可以选择价格—产量的组合。第 6 章和第 7 章的分析表明，如果企业开发他们的市场控制力，那么他们就能够经常获取价值。有时，即使企业没有市场控制力，如果他们运用优势的生产要素使他们在生产中比竞争对手更有效率，则他们也能够获取价值。在竞争性市场中，即使需求和市场价格下降，仍会有企业愿意继续生产这种产品。这种生产与图 8.3 中供给曲线的虚线部分（市场价格 P^* 以下）相对应。图中还表示出了相应的生产者剩余。企业有时（不是总是）能够把生产者剩余的一部分转化为经济利润。下面，我们就讨论在拥有市场控制力和优势资源的情况下，产生经济利润的条件。[14]

市场控制力

进入壁垒

如果没有任何进入壁垒，那么来自新企业的竞争就易于蚕食掉行业的利润。[15] 当一个潜在

图 8.3 拥有市场控制力的企业与竞争行业的企业

左图的企业，需求曲线是向下倾斜的，因此拥有市场控制力。它可以选择价格—需求量的组合。第 6 章和第 7 章的内容证明，拥有市场控制力的企业能够获取经济利润。另一家企业居于竞争性行业中，因此面临的是水平的需求曲线。第 6 章的内容说明，在这样的市场环境中要获取经济利润是困难的。如果需求和价格下降，企业会沿着供给曲线的虚线部分（市场出清价格 P^* 以下的部分）继续生产产品。阴影三角形部分代表生产者剩余。企业有时（不是总是）能够把生产者剩余的一部分转化为经济利润，这一章就讨论企业应如何做。

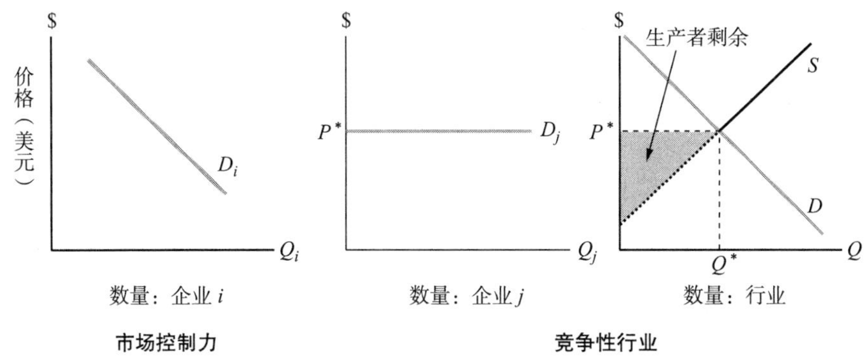

创造价值但不能获取价值：伊莱·惠特尼

18世纪，美国南部农业的最大问题就是在收获棉花时，怎么将棉花和棉籽分开。当时，这个工作主要由手工来做。但是这个工作非常困难，一个工人一天只能清理出一磅的原棉。当伊莱·惠特尼参观佐治亚州的时候，深深被这个问题吸引住了。在几个星期之内，他就发明了一种机器，他把它叫作“cotton gin”（是棉花机器的缩写形式，轧棉机）。这种机器大大地提高了一天之内清理出来的棉花数量，因此，棉花很快就成为美国南部的主要农作物。显然，轧棉机的发明创造了巨大的价值。然而，在伊莱·惠特尼将他的发明改进并申请专利之前，他的第一种型号的机器已被大范围地模仿。最终，伊莱·惠特尼的所有利润都用于保护和实施他的专利而进行的法律诉讼上了。然而，最终他的确赚到钱了，但是通过金融市场上棉花价格投机赚到的。

的进入者复制行业内现有企业的地位比较困难和不经济的时候就存在着进入壁垒。在第6章我们已经讨论过各种进入壁垒。这些壁垒包括如果新企业进入就可能引起降价的一些因素（比如规模经济）、原有企业的优势（比如专利和品牌）以及退出成本。

许多研究者已经证明了进入壁垒与潜在利润之间的理论关系。[16]与理论上的阐述一致，这些研究基本上都证明了在竞争性市场中，价格在成本之上的加价幅度较小。研究者还发现，在特定的市场中，利润与特定的进入壁垒（比如规模经济或广告）具有正相关的关系，利润与市场集中度（少数几家大企业市场份额的合并）也有正相关的关系。[17]

虽然理论和实践都证明随着进入壁垒的增加，潜在的利润也会增加，但进入壁垒的存在并不是经济利润的保证。除了进入壁垒外，至少还有四个因素比较重要。它们是行业的竞争程度、替代品的威胁、购买者的力量和供应商的力量。[18]

竞争程度

当竞争程度比较高时，即使有进入壁垒利润也会比较低（参见第6章）。有助于决定竞争水平的两个因素是竞争者的数量和竞争者的相对规模。竞争者的数量越少（行业的集中度越大），企业越有可能意识到他们的相互依赖，并避免那种激烈的竞争。大的支配型企业的存在

意大利的纺织品和中国的纺织品竞争

在意大利的比耶拉，羊毛的清洗、印染和纺织已经有超过6个世纪的历史了。中国的生产商曾经以价格为竞争的重点手段，向市场提供低质量的纺织品。但现在中国纺织品的质量已经明显改进。这对市场价格造成巨大的压力，已经迫使意大利纺织品行业的一些企业裁员和关门大吉。

资料来源：C. Rhoades (2003), “Threat from China Starts to Unravel Italy's Cloth Trade,” *The Wall Street Journal* (December 17), A1.

(与许多规模相等的企业相对应）也会减少竞争，因为支配企业在定价时会起到价格领导者的作用，并且对那些不追随其价格的公司采取报复行动（在反托拉斯法许可的范围之内)。随着行业内基本条件的变化，竞争的程度也会改变。例如，如果行业内现有企业拥有剩余生产能力，那么他们就可能进行价格竞争，目的就是增加自己的产量。一般来说，剩余生产能力、较高的固定成本、产品差异性较小、行业增长较慢都会增加行业的竞争程度。

替代品的威胁

即使新企业的进入被限制了，行业内的企业也不能避免外部的竞争，其中就有替代品的威胁。例如，投资规模大潜在地限制了速递市场的进入（该行业主要有联邦快递和 UPS)。但是，最近几年，出现了许多有效的替代品，比如 e-mail 和传真机已减少了对速递服务的需求（与没有这些技术发展时的需求相比)。同样，银行也面临着来自货币市场账户的竞争，这些账户可以为消费者提供带协商条件的提款（通常限制数量超过 100 美元)。

购买者和供应商的力量

最后两个决定企业的市场控制力的因素是购买者和供应商的力量。如果行业中只有少数的大型购买者，那么行业的利润就可能比较低，因为这些购买者会运用他们的购买力量来压低产品的价格。同样，如果该行业的关键供应商规模比较大、比较集中，或组织的比较好（例如加入工会)，那么他们就会通过提高要素的价格来榨取该行业的利润。在 20 世纪 90 年代，英特尔和微软是个人计算机生产中某一关键部件的惟一供应商，因此他们的利润相当高。

市场控制力和战略

企业有时可以采取措施提高进入壁垒、减少行业内的竞争、限制替代品的可获得性，或削减购买者和供应者的力量来增加企业的经济利润。每一种措施的例子都很容易找到。例如，美国的制造商经常进行游说活动要求政府加税或限制进口，以便减少外国企业的进入。行业中的

竞争及竞争者的数量

通常，竞争程度随着竞争者数量的增加而增加。但是也与行业的性质有关，即使是只有少数的竞争者，行业的竞争程度也有可能特别激烈。在全球软饮料的销售中，可口可乐占有大约 50%的市场份额，百事可乐占有大约 13%的市场份额。但是，在过去的几十年中，他们的竞争一直没有平息过，他们一直进行高成本的促销竞争，为分销渠道进行激烈的争夺。同样，在美国的烟草行业中，三大公司占有几乎 90%的市场份额，但他们的竞争也很激烈。在清洁剂市场，宝洁和联合利华两大公司在全球范围内打起了“肥皂战”。竞争程度的改变是因为这些行业中企业的特点都是有剩余生产能力、固定成本比较高、产品的差异性比较小，以及增长缓慢——所有这些因素都是导致竞争加剧的原因。

亚马逊网站对供应商力量的担心

亚马逊网站开创性地通过互联网来销售图书。亚马逊网站只对畅销书保持很小的一部分存货。大多数的书是当顾客订购以后，网站才从分销商那儿定货。虽然直到 2000 年网站还没有宣布盈利，但股票市场分析师预测该公司一定会拥有一个兴旺发达的未来。的确，20 世纪 90 年代末，亚马逊网站的股票市值已超过了巴诺书店的市值，“亚马逊网站是一个坚实的图书销售之王。”在未来，亚马逊最大的担心是它的供应商的力量。正如《商业周刊》所评论的：“明年也许是亚马逊在叫卖，也许是雅虎或美国在线在出价或声明交易条款。”搜索引擎和互联网链接设备都是亚马逊的主要产品（在网上销售图书）的重要投入要素。亚马逊的 CFO 承认：“在我们的经营模式中这是最令人担心的一块。”

资料来源：C. Mayer（1998），“Does Amazon = 2 Barnes & Nobles?” *The New York Times*（July 19），3.4.

企业组成卡特尔或签订其他的合谋协定以减少行业的竞争。[19] 正如我们已经讨论过像 AMA 这样的组织的作用，就是要限制竞争产品或服务（在这个例子中是指新的医生、护士、助理医生和助产士）的可获得性。企业可以通过反对购买者之间的合作来削减购买者的力量。最后，企业通过反对建立工会和在没有工会组织的地区进行扩张——特别是进行国际扩张来限制供应者的力量。

历史上，许多管理者主要通过反对竞争活动，比如设置进入壁垒来获取价值。他们发现限制竞争通常比较困难——尤其在全球市场上。而且，通过限制竞争（例如，通过捐款活动促使政府采用和实施限制进入的政策）创造的生产者剩余大部分由政府管制者拿走了。出于这些方面的考虑，当代的战略多数集中在优势资源上——这将是我们下一节的主题。[20]

生产的优势要素

不管是人力资源还是物质资产在生产中的效率差异都会很大。例如，萨米·索萨是一位伟大的棒球运动员；戴尔计算机公司的米切尔·戴尔则是一位出色的 CEO；加利福尼亚帝王谷的土地令人难以置信得肥沃；高速公路交叉路口旁的土地为人们提供相当便捷的出行，等等。如果某项资产因其优越的生产力而使企业获得利润，那么其他的企业就会争夺这项资源并抬高其

糖的价格

在 2005 年，世界市场上糖的批发价格大约为每磅 0.11 美元。而同期，美国市场上的价格超过每磅 0.21 美元。这两个价格的巨大差异主要来源于美国对进口糖征收的关税。外国生产者愿意以低价卖给美国人。但是，美国政府不允许他们这么做。这种限制使美国国内的生产商得到了好处，他们可以以更高的价格销售他们的糖。如果取消这种进入限制，美国市场的糖价格就会被拉低到每磅 0.11 美元。国内糖价格的降低对美国的消费者有好处，但会损害美国生产者的利益。

价格。因此，如果市场功能很完善，从超常生产率所得的收益自然应该归相应的资产所有。

由优势资产得到的生产者剩余

图 8.1 把价值划分为消费者剩余和生产者剩余。消费者得到消费者剩余。生产者剩余则由优势资产的拥有者得到。例如，请看 Speedy Modems 公司总经理皮特·欧文的情况。去年，Speedy 公司在生产调制解调器上只达到了盈亏平衡，产品的价格为每单位 100 美元。随着对这一特殊型号的调制解调器需求的增加，产品的价格也上升到每个 150 美元。Speedy 公司开始获得单位产品 50 美元的利润（生产者剩余）。这种利润刺激其他的企业也去生产同样型号的调制解调器。但是，他们的生产率赶不上 Speedy 公司，惟一的原因就是他们缺乏一位像皮特这样智慧的管理者。于是，竞争企业开始向皮特发出邀请，邀请他到他们的企业工作。为了避免皮特被竞争对手挖走，Speedy 不得不提高皮特的工资。经过这个过程，皮特的工资增加到使 Speedy 公司只能得到正常利润——与其他的竞争企业一样。特殊智慧的所得是由皮特得到了，而不是由企业得到。物质资产也同样。例如，如果一家企业租到了一块上等的土地或一台独一无二的设备，租金肯定就会上升以反映出该资产的优越的生产率。而且，如果企业拥有这项资产，那

图 8.4　由优势资产得到的生产者剩余

下图表示的是市场供给和需求曲线。最初的价格是 P^*_0。左图表示的是一个行业中的典型企业，它现在没有任何经济利润——价格等于行业长期平均成本（$LRAC_0$）。当产品的需求增加时，市场价格就上升到 P^*_1。因为价格超过了原来的长期平均成本，所以企业似乎有获得经济利润的潜力。但是，竞争者和新企业的进入会抬高特殊资源（比如智慧的管理者或生产率比较高的土地）的价格，这些特殊的资源使企业能够以低于平均成本的价格进行生产。在均衡时，企业的成本会增加到它的长期平均成本（$LRAC_1$）重新等于价格。由价格上升带来的生产者剩余的增加（阴影面积），都流入到稀缺资产的手中，正是这种稀缺资产使得在原来的价格和产量水平上以低成本进行生产成为可能。

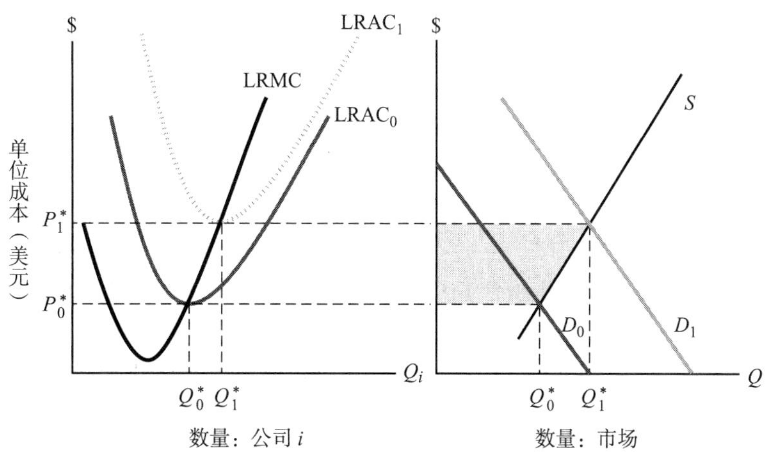

么它的价值（以及继续使用这项资产的机会成本）就会增加——事实上，企业是为自己继续使用这项资产而支付租金。

图 8.4 对这种现象进行了图解分析。右图表示的是市场供给和需求曲线。最初的价格是 P^*_0。左图表示的是一个行业中的典型企业，它现在没有任何经济利润——价格等于行业长期平均成本（$LRAC_0$）。当产品的需求增加时，市场价格就上升到 P^*_1。因为价格超过了原来的长期平均成本，因此企业似乎有获得经济利润的潜力。但是，竞争者和新企业的进入会抬高特殊资源（比如智慧的管理者或生产率比较高的土地）的价格，正是这些特殊的资源使企业能够以低于平均成本的价格进行生产。在均衡时，企业的成本会增加到它的长期平均成本（$LRAC_1$）重新等于价格。[21] 由价格上升带来的生产者剩余的增加（阴影面积），反映在稀缺资产的价格或机会成本上，它使得在原来的价格和产量水平上以低成本进行生产成为可能。

如果企业拥有稀缺资产（比如一块土地），那么随着这项资产价格的上升，企业所有者的财富就会增加。但是，企业并不是非得用优势资产才能实现这个价值，意识到这一点很重要。事实上，企业把这项资产卖给其他企业可能更好。管理者有时会忽略这另外一种选择。

举例说明，一直以来 Arco 公司被认为在生产零售汽油上具有竞争优势，因为它在阿拉斯加的油田生产率很高，这个油田是 Arco 公司很久以前以低价买进的。[22] 有人认为潜在的竞争对手缺乏竞争优势，因为他们必须在公开市场上以高于 Arco 公司现行开采成本的价格购买石油。这个观点是有问题的，因为它没有恰当地使用机会成本的概念（参见第 5 章）。如果 Arco 公司可以在公开市场上销售它的石油，那么它自己使用的机会成本就是放弃掉的出售机会有可能得到的收入——也就是现在的石油市场价格而不是 Arco 公司的生产成本。如果其他的公司能以更高效的方式为零售客户提炼原油和生产汽油，那么 Arco 公司就应该在公开市场上销售原油而不是在汽油的生产上与其他公司进行竞争，因为这样做能使 Arco 公司得到的利润更多。由于公司拥有价值很高的阿拉斯加采油权，所以公司股东的财富一定会增加的。但是，关键的问题是管理者采取什么方式开发这项有价值的资源最好。把油田卖给其他的公司，把从油田中开采出来的石油卖给其他的公司，或者自己提炼石油、生产和销售汽油（或某些其他的汽油产品），这些都有可能是最好的方式。究竟哪一种方式最好，这取决于在开采和销售石油或生产和销售汽油时，Arco 公司与它的竞争对手比谁的相对效率高。不能仅仅因为 Arco 公司拥有了石油开采权，它就必须自己开采石油或生产零售汽油。

表 8.1 进行了进一步的说明。我们假设：（1）Arco 公司为制作 1 加仑汽油而开采石油的成本为 0.1 美元；（2）这部分石油也可以拿到公开市场上出售，价格为 0.5 美元；（3）把这部分石油提炼成汽油的成本为 0.5 美元；（4）Arco 公司一个月生产 1 000 000 加仑的汽油；（5）没有其他的相关成本或收入。上表是我们假设汽油价格分别为 1 美元或 0.9 美元时，我们使用标准的会计技术编制的 Arco 公司损益表。在上表，每加仑石油的生产成本为 0.1 美元。在两种价格下，Arco 公司的利润都是正的——分别为 400 000 美元和 300 000 美元。依据这些会计利润，似乎 Arco 公司生产并销售汽油能赚钱。下表是根据石油的机会成本也就是它的市场价格，重新编制的损益表。利用机会成本来计算，当汽油的价格为 1 美元的时候，Arco 公司盈亏平衡，当汽油价格为 0.9 美元时 Arco 公司就会亏损。在后一种情况下，Arco 公司不生产汽油而在公开市场上销售石油可能会更好（或者把油田出售——这种选择取决于 Arco 公司开采石油的效率）。当汽油价格为 1 美元的时候，Arco 公司的两种选择没什么区别。因为每一种选择都是

会计利润		
销售价格	$1/加仑	$0.9/加仑
销售收入	$1 000 000	$900 000
开采成本	$100 000	$100 000
生产成本	$500 000	$500 000
利　润	**$400 000**	**$300 000**
经济利润		
销售价格	$1/加仑	$0.9/加仑
销售收入	$1 000 000	$900 000
石油的机会成本	$500 000	$500 000
生产成本	$500 000	$500 000
利　润	**$0**	**$(100 000)**

表 8.1　Arco 公司和机会成本

在这个假设的例子中，Arco 公司开采足够的石油加工成 1 加仑的汽油所需的成本是 0.1 美元。这部分石油也可以拿到公开市场上出售，价格为 0.5 美元。把这部分石油提炼成汽油的成本为 0.5 美元。Arco 公司一个月生产 1 000 000 加仑的汽油。没有其他的相关成本或收入。上表是我们假设汽油价格分别为 1 美元或 0.9 美元时，我们使用标准的会计技术编制的 Arco 公司损益表。此表每加仑石油的生产成本为 0.1 美元。在两种价格下，Arco 公司的利润都是正的——分别为 400 000 美元和 300 000 美元。下表是根据石油的真实的机会成本（它现在的市场价格）重新编制的损益表。当汽油价格为 0.9 美元时，Arco 公司不生产汽油而在公开市场上销售石油（或者可能销售油田）可能会更好。它销售石油的净收益是 400 000 美元，而生产汽油的净收益是 300 000 美元。当汽油价格为 1 美元的时候，Arco 公司的两种选择没什么区别（因为每一种选择下，它的净收益都是400 000 美元）。这个例子强调了第 5章所阐述的一个基本观点：管理者在做经营决策时应使用机会成本而不是会计成本。

在生产成本之上赚取了 400 000 美元。[23] 这个例子说明了第 5 章所阐述的一个基本观点：管理者在做经营决策时应使用机会成本而不是会计成本。[24]

第二价格拍卖

竞争倾向于使有差异的资产流向对这个资产评价最高的使用者手中，但是这种流入的价格反映的是对这个资产评价第二高的人的使用。在竞争性拍卖中，没有人有动力出比他们对这项资产的评价还高的价格。例如，如果莱娜·欧蒂斯对某一块土地使用的评价处于第二高的位置，那么她的出价最高就到她对这块土地的估价为止，而乔斯·理查多是评价最高的使用者，他可以出比欧蒂斯稍微高一点的价格就能够得到这块土地。这个原理说明，竞拍中标者所得到的生产者剩余，是由这项资产的第一高的评价者与第二高的评价者二者的出价差异所决定的。其余的价值则反映在优势资产的价格上。

团队生产

企业是由一系列资产组成的。例如，微软的资产包括比尔·盖茨、所有的高级管理人员和雇员、公司的有形资产、品牌和其他的无形资产，以及现存的已安装在各种计算机上的微软软件。因为工人和资产是相互依存的，所以投入要素作为一个“团队”的价值有时会超过如果各个工人和资产被其他次优的使用者使用所创造的价值总和。因此，企业作为一个整体很有可能比它各个部分的加总要有价值得多。我们把具有这种特征的企业叫作拥有团队生产能力。只要竞争对手组成不了这种相匹敌的生产团队，企业就能通过保持团队生产优势获取价值。如果竞争对手能够做得到，那么在一个竞争性的市场上，产品的价格就会降低，所以企业只能够得到正常利润。

企业是如何创造出难以令竞争对手复制的团队生产能力的呢？部分答案是，这是企业间历史差异所造成的自然结果，也是现在的管理者对产品生产、市场进入、人员雇佣和资本收购等决策选择的结果。由于这些差异，企业获得了资产、组织过程、信息渠道、共同知识等资源的独一无二的组合。随着环境的变化，企业发现他们或者因为幸运，或者因为有先见之明，已形成了令人羡慕的、在新的环境条件下特别具有生产力的团队能力，而其他的企业则没有。例如，沃尔玛开发出一种效率非常高的中心辐射分销系统，为其位于乡村地区的连锁店提供完美的服务。这套系统加上它的品牌和获得的优势，为它成功地在广大的城市地区进行竞争提供了很大的帮助。

其他的企业可以观察到成功企业的团队生产能力。但是，复制这些能力比较困难，原因是从外部很难准确定位团队内协同作用的确切来源——许多资产都被整合进一个企业。而且，获得必要的资产（契约/交易成本）、为职工提供培训等等都是要付出代价的。另外，在一个现存的组织内部进行重大的改革是需要极大的勇气的。团队能力复制起来是需要很大代价的，这正如我们所观察到的：许多企业进入新的业务领域都是通过购买行业中一个现存的企业来实现的，而不是在企业内部自我发展出一项新的业务。

夏普公司的团队能力

20世纪70年代，夏普公司开始销售带有液晶显示的电子计算器。当公司开发出LCD专利技术时，夏普公司开始把它应用到其他的产品上，比如电视机。通过这些行动，夏普公司拥有了一系列其他公司所没有的资源和能力。随着20世纪80年代和90年代消费类电子产品和计算机需求的大幅度增长，对LCD的潜在需求增长迅速。夏普公司因此而大赚。由于受时间的限制以及缺乏夏普那种积累起来的资产和经验，其他的公司短时间内没办法取得夏普公司的竞争优势。三菱、NEC和佳能都进入到了这个行业，但是夏普公司因其特殊的团队能力一直保持着主导地位。这种竞争优势不会被各个资产的市场价值全部夺走，各个资产也不会让其他的企业复制夏普的优势。因此，这种优势的一部分就流入到夏普的股东手里，也反映在其股票价格上。

资料来源；D. Collis and C. Montgomery (1997), *Corporate Strategy* (Irwin: Chicago).

团队能力和组织架构

一家企业的组织架构是由决策权的分配、业绩评估系统和奖励系统所组成的。组织架构对团队能力的形成起着非常重要的作用。例如，对那些要求快速“火线”决策的新机会来说（比如，在最终产品的价格竞争上），分散化的企业比决策权集中的结构反应更快也更有效率。相反，对那些要求企业内部几个经营单位密切合作采取行动的新机会，集中程度较高的结构则具有优势。正如我们将要讨论的，复制另一家企业的组织架构是很困难的，因为必须以协调的方式同时改变几个系统。在一个组织内部，实施这种重大的改革更是意想不到的困难。

对沃尔玛成功的部分解释

20 世纪 60 年代早期，山姆·沃尔顿最初的战略是要在阿肯色、密苏里和俄克拉荷马州的乡村地区的小镇里（人口在 25 000 人以下）建立商店。他的目的就是要在“被别人遗忘的、不起眼的小镇里建一个适当规模的商店”。随着商店数量的增加，他设计了一种效率相当高的分销系统——拥有地区分销中心的中心辐射系统。他还与主要的供应商建立了良好的合作关系，建立了具有特色的人力资源管理体系和没有加入工会的职工队伍。随着商店网络的扩大，他在邻

柔性制造和团队能力

经济学家认为把管理政策看作是一种互补系统比较恰当——每一种政策只有当它与其他互补的政策同时采用时才能发挥更大的作用。例如，柔性制造设备成本的降低会同时促进企业战略和组织架构的改变：投资购买柔性更大的制造设备、提高产量、更经常地进行产品更新、更持续的产品改造、培训水平更高、在效率较高的产品设计流程上（计算机辅助设计）增加投资以及工人的自主权更大，因此可以更好地使用当地信息、进行更多的交叉培训、更好地利用团队、在筛选具有较大发展前途的雇员时进行更多的调查并增加横向的相互交流。

因为互补的作用，单独采用这些政策的哪一部分也不如同时采用所有这些政策更有生产力——这些政策相互之间会起到一种巩固的作用，因而能创造出更多的价值。例如，如果雇员在运用新技能上没有更多的自主权，那么雇员培训就没有什么意义。当然，在企业战略和组织架构的许多方面都进行快速的改变是要花费代价的。

那些有更多这样的政策在发挥作用的企业，比那些没有这些政策的企业在降低柔性制造成本上可能更具有优势。因为他们的团队能力，这些企业有可能在下一时期获得经济利润，而且这些利润不会因竞争而消失。

在这个例子中，意想不到的环境变化是柔性制造技术成本的降低。这种变化会对某些企业产生有利的影响而对另一些则没有。如果环境变化不是这样的，那么另外一组的企业就会受益。

资料来源：P. Milgrom and J. Roberts (1995), “Complementarities and Fit: Strategy, Structure, and Organizational Change in Manufacturing,” *Journal of Accounting and Economics* 19, 179-208.

近的州开办了更多的商店，并逐渐扩展到全国和全世界。

随着沃尔玛的持续扩张，它的成功是有目共睹的。它的竞争对手羡慕它的成功，但是，他们却没有模仿沃尔玛战略的能力。首先，在一个小的、沃尔玛已开办商店的乡村地区开办另一家竞争性的商店是很不明智的。的确，与沃尔玛竞争的结果会使这些小镇的产品价格降下来。但是，沃尔玛的先动优势会形成一种进入壁垒和市场控制力。如果现存的商店数没有达到一个足够的量，那么在东南部的乡村地区模仿沃尔玛的分销系统也是缺乏经济头脑的表现。随着沃尔玛经验的积累，它已建立起规范的组织程序和资源（团队能力），在沃尔玛向新的地区比如太平洋西北部沿岸进行扩张的时候，这些组织程序和资源又为沃尔玛提供了相对于它的竞争对手的潜在竞争优势。

沃尔玛本能卖掉它的某些资源，比如个别的商店，然而它的潜在的购买者只有有限的动力把这些资产的价格抬高，除非他们能够把所有的商店都一起买下来。例如，当离开了沃尔玛的分销系统时，一个单独的商店的价值就会降低。[25]因此，虽然沃尔玛不把它的资产一件一件卖出去会遭受机会损失，但把这些资产保持在一个企业内的价值要大大超过它的机会成本。如果沃尔玛基于它的机会成本建立损益表（正如我们在表 8.1 的下表中对 Arco 公司的分析），那么它的

没有市场控制力的经济利润：关键概念小结

在第 6 章把竞争性市场的特点总结为必须满足四个条件：(1) 有许多买者和卖者；(2) 产品同质性；(3) 准确的信息以低成本快速扩散；以及 (4) 自由地进入和退出产品市场。在这种情况下，企业没有任何市场控制力，在产品市场上企业基本上是一个被动的价格接受者：在市场价格，企业的需求曲线是水平的。边际企业按照平均成本出售产品，但得不到任何超额利润。

在这一章中，我们讨论对某些企业来说，在竞争性的市场中获得经济利润为什么是有可能的（以低于平均成本的市场价格进行生产）。经济学家把这样的企业叫作"非边际"企业。要想成为非边际企业，必须满足两个条件：

- 竞争对手没办法模仿非边际企业，也没办法形成能以同样的低成本生产产品的资产组合——至少在近期如此。如果竞争对手通过模仿打破了该企业的成本优势，那么竞争就会使产品价格下降，并失去超额经济利润。
- 把非边际企业的资产销售给其他的企业不能够获得企业优势生产力的全部价值——除非把企业的资产全部出售。除此之外，这些企业生产的机会成本与他们竞争对手的机会成本是一样的（即使是竞争对手没办法组合成相同的生产团队）。

企业的历史不一样，发展道路也不一样，这个事实有助于解释团队能力和非边际企业的存在。尽管如此，保持在一种非边际企业的位置是很不容易的。潜在的竞争者都有强烈的愿望想办法模仿成功的企业或抵消掉他们的竞争优势。而且，某种程度上这种竞争优势是基于一种可识别的资产，比如一个聪明的管理者或一个有利的位置，那么这项资产的机会成本就可能因来自要素市场的竞争压力而提高。因此，来自产品市场和要素市场的竞争压力都使企业维持经济利润比较困难。

Nomura 证券公司：重建一家企业不是件容易的事

日本的 Nomura 证券公司（其历史可以追溯到 19 世纪大阪的大米交易）是 20 世纪 80 年代世界上赚钱最多的证券公司之一。在 1997 年被卷入一场严重的勒索丑闻之后，该公司几乎破产。此外，该公司向顾客大力推荐的一系列股票的价值都大跌，公司因此而受损。公司的新任总裁 Junichi Ujiie 发誓要重建公司。他想把公司的业务不再主要放在向顾客个人销售股票，而是主要放在资产的集聚和投资组合建议上。他的目标是要成为像美林银行或摩根斯坦利添惠那样的公司。到 1999 年底，Ujiie 还没有扭转公司的局面。的确，在争取新的业务时，Nomura 继续输给那些小的竞争对手。像许多大公司一样，Nomura 公司在重建自己、重新获得失去的成功和盈利能力的道路上麻烦不断。

资料来源：B. Spindle（1999），"Nomura Restructuring Falters; Can Mr. Ujiie Still Remake the Firm?" *The Wall Street Journal*（September 3），A1.

经济利润是正的。[26]

即使沃尔玛在美国的乡村地区拥有竞争优势，但它在大城市中心的竞争优势还是比较小的。城市地区可以容纳不止一个折扣店——因此，促使 Target、凯马特和其他一些公司都进入该行业。来自非折扣店的竞争也更加激烈。竞争企业在分销系统、供应商关系等许多方面都模仿沃尔玛。因此，在城市地区，沃尔玛的市场控制力和生产力优势都比较小。在一些国外地区，比如巴西，沃尔玛也存在问题。从世界范围来看，沃尔玛来自分销系统和供应商关系的竞争优势降低了，它的品牌也不如在美国国内那么响。

所有的好事情都会结束

随着新技术的革新、消费者口味的变化、新的经营理念和新企业的出现，以及其他方面的发展，企业的经营环境在不断地发生变化。有了这些变化，任何竞争优势要想永远持续下去都不可能，除非企业找到一种持续的价值创造战略。就像一座山会受到各种各样的因素侵蚀一样，随着时间，持续的竞争也会侵蚀掉企业的利润。当进入受到限制时，外面的企业有强烈的愿望想方设法挖取成功企业的利润。最终，这些尝试的方法中总会有一种办法可以奏效。如果拿今天的企业排名与 50 年前的排名相比，那么你会发现有很大的不同。例如，今天排名在前面的企业比如沃尔玛、微软和英特尔公司 50 年前都不存在，而去年还排名在前的许多企业，现在都落到后面去了，甚至干脆不见了踪影。

与这种观点相一致，沃尔玛在 20 世纪 90 年代的早期，企业增长相当缓慢。虽然在 90 年代后期沃尔玛的经营业绩有所改善，但经济理论和经验都证明持续的优异业绩不可能长期保持下去。

财富的变化

企业的财富会随着时间的变化而变化。由于竞争的压力，在一段时间内排名在前的企业有可能在下一时期就落后了。下表是1970年和2004年按照企业的市场价值排在前10名的企业。两年的排名序列大不一样。在1970年和2004年间，AT&T、柯达、西尔斯和施乐的排名已经落后。2004年新加入到名单中的企业有美国国际集团、花旗集团、Conoco-Phillips、福特和沃尔玛（NJ的标准石油公司1972年改名为埃克森石油公司，1999年与美孚石油公司合并；海湾石油公司1984年与加利福尼亚的标准石油公司合并，更名为雪佛龙，并在2001年进一步与德士古合并）。

排名	1970年	2004年
1	IBM	沃尔玛
2	AT&T	埃克森石油
3	通用汽车	通用汽车
4	NJ标准石油	福特汽车
5	伊士曼柯达	通用电气
6	西尔斯	雪佛龙—德士古
7	德士古	Conoco-Phillips
8	通用电气	花旗集团
9	施乐	IBM
10	海湾石油	美国国际集团

宝丽莱的成功与获取价值时的最终失败

自1948年宝丽莱第一次推出它的即时成像照相机开始，直到1972年展示它的SX-70相机为止，该公司不断地推出其几近魔幻的产品。第一架宝丽莱相机只能照出黑白照片，但是几年之后，该公司就具有了在消费者眼皮底下印好彩色照片的能力。1972年，宝丽莱的股票价格是其收益的90倍，公司成功地进入了50佳企业（《财富》500强中位于前50位的企业）。但是在SX-70之后该公司却遭受了一系列的失败，其中包括Polavision，这是一种移动的快速成像技术，但赶不上摄像机。还有，数字成像技术的发展为人们提供了另外一种马上看到照片的方法，因此导致2001年10月宝丽莱公司破产。宝丽莱的历史说明了两个重要问题。第一，成功的企业都是开发出新的湿件，并把它转化为创新的产品，以此来满足顾客的需求。第二，来自于新技术的竞争侵蚀了那些不能成功创新的企业的盈利能力。

资料来源：D. Whitford (2001), "Polaroid, R.I.P.," *Fortune* (November 12), 44.

多元化经济学

虽然有些公司，比如绿箭口香糖，集中于一项主要业务，但大多数的大公司都是从事多项业务——他们是多元化经营。这就提出了一个问题：企业多元化是一个创造和获取价值的有效战略吗？多元化经营能够提高价值，范围经济是其主要的原因。另外，在同一家企业中从事联合经营，会促进互补品的生产。但是多元化经营也会带来成本。价值最大化要求企业同时考虑多元化经营的收益和成本。在这一部分，我们就讨论这些收益和成本问题，并分析在什么情况下多元化经营最有可能创造价值。我们还要考察谁最有可能获取这部分价值。

多元化的好处

范围经济

正如第 6 章的分析，当一家企业同时生产几种产品，比几家企业分别生产一种产品的成本低的时候，范围经济就存在了。在生产的纵向链条上，任何一个环节都有可能出现范围经济。[27] 请看下面的例子：一家多元化经营的企业在生产不同的产品时使用的是同样的投入要素，因此它在购买要素时，购买量就比较大并可以享受折扣。一家企业把不同的产品都销售给同一个消费者，因此它可以节约运输费用。企业使用专门的销售人员效率比较高，因为他们可以向消费者提供一系列产品。企业筹集来的资金同时资助几项业务就可以节约筹资成本。有时，因为生产过程的连带问题，生产一种产品不可避免地就生产出另一种产品。例如，一家企业屠宰牛来生产牛肉，如果该企业做出合理的经济决策，它就应该同时用牛骨和牛皮来生产其他的产品。

要想取得上述的经济目的，把这些经济活动整合进一家企业不是惟一的办法。还可以采取另外的方式，同样能够达到目的。例如，一个独立的批发商也可以把不同生产商制造的系列产品提供给零售商，对零售商的营业量进行集中管理，并建立一个高效的存货和分销系统。哪一种组织方法最好取决于交易成本。例如，在独立的企业之间协商和实施合同是要花费成本的，在同一家企业之内组织这些活动也是要花费成本的（请看下面）。有时，把这些活动整合进一家企业比在企业间进行交易要省钱。在这种情况下，多元化经营就能创造价值。

沃尔玛的多元化经营进入传统的杂货店业务

1998 年，沃尔玛在阿肯色州开办了三家“试验性”的杂货店，面积都在 40 000 平方英尺左右。这种多元化经营的潜在好处就来自于范围经济。沃尔玛有一套高效的分销系统，这套系统同样可以为杂货店提供服务。它与那些现在为它的折扣店和购物中心提供服务的重要供应商之间的关系，同样可以转移到杂货店上。沃尔玛在管理从事相关业务的商店上，经验非常丰富。这种经验在商店位置的选择、建立和运行管理系统等方面都很有用。

麦当劳的核心业务

麦当劳打算至少将其部分边缘业务延伸到比萨饼、墨西哥式快餐和外卖正餐，并致力于使其核心的汉堡包业务焕发生机。麦当劳曾经一度进入Chipotle墨西哥烧烤、Donatos比萨店和波士顿市场去推销其最好的特许扩张机会，并希望借此找到公司新的增长契机。但最终这两个目标都没有实现。“我们不允许任何使公司所有者、经营者、供应商和公司员工的行为偏离麦当劳品牌潜力最大化的事情发生，”麦当劳的总裁吉姆·坎塔路波说。

资料来源：R. Gibson（2003），“Mcdonald's May Exit from Ventures,” *The Wall Street Journal*（November 10）.

促进互补品的生产

多元化的另一个潜在原因就是可以促进互补品的供给。例如，福特和通用汽车公司分别于1919年和1959年进入消费信贷业务。[28]汽车制造商进入金融领域的一个潜在的好处就是通过为消费者提供低息贷款来增加汽车的需求（请看图8.1）。[29]消费者在买汽车的时候就可以填好贷款申请，因而可以节约交易或契约成本。现在，通讯系统、计算机和复杂的信用—评分系统使消费者申请汽车贷款非常容易，打一个电话或在网上操作一下即可。但在1919年和1959年却做不到这一点。同样，还可以采取其他的组织方式来实现这些经济目的（例如，汽车公司与某一银行签订合同，办理银行汽车贷款申请）。但是，其他组织方式的成本显然比把这些业务组合到一家企业中所花的成本要大。

另外还有一个例子，请看前面计算机和打印机的例子。两家企业在产品定价时进行协商，则两家企业都受益。另外达到这一合作目的的方式就是把两家企业合并起来。

多元化的成本

虽然多元化具有潜在的收益，但它同样有潜在的成本。随着一家企业的发展壮大，它往往会变得官僚主义，也更加难管理。设计促使那些大企业的管理者也像小企业的所有者那样高效率工作的薪酬计划是很难的。企业的所有者有一种内在的动力，去努力工作以增加企业的价值，因为他们拥有企业的利润，而领薪水的经理人员做不到这一点。如果通过两家企业的合并来实现多元化（现实中经常发生这样的事），那么开发出共同的人事、通讯、信息和运营系统也是要花费成本的。

管理意义

多元化的一个错误的理由

有些管理者实行多元化是为了收益的波动性。例如，固特异轮胎公司的前CEO进行多元化经营，选择进入石油行业，因为石油行业与轮胎行业的波动周期正好相反。他认为，当汽油价

医药行业原计划的巨型合并的失败

1998 年年末，原计划的美国家庭用品公司和 Monsanto 公司价值 350 亿美元的大合并突然失败。Monsanto 公司的业务基本集中于生物技术和制药。例如，20 世纪 90 年代，Monsanto 公司的战略主要是开发用于农作物的药品和杀虫剂的专利，并成为用这些专利来赚钱的第一家公司。美国家庭用品公司则拥有完好的销售力量，合并之后，就可以用它的销售力量帮助 Monsanto 公司把其产品推销进药店和超市。这种相关企业的合并有产生范围经济的可能性。

这项合并最终没有成功是因为两家公司的整合成本。双方在许多方面都没有达成一致意见，比如，哪一家公司将成为合并后的公司总部，应该给高级管理人员多少报酬等等。尤其是合并之后如何把两家公司 CEO（他们都想成为合并后的新 CEO）的管理风格融合起来是个大问题。一个 CEO 是以节约成本出名，而另一个 CEO 则以花钱和投资大方而出名。

当这项合并宣布失败以后，Monsanto 的股票以每股 37 美元的价格收盘，每股下降了 13.38 美元，即下降了 27%。美国家庭用品公司的股票下降了 5 美元，即 10%。显然，股票市场原以为这项合并会创造价值，但当它宣布失败之后，令人感到特别失望。

资料来源：T. Burton and E. Tanouye (1998)，"Another Drug Industry Megamerger Goes Bust," *The Wall Street Journal* (October 14)，B1.

格下降时，人们会更愿意多开车，因此公司的轮胎业务就会比较好。当汽油价格上升时，公司的轮胎业务就会比较糟，但石油业务会比较好。总的来说，公司的收入波动不大。

多元化的确能减少收益的波动性。但把多元化作为调节收益的工具，问题是收益波动的减少不一定会增加企业的价值。股东们（上市公司的所有者）自己可以以低成本进行多元化投资组合。例如，投资者既可以买轮胎公司的股票，也可以买石油公司的股票，这很容易做到。通过这种多元化，投资者自己就可以减少他们投资组合回报的波动性。没有理由让投资者仅仅为了减少投资回报的波动性而为某一公司的股票支付高价，因为他们通过购买两个不同公司的股票就可以达到相同的目的。[30] 同时，把不同业务整合进同一家公司，成本也是很大的。

多元化何时会创造价值

当几项业务服务的是同一个市场或使用的是相关技术时，相关多元化（related diversification）就产生了。例如，迪斯尼公司经营主题公园、饭店、零售商店和电视台。在每一个行业中，迪斯尼公司都集中在运用其强大的品牌力量，做与家庭相关的产品。迪斯尼的品牌，减少了消费者在为他们的孩子选择合适的优质产品时的交易成本。

相关多元化比非相关多元化得到的净收益要大。如果各项业务在生产或需求上没有什么交叉联系，那么范围经济就无从谈起，同时，根据定义两项业务之间也不会生产出互补品。[31] 非相关多元化的一个例子就是 KinderCare 学习中心，这是一家日间托儿管理企业，后来进入到储蓄和贷款行业，最终破产了。

飞利浦电子

至少从20世纪90年代开始，人们就普遍认为非相关多元化会毁掉价值。接着，许多企业就开始简化他们的业务组合，集中于核心业务。减少多元化数量的决策，同时也是来自股东的压力和公司收购威胁的结果。如果管理者坚持实行过度多元化，那么他们就可能丢掉自己的工作。

飞利浦电子是一家总部在荷兰的公司，也是除了亚洲之外世界上最大的消费电子公司。与许多其他的公司不一样，飞利浦公司一直实行“坚决的多元化”。它生产从烤箱到电视机、软件到计算机芯片、电子牙刷到交通管理系统等每一样东西——它甚至生产13种不同型号的电饭煲。20世纪90年代后期，公司的经营状况非常差。因此，公司的股东受损。例如，1999年营业收入下降了50%，权益收益大大低于行业的平均水平。许多分析师认为，飞利浦公司应当把许多业务卖出去。但是，他们却没有这样做，部分原因是因为欧洲缺乏活跃的公司控制市场。另外，荷兰管理者几乎没有与股票价格业绩相联系的激励薪酬。投资部的总裁罗伯特·里昂拥有1.4%的飞利浦股票，他说：“如果飞利浦公司是一家美国公司，它早就被收购或破产了。”

资料来源：J. Flynn and G. Zachary (1999), "Philips, an Innovator in Electronics, Proves Resistant to Change," *The Wall Street Journal* (September 10), A1.

只有当多元化的好处大于其成本时，多元化才会增加价值。有一家专门评估多元化结果的重要研究机构，[32]其研究结果表明，大部分的多元化企业经营得都不好。的确，许多大型企业，比如ITT和Tenneco，在20世纪80年代都是通过分散经营单元（通过出售和剥离）、集中经营少数业务来增加企业的价值的。研究表明，在所调查的企业当中，1988年，有55.7%的挂牌企业拥有单一业务，而1979年的比重是38.1%。更重要的是研究还表明，随着主营业务的回归，企业的股票回报率也有所上升。[33]在相关多元化的例子中，相关多元化的效果最好的原因是存在范围经济的潜在性，以及促进互补品生产的机会。[34]

施乐公司的多元化问题

20世纪80年代，施乐公司的多元化进入金融服务领域。通过租赁复印机，施乐公司取得了一些金融方面的经验，管理层认为通过收购其他金融企业，施乐能够运用自己的经验。1982年底，施乐公司以16亿美元的价格收购了一个财产/意外伤害保险公司——Crum and Foster公司。随后，该公司又进行了人寿保险、房地产和投资银行方面的收购。

毫无疑问，多元化耗尽了施乐公司的财力。范围经济没有原来想象的那么大，金融部门的问题已使高层管理者的主要精力不得不从施乐公司的主要业务（复印机）上转移过来。20世纪90年代，施乐公司重新给自己定位为“文档处理公司”，并把它的金融业务卖给了其他公司。

谁获得了多元化经营的收益

即使是多元化能够创造价值，多元化企业的所有者也不总是能够得到这部分价值。关键还在于，企业是否将某些特殊的资源或团队能力带入了交易中。如果企业没有这些资源或团队能力，那么这部分价值就因竞争会被别的企业夺去。请考虑，如果将一家有线电视公司与一家长途电话公司合并，其潜在收益会怎样。假设一家有线电视公司有权在某一地区从事经营，而该地区有几家长途电话公司。电话公司间的竞争性报价，意味着对这家合并评价最高的电话公司会得到有线电视公司，其交易价格就等于评价第二高的电话公司的报价。这个过程使大部分的交易所得都流入到有线电视公司的股东手里——他们拥有这个独一无二的资源。与这个例子的结论一致，大量的研究表明，在公司收购中，目标企业会获得公司收购的绝大部分收益。[35] 在过去的 20 年中，在成功并购的企业中，目标企业股东的平均回报率在 30%左右，而收购企业股东的平均回报率几乎为 0。

战略的形成

制定和实施一些能够增加企业价值的战略，需要了解企业的内部资源和能力，同时还要了解企业的外部经营环境。[36] 图 8.5 表示了这两种因素。

了解资源和能力

在制定战略时，最重要的第一步就是了解企业的资源和能力（resource and capability）。所谓资源和能力指的是企业的有形资本、人力资本和组织资本。这包括企业的硬件、软件和湿件，特别是那些比其他企业做得好的方面——团队生产能力。掌握企业使用这些内部资产的机会成本很重要。例如，如果把这些资产卖给其他的企业，售价是多少？

柯达的错误分析

20 世纪 90 年代，柯达的管理层决定大力投资生产可写的 CD-ROM。他们认为他们有生产这种产品的内部能力。但是，他们忘了考虑外部经营环境中，由其他的潜在竞争对手带来的威胁。仅仅因为柯达是一个生产 CD-ROM 的大生产商，并不意味着柯达公司就一定有比其他竞争对手生产成本更低的团队能力。引用 CEO 乔治·费舍尔的话：

> 说到可写的 CD-ROM，我觉得我们搞得一团糟。对我们来说，这是一个高盈利的业务，市场份额也占世界第一，而且我认为我们希望这种状况一直保持下去。我们把它纳入了我们的目标决策。我们应当知道，当全世界的生产商大量增加产量时，产品的价格就会降低。

资料来源：*Rochester Democrat and Chronicle*（November 2，1997）.

图 8.5 战略计划框架

管理团队的成员在启用企业战略之前，应对企业的内部资源和能力进行充分的了解。他们还应对企业的外部经营环境进行充分的了解。目的就是要用这些知识发现创造价值和获取价值的办法。

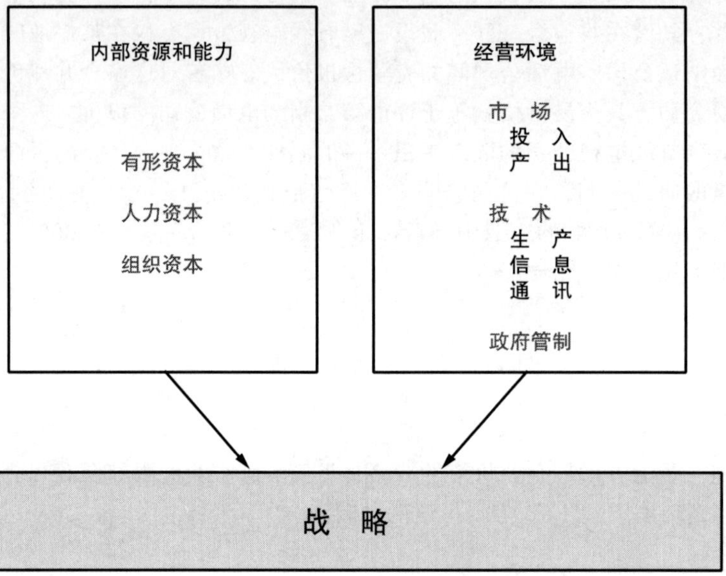

了解环境

正如图 8.5 所描述的，经营环境因素包括企业的市场（要素市场和产品市场）、技术（生产技术、信息技术和通讯技术）和政府管制。有效的管理者会随时监测企业环境，以了解这些领域的新变化。

在图 8.1 中我们谈到，管理者必须了解经营环境以便找出价值创造的机会。例如，在降低成本方面存在什么技术机会？如果通过投资于一项费用高昂的技术来降低成本，但预期技术革新很快会使这项投资化为乌有，那么这项投资就是一个错误的决策。在减少消费者或生产者的交易成本方面存在什么机会？管理者必须详细了解市场上交易费用是如何发生的，以便找到降低交易费用的方法。在改进消费者产品上存在什么机会？有什么方法能促进互补品的生产？企业可以把它的资源和能力运用到哪些潜在的行业上呢？通过与其他的企业合作是否有创造价值的机会呢？

了解企业的环境，对于识别获取价值的机会和威胁也十分重要。例如，在设置进入壁垒或阻碍替代品的发展方面有什么机会？在潜在的替代品、购买者的力量、供应商的力量和行业竞争对手方面，有什么威胁正在临近？

外部环境和内部资源的综合分析

大多数的资源和能力是有限的——因此必须进行选择。例如，企业拥有有限的生产能力和人力资源。因此，他们在决定如何使用这些资源和是否值得投资生产某些产品时面临取舍。而且，管理者还必须决定在企业内部使用那些可在市场上销售的资产是否是最佳的决策，是否应该把这些资产卖给其他的企业。这些战略选择要求管理者把环境分析和内部资源分析结合起来——他们必须了解外部环境的威胁和机会，以及内部资源的优势和劣势。通常，战略不是保持不变的，而是随着时间的变化而变化。对管理者来说，考虑外部环境中哪些经济因素（例如，竞争对手、供应商和购买者）会对本企业的战略决策做何反应，这一点也很重要。第 9 章我们将详细考察这个问题。

在决定如何使用特殊的资源和能力时，要有向前看的思想。有时，在一些互补的资源和能力上进行投资比较有利可图，因为这些投资更能使企业在未来获得独一无二的竞争地位。例如，夏普公司如果在获取计算机的相关知识，以及进一步完善企业 LCD 技能的技术上进行投资，那么对企业是非常有利的。

战略和组织架构

要想成功，企业不仅要有一个好的战略，而且要有一个合适的组织架构。最终，战略和组织架构都是决定企业价值的关键决定因素。我们假定企业的战略已经确定，我们将详细分析企业的环境和战略是如何影响企业的组织架构的。这种方法是合理的，因为企业通常首先从战略上决定要干什么，然后据此再进行组织设计。例如，如果企业采取的是一种对消费者的需求快速做出反应的战略，那么可能它就必须设计出一种集中的决策系统，以及配套的业绩评估系统和奖励系统。但是，图 8.5 强调，作用不是单方面的。企业的组织架构也会影响其战略——它是企业内部资源的重要组成部分。例如，如果企业拥有一个功能完善的集中决策系统，那么它更有可能会进入那些特别适合这种组织设计的市场。

微软的战略

微软的市场份额，使它在 PC 机的软件市场上比其他的竞争对手更有优势。消费者不愿意购买其他的操作系统，因为他们想与其他的配置相兼容。而且，许多微软产品的使用者如果转向其他的产品，那么他们必须学习新的操作系统。微软公司认识到了这种优势，但也认识到在向第一次购买 PC 机的购买者销售的时候，这种优势受到了限制。因此，微软的战略就涉及到生产新的系统软件升级产品（例如，Windows 2000）。这些升级产品鼓励现有的使用者购买新的软件。微软通过开发新的软件同样也鼓励了硬件的升级（速度更快的 PC），因为这些新软件在装有更快的处理器的机器上运行效果更好。新的硬件销售一般都是与额外的软件销售联系在一起的。

一个成功的零售故事和幸运

宜家家居是少数几个在外国市场上成功的零售商之一。它在28个国家拥有152家商店，每年销售的家具价值为70亿美元。它的战略就是设计很好的家具，既漂亮又不昂贵。宜家家居是在一个偶然的情况下进入国际市场的。该公司创办于20世纪60年代的瑞典，当地的瑞典零售商向瑞典生产商施加压力，让他们不要向突然发迹的宜家家居供货。作为回应，宜家家居就转向了波兰的供货商，并且惊奇地发现它可以以更便宜的价格买到一些工艺很好的家具。这样，宜家家居就开始考虑外国的供应商和零售市场。现在它已扩展到亚洲和北美。宜家家居是一家非常有耐心的企业。在它努力设法取悦美国的购物者时，它已亏损了好几年了。他们“必须知道美国人喜欢巨大的床，同时美国人并不按照公分考虑床的大小”。

资料来源：J. Hagerty (1999), “How to Assemble a Retail Success Story,” *The Wall Street Journal* (September 9), A24.

所有的企业都能获取价值吗

咨询专家通常认为，任何企业都可以通过制定战略来创造经济利润，即使它开始时并没有独一无二的资源或团队能力。必要的是，管理者必须是一个有想象力的人，并能够进行正确的投资，以发展未来的竞争中取得成功所必需的技能和能力（当然，从收费的角度来说，这些咨询专家是很乐意帮助管理者达到这个目标的）。

基本的经济学原理说明这些咨询专家的观点是错误的。即使一个管理者特别擅长于预测未来，并且知道哪些资源和能力比较重要，但是只要其他的管理者也采用相同的战略，则该企业就不可能获得系统基础上的超额利润。[37]竞争会使要素市场上的必要资源的价格上升，产品市场上的价格下降。正如任何竞争市场上的均衡一样，预期的结果就是得到一个正常的回报率——而不是一个持续的超额回报率。

虽然某些管理者能更好地系统地预测未来，但在获取有价值的资源方面起关键作用的仍然是运气。按照这种观点，事实上许多企业投资项目预期只能获得正常收益。这些企业在投资战略、内部流程的设计和雇佣决策上等等，都会选择不同的路径。随着时间的推移和环境的变化，有些企业发现自己拥有了优势的资源和团队能力，而另一些企业则没有。在识别企业是否拥有有价值的资源和能力上，以及在决定如何最好地使用这些资源以取得最大的回报上，需要管理者发挥自己的聪明和才智。管理者有可能认为自己已拥有了独一无二的资源和能力，而实际上这时他们还没有。[38]

那些没有特殊的资源或能力的企业最好的结果也就是期望获得投资的正常回报率。那些资源和能力不适应已经变化了的环境的企业，连正常回报也得不到，只能准备退出市场。[39]在一个竞争环境中，企业有可能在管理上花费了很大的努力和心思（主要用于这样一些决策：选择产品以及高效地生产产品和销售产品），但只得到了一个正常回报。

现代战略方法

20 世纪 90 年代，一个共同的战略方法集中在企业的**核心竞争力**上。这个流行的名词与团队能力的经济概念很接近。这两个词都是用来描述因为企业作为一个有效率的资源团队的独一无二性，使企业在某些活动上有超越其他企业的能力。核心竞争力一般就是指团队能力，这种能力可以扩展或"作用"到不同的产品和市场上。

首先要做的第一步就是鉴别什么（如果有）是企业的核心竞争力。下一步就是找到运用这些竞争力的机会（例如，通过进入一个新行业）。有时，对互补性的资产进行投资和培养有效应用企业未来的核心竞争力都非常重要。

例如，索尼公司通过它在生产晶体管 AM 收音机方面的经验，获得了一种电子产品小型化方面的能力（竞争力）。可以证明，"索尼团队"在生产小型产品上比其他的竞争团队能创造出更多的价值。认识到这种竞争力后，索尼公司通过生产大范围的电子产品（电视机、录音机、音响设备等）来运用这种能力。在开发这些新产品的过程中，索尼公司获取了新的资产，进一步完善了它在电子产品小型化方面的团队能力。

一些咨询专家认为，大多数的企业都有核心竞争力。他们只需要鉴别核心竞争力并决定如何最好地应用它。本章我们提出了一种相反的观点，认为某些企业在某一时点上拥有团队能力，而另一些企业则没有。当他们实际上没有核心竞争力却试图应用核心竞争力时，他们就是在浪费资源。

资料来源：G. Hamel and C. Prahalad（1994），*Competing for the Future*（HBS Press：Boston）.

推荐书目

D. Besanko, D. Dranove, and M. Shanley (2000) , *Economics of Strategy* (Wiley: New York) .

A. Brandenburger and B. Nalebuff (1996) , *Co-opetition* (Doubleday: New York) .

D. Collis and C. Montgomery (1995) , "Competing on Resources: Strategy in the 1990s," *Harvard Business Review*, 118-128.

M. Porter (1980) , *Competitive Strategy* (Free Press: New York) .

P. Romer (1998) , "Bank of America Roundtable on the Software Revolution: Achieving Growth by Managing Intangibles," *Journal of Applied Corporate Finance* 11 (2) : 8-27.

注　释

1. 这个例子的详细情况请看 S. Foley (1994) , "Wal-Mart Stores, Inc.," Harvard Business School Case 9-794-024; the financial press; company reports, and C. Loomis (2000) , "Sam Would Be Proud," *Fortune* (April 17) , 131-144.

案例研究：沃尔玛网站

传统的观点认为，要想在电子商务领域取得成功，你必须早早进入。但是1999年末，沃尔玛决心挑战最神圣的网络定律。在连续几年对自己的网站进行修修补补之后，在目睹其他的企业挖掘新的网络领域的同时，这个零售业巨人准备要显示一下它的网络力量。到现在为止，沃尔玛网站取得了初步的成功，根据Media Metrix的统计，沃尔玛网站在在线购物网站中名列第43位。它排在eBay和Buy.com等网络开创者的后面。例如，1999年5月，亚马逊网站的在线访问者几乎有100万人，而沃尔玛网站的访客只有80.1万人。对1999全年，分析师预测在沃尔玛公司1 570亿美元的总销售额中，电子商务活动所创造的销售额不足5 000万美元。

公司宣布计划在1999年年底之前扩展网上商店的产品数量，使其更接近于传统销售方式的产品范围。为了促进网上销售的发展，沃尔玛与Fingerhut Business Services和Books-a-Million签订了合作协议。这两家公司都是专门从事针对顾客个人订单销售活动的，与沃尔玛擅长的大宗销售技能不一样。

沃尔玛以前曾签过这样的协议。当它在原来购物中心的基础上准备进入杂货行业的时候，它考察了竞争状况，然后与批发商签订合同，让他们做大部分的支持性工作。当一切工作按照运行计划的具体要求正常运行时，沃尔玛把这项工作转移到了室内，并成为该行业一个令人敬畏的竞争对手。它计划在网上也实行同样的方法。沃尔玛电子商务的负责人、高级副总裁格伦·霍本说："当我们开展新业务的时候，整个工作程序对我们来说并不陌生。"

沃尔玛直接面对来自亚玛逊网站的竞争。1999年7月亚玛逊宣布它将从书籍、音乐、光盘扩展到玩具和消费类电子产品。沃尔玛通过它的传统商店，已经成为销售这些类产品的一个超强对手。它宣布在传统的沃尔玛折扣店销售的25大类产品都将在网上销售。还有，与传统商店相比，网上商店将提供更多价格较高的商品——例如，DVD机和数码相机。另外，消费者在网上订购的产品可以在全美2 451家沃尔玛折扣店中的任何一家进行退货。像亚玛逊一样，沃尔玛也按照消费者的特殊要求提供定制服务，以满足那些重复购买的消费者的消费习惯。

参与到网络空间从事活动的人数将越来越多，这将有助于沃尔玛网站的发展。根据Jupiter通讯公司的研究，预期电子商务将进一步增长——从1999年的120亿美元上升到2002年约410亿美元。大多数的消费增长会集中在中、低档消费者身上，这正是沃尔玛现存的消费者基础。Jupiter的分析师肯尼斯·盖泽说："网络使用者的人数正在接近人口总数。"

讨论问题

假设你回到了1999年，在充分讨论的基础上回答下列问题：

1. 沃尔玛网站对消费者承担的交易成本会产生什么影响？
2. 你认为沃尔玛网站可能创造额外的价值吗？
3. 沃尔玛公司能获取由沃尔玛网站创造的任何价值吗？
4. 沃尔玛公司是否应尽快地、大幅度地扩展其电子商务业务？
5. 你认为沃尔玛网站对母公司想要扩展海外市场的努力会产生什么潜在的影响？

资料来源：W. Zellner (1999), "When Wal-Mart Flexes Its Cybermuscles," *Business Week* (July 26), 82.

2. 在战略文献中，这些问题通常都是分开的——公司战略侧重于行业选择，而经营战略侧重于在所选择的行业里如何竞争的选择（例如，重视成本还是质量，或者二者都重视）。
3. 如果股票市场参与者预期某家公司将获得持续的超额利润，那么它的股票价格将会上升，因此在均衡时，投资者购买这支股票只能获得正常的投资回报率。沃尔玛公司能在很长一段时间内获得高利润和高的股票回报，这一事实说明该公司用它的经营业绩不断地为股票市场带来惊奇。在本书中，我们集中分析公司的潜在利润，但对这些利润的股票市场价值不予考虑。股票市场价值是财务课堂和财务教科书的主要内容。
4. 为了方便说明，我们假设供给成本与生产成本和交易成本是分开的。不可否认的是，有时他们是紧密联系在一起的，有时对他们的区分是很主观的。
5. 我们画的需求曲线和供给曲线是指行业的需求曲线和供给曲线，因为这有利于后面关于获取价值的讨论（涉及到行业内的竞争）。如果我们用企业的需求和成本来说明这个问题，那么价值创造的四个因素同样重要。
6. 6E. Nelson (1998), "Why Wal-Mart Sings, 'Yes, We Have Bananas!'" *The Wall Street Journal* (October 6), B1.
7. 参见 A. Brandenburger (1996), "Cheap Complements?" (mimeographed text, Harvard Business School).
8. 我们用简单的代数来求这些价格。实际上从第 4 章的内容我们知道，线性需求曲线的边际收入（MR）线是一条截距与需求曲线相等、斜率是需求曲线斜率两倍的一条直线（用计算器几步就可以解决这个问题）。
9. 没有必要在 Q 的下面写下标，我们假设对两家企业来说 Q 是相等的。
10. 请回忆第 6 章的内容，在给定竞争对手行动的情况下，每家企业都尽量做到最好，即纳什均衡的状况。
11. 请注意，联合需求曲线为 $(P_c + P_p) = 12 - Q$；$MR = 12 - 2Q$。
12. 显然，一个产品究竟是某个产品的改良产品还是一个全新的产品，对其的分类在某种程度上是主观的。例如，小型手机是一种新产品还是以前大的手机的改良产品？这种分类问题不是我们要考虑的核心问题。我们强调的基本点是通过设计/改良出一种新产品能够创造价值。
13. Paul Romer (1998), "Bank of America Roundtable on the Soft Revolution: Achieving Growth by Managing Intangibles," *Journal of Applied Corporate Finance* 11 (2), 8-27.
14. 注意词汇：经济学家说，当一家企业以高于平均总成本（包括"正常"投资回报率）的价格出售产品时，它就是在赚取租金。租金是正的，就说明它赚的比促使它在长期持续地生产这种产品而必须投入的多（也就是说，它正在赚取经济利润）。区分两种不同类型的租金——垄断租金与我们讨论的市场控制力相对应；李嘉图租金与我们讨论的优势生产要素相对应是很有用的。
15. 正如第 6 章的讨论，当进入壁垒是有限的时候（比如差异化产品——垄断竞争的情况），企业也能有市场控制力。但是，进入会消减或至少大大地限制经济利润。
16. 关于一些相关研究的概括论述，参见 R. Schmalensee (1989), "Studies of Structure and Performance," in R. Schmalensee and R. Willig (Eds.), *The Handbook of Industrial Organization* (North Holland: Amsterdam).
17. 与理论分析明显不同，研究者没有发现利润与行业的集中度有很强的正相关关系。一部分是因为在全行业进行会计数据的比较很困难。在对待折旧方法和其他会计选择上存在的跨行业差异，使行业内的比较存在问题。另外一个困难是，行业的集中至少有两个不同的原因。第一，存在实际的进入壁垒。第二，行业内企业数目少是因为行业缺乏盈利的潜力。如果样本选择包括这两种不同类型的行业，难怪研究人员会得出模棱两可的结论。

18. M. Porter (1980), Competitive Strategy (Free Press: New York), 这些因素, 加上进入威胁合称为“五大因素。”
19. 管理者必须谨慎采取这些行动, 因为在美国, 按照反托拉斯法的规定许多这样的行动都是违法的。
20. 战略文献中一个现代的例子, 请看 D. Collis and C. Montgomery (1995) ,“Competing on Resources: Strategy in the 1990s,” *Harvard Business Review*, 118–128.
21. 这种分析假设资产对所有企业的价值都是相等的。如果这种假设不成立, 那么企业的成本就不会上升到企业赚不到任何经济利润的水平。价格不会高于价值第二高的使用者的评估。我们下面讨论这个问题。
22. 这个例子选自一本战略教材。在管理学文献中也很容易发现类似的例子。
23. 不管它生产汽油还是直接卖石油, 它能赚取的就是 0.5 美元的石油市场价格和 0.1 美元的生产成本之间的差额。当汽油价格为 1 美元的时候, 汽油的市场价与石油的市场价, 二者的差异正好能够弥补该公司 0.5 美元的炼油成本。当汽油价格为 0.9 美元时, 汽油价格与石油价格的差额不足以弥补炼油成本。Arco 公司生产汽油只能得到 300 000 美元的利润, 而简单地卖石油能得到 400 000 美元的利润。
24. “团队”一词在管理学文献中用于不同的语境下 (例如, 它可以指由人组成的特殊工作小组)。在这里, 我们用这个词的含义要更宽泛一些, 它是指用来生产特定产品或提供服务的资产组合 (包括人力资产、有形资产和组织资产)。
25. 读者可能会奇怪, 为什么沃尔玛不会高价出售它的商店, 并与购买者签订合同让他们使用沃尔玛的分销系统。分析家认为, 给定这些资产的性质, 如果沃尔玛同时拥有这些资产会赚得更多。
26. 请回忆机会成本的概念, 单个资源的机会成本是指除了现在的用途之外, 次好用途的价值。
27. 垂直生产链在获取原材料并把它们转化成消费品的过程中, 包含许多步骤。这些步骤包括研究与发展、采购、生产、外向物流、营销、销售、服务、支持活动等等。
28. 请看 G. Stigler (1966), *The Theory of Price*, 3rd edition (Macmillan Press: London)。
29. 只有当为消费者提供低息贷款的成本低于贷款的当前市场价格时 (例如, 贷款市场是非竞争性的, 或汽车公司从还不起贷款的消费者那儿重新要回汽车的价值超过其他的贷款者), 福特汽车公司和通用汽车公司才能从低息贷款业务上获益。否则, 简单地降低汽车的价格与提供汽车贷款所增加的销售额有可能是一样的 (但是, 请注意, 信用贷款使企业更容易实行价格歧视——对用现金买车的用户和用贷款买车的用户区别对待。低利息率可用来掩盖对用贷款买车的消费者的价格让步)。参见 S. Mian and C. Smith(1992) ,“Accounts Receivable Management Policy: Theory and Evidence,” *Journal of Finance* 47, 169–200.
30. 虽然管理者一般对减少收益的波动性能增加价值的主张持怀疑态度, 但在某些情况下这个观点是正确的。例如, 如果减少收益的波动性能够减少预期的税额或与财务危机相关联的一些成本, 那么这个观点就是正确的。参见 C. Smith and R. Stulz (1985) ,“The Determinants of Firms’Hedging Policies,” *Journal of Financial and Quantitative Analysis* 20, 391–405.
31. 有些管理者断言, 他们的管理技能是如此之好, 所以他们在任何业务经营中都能创造价值。虽然这是有可能的, 但是很显然, 一个特定的管理团队所能管理的业务数量是有限的。另外, 如果各业务是相关的, 那么人们会期望价值达到最大。
32. 参见 J. Barney (1995) , *Gaining and Sustaining a Competitive Advantage* (Addison–Wesley: Reading,

MA），388–389, 是对这方面研究的一个总结。但是，也有一些企业似乎通过非相关多元化创造了价值。

33. R. Comment and G. Jarrell（1995），“Corporate Focus and Stock Returns,” *Journal of Financial Economics* 37, 67–87. 这一期的《金融经济学》杂志另外还包含了几篇有意思的文章，都是阐述“公司的核心业务”的。

34. 对于这一般发现也有一些例外。例如，通用电气公司就是一个多元化程度相当高的企业，它经营着大量不相关的业务。尽管如此，它的经营业绩还相当好。

35. 参见 G. Jarrell, J. Brickley, and J. Netter（1988），“The Market for Corporate Control: The Empirical Evidence since 1980,” *Journal of Economic Perspectives* 2, 49–68, 是对这方面研究的一个总结。

36. 在战略研究文献中，战略管理的方法有许多。我们在这一部分给出的分析框架基本与“优势、劣势、机会和威胁”分析方法类似。参见 J. Barney（1997），*Gaining and Sustaining a Competitive Advantage* (Addison–Wesley: Reading, MA）.

37. 即使其他的管理者没有这种能力，企业仍然不一定能获得收益——是管理者拥有这种独一无二的资源。

38. 参见 M. Ryall（1998）“When Competencies Are Not Core: Self–confirming Theories and the Destruction of Firm Value,” working paper, University of Rochester.

39. H. Kim and J. Schatzberg（1987），“Voluntary Corporate Liquidation,” *Journal of Financial Economics* 19，311–328。根据这篇文章的研究，平均来看，企业主动宣布进行财务清算，股东会得到较多的收益。显然，股票市场对业绩较差的企业是否会做出清算这一艰难的决定是没有把握的，一旦企业宣布清算，股东会很惊喜。

第 9 章

战略经济学：博弈论

波音公司和空中客车公司（由 4 家欧洲公司组成的财团）生产全世界绝大部分的大型商用飞机。[1] 在 2003 年，空中客车公司在其 34 年的历史上提供的喷气式飞机第一次在数量上超过波音公司。由于在市场上只有两家主要的公司，人们也许会期望这两家公司会经常合作，避免竞争，从而可以提高价格和利润。但实际上，这两家公司经常处于激烈的竞争中。

合作与激烈竞争之间的选择部分地取决于环境的特征。例如，在各家公司都按照接近生产能力运转时就更有可能进行合作。但是在 2001 年，空中客车公司的订单下降了 28%，而波音公司的订单下降了 45%。这种订单的减少反映出航空工业增长的危机。在对 2001 年 9 月 11 日恐怖袭击以及全球经济增长放缓的双重反应下，人们对于乘坐飞机的需求大幅度缩减，由此引起了航空公司亏损的直线上升。这一情况在摩根斯坦利公司 2002 年 8 月 12 日的关于波音公司的研究报告中得到证实。该报告指出，"如果空中客车公司不采取有力的弥补措施，已经恶化的价格环境将进一步恶化。"

全世界许多市场都类似于商用飞机制造行业，因为整个市场只有少数几家大公司。类似的例子包括软饮料行业（可口可乐公司和百事可乐公司）、美国国内航空业（美国航空公司、联合航空公司以及 Delta 航空公司）、复印机行业（佳能公司和施乐公司）、糖果行业（Hershey 公司和 Mars 公司），以及胶片行业（柯达公司和富士公司）。即便是小公司，也像在确定的市场领域范围内的几家大公司一样，也是与确定的几个竞争者在竞争。考虑在高速路路口的两家相互竞争的加油站的情况。

在这类市场上，当公司的管理者在做重大决策时，通常考虑竞争者的反应是很重要的。例如，在 20 世纪 90 年代后期，空中客车公司的某些营销计划目的就是要置波音公司于不利地位。在空中客车公司的宣传手册中，波音 777 飞机被描述为上了年纪的老式黄色出租车，而将空中客车自己的飞机描述为像奔驰公司的豪华轿车。在另一个广告中，空中客车公司指出，波音 737 飞机从 1968 年就投入运营，这是尼克松第一次获选美国总统的年份。也许不必惊奇，波音公司也会发布对对方不利的广告。在选择其广告策略时，空中客车公司通常会考虑在波音公司的一定反应的情况下，从负面的广告大战中获得价值最大化的结果。类似地，波音公司在选择自己的行动时也需要考虑空中客车公司的反应。

博弈论提供了一套有用的工具，可以帮助管理者在决策时考虑竞争对手的反应。我们在第 6 章中已经简单地介绍了这些工具。本章将进一步扩展第 6 章的内容，提供有关基本理论的更为详细的讨论，并说明管理者在制定战略决策时如何使用这些工具。这一分析也为管理者提供了在不同的市场环境中对于竞争的更为丰富的理解。例如，根据这些理论可以更为深入地认识为什么在某些集中的行业（比如商用飞机制造行业）中存在激烈竞争，而在另一些行业中，竞争则更为缓和。尽管我们主要是针对在产品市场上竞争性公司之间相互作用的讨论，但这些博弈论的概念同样有助于管理者分析与其他方的关系，比如与公司的供应商、员工或者政府官员之间的关系。

博弈论

博弈论（game theory）是有关策略相互作用的一般分析。[2] 它着重于考虑：在假设各相关决策方都是理性的，且每一方都在尝试预测其对手可能采取的行动和反应的情况下，做出最优决策。[3] 尽管它是由分析室内游戏的一系列的方法开始，但这种理论发展到今天，它已经可以应用于范围广泛的策略相互作用——从政治领域到竞争策略都有应用。在本章中，我们介绍该理论的基本内容，并将该理论应用于管理决策制定。

要做出有力的管理决策，通常要求你“置身于你的竞争对手的办公桌后”。[4] 假设竞争对手是理性的并追求他们自身的利益，那么他们可能如何决策？对你所采取的行动将如何反应？一个复杂的因素是竞争对手的最优选择通常将依赖于他们对于你将如何做的预期。而他们的预期反过来又依赖于他们对于你对他们预期的估计。这种类型的循环或者反复推理也许看起来会使整个问题难以理出头绪。然而，这种情况正是博弈论的用武之地。

策略的相互作用可以有各种形式，它涉及到许多参与者，每个参与者都会在各种潜在行为中做出选择。在本章中，我们仅限于分析简单的两个参与者和两种备选策略的情况。做这种简化，我们就可以采用方便的图示来描述策略问题。通过这些基本的案例，我们建立起基本的直

博弈论的提出者赢得了诺贝尔经济学奖

诺贝尔经济学奖（或者更为准确地说，是为纪念阿尔弗莱德·诺贝尔而设立的经济科学领域的瑞典银行奖），是对经济学有杰出贡献的人的全世界最著名的奖励。它每年由瑞典皇家科学院颁发一次。这个奖励包括金牌、记录获奖内容的证书以及一笔钱——近些年来为 130 万美元。它代表了获奖者的研究成果得到同行的最高认可。

在 1994 年，约翰·豪尔沙尼、约翰·纳什以及莱因哈德·斯特尔滕因为在非合作博弈论中的开创性分析赢得了诺贝尔经济学奖。他们的贡献不仅对于理论经济学有重要的影响，对于企业管理的实践也有深远的意义。许多公司都聘用博弈论专家作为咨询顾问来制定其战略决策（例如，在政府拍卖、公司并购、产品定价、劳资谈判以及竞争定位等方面）。有几本畅销的管理著作讲解博弈论如何应用于日常的经营决策。今天，全世界绝大部分的商学院中都开设了博弈论课程。如果有人不愿意听博弈论的课和读博弈论的书，那么可以去看电影《美丽心灵》（*A Beautiful Mind*）（根据西尔维娅·约瑟所写的约翰·纳什获奖传记改编）。它在 2001 年获得了 3 项奥斯卡大奖，包括最佳影片奖（然而，请注意该片中有关纳什均衡的阐述有根本性错误）。

观感受和概念，从而可以扩展到分析有多个参与者和多种行动选择的情况。有些问题涉及竞争对手之间同时做出决策，而有些问题则涉及竞争对手有后续的选择。我们从竞争对手同时做出选择的策略问题开始。之后，再考虑竞争对手先后做出决策的问题。在某些情况下，相互作用预期会重复发生；而在另一些情况中，却没有重复的相互作用。在本章的绝大部分中，我们所探讨的问题都是没有重复的相互作用的情况。到本章的后面我们再考虑有重复的相互作用的复杂情况。

同时行动并且没有重复的相互作用

在涉及同时行动的策略问题中，管理者必须在不知晓其竞争对手决策的情况下做出决策。非重复意味着假设相互作用只发生一次。举个例子来说，假设波音公司和空中客车公司受一家外国航空公司之邀，为 10 架喷气式客机提供密封投标。两家公司都怀疑他们在未来会以相似的方式竞争。两家公司都可以选择高价或者低价。如果一家公司报价较高，而另一家公司报价较低，那么订单就会归报价低的公司；如果两家公司提供了相同的报价，那么他们就将平分订单。而两家公司都有能力自己制造 10 架客机。

分析收益

两家公司都在同一时间各自选择其报价。最后的收益（利润单位为百万美元）取决于两家公司的选择。这些收益列示在图 9.1 中。我们在第 6 章第一次引入这种类型的示意图，代表在

图 9.1 策略表格

在这个例子中，波音公司和空中客车公司各自选择并对 10 架飞机同时提交报价。他们可以提交高报价或者低报价。如果一家公司选择高报价而另一家公司选择低报价，那么订单就会归低报价公司所有；如果两家公司提交相同的报价，那么他们就将平分 10 架飞机的订单。这一图式以策略表格（标准表格）形式表示出在相互作用中可能获得的利润。每一个单元格代表一组决策的收益（单位为百万美元）。每个单元格中右下角的数字是空中客车公司的收益，而左上角的数字是波音公司的收益。两家公司有一个占优策略（阴影单元格）——选择低报价。

	空中客车公司低报价	空中客车公司高报价
波音公司低报价	$500 / $500	$1000 / $0
波音公司高报价	$0 / $1000	$750 / $750

相互作用中潜在的收益，在那里我们称之为策略表格（也称为标准表格）。每一个单元格代表一对决策的收益，在这里单位为百万美元。在每一个单元格中，右下角的数字是空中客车公司的利润，而左上角的数字是波音公司的利润。[5]

占优策略

无论其竞争对手做出何种选择，当一种策略总是一家公司的最优选择时，占优策略（dominant strategy）存在。在图9.1中，两家公司都有占优策略——选择低报价。为说明这一点，考虑波音公司的情况。如果空中客车公司选择高报价（右边一列），那么波音公司通过提供低报价可以获得全部订单。最后的收益为10亿美元，高于两家公司都选择高报价从而可以平分订单的情况。在后一种情况下，两家公司的收益都为7.5亿美元。如果空中客车公司选择低报价（左边一列），显然，波音公司的最优选择是选择低报价从而可以与对方平分订单，因为其另一个选择是高报价而销售的飞机架数为零。对于空中客车公司来说，也存在着同样的逻辑。因为存在这些强有力的激励，对于两家公司来说可能的结果都是提供低报价。请注意，如

存货清除会成为占优策略吗

在1998年春天，Midwest优质手套公司为其竞争对手Wells Lamont公司所生产的225 000副手套，向Lowe家庭用品商店（这是一家仅次于Home Depot公司排在第二位的家庭用品连锁商店）支付了700 000美元。然后，Midwest优质手套公司将这些手套以280 000美元的总价格销售给一家专门从事存货变现业务的商店。这一交易的动机是为了让竞争对手的手套出货，而让Midwest优质手套公司的手套摆满Lowe家庭用品商店的货架。

这种做法在现实中称为"存货清除"，在商业界越来越受欢迎。存货清除的制造者清除各种存货，其范围从自行车链条到宴会餐巾，都要把竞争对手的产品从大的零售连锁超市（比如Kmart和Revco等）中清除出去。而其他存货清除的例子包括移动电话、电源转换器、皮箱、玩具、加湿器、闪光灯、水龙头以及胶水等。这些被清除的存货随后就"倾销"给边远地区的零售商（有时是外国商店）。这些行为的目的都是为存货清除制造者的产品让出货架空间。引用采用这种做法的一家公司经理的话说，"为获得市场份额，收购竞争对手的产品是一种必要的罪恶。"

从生产厂家的角度来看，这种颇费成本的做法是一种潜在的占优策略。引用一位产品经理的话说，"要花费很高的成本，然而，如果你要在零售市场上占有一席之地，你就必须这样做。"

当竞争性的生产厂家都这样做的时候，他们会发现，他们陷入了"竞争者困境"，就如同波音公司与空中客车公司的例子一样——如果都不采取存货清除行为，那么他们的状况都将得到改善。然而，由于每家公司都受其各自的利益驱动，存货清除行为将很难避免。比如，在购买了另一家公司的存货之后，购买公司的经理会向受害方打电话"道歉"，鼓励他们也可以对他的公司这样干。

资料来源：Y. Ono (1998), "Where Are the Gloves? They Were Stocklifted by a Rival Producer," *The Wall Street Journal* (May 15), A1.

果两家公司联合起来都提供高报价，他们的状况会更好。但是，除非后来有重复的相互作用，否则这种结果是不会发生的。这个问题与第 6 章中所介绍的囚徒困境（我们也可以将其称之为竞争者困境）有相同的结构。正如我们将要看到的，如果竞争者之间的相互作用预期会得到重复，那么即使在不进行明显共谋的情况下，两家公司都更有可能提供高报价。

这种逻辑关系有助于解释为什么波音公司和空中客车公司经常展开激烈的价格竞争。航空公司的订单经常是以 10 亿美元为单位来计价的，因此，每一笔销售订单都非常重要。进一步来说，客户（通常是商用航空公司）在经济上都有动力与单一一家飞机供应商签订合同，因为这一策略可以减少所要求的零配件存货、飞机技师的培训（只需要一家公司的飞机维护人员），如此等等。[6]因此，如果波音公司或者空中客车公司损失了一次订单，那么这可能同样意味着未来订单的损失。正如图 9.1 所表示，飞机制造公司有很强的经济激励提供低报价以便获得订单。

波音公司和空中客车公司有特别强的激励展开价格竞争，因为每家公司都有生产能力生产出更多产量的飞机。波音公司声明，他想要赢得所有新订单的三分之二（远高于其目前的实际水平），而空中客车公司则想要赢得 50%的订单（大约与其目前的水平相当）。这种相互冲突的目标促成了两公司之间的价格竞争，因为每家公司都力图从对手那里抢夺订单。如果竞争对手受到生产能力方面更强的限制，那么就有可能缓和价格竞争。例如，在我们简化的例子中，如果其中一家公司没有能力生产全部订单的 10 架飞机，那么就没有动力降低价格以获得全部的 10 架飞机的订单。

纳什均衡回顾

公司在进行战略决策时并不总是有占优策略。例如，假设在我们的例子中，美国政府施加压力，迫使外国公司从波音公司购买飞机（政府有时的确为其国内生产厂商采取过类似的做法）。当两家公司的报价相同时，航空公司仍然会平分订单，而如果波音公司的报价较低，就将把全部订单奖励给波音公司。但是，由于存在上述政治压力，如果波音公司因为报价较高而失去订单，那么这家外国航空公司在从空中客车公司购买了 10 家低价飞机之后，就需要从波音公司中按照高价以非正式交易购买 4 架飞机。图 9.2 展示出这种新的收益结构。在这种情况下，选择低报价仍然是空中客车公司的占优策略。然而，波音公司已经没有一个占优策略。如果空中客车公司选择高报价，对于波音公司来说，最优的选择是提供低报价获得全部订单，而如果空中客车公司选择低报价，波音公司最好选择高报价，进行非正式交易会更好。

纳什均衡

当占优策略不存在的情况下，纳什均衡的概念在预测最终结果方面是有用的。正如在第 6 章所定义的，纳什均衡是一套策略（或行为），按照这种策略行为选择，企业可以得到在其竞争对手行为已定的情况下最好的结果。在图 9.2 中，空中客车公司的低报价和波音公司的高报价组合是一个纳什均衡。给定已提交的另外一家公司的报价，两家公司都不想改变自己的报价。

图 9.2　纳什均衡

波音公司和空中客车公司各自都提交了 10 架飞机的价格。他们可以选择高报价或者低报价。如果一家公司选择高报价，而另一家公司选择低报价，那么订单就全部归低报价公司所有；如果两家公司都选择相同的报价，他们就将平分订单。如果波音公司在竞标中失败，那么它将通过非正式交易按照高报价卖出 4 架飞机。箭头方法提供了识别纳什均衡的一种简单方式。从假设波音公司将提交低报价策略(在上面一行）开始。画一个箭头指向空中客车公司可以达到的最大收益（单位为百万美元）。这个收益（标为 #1）是在空中客车公司提交的低报价单元格中（如果无论空中客车公司提供高报价还是低报价，都会发生相同的收益，那么箭头将指向两个单元格）。第二，移动到下面一行，假设波音公司提交高报价。同样，画出箭头指向空中客车公司的最高收益（标为 #2）。第三，假设空中客车公司提供低报价（左边一列），画一个箭头指向波音公司的最高收益（标为 #3）。最后，移到右边一列，假设空中客车公司提交高报价。画出箭头指向波音公司的最高收益（标为 #4）。如果存在纳什均衡，箭头将指向同一单元格的两半。在这场博弈中，纳什均衡是阴影单元格，即波音公司提供高报价而空中客车公司提供低报价［注意：空中客车公司有占优策略（提供低报价）两个箭头都指向左边］。

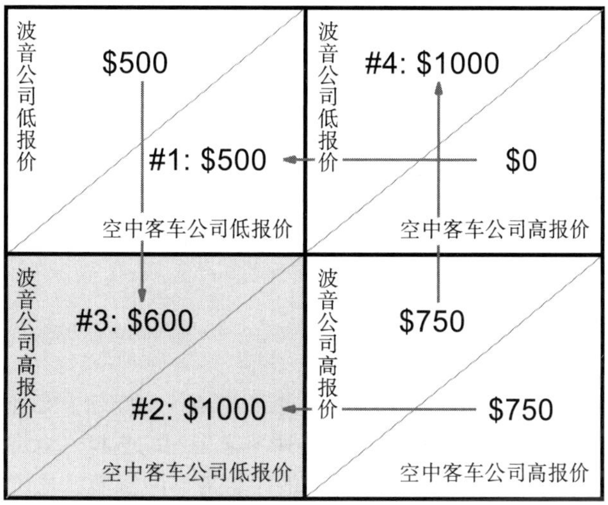

某些特殊的问题也许有多个纳什均衡。纳什均衡并不一定使博弈参与者的共同利益达到最大。例如，在图 9.1 中，纳什均衡是两家公司都提供低报价。但是，如果两家公司共同提供高报价，他们的状况都会得到改善。

确定纳什均衡

在这一问题中，*箭头方法*[7] 提供了求解纳什均衡的一个简单方式。考虑在图 9.2 中的情况。从假设波音公司将采用低报价策略（在上面一行）开始。画一个箭头指向空中客车公司可以达到的最大收益。这个收益（标为 #1）是在空中客车公司提出低报价的单元格中（如果无论空中客车公司提供高报价还是低报价，都会发生相同的收益，那么箭头都指向这两个单元格）。第

纳什均衡是可能的吗

研究人员进行过多次有关人们在不同策略下如何行动的实验。他们所要解决的具体问题是：他们是否选择纳什均衡？事实表明，在简单的一次行动的情况下，纳什均衡可以很好地预测人们的行为——特别是当参与实验的人过去有与不同的实验伙伴按照类似方式相互作用的经验时。而在更为复杂的情况下(例如，有些涉及到复杂的数学推算的情况）以及在可重复的情况下（我们将在本章后面部分讨论纳什均衡在重复情况下的应用)，纳什均衡不能很好地发挥预测作用。而在需要参与者相互协调和有多个均衡解的情况下，纳什均衡也经常不能很好地发挥作用，除非有一个双方所感兴趣的自然关注点。

资料来源：D. Davis and C. Holt (1993) , *Experimental Economics* (Princeton University Press: Princeton, NJ) .

二，移动到下面一行，假设波音公司提供高报价。同样，画出箭头指向空中客车公司的更高收益（标为 #2)。第三，假设空中客车公司提供低报价（左边一列)，画一个箭头指向波音公司的更高收益（标为 #3)。最后，移到右边一列，假设空中客车公司提供高报价，画出箭头指向波音公司的较高收益（标为 #4)。如果存在纳什均衡，箭头将指向同一单元格两半的收益。在这个问题中，纳什均衡是阴影单元格，即波音公司提供高报价而空中客车公司提供低报价。

也可以运用这种方法求解占优策略。如果企业有占优策略，那么箭头指向竞争对手企业采取的行动战略。在这个例子中，对于空中客车公司来说，提供低报价是一个占优策略——对于波音公司的各种可能的行动选择，空中客车公司的箭头都指向提供的低报价。

管理意义

纳什均衡预测策略条件下最终结果的能力，来源于纳什均衡是自我加强的事实——它们是稳定的结果。例如，如果波音公司可以预测出空中客车公司的选择（也许因为它明白空中客车公司有其占优策略)，那么对于波音公司来说，纳什均衡下的行动就是最优选择，即提供高报价。而空中客车公司也没有动力避免其纳什均衡下的选择，即提供低报价。因此，即使两家公司都能预测出最后的结果，也没有一家公司有动力做出其他的选择。

尽管纳什均衡的思想非常有用，但在预测策略相互作用的最终结果时，其预测作用不如占优策略概念那么强。当存在占优策略时，有着极强的个人动力选择这种策略，而不管另外一方做出如何选择。因此，在这种情况下，竞争对手将选择占优策略是可预测的。在纳什均衡的情况下，你的最优选择通常是不确定的，它取决于你对竞争对手选择的预期。

在许多情况下，预期纳什均衡将会发生是合理的。当竞争对手有更多的相似的策略问题的经验，对彼此的信息有更好的了解，或者当纳什均衡是被称为注意的自然焦点时，预期纳什均衡就更有可能。[8] 例如，考虑在图 9.2 中的情况。如果波音公司有可靠的信息可以预测潜在的收益，并知道空中客车公司在相应的国家没有政治影响力（也知道相应的国家与美国政府之间有非常紧密的合作关系)，那么波音公司就会明白，空中客车公司的占优策略是提供低报价。相应地，波音公司将选择高报价——纳什均衡结果。如果竞争对手之间对于博弈规则以及博弈各方的情况并不了解，并且没有自然的注意焦点，那么偏离纳什均衡的结果（非均衡结果）就更有可能出现。

竞争与协调

到目前为止，我们已经分析了竞争性的相互作用。在每种情况下，至少有一家公司有动力提供低报价，从而可以从另一家公司中抢夺销售订单，并以此增加自己的利润。这种潜在的收益是以牺牲对方公司的利益为代价的。然而，在许多策略条件下会涉及到协调而不是竞争。

考虑图 9.3 中的问题，在这个问题中，波音公司和空中客车公司要同时做出有关选择新的飞机通讯系统的决策。[9] 现在有两种技术——Alpha 技术和 Beta 技术。如果他们选择相同的技术，两家公司都将受益。在共同的技术标准下，该通迅系统的生产厂商就可以应用规模经济效应，从而也会吸引其他厂商投资加入新的通讯系统开发的行列，因为这样就有可能可以为两家公司供货。类似地，公司更有可能开发服务能力，而提供更大量的零配件存货。对于飞机的总需求也许会更高，因为航空公司花费在学习新系统方面的费用会更低。

应用箭头方法，我们可以发现有两个纳什均衡（阴影的表格）：Alpha 技术/Alpha 技术以及 Beta 技术/Beta 技术。如果有提前的约定沟通，就很可能达成其中的一种均衡。例如，如果两家公司都宣布选择 Alpha 技术，就没有一家公司有动力偏离这样的选择。在提前约定沟通的成本昂贵或有许多参与者的情况下，协调将更为困难。

某些策略的相互作用会同时涉及竞争和协调因素。在图 9.4 中的相互作用问题中，波音公司和空中客车公司通过选择相同的技术可以从中受益。这里再次有两个均衡结果。但是，两家公司在两种均衡结果下是无差异的。波音公司更愿意选择 Alpha 技术，而空中客车公司更愿意选择 Beta 技术（比如因为相应的技术与他们具体的飞机设计更为匹配）。与上述单纯的协调问

图 9.3　协调博弈

波音公司和空中客车公司要同时做出飞机的新通讯系统的选择。有两种技术——Alpha 技术和 Beta 技术（收益单位为百万美元）。两家公司如果选择相同的技术都会从中受益。应用箭头方法，我们可以发现有两个纳什均衡——Alpha 技术/Alpha 技术以及 Beta 技术/Beta 技术（有阴影的表格）。

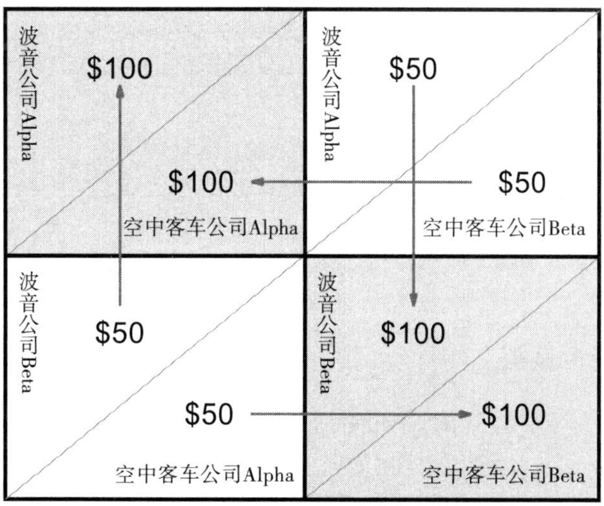

高清晰度电视的协调问题

高清晰度电视（high-definition televisions，HDTV）通过数字和电缆设施播送高清晰度的影像。当再配以较好的音响系统时，HDTV 就可以提供身临影院的感觉。由于受到电视网络和生产厂商之间相互协调问题的制约，HDTV 引入市场的速度大大放慢。两方面都认为这种产品开发会使他们双方从中受益。然而，两方面都不愿意成为首先的投入者。据说，网络公司的经理人员认为，他们不愿意提前推进这一新技术计划，直到电视机厂商生产出足够的可以接受这种网络信号的 HDTV。然而，HDTV 制造商则认为，在网络公司有足够的数字节目提供给观众，从而使得消费者愿意购买这种 HDTV 之前，他们也不想过多的投入。在1997 年，一位 CBS 的高级经理对这种情况做了总结，“网络厂商在等着 HDTV 制造商如何行动，而 HDTV 制造商在等着要看网络生产厂商如何行动。”在这种情况下有两个纳什均衡——生产厂商和电视播放系统都投资或者都不投资。由于存在协调问题，所以两家企业也许会“被困在”第二种均衡，虽然也许两方都希望最终是第一种结果。尽管高清晰度电视的开发由于协调问题而耽搁，但到 1999 年，已经开始了实质的商业化运作。生产厂商开始销售数字高清晰度电视机，而网络公司开始提供越来越多的数字电视节目（第一个均衡）。无论如何，要想使 HDTV 成为广泛接受的产品，还需要增加相应的电视节目，而高清晰度电视的价格也需要逐步下调。其最初的价格每台大约为 5 000 美元到 10 000 美元不等。

在新技术领域，如这个例子中所演示的协调问题屡见不鲜。当用户数量很多时，一项技术的整体价值也会增加（有网络效应），这里需要一个共同的标准（例如，考虑如果有不同的非兼容形式，而且每一种类型只有少数的用户，那么 DVD 技术的价值将会没那么有价值）。当有多个参与者并且程度不同地存在利益冲突时，采用一种统一的标准可能是非常困难的。有时，政府官员、多家公司间的合资企业以及行业贸易组织在推进共同的标准方面将扮演着重要的角色，因此，会有助于实现有各方期望的均衡。例如，在 1996 年 12 月，联邦通信委员会就设定了一个时间表，从而电视台和 HDTV 生产厂商可以据以做出采用数字技术的计划。2005 年 10 月，参议院商业委员会设定 2009 年 4 月 7 日为美国电视台播放模拟信号的最后日期。

资料来源：J. Brinkley (1997)，“Networks and Set Makers in Standoff over HDTV,” *New York Times* (August 29)，5; and J. Kerr (2005)，“Senate Looks to Spend $3B on Digital TV,” WashingtonPost.com (October 20).

题相比，在这种情况下，协调就会更为困难，因为两家公司各自想要不同的结果。尽管如此，如果一家公司相信另一家公司必定要选择某种技术，那么它就有经济动力会跟随并选择同样的技术。下面，我们讨论无论企业怎么选择，他们都能做出可信的声明的方式。

混合策略

至此，在我们探讨的策略问题中，公司都选择一种特定的行动（例如，高报价或者低报价）。这种类型的选择被称为纯策略（pure strategy）。有时，也可以随意选择策略。例如，选择高报价的概率为 p，选择低报价的概率为 $1-p$。这种所谓的混合策略（mixed strategy）的好处来

图 9.4　协调/竞争博弈

波音公司和空中客车公司同时做出飞机的新通讯系统的选择。有两种技术（Alpha 技术和 Beta 技术）可供选择（收益表单位为百万美元）。两家公司如果选择相同的技术都会从中受益。应用箭头方法，我们可以发现有两个纳什均衡（带阴影的表格）：Alpha 技术/Alpha 技术以及 Beta 技术/Beta 技术。波音公司更愿意选择Alpha 技术/Alpha 技术的均衡，空中客车公司更愿意选择 Beta 技术/Beta 技术的均衡。

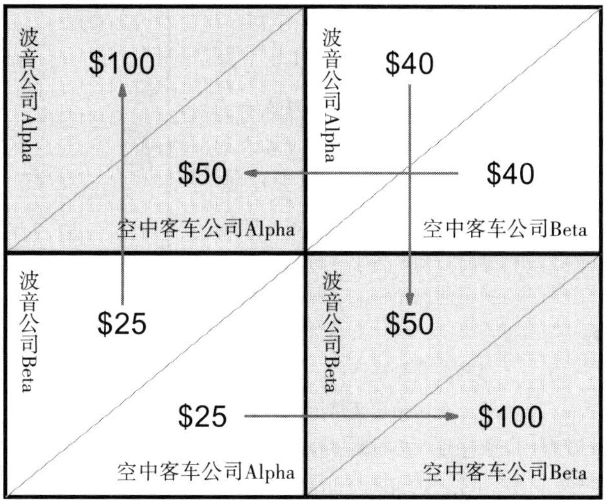

自于意外因素。例如，一个足球队不愿意与之比赛的对方球队能够百分之百地预测出自己的打法，因为它将通过特定的防守设计防止对手做出正确的预测。球队要混合各种打法从而出其不意地获胜。在经营领域也存在着同样的逻辑。

考虑图 9.5 所展示的策略问题，这其中，波音公司和空中客车公司同时做出广告宣传策略

印度的冰淇淋之战

印度的冷饮市场目前规模为每年 2 亿美元，随着印度人对零食偏好的增长，这一规模预期每年按照 20%递增。在印度的冰淇淋市场上有两大相互竞争的厂家：Hindustan Lever 有限公司（人们对其缩写 HLL 更为熟悉）和 Amul 公司。在绝大多数的重要市场上，这两家公司销售的冰淇淋都占到 75%的市场份额。HLL 由英国—荷兰巨型企业 Unilever 拥有 51%的股权，而 Amul 公司由印度的 2 000 000 农户的农业合作组织所拥有。Amul 公司销售无添加剂的冰淇淋，他们的口号是“印度原味”，其广告支出不到其销售收入的 1%；而 HLL 却将销售收入的 10%~15%用于广告支出。Amul 销售的冰淇淋比 HLL 少 12%。作为一家全线生产的奶制品企业，Amul 经营许多相互联系的产品，因而可以减少营销费用的分摊。HLL 宣称他们生产的产品质量更高，但 Amul 反驳说他们花费的成本更低。HLL 的经理抱怨：“他们竟然会粗暴地拒绝成立冰淇淋交易团体，我们怎么能拿他们的话当真呢？”但 HLL 正在丢失阵地，HLL 的冰淇淋销售收入在 2002 年第一季度出现下降，市场份额减少了 2 个百分点。

看起来 Amul 有一个占优策略，即成为有低成本优势的生产商。Amul 不仅从HLL 那里抢夺市场份额，还拒绝 HLL 关于协调博弈即成立冰淇淋的交易团体的提议。

资料来源：S. Rai（2002），“Battling to Satisfy India’s Taste for Ice Cream,” *New York Times*（August 20），W1.

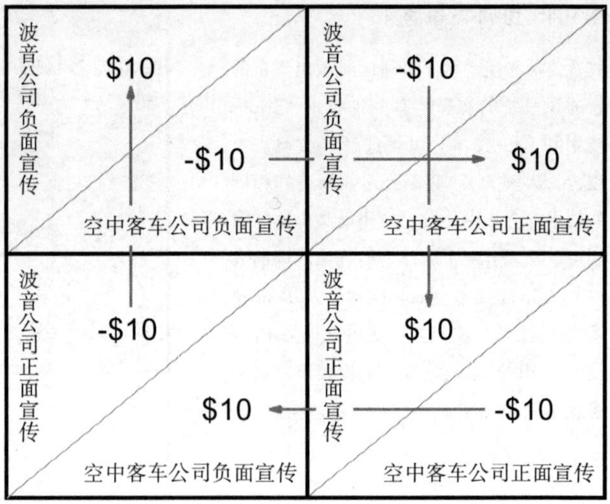

图 9.5 混合策略

波音公司和空中客车公司必须同时投入广告宣传大战。这种广告或者着重宣传另一家公司飞机的缺点，或者着力宣传自己公司飞机的优点（收益单位为百万美元）。波音公司是市场的领军企业，当两家企业都选择相同的策略时它会从中受益。空中客车公司在选择不同的策略时状况会得到改善。箭头方法表明，在纯策略情况下没有均衡结果。而在混合策略情况下有一个惟一的均衡结果。在这种均衡情况下，每家企业都在两种广告大战策略下做随机选择（选择每种策略的可能概率为 50%）。

的选择。广告宣传也许会针对另一公司飞机的缺点，也许会针对本公司飞机的优点。波音公司是市场上的领军者，因此在两家企业选择相同的策略时会获益更多。空中客车公司在选择不同策略的情况下情况会得到改善。箭头方法指出，在这种情况下没有纯策略的均衡结果。如果两家公司的宣传策略相同，那么空中客车公司则想要做出改变。如果两家公司的宣传策略不同，那么波音公司就想要做出改变。

这里的问题有采用混合策略的均衡——两家公司都按照 50%的概率随机地在两种策略中做出选择，他们也许可以按照投掷硬币的方法来决定其采取的行动。要理解为什么最后均衡的结果是这样的，考虑下面的逻辑。[10] 这个问题就是人们所称的零和博弈（zero-sum game）——如果波音公司收入 10 000 000 美元，那么空中客车公司就将损失 10 000 000 美元，反之亦然。因此，如果在博弈中一家公司有正的期望值，那么另一家公司必然有负的期望值。如果波音公司选择其中一种策略的概率超过 50%，那么空中客车公司就将以 100%的概率选择另一种策略，从而在超过一半的时间中会获益。例如，假设波音公司选择正面宣传自己飞机优点的概率为 60%，那么空中客车公司就将永远选择针对对方飞机缺点的宣传策略，60%的时间获益。空中客车公司的期望收益将为：$60\% \times (10) + 40\% \times (-10) = 2 > 0$。波音公司的期望收益将为：$60\% \times (-10) + 40\% \times (10) = -2 < 0$。波音公司能够确保期望收益为 0 的惟一途径是在两种策略中进行随机选择，选择每一种行动的概率都相同。[11] 而对于空中客车公司来说，也存在着相同的逻辑。两家公司可以以 50%的概率在两种策略之间随机选择也是一种纳什均衡。在给定另一家公司策略的情况下，没有一家公司有动力去改变其策略。

在均衡情况下，一家企业接受的预期收益是相同的，无论它实际上选择了什么策略。因此，如果波音公司通过投掷硬币得出，应该选择正面宣传自己飞机优点的策略，那么就没有理由背离此策略再去选择宣传对方飞机缺点的策略。在两种情况下，他会得到相同的期望收益（0）。根据定义，如果其中一家企业都有动力要改变选择，那么他们就不是处于均衡状态。

温布尔登的混合策略

网球运动员发球时可以将球发在对方的正手位或反手位。而接球一方可以根据发球方行为的预测选择向左或向右移动。比赛的双方都想混合其选择，以便诱使对方防守失误。例如，如果发球方总是发向反手位，那么接球方就会特别注意相应的区域。然后，发球方要想混合策略，就会往正手位发球。在混合策略的均衡中博弈参与者的预期收益是相同的，不论其最终选择哪种行为。因此，如果发球方混合使用将球发往正手位和反手位的策略，那么赢得比分的可能性应该是相同的。为试验混合策略均衡是否可以解释网球高手的实际行为，研究者们记录了在温布尔登的 10 场网球比赛的发球情况。在那里所获得的数据支持了混合策略均衡的理论——最终的假设检验无法拒绝发往正手位和反手位的概率相同的假设。

资料来源：M. Walker and Wooders (2001), "Minimax Play at Wimbledon," *American Economic Review* 91, 1521-1538.

管理意义

管理者经常需要在下列环境下做出决策：这种决策预期不会重复，而其收益将依赖于有关其他各方同时做出的选择，这些有关各方可能是竞争对手公司、客户、供应商或者公司的员工。潜在的例子包括进行巨额投资的决策——进入新的市场或者行业的决策，为公司新产品制定价格或者出价购买一家企业的决策等。

作为对我们上述分析的管理含义的总结，考虑瓦莱丽·布莱克，在我们的例子中，她必须为波音公司提出报价。瓦莱丽·布莱克应该做如下的计算：

- 估计每项潜在选择的收益，以及其竞争对手空中客车公司的选择。[12]
- 探讨她是否拥有占优策略——如果有，她就应该采用这样的策略。
- 如果没有占优策略，她就应该尽力估计空中客车公司将会如何做，并据此确定其最优的反应行动（也许是混合策略）。
- 检验最终的结果是否是一种潜在的纳什均衡：在她建议的选择一定的情况下，探讨预测的空中客车公司的行动，站在空中客车公司的角度看是否是最优的选择？如果是，她所建议的行动看上去就是合理的；如果不是，瓦莱丽·布莱克就应该重新考虑她的最初预测所依据的假设。

如果她的预测是建立在隐含假设——空中客车公司或者是傻瓜或者是非理性的（例如，空中客车公司不能预测波音公司的可能行动，或者不能识别对自己最有利的选择）的基础上，那么，瓦莱丽·布莱克所做出的预测可能就需要进行修正。本质上，瓦莱丽·布莱克应该站在竞争对手的角度考虑问题，自问：如果我为空中客车公司工作，我将做什么？她应该假定空中客车公司毫无疑问也在力图预测她的行动。是否有理由相信空中客车公司有关于她的行动信息，这些信息促使企业去选择她最初预测的行动——这种行动是否是理性的？如果不是，瓦莱丽·布

没有考虑策略相互作用：造纸行业的例子

Stern Stewart 公司的波奈特·斯蒂沃特与国际纸业公司的 CFO 进行圆桌讨论时，他提出了如下的观点：

我对你们的行业深感迷惑，因为它总是在重复这些循环，而这种循环的市场行为有些看起来完全是自相矛盾……当需求上升时，所有的公司为了赢得和维护市场份额都不惜巨额投资来增加生产能力……然后，全行业的公司都有面临生产能力过剩的危机。

这家公司的 CFO 回答：

如果你考虑建立一家新的造纸厂，那么你将自己的决策建立在经济增长的假设之上，但经济增长作为全球化的结果，相关的增长指标应该是世界范围的，而不是仅限于美国国内的增长。**我们总是忽略的因素是我们的竞争对手的反应。**而事实上，有谁会同时考虑建立工厂或购买机器呢？

一般来说，如果能将竞争对手的反应纳入自己的决策考虑，那么管理者的决策就会得到改善。

资料来源："Stern Stewart EVA Roundtable," *Journal of Applied Corporate Finance* (Summer 1994).

莱克也许还要重新修改原来的预测。因为瓦莱丽·布莱克基本确信，她所掌握的信息不足以全面了解影响空中客车公司做出选择的因素，所以她或许就无法正确地预测空中客车公司实际上将如何做。无论如何，她的目标就是尽其所能利用即使不很完备的信息。有时，再收集有关竞争对手的更多信息是值得的，这样更能做出有的放矢的选择（当新信息所带来的期望增量收益大于增量成本时）。

如果瓦莱丽·布莱克有充分的理由相信空中客车公司将选择看上去并不是均衡的策略（例如，空中客车公司循规蹈矩地选择以前在类似情况下的特定策略），瓦莱丽·布莱克就要重新审慎地估价波音公司与其竞争对手可能的行动及其相关的收益。经常发生的情况是，那些看上去是非均衡的选择反映出对于备选方案考虑得不够周全。最后，如果她对于空中客车公司将会选择什么策略胸有成竹，那么她就应该选择能够使自己的收益最大化的策略，即使这种选择的结果并不是纳什均衡。

如果瓦莱丽·布莱克采取极端风险回避的态度，并且对于如何对付其竞争对手或者处理类似的情况毫无经验，那么可供考虑的一个选择是选择**安全策略**（secure strategy）——这种策略是在最坏可能性的情况下获得的最高收益。[13] 换句话说，对于每一个潜在的选择，她预测出最差的收益，然后选择最差收益中的最高收益。但是，追寻这样一种策略，通常并不会实现公司价值的最大化（例如，如果基本的收益是针对某种可能结果的保护行为），经常的情况是，如果做进一步的分析和思考就会得出更好的结果。

序列相互作用

到目前为止，我们将注意力集中于同时行动的策略问题。而在许多商业条件下，管理者都会做出序列性的决策。例如，考虑图 9.4 中的问题，波音公司和空中客车公司同时选择新的通讯技术。这种类型的决策通常是先后做出的。例如，波音公司也许会在某一年中选择技术，而空中客车公司则在下一年度中做出选择。正如我们将要看到的，策略相互作用的均衡结果将会出现变化，它依赖于同时做出决策还是先后做出决策。例如，在这一技术选择问题中，当同时做出选择时有两个可能的均衡结果，但是，当先后做出选择时，就只有一个均衡的选择结果。

扩展的形式

假设波音公司首先行动（例如，波音公司在今年的巴黎航空展览中要推出其新机型，因而要做出技术选择，而空中客车公司要在明年推出新机型），图 9.6 通过扩展的形式展示出这一策略的相互作用。扩展的形式描述了两家公司的行动序列及相应的结果。在图中的节点处，公司必须做出某种策略选择，而从一个节点出发的分支表明在这个节点可能做出的选择。在第一个节点（节点 1），波音公司必须在 Alpha 技术和 Beta 技术之间做出选择。空中客车公司则选择下一步行动。究竟是在节点 2 还是节点 3 做出选择取决于波音公司最初的选择。无论在哪一个节点，空中客车公司都必须在 Alpha 技术和 Beta 技术之间做出选择。在最后分支末端的数字表明，在两家公司前面做出的序列选择下，波音公司和空中客车公司的最终收益（这些收益与图 9.4 中的收益结果相同）。如果两家公司都选择 Alpha 技术，那么波音公司的收益为 100，空中客车公司的收益是 50（如图 9.4 中左上角的单元格所显示的）。如果他们都选择 Beta 技术，那

图 9.6 扩展的形式

在这个序列的博弈中，波音公司首先做出技术选择，而空中客车公司随后做出技术选择。该图显示出扩展形式的博弈情况。在图中的节点处，公司必须做出某种策略选择，而从一个节点出发的分支表明在这个节点可能做出的选择。结束时的数据分别表示波音公司和空中客车公司的收益（百万美元）。可以通过逆序推理求解这个序列博弈。已知结束时的收益，空中客车公司将在节点 2 选择 Alpha 技术，在节点 3 选择 Beta 技术。如果波音公司预测了这些后续的选择，就将在节点 1 选择 Alpha 技术。实线表示均衡的选择。

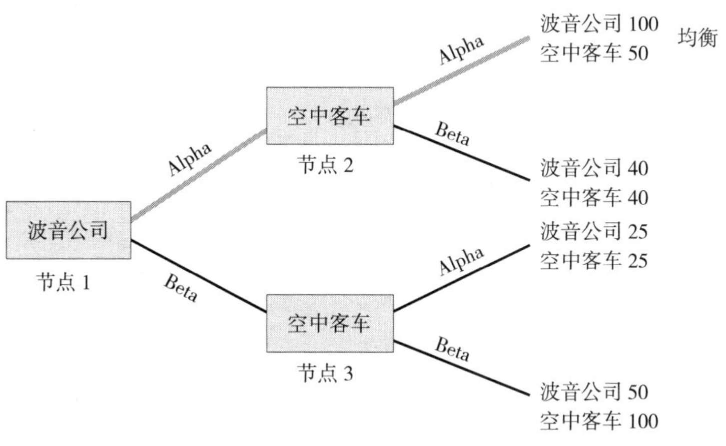

么收益的结果相反（如右下角的单元格所表示的）。如果两家公司选择不同的技术，那么他们的收益都将降低。

逆序推理

我们采用*逆序推理*（backward induction）的方式来分析这种扩展的形式——先看最后的决策节点，然后从后往前进行推理。为说明这种方法，我们继续沿用图 9.6 的例子。从最后的两个节点（节点 2 和节点 3）开始。在节点 2，空中客车公司有动力选择 Alpha 技术，因为它愿意选择收益 50 而不是 40。在节点 3，空中客车公司将选择 Beta 技术。现在，再转向初始的节点。如果提前预知空中客车公司在最后的节点将如何行动，那么波音公司就会明白，从有利于自身利益出发，在最初阶段波音公司的最优选择是 Alpha 技术。如果波音公司选择了 Alpha 技术，随后空中客车公司也选择 Alpha 技术，那么波音公司的收益就将是 100。相反，如果波音公司选择 Beta 技术，空中客车公司也将选择 Beta 技术，那么波音公司最终获得的收益是 50。因此，均衡的结果是波音公司在第一阶段选择 Alpha 技术，而空中客车公司在第二阶段选择相同的技术。

在给定系序列策略相互作用的情况下，一家公司的均衡策略是由一系列最优行动构成的，这些行动选择都是在相应节点上做出的。在这个问题中，波音公司的均衡策略是在第一个阶段选择 Alpha 技术，而空中客车公司的均衡策略是如果波音公司选择 Alpha 技术，它就在第二个阶段选择 Alpha 技术；如果波音公司选择Beta 技术，它就在第二阶段选择 Beta 技术。两家公司这样选择的策略是一种纳什均衡——在另一家公司策略已定的情况下，没有一家公司愿意改变策略选择。

先动优势

在这个例子中，波音公司拥有*先动优势*（first-mover advantage）：凭借首先行动，波音公司获得了比空中客车公司更高的利润，而后者晚了一步行动。如果空中客车公司首先行动，那么优势就将归于空中客车公司。已知波音公司有动力在第二个阶段选择相同的技术，空中客车公司将在第一阶段选择 Beta 技术并获得更高的利润。这个例子说明，在策略决策情况下，管理者必须慎重考虑行动的先后。在波音公司和空中客车公司同时做出选择时，有两个潜在的均衡。

先动优势：沃尔玛连锁超市

在第 8 章中，我们讨论了沃尔玛公司如何在美国的东南部地区许多小镇首先建立大的折扣商店的情况（例如，在阿肯色州）。虽然沃尔玛公司在这些商店的经营中获利丰厚，但其他公司不会积极地在这些地区设立竞争性的商店。他们明白，每一个小镇的购买力仅够支持一家这样的商店。如果他们进入这些小镇，就不得不与沃尔玛公司展开竞争，而这会造成两败俱伤。因此，在这些地区，沃尔玛公司有先动优势。

而在先后做出选择的博弈中，只有一个均衡。然而，最终的结果依赖于哪一方首先采取行动。

首先采取行动并不总是会拥有策略优势。在某些情况下，跟随者会有优势。考虑一家公司，它通过模仿首先行动的公司的产品而降低其开发成本的情况——后采取行动的公司得到了高利润。

策略行动

那些影响竞争对手的信念或行动而有利于自己的行为称为策略行动（strategic move）。典型的情况是，这类行动会要求各方限制他们的未来行动。例如，在波音公司做出选择之前，如果空中客车公司已经做了“约束声明”——无论波音公司如何选择，都选择 Beta 技术，那么在第一年中，波音公司从自身利益考虑都只能选择 Beta 技术。

策略行动：NBA

1998 年，在美国国家篮球协会球员与球队的所有者之间有严重的劳资纷争。其中的问题包括收入的多大比例应该归球员的工资、工资数额的上限是多少、出场费是多少、球队每年的收入增长最大额是多少，以及若干其他的问题。球员联合会授权 19 个球员代表与资方进行谈判。联合会的成员将只对谈判代表认可的合同建议进行投票。作为所有者一方的主要谈判代表是大卫·斯特恩，即 NBA 的发言人。

这个赛季的前一段时间已经因为球队队员的抵制而取消了，因为两方不断地改变合同的建议条款。到 1999 年 1 月，按照损失的收入计算，这场争执已经使联赛的成本超过 10 亿美元，而按照队员的工资计算为 5 亿美元。考虑到典型球员的短暂的职业生涯（大约为 5 年），球员承担的成本实在是太高了。这场争执在 NBA 的球迷中也产生了严重的不良影响。在 1 月初，大卫·斯特恩通知球队队员，他将不考虑他们最终提出的“条件”，他将向球队的所有者建议继续取消本赛季剩下的比赛，并且将为来年的比赛物色新队员。然而，如果球队队员们接受所有者提出的“最终”条件，就将继续接受本赛季剩余的比赛。

大卫·斯特恩威胁要终止赛季的比赛是一种策略行为，目的是促使球员结束争执。那么，这种行动是否是可信的呢？最终，取消本赛季剩余的比赛也将使球队的所有者损失惨重。很显然，球队的谈判小组认为这种威胁是有价值的。在大卫·斯特恩宣布他的决定之后，谈判小组决定组织联合会全部的 470 名成员对所有者提出的建议进行投票。这种行动在某种意义上正是大卫·斯特恩所要求而一直被谈判小组拒绝。然而，大卫·斯特恩未做出让步，对联合会的新建议不予考虑。在最终的投票之前，联合会的律师给大卫·斯特恩办公室打电话，透露球员们准备投票取消本赛季剩余的比赛。但是，直到投票结束前最后 1 分钟，只要NBA 的所有者“做出某些让步”，就仍然存在达成和解的可能。在经过一整夜的艰苦谈判之后，最后终于达成一致，劳资纷争得到平息。

资料来源：S. Fatsis (1999)，“NBA, Players Reach Accord, Saving Season,” *The Wall Street Journal* (January 7), A3.

可信度

那么，空中客车公司是否可以通过简单地宣布，无论波音公司在本年度中选择什么技术，它在下一年度将采用Beta技术，而抵销波音公司的先动优势呢？如果波音公司真的相信空中客车公司会执行其宣布的计划，那么波音公司更好的选择显然是采用Beta技术。但是，波音公司也许会忽视空中客车公司的宣传，因为它认为这种宣传是不可信的。之所以说这种宣传缺乏可信度，是因为如果波音公司首先选择了Alpha技术，那么空中客车公司再执行宣布的计划就是对自己不利的行为。空中客车公司不会傻到这种地步，在波音公司选择Alpha技术之后还选择Beta技术，即选择更低的收益。

要使策略行动可信，就必须在行动中包含足够的投入，才能说服竞争对手改变其原有的看法。仅仅宣布一个未来的行动计划通常是不够的——*说总是很容易*。作为潜在的可信行动的一个例子，假设空中客车公司与提供Beta技术的制造商已经签订合同，并且已经支付供应商一大笔钱，而不管在明年空中客车公司是否采用它的技术。这种合同受法律保护，要改变合同的条款费用是昂贵的。在这种情况下，波音公司就有更为坚实的理由相信，空中客车公司将执行其已宣布的计划，即使波音公司选择Alpha技术，空中客车公司也会选择Beta技术。如果它不这么做，它将不得不付大笔钱给供应商，因此这要比执行宣布的计划更糟。如果波音公司判断这一宣布的计划是可信的，波音公司就将在第一年中采用Beta技术。[14]

管理意义

许多策略情形涉及到竞争对手的一系列行动，其中的例子包括管理方与劳工组织的谈判以及新产品在一个行业市场中的推广。

为说明我们上述序列策略相互作用分析的管理含义，考虑在通讯技术选择问题中空中客车公司的经理赫尔马特·米勒，他必须为空中客车公司做出通讯技术的选择。赫尔马特·米勒应该首先认真地定义行动序列。例如，他也许首先应该收集足够的信息，从而知道在本年度中波音公司会选择哪种新技术，而按照空中客车公司的生产计划，直到下一年度他才能够做出技术选择。因此，他将向后推出他们相互作用的可能结果。从这一过程的最后开始，他会明白，他有

做序列思考是值得的

有一个在互联网上经常被引用的故事：有两个大学毕业生在一次重要考试的前一天开车去郊外观看篮球比赛，这两个学生后来喝酒太多无法准备第二天的考试。他们最后做的选择不是去应付考试，而是告诉老师他们的车胎瘪了，无法及时赶回来参加考试。这位老师表示非常理解，并说“没有问题，参加明天的考试吧。”这两位学生第二天到达并参加了考试。他们被各自单独安排在一个房间中。第一个问题是一道5分的题，非常简单。但是，当他们再去做第二道题时，他们的自信心就大打折扣，这是一道95分的题，题目很简单，“哪一个轮胎瘪了？”如果这两位学生提前做更周密的考虑，他们的表现就不是现在这个样子了。

波音公司和空中客车公司被控进行了价格共谋

在 1998 年 7 月 21 日，波音公司提高了 5%的制造飞机的价格，这是在 23 年来该公司第一次提高产品价格。在 9 月份，空中客车公司也随之提高了 3%的价格。设在华盛顿的反托拉斯监控局和设在布鲁塞尔的欧洲联盟几乎同时分别就两家公司是否涉嫌联合定价展开调查。两家公司都矢口否认上述价格行为的背后存在任何共谋行为。

博弈论指出，在存在重复的相互作用的情况下，即使没有外在的沟通或者共谋，也可能会出现合作的均衡。对于上述价格增长的一种解释是，两家公司从针锋相对的竞争转向更具合作性的均衡，因为竞争会使两家公司两败俱伤。然而，经验表明合作性的均衡并不总是容易维持的。考虑 OPEC 在试图限制石油产量维持石油高价时所遇到的困难，或者考虑美国航空业为避免价格战所做的种种努力。观察波音公司和空中客车公司在未来是否会卷入激烈的价格竞争是一件非常有趣的事情。

资料来源：M. Freudenheim and J. Tagliabue（1998），" Regulators Investing Price Increases by Boeing and Airbus," *New York Times* (November 27)，C.1.

很强的动力在下一时期中选择与波音公司相同的技术。然后再移动到第一个节点，他应该站在波音公司的角度考虑问题。他应该明白，波音公司很可能知道他有很强的动力将在第二期中选择与波音公司相同的技术。在这种想法下，波音公司将选择 Alpha 技术。而空中客车公司在这种结果下获利相对较少，因而愿意一起选择 Beta 技术。作为最后的考虑，赫尔马特·米勒还要分析他是否应该采取某种策略行动，以便可以影响波音公司经理的看法，从而促使他们选择 Beta 技术。他必须明白，波音公司的经理不会因为空中客车公司简单地宣布未来将选用 Beta 技术就轻易相信。赫尔马特·米勒将得出结论，与提供 Beta 技术的生产厂商签订合同是值得依赖的"声明"，从而可以改变波音公司的想法和选择。签订这样一个合同之后，对于赫尔马特·米勒来说还有一件重要的事情，就是让波音公司知道他所做出的行动。例如，赫尔马特·米勒可以在金融和财务类报纸上报道有关这次合同的签订情况。

重复的策略相互作用

许多战略条件涉及到竞争双方之间重复的相互作用。例如，在生产和销售商用喷气式飞机的过程中，波音公司和空中客车公司就有多次的相互竞争机会。的确可以说，如果不是大部分公司也是很多公司，总与相同的竞争对手、供应商、员工和政府监管机构在很长的时期中打交道。

当预期相互作用重复发生时，更多的均衡也是可能的。比如，请回忆图 9.1 所演示的情况。在这个问题中，波音公司和空中客车公司要为 10 架飞机的订单报价。最后的占优策略是两家公司都提供低报价，尽管如果两家公司都提供高报价他们的状况会更好——这是一种竞争者困境。在重复的相互作用下，最终的均衡也许还包括两家公司都提供低报价。然而，还会有其他均衡，比如两家公司都提供高报价也是有可能的。这里的基本思想是，由于有重复的相互作用，决策时的考虑就不仅仅是短期的收益。决策者还要考虑与竞争对手建立长期合作关系所带来的潜在收益。

在一定的可重复相互作用情况下，竞争者困境（比如波音公司与空中客车公司之间的问题）有时会得以克服。[15] 如果存在或出现以下情况，那么“合作”结果出现的可能性增加：(1) 从相互合作中获得的长期收益大于不合作行为的短期收益（假设其他公司也做相同的选择）；(2) 对于公司来说，容易判断是否发生合作行为；(3) 预期重复关系的存在时间较长。在这里贴现率也是非常重要的（贴现率越高意味着对决策而言，目前收益比未来收益更为重要）。

策略相互作用与组织架构

我们在本章中一直着重考虑竞争公司之间的竞争，但是，在组织内部各方之间的相互作用时，策略相互作用的分析有更为宽泛的含义，它可以为管理者提供有益的启发。作为一个介绍性的例子，考虑图 9.7 中的问题，即经理凯安娜·罗斯和底层员工莱恩·斯蒂恩坎普之间的博弈。莱恩必须决定工作还是偷懒。如果他付出努力，他的期望产出价值为 25 美元（在本例中所用的单位为千美元）；如果他选择偷懒，预期的产出价值为 5 美元。莱恩不愿意付出努力从而增加个人成本，如果他工作的成本价值为 5 美元，但是如果他偷懒就没有成本。凯安娜可以监督莱恩，花费 5 美元的监督费用就可以得知莱恩是否付出努力。[16] 按照劳动合同，需要支付员工 10 美元，除非员工在偷懒时被抓住——在这种情况下，员工将被解雇并且不能获得任何报酬。

根据箭头方法可以得出，没有纯策略均衡。原因是如果莱恩总是努力工作，凯安娜就没有

图 9.7 激励博弈

员工莱恩·斯蒂恩坎普在考虑工作与偷懒之间的选择，而经理凯安娜·罗斯在考虑是否对员工实施监督（收益单位为千美元）。莱恩更愿意偷懒而不是工作，而凯安娜实施监督是要花费成本的。根据箭头方法显示，没有纯策略的均衡。如果员工工作，经理就不愿意再实施监督；如果经理不再实施监督，员工就会选择偷懒。这里有一个混合的策略均衡：莱恩随机地选择工作和偷懒，而凯安娜则随机地选择监督和不监督(概率各为 50%)。

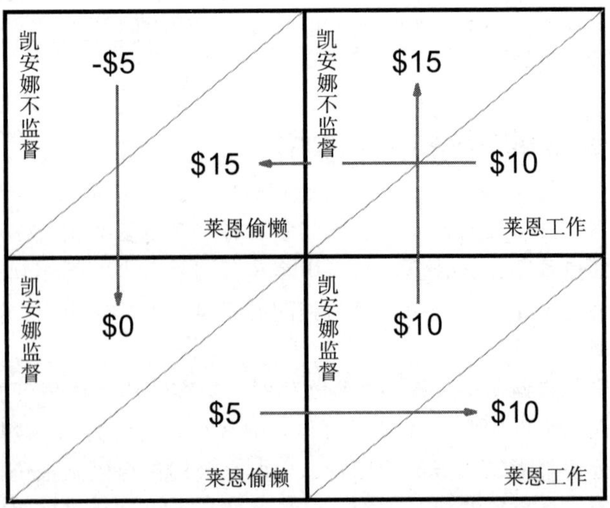

案例研究：Holland 甜品公司与 Monsanto 公司

Aspartame 是 Monsanto 公司在 NutraSweet 品牌下所营销的一种低热量甜品。在 20 世纪 80 年代和 90 年代，这种甜品是节食配方的可口可乐和节食配方的百事可乐需求快速增长的主要推动力。G. D. Searle 公司的一位科学家首先在 1965 年发现了 Aspartame。Searle 公司在 1970 年获得该产品的专利。但是，直到 1983 年之前，美国监管部门都不允许这种甜品应用到软饮料中。在 1985 年，Monsanto 公司收购了 Searle 公司，从而使它在 Aspartame 市场中居于垄断地位。Monsanto 公司的专利在欧洲和美国分别于 1987 年和 1992 年到期。

在 1986 年，Holland 甜品公司通过 Tosoh 公司和荷兰国家矿业公司合资建立。该公司的核心目的是在 Aspartame 市场上挑战 Monsanto 公司的垄断地位。公司开始在荷兰建立工厂，并在欧洲市场上与 Monsanto 公司展开竞争。然而，Holland 甜品公司所获得的最大“奖牌”是美国的软饮料市场，该市场在 1992 年年底对外开放。

开始，Holland 甜品公司对于抢占大份额的美国市场颇为乐观。援引公司营销副总裁在向可口可乐公司和百事可乐公司推销时的话说，“每个生产厂家都愿意至少保持两个供应来源。”但是，出乎 Holland 甜品公司意料的是，他们在美国市场上从来没有成为大牌公司。在 1992 年，就在 Monsanto 公司的专利到期之前，可口可乐公司和百事可乐公司都与 Monsanto 公司签订了继续供应 NutraSweet 甜品的长期合同。在这个合同的谈判中，获得巨大胜利的是可口可乐公司和百事可乐公司，他们每年分别可以节省 2 亿美元。Monsanto 公司继续成为这些公司的首要供应者，而 Holland 甜品公司则被“晾在一边”。

设想在 1992 年 Monsanto 公司和 Holland 甜品公司之间存在定价问题，由此导致 Monsanto 公司获得了供货合同。假设：（1）Holland 甜品公司进入美国甜品市场的成本是为 2 500 万美元；（2）Monsanto 公司和 Holland 甜品公司同时向百事可乐公司和可口可乐公司提供 Aspartame 的报价，可以是高价也可以是低价；（3）如果 Monsanto 公司和 Holland 甜品公司报价相同，百事可乐公司和可口可乐公司就将与 Monsanto 公司签订合同，因为顾客对于 NutraSweet 甜品的商标更为熟悉，而 Holland 甜品公司将损失初始的投资；（4）如果两家公司都提供高报价，Monsanto 公司的净收益为 3 亿美元；（5）如果两家公司都提供低报价，Monsanto 公司的净收益为 1 亿美元；（6）如果 Monsanto 公司报高价，而 Holland 甜味品公司报低价，那么 Holland 甜品公司的净收益就为 1 亿美元（扣除初始投资之后），而 Monsanto 公司的净收益为 0 美元。

讨论问题

1. 为这一策略定价问题建立策略表格的收益矩阵。解出该策略问题的纳什均衡。
2. 现在假设，Holland 甜品公司选择进入的市场存在序列的相互作用，也就是说，两家公司在第二个阶段也会面临报价问题，那么 Holland 甜品公司应该进入吗？
3. 为什么你会认为 Holland 甜品公司可以进入？他们这样做是傻还是有其他潜在的考虑？
4. 在 Holland 甜品公司进入美国市场之前，百事可乐公司和可口可乐公司都已经在他们的软饮料罐和软饮料瓶上贴上 NutraSweet 甜品的标签。你认为他们为什么会这样做？
5. 请解释为什么 Monsanto 公司有“先动优势”。
6. 百事可乐公司和可口可乐公司在这个案例中成为最大的赢家。请解释为什么。

资料来源：A. Brandenburger and B. Nalebuff (1996), *Co-Opetition* (Doubleday: Garden City, NY).

审计：一种混合策略的均衡

公司的账目通常都由独立的会计师进行审计。审计人员存在的理由之一是可以帮助确保公司的管理人员没有贪污公款。在对公司账目进行审计的过程中，会计师并不会逐项地验证所有的经济交易。相反，往往只检查绝大部分数额较大的交易，而对于数额较小的交易则通过随机抽样进行检查。如果会计师检查每一笔交易，那么就很少或几乎没有会计欺诈（因为管理者知道，如果有欺诈行为就会被抓住）。然而，由于已知相应的欺诈机会很少，从经济合理性来说，就没有必要花费高昂的成本对每笔交易进行审计。最终的结果是一种混合策略平衡。审计人员随机的选择会计科目进行审计，而管理人员有时会有造假行为。

激励实施监督，而如果凯安娜从来不实施监督，莱恩就要偷懒。但这个问题有混合策略均衡，在这种均衡情况下，莱恩有时努力工作有时则偷懒，而凯安娜则有时实施监督而有时不实施监督。[17]

图 9.7 说明，当莱恩总是努力工作而凯安娜总是不实施监督的情况下，双方的收益最高。尽管在上述相互作用不重复的情况下，这种结果并不是可行的均衡[18]，但凯安娜也可以在一个具体企业中促成这种均衡。例如，凯安娜可以利用的工具之一是她所建议的劳动合同条款设计。按照总收益的一定份额奖励莱恩，是可能会激励莱恩在没有监督的情况下还努力工作的，因此要提供某种激励性的报酬而不是固定的工资。改变劳动合同会生成一套新的收益结果，并且是大家更愿意看到的均衡。

管理者可以应用这些方法来分析管理问题，这个例子只是众多方法中的一种。

推荐书目

A. Dixit and B. Nalebuff (1993), *Thinking Strategically* (W.W. Norton & Company: New York).

J. McMillan (1996), *Games, Strategies, & Managers* (Oxford University Press: New York).

注　释

1. 有关这个例子的详细内容参见：A. Bryant（1977）, “The $1 Trillion Dogfight,” *New York Times* (March 23), 3.1; M. Freudenheim and J. Tagliabue（1998）, “Regulators Investigating Price Increases by Boeing and Airbus,” *New York Times* (November 27), C.1; D. Michaels (2004), “Airbus Zooms Past Boeing, but Strong Euro Poses a Threat,” *The Wall Street Journal* (January 16), A9.
2. 在经济学文献中，术语“策略”和“策略的”至少有三种相关但略有不同的应用。在所有这三种应用的语境中，决策者都假定是在环境中与相关各方相互联系。因此，最优决策要受到其他各方行动的影响。然而，这三种用法中分析的重点有所不同。第一，正如在第 8 章中所说明的，这个术语是用来表示管理者为获得利润所采用的一般政策。传统的策略文献倾向于在这样的语境下应用术语（例如，公司应从事什么样的业务？应该如何展开竞争？）。在这类研究文献中，即使以竞争者的反应作为分析背景，也没有外在明确地分析这种反应。第二，这一术语用于更为明确具体的决策环境，在这一环境下，管理者考虑主要竞争对手的反应（例如，在只有少数大企业的行业中制定价格的决策）是必要的。这是我们在本章中采用该术语的主要用法。第三，该术语在博弈论中还有更为正式的用法——用于描述在特定的博弈中企业的行动（例如，描述公司在参与博弈中的“策略”）。我们将在本章中介绍这种用法及相关概念。

3. 博弈论有两大分支。一个分支是合作博弈（cooperative games），博弈参与者通过协商达成协议，从而使他们可以计划并实施共同的策略。而在本章中，我们着重考虑非合作博弈（non-cooperative games），在这种博弈中，通过协商或者强迫签订合约是不可能的。对于分析管理决策制定来说，通常这种类型的博弈论更为实用。
4. 即能够洞察竞争对手的行为——译者注。
5. 收益、收益、利润三个术语含义相同，在本章中根据常规、习惯选用——译者注。

   这个图有两列和两行。波音公司作为行公司，就某种意义来说它的策略在两行中是不同的。空中客车公司作为列公司，它的策略在不同的列中是不同的。我们将行公司的收益写在单元格的左上方，而将列公司的收益写在单元格的右下方。另一种表述这种收益的方法是，更为简单地列成两行和两列的表，每一行代表波音公司的潜在行为，而每一列代表空中客车公司的潜在行为。而表中每一个单元格中将分别列出波音公司和空中客车公司的收益（例如，100，0）。尽管后面提到的这种方法更为常用(也许是因为更容易录入)，但读者还是可以看出图 9.1 这样的图更容易阅读。这两种图所表达的是相同的信息。
6. 考虑到这些方面，我们假设如果两家公司的报价相同，那么订单在波音公司和空中客车公司之间平分就应该受到质疑。但是，当在双方报价相同时，作为买方的客户如果通过掷硬币来确定将全部订单给哪一个供应商，那么期望收益仍然与图 9.1 相同。
7. 有关这一方法在 I. Png（1997）中有说明，*Managerial Economics*（Blackwell：London）。
8. 当有合理的和明显的行为方式时，就存在一个注意的焦点。为说明纳什均衡是如何成为焦点的，考虑一个游戏——两个陌生人按照要求举手。如果他们同时举起同一侧的手（同为左手或者同为右手），两个参与者就将得到较大的收益，如果他们举起异侧的手，他们就没有任何收益。这里存在两个纳什均衡：（1）两人都举起左手；（2）两人都举起右手。当两个参与者所举的手不同侧时，就会出现非均衡的结果。两人都举起右手是一个潜在的纳什均衡的焦点。绝大多数人都不是左撇子。如果一个参与者预期另一个人可能会举起右手，因为他不是左撇子，所以他也将有激励举起自己的右手。相应地，另一个参与者也会做同样的推理和判断。因此，与非均衡的结果或者与两人都举起左手的纳什均衡结果相比，这一潜在结果出现的可能性更大。
9. 例如，假设在明年的巴黎航空工业展上，每家公司都推出一种新型的中型飞机，每家公司都将其通讯技术的选择看作是其新机型的重要卖点。每家公司都将在设计阶段就技术问题做大量的投入，在新机型推出之前，每家公司都不愿意与其竞争对手讨论这些技术特征。
10. 在参与者和备选行动方案有限的所有策略问题中，至少会有一个纯策略或混合策略的纳什均衡。在本章中，我们举例说明混合策略的均衡，并讨论在相关均衡之后的直观含义。有关如何求解这种均衡的更为详细的讨论见：Dixit and Nalebuff（1991 年），Chapter 7。

11. 无论空中客车公司的策略如何，如果波音公司按照概率为50%选择每种行动，那么预期的收益为0。假设空中客车公司选择正面宣传策略的概率为p。波音公司选择同样的正面宣传策略的概率为50%p(两个相互独立事件的概率为两个事件各自概率的乘积)。类似地，选择负面宣传的概率为50%（$1-p$）。因此，波音公司胜出的概率为50%p+50%（$1-p$）=50%。同样，它将有50%的时间会有损失，因此最终期望收益为0。这个结果独立于空中客车公司实际选择的概率p。
12. 如果她有许多潜在的备选策略，她也许会希望通过考虑少数几个主要的可能性来简化问题。有时，给出定量的收益是不可行的。在这种情况下，管理者可以通过下面的步骤来得出定性的收益。
13. 这种类型的策略的另一个名称是*最大最小策略*（maximin)。
14. 注意一种技术倾向：如果波音公司实际上相信空中客车公司的声明，即无论波音公司在第一轮中选择什么技术，空中客车公司在第二轮都将选择Beta技术，那么波音公司就将在第一轮中选择Beta技术。在这场博弈中，最终结果Beta技术/Beta技术是*第二个潜在的纳什均衡*——在给定另外一家公司的选择时，没有一家公司会有动力改变其对于Beta技术的选择。然而，如果我们要求两方在均衡或非均衡的路径上，在博弈的任何节点都会采取理性的行动（追求其自身的利益)，那么第二个潜在的均衡将会被排除。博弈论提出者将这种排除不可能均衡的标准称为"准博弈完善"（subgame perfection)。我们认为，这种"选择标准"是非常合理的，管理者在分析其策略情形时可以采用。按照这个标准，这场博弈中只有惟一的一个经济合理的均衡，即Alpha技术/Alpha技术（除非如我们下面将讨论的，空中客车公司做出经济可信的巨额投入，表明将在第二阶段肯定选择Beta技术)。
15. 一般而言，在重复性关系中，有一个不确定的结束日期是非常重要的。如果有确定的结束日期，你和你的竞争对手可能都将明白，你们双方在最后一次相互作用中都没有动力采取合作行为。然后，你们双方都没有动力在倒数第二次相互作用中相互合作（因为你们合作的声誉在最后一轮中无关紧要)。如果情况是这样，那么你们就没有激励在这之前在相互作用中选择合作。最终将导致在第一次相互作用中不相互合作。另一方面，如果情况相反，没有确定的最终相互作用日期，就总有某些理由要采用相互合作的策略。
16. 凯安娜不能仅根据观察到的结果来确定莱恩是否努力工作。尽管根据莱恩是否努力工作，预期的结果为25和5，但这种结果还会受一些莱恩所不能控制的随机因素的影响。因此，最后的产出有可能在莱恩不努力工作的情况下还较高，或者在莱恩努力工作的情况下还较低。
17. 在这个均衡中，凯安娜和莱恩都在两个备选行为中随机选择，选择每种策略的时间为总时间的50%。
18. 在混合策略均衡中，这将在四分之一（50%×50%）的时间中实现。

第 10 章
激励冲突与合约

1988 年，发生了历史上最大的收购——Kohlberg、Kravis、Roberts 公司收购了 RJR-Nabisco 公司。公开的账目说明了 RJR 管理层在收购前的过度开销和令人质疑的价值决策。比如，伯勒和赫利亚尔在畅销书《门口的野蛮人》中写道：

> 一点也不夸张，RJR 的管理人员过着国王一样的生活。31 名高管工资总额高达 1 420 万美元，平均每人 45.8 万美元。在威弗里，人们传说，他们中有些人给擦皮鞋的女郎 100 美元小费时，他们连眼都不眨一下。（罗斯）约翰逊的两个女仆也是由公司开工资。新公司总部的装修到了无以复加的程度，特别是顶层高级管理人员的办公室。有文章说，这些高管过着甜蜜的生活。在公司总部的大楼，一辆运送糖块的小车每天两次在每一层发放糖块。不是一般的糖，而是上好的法国糖。即使是级别较低的中层经理，最差的待遇也是某个俱乐部的成员，并由公司配有一部私人轿车，价值 2.8 万美元。而最好的几乎无人不晓，是约翰逊的 24 个俱乐部的成员资格，以及约翰·马丁的 10.5 万美元的奔驰轿车。

另外，RJR 的重要投资决策似乎也完全依赖于高管的好恶，而不是价值最大化原则。比如，RJR 的办公室主管罗斯·约翰逊，执意要开发一种无烟香烟，即使在这个项目已经被证明无利可图之后还继续投入了几百万美元。

最近，更多其他公司的管理人员也因其过分的行为而受到指控。例如，2002 年 7 月，美国司法部指控约翰·瑞格斯和他的两个儿子“大肆掠夺 Adelphia”，把它当成了“私人的小金库”。在过去的 50 年中，瑞格斯曾为 Adelphia 通信公司在宾夕法尼亚州的乡村地区建了一个小型的有线电视公司——该公司现在在纳斯达克上市，是全美第六大有线电视公司。政府指责瑞格斯一家用 Adelphia 的资产购买公司股票、林地、纽约私人公寓大楼、国家曲棍球联合会下属的球队；建立高尔夫球场作为家庭财产拥有；出巨资资助由瑞格斯的女儿制片的电影，以及出钱购买瑞格斯拥有特许经销权的汽车。[1]

RJR 和 Adelphia 管理人员的行为至少引出了四个方面的重要问题：

- 在前几章，我们假设经理人总是追求企业利润最大化。但很明显，他们并不是这样做的。为了弄清企业内的管理问题，我们需要一个更丰富的关于企业和管理决策制定的描述。
- RJR 和 Adelphia 的问题都说明，在所有者和管理者之间存在很大的利益冲突——股东关心的是企业的价值，而管理者关心的是个人的效用。在企业内是否还存在其他利益冲突？

- 这些例子说明，所有者与管理者的利益冲突会导致生产率的降低和资源的浪费。如果不及时揭露出来，这种利益冲突最终会导致一个企业的毁灭。企业应该如何限制非生产性行为以增加企业的价值和避免走向毁灭？
- 如果存在某种减少非生产性行为的技术方法，那么 RJR 和 Adelphia 的所有者（股东）为什么允许管理者如此肆意妄为。

这些问题以及相关问题正是我们在本章要探讨的。我们先从更为深入的对企业定义的探讨入手，然后用这个更为明确的定义来讨论企业内部的各种利益冲突。进一步，我们将考察合约是如何帮助企业减少或控制这些冲突的。对于有价值的信息引起的问题，我们将给予专门讨论。最后，我们将讨论声誉问题如何控制企业内部的激励冲突。

企 业

在第 3 章，我们将企业定义为管理决策单位——市场使用价格分配资源，企业使用管理人员分配资源。这便引出了关于企业和市场相对效率的问题。因此本书到目前为止，我们把企业看成是拥有一个中心的管理者，其行为就是要使企业的价值最大化。这些企业特征在经济学上广泛运用，并证明在解释企业生产和定价决策方面非常有用。

然而，企业内部的实际决策过程是相当复杂的，而且至少在三方面与这一简单的定义不相符合。第一，在企业内部有许多决策者。在大型股份公司中，董事会要做重大的政策决策，比如任免公司总裁。反过来，公司总裁在保留某些重要决策权力的同时，把许多经营决策（例如，定价、生产和融资决策）分配给下级管理。在企业中，即使工资最低的雇员通常也有某些决策权。第二，这些决策者中的大多数，其基本的目标不是企业价值最大化——RJR 高管的投资行为就说明，他是对企业价值最大化之外的其他东西感兴趣。第三，企业经常使用内部定价

图 10.1 作为一系列合约中心的企业

企业是法律系统的产物，是独立的法人。企业是许多构成企业的合约的一方。

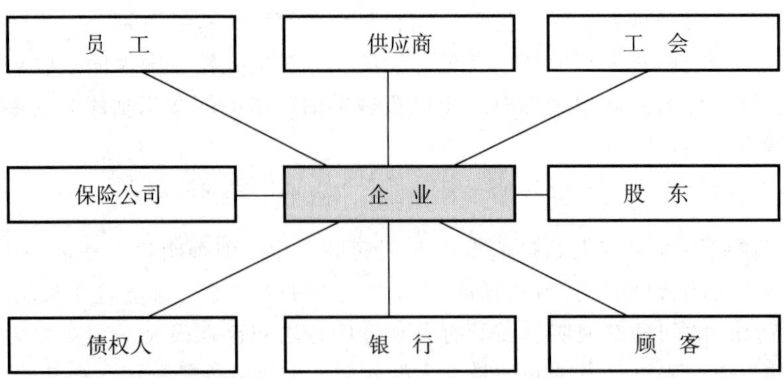

系统（转移价格）来分配内部资源。

> **定 义**
> 企业是一系列合约的中心。

分析企业内部的组织问题需要一个更完备的企业概念。经济学家们已经提出了多个有用的企业定义。[2]我们只集中使用其中一个对分析特别有用的定义[3]：企业是一系列合约的中心。这个定义注重这样一个事实：企业最终是法律系统的产物。企业是一个独立的法人（参与合约、诉讼、被诉讼等等）。中心一词是指企业总是各种构成合约的一方。这些合约多种多样，比如聘用合约、供应合约、客户担保合约、股票、债券、贷款、租赁、特许经营以及各种保险合约等等。从合约的观点来看，企业如图 10.1 所说明。

有些合约是明确的法律文件，还有许多合约则是隐性的。即使在一个已签订了明确合约的关系中，也有大量的关系是没办法在文字合约内写下来的——他们都是隐性的。员工明白只要工作做得好，就将得到提升，这就是一个隐性的合约。隐性的合约很难通过法律强制执行。在本章的后半部分，我们将讨论对声誉的关心是如何促使人们遵守隐性合约的。

企业中的激励冲突[4]

经济学理论认为，在实现自己效用最大化的过程中，个人是富有创造力的。因此，与企业签订合约的个人不可能与企业有共同的利益追求。企业的所有者对剩余利润（在付清了其他应付项目之后）有占有权，并因此对这部分利润现值的最大化感兴趣，而企业内部的其他个人却不一定有这种共同目标。现在就让我们来分析一些更重要的企业内部产生的激励冲突。然后，我们再讨论怎样用合约来减少和控制这些冲突。

所有者与管理者的冲突

所有者通常把管理企业的任务交给专业的经理人。例如，在大型股份公司，股东拥有剩余利润，而将重大的决策权授予高层管理人员。所有者和管理者的冲突至少有五个来源：

> **隐性合约的可实施性**
>
> 虽然隐性合约普遍存在，但许多律师认为“它们没有用文字写下来，是因为它们不值得写下来”。即使这种合约是模糊的，但大多数的公司也努力避免违约，因为这样的违约会引起员工的流动，并对生产造成真正的威胁。律师们建议，如果你被赋予了某种隐性合约，那么就要注意那些管理者虽许诺了但他们又保证不了的事情，比如终身雇佣制。另外，要尽量记录下来讨论未来预期和做出隐性承诺的会议。如果将来打官司，那么这样的记录可提供一个非常有用的书面证据。
>
> 资料来源：M. Culp（1998），“Implicit Contracts：‘Not Worth the Paper They Are Not Written On,’” *Democrat and Chronicle*（August 16），1G.

- **努力程度的选择**。管理人员加倍努力工作可能会增加企业的价值，但因管理人员做了努力，所以这额外的努力会减少管理人员自己的效用。
- **获得额外的奖励**。为吸引和留住有能力的管理人员，所有者愿意支付足够的薪水，但却不愿意给管理人员支付过高的报酬。相比之下，管理人员可能不但希望获得高额的工资，而且还想获得额外的奖励，比如成为高级俱乐部的成员，使用高档的办公家具，专用豪华的汽车，自己孩子的日间带薪照顾以及昂贵的法式甜点等等。
- **风险暴露的差异**。对于管理人员而言，他将大量人力资本和个人财富投入到相应的企业中。从所有者的角度看，如此大量的投资使管理者看上去是极端风险回避的。至少在大型的上市公司所有者只是把他们的一小部分财富投入到某一个企业。[5]因此，管理人员可能会放弃某些预期是有利可图的项目，因为他们不想冒项目失败从而导致他们薪酬降低的风险。
- **期限上的不同**。管理者对企业剩余利润的要求权通常限于他们在企业的任职期间。因此，对任职期间之外的现金流量管理者只有有限的动力去关心，相反，所有者对所有未来的现

组织的光谱

企业可以看成是一系列合约的中心。这些合约的一个特别重要的特征是剩余利润的分配。从这一角度看，企业之间有较大差别。在像 Esptein's Deli 这样的独资企业中，所有者也是总经理，是剩余利润的要求者；而在像 Nixon-Peabody 律师事务所这样的合伙企业中，对剩余利润的要求权将在合伙人之间分享。在像亚马逊网站这样的大型上市公司中，这种要求权通常是由成千上万的小股东共同拥有，而这些小股东对于如何管理公司几乎没有什么直接兴趣。在像 Prudential 保险公司这样的共同基金中，所有权与顾客的要求权是合二为一的。在像 Ocean Spray 这样的合作企业中，供应商和所有者的要求权是合二为一的。像美国航空公司这样由员工拥有的企业，剩余利润的要求权归员工所有。最后，像美国红十字会这样的非营利组织，没人对剩余的现金流拥有所有权。在大多数的大组织中，管理的权力授予职业经理人，而职业经理人在组织中通常只有很少或根本没有所有权。按照科斯的理论，作为个人，总是有动力来选择那些总契约成本最低的组织（见第 3 章）。

我们关于所有者与管理者冲突的讨论表明，因为所有权与控制权相分离，所以上市公司就会产生问题，解决这些问题要付出昂贵的代价。既然存在这些成本，那么什么才是促使大公司有良好业绩的优势呢？其中一个最重要的的优势是，公司的资本是以股份制形式从许多投资者手中筹集起来的，所以这些股份公司的所有者分散承担着公司的风险。股东通常将自己财富的很小一部分投资于一家公司，因此可以避免“将所有的鸡蛋都放在一个篮子里”。在这种分散化的情况下，风险回避的投资者（见第 2 章）愿意以成本供应公司所需的资本。但是，这一好处也带来了相应的成本，就是不得不控制管理者与所有者之间的利益冲突。因此，在业务量较小的情况下，要筹集大量资金就不成问题，我们看到的情况是，较小规模的企业采用个体企业或者合伙企业的形式（在这些形式中，所有权与控制权通常并不明确分开）。的确，事实就是如此。*

*注：相关的税收原因也影响组织形式的选择。参见：M. Scholes and M. Wolfson (1992), *Taxes and Business Strategy* (Prentice Hall: Englewood Cliffs, NJ).

金流量的价值都感兴趣，因为它决定了他们卖出对公司剩余利润要求权的价格。[6]

- **过度投资问题**。即使企业已经没有多少有利可图的投资项目，但管理者也不愿减小企业规模，他们喜欢经营自己的企业王国。而且，对于裁减那些不盈利部门的同事和朋友，管理者也会不太情愿。解雇同事的管理者会承担个人成本（不安和痛苦），而股东享受这一决策带来的好处。

其他冲突

类似的激励冲突问题也可能出现在企业内部的大多数合约方。例如，高管会担心下属员工的努力与报酬之间的问题；企业的债权人和股东会为企业的最优股息政策、融资和投资政策发生争执；企业也可能不履行与客户之间的合约。管理者也经常同工会之间有意见冲突。例如，Alcatel-Alsthom 公司是一家法国的企业集团，它在出售下属的任何一家低效益的工厂时，都不可避免地与工会大吵大闹。[7]

企业的所有者愿意以低价获得高质量的投入要素，而提供要素的供应商愿意按照高价卖出低成本的投入要素。这种对立的状态会引起买者和卖者之间的冲突。供应商担心买者要求价格让步，而买者则既担心供应商降低质量（为减少成本）或提高价格。

在合资企业中，同样存在激励冲突问题。例如，在一个大型会计师事务所，每一个合伙人的行动都会影响该组织的利润，而利润要在合伙人之间进行分配。这种组织形态就会刺激某些合资人免费搭乘其他合资人的便车。每一个合伙人都希望其他合伙人努力工作以保持企业盈利。但是，每一个合伙人又有动力去逃避工作——每个合伙人都可以得到逃避工作的全部好处，但只承担了部分的成本（减少的利润由所有合资人分摊）。在许多组织行为中，搭便车问题都很普遍，如果不充分认识这个问题，就会极大地降低团队的产出（在本书中，我们会经常提到搭便车问题）。

买方与卖方的冲突

在美国进攻伊拉克后不久，美国军队雇佣 Halliburton 来供应在伊拉克美军所需的给养。其中一个合约涉及到汽油的供应。按照合约条款，Halliburton 将按照成本外加 1%的利润获得补偿。这样一个基于成本加成的合约设计使得供应方没有多少动力来控制成本，或者没有动力寻求最优惠的转包价格，因为成本越高，供应方（在本例中是 Halliburton）获得的利润就越多。在仅仅收到另外两家汽油供应商的报价后，五角大楼的调查人员就对 Halliburton 提起指控，因为他所购买的汽油价格几乎是市场价的两倍。在 2005 年，五角大楼的国防合约审计署和美国国会就这个指控发起了调查，但到目前还没有确定的结论。

资料来源：N. King, Jr.（2004），“Halliburton Says Two Employees Took Kickbacks for Iraq Contracts,” *The Wall Street Journal*（January 23），A1, A5. R. Klein（2005），“Audit Questions $1.4b in Halliburton Bills,” *Boston Globe*（June 28），www.boston.com.

搭便车问题的实验证据

50多年前，一个名叫英格尔曼的德国科学家做过一项实验。他要求工人们尽可能地拉一根绳子，以测量他们的努力程度。工人们分别单独拉、2个人一起拉，以及3个人、8个人一起拉。

随着加入人数的增加，绳子上的总力量越来越大，但每个人的力量似乎越来越小。当一个人单独拉时，平均每个人的力量达到63公斤；当3个人一起拉时，平均每个人的力量下降到53公斤；当八个人一起拉时，平均每个人的力量下降到31公斤。拉的人数越多，每个人出的力越少。

一组成员一起面对来自外界（比如经理）的压力时，是由组内成员共同分担的。因此，成员人数越多，每个人承受的压力越小。因为与其他人一起工作，每一个小组成员都会觉得其他人将分担工作延迟（各自的努力程度降低）的结果。因为每个人都这么想，所以平均每个人的产量将大幅度下降。

资料来源：A. Furnham (1993), "Wasting Time in the Board Room," *Financial Times* (March 10).

通过合约控制激励问题

为什么激励冲突没有摧毁所有的组织和合作事业呢？比如，是否因为担心企业管理者会用所有的公司资源来为自己谋私利，所有者就不再授予这些管理者经营权？[8]幸运的是，有一些机制能帮助控制激励冲突。其中最重要的就是合约。[9]

合约（隐性的和显性的）决定了企业的组织架构——决策权、业绩评估以及奖励系统。这个架构提供了一系列重要的约束和激励，有助于解决激励问题。比如，如果合约规定：公司的首席财务运营官埃琳·欧·迈丽的年薪是20万美元。如果她私自提高自己的工资，那么她将被解雇，因为对于设定自己的薪酬她没有决策权。[10]如果按照公司的利润来评估埃琳的业绩，业绩良好就给予重奖，那么她就会有动力关心企业的利润。

无成本的合约

在某些情况下，依靠合约就能以很低的成本解决激励问题。我们来看一个例子，杰瑞是Bagby印刷公司的总裁。杰瑞的报酬包括两部分：货币性报酬为C，福利性报酬为P，从中所得的效用为U。福利性报酬包括豪华汽车和国家俱乐部成员资格。

$$U=f(C,\ P) \tag{10.1}$$

如果企业不给杰瑞提供任何福利，就必须付给他更高的现金报酬，比如数额为S，否则，他就将为别的企业工作。如果杰瑞没有任何福利，那么企业所有者愿意付给杰瑞数额为S的货币报酬。但是，作为总裁，杰瑞有很多机会消耗公司的资源。这些机会的存在就引出了一个激励问题——杰瑞愿意为自己消耗公司的资源，而所有者则不愿意杰瑞额外消耗公司的资源，因为那会减少公司的价值。正如我们所看到的，一定数额的奖励会增加企业的价值，但是，过量的福利水平会使企业的价值降低。

现在假设，企业所有者能准确地预知企业的最大潜在利润 Π_M（如果杰瑞的报酬是 S，就没有任何福利）。在这个例子中，企业实现了的利润为 Π_R（杰瑞的报酬是 S，福利为 P），它等于企业的最大利润和杰瑞的福利性报酬之间的差额。即：

$$\Pi_R = \Pi_M - P \tag{10.2}$$

利用这一信息，所有者就可以解决潜在的激励问题，即可以为杰瑞提供下列的薪酬合约：

$$C = S - (\Pi_M - \Pi_R) \tag{10.3}$$

这个合约以实际实现的利润与最大利润之间的差额冲减杰瑞的工资，这就相当于杰瑞要为他的福利支付全部的成本，也就是说 $C = S - P$。

图 10.2 说明了杰瑞对于福利报酬的选择。在他的薪酬计划约束下，他的目标是个人效用的最大化。杰瑞选择的组合点是（C^*，P^*），即在无差异曲线和等收入曲线的切点上。这个组合点使得杰瑞在报酬计划既定的情况下，能达到最高的无差异曲线，这一选择就是帕累托效率。所有者的选择与杰瑞的不同——他们总是支付给他相当于 S 水平的报酬（$S - P$ 部分以现金形式支付，P 以福利形式支付）。然而，如果杰瑞自己能够选择工资与福利的组合，那么他的状况就会更好。比如，杰瑞的背部受过伤，他喜欢那种虽贵一点但设计的形状特别符合人体特点的椅子，而不喜欢公司的标准的办公家具，即使他知道这种额外的消费会减少他的货币收入。与全部采用现金工资相比，杰瑞可能更喜欢工资和福利结合的形式，因为福利不需要纳税。[11]

请注意，薪酬计划如何使杰瑞的激励和所有者的激励一致起来。杰瑞有权选择自己的福利水平，但是，按照合约规定，杰瑞要为自己的福利支付全部的成本。实质上，如果杰瑞少要一点福利报酬，他将得到相应的回报，即现金工资的增加。这种回报机制使杰瑞会自动限制对福利报酬的要求。

在这个分析中，所有者支付给杰瑞的总薪酬支出为 S，杰瑞选择的最优福利薪酬水平为 P，由此决定了现金报酬为 C^*（$=S-P^*$）。这种机制似乎可以广泛应用。然而这样的结果是通过双方

世界范围内的激励冲突

激励冲突不是美国企业独有的现象，也不是仅仅出现在私有企业。相反，这些冲突在全世界范围内的私有企业和公有企业中都存在。例如，政府官员受贿问题就是政府官员与他们代表的人民之间激励冲突的例子。

1999 年，印度尼西亚总统 B. J. Habibie's 的政治伙伴 Golkar，被指控从国家银行 PT BankBali 非法转走了 6 600 万美元的资金，以资助总统的连任竞选活动。当这项指控被提出来之后，政府雇佣了 PriceWaterhouseCoopers 公司审查这桩交易。他们宣称这是一桩“数额巨大的受贿案”。[a]

[a] J. Solomon (1999), “Bali High Jinks: In Indonesia, Crisis and Corruption Create Financial Vigilantes,” *The Wall Street Journal* (September 21), A1.

图 10.2 最优福利报酬

只要管理者能够实现企业利润最大，就可以得到现金工资 S。如果因为过多的福利报酬（比如，过多的俱乐部成员资格，过高的服务人员工资，或者购买过于豪华的公司用车）使得公司的利润没有达到最大，那么公司的所有者就将按照利润损失的数额减少管理者的薪酬。在这种薪酬计划下，管理者将选择组合 (C^*, P^*)。这一选择符合帕雷托效率。

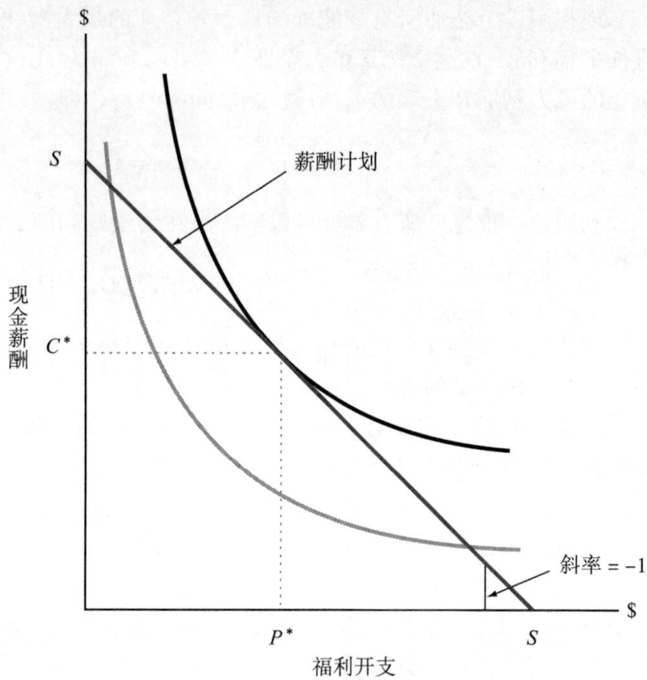

杰克·韦尔奇的福利

1966 年，后来成为CEO 的杰克·韦尔奇进入了通用电气公司，他在通用一直工作到 2000 年。他与公司的合约不是采用“在某个特殊的时期拿几百万美元的收入”，韦尔奇先生接受的合约条款是终身可以接近 GE 的“飞机、汽车、办公室、各个部门以及财务计划”。这是一个 CEO 在现金和福利报酬之间进行权衡的例子。因为退休以后，韦尔奇先生的福利待遇是“除了可以乘坐 GE 公司的波音 737 客机、直升机，并配有一辆汽车和一个专为韦尔奇夫妇开车的司机外，还有一套宫殿似的曼哈顿公寓，加上美酒、鲜花、厨师、仆人和其他的福利。除此以外还包括韦尔奇夫妇观看各种顶级体育赛事和歌剧的门票”。证券交易委员会规定，上市公司对任何超过 50 000 美元的个人收入或对高级管理人员工资加红利收入的10%进行披露。考虑到这样的福利待遇看起来太过分了，韦尔奇要求 GE 公司把许多福利待遇撤消，GE 公司的董事会同意了。韦尔奇说，在外出吃饭和旅行时他总是自己付账，参加文化活动和观看体育比赛时也很少用 GE 公司的座位。

资料来源：G. Fabrikant and D. Johnson (2002), “G. E. Perks Raise Issues about Taxes,” *The New York Times* (September 9), C1–C2.

谈判估计的。如果在开始时杰瑞就为自己的福利水平 P^* 进行讨价还价，那么所有者就知道企业给他的总薪酬支出将是杰瑞的现金报酬加上他的福利报酬。因此，他们付给杰瑞的现金报酬将是 C^*（$=S-P^*$）。

这个例子说明，管理者得到一部分福利报酬可能是有效率的（从管理者和企业双方的角度来说），因为某些福利提高了生产率，而且福利报酬和工资在纳税处理上是不同的。因此，RJR 管理层所得到的福利并非全部有悖于股东价值最大化的目标。如果没有福利，股东将不得不支付更高的工资，以吸引和保留管理团队。然而，RJR 股票的市场表现的确证明，RJR 管理层的行为太过分了。1988 年 10 月，当收购 RJR 的竞争开始时，RJR 的股票价格为每股 55 美元，而在公司被收购后，股票价格上升到每股 110 美元。而且公司管理团队随后也被更换。因此，可以说原有的管理团队似乎并没有做出应有的努力，以使企业价值最大化。

有成本的合约和信息不对称

我们已经通过一些实例说明，在有些情况下，激励问题是如何通过合约以低成本解决的。但是，RJR 的例子说明在完成这一目标上利用合约也经常失败。

与我们假设的例子不同，在实践中合约的谈判、签署、管理或执行都要花费成本。比如，在 Bagby 印刷公司，假设所有者将经理人员的报酬决策交给董事会决定。在这种情况下，杰瑞也许能够说服董事会成员不执行合约规定——在增加福利的情况下不减少工资水平（的确，在

所有者与管理者之间的代理问题

Baan 公司是企业经营软件的主要提供者，是一家可与 SAP 公司和甲骨文公司进行竞争的行业领先者，由Jan Baan 和 Paul Baan 兄弟俩于 1978 年在荷兰创办。1998 年，兄弟俩拥有这家上市公司 39%的股份，另外还拥有几家私人公司。Baan 公司的总部位于一座拥有护城河的 19 世纪的城堡之中，内部装饰着荷兰绘画大师的作品，但 Baan 公司并不拥有这幢建筑。这幢建筑归 Baan 兄弟的私人公司所有，Baan 公司每年要花费大量的租金从前者的手中租来使用。Baan 的私人公司从上市公司购买软件再转卖。因为公众不了解私人公司的运营和财务状况，因此投资者很难准确评估这两家公司的合作经营状况。投资者担心潜在的利益冲突，停滞不前的软件销售也使公司的股价大跌——从 1998 年年初的每股 49 美元下降到 1998 年年底的 10 美元。1998 年 7 月的一天，Baan 兄弟披露了上市公司和私人公司之间的关联程度，并宣布要逐步把他们的企业帝国分拆成几个部分之后，Baan 公司的股票价格回升了 11%，每股为 41 美元。因为，Baan 兄弟就把他们所拥有的上市公司的股票卖出或捐出，因此不再积极参与上市公司的管理。这个例子说明了几个重要问题：第一，管理者在企业中拥有大量的股权，因此他们就有机会损害其他股东的利益为自己谋私利；第二，在给定可获得的信息的情况下，资本市场会以降低股票价格的形式来反映这种私下交易的预期数额。

资料来源：M. Marenont and M. Rose（1998）," Dutch Software Firm Has Extensive Links to Founder's Interests," *The Wall Street Journal*（July10），A1.

RJR 中，很明显罗斯·约翰逊通过为董事会成员提供各种好处，试图将董事会拉到自己一边)。按照法律和公司章程，参与这种与公司高管的共谋，董事会成员将被取消资格，但是，这种处理过程是要花费一定代价的。为签署和执行一项合约，仅就所花费的法律费用就很可观（1998年，律师业的总收入估计为 1 418 亿美元)。[12]

对于通过合约解决激励冲突，一个主要的限制因素是有成本的信息。与我们的例子相反，Bagby 印刷公司的业主不太可能知道公司的利润潜力。信息可能是非对称的——杰瑞比公司的业主更清楚利润的潜力以及他的福利开支。由于这种信息的分布情况，通过薪酬合约来控制杰瑞的福利，需要清楚地掌握公司利润潜力的完备信息，而这是不可行的。

在签订合约时，有两类基本的信息问题。第一类问题是在谈判签定合约之前信息的非对称性；第二类问题是在执行合约的过程中信息的非对称性。下面，我们分别说明这两个问题。根据在本文的重要性，我们先说明合约签订之后的问题。

合约签订后的信息问题

代理问题

代理关系（agency relationship）是指一种协议，协议的一方为委托方，另一方为代理方，委托方聘用代理方，代理方代表委托方的利益工作。在现实的企业中，存在许多代理关系。股东委托董事会作为自己的代理人监督企业管理。而且，董事会又将许多经营权力委派给公司的高层管理者，而高管则进一步将有些任务分配给下级职员。正像我们所讨论的，有充分的理由相信，委托方的利益与代理方的利益并不是自然而然的一致的——存在着代理问题。合约签订之后，代理方有动力采取一定的行动来增加自己的利益，而这是以委托方的利益为代价的。比如，在 RJR 的例子中，管理者可能会逃避责任、发放福利并选择投资和经营政策，这会降低企业的利润，但会增加管理者自身的福利。

公司专机的飞行员

公司专机进行洲际飞行时经常不得不在中途加油，加油的地点通常在堪萨斯或内布拉斯加。一般加一次油的成本是 1 800 美元。在同一个机场的不同加油站为抢生意相互竞争，他们会送给飞行员冻牛排、酒或高级的高尔夫球棒等礼品。飞行员要想得到这些礼品，必须答应放弃对燃油的折扣，而实际上他们总能得到赠品，所以拥有飞机的公司永远不会知道飞行员为什么总是选择某一特定的地方加油。因为飞行员得到了加油站（选择加油的加油站）价值 80 美元的礼品，所以他所选择的加油站要价比最低的要价高 150 美元。在这里，存在一个财富的转移，即从股东手中转移到了飞行员的手中（除非这种行为能被预知），股东的财富降低了 150 美元，因此剩余损失就是 70 美元。

资料来源：S. McCartney（1998），"We'll Be Landing So the Crew Can Grab a Steak," *The Wall Street Journal*（September 8），A1.

由于信息的非对称性，代理问题通常不能无代价地得到解决。由于委托方不能无代价地观察代理方的行为，所以代理方经常会采取些不利的行动，比如逃避责任，增加福利开支，而委托方并不总是能够觉察到这些活动。尽管如此，通过花费一定的监督成本，在合约中对代理人进行合理的激励，委托方通常可以限制这类不利的活动。同时，代理方可能会发生约束成本，以确保如果他们采取了某些行动（比如，代理方通过购买保险以便在发生偷窃的情况下通过补偿委托方来约束自己），委托方将得到补偿。代理方愿意支付这些费用，以便增加委托方对代理服务支付报酬。如果在控制契约问题上的花费是昂贵的，那么要保证代理方完全按照委托方的意志行事，双方都要花费很高的成本，这对双方都是不值得的(到了一定程度，为增加合作的可靠性而花费的边际成本会超过边际收入)。在代理关系中，由于双方利益的差别所造成的交易损失被称为剩余损失（residual loss)。总代理成本是所有付现成本（监督和约束成本）和剩余损失之和。

代理成本的实例

为了说明代理成本和非对称信息的概念，看一看 Good Tire 公司和 Brown & Brown 律师事务所的例子。固特异轮胎公司希望得到有关合约和诉讼的外部法律咨询，也希望得到一般的法律建议。Brown & Brown 公司有能力提供这些服务。

固特异轮胎公司获得的每小时法律服务的边际收益MB 为：

$$MB = \$200 - 2L \tag{10.4}$$

这里 L 是每周提供给公司的法律服务时间（小时）。固特异轮胎公司面临许多重要的法律

减少监督成本的技术

1997~2001 年，监听和检查员工电话通话的公司保持不变，一直是 10%。监听员工的声音邮件信息的公司保持在 6%。但在美国大公司中，对员工电子邮件和网络使用情况的监测比例从 15%上升到 46%。企业有理由转而监视员工使用电子邮件和互联网。许多报告显示，有 90%的员工在办公室登录内容与工作无关的网站，有 15%的员工平均每天浏览与工作无关的网站要花费 2 小时以上，10%的员工每天要收到 21 个或更多的个人邮件。公司还害怕因员工浏览色情内容或转发令人不快的电子邮件而引起诉讼，打官司的费用是很贵的。

企业因担心员工花太多的时间在个人的电子邮件上或浏览与工作无关的网站，所以现在转用技术方法来解决这个问题。有一种软件可以拦截住那些公司不想让员工登录的网站，比如色情、赌博、购物或找工作的网站。其他的软件能够监测每一个员工是否在上网、正在访问哪个网站、在每一个网站逗留的时间有多长。管理者若发现了异常的情况就立即向员工监督员汇报，后者则会找员工谈话并立即封锁该网站。封锁网站和使用监测软件相对便宜，每人每年的成本大约是 15 美元。

资料来源：A. Cohen (2001)，"Worker Watchers," *Fortune/CNET Technology Review* (Summer)，70-80.

问题，因此，前几个小时的法律服务有很高的边际收益。随着这些基本问题得到解决，公司逐步得到相对并不重要的问题的建议。因此，追加的法律服务的边际收益随着提供服务时间（小时数）的增加而逐步下降。

Brown & Brown 公司提供法律服务的边际成本 MC 为：

$$MC = 100\text{美元} \tag{10.5}$$

也就是说，每增加一小时法律服务的边际成本是一个常数，为 100 美元。在固特异轮胎公司和 Brown & Brown 公司之间所有交易的潜在收益都实现的情况下，价值达到最大。在这一点，提供法律服务的边际收益等于边际成本：

$$\begin{aligned} MB &= MC \\ 200 - 2L &= 100 \\ L^* &= 50\text{小时} \end{aligned} \tag{10.6}$$

提供法律服务的时间超过 50 小时就不是最优的，因为边际收人将会小于边际成本。相应地，提供法律服务时间少于 50 小时也是次优的，因为追加提供法律服务所得到的边际收入会大于边际成本。

假设没有契约成本，最优的合约将规定每周提供 50 小时的法律服务。比如，固特异轮胎公司也许会同意为 50 小时的法律服务付给 Brown & Brown 公司 6 250 美元的咨询费。在图 10.3 中，左边的图显示了这一结果。交换中所得的总收益(剩余）为 2 500 美元，在图中为三角形 S。在法律咨询费为 6 250 美元时，交易收益被两个公司平分。[13] 对于 Brown & Brown 公司来说，提供咨询服务的成本为 5 000 美元（50×100 美元），从而利润为 1 250 美元。固特异轮胎公司得到的总收益为7 500 美元，而支出 6 250 美元，从而净收益为 1 250 美元。如果这两家公司经过谈判，所确定的 50 小时的法律服务价格不是 6 250 美元，那么收益的分配将会不同。如果法律服务的市场是完全竞争的，那么价格将会为 5 000 美元（每小时 100 美元），所有的收益都将归固特异轮胎公司。然而，只要法律服务的总时间是 50 小时，那么这一协议就是有效率的，总剩余就是 2 500 美元。

但是，潜在的激励问题会使这种关系产生混淆：对固特异轮胎公司来说，由于存在信息不对称，它要观察 Brown & Brown 公司为本公司实际提供了多少小时的法律服务，这是要花费成本的。因此，Brown & Brown 公司的工作也许小于 50 小时，但他们却声称工作了 50 小时。的确，问题也许会很严重，使得固特异轮胎公司不再聘用 Brown & Brown 公司。在这种情况下，所有交易的潜在收益全部损失掉了。这种契约成本是剩余损失——因为解决激励问题成本太高了，所以全部剩余都损失掉了。

更一般的情况是，通过花费一定的监督与约束成本来控制激励问题，两家企业也许能达成一种对双方有利的交换。例如，固特异轮胎公司也许会每周花费 400 美元雇佣一名管理人员，来监督 Brown & Brown 公司的工作，而 Brown & Brown 公司也将每周花费 400 美元，来整理并报告为固特异轮胎公司所做的法律工作。然而，双方将不可能花费足够的资源来完全保证 Brown & Brown 公司不会开价过高。比如，最后的结果可能是，在花费 800 美元用于监督和约束的情况下，Brown & Brown 公司提供了 40 小时的法律服务，而按照 50 小时收费。双方都会

图 10.3　法律合约的代理成本

左图显示了固特异轮胎公司对于法律服务小时数（L）的边际收益（MB），以及 Brown & Brown 公司提供这些服务的边际成本（MC）。假设没有激励问题，最优的服务时间为 50 小时。交易的总收益为 2 500 美元，在图中用三角形 S 表示。右图反映了两家企业之间的契约成本情况。Brown & Brown 公司也许会按照比实际工作小时数更多的时间收费。为进行监督和约束，两家企业各付 400 美元。这些付现成本由矩形 O 表示。由于它不能完全用来解决激励问题，所以我们假设 Brown & Brown 公司仅提供 40 小时的法律服务。三角形 R 代表剩余损失 100 美元，原来的剩余 S 因为有付现成本和剩余损失而减少。最终的剩余 S' 为 1 600 美元，这些剩余在两家企业间如何分配，将依赖于对这种法律服务收取的价格。

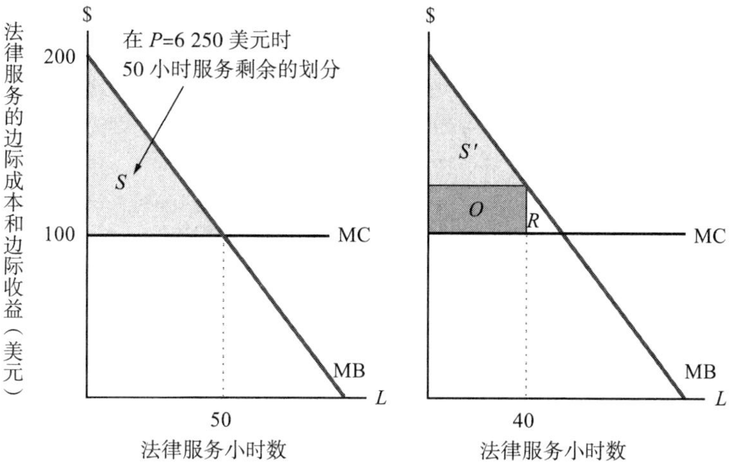

预测到这样一种结果，因此也许会经过谈判，将法律服务的费用确定为 5 200 美元。[14] 这个价格低于信息无成本和不存在激励问题情况下的价格，因为固特异轮胎公司在预期能得到 40 小时法律服务的情况下，将不会按照 50 小时提供报酬。

在图 10.3 中，右边的图显示了这样一种结果。三角形 R 代表剩余损失 100 美元——由于不能完全高效地解决激励问题而损失掉的剩余。此外，两家公司将为监督和约束各自支付 400 美元。这些费用又减少剩余 800 美元，在图中长方形 O 代表了这一损失。[15] 最终，还有 1 600 美元剩余，这一剩余等于原本的 2 500 美元减去总契约成本 900 美元——付现成本（监督和约束成本）与剩余损失之和。最后，Brown & Brown 公司获得净利润 800 美元［$800=5 200 －（40×100）－ 400］，固特异轮胎公司获得净收益 800 美元［$800=6 400 － 5 200 － 400］。[16] 与不存在信息不对称和激励问题的情况相比，两家公司每周都损失了 450 美元。

合约签订前的信息问题

在合约谈判时信息通常是不对称的。例如，在劳动合约谈判时，潜在的职员对于工资的可接受水平有更多的信息，而雇主则对企业愿意支付多高的工资知道得更多。合约签订前信息不

企业与律师事务所之间的确有激励问题吗

对于律师事务所激励问题的例子说明了公司日常经营中经常面对的一个问题——判断公司的律师是否总是"实话实说"。按照《商务周刊》的报道：

这些任务通常是既耗费时间又令人不快。但是对公司来说，无疑通过讨价还价压低预算通常收获很大。比如，General Dynamics 公司发现律师事务所所做的研究毫无意义，所以砍掉了 18.6 万美元的费用，而这仅仅是一个账单的 42%。律师事务所花费数小时准备 1 年前已经通过的法律文件，摩托罗拉公司面对这样的数小时的法律咨询费用时，决定不再需要此服务，因而节省了大笔资金。

还有，为了让企业给那些无用的调查支付账单，一些律师还欺骗性地增加工作的小时数。例如，威廉姆·杜克尔被告知必须支付 260 万美元给联邦储蓄保险公司。联邦储蓄保险公司雇佣杜克尔先生的律师事务所，让他们寻找垃圾债券之王米切尔·梅林肯所造成的损失。杜克尔先生本人也参与了这项工作，每年的收益在 100 万~500 万美元之间。另外，他还把他企业的其他律师每天的工作时数增加了数小时，这样就使联邦储蓄保险公司的账单上升了 10%。除了罚款和惩罚外，杜克尔先生还要面临 1~4 年的监狱生活。

资料来源：L. Himmelstein (1993), "The Verdict: Guilty of Overcharging," *Business Week* (September 6), 62; P. Barrett (1997), "Lawyer Was a Critic of Law Firm Fraud; Now He Faces Prison," *The Wall Street Journal* (September 30), A1.

对称也会产生契约成本，并至少会造成两个主要问题——谈判失败和逆向选择。

谈判失败

虽然从理论上讲，可以草拟发挥各自优势的合约，但信息不对称会阻止合约双方达成一致。假设舍瑞·玛丽曼愿意接受工作的条件是最低工资为每月 2 500 美元，而公司人事经理乔·帕克最高可以支付每月 3 000 美元。从逻辑上讲，只要通过谈判，将工资确定在 2 000~3 000 美元之间的任何水平上，对双方都是有利的。然而，双方都不可能知道另一方的保留价格（乔愿意付给的最高工资和舍瑞愿意接受的最低工资）。在试图要达到可能的最好的工资水平时，双方都会提高要求，最终有可能导致谈判失败。在最初的面试中，舍瑞也许可能要求工资为 3 500 美元。而在这种情况下，乔也许会终止谈判，因为他怀疑可以以低于 3 000 美元的价格聘用舍瑞（这是他的保留价格）。这一原理可以用来解释现存的罢工问题，罢工最终会伤害劳工和公司双方的利益（罢工会造成生产率下降，销售额下降，因此劳工和公司之间可以分享的利润将会减少）。

逆向选择

合约前的信息不对称引起的第二个问题是*逆向选择*（adverse selection）。逆向选择是指掌握

	年医疗费用预期值
安杰拉·威尔森	$100
布鲁诺·洛佩兹	$500
辛　迪	$900
三人平均	$500/人

表 10.1　保险市场上逆向选择的例子

该表显示出在下一年度中，三个人的预期医疗费用。如果一家保险公司向三个人销售医疗保险的价格每年超过 500 美元，预期就会获得利润。然而，如果保险公司将保险价格定在 500 美元，那么安杰拉就不可能购买保险。布鲁诺和辛迪的平均预期医疗费用为 700 美元。因此，如果布鲁诺和辛迪是该保险的惟一购买者，那么公司就必须按照 700 美元以上的价格出售保险，才能达到盈亏平衡。在这种情况下，布鲁诺也许不会购买保险。最终结果可能是市场失灵，公司将保险价格确定为 900 美元，只卖给辛迪。

影响潜在交易对手成本和收益的不公开信息的个人有一种倾向，即往往会提出有损于交易对手的提案。

我们来看一个医疗保险市场的例子。[17] 表 10.1 列示了三个人以及他们在下一年度中的医疗费用。安杰拉是最健康的，预期医疗费用为 100 美元，而辛迪体质最差，预期医疗费用为 900 美元。布鲁诺的健康状况在他们俩之间，预期医疗费为 500 美元。因此，三人平均的预期医疗费用为每人 500 美元。

无疑与保险公司相比，三个人更清楚自己的健康情况——每个人都知道他们各自的身体感觉和健康习惯，而保险公司所掌握的信息资料可能限制在可观察的某一类人群（如某个年龄段或者男性、女性等）的支出上。从这个意义上讲，假设每一个人都知道自己的预期医疗费用，而保险公司只知道某一人群的预期医疗费用，比如这三个人作为一个群体，人均医疗费用为 500 美元。如果保险公司想要赚得利润，就必须按照高于所有购买者预期的医疗费用的价格卖出保险单。

在这个例子中，信息结构会阻止某些消费者参与市场交易，因此会减少交易所得。例如，假设保险公司试图按照 510 美元的价格卖出保险。如果三个人都购买保险，那么保险公司会获得利润。然而，在这一价格上，安杰拉不愿意购买保险。她预期只花费 100 美元的医疗费用。从她的观点来看，购买保险太昂贵了。[18] 如果保险费为 510 美元，那么只有布鲁诺和辛迪购买保险，平均来看这将造成公司亏损——预期的损失是每个投保人 190 元，因为他们预期的费用是 700 美元。如果保险公司预期到健康的人不会按照 510 美元的价格购买保险，那么它就会试图提高价格。比如，如果将保险价格提高到 710 美元卖给辛迪和布鲁诺，那么保险公司将获得利润。然而，在这样一个价格上，布鲁诺又不太可能购买保险，因为这一价格远远高于他预期的医疗费用 500 美元。最后，保险公司只能将价格确定为高于 900 美元的一个数值，只卖给辛迪，也就是三个人中身体最差的那个人。

如果公司能更详细地了解这些潜在买者的健康状况，通过重新设计保险，就可以让三个人都购买保险。例如，它可以要求三个购买者体检，也可以要求查看他们以往的病历。在这种情况下，可以根据每个人的健康状况，对每个人收取不同的保险费。然而，收集有关的信息是需要花费成本的，因此，在设计组织和有关政策进行激励时，就要考虑这些成本。[19]例如，既然增加信息的成本是固定的，保险公司就可以要求申请者的体检范围宽一点，而不是他们愿意接受的狭窄范围。

在有些情况下，通过精心设计合约可以降低逆向选择问题。一家保险公司可以设计一系列合约，分别具备不同的赔付折扣、不同的联合保险要求以及不同的价格水平，让潜在的投保人根据个人情况自己选择。例如，安杰拉也许会选择赔付折扣较高、价格较低的保险合约，而辛迪可能会选择较高价格的合约，可以获得全额赔付。在这种情况下，保险公司也许可以同时向三个人出售保险，并获得利润。

有时，个人有可能会以可信的方式向他人说明或暗示有关自己的私人信息。比如，安杰拉也许会向保险公司说明她自己非常健康，保险公司应该以更低的价格卖给她保险（她也许会提供证明，说明她在一年中曾参加过6次马拉松赛）。当然，布鲁诺和辛迪也可以提供类似的信息。所以，只有在布鲁诺和辛迪提供相同信息所花的成本更高时（例如，由于身体不那么好，他们不能证明参加过马拉松赛），安杰拉向保险公司的说明才会说服保险公司。否则，他们也会采取同样的行动，说明他们非常健康。在这种情况下，公司就没有理由相信他们任何人的声明。

逆向选择问题并不限于保险市场上，在许多情况下都会出现。例如，与雇主相比，潜在的雇员更清楚自己的才能和工作能力。类似地，一个二手车的卖者比买者更清楚车的质量。因此，在给定的价格水平上，卖者都更可能提供实际上质量较差的汽车。[20]在这些情形下，交易者往往都试图建立一种机制，以帮助减少这类逆向选择问题。二手车经销商往往会提供担保，保证二手车的买主可以更换或修理所买的车，而费用由卖方支付。同样，也有各种检测机制，可以为潜在买者提供二手车质量的评估信息。

日益上涨的医疗成本导致了员工冲突

随着医疗成本的上升，许多雇主将这些成本转移给员工，员工因此要付越来越多的医疗保险费用。由于在绝大部分公司中，80%的医疗费用是由20%的员工产生的，所以健康的员工都因为要为少数员工的不健康习惯提供资助而气恼。大卫·杰克森在Rockford产品公司工作，他指着他的一位开叉车的工友，“看看那个家伙，他的便便大腹几乎顶到了方向盘，这也太过分了。”这位叉车司机重达340磅，因为体重过大造成踝关节受压，所以走路都很困难。因为工人们负担了更多的医疗保险费用，所以他们开始注意同事的饮食和吸烟行为。年轻的工人开始过问他们应该为年长的工人负担多少医疗费用，或者为什么只有一两个小孩的工人要为家庭人口多的工人负担费用。由于增加工人支付医疗保险的比例而引发的这些行为也进一步造成了公司内部的冲突，但这种来自同事的压力也许会带来更为健康的工人队伍。

资料来源：T. Aepel (2003), “Skyrocketing Health Costs Start to Pit Worker vs. Worker,” *The Wall Street Journal* (June 17), A1, A6.

可口可乐公司的隐性合约

可口可乐是世界上最有品牌价值的公司之一，它与消费者之间有一个隐性合约，那就是高品质和稳定性。1999 年 6 月，可口可乐公司面临着一个大问题。当时 200 名比利时人和法国人加上他们的孩子，在喝了可口可乐之后，出现恶心和眩晕的症状。许多欧洲国家马上禁止销售可口可乐。可口可乐公司调查发现，低质量的二氧化碳物和杀菌剂与仓库里的木制存货架发生化学反应，产生了气体和异味并引起消费者发病。

可口可乐的主席和 CEO 道格拉斯·艾温斯特马上飞往欧洲，并在当地的各大报纸上发表了个人致歉，试图挽回消费者对可口可乐的信心。可口可乐公司说它将拿出 6 000 万美元的收入召回相关的 1 400 万瓶可乐。在事件发生后的 7 个交易日里，可口可乐公司的股票下降了 8%——从 66 美元下降到 61 美元。

资料来源："Coke's Hard Lesson in Crisis Management," *Business Week* (July 5, 1999), 102.

隐性合约与对声誉的关注

隐性合约

构成企业的许多合约是隐性的——包括许多承诺和相互理解，但并没有通过正式的法律条文写出来。例如，工作做得好，就会得到提升和加薪的承诺；供应商将不会逃避质量责任，这是不言而喻的。根据定义，隐性合约在法庭上很难有强制力，而在更大程度上取决于合约各方设定的激励，以促使个人遵守合约条款。鉴于我们本章前面所讨论的激励冲突的存在，合约各方如何能够信赖另一方会遵守隐性合约条款呢？具体说，一个职员如何能够相信一个不成文的承诺——只要工作做得好经理就给员工晋升呢？在工作完成之后，难道经理没有激励去取消合约吗？任务完成后收益就是沉没的，不给员工提升似乎降低了公司成本，增加了公司利润，因而增加了经理的奖金。

对声誉的关注

对这些问题的回答是，对声誉的关注作为一种强有力的力量会激励个人遵守合约。特别是，由于市场力量的作用，组织和个人如果有不道德的行为，就会因此付出巨大的代价。因此，市场力量对正直的行为有强有力的激励作用。

我们来看一个例子，一家公司与另一家制造企业签订了一份长期合约，每个月按照 10 000 美元的单价提供一种金属部件。生产这一产品的成本为 9 000 美元，所以单位产品的利润为 1 000 美元。对于这位供应商来说，如果降低产品质量，那么以 2 000 美元的成本生产出同样数量的产品是可能的。然而，他已经同意提供高质量的产品。假设买者在购买了产品部件之后才会知道其质量，那么对于供应商来说，通过生产和提供低质量的部件来冒充高质量的部件，就

公司丑闻影响个人声誉

信用和国际商业银行（BCCI）1991年因诈骗和洗黑钱丑闻而倒闭。54岁的前银行高级经理米斯帕·艾拉姆从未参与这桩丑闻，却也受到牵连，从此就找不到工作了。他曾发出了540封个人简历，但当他把曾在BCCI工作这一最后的职业生涯写在履历上时就遭到了拒绝。艾拉姆先生和358位前BCCI在英国的雇员想要BCCI赔偿他们在职业生涯中所遭受的耻辱。例如，一位前雇员说，一家公司拒绝雇佣他是因为他前一任老板“不好的公众形象”。法院允许这项诉讼立案调查，说企业应该为自己违背了与员工之间的诚实经营的隐性协议而提供赔偿。

资料来源：D. Pearl（1999），“Ex-BCCI Employees Say Bank's Notoriety Left Them Unhirable,” *The Wall Street Journal* (March 1)，A1.

有可能获得单位产品8 000美元的利润。然而，在购买之后，客户企业会发现产品质量问题，受骗上当一次之后，就会中止所有未来的购买。因此，作为供应企业面临着一种取舍。通过欺骗，在短期内他可以在每单位产品上多获得7 000美元的利润，然而，在长期中他每月都会有1 000美元的利润损失。只要这种未来利润的现值大于通过欺骗获得短期收益的价值，供应商就有强大的动力遵守合约。

通常，如果有关厂商的欺骗行为会迅速和广泛地传播给潜在的未来客户，那么这种通过降低质量进行欺骗的成本就会更高。在类似于纽约钻石交易这类市场内，很少有这种欺骗行为。这一市场由哈斯德派犹太人的联系紧密的团体控制，任何不道德行为将迅速地传遍市场。在其他更为广泛的市场上，专业化服务监督着市场，从而保证了合约的履行。《消费者报告》对于从烤面包机到汽车所有大大小小的产品进行评估；《投资人文摘》随时介绍所有投资银行的最新情况；而《商业周刊》不断报道着MBA项目的排名。通过降低潜在客户进行质量判断的成本，这样的信息发布增加了厂家进行欺骗的成本。

一般而言，对出现以下状况时对声誉的关注更有可能有效促使各方遵守合约：（1）欺骗的收益很小；（2）被发现的可能性很大；（3）如果欺骗被发现了，预期的制裁更严重了（例如，如果是一种长期的合作关系，那么制裁可能是更严厉的）。当这些条件不满足时，对声誉的关注在激励各方遵守合约中的作用就要小一些。但在很多情况下，对声誉的关注在激励合作和诚实方面发挥着非常重要的作用。对声誉的关注可以促使合约当事人进行自觉的自我约束，从而可以大大减少组织中的契约成本——在谈判和执行正式的合约时可以花费较少的资源。

节约契约成本的激励

每一个人都有动力以最低的成本方式解决缔约问题，理解这一点是很重要的。这样做，双方都可以获得更多的交易收益。在固特异轮胎公司的例子中，如果他们的激励问题可以不费成本地解决，还有900美元的剩余可以供固特异轮胎公司和Brown & Brown公司分享（如果他们不必为审计和遵守合约支付费用，他们就可以分享这 900 美元的节约)。

在任何合约关系中，契约成本最小化都符合合约各方的利益。[21]只要减少剩余损失的边际收入等于边际成本，各方就都有激励议定合约以提供监督和约束行为。这意味着在合约签订的过程中，各方都有动力最有效地利用资源（至少参与合约的各方是如此)。

基本原理：价值最大化
激励问题会产生成本，从而会减少价值。寻求代理问题的有效解决方案符合合约各方的利益。因为这将增大总价值，从而合约各方可以分享的部分也可以增大。

将合约看作是一个对特定契约问题的有效反应，这对解释可观察的组织架构问题将是一个非常有用的工具。举个简单的例子，考虑水果采摘工人工资的支付方式与飞机装配工人工资支付方式的差别。农业工人的工资支付方式通常是计件工资的方式——他们摘的水果越多，得到的工资收入越高。相反，在飞机装配线上的工人的工资经常是固定的(无论产量为多少，其工资数额都相同)。我们如何来解释这一可观察的合约的差别呢？一般来说，如果采用计件工资的形式，产量会增多。如果采用计件工资制而不是小时工资制，那么工人每小时采摘的水果数量就会更多。然而，计件工资制也会产生相应的激励问题。这种工资制度会使工人更注重产量而不是质量。在水果的采摘过程中，可以安排一位监工，通过直接检查所收获水果的情况，来以低成本监督产品的质量。但在飞机装配的例子中，也许直到有关工人离开工作岗位之后（例如，当飞机交付使用，最极端的情况是当飞机失事后)，才能发现质量问题。在这种情况下，采用计件工资制所带来的契约成本会高于其收益。

证券交易委员会能否减少契约成本

公司董事会中的审计委员会负责监督和检查公司的财务运行情况。审计委员会雇佣和指导独立的 CPA 企业进行审计工作。外部审计师若发现了什么问题就向审计委员会汇报。因此，审计委员会在上市公司中行使着重要的监督职能。

针对最近一系列的公司会计欺诈事件，证券交易委员会（SEC）成立了一个蓝带专门小组。他们的建议涉及到对审计委员会成员的一系列硬性规定。如果家庭成员在本企业工作或从事与本企业业务有关的工作，这样的人就不能当审计委员。审计委员会中至少要有一个成员具有会计或财务背景。这些建议的目的是阻止那些不合格的成员或与企业关系太密切的人进入审计委员会。

问题是，这些建议怎么能提高企业的监督水平，并因此控制激励问题。合约的双方已经有动力将契约成本降到最低。如果他们失败了，企业的价值就会降低。如果考虑到外部性，即财务欺诈降低了投资者对资本市场的信心，则政府管制必定能降低契约成本。

资料来源：J. Lublin and E. MacDonald (1999), "More Independent Audit Committees Are Sought," *The Wall Street Journal* (February 8).

案例研究：eBay.com

eBay 是世界上最大的在线拍卖商。1999 年底，它销售的产品超过了 2 000 多种——从体育纪念品到汽车等等。总之，eBay 一天要主持 250 万次的拍卖。卖者先支付少许的钱给 eBay，以便在 eBay 的网上展示他们的物品。他们要提供给 eBay 有关这个物品的详细介绍、照片、可接受的最低价格、可接受的支付形式以及其他的相关信息。竞标人通过互联网进行电子竞标。拍卖结束之后（拍卖通常持续几天），出价最高的人就会收到一封电子邮件。这个人必须在三个交易日内与卖主联系，就该物品的货币支付方式及物品的运送方式进行商议。eBay 提供其他的支持服务。

- *反馈论坛*是 eBay 的使用者对相互的买卖经验发表评论的地方。如果你是一个竞买者，那么你在出价之前很容易就可以看到卖者的反馈档案，可以从前面的买者那里吸取经验。如果你是一个卖者，你也可以通过同样的方式了解竞买者的情况。
- 在 eBay 的合约条款下每一个 eBay 使用者都会得到*保证*，eBay 不会再额外收钱。如果买者付了钱但没收到货物（或者收到了货物，但不是原来想要的那件），那么 eBay 会赔偿买者最多 200 美元，有时要从这 200 美元中再扣减去 25 美元。
- *安全的港湾*。eBay 安全部门的全体人员负责调查所有涉嫌非正当使用 eBay 网站的人和事，例如欺诈、违法交易以及非法展示产品等。潜在的管制包括像禁止某人将来在 eBay 网站上进行交易这一类事情。
- 在贵重物品的交易中，买方和卖方可使用有*条件转让契约服务*。i-Escrow 代表网站作为有条件转让的第三方，买者先把钱给 i-Escrow，只有当买者检查了货物并同意付款之后，这笔钱才能转到卖者的手上。卖者也同样在买者得到退款之前，卖者同样有机会检查和同意是否把货物收回。

要想得到更多的信息，请访问 www.ebay.com 网站。

讨论问题

1. eBay 网站是如何创造价值的？
2. 在 eBay 的经营中有什么潜在的契约问题？
3. eBay 是如何处理这些问题的？
4. eBay 有什么样的契约成本？
5. eBay 声称，网站上的欺诈和不正当使用只是一个小问题，这是否意味着它在解决潜在的契约问题上过度投资？还是投资不足？请解释。

推荐书目

O. Hart (1989), "An Economist's Perspective on the Theory of the Firm," *Columbia Law Review* 89, 1757-1774.

M. Jensen and W. Meckling (1976), "Theory of the Firm: Managerial Behavior, Agency Costs and Ownership Structure," *Journal of Financial Economics* 3, 305-360. Pay particular attention to the first 11 pages.

M. Jensen and C. Smith (1985), "Stockholder, Manager, and Creditor Interests: Applications of Agency Theory," in E. Altman and M. Subrahmanyam (Eds.), *Recent Advances in Corporate Finance* (Richard D. Irwin: Burr Ridge, IL), 93-131.

J. McMillian (1992), *Games, Strategies, and Managers* (Oxford University Press: New York).

G. Miller (1992), *Managerial Dilemmas: The Political Economy of Hierarchy* (Cambridge University Press: Cambridge).

注　释

1. D. Lieberman and G. Farrell (2002), "Five Former Adelphia Arrested," *USA Today* (July 24); and R. Grover (2002), "Adelphia vs. Deloitte in a Game of Blame," *Business Week Online* (June27)。瑞格斯后来被判 15 年监禁。参见：R. Farzad (2005), "Jail Terms Fro 2 at Top Adelphia," *New York Times* (June 21), C1.
2. O.Hart (1989), "An Economist's Perspective on the Theory of the Firm", *Columbia Law Review* 89, 1757-1774.
3. M. Jensen and W. Meckling (1976), "Theory of the Firm: Managerial Behavior, Agency Costs and Ownership Structure," *Journal of Financial Economics* 3, 305-360.
4. 这部分引自：M. Jensen and C. Smith (1985) "Stockholder, Manager, and Creditor Interests: Applications of Agency Theory" in E. Altman and M. Subrahmanyam (Eds.), *Recent Advances in Corporate Finance* (Irwin Professional Publishers: Burr Ridge, IL), 95-131.
5. 为了准确起见，我们假设所有者与管理者的内在偏好（效用函数）没有差异。我们主要是想说明这样一个事实，上市公司的所有者所承担的风险可以通过多样化而轻易地化解掉，而管理者却不能。大多数管理者的财富最有价值的构成是他们的人力资源，而管理者往往同时只有一份工作。
6. 即其股票的价格——译者注。
7. D. Lavin (1998), "Union and Regulators Restrain Alcatel's Restructuring," *The Wall Street Journal* (August 7), A8.
8. 事实上，有些作者建议，这种关心最终将导致上市公司的倒闭。参见：A. Berle and G. Means (1932), *The Modern Corporation and Private Property* (Macmillan: New York).
9. 其他的重要机制包括公司控制的市场和产品市场。因为具有无效率的管理者的企业，会由别的企业或管理团队收购，所以管理者有动力增加企业的利润。的确，这正是在 RJR—Nabisco 发生的事情。同时，一个无效率的企业最终会退出竞争性市场。

10. 限制代理人的决策权力可以减少激励问题。然而，这同时意味着对决策有最佳决策知识的人并不同时拥有决策权力。在组织架构的设计中，这种矛盾是一个重要的问题。
11. 这种税收的影响反映在杰瑞的无差异曲线中。在某一范围内，按照税后的口径，杰瑞放弃 1 美元的现金工资所换得的福利超过 1 美元，他的状况将得到改善。在这个范围内，无差异曲线斜率的绝对值大于 1。在无差异曲线斜率等于-1 时，现金工资与福利的组合达到最优。
12. U.S. Census Bureau（2000），*Statistical Abstract of the United States*，772.
13. 请回忆总收益（TB）等于边际收入曲线下面的面积，而总成本（TC）等于边际成本曲线下面的面积。因此，在提供 50 小时法律服务的情况下，总剩余为 S=TB－TC。
14. 固特异轮胎公司无法观察 Brown & Brown 公司的实际工作时间。尽管如此，它能有一个合理的预期（根据掌握的信息做出无偏预测）：Brown & Brown 公司将在实际工作 40 小时的情况下按照 50 小时收费。请注意，在这个例子中 5 200 美元的价格是随意选择的，像我们看到的，在这个价格下两家将平分剩余。
15. 这个长方形的位置是随意画的。重要的是原本的剩余由于 800 美元的付现成本而减少。
16. 6 400 美元是固特异轮胎公司的总剩余。它是边际收入曲线在法律服务从 0~40 小时之间的面积。
17. 管理者经常参与设计和调整福利——收益政策。理解下面的问题对于这种福利政策的制定是很重要的。
18. 因为安杰拉是风险回避者，她愿意花费超过 100 美元的保险费来投保（见第 2 章）。然而，她还是认为 510 美元的保险费太贵了。
19. 对于保险公司而言，也可以将团体保险卖给一个雇佣这三个人的公司来克服逆向选择问题。在这种情况下，个人不能选择是否投保。因此，公司只要将价格确定在每个人 500 美元以上就可以获得利润。
20. C. Akerlof（1970），"The Market for Lemons：Quality Uncertainty and the Market Mechanism，" *Quarterly Journal of Economics* 84, 488–500.
21. 技术说明：要使这种说法绝对真实准确，必须将生产成本从代理成本中分离出来，因此也将不再有福利效果（委托方和代理方的选择将不依赖于他们各自的福利水平）。当这些条件遭到破坏时，有关各方就不再以代理成本最低为目标。尽管如此，他们仍然有着强烈的动力，在设计合约时考虑这些成本。从我们的研究目的考虑，忽略这些技术细节问题是合理的，也是方便的。

第三编

设计组织架构

11 组织架构

12 决策权：授权程度

13 决策权：组合任务形成工作和子单元

14 吸引和留住合格的员工

15 激励性薪酬

16 个人绩效评估

17 部门绩效评估

第 11 章

组织架构

Brabantia 公司建于 1919 年，是欧洲最大的家用产品制造商，其产品包括熨衣板、垃圾箱、储物罐、厨房用具和邮箱等。公司的总部设在荷兰，有 850 个员工，1998 年的销售额为 8 000 万美元，该公司是专门生产钢制产品和不锈钢器皿的企业。在整个 20 世纪 80 年代和 90 年代，Brabantia 的产品都面临着越来越激烈的竞争。随着欧洲经济共同体内“单一市场”的产生，其他的欧洲公司也进入到 Brabantia 的当地市场。因为欧洲的人口增长缓慢，所以家庭器皿市场逐渐趋于饱和。而且，大的、众多零售商进入欧洲市场，也使得 Brabantia 的传统销售渠道（小型家庭用品专卖店）经营不下去了。[1]

Brabantia 公司需要新的产品和新的分销渠道。它需要变得更有效率。它的返工率、废品率和雇员的旷工率都比较高，生产率比较低。企业的组织是相当集中的，拥有传统、正式的等级制度和任务分工，是一种职能型的架构。新产品和新的工作程序，实际上是“自上而下”的进行，一般不会采纳基层员工的意见。该企业是依据成本、利润和产量来评估自己业绩的，而不是依据产品质量或顾客满意度来衡量。工资的增长是基于员工资历以及公司的工资制度。

为了解决日益增长的竞争、萎缩的销售渠道、低的劳动生产率和陈旧的产品线等问题，Brabantia 公司进行了一系列的组织改革，目的在于通过改进组织设计提高业绩。这一改组涉及公司组织的三个重要方面，我们称之为企业的组织架构：[2]

- 企业内部决策权的分配
- 个人奖励的方法
- 评价个人与业务单位业绩的系统结构

过去，高层管理人员决定企业的所有政策，其中包括企业的组织架构。因此，一项有针对性的改革就是给基层管理人员更多的工作控制权，同时在制定和实施决策上他们也有相当的授权。半自治的工作小组在订购原材料、生产流程和吸收新组员上有相当大的自由。全体员工都在上面签名的新的企业使命是：“我们追求的目标很简单——开发家用产品，让它们的美丽和性能保持 20 年。这就是公司发展的动力！这就是我们的信念！”换一句话说，Brabantia 公司分散了组织内的决策权力。

公司开始集中搞创新，开发新产品，而不再集中于成本或产量。它改变了对员工的奖励方式，更多地强调奖励团队和个人。它还重新构建了新的信息系统，使用一些更宽泛的目标，比如产品质量和顾客满意度来监测业绩。培训员工按照小组进行工作，并学会在集体参与的基础上应用持续不断改进的技术。公司专门起草了正式的政策声明，向全体员工解释了新的组织架构和企业使命。

结果是令人鼓舞的。开发新产品的时间缩短了 20%。产品质量和生产率都提高了。废品率和返工率大大下降了。员工的满意度也大为上升，其证据就是员工的缺勤率从 15%下降到 7%。

Brabantia 公司的例子说明，组织架构是一个公司成功与失败的重要决定因素。本章的目的是引入组织架构的有关概念，并广泛考察哪些因素有可能影响特定组织是否可以设计出最优组织架构。在这一编的 6 章中，我们将对组织架构的三个重要组成部分做更为深入的探讨。

管理者可以用组织架构这一工具来影响企业的业绩。然而，就像我们将会看到的，在应用这些工具时管理者必须考虑周全，组织架构的改变也许会产生意想不到的结果。本书的目的就是帮助管理者更为有效地使用这些工具。

我们先从企业和市场所面临的基本问题入手，然后再探讨如何通过设计和改进组织架构来解决这些问题。[3]

基本问题

任何经营性组织的首要目标都是以尽可能低的成本生产出顾客想要的产品。发现顾客需求和降低生产成本的挑战，对于整个经济系统和具体的每家企业而言都是相当复杂的，因为制定经济决策的重要信息通常由不同的个体持有。而且，这类信息的传递成本相当高（也就是说，这种信息是具体的而不是一般的信息）。例如，对于一个研究项目的潜在收益，技术专家也许比企业高层经理知道得更多。类似地，对于如何使用一台机器，该机器的操作工人也许比他的工头更清楚。在这两个例子中，在信息发挥作用前，将专业人员掌握的信息传递到公司总部并得到认可往往会遇到障碍，其结果是导致丧失许多机会。

即使决策制定者掌握了相关的信息，如果没有适当的外部激励因素，他也不会做出有效的决策，这也是该问题的复杂性所在。正像在第 10 章所讨论的，这里面存在一个激励问题。例如，虽然一位科学家知道某一研究项目不会给公司带来多大利益，但是，出于研究兴趣，他可能还是要完成这一项目。类似地，如果有效地使用机器意味着工作量会增加，机器的操作工人就不会想着去有效地使用机器。

总而言之，在设计企业（设计整个经济系统也一样）时所面临的基本挑战是，使决策者能最大限度地拥有有利于决策的相关信息，并有积极性去更加有效地利用这些信息。

可以用许多不同的方法来组织经济活动以实现这两个目标。经济交易可以在市场上实现，也可以在企业内部实现。企业可以按照公司制、基金制、合伙制、与供应商合作、员工所有或个人独资等形式来组织。在每一种情况下，都有多种可行的组织架构可以采用。所有这些方法都有相应的成本与收益。正像我们在前几章所讨论的，个人有积极性去选择一种可获得最大化价值的组织形式。通过将“蛋糕”做大，交易各方就可以享有更多的利益。要达到这一目标，就需要详尽地理解市场架构和企业架构。

市场的自动形成：来自战俘营的事实

市场的一个有趣特征是，它会在有限的人为干预下自动产生。经济学家瑞德福德研究了二次世界大战期间战俘营中的经济活动。在这些战俘营中，战俘从红十字会获得给养，包括食品、香烟和其他物品。当然，不同战俘对各种物品的评价并不相同。英国人更愿意喝茶而不是咖啡，法国人则更愿意喝咖啡而不是茶。有些战俘抽烟抽得很凶，而另一些并不抽烟。在交易中可以迅速获得的潜在收益促使战俘之间相互交换。没过多久，一个有组织的市场形成了。香烟变成了通用货币。战俘都以香烟的根数计算各种物品的价格。各种物品的价格也取决于相应的供应与需求。例如，如果红十字会提供的巧克力大量增加，那么巧克力的价格就会大大下降。战俘营中的市场非常活跃，而它的出现并不需要一个中央计划者宣布“让我们来创建一个市场”。而这样一个市场的出现使战俘们的福利大大提高（尽管他们被放出去之后福利会更大幅度地提高！）。

资料来源：R. Radford (1945)，“The Economic Organization of a P.O.W. Camp,” *Economica* 12, 189-201.

市场架构

价格系统有助于解决市场中的信息与激励问题。在市场经济中，个人拥有私人财产权。如果乔治·奥特加拥有一栋房子，他会考虑如何使用这栋房子。如果奥都·邓知道如何更好地利用这栋房子，奥都就会出比乔治认为值多少钱更高的价买这栋房子。乔治可以将这栋房子卖掉，并获得销售收入。他有很强的动机更有效地利用这栋房子，因为可以享有由此带来的财富利益。

因此，市场提供了一种架构，可以促进资源的有效利用。第一，通过市场交易，资源的决定权得到重新安排，从而，资源将由那些具备更多具体知识、可以最为有效地使用它的人所掌握。通过掌握相应的资源，这些具备相关具体知识的人可以获得最高利润，因而有可能会为拥有这些资源付出较高的价格。第二，市场提供了一种机制来评价和奖励资源所有者的业绩——所有者享有决策行为的财富效果。这种机制对采取有效行为来说是一种重要激励。在市场经济中，价格系统的最大优点是这种架构是自动产生的，很少依赖于人为的、有意识的干预。

企业架构

在企业内部，没有什么自动的系统可以给掌握信息的个人分配决定权，或者激励相应的人利用有关信息实现企业的目标。组织架构是由企业管理者通过组成企业的各种显性和隐性的契约（见第 10 章）建立的。比如，决策权通过正式的或非正式的工作说明分派给相应职员，而业绩评估和奖励则通过正式的和非正式的薪酬合同予以具体说明。在 Brabantia 公司中，旧的和新的组织架构都是由公司高层管理者设计和实施的。

"21世纪国际"的组织架构

21世纪国际是全世界最大的房地产经纪公司。1990年，21世纪国际经纪人和销售人员帮助800 000个家庭购买和销售了住房，在全世界的房地产销售额达800亿美元，销售佣金约22亿美元。到1999年，21世纪国际在世界范围内有6300家独立经营的办事处，有110 000个经纪人和代理商，在全美及美国之外的24个国家都有业务，包括日本、英国和法国。

考虑到21世纪国际所面对的广阔市场和多元文化，靠其美国总部做出所有主要的决策很难有效率。对跨国公司的运作来说，集中决策通常会带来问题，因为在美国之外的地方，法律和文化都有所不同。按照21世纪国际公司管理者的话说：

> 我们运用所掌握的知识，在国际范围内为各地办事处的特许经营者提供更多的自主权。各地业务部门都可以按照当地房地产市场的状况与传统，决定如何运作当地的业务。我们允许各地区的特许经营负责人在开展业务时有较大的灵活性，我们希望各地区的业务能够符合当地的文化习惯。我们不打算将任何系统强加给某个地区，并说"这是正确的方法，你不能任意改变它。"我们不会远离当地的习俗行事，我们允许各地区以不同的方式开展业务。

然而，分散决策需要有一种控制系统，以确保决策的有效性。在21世纪公司，绝大多数地方经营者是特许经营者。特许经营者通常都是其所经营公司的所有者，他将保留大部分的营业利润。这种所有制形式有力地推动了特许经营者增加销售和公司价值的动力。同样，21世纪公司保留了最为重要的决策权——在经营者不能保持应有的服务水平时，可以中止其特许经营的使用权。

资料来源：C. Shook and R. Shook (1993) , *Franchising: The Business Strategy That Changed the World* (Prentice Hall: Engelwood Cliffs, NJ) ; and Century21.com (1999) .

决策权

尽管一些企业利用转移价格进行资源分配，但绝大多数资源还是通过管理决策来分配的。[4] 比如，公司的总裁通常会通过简单的命令将某个经理从公司的一个部门调换到另一个部门。类似地，通过行政命令可以改变一个工厂的使用情况。公司高层管理者的一个重要职责就是必须决定如何在员工之间分配决策权。[5] 比如，由总裁作出绝大多数主要的决策，还是由下层经理代为作出这些决策？机器操作员是否可以不按公司操作手册所规定的程序进行操作？

控 制

通过决策权下放，员工就有权来使用公司的资源。然而，员工并不是这些资源的所有者——他们不能卖掉公司的财产，并将销售收入据为己有。因此，与真正的所有者相比，员工很少有动力考虑如何有效地使用公司资源。为控制这类激励问题，管理者必须设计并形成公司的控制系统。也就是说，管理者必须设计组织架构的另外两个基本方面——激励系统和业绩评估系统，从而使得决策者的利益与所有者的利益保持一致。就像我们下面将讨论的，最优的控制系统取决于决策权在公司内部是如何划分的。

权 衡

一旦企业成长超过一定规模，总裁就不可能掌握所有与主要决策相关的信息。随之，在设计组织架构时，总裁就会面临三种基本的选择。第一，总裁做大部分重要的决策，尽管缺少相关信息。在这种情况下，激励就是有限的，因而建立详尽的控制系统并非十分紧要。[6]然而，缺少相关的信息，总裁的决策很可能不是最优的。第二，总裁可以努力获取相关的信息，以便做出更好的决策。这一选择可以提高决策的质量。但是，获取和处理相关的信息可能会耗费高额的成本和大量的时间。第三，总裁可以将决策权分散给掌握具体信息的其他员工。但是，下放决策权将引起激励问题，而这意味着必须开发有效的控制系统。分权的另一个潜在缺点是：在组织内进行协调，以使信息在总裁和其他决策制定者之间进行转移会增加成本。

当然，公司总裁可以将这些方案加以组合。比如，高级经理可以保留一些决策权，而将其他决策权下放。就像我们下面要讨论的，最优选择取决于企业所处的商业环境以及企业所采取的战略。在有些情况下，特别是在相对稳定行业的小企业中，高级经理很可能掌握决策的绝大多数相关信息，因此，决策的权力很可能集中在公司总部。在其他情况下，特别是在快速变动行业的大企业中，就多数决策来讲，无论是高级经理还是公司员工，通常不会处于最有利的地位来做出一系列的决策。在这种情况下，决策权分配更可能采用分权的做法，同时需建立相应的控制系统。

从上面的讨论可以看出，公司的总裁在企业组织架构的确定中扮演着重要角色。然而，组织决策是通过公司的所有管理者做出的。比如，当总裁将一系列决策权下放给中层管理者时，

技术正改变着能源行业

氢很有可能替代石油成为主要的能源，并因此彻底地改变汽车、石油冶炼和公用事业等几个行业。今天，大多数能源都来源于化石燃料（煤炭、石油和天然气）。但专家预测，在未来的几十年内，我们的能源将大部分来源于氢。被称为燃料细胞的电化学反应堆会将氢转化为电，其效率是传统方法的两倍，而且不会因燃烧化石燃料而引起污染。氢气是把水经过简单的电解过程得到的。把氢气输入到燃料仓中，所产生的电就可以开汽车、为房屋供暖和制冷。大型发电厂将被每家每户中一个洗衣机大小的燃料仓所代替。这样的预言如果真能实现，氢将宣告石油时代的结束。现在，已经有一些大石油公司，比如荷兰皇家壳牌和英国石油公司在氢气能源上投入了大量的资金。这种转换的最大障碍是成本问题。生产规模必须很大，燃料仓的成本才能降下来。还有，氢气生产出来之后，把它们大量地输送到氢气站，然后再输送到人们的家中，基础设施的建设工程浩大。但是，在1997年和1998年，福特汽车公司、戴姆勒-克莱斯勒汽车公司、通用汽车公司、本田、丰田和其他汽车公司都相继宣布，计划在2004年以前生产出氢燃料汽车。汽车行业每年在这个项目上投资5亿~10亿美元不等。燃料仓的发明和进一步改进都说明了技术变革是如何引起整个行业的变革的。这个行业及相关行业的企业，为了适应这种新技术，都在重新制定其内部战略。例如，英国石油公司现在认为它“不属于石油公司”。企业也在改变他们的投资策略以便实现新的战略目标。

资料来源：D. Stipp (2001)，“The Coming Hydrogen Economy,” *Fortune* (November 12)，90–100.

这些管理者必须决定将哪些决策权保留在自己手中，而进一步又将哪些决策权下放给下一级管理者。这些基层管理者会面临类似的问题。通过这种过程，一个企业的整体架构就确定下来了，最终将涉及整个企业的所有管理者。

架构的决定因素

正像上面所指出的，不同公司的最优架构也不同。这种架构的差别并非是随意的，而是以系统的方式改变——随着公司本身的内在特征不同而产生差异。为说明这一点，我们可以想一想，在相同行业运行的公司往往都有类似的架构。如果某个行业中重要的环境因素发生了变化，绝大多数公司都会对自己的决策权分配以及内部控制系统做出调整。

在图 11.1 中，我们总结了那些将影响企业设计最优架构的重要考虑因素。在图的上方是企业外部商业环境因素的三个方面：技术、市场和政府管制。任何企业都不会脱离这三个方面因

图 11.1 经营战略、组织架构和企业价值的决定因素

市场、技术和政府管制是公司战略的重要决定因素，而战略反过来又决定组织架构。图中所用的两端有箭头的连线表明有重要的反馈作用。公司战略和组织架构都对员工的激励和行动有影响，因此，都是决定企业价值的因素。

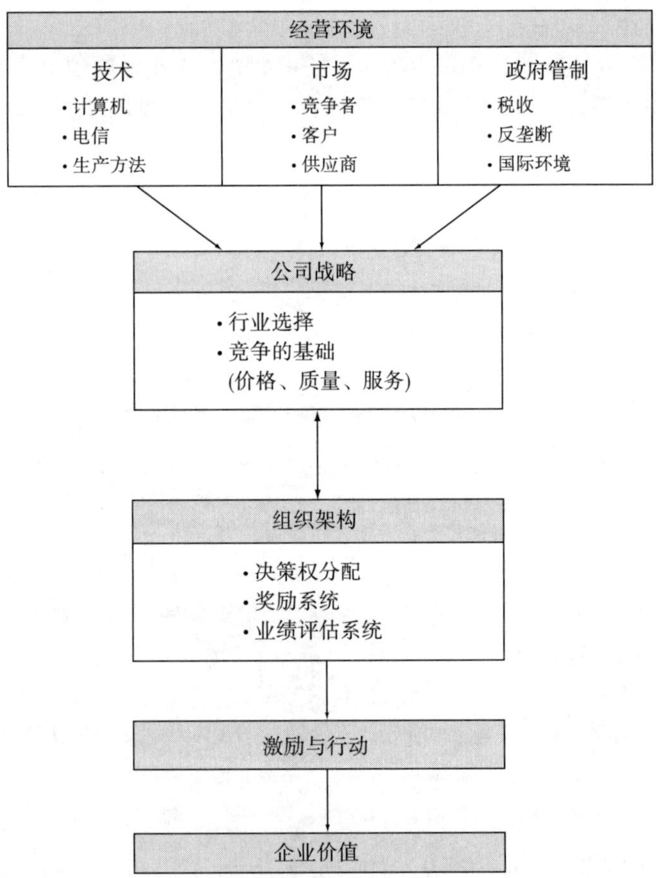

移动电话减少了手动换挡的需要

移动电话可能是手动换挡的最后障碍。车迷们往往只愿意购买手动换挡的车型，因为特别喜欢它提供的控制和动力传动感。但是，早晨上班的途中，边吃早饭边开车同时又要打电话是很困难的。现在的美国人，把越来越多的与开车没有关系的活动都搬到他们的汽车里来（凯迪拉克已宣布为其 2000 型的部分汽车安装因特网接入设备），把汽车变成了一个小房子。某些东西不得不放弃，最大的输家就是手动换挡装置。装有手动挡的汽车，其销售量从 1989 年的 17.5%下降到 1997 年的 13.6%（一些高端的名车像奥迪都装有自动换挡装置，司机不用离合器就可以换挡）。这个例子说明，非相关市场的新技术(移动电话）是如何影响其他市场中的企业的经营战略的。

资料来源：S. Goo (1998)，"Americans Shift Down and Out of Manual Transmissions," *The Wall Street Journal* (August 19)，B1.

素的影响：（1）技术影响其产品的需求数量、生产方法以及信息系统；（2）市场结构（竞争者、顾客以及供应商）；（3）政府管制限制了公司的活动——很有可能对公司战略有重大影响。说到公司战略，包括企业的基本目标——财务目标与非财务目标；企业比较优势的资源；选择的行业是什么、企业将提供什么样的产品和服务；目标顾客在哪里以及价格决策。

不妨看看 20 世纪 80 年代早期 AT&T 的情况。那时 AT&T 的长途业务和地区经营业务（公司名字叫 Baby Bells）还没有分开。政府的干预限定了公司战略的许多方面，比如它可以提供什么样的服务，向什么样的顾客提供服务，以及可以收取多高的费用，等等。在 AT&T 分解以及政府对电信行业干预减少之后，Baby Bells 和新 AT&T 都不得不重新设计经营战略，包括提供什么样的新产品，开发哪些新的顾客群，以及制定新的价格结构等。

如图 11.1 所示，正像在公司战略中所反映出来的，企业的最终目标反过来又会影响最优组织架构的选择。正像著名的建筑设计师——第一座摩天大楼的设计者、美国建筑学派奠基人路易斯·沙利文曾经指出的："形式总是追随功能"。将同样的原则用于我们的分析中，可以认为，经营环境以及公司战略的重要变化，通常会要求决策权分配、员工业绩评估以及激励报酬系统也作重要变化。

再回到我们的电信行业。在 20 世纪 80 年代早期，在政府的强力干预下，AT&T 面临较少的竞争及技术创新方面的压力。其业务发展处于一个相对稳定的环境中——在这样的环境中，依靠大的正规的官僚组织，自上而下地做出最为重要的管理决策是合理的。然而，自从公司分解以来，电信行业发展迅猛，政府干预减少，竞争加剧，技术不断更新。到 1992 年，经过近 10 个年头的一系列不断的分权，AT&T 已经建立起大量的有相当自主权的利润中心，这些利润中心由经理负责，并按照经营单元的业绩进行评估和奖励。在 1995 年，AT&T 分解为三个上市公司，并裁减了 40 000 名员工。1999 年，经过一系列的收购之后，AT&T 扩大了经营范围，服务的有线电视用户比其他任何一家有线电视的都多（包括时代华纳）。[7]

在我们的讨论中，虽然我们一直强调战略对组织架构的影响，但事实上影响不是单方向的。请注意图 11.1 中有两个箭头的地方，战略也会受到组织架构的影响。一个公司可能决定进入某个新市场，部分原因是它的决策和控制系统特别适合于这个新市场（请见第 8 章）。例如，在20世纪80年代以前，乔治亚州的亚特兰大被认为是美国南方的金融中心。但是21世纪刚开始，北卡罗莱纳州的沙罗特就赢得了这一称谓。银行的分支机构一直以来都属于州政府的管辖范围。乔治亚州限制银行发展分支机构，而北卡罗莱纳州则允许银行在州内发展分支机构。随着20世纪80年代对“银行必须在州内发展”这一限制的放松，北卡罗莱纳州的银行，特别是NCNB（现在的美国银行）、第一联合银行、Wachovia银行把他们建立和管理州内银行系统所获

新技术提供了更好的控制

企业组织架构的一个重要方面是控制——业绩评估与奖励。所有的企业都必须保护它们的资产免遭损失，不管是有意的还是无意的。在全世界有超过5%的集装箱货运会出现运输问题。每年有1200万箱货物会通过轮船、火车和卡车运达美国。国际货运公司必须严格控制其载运的集装箱，以避免被盗、发错路线，更不用说还要提防恐怖分子可能利用这些集装箱发送各种爆炸物、有害化学品以及核炸弹。运输行业正转向“智能集装箱”——集装箱上安装了特别的装置，可以通过卫星或无线电向发货人和收货人报告目前集装箱的位置、装的货物以及运输条件。尽管安装类似通讯设施的集装箱价格昂贵——每个集装箱成本从50美元到800美元不等（依据其功能而不同），但仅从避免装运错误而获得的节省费用就可能非常巨大。一个发货人被告知公司装运柠檬酸的集装箱在蒙特利尔（与其在新泽西的最终目的地相差甚远），并且三天内无法运达。该发货者迅速打电话给经纪人，安排其货物上路。

资料来源：D. Machalaba and A. Pasztor (2004)，“Thinking Inside the Box,” *The Wall Street Journal*（January 15），B1.

Penny公司的组织架构变化

在JC Penney公司，产品设计与采购决策是相当集中的。公司在纽约的采购人员将设计公司本年度的服装款式。不幸地是，相关的具体信息，比如在全国各地区的商店中，什么样的产品卖得更好在这一采购决策过程中得不到充分的考虑。在20世纪80年代，JC Penney投资于卫星通讯，从而使采购商可以提前将商品预展给当地的店主，当地的店主们知道影响购买决策的本地服装款式的具体信息。20世纪90年代以及新世纪以来，技术的进步进一步改变了产品设计与采购决策。现在，Penny公司将这些决策部分地外包给了TAL香港服装有限公司。TAL在美国的工作团队负责设计各种号码和颜色的男士服装。不出一个月，Penney公司的50家商店就可以销售在亚洲制作的产品。TAL总部的计算机可以监控到具体某一家Penney商店收银台的销售；预测到哪种新款式、颜色或号码正在销售；并可以指示TAL的供应商运送特定的服装到Penney公司的特定商店。如果在周六有顾客在一家Penney公司的商店购买了一件男士衬衫，到下个周三下午，远在中国台湾的服装厂就会将同样的一件男士衬衫运送到那个商店。TAL复杂精密的计算机系统大幅度地减少了Penney公司的衬衫存货。新技术使得Penney公司在许多决策权分配上可以采取分权决策，甚至最终实现外包。

资料来源：H. Gilman (1986)，“J.C. Penney Decentralizes Purchasing,” *The Wall Street Journal* (May 8)，A1; G. Kahn, (2003)，“Invisible Supplier Has Penney's Shirts All Buttoned Up,” *The Wall Street Journal* (September 11)，A1, A9.

组织架构频繁改变，并不是新现象

我们都训练有素，但是似乎每次建立团队，我们都要重新组织。后来，我终于明白，我们总是试图通过组织变换来适应各种新情况。然而，这种奇妙的方式带来的却是进步的假象，因为它造成了混乱、低效以及士气低落。

资料来源：Petronius Arbiter，210 BC.

得的经验，扩展到地区性的或全国性的银行系统上。这些银行都是相当成功的，部分原因就是它们的组织架构更适合于新的管制环境。

关于环境的变化是如何影响组织架构的，我们可以看另一个例子，请考虑在 20 世纪 80 年代和 90 年代日益增加的国际竞争。多年来，许多大的美国公司（例如，ITT、IBM、通用汽车、柯达、施乐）在产品市场上所遇到的竞争是有限的。这些公司有很强的市场控制力，并没有什么外部刺激需要加快产品开发、提高产品质量和制定有竞争性的价格。它们的组织都是高度官僚化，决策权高度集中，而激励性薪酬也十分有限。在过去的 20 年中，许多这样的企业经历了日益加剧的国外竞争（特别是来自日本公司的竞争）。竞争迫使这些公司重新考虑它们的基本经营战略，并更多地强调产品质量、客户服务和竞争性定价。为了要实现这些目标，企业经常不得不改变组织架构。它们将大量决策权下放，因为基层人员掌握着客户需求的具体信息（请回忆 Brabantia 的例子）。它们也大量使用激励性薪酬，并开发出强调产品质量和客户服务的业绩评估系统。

从某种角度看，图 11.1 是公司战略、组织架构以及公司价值的决定因素的简单总结。该图确实忽略了在环境、战略和组织架构之间潜在的重要反馈作用。比如，可以考虑微软公司是如何投资资源开发软件的，而反过来，对软件的开发又改变了公司所面临的技术环境。大公司也有可能会有政治实力，能够用来影响政府的干预。尽管这些类型的反馈作用有时非常重要，但是，在绝大多数情况下，管理者必须将环境因素视为既定的。反过来，这样的环境，在很大程度上决定着公司能做什么（其经营战略），以及它的组织架构应该是什么样的。图 11.1 为管理者提供了可能影响企业组织架构的因素，这是一种结构性的思考。我们将在本书的组织决策分析中，始终利用这一结构图。

架构变动

虽然市场条件、技术以及政府管制的变化都会影响组织架构的设计，然而，组织变化并不是一个无代价的过程。在评估组织重组的优点时，重要的是既要考虑它的成本，也要考虑它的收益。只有当预期的增量收入大于预期的增量成本时，组织的变动才是可行的。

首先，架构变动有直接成本。新的组织架构需要经过设计，并且要传达给全公司的所有职员。而且，组织架构的变化通常都要求公司的会计及信息系统做出相应改变，这些改变都需要花费成本。有时，从表面上看起来是业绩评估系统的直接改变，但实际上是公司数据处理及会计部门的重大改变，这种改变也是要付出代价的。通常，为调整会计和信息系统，数百台计算

改变组织架构需要经过仔细分析

在任何时点上，都有一些突出的管理技术会成为企业经营成功的关键因素。在20世纪90年代较为流行的技术包括企业重组、标杆管理、全面质量管理、宽带经营、员工授权、学习型组织，以及根据技能付酬的工资制。应用这些技术，绝大部分要涉及组织架构的变化。例如，致力于全面质量管理通常要求将决策权下放到团队，而不针对个人业绩发放激励性薪酬。

盲目跟随最新经营潮流将给公司带来麻烦，除非对公司所面临的实际环境相当有把握。不幸的是，许多企业在变革时，并没有仔细分析相应的成本与收益。援引《华尔街日报》上的话说，“许多公司都在努力追逐时尚，但唯一看到的是它们的失败。”* 事实上，调查表明，大多数公司都对其组织变动的结果不满意。

管理者不应该因为自己的组织不合时尚就加以改变。当然，某些变化可以增加企业价值。然而，管理者必须慎重考虑，在既定的环境条件下，组织架构的变化所带来的利益是否大于成本（见第23章对管理创新的详细分析）。

* F. Bleakley (1993), “The Best Laid Plans: Many Companies Try Management Fads, Only to See Them Flop,” *The Wall Street Journal* (July 6), A1.

机都要更换软件。

其次，也许更为重要的是间接成本。组织架构的变化对一些员工的影响很可能是积极的（比如，增加了他们的责任感，也增加了他们获得奖励的可能性），而对另一些员工的影响可能是消极的。因此，不同的员工对于组织变化的态度就会有差别。在实施组织变动时，又有各种激励问题需要处理，这往往要付出高昂代价（见第20章）。此外，经常性的组织架构变动会引起事与愿违的激励效果。比如，员工未来任务如果有可能变动，就会影响到员工做好现有的工作、设计更高效的生产流程以及与同事搞好关系等方面的投入。频繁的组织调整会带来工作任务的不确定性，还将更容易使人追逐短期利益，而不考虑长期投资（见第9章和第10章）。

组织内的相互依存

组织架构的构成要素之间存在高度的相互依存关系，理解这一点非常重要。合适的控制系统取决于决策权的分配情况，反之亦然。比如，如果决策权是分散的，那么控制系统能够提供有效的激励，使员工的决策有利于公司价值的增加，这一点非常重要。业绩评估与奖励系统也需要建立，以保证员工按照业绩情况得到薪酬。类似地，如果一个企业采用了一种薪酬计划来激励员工，那么重要的是要给员工相应的决策权，从而，他们可以按照相应的激励因素采取行动。从这个意义上讲，组织架构的构成要素就像是一个凳子的三条腿，要保持凳子的平衡和功能，三条腿的设计十分重要。改变一条腿的长度而不考虑另外两条腿，通常会犯错误。例如，如果管理决策权变化以后，而企业的薪酬计划没有相应变化，则Brabantia就不可能像现在这样成功。

组织架构涉及公司内部一系列相互关联的政策和制度。比如，对下层经理的激励性薪酬计

凳子腿不平衡的情况

有一家大型航空公司的飞机在某机场着陆进行检修。而距离机场最近的合格机械师却在另一机场工作。那个机场的经理有权调派这一机械师的工作。该经理的薪酬是与他的预算完成情况相关的，而与整个组织的总利润水平无关。该经理拒绝让这位机械师立即来检修这架飞机，因为这位机械师需要在旅馆住一个晚上，而这一晚的住宿费将从该经理的预算中支出。第二天早上，这位机械师被派过来了，这样，他可以在当天返回。而一个几百万美元的飞机停在那个机场，公司要为此花费几千美元可这位经理避免了 100 美元的住宿费。按理说，这位机械师应该被立即派出，而那位经理将按照公司的总利润获得奖励，或者，这种决策权应该由以公司总利润为目标的另一个人所掌握。

资料来源：M. Hammer and J. Champy (1993), *Reengineering the Corporation* (Harper Business: New York).

划通常是以其所在经营单位的财务业绩为依据。因此，要改变经营单位的架构和相应的薪酬计划，需要公司的会计系统做出相应的改变。类似地，按照子公司股票市场的业绩来付给子公司经理薪酬可能会是有效的。但是，要采用这一政策，相应的子公司的股票必须上市交易。因此，在公司的组织架构和企业的融资政策之间就存在依存关系。再举一个例子，以企业的组织架构和信息系统的设计为例。新的计算机软件提供了专家系统，可以允许低技能的员工完成复杂的税后利润计算、抵押借款申请评估，以及那些以前需要集中培训和具备经验才能完成的其他任务。这种软件使得财务服务公司可以将多余的决策权下放给公司基层员工。例如，如果计算机软件的分析表明，某个抵押借款申请者是合格的，那么某些金融机构下层的职员就可以有权批准该项抵押贷款申请，而不必经过公司主管的批准。

公司文化

"公司文化"是在有关组织问题的文献中经常使用的一个概念。公司文化通常包括工作和权限的组织方式、奖励和控制员工的方法，以及有关的组织特征，比如习惯、禁忌、口号、标兵模范以及交际礼仪等等。管理者应该开发高效有力的公司文化。然而，如何才能达到这一目标，并没有多少可供借鉴的具体指导。

我们对于组织架构的分析与公司文化的概念是一致的。的确，我们关于组织架构的定义与公司文化的常见定义在关键方面也是相呼应的。例如，组织架构强调在组织内部决策权是如何分配的，以及对于员工的奖励是如何确定的。这种方法的优点在于它定义了一个公司文化的关键要素，并分析了管理者有意识的行为如何影响公司文化。

例如，Merrill Lynch 公司原有的公司文化可以描绘为不诚实的分析人员经常误导顾客。在公司丑闻曝光后，Merrill Lynch 公司力图找到一种方法来改变这种公司文化。我们的方法正好可以为实现这种变化提供直接的指导——在本例中，通过改变薪酬计划就可以了。

有些人认为公司文化是公司经营的"软件"（比如，行为榜样、公司传统以及礼仪活动等），它并不重要。或者说，他们强调正式的组织架构才是最重要的（即使不是惟一的），它是

沃尔玛的"一起唱"创造了一种文化

在一个周四的早晨6点，沃尔玛4 000员工冒雨参加年中商品大会，乔·韦尔升（前摇滚歌手）凭借一首《这是沃尔玛的时间》，让大会参与人员为之倾倒，韦尔升是该首歌的词曲作者。20分钟的音乐调动了听众的积极性，之后沃尔玛的经理宣布了针对新产品和销售计划的新区域负责人。韦尔升为沃尔玛创作了30多首歌曲，一年中要为沃尔玛的各种大会演出30多天，包括为20 000人参加的沃尔玛年度股东大会演唱。韦尔升以沃尔玛为主题的唱片在各种会议上都会播放，用来鼓舞士气。沃尔玛将韦尔升看做"公司文化的建设者"，正如他的歌曲《这是我的沃尔玛》中所表达的：

我们的成功中没有多少秘密
只是凭借一种自豪和可以保佑我们的一种传统
这不仅仅是一种传统……它比我们可以做到的更多
我们可以做到与众不同，因为这个品牌就是我和你
这是我的沃尔玛

资料来源：A. Zimmerman (2003)，"Rock 'n' Retail: Former Punker Calls Tunes for Wal-Mart," *The Wall Street Journal* (September 3)，A1, A10.

公司价值的决定因素。[8]然而，经济学家认为，公司文化因素至少有两个方面的重要作用：改善沟通以及帮助员工确定其期望。

公司文化与沟通

绝大多数的组织并没有在公司手册上详细写明其组织的特征。相反，有关的特征往往是通过一些非正式但更有效的方式传达给员工的。可以将公司某些方面的表现，比如口号、标兵以及应变礼仪等，看做以一种特别的方式向员工传达公司组织架构的工具。一个口号，比如在福特公司，"质量是首要的工作"强调出员工应该注重质量和客户服务，而这方面的努力将得到公司的奖励。通过这一口号以及来自公司高层的其他信号，福特公司的员工就会有一个清晰明了的认识，知道在各种情况下如何做出妥善的处理。比如，面对一个愤怒的顾客时，即使没有正式的规定为依据，员工也知道应该怎样做。类似地，社交礼仪，比如培训班和公司联欢会，可以帮助传播有关信息，以增加员工之间的相互了解。如果没有这些活动，有些员工相互之间可能很少见面。选出标兵和模范并给予特殊奖励，是传播公司价值的另一种方式。

组织的某些无形特征，比如社交礼仪和树立标兵，在强化和沟通组织架构方面可能是非常重要的。然而，它们在企业改变架构时，也会增加成本。管理者可以改变正式的评价和薪酬计划，并将这种变化清晰地传达给相关的员工。而要改变员工心目中的楷模、行为习惯以及社交礼仪，则会更加费时和困难。这些方面的特征往往是通过非正式的沟通渠道形成的，其改变与其形成一样，都需要较长的时间。

公司文化与员工期望

在第 9 章的附录中，我们曾经说明，员工会付出多少努力，是否会与其他员工合作，都取决于他对其他员工的期望。在这个例子中，只有当员工认为其他员工也会努力工作时，他自己才会努力工作。对其他员工将如何行为的期望，部分是由企业的正式架构所决定的。如果艾霍德·罗宾得知克莱恩·奥莎得到了销售佣金，艾霍德会合情合理地推测出克莱恩正努力增加销售量。然而，期望也会受公司文化方面非正式的影响。例如，微软向来有聘用富有创造性、努力工作的员工的传统。如果两位公司的员工被分配到同一个研究小组，那么，这两人都会认为另外一个人很聪明，也会努力工作。

这种分析表明，管理者可以同时考虑利用公司文化中正式的方面和非正式的方面，来培育员工期望——促使员工做出高效率的选择。例如，假设员工认为其他员工特别注重质量，那么他自己也会这么做。一个对提高产品质量感兴趣的经理，可以在实施正规的业绩评估及奖励系统的同时，辅以新的口号、动员、演说、改善员工关系方面的活动以及聪明地利用媒体宣传，所有这些活动的目标都是一个，即创造一种“以质量为中心”的文化。

玫琳凯化妆品公司的公司文化

玫琳凯化妆品公司的总销售收入从 1963 年的 198 000 美元增加到 1999 年的超过 10 亿美元。玫琳凯化妆品公司在世界 29 个国家建立了一支超过 50 万人的销售队伍。在美国，有超过 100 位女性获得了独立销售主管的地位，年收入在 6 位数以上。

玫琳凯公司的组织架构直接强调销售。所有的销售顾问直接从达拉斯以同样的价格购买产品。奖励完全按照销售收入以及聘用销售顾问的人数来确定。销售顾问的收入不封顶。随着销售额以及聘用的顾问的增加，销售佣金就会增加。过去的经验和成绩并不重要——“你说你曾经是一个脑外科医生？好的，拿上一箱化妆品开始推销吧。”

关于玫琳凯公司，有趣的是公司文化中有许多特征是相辅相成的，它们可以达成一致的效果。销售标兵的故事在全公司内传播。几乎每一个职员都晓得玫琳凯·艾什的故事。她从斯坦利家用产品公司的推销员做起，那时，她身无分文，就连从哈斯顿家乡来到达拉斯斯坦利的 12 美元路费也是借来的。靠着努力工作，她建立起玫琳凯化妆品公司，并且积累了超过 3 亿美元的家产。其他成功的销售顾问的故事也在公司内传播。这些故事加强了公司的组织架构，公司的职员因此怀有饱满的工作热情，促进了公司的销售。公司公开地、大张旗鼓地、慷慨地奖励成功的销售顾问，这一点已经众所周知。每年的销售大会都是一场奢侈的庆功会，成绩突出的销售人员得到各种各样的奖励：粉红色的凯迪拉克、珠宝首饰、华贵衣饰以及各种各样的奖章、证书，有的人还被戴上“皇后”的桂冠。

玫琳凯公司传达的信息非常明确：成功是通过销售量和聘用人数来衡量的。这方面做得好，你就可以得到奖励，包括金钱方面的奖励和在公司内地位的提升。这一信号通过薪酬计划、销售标兵的故事、公司的联欢以及庆典活动不断地传达出来。

资料来源：A. Farnham (1993)，“Mary Kay's Lessons in Leadership,” *Fortune* (September 20) 68; and MaryKay.com (2005).

互补的系统

组织的特征，比如各种仪式和标兵的作用，会有效地强调和说明公司的目标，它们有很大的潜力，可以对组织架构的内在一致性产生影响。它们在某些场合下非常成功，以至于有些管理专家宣称，培育公司文化可以完全不考虑正式的业绩评估和报酬系统。有些人（例如，质量大师爱德华·戴明）提出，对于一个颇有效力的组织来说，激励性薪酬实际上只有消极作用。而我们的分析表明，将组织那些“硬的”和“软的”方面看做互不相容或者相互竞争是错误的。两者在增加企业价值时都有重要作用。组织的不同要素更为可能是互补品，而不是替代品。在第 20 章，我们要详细讨论施乐公司早年所做的那些旨在提高产品和服务质量的努力。当时的总裁大卫·科恩斯刚开始着重于“软”要素（口号、演说及媒体宣传），期望以此来努力培育施乐公司以质量为中心的文化。但他很快认识到，要达到更好的效果，必须将正式的业绩评估和奖励系统也作相应的改变。

组织架构无效的情况

有时，经理不情愿或者不能够设计出有利于价值增值的组织架构和企业战略。考虑RJR-Nabiso 在 20 世纪 80 年代晚期的管理情况，我们曾经在第 10 章作过详细介绍。在 RJR-Nabiso 的例子中，通过聘用既有意愿、也有能力设计出有利于价值增值的架构和战略的经理，来替换原有的经理，就可以增加公司的价值。

解聘经理

在上市公司中，董事会有权聘用和解聘管理人员，也有权确定管理人员的薪酬待遇。事实表明，当公司业绩不佳时（通过股票的回报和会计利润反映出来），董事会很可能会解聘管理人员。[9] 例如 1993 年的柯达公司，当时公司的业绩很差，高级经理人被告知公司的组织架构是公司最为严重的问题之一。然而，这些经理人没有能够设计出一个更好的组织架构。董事会就解聘了总裁，并聘用了新的总裁。新总裁乔治·费舍尔迅速改变了公司的组织架构，并调整了公司的战略。股票市场对于这些活动作出了积极的响应，柯达的股票价格迅速上升。在本章的后面，我们将对此作详细的案例研究。

虽然解聘总裁的事件比较少见，但解聘其他管理人员的事件却屡见不鲜。作为中层管理人员，如果因为战略选择以及经营单位的组织结构设计不当，导致业绩较差，他们就可能遭到高级经理人的解聘或调离。同样，中层管理人员有权力更换更低一层的管理人员。

公司控制权转变

更换业绩不佳的管理层的另一种机制是公司控制权的转变，例如，收购与兼并。在过去的几十年里，公司的购并活动为股东带来了几十亿美元的财富。典型的情况是，当一个业绩不佳的公司被另一个公司兼并后，被兼并公司的管理层就被更换。[10] 与此同时，组织架构与战略也得到调整或重新设计。ITT 在 1988 年业绩很差，从而被许多公司列为考虑的收购对象。然而，当时的管理层采取果断行动，提高了公司的价值，从而使收购活动未能得逞。相反，RJR-Nabiso 的前任管理团队没能采取必要的行动以提升公司的价值，最终，公司被 KKR 公司（Kohlberg, Kravis, Roberts & Company）所收购。收购之后，KKR 随即更换了管理团队，并实施重要的组织架构变更与公司战略重组。

产品市场竞争

当所有的努力都失败时，无效率的企业最终要破产倒闭。在第 6 章，我们讨论了竞争的压力如何迫使价格趋向于边际成本。如果一个企业的运营效率低下，甚至在这些价格水平上无法补偿其成本，那么它最终将不得不关门歇业。正像在第 1 章所讨论的，这一竞争的过程类似于生物界自然选择的过程——适者生存，有时被称为经济达尔文主义。因为组织架构设计的问题导致偿债能力不足并最终走向失败，安然公司就是这样一个活生生的例子。

土拨鼠与大灰熊

商业文章撰稿人、管理顾问以及政府管制者经常声称，现行的组织运作缺乏效率，而按照他们的建议进行调整，就可以确定无疑地提高生产率。然而，经济达尔文主义原则表明，大多数此类说法很可能会误导实际管理人员。在一个竞争性的世界里，如果采用一种特定的组织架构，而使一个组织在较长时间内得以生存，那么就不太可能通过实施某些明显的调整改善公司的盈利状况。有时，组织之所以会生存下来，其内在原因不容易为局外人所理解。然而，不应该不加认真分析就将那些得以生存的实践看做一种低效的做法。

土拨鼠与大灰熊之间的相互作用正好可以说明这一观点。土拨鼠作为一种小动物，成为大灰熊的主要食物来源。动物学家研究了土拨鼠与大灰熊之间的生态关系之后发现，在秋天大灰熊为寻找土拨鼠而挖掘和搬动石块。他们估计，为寻找土拨鼠，大灰熊所消耗的卡路里会超过享用土拨鼠所得到的卡路里。寻找土拨鼠会耗费大灰熊的有限资源，因此这种活动看上去是低效的。由于自然选择的达尔文理论的存在，大灰熊为寻找土拨鼠所作的努力应该逐渐消失。因此，善于发现问题的咨询顾问或政府管制者也许会建议大灰熊终止寻找土拨鼠的努力。

然而，在大灰熊的周围仍然可以发现不少的土拨鼠骨头。这表明，长期以来大灰熊并没有停止寻找和享用土拨鼠。对此只能有一种解释，通过寻找土拨鼠，除了得到卡路里，大灰熊还可以得到更多。比如，大灰熊通过在寻找时的挖掘使自己的爪子更加尖利，这是它所得到的副产品。冬眠后，尖利的爪子为寻找冰层下面的食品提供了便利。因此，更加尖利的爪子以及从享用土拨鼠中得到的卡路里抵消了寻找土拨鼠所耗费的卡路里。这里的行为准则在生物领域和管理领域都可能存在。对于长期存在的实践活动，作为局外的观察者，只有通过慎重的调查研究，才可能得出其是否效率低下的结论。

资料来源：J. McGee (1980)，"Predatory Pricing Revisited," *Journal of Law & Economics* 23:2, 289–330.

管理意义

组织架构提供了一个有力的框架，可以有效说明整个组织的管理问题。在许多情况下，某个问题可以直接归因于组织架构方面的某些缺陷（回想安然公司和 Merrill Lynch 公司的情况）。通过运用这一框架，管理者可以对有关问题做出更为迅速的反应，并设计出更为有效的解决方案。在分析有关经营问题和案例时，学生们和管理者都发现，运用图 11.1 的分析框架，并自问如下的问题是非常有用的：

- 企业的经营战略适合企业的经营环境（技术、市场条件以及政府管制）和企业的能力吗？
- 目前企业组织架构的关键特征是什么？
- 目前的组织架构适合企业的环境和战略吗？特别是，这一组织架构能否将具体知识与决策权以有效的方式相结合，并鼓励大家更有效地利用信息？
- 代表组织架构的凳子的三条腿相互一致吗？在决策权体系一定的情况下，控制系统是合适的吗？反过来看也是合适的吗？
- 通过在上述问题中发现有何不足，企业应考虑在战略和组织架构方面采取怎样的调整？
- 在实施这些调整时，企业面临着哪些问题？

评价管理建议

在竞争性市场，在经营环境一定的情况下，能够生存的企业通常是那些采用最有效的战略和组织架构的企业。这一原则表明，组织架构并不是随意选取的。在绝大多数的行业中，现行的组织架构有着合理的经济学解释。然而，管理顾问常常指出，很多企业现行的做法明显缺乏

Qwerty 键盘与 Dvorak 键盘

大多数的键盘都是使用 QWERTY 系统——把这 6 个字母排在第三排的最左面。这种排列方法是 1867 年由克里斯托夫·肖尔斯发明的，他设计这样一种排列方法目的是减少字母键之间的相互干扰。肖尔斯排列法把最常用的字母放在第三排，并放在左手的位置上，而不是放在打字者的手指经常放的第二排（home 键所在的那排）的位置上。结果，用 QWERTY 键盘打字会使人疲劳不堪。

1932 年，奥古斯特·德沃夏克设计发明了新的键盘排列法，与以前的键盘一样，新排列也能减少字母键之间的相互干扰。他把常用的字母键放在右手的位置上，并放在 home 键所在的第二排上。用德沃夏克键盘打字的人，其手指来回移动少，比用 QWERTY 键盘打字速度快。但为什么直到今天 QWERTY 键盘还很盛行呢？QWERTY 键盘技术能够生存下来的例子说明，变动成本是很高的。如果一个公司把它所有的计算机键盘都换成德沃夏克键盘，换键盘本身花不了多少钱，但是所有的人都必须重新培训，包括所有的新雇员。

资料来源：J. Diamond (1997)，"The Curse of QWERTY," *Discover* (April) 34–42. (For additional discussion of these issues, see S. Leibowitz and S. Margolis [1990]，"The Fable of the Keys," *Journal of Law and Economics* 33, 1 - 25.)

效率，只要按照他们的建议改变公司的组织架构，公司的状况就会得到改善。比如，许多新近出版的有关授权的著作提出，大多数公司长期以来没有将决策权下放给基层职员，这就犯了错误。相应地，通过向下层职员进一步授权，公司的利润状况将得到提高。不可否认，在某些情况下，对某些公司而言，这样的建议可能会收到明显的效果（特别是，如果环境正在经历根本性的变化，则分权决策更为有利）。但我们的分析表明，管理人员在未经仔细分析的情况下，应该慎重地谴责目前盛行的组织架构。随后一章的讨论将说明如何进行有关的分析。

确定标杆

企业经常以其他企业为标杆，试图确定能够带来价值增值的政策。比如，一个企业正在考虑改变其高管的薪酬计划，做这种考虑的原因很可能是从其他公司的薪酬计划得到了启示。这种实践的方法自有其好处。在市场上得以生存的企业通常都有着适合环境的战略与组织架构，而研究这些企业的做法就有可能得出重要的见解。对于有效标杆的确定，我们的分析至少有三个方面的意义。第一，不同的组织架构适用于不同的环境。所以，重要的是，以处于类似环境的企业为标杆。第二，由于找到一个处于完全相同环境的企业非常困难，所以，在考虑标杆企业的政策选择时，重要的是要识别环境的种种差别，并理解其对标杆企业选择相应政策的影响。第三，将其他企业的组织架构看做一个补充系统，这一点很重要。只是研究其他企业组织架构某一方面的特征，而不考虑其组织架构其他方面的配合，很容易得出错误的结论。

以林肯电气公司为标杆

林肯电气公司长期获利丰厚。人们经常将这种优良的记录归功于林肯电气公司不同寻常的奖励系统，该系统十分强调对于激励性薪酬的运用（我们将在第 13 章中对这一系统作详细阐述）。世界各地的经理人都跑到俄亥俄州克里夫兰的林肯电气公司总部来学习这一系统。而按照我们的分析，在以林肯电气公司作为标杆时，这些经理人首先应该考虑林肯电气公司的经营环境、经营战略以及组织架构的其他要素（例如，决策权分配系统）。林肯电气公司的成功不应该仅仅归功于其奖励系统，而且应该归于这一特征与其经营环境和整个组织架构之间的相互适应与配合。

有趣地是，林肯电气公司的经理人却忽略了这些系统本身的互补性质，并犯了代价高昂的错误。在 20 世纪 80 年代，林肯电气公司的管理层决定通过一系列的兼并活动，将这种激励系统推广到全世界，包括欧洲、亚洲以及拉丁美洲。不幸地是，在大多数的新公司中，这一系统并不与经营环境相匹配。比如，在德国，受制于工会的影响；在委内瑞拉，由于劳动法的保护，都无法有效地推行这样一种薪酬系统。在这些推广活动中，林肯电气公司损失了数以百万美元的成本。如果在其决策制定过程中，林肯电气公司认真地领会和运用本书所讨论的框架，也许可以避免这样一些失误。

案例研究：柯达公司

许多年来，在胶卷市场上，柯达公司基本上是一个垄断者。这种市场控制力带来了丰厚的利润。柯达公司因此可以控制将新产品推广上市的时间，对于消费者需求的变化也可以做出反应。

到20世纪80年代，柯达的市场环境发生了巨大变化。富士公司也生产出高质量的胶卷，并蚕食着柯达的市场份额。日益加剧的竞争还来自于一般品牌。不仅如此，20世纪80年代正经历着技术变革。日益改进的通信、设计能力以及工业机器人，使得新产品开发到推向市场的周期大大缩短，数月即可完成，而不是像以前要经过数年的时间。

市场环境的这些变化对柯达造成了巨大的压力。柯达股票的价格从1982年的每股85美元下降到1984年的每股71美元多一点，下降比率达16%。而与此同时，股市作为一个整体价格却大幅度上升，这使得柯达股票的表现相形见细。而且，柯达公司的每股盈余也出现了大幅度的下降。公司意识到，要想收复利润与市场份额，就必须改变公司的组织架构。不妨援引柯达前总裁科尔比·钱德勒在1984年公司年会上的发言：

> 与许多公司一样，我们并不习惯于技术从实验室到市场的迅速转化的环境。但是，我们知道，适应环境的变化对我们的将来是非常重要的。

在1984年，柯达公司进行了大规模的公司重组。在重组之前，柯达的决策制定是高度集中的，绝大多数的决策都要经过公司上层的批准。重组产生了17个自负盈亏的新业务单元。在新产品开发、定价以及重要政策的选择方面，业务单元的经理拥有了更多的自主决策权。通过分散决策权，高级管理层希望，公司对于顾客需求以及市场条件的变化可以做出更为灵敏的反应。援引1984年公司的年度报告：

> 总之，柯达正在寻求激发员工创造性与天赋的新方法。目前的结果是：独立自主的精神、新的思想以及更快地将新思想转化为商业现实。

遗憾地是，尽管柯达改变了公司的权力分配，但并未有效地促成公司业绩的提高。于是，柯达在1987年采用了管理者年度业绩计划(MAPP)。按照这样一个计划，管理层的基本工资将减少10%，而代之以变动的奖金。奖金的数额平均将为10%，而浮动范围在0到20%之间。奖金的发放将以个人、业务单元以及公司目标的实现程度为依据。

MAPP背后的指导思想是，改变业绩评估和奖励系统将激励管理者的创造性和积极性。然而，实际执行的结果是，这一计划对于管理者的激励和公司的利润没有很大的影响。1993年，一位柯达公司的官员指出：（1）管理层并没有对其决策失误真正负起责任；（2）管理层应该建立起更为严格的工作标准，失误的雇员将被降级；（3）在过去，管理人员的晋升以其政策水平为依据，而与其领导才能不一定一致。[*] 由于长时间没有成功的业绩，1993年年末，柯达的董事会解聘了公司总裁。

讨论问题

1. 是什么因素促使柯达改变组织架构？
2. 在改变组织架构时，柯达犯了什么样的错误？
3. 哪些方面可以采取不同的做法？
4. 这一案例与经济达尔文主义的概念有什么联系？

[*] *Democrat and Chronicle* (June 27, 1993).

第三编概要

随后的 6 章将详细讨论组织架构的三个内容——凳子的三条腿。第 12 章和第 13 章分析决策权的分配。通过决策权分配，企业定义了工作职位。工作的确定有两个重要参数，即任务分配的多样性和就如何完成这些任务所做的决策权划分。第 12 章详细讨论决策权问题，第 13 章讨论任务的分配。

一旦工作确定了，企业应该设计奖酬系统，以吸引和留住合格的员工。第 14 章分析了工资水平，以及薪酬包的组成（工资与福利之间的不同组合）。这一章的重点是如何设计薪酬方案，从而可以使公司在最低的成本水平上吸引和保留合格的员工。虽然工资可以吸引优秀的个人来公司工作，但激励性薪酬通常是员工完成分派任务的基本动力。第 15 章将详细分析有关激励性薪酬的问题。

业绩评估系统得出的结果将决定激励计划的效果。第 16 章侧重于强调员工个人的业绩测量，而第 17 章则着重于企业中各个子单元的业绩测量——例如，业务分部与子公司的业绩评价。

推荐书目

M. Jensen (1983) , "Organization Theory and Methodology," *The Accounting Review* 58, 319–339.

M. Jensen and W. Meckling (1995) , "Specific and General Knowledge, and Organizational Structure," *Journal of Applied Corporate Finance* 8:2, 4–18.

D. Kreps (1990) , "Corporate Culture and Economic Theory," in J. Alt and K. Shepsle (Eds.) , *Perspectives on Positive Political Economy* (Cambridge University Press: Cambridge) .

P. Milgrom and J. Roberts (1995) , "Complementarities and Fit: Strategy, Structure and Organizational Change in Manufacturing," *Journal of Accounting and Economics* 19, 179–208. Focus particular attention on pages 191–208.

注 释

1.资料来源："New Forms of Work Organization：Case Studies，" European Commission，Directorate-General for Employment，Industrial Relations and Social Affairs，UnitV/D.3（June 1998）；and www.Brabantia. com。

2. 许多经济学和管理学作者都认识到了组织的这三个特征的重要性。例如，参见 Jensen and W. Meckling (1995)， "Specific and General Knowledge，and Organizational Structure," *Journal of Applied Corporate Finance* 8:2，4–18；P. Milgrom and J. Roberts（1992)， *Economics*，*Organization & Management* (Prentice Hall：Englewood Cliffs，NJ)；and D. Robey（1991)，*Designing Organizations* （Richard D. Irwin：Burr Ridge，IL)。

3. 本章第一部分引自 M. Jensen and W. Meckling (1992)， "Specific and General Knowledge，and Organizational Structure，" *Journal of Applied Corporate Finance* 8:2，4–18。

4. 在第 17 章，我们将讨论转移定价的经济学问题。
5. 在小企业，高级管理层与所有者经常是合二为一的。在大企业，所有者 (股东) 将绝大多数决策权下放给董事会和公司总裁，而公司组织架构通常就由董事会和公司总裁掌管。在本章中，我们并没区分公司高级管理者与所有者。在随后各章，我们将这里的分析扩展，进一步分析高级经理者和所有者之间潜在的契约问题。
6. 实际上管理者仍然面临着契约问题，即如何激励下层员工严格遵守详细的规章和规程。然而，与给予下属自由决策的权力相比，这种契约问题可能并不严重。
7. D. Lieberman (1999) , "AT&T Tries to Keep Balance," *USA Today* (October 7) , B1–2。
8. 例如，遵从泰勒教诲的管理者相信，工作过程和激励系统的设计是公司价值的基本决定因素。F. Taylor (1923), *The Principles of Scientific Management* (Harper & Row：New York)。
9. J. Warner, R. Watts, and K. Wruck (1988), "Stock Prices and Top Management Changes," *Journal of Financial Economics* 20, 461–492; and M. Weisbach (1988), "Outside Directors and CEO Turnover," *Journal of Financial Economics* 20, 431–460。类似的事实也可以在非营利性行业观察到。见 J. Brickley and L. van Horn（2000），"Incentives In Nonprofit Organizations：Evidence From Hospitals"（Working Paper, University Of Rochester)。
10. 有关公司收购事实的总结，参见 G. Jarrell, J. Brickley, and J. Netter (1988), "The Market for Corporate Control：The Empirical Evidence Since 1980," *Journal of Economic Perspectives* 2, 49–68。对于收购之后管理人员的人事变动情况，见 K. J. Martin and J. J. McConnell (1991), "Corporate Performance, Corporate Takeovers, and Management Turnover," *Journal of Finance* 46, 671–688。

第 12 章

决策权：授权程度

本田汽车公司是 1948 年由本田宗一郎先生建立的。[1] 开始，公司的决策权相当集中。本田先生几乎亲自做出所有的产品和设计决策，而财务和营销决策则由他的合伙人藤泽武夫做出。

1973 年，本田先生退休，其继任者采用了较为分权的决策系统。主要决策权分散给了将近 30 名高管。他们在会议室花费了很多时间，举行被称作维高亚（waigaya）的非正式会议制定有关政策。用本田公司内部人的话来说，维高亚即是“吵得不可开交”的意思。研发工程师对于新车的设计有重要的控制权。依靠这种所谓的本田系统，公司不断地成长与繁荣。

到 20 世纪 80 年代后期，本田公司的增长放缓，利润下降。在日本汽车市场上，本田一再损失市场份额，其市场地位由第三降为第四，落到三菱、尼桑和丰田汽车公司的后面。本田之所以会出现问题，可以说是未能及时跟上日本汽车市场消费时尚的改变。许多日本的消费者愿意购买具有独特设计的赛车型轿车，而本田仍然集中全力生产四门的家庭轿车。

1991 年 4 月，新总裁川本信彦宣布，他将通过直接控制公司在日本的运营，大举改变本田的决策系统。根据他的推理，公司已经变得太大，不宜再采用集体决策。引用川本信彦的话说：

> 我们要召集研发、销售以及生产部门的人员来讨论，而每一个人都会说“不是这样”或者“不是那样”。我们不停地讨论，但是很难达成一致。生产计划已经到期，而我们还有另一个问题没有讨论，还需要另外的研究和更多的准备，等等。最后，我们的决策将会比实际需要延迟好几个月。

本田的决策权集中化被看做一场“文化革命”。虽然川本信彦获得了本田退休人员对于改变决策系统的支持，但在职员工仍然不肯让步。最终，川本信彦不顾反对意见，还是改变了决策系统。在 1993 年，强有力的“车王”（car czars）负责新车开发，各中层管理者都有明确的工作职责。有内部消息说，川本信彦的权力甚至超过公司的开创者本田宗一郎先生一度所拥有的权力。

1993 年秋天，本田发布其 1994 年的主推车型“雅阁”。这可以说是对新管理架构的第一次真正检验。该车采用了具有竞争力的定价，并成功地得到了广泛的响应。雅阁被《汽车与驾驶》杂志评为 1994 年前十名的车型，并被《汽车潮流》杂志选为该年度的重要车型。1998 年，新任总裁吉野广由岐接管了本田。2005 年，在总裁福田威夫的领导下，本田公布的到2005 年 3

月截止的财务年度利润是43亿美元，销售收入是810亿美元。雅阁除了在日本生产之外，还在亚洲、北美和拉美的10个国家进行生产，产品销往140多个国家。

20世纪90年代，有大量的公司改变了组织内部决策权的分配，本田只是其中之一。与本田不同的是，许多公司决策权分配的调整方向是分权化——例如，对公司员工授权。同样在汽车工业的另一个例子是菲亚特。1992年，菲亚特宣布下放一些决策权，将这些权力分配给操作层次的公司员工，并减少管理职位。在90年代，其他采取分权调整的企业包括通用电气、摩托罗拉公司、联合技术公司等。最常见的做法是将权力下放给团队，而不是单个员工。财经新闻也一再报道，通过对员工授权和其他决策系统的改变，公司如何改善了经营利润、产品质量和客户满意度。

这些实例引发了一系列重要的问题：

- 改变决策权分配是否真能对生产力和企业价值产生重要影响？
- 在企业内部，哪些因素对决策权的最优分配有重要影响？
- 在什么情况下，将决策权分配给团体而不是个人是最优的？

第12章和第13章要说明这些问题和其他一些相关问题。本章集中讨论企业内部单一决策权与任务的分配。第13章考虑多种决策权，并讨论如何通过决策权的组合组成企业的各项工作和子单元（例如，业务分部）。

本章我们先详细讨论企业内部任务和决策权分配的问题。然后，我们将通过一个简单的例子说明权力最优分配的一些重要考虑因素（在本例中是产品定价）。我们还将根据这个例子，讨论集权与分权的关系，以及在同一管理层次上决策权在员工之间的分配。同样以这个例子为依据，讨论将决策权分配给个人和分配给团体之间的权衡。接下来，我们要考虑更为详细的决策过程，并定义决策管理与决策控制两个概念。这些概念在确定更为准确的授权概念时非常有用。最后，我们将检验对员工（设法影响决策制定者）的激励将如何影响企业内部最优决策权分配。

任务与决策权的分配

企业不断地将投入转化成产出，并将它卖给顾客。这种流程通常要涉及许多任务。例如，在本田汽车公司，汽车需要设计、装配、销售以及交货等。组织架构的一个重要因素是，如何将组织内的整体任务划分成各部分，并将它们分配给特定的个人或小组。

通过设计流程，组织就创造或确定出具体的工作。比如，如果将各种办公室的任务合在一起交给一个人，就产生了一个秘书的工作。至少可以用两个维度来确定一项工作：按照要求，员工应该完成的各项任务；决定什么时候以及如何才能更好地完成这些任务的决策权。

考虑到任务的多样性和决策权的范围，现实中的工作是千差万别的。图12.1显示了四种可能的情况。点1代表较少的任务和有限的决策权的组合。可以举个现实的例子，比如，在打字室，一个打字员将集中完成某一个单项任务，她对于做什么以及如何做只有非常有限的自主权。点2代表有多项任务与有限决策权的组合。例如，文书的工作通常涉及各种繁杂的事务

(例如，文件归档、打字、接收和回复电话、安排会议等)，但只有有限的决策权。点 3 代表只有较少的任务，而具有广泛的决策权。举个例子来说，销售人员在回答顾客的询问时，有较为广泛的决策权，包括何时可以发货、价格定为多少等诸如此类的问题。而该职员只集中解决最主要的任务——向顾客销售产品。最近有一种趋势，就是创造更多的像点 4 代表的这类工作，即更少的专业化，更多的决策权。出现这一趋势的原因我们将在随后两章中加以说明。

随着管理层级的提高，这些组织设计的问题消耗着越来越多的时间。比如，采购部门的经理要定义好部门内每个职员的任务，以保证本部门的业绩。不幸的是，将任务划分成各项工作是相当复杂的问题。它涉及成千上万的任务和决策权的分配问题。而且同时要考虑公司的其他政策，比如业绩评估和薪酬政策——组织架构板凳的另外两条腿。尽管目前还没有什么很好的理论框架可以对这类问题提供完善的解决方案，但通过一些相对简单的例子，我们可以得出一些重要的认识。本章我们通过一个例子来研究决策权分配问题。在下一章，我们要考虑将有关任务捆绑在一起组成工作，以及将工作捆绑在一起组成企业的子单元的问题。因此，这一章就集中讨论涉及图 12.1 中横轴的问题（决策权），而第 13 章将集中讨论有关纵轴的问题（各项任务）。

在本章中，我们的主要案例是奥玛特车行，该企业在两个城市销售汽车。如图 12.2 所示，企业的管理层包括公司总裁鲍博·克鲁兹和两个地区经理帕卡·萨斯托姆、克莱恩·奥哈坎。地区经理分别负责两个城市的业务。我们只集中讨论一项具体的任务或决策权问题（定价）。给地区经理以定价权，就增加了其决策权。如果鲍博允许地区经理可以确定价格，就减少了自己的决策权，并相应地增加了地区经理的决策权。首先，我们假设鲍博决定地区经营单元的价格，或者他授权给地区经理来确定。在现实中，鲍博也许可以给地区经理一定的定价权，但不是全部的定价权。例如，鲍博也许可以允许地区经理在一定的范围内有确定价格的权力。我们将在本章后面的内容中考虑这种可能的情况。

有关**集权**和**分权**的问题涉及将决策权分配给公司的哪个层面。如果决策权为鲍博所控制，

图 12.1　工作设计考虑的方面

工作设计的两个重要问题是各项任务和决策权的范围。本图演示了四种可能的组合。传统上，许多企业创造的工作都类似于点 1 的情况，代表较少的任务和有限的决策权的组合。后来，出现了向类似于点 4 类工作发展的趋势，即多项任务和宽泛的决策权。然而，很容易就能举出接近于点 2 的现实例子，即多项任务与有限决策权的组合，例如，职员的工作。同样，举个接近于点 3 的现实例子也不难，即只有较少的任务，而具有广泛的决策权，如特定的销售工作。

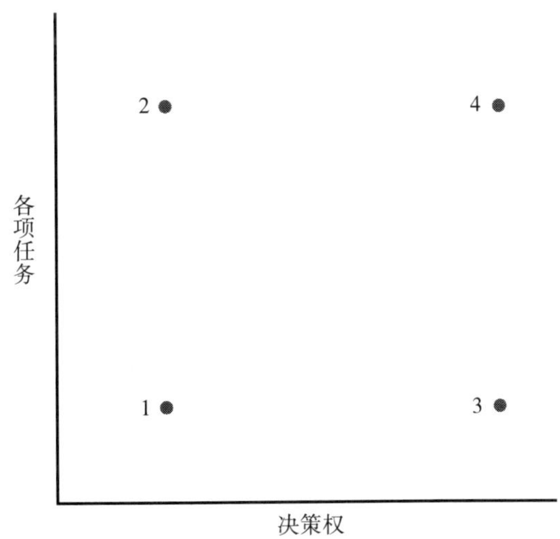

图 12.2 奥玛特车行的组织结构

奥玛特车行在两个城市销售汽车。鲍博·克鲁兹是公司的总裁。两个地区经理分别负责公司在这两个城市的业务。本例中的一项重要决策权是定价。第一个问题涉及集权还是分权的问题。鲍博应该自己制定在两个城市销售的价格，还是应该将定价权下放，交由克莱恩和帕卡制定。第二个问题涉及分散决策权的平行配置。如果定价决策是分散的，那么鲍博是否应该：（1）给两个地区经理在各自城市的定价权；（2）由一位地区经理掌握两个城市的定价权；或（3）下放定价权，但要求两个地区经理要作为一个团队工作。

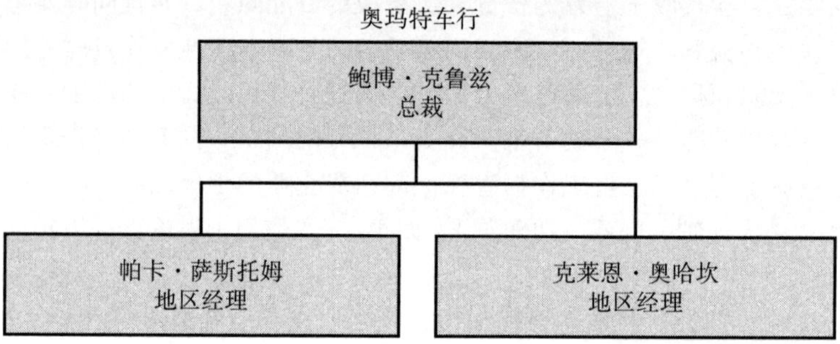

那么就称为集权决策；如果将决策权分配给地区经理，那么就可以认为公司是分权决策的。第二个问题是在给定的管理层面上，决策权究竟应该分配给谁。如果两个地区经理都被赋予定价权，那么两个地区经理的决策权力就都会增加。作为可选择的方案，鲍博也可以决定增加一个地区经理的决策权——例如，只给克莱恩完全的定价权。我们从集权和分权的讨论入手。随后，我们再讨论在一定的管理层中，将决策权分配给哪一部分。

集权与分权

关于决策权分配问题，绝大多数的讨论均集中于应该将决策权集中还是下放。[2] 我们利用奥玛特车行的例子来说明这种分析的主要意义。这里基本的问题是：鲍博应该将定价的权力下放给地区经理，还是应该自己保留定价权？对于这一问题的回答取决于分权决策（相对于集权决策）的收益和成本。

分权的收益

更有效地利用当地信息

地区经理可能掌握关于当地市场更为重要的信息。例如，涉及特定顾客群的需求以及价格弹性，他们可能比鲍博掌握更多这类信息。对于顾客理想中的汽车质量和其他条件等，他们都有可能知道得更多。这种信息的传递需要花费潜在成本。如果鲍博做出所有的价格决策，公司

通过分权改善业绩：斑马团队

柯达公司生产 7000 种黑白胶片产品，用于各种领域，比如印刷、X 光透视，甚至间谍卫星。这些产品的年销售额大约为 20 亿美元。在 1989 年以前，柯达采用了一种非常集权的决策过程来生产胶卷。生产业务被分成各种职能，比如，乳胶混合（用于胶片上光）、胶片上光以及胶片分装等。在这些职能工作中的职员都向职能经理汇报。

在 20 世纪 80 年代后期，欠佳的业绩促使柯达重新组织公司黑白胶片的生产。所有生产流程的主要职责都放权给团队经理。新组织的一个关键特征是利用了自我督导的工作团队。

这一重组的结果给人印象深刻。“斑马团队”将成本压缩掉 4 000 万美元，而将库存压缩掉 5 000 万美元。在胶片的包装环节，从前要经过 4~6 个星期完成的工作现在可以在两个工作日完成。在胶片上光环节，原来要用 40 天完成的工作现在不到 20 天就可以完成。新产品推向市场的时间缩短了一半。

斑马团队如何有效地利用具体知识，从卡拉奇运货车的发明就可见一斑。Accumax 是一种电路板制造商使用的胶片产品。胶片上的任何灰尘都将进入电路板，切断相应的电路，因此这样的胶片只能作废。Accumax 生产完成之后，要在一个绝对洁净的房间中，通过一种高科技技术切割成最终产品。不幸地是，在将这些胶片运送到库房的过程中，由于旧式的运货卡车通常并不是绝对洁净的，从而许多胶片染上灰尘作为废品浪费掉了。鲍博·卡拉奇是一位切割操作工人，他掌握解决相关问题的具体知识，他认为可以使用一种绝对密封的运输车厢。通过他的努力，这样一种车厢设计并制造出来，为公司带来了非常可观的收益。将这种新的分权的工作环境与旧的体系相比，卡拉奇说：

> 在过去，我总是被告知：“那不是你的工作，不要去管它。”但是，现在我有了权力和资金来设计和制造那些有用的东西，我和我的同事都会从中受益。这并不像仅仅是向意见箱投入一纸建议。我现在可以决定、运作整个流程。

资料来源：S. Frangos with S. Bennett (1993), *Team Zebra* (Oliver Wight Publications: Essex Junction, VT).

既要花费成本传递信息，也要承担因为缺少相关信息而致决策失误的成本。通过分权决策就可以将决策权与具体的地方信息联系起来，因此可以减少信息传递与处理的成本。因此，更有效地利用地方信息就成为分权决策的一个主要收益。

在集权决策下，地区经理要调整价格需要经过批准。地方的信息需要传递给鲍博，而且有可能被忽略。随之，鲍博也不得不经过深思熟虑，然后将决策传递给地区经理进行实施。这种过程需要时间，而决策也随之变慢。这样的延迟有可能会导致销售收入损失。相反，将决策权下放给地区经理，可以激发地区经理提高决策效率，更为及时地对市场条件的变化做出反应。[3]

节省管理层的时间

如果鲍博做地方价格决策，就会发生大量的机会成本：高级管理层做出价格决策，就意味着在这同样的时间内不能做其他的决策。经常发生的情况是，将一些操作性决策授权给地区经理来做更好，而高级管理人员集中精力考虑战略性决策（例如，将推出哪些车型，如何展开促

铁路公司集权后的分权

联合太平洋公司对其铁路管理层实行集权化改革，把各地方办事处的运营经理和火车调度员都调往内布拉斯加的俄马哈。依靠计算机和其他的技术可将运营与各地区的业务连接起来，因此集权化的目的是要降低成本。美国伯灵顿北方圣太菲铁路运输公司和CSX公司也花费了数百万美元建造网络运营中心。

当联合太平洋公司兼并了南太平洋公司以后，各地的服务问题就出现了，这时，联合太平洋公司感到自己失去了触觉。服务延迟、火车发生故障等问题从德克萨斯州蔓延到美国西部地区。顾客的需求量降低，而运输成本却上升了。联合太平洋公司马上往该地区增派人手和火车机车。这件事使联合太平洋公司的红利降低了，基础设施的建设费也增加了15亿美元。联合太平洋公司宣布它将重新组成三个地区团队，每一队配有一个副总裁，并且承认："铁路系统太大了，没办法在一个地方指挥运营。"每一个铁路调度员都要向三个团队中的一个团队进行汇报。伯灵顿公司和CSX公司也让它们的地区经理返回了原所在的地区。

资料来源：D. Machalaba (1998)，"Union Pacific to Reverse Centralization," *The Wall Street Journal* (August 20)，A3.

销活动等)。正像通用汽车公司前总裁阿尔弗莱德·斯隆（一个分权决策的早期倡导者）所描述的：

> 我的总部人员很少。这意味着我们无法详尽地做很多具体的常规性工作。这些工作也从不上传到我们这里。我相当努力地工作，但是，并不做常规或者具体的工作。[4]

锻炼和激励地区经理

对一个公司来说，想方设法吸引有才能的员工，然后培训他们，最终使他们能够胜任高级管理决策，这是非常重要的。分权决策有利于这两方面目标的实现。赋予下层人员一定的职责，可以吸引和保留有才能和有抱负的地区经理（他很可能非常看重工作的这一方面）。它也同样可以提供更多的决策经验，而这样的经验对于胜任更高级的职位来说是非常重要的。最后，如果有权对项目做出选择，低层的管理人员就有很强的动力努力工作，寻找、评估并执行新的项目。对于新项目来说，分权提高了运营管理者的担当能力。

分权的成本

激励问题

分权决策促成了权力与地方具体信息相结合。然而，地区经理并不一定有强烈的动力来按照企业价值最大化决策。例如，经理也许会将汽车按照低价卖给自己的朋友，或者通过低价卖给顾客，然后又从顾客那里获取回扣。通过开发一种有效的控制系统激励经理按企业价值最大

技术促进了金融服务行业的集权化

约翰·梅耶是咨询公司 EDS 金融服务部的经理。他认为，网络的发展正在对金融服务企业的运营方式产生巨大冲击，特别是促进了集权化的发展。催款业务和贷款的处理过去一直是分散化经营（分权）。电子网络使这些服务日益集中和融合发展。对某些记录良好的贷款申请，不需人工介入就能够远距离处理，对另外一些申请则通过设在购物中心的电话亭就可以办理，这些电话亭都通过视听设备与服务中心连接起来。

资料来源："ROI for Networks," *CFO* (March 1999)，75.

化决策，并不像想象的那么容易，而且要付出很高的代价。同样，也可能会有随带的损失，因为完全解决激励问题是不值得的。通常，在一个组织中，权力分配的层次越低，由激励所产生的问题就越大。[5]

理想的情况是，鲍博将按照企业价值的增值来衡量地区经理的决策效果。如果鲍博可以做到，那么通过薪酬计划来激发经理做出符合公司价值最大化的决策是非常容易的。不幸的是，具体的各项决策与企业价值之间的关系通常是很难确定的。薪酬计划的依据可以是内部会计数字所反映的业绩。比如，地区经理的薪酬也许可以按照相应业务单元的总利润来决定。然而，正像我们在第 14 章到第 17 章将要讨论的，开发有效的报酬系统和业绩评估系统都不是轻而易举的。企业也可以采用其他机制——例如，直接的监督可以减少激励问题，但是所有这些技术都需要花费成本，而且不能从根本上解决这些问题。

协调成本与失败

如果两个地区经理各自独立确定价格，那么他们可能会忽略相互影响的重要性。比如，降低一个城市的汽车价格可能会不利于另一个城市的销售，特别是当两个城市相隔不远，并使用同样的媒体资讯的时候。当两个城市的市场类似，那么两个地区经理分别做出同样的市场分析并确定他们的产品价格显然是一种浪费。比如，通过一次调研，或者将两个城市的数据汇总，就可以获取大部分所需的信息，这样也许会得出更为精确的估计。

对集中信息缺乏有效的利用

为做出好的价格决策，地区经理并不需要掌握所有的相关信息。而鲍博也许掌握着关于产品成本的信息、促销费用上升的信息，以及来自汽车生产厂家的新产品的信息。鲍博也许还有着解决定价问题的重要知识和经验。经常的情况是，通过观察不同时间、不同地点的各种政策的作用，有控制力的管理者可以获得重要信息。相比之下，地区经理通常只有相对有限的经验，只掌握本地的直接信息。由鲍博一人为公司各经营单元做出定价决策还有规模经济的好处(有些决策通常只需做出一次，而不是要做若干次)。如果由于特定的行业条件使得决策(涉及重要信息）效率非常重要，那么集中决策的好处会更大。

国际公司调配集权与分权

大型跨国公司必须了解其各个地方市场具体的顾客习俗和偏好。例如，宝洁公司曾经尝试将其品牌为“秘密”的固体体香膏在习惯的气雾剂市场上销售，结果在欧洲市场惨遭失败。德国人比美国人更愿意在折扣店买东西。在美国，牙膏既可以在超级市场销售，也可以在杂货店销售。而在某些欧洲国家，按照法律，牙膏只能在杂货店销售。

许多大型公司都按照各个地方市场的偏好、习俗和法律作出调整，而不是简单地在各个地方市场销售统一的标准产品。跨国公司都聘用本土的管理人员，并下放决策权，以便调整产品适应各地方市场，而不是将有关地方市场的偏好、习俗和法律的信息转移到公司总部（使用）。西门子公司是德国的大型电子和工程财团，其80%的销售是在德国以外实现的。在绝大多数开展经营的国家中，公司都聘有本土的管理人员。但是，有关质量控制和价值确定的决策权保留在公司高层。瑞士的UBS是一家银行和金融服务企业，对其国外经营实行紧密监控，在各国的经营都采用相同的UBS名称。

资料来源：C. Hymowitz (2003)，“European Executives Give Some Advice on Crossing Borders,” *The Wall Street Journal* (December 2)，B1.

上面的讨论意味着，在分权决策系统中，集中管理有着重要的作用，它促进了信息交流并协调企业中各个分权决策者的决策行为。这些活动很可能要花费成本。例如，给地方决策者传递信息往往要花费昂贵的成本。在各地产品的需求和成本相互独立的情况下（比如，各地相距较远），决策所需的相关知识由地区经理所掌握，那么协调和集中信息的价值将会最低。下表概括了分权决策的收益和成本。

分权决策的收益与成本

收益	成本
更为有效地利用地方知识	激励问题
节省高级管理层的时间	协调成本与失败
锻炼和激励地区经理	对集中信息的低效运用

权衡说明

为了说明这个例子的基本损益情况，我们假设定价决策权可以按照不同程度分配给地区经理。我们用 D 代表定价决策权的分权程度。当 $D=0$ 时，所有的价格决策权都由鲍博掌握；当 D 增加时，地区经理获得了更多的决策权。比如，当 D 的水平较低时，地区经理也许有权在5%的范围内改变总部决策者的定价。而当 D 在一个较高的水平上时，地区经理也许完全有权自行决定价格。为简化起见，假设 D 的取值是连续的。也就是说，假设分权的收益可以写成：

$$\text{收益} = B \times D \tag{12.1}$$

这里，B 是正的常数。收益包括更好地利用地方信息、节约高级管理层的时间，以及对于地区经理的培养和激励。

然而，分权决策也有成本。比如，有日益增加的激励问题，地区经理的决策需要公司上层予以协调。同时，要将集中的信息传递给地方决策者也需要额外的成本。假设分权决策的成本为：

$$\text{成本} = (A \times D) + (C \times D^2) \tag{12.2}$$

这里，A 和 C 是正的常数。第一项 AD，代表为解决分权的激励问题而产生的契约成本；第二项 CD^2，代表协调和集中信息的成本。这一公式假定，随着分权程度的增加，协调与信息成本按照一个递增的比率增加。[6] 例如，随着决策权变得更为分散化，协调各项分权决策的困难就越来越大。

企业的目标是选择一个 D，使分权的净收益最大化。这里：

$$\text{净收益} = \text{收益} - \text{成本} = BD - AD - CD^2 \tag{12.3}$$

图 12.3　奥玛特车行有关集权还是分权决策的权衡说明图

在这个例子中，对于相应的决策地区经理有着重要的具体知识，并且对于外界条件变化做出及时反应是非常重要的。分权决策的收益为：收益 = BD，这里 D 指价格决策的分权程度，B 是正的常数。这些收益包括更好地利用地方知识、更快的反应、高级管理层的时间节约，以及地区经理得到的锻炼和激励。分权的成本为：成本 = AD + CD^2，这里，第一项 AD，代表由于分权决策增加的契约成本；第二项 CD^2，代表增加的协调成本（A 和 C 是正的常数）。分权的最优程度为：$D^* = (B-A)/2C$。在这一点，分权的边际收益和边际成本相等（总收益曲线与总成本曲线斜率相等）。

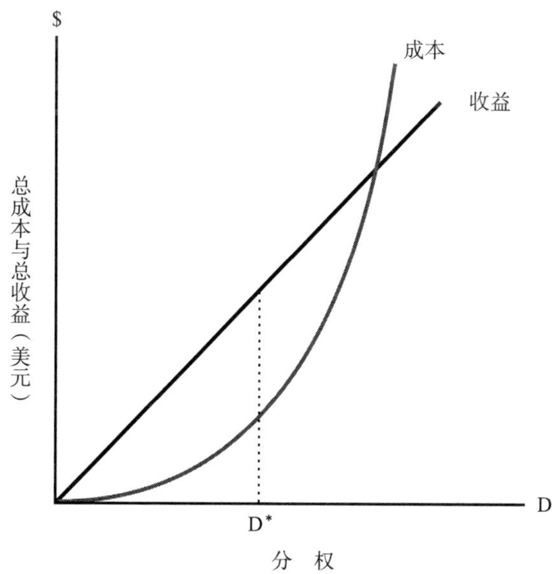

图 12.3 画出了分权的收益和成本。在收益和成本曲线的垂直距离最大处，净收益达到最大。这一条件发生在：

$$D^* = (B - A)/2C \tag{12.4}$$

与这类问题的标准一样，在 D^* 点，分权的边际收益等于边际成本。[7] 在这一点上，从分权决策所得到的额外收益正好可以抵消由此所带来的追加成本（请注意，当分权的程度低于 D^* 时，分权程度的小幅增加，额外的收益会大于追加的成本，因此净收益是增加的。相反，当分权的程度高于 D^* 时，分权程度小幅增加，追加的成本会大于额外的收益，因此净收益是下降的。所以，当成本与收益曲线的斜率相等时，净收益达到最大）。

随着时间的推移，分权的成本和收益很可能会发生变化。例如，随着行业内的竞争状况和消费者需求的变化，地方知识的重要性也会变化。同样，随着新技术的应用，信息的传递成本以及激励问题的控制成本也有可能下降（例如，手机与网络计算机的应用）。分权决策收益的变化可以用 B 的变化来代表，即在收益公式中的系数。例如，随着国际竞争的加剧，地方信息的重要性也在增加，因此 B 必将增加。公式 12.4 和图 12.3 表明，随着 B 的增加，最优分权程度将会增加。分权的契约成本和协调信息成本变化可以分别由 A 和 C 的变化来代表。公式12.4 和图 12.3 都表明，随着这些成本的增加，最优分权程度将会降低。

通过上述集权还是分权的分析，可以帮助我们更好地理解 1991 年本田公司决策权分配的变化。请回忆本田宗一郎先生在 1973 年退休之后，与决策相关的具体知识由许多执行经理分散掌握，这使得分权决策收益很高。在我们上面讨论的例子中，可以说，本田在这段时间里被认为是采取了较为合适的分权水平。然而，到 1991 年，本田在规模上已经急剧膨胀，取得众多执行经理全面认同的决策不再是有效的了。同样，当时的新总裁川本信彦一直是本田的工程师，他掌握详尽的汽车设计的具体知识——因此，分权决策的收益比过去（那时，高管层掌握着相对较少的相关知识）小了。作为对这些条件变化的反应，川本信彦降低了分权程度。在我们的例子中，分权的收益有所减少，而成本有所增加，这导致了最优分权程度的降低。

地方不成文的规则与分权

Bombardier 公司是一家生产有轨机车的加拿大公司，现在在欧洲有 12 家工厂，并且正在买更多的工厂。如果它把这些工厂联合经营就会节省数百万美元。但是它没有这样做。一位经理说："当地的情况非常重要。"虽然在欧洲，没有正式的法律条文规定外国公司必须使用当地的工人，但是非正式的做法还是存在的。政府当局害怕与那些没有使用当地工人的公司签订合同会引起公众的不满，带来政治上的风波。一为风险投资家评论说："如果你看一下谁得到了订单，你就会知道当地一些不成文的做法还是很重要的。"这些政治上的压力导致像 Bombardier 这样的公司比没有这些压力的公司更加分权化。然而，Bombardier 公司正在设法把欧洲的一些职能部门（比如，工程部门和采购部门）集中起来，以减少成本。

资料来源：S. Steinmetz and C. Chipello (1998)，"Local Presence Is Key to European Deals," *The Wall Street Journal* (June 30)，A15.

不是所有的人都喜欢授权

Eaton 公司在印第安纳州的一家小型锻造厂，采用了工人授权团队的做法。许多工人都喜欢这种自己给自己当老板的感觉，不用被人监督着上下班。自我督导工作团队负责雇佣、解聘和管理员工，并组织生产。现在的经理被称做“愿景支持者”，他更多地是起到一种教练的作用而不是指挥的作用。每个人都穿着相同的蓝制服。新雇员要经过一个艰难的面试过程，经常需要 13 次面试——有时是与团队成员见面。员工们在对别人做出肯定评价时都特别小心，因为如果那个人做得不好，就会对评价人产生不好的影响。

然而，许多员工都很难适应这种自我督导团队相对较弱的控制机制。现在不是有一个老板，而是有一百个老板——每一个人在团队里都是老板。当一个团队生产上出了差错，生产了一批有缺陷的零部件，整个团队都要向其他的团队解释错误的原因。以公开会议的方式对一起工作的伙伴进行训导或处罚，使一些人感到相当的不舒服。一个员工在评论这样的团队会议时说：“还不如让某个‘愿景支持者’来干这些破事。”在 Eaton 公司的所有工厂中，这家工厂的人员流动率是最高的，每年为 10%左右。

资料来源：T. Aeppel (1997)，“Empowerment Doesn't Suit All Workers,” *The Wall Street Journal* (September 8)，A1.

从许多方面来说，我们的图示都是有关集权与分权决策的简化分析。比如，如果考虑要分配的权力不止一个，那么分析就会变得更为复杂。同时，在本例中，我们给定了公司的部门结构（两个运营部门和一个总部）。而更为一般的情况是，经营单元的结构是由决策权分配所决定的（我们将在下一章中讨论这一问题）。强调一个公司将在什么时间改变决策系统特别重要，在组织的其他特征，比如业绩评估和奖励系统方面，同时做出相应的改变也是必要的。如我们在第 11 章中所指出的，一个组织架构的三个方面就像一条凳子的三条腿，能够保持平衡是最为重要的。通常是，最好将分权决策与逐渐强调的业绩和激励薪酬调整结合起来考虑，以激励得到授权的决策者。因为在我们的图示中，并没有将其他的组织变量纳入考虑，可以说这并不是一个完整的分析（我们将在第 14 章到第 17 章中进一步讨论这些问题）。尽管存在这些局限，但是，通过本例，可以突出说明分权程度决策中要考虑的一些重要权衡。

管理意义

通过分析我们看到，分权既有收益也有成本。这些收益和成本随时间和企业的不同而不同。在这一部分，我们将讨论最优分权水平如何随着企业的不同而不同。然后，我们将讨论促使许多企业最近出现分权化趋势的因素。

企业间的差别

在第 11 章我们讨论了经营环境和战略如何成为企业组织架构的重要决定因素。我们主要关注三种环境因素：技术、市场条件以及政府管制。我们认为，在迅速演化的环境中，分权的净收益会相对较高。在缺少政府管制的行业中，市场条件与生产技术不断变化，地方信息常常为决策者所需，从而也特别重要。在更为稳定的环境中，公司可以采用集中化决策，也可以通过大规模的标准化生产，集中于规模经济效益。

随着企业进入更多的市场，我们预期分权的收益可能增加。如果一个企业生产一系列产品，对于不同的业务，高层管理者就不太可能具有做出合理决策的具体知识。对于一个其战略是发展不同的产品（要求价格溢价）的企业来说，分权通常是比较重要的，尽管事实并非总是如此。这样一种战略就要求企业更为有效地应用关于顾客的需求与竞争者产品的信息，而大多数情况下这种信息由组织的基层人员所掌握。成本领先战略经常强调以低成本生产标准化的产品，在这种情况下，地方信息就不那么重要了。

战略的另一个要素是纵向一体化的程度。例如，对于一家生产企业来说，是否应该自己生产所需的投入品，或者自己建立所需的零售渠道和服务网络（见第19章）。一般来说，随着企业逐步变大，不管是通过纵向一体化还是通过区域扩张，我们希望合适的分权水平应当有所增加。随着企业规模的扩大，需要做更多的决策。而由于时间以及脑力所限，中央的管理者不再可能做出所有的主要决策。

当公司内各项活动之间的相互协调变得非常重要的时候，集中决策就有特殊的优势。例

分权与全球供应链

由于绝大多数玩具销售都是在圣诞节期间实现的，而玩具公司通常都需要在1、2月份发出订单，所以这其实是赌未来的需求情况。到12月份实际销售实现时，就会出现要么短缺，要么产品积压。对需求估计不足的一个著名案例是1993年的《恐龙战队》。该玩具公司估计的需求为600 000个，但实际上可以销售1 200万个。新技术和全球供应市场正在改变着玩具业务。

新玩具往往会在春天和夏天进入各大零售商店。玩具公司下载本公司的玩具在各大零售商店每天的销售情况，这些商店包括沃尔玛、凯玛特、塔吉特以及玩具反斗城等。然后输入复杂的计算机模型，试图借此根据夏季和春季的玩具销售情况，及时更新圣诞节期间的玩具销售预测。一种益智玩具Little Touch LeapPads，在最初推向市场的第一个周末就销售了360个。依据这一数据，计算机模型对原来的销售预测进行了加倍处理，预测销售量为700 000个。但实际在中国的生产工厂只接到350 000个的生产任务，而期限为12个月。要在3个月内完成加倍的产量，需要更多的专用模具来生产该产品所需要的41个塑料部件。由于这家中国工厂自行设计了生产这些部件的模具，因此公司要求其设计团队重新设计和制造模具，从而可以更快更好地生产玩具部件。而且，玩具的组装也需要加快。例如，原来一个把手要用4个螺丝固定。在玩具重新设计后，这个把手可以一下扣上，因此可以节省1分钟的生产时间。由于该中国工厂素有生产玩具的经验，他们知道如何通过改进玩具的设计，将生产的次品率从5%减少到0.3%。

中国的玩具工厂已经不是20世纪80年代的那个样子了，而是具有供应链效率的集设计和生产为一体的专业化工厂。由于可以获得各大零售商店的实时销售数据，玩具公司可以根据这些数据更为准确地预测最终的需求。在玩具公司中，改变生产计划的决策权下放到了公司的更低层。与此同时，改变生产设计的权力则分散到具体的生产公司，他们具有专业化知识，知道如何更快更好地生产玩具。

资料来源：G. Fowler and J. Pereira (2003)，"Behind Hit Toy, A Race to Tap Seasonal Surge," *The Wall Street Journal* (December 18)，A1, A12.

如，航空公司统一安排来自不同支线的短程航班，尽量方便乘客转乘即将起飞的下一航班。采用集中的时间规划就可以协调各个航班时间，便于以最低成本妥善安置各种行李的转机，为乘客提供更为方便的服务，这比各个支线分别做出决策（例如，让飞行员自己决策）要好得多。类似地，对于大的银行来说，集中协调自动取款机的设置也是非常重要的，这样，所有的分支机构都可以使用同一个系统。

克里斯蒂、乔伊和瓦茨提供了有关这些讨论的经验事实。他们选取了 121 个企业样本，研究了首席执行官与下一层高管（总经理）之间的分权。[8] 他们发现，企业越大、拥有的地方信息越多、业务越分散、政府干预越少，就越有可能采用更高程度的分权化决策。

最近的趋势

与本田汽车公司不同，在过去 20 年中，企业发展的总趋势是分权化。在第 11 章，我们讨论了组织架构的变化受到基本经济环境的影响。我们现在进一步讨论环境中哪些因素的变化会促进企业的分权决策。

在过去 20 年中，全球竞争在多数行业都大大加剧了。以汽车、电影以及计算机行业为例，这种竞争迫使企业降低成本，生产更高质量的产品，以更及时有效的方式满足顾客的需求。由于在组织中，改进质量、改善客户服务以及提高效率的信息经常为基层的员工所掌握，因此，对于许多企业来说，竞争的压力使分权可以获得收益。[9]

技术的变化会引起分权水平的变化，原因有两个。第一，技术革新的速度大大增加了。企业如果不能对市场条件和生产技术的变化做出快速反应，就会损失利润。如果关于新技术的重

计算机技术与突破官僚体系：Cypress 半导体公司

计算机技术的发展使得高管可以更为直接地与基层员工沟通。因此，高管可以低成本地直接控制和协调各个员工的行动。这样，对中层管理者的需求就减少了。而传统上，中层管理者扮演着最高管理层与基层员工之间信息沟通的重要角色。Cypress 半导体公司计算机的应用正说明了这样一种情况。通过计算机系统，公司的总裁罗杰斯可以检查公司每一位员工每天的目标完成情况。公司基本上没有中层管理人员。引用《财富》杂志的话说：

> 在一个高速运转的组织中，计算机系统可以使公司的总裁与每一个员工和小组保持密切的联系。每一位员工的工作往往同时涉及 10~15 个公司目标，比如“新产品开发满足市场营销的要求”，或者“确保满足 X 客户的要求”等。对于每一个目标来说，接下来的问题是什么时候要完成、什么时候应该完成，以及是否已经完成。
>
> 按照这种方法，就没有必要花费金钱来设置一个中间管理层，让他们去检查谁在做什么、是否有人工作量不足、是否需要将这些人组成一个新的小组，以及谁遇到了什么问题等。罗杰斯说他可以在 4 个小时内检查完公司 1 500 名员工的工作完成情况，他每个星期都这样做一次。

资料来源：B. Dumaine (1991)，“The Bureaucracy Busters,” *Fortune* (June 17)，46.

要知识不是掌握在公司的核心管理者手中，创新的环境就会促使企业采用更为分权的决策。第二，新技术大大改变了信息传输的成本（例如，移动电话和 e-mail 的应用）。在某些情况下，这些变化已经促进了分权。例如，计算机和电子通信系统（卫星和光纤）减少了信息从公司上层到各业务部门之间传递所需要的成本和时间，从而也就可以更好地解决分权决策之间的协调问题，提升分权决策的水平。计算机还使跟踪产品销售及生产成本的费用有所下降。这种成本的下降也使地方决策者更有可能开发出更为精确的业绩标准（用于激励性薪酬计划）。

在其他的案例中，也有同样的效果——各地的信息传到公司总部所需要的成本较低，因此有利于更为集权的决策。比如，自动收款机使得库存跟踪变得可行，从而增加了集中采购的收益。在沃尔玛连锁店中，许多存货决策都是由自动系统统一管理的，每当计算机显示某个分店的某项存货已经降到预定的水平，供应商就会给该零售店添货。每个分店的经理对于存货的水平没有什么决策权。

技术进步使许多公司的组织结构扁平化。传统上，无论是向上传递信息，还是向下传达命令，公司都需要依赖中层管理者。中层管理者在协调和监督基层职员的行动方面也有重要作用。以因特网为基础的技术，通过协助公司的高管与基层员工之间的沟通，减少了对于中层管理者的需求。技术进步同样促成了中层管理者角色的改变。原来，中层管理者在信息传输过程中充当一个中转站，而现在，在许多公司中，中层管理者已经更接近于体育运动队的教练——要考虑如何组成最佳阵容、如何帮助队员设计获胜的战略以及提供激励等等。

同一层级决策权的分配

虽然有关决策权的讨论经常注重于集权与分权的问题，但同一层级上的问题也很重要。在我们的奥玛特车行的例子中，如果鲍博下放决策权，他或许可以：

- 授权两个地区经理分别做出各自的定价决策。
- 授权一位地区经理做出两个城市的定价决策。
- 授权两个地区经理作为一个团队，做出两个城市的定价决策。

就像考虑集权还是分权决策的问题一样，在上述的选择中，要考虑的相关因素还是信息传递以及协调和控制的成本。比如，分别给两个经理在各自城市的决策权，可以更好地利用各地的具体信息。然而，在两个城市分别做出定价决策可能就会缺乏相互之间的协调。所以，也可以考虑将所有的定价决策权授予某一个地区经理，这样可以使做出的决策相互协调，也可以提高决策的规模经济性（一个人做两个决策）。但是这样就不能更有效地利用另一位地区经理所掌握的具体信息。这两种方案之间的契约成本也会有差别。比如，监督一个经理比监督两个经理的成本要低。而第三种选择，将两个地区经理作为一个团队授予决策权，这一方案的价值取决于许多因素，我们将在下节中予以讨论。这三种选择究竟哪个最好，取决于公司所面临的特定环境。例如，如果两个市场相互比较独立，而更多定价的相关信息都在各自的手中，那么就应该让两位地区经理各自做出独立的决策。

同一层级间决策权的安排是组织中经常遇到的问题。例如，人事权应该下放给每一个事业部，还是将这些权力授予一个独立的人力资源部门？事业部经理应该负责产品研究和开发，还是应该将这一职能放在组织中的另外一个部门？在大学里，各个学院的行政事务应该由各学院自己负责，还是应该由学校专设机构来提供行政方面的服务？

给团队分配决策权

通过对奥玛特车行的分析，我们看到，一个企业可以将决策权分配给员工组成的团队，而不是员工个人。在讨论中，我们用术语团队来泛指那些拥有决策权的各种类型的工作小组（比如小组、委员会、工作队，等等）。从我们讨论的目的考虑，我们不必再作更为精确的定义。企业之所以会将决策权分配给团队，至少有三个方面的原因：[10]（1）为了管理活动；（2）为了生产产品；（3）为了建议行动。为管理活动组成的团队，其成员常常包括来自各种不同职能领域的人，例如营销和财务领域。为生产产品所组成的团队经常设在工厂这一层级，比如，一些企业给予生产工人所组成的团队以决策权，以便他们自己制定工作任务和计划，以及组织基本的生产流程。这两种类型的团队相对来讲都是较为稳定的。其任务是管理一些特定的业务和流程。为建议行动方案而组成的团队着眼于特定项目，通常随着有关任务的完成而解散。例如，在胶卷的生产和经营中，银粉是最为昂贵的投入要素。同时，柯达公司又是世界上最大的银粉用户。于是，为降低银粉消耗，柯达公司组成了银粉团队。下面，我们讨论将决策权分配给团队与将决策权分配给个人相比，其收益与成本究竟如何。

团队决策的收益

更有效地利用分散的具体信息

在组织中，与决策有关的具体信息通常分散在许多个人当中。例如，有关新产品设计的信息就经常为各类职员所掌握，包括科技人员、工程师以及销售人员等。通过团队，那些拥有各种具体信息的人就可以直接参与决策过程。而将具体信息经过组合再传递给上层某个决策者，这是非常昂贵的。同时，对于拥有各种具体信息的个人来讲，大家相互之间共享信息也非常重要。通过在一个小组环境中共享信息，会产生许多新创意，而在中央决策者和每一个员工之间

雇佣团队来聚合知识

在 2002 年，Home Properties（一家房地产投资信托公司）的董事会决定改变公司关于收购决策的表决过程。公司以前都是通过董事会例会进行表决的。新的政策规定，价值在 7 000 万美元以下的收购可以通过邮寄选票的方式表决。但是也有董事会成员担心此举会限制董事会成员之间有益的讨论。公司建立了一个由富有房地产经验的外部董事组成的财产委员会。在向所有的董事会成员邮寄选票之前，除了最小的收购，该机构都可以否决所有的收购（较大的收购仍然必须通过正式的董事会会议表决通过）。

的双边沟通，是不可能形成这些见解和创意的。通过共享信息，职员也能更好地了解未来的决策和行动。将决策权分配给团队，鼓励了团队中的成员之间相互沟通及对头脑风暴法的运用。最终的决策将依赖于大家的共识或者某种投票机制。

员工积极性

员工经常会怀疑管理层所做出的决策有利于管理者，而牺牲其他员工的利益；管理人员则认为将决策权分配给员工团队，会使员工更加积极、投入。事实表明，参与决策过程的员工更有可能支持最终的决策，在执行中也更为积极。产生这种结果的原因至少有三个：第一，信息的不对称性以及不确定性妨碍了员工对决策结果的透彻理解。第二，在团队决策的情况下，员工则更少担心究竟是由他们自己做出决策，还是由具有相同利益取向的员工做出决策（见第20章中的相关分析）。减少对决策效果的担心也会增加员工的积极性，即使同样的决策是由中央管理者做出。第三，在执行自己所做出的决策时，员工有着很强的动力，因为他们个人的声誉依赖于这个决策的最终结果。

团队决策的成本

集体行动问题

集体决策过程通常较为缓慢。请回想一下本田公司的情况。为了对有关政策决策达成一致意见，公司高管耗费了数月时间。同样，团队决策不总是有效率或者不总是合理的（中东有一个古老的谚语："骆驼就是委员会设计出来的马"）。[11] 团队决策同样也会受到操纵以及政策的影响。

Monsanto 公司中的两人团队

Monsanto 公司是一家大型化工集团，总裁罗伯特·夏皮罗相信，比竞争对手更快地把基因技术引入市场就能获得竞争优势。到底怎么做呢？组成两个人的团队，把研发和商业技能结合起来。从遗传学的角度重组种子、药品和杀虫剂工厂。典型的团队是由一个科学家和一个营销专家或财务专家所组成，两个人共同掌管 Monsanto 公司的某一项业务，比如，全球的棉花种子。两个人在邻近的小房间里办公，被称为"房间里的伙伴"。他们共同对所有的决策负责，挣的工资、福利和红利也完全一样。在 Monsanto 公司的大农业部门，30 个小房间驻扎着该公司的农作物团队。这就是 Monsanto 公司重组相关决策信息的做法。但是，团队成员之间必须不断地沟通并保持良好的关系。除了使用相邻的办公室，房间里的伙伴还可以使用先进的传呼机、e-mail 和视听电话进行联系。大多数的团队都能保持一致。但是，当 Monsanto 公司和美国家庭用品公司试图合并时，这项交易却彻底失败了。因为两个 CEO 将变成合作的 CEO，但是让这两个人同意分担他们的高级管理工作并变成一个房间里的伙伴就没那么简单了。

资料来源：T. Schellhardt (1998)，"Monsanto Bets on 'Box Buddies,'" *The Wall Street Journal* (February 23)，B1.

搭便车问题

对于每个团队成员而言，个人的努力是付出的全部成本，而由此带来的收益则在团队成员中分享。这种情况会诱使团队中的成员利用别人的努力搭便车（见第 10 章）。我们下一章将讨论到，通过适当的业绩评估和奖励机制，可以减少搭便车问题。然而，这些方案的设计和实施是要花费代价的。

管理意义

什么情况下团队决策最合适

一些经理和咨询顾问认为，团队决策总是比个人决策更好。[12] 而我们的讨论表明，这种看法并不完全正确。当决策用的相关具体信息是由组织中的个人分散掌握，而集体决策以及控制搭便车问题的成本比较低时，团队决策才更可能有效率。

通常，团队决策是全面质量管理过程的重要组成部分。在近几年中，为实施全面质量管理计划，许多企业都大量采用团队决策。但是经验表明，不加区别地在全面质量管理中运用团队决策，会造成事与愿违的结果——在某些情况下，团队决策的成本会超过收益。

最优团队规模

扩大团队的规模会加强整个团队的信息基础。然而，这也会增大搭便车的可能性，以及增加其他与集体决策有关的成本。比如，随着团队规模扩大，协调和做出决策将更为困难。根据利润最大化原理，可以按照追加一个成员所带来的边际收益等于边际成本来确定最优的团队规模。凯兹拜奇和史密斯根据他们的研究认为，基本上所有有效的团队成员人数规模不超过 25 个，而大多数还要更小（从 2~25 人不等）。

决策管理与控制[13]

到目前为止，我们对于决策的描述相当简单。具体来讲，我们一般性地假定，一个员工或者有决策权或者没有决策权。在现实中，一项决策的某些方面可以分权，而其他方面则保留在上层。比如，在奥玛特车行，可以在某一范围内将定价权下放给地区经理，而较大幅度的价格改变要经过总裁鲍博的批准。因此，在不将某项决策的权力全部下放给某一职员的情况下，也可以增加该职员的决策权（见图 12.1）。

把决策过程分为以下四个步骤来讲述，有利于我们理解相关问题：

- **构思**。生成建议，包括如何利用资源以及如何构建合约等。
- **审批**。选择决策的构思方案以备实施。
- **执行**。实施批准的决策方案。

> **定 义**
> **决策管理**：构思并执行决策。
> **决策控制**：审批并监督决策。

> **基本原理：决策权分配**
> 如果决策者不独享其决策的财富效应，那么决策管理和决策控制将由不同的决策者来承担。

- **监督**。对决策者的业绩进行测评并给予奖励。

公司经常将构思和执行决策的权力授予同一个人。法玛和珍森称这些职能为决策管理（decision management）。他们用术语决策控制（decision control）来指决策的审批和监督职能。

员工通常并不独享他们行为的财富成果——这里面就存在一个激励问题。同时授予一个员工决策管理和决策控制的权力通常会导致功能失调的决策行为。在奥玛特车行的例子中，如果地区经理做出定价决策，而没有相应的其他监督和控制，那么地区经理就有可能从自己的利益出发做出决策。例如，地区经理也许会以低于成本的价格将车卖给自己的家人和朋友。只要决策者不是所有者，决策管理与决策控制就应该分开，这样可以限制利益的冲突。只有当决策者同样是剩余价值的主要索取人时——在企业扣除所有其他费用（例如，公司债券持有人和公司员工的报酬）之后，剩余利润全部归其所有，决策管理和决策控制才可以合并在一起。

决策管理与决策控制的分离

所有大公司的高层都设有董事会，这是决策管理与决策控制权力分离最为明显的例子。在大公司中，有剩余索取权的是公司股东。公司管理在很大程度上由公司总裁负责，而公司总裁通常拥有不到百分之一的股份。为防止潜在的激励问题，股东将主要的决策控制权授予公司的董事会。公司董事会将审批总裁做出的决策。董事会同样有监督的权力以及给总裁开薪和解雇总裁的权力。然而，由于董事会成员经常并不是公司的主要股东，还需要一个负起"监督监督者" 责任的角色。这一角色就由公司的大股东（比如各种公共养老基金）和专业收购公司来承担。如果董事会成员工作业绩较差，通过股票买卖或者公司间的购并，他们将失去原有的职位，其他人则取而代之。

决策管理与决策控制相分离的原理可以解释组织中的等级制度。在等级制度下，决策管理通常与决策控制相分离。也就是说，个人的决策通常是由高于他的上层某些人来审批和监督

> **以团队为基础的组织：Hallmark 贺卡公司**
>
> Hallmark 公司是一家经营贺卡的公司。以前，向市场推出一种新贺卡通常需要两年时间。新贺卡需要经过多个职能部门，比如艺术、设计、生产以及营销等部门才能完成。其中有些职能部门在不同的大楼里。所有这些过程都要花费时间。现在，Hallmark 按照具体的节假日来组织团队。比如，一个团队专门负责母亲节的贺卡，而另一团队则负责情人节的贺卡。每个团队都被赋予最大的决策权，可以自主设计和营销其特有的贺卡。通过这一过程，新卡上市的时间减少了一半。对 Hallmark 来讲，团队决策显然比集中决策更为有效。
>
> 资料来源：T. Stewart (1992)，"The Search for the Organization of Tomorrow," *Fortune* (September 22)，92-98.

Compuware 公司的性骚扰调查

1998 年春，莎丽拉·麦凯诺指控她的老板、Compuware 公司的 CEO 皮特·凯马诺斯性骚扰。凯马诺斯拥有 Compuware 公司 12%的股份，价值 65 600 万美元。凯马诺斯创建了该公司，并把它建成了价值 11 亿美元的软件公司。1998 年 5 月 29 日，公司召开董事会，凯马诺斯在会上通报了麦凯诺对他的指控。Compuware 公司的法律顾问托马斯·卡斯特罗提供了一份由公司雇来调查这项指控的外部调查员撰写的长达 18 页的报告。结论是“没有任何证据支持麦凯诺的指控。”90 分钟不到，董事会就决定解雇麦凯诺。两天后，她就被正式解雇了。但是四天后，麦凯诺把凯马诺斯和 Compuware 公司一起告上了法庭，指控凯马诺斯性骚扰和 Compuware 公司打击报复。1999 年 3 月，这桩案件庭外和解，赔偿数额没有公开。

当麦凯诺最初提出指控时，负责调查的是 Compuware 公司的法律顾问卡斯特罗，他是 CEO 凯马诺斯的部下。外部调查员也失去了对此次调查的控制。他们让凯马诺斯还保留着对自己的行为指控调查的决策权。受雇的法律专家说：“首先应扫清道路。当这样一个爆炸性的指控涉及公司的高层时，应该马上由董事会而不是 CEO 或其他的高管来控制这件事，这非常关键。”董事会对公司及股东负有受托责任，要保证对这件事进行彻底调查。为了承担这个责任，外部董事应对调查行使决策权，包括雇佣外部顾问和调查员。他们应当向董事会汇报，而不是向 CEO 汇报。

资料来源：J. Muller (1999), “How Compuware Mishandled Its Explosive Sexual Harassment Case,” *BusinessWeek* (July 5), 74-84.

的。同一个雇员可能有决策控制和决策管理两种职能。例如，部门经理也许有审批下层职员决策的权力，而同时他们又会要求拥有本部门资本支出计划的权力。重要的问题是，对同一个决策，一个人不能同时拥有决策管理和决策控制的权力。在较小的组织中，个人（或几个人）拥有决策的相关信息，因此把决策管理与决策控制相分离代价就比较大。在这种情况下，这两种职能通常会结合在一起。同时，决策者通常也都是剩余索取权的要求人，从而可以避免激励问题(例如，像私有企业、合伙企业和由少数几个人拥有所有股份的公司就属于这种情况)。

在一个组织中，决策管理与控制的权力经常授予不同层级的个人，有时也会授予同一管理层级的不同个人。例如，制造部门的产品质量可能由在公司中处于同等层级的质量部门予以监督。类似地，内部审计也经常在同一个层级上监督企业内部的各个部门。

授　权

决策管理与决策控制的概念同样可以使*授权*（empowerment）这一术语更为精确。当说到给员工授权时，管理者有时并不清楚应该将哪些权力下放。这种模糊的认识会导致管理层与员工之间的争议和冲突——比如，当管理者否决了员工的决策时，员工会认为他们不是已经被授权了吗？决策管理与决策控制相分离的原理表明，授权并不意味着员工拥有某项决策的全部权力，一个得到授权的员工也许有构思和执行决策的权力，然而，上层管理者仍然拥有重要的审批和监督决策的权力。审批权的保留并不意味着一个得到授权的员工做出每项决策都要得到批准。在有些情况下，上层管理者会在特定的范围内（设定的范围）对决策进行事先审批。例如，我们讨论过在奥玛特车行中，如何在一定的范围内授予地区经理定价权。在所有的情况下，鲍博都将保留对于决策的监督权力。经常的情况是，通过认真讨论究竟有哪些权力可以下放给职员可以避免有关授权的冲突。

决策权分配与知识创新

到目前为止，我们的讨论大多集中在现存的知识分布情况下，如何分配决策权的问题。正如我们讨论过的，分权的一个潜在的和重要的好处就是，让员工有权按照自己所拥有的特定知识采取行动。但这只是分权的一部分潜在好处——决策权最优分配的一个重要方面涉及企业创造*新知识*的能力。如果企业能够鉴别出哪些员工利用其特有的知识为企业做出了特殊贡献，那

公司总裁与公司董事长的职位应该分离吗

许多评论家抱怨，美国公司的董事会没有对公司高管做出严格的规定。最为令人关注的问题是，在实际中经常出现的公司总裁与董事长由一人兼任。在表面上，这种现实的做法似乎有违决策管理与决策控制相分离的原理。康柏计算机公司的董事长本杰明·罗森对这一问题做了简要的总结：

> 当公司的总裁兼任公司的董事长时，公司的管理层对公司有全权的控制。而公司的董事会也应该负责公司的管理。监督与制衡就被扔到了一边。*

近些年，在 Sears Roebuck 和其他一些大公司中，将某些高级职位分离的改革方案得到了大股东协会和养老基金的支持。政府有关部门也在考虑通过干预来强制实施这种变革。

与倡导改革者的想法相反，将公司总裁与董事长的职位合二为一并不一定就意味着违背决策管理与决策控制相分离的原理。只有在极端的情况下，即当公司总裁是董事会的惟一成员时，才会存在真正的不分离。的确，自 2000 年以来，几个大的美国公司的董事会，包括 Dow、福特、Mattel、Monsanto、Warnaco 和施乐公司，都曾解聘过他们的总裁或者董事长。

据估计，总裁与董事长一身二任的情况在美国企业中占 80%。而在剩余的 20%中，公司的董事长通常是前任的公司总裁。一般来说，任命了新总裁，老总裁或董事长还会在董事长的位置上留用一段时间。如果新任 CEO 可以接受旧任的业绩，那么他也可以接受董事长的头衔，而旧任董事长通常会辞职。改革的支持者建议应该力促公司聘用外部人员作为公司的董事长，并指出，几乎绝大多数的美国公司组织效率低下。虽然这种说法也许不无道理，但这些改革的倡导者却没有能够提出相应的解释——既然这样一种现实中的公司控制实践会减少公司的财富，为什么如此多的公司采用这样一种系统，却又可以在竞争性的市场中存活相当长的时间？

* *USA Today*，4 月 22 日,1993 年。

资料来源：J. Brickley, J. Coles, and G. Jarrell (1997)，"Leadership Structure: Separating the CEO and Chairman of the Board," *Journal of Corporate Finance* 3, 189–220.

么这些员工就可以把他们的经验总结出来，形成新的方法或工作程序，并教会其他的员工使用，这样，企业内一个大的工作团队的生产率就会提高。

在第 8 章，我们讨论了把人脑中的想法转化成软件是如何创造出价值的。这个过程要求鼓励员工大胆试验，然后把那些成功的试验总结出来，并把成功的原因整理成册，供大家学习及企业内的其他人实践。在一个分权的组织中，关键的决策控制职能就是监督，以便找出哪些业绩是最好的。因此，企业业绩评估系统的一个重要职能就是鉴别优秀（见第 16 章）。

请注意，这项职能不一定非得由企业中的高层管理者来实施。例如，家庭财产公司是一家不动产信托投资公司，它拥有并管理着公寓社区。培训部门的一项重要职责就是，确认在一个地方解决财产管理问题的方法是否能应用到另一个地区。该部门还要评估从个别员工头脑中总结出来的知识，看它是否能够转化成软件，并在组织中广泛使用。在家庭财产公司的组织架构图中，培训部门和财产管理部门处在同一水平位置上，因此，创造软件这一责任代表的是同一层级上的而非等级层次上的责任分派。另一个经常用来鉴别高效生产程序的技术就是组成员工团队。正如帕森斯所指出的那样，他研究了西屋电气霍桑工厂的生产率情况，认为工人们在装配开关时一般都负责不同的生产程序，他监督工人们生产率的变化情况，并鼓励他们进行合作以便促进创新（见第 1 章）。在这种情况下，责任就分配到了小组。经过这个过程，个别员工头脑中的知识就转化成了软件，并可以在组织内广泛运用。

影响成本[14]

到现在为止，我们假定决策权不是赋予某个个人就是赋予企业中的某个团体。一旦授予了决策权力，相应的个人或单位就将实际参与决策（当然要受制于其他人的审批和监督）。有时，企业有意运用官僚制度来限制人们参与决策。例如，航空公司按照飞行员等级分配航线——不需要管理人员考虑应该由谁来飞哪条航线。类似地，有些企业仅仅根据职工工作年限决定晋升人选，有些大学规定考试成绩一经记录就不允许再改。

限制决策过程的灵活性有一个潜在的好处，就是它可以减少个人在试图影响决策时的资源消耗。员工通常都很关心企业内部决策对个人的影响。比如，飞行员关心自己要飞哪条航线。在经济衰退时期，公司员工都很关心究竟会解聘哪些员工。这样一些令人关心的问题将激发有关的政治活动和其他潜在的非生产性*影响活动*。例如，员工会浪费有价值的时间，试图影响决策者。在晋升机会的竞争中，职员有可能采取恶意行动，以使其他职员看上去表现很差。

避免将决策权下放给一个特定的个人，可以减少这种*影响成本*——根本没有游说的对象。但这样一种政策可能给组织造成成本，考虑个人为晋升而竞争的情况。这些人有动力给他们的上司提供证据，表明他们是最符合晋升条件的人。对于做出更好的晋升决策而言，这种信息经常是有用的。然而，这种信息是有成本的——员工要花费时间尽量来说服上司，说明自己是最符合晋升条件的，而不是通过其他活动，比如销售产品。只要通过提供更好的信息所得到的边际收益大于这种影响活动的边际成本，为此花费时间就有意义。从理论上讲，在追加信息的价值等于追加影响活动的成本时，这种活动就应该停止。

在有些情况下，企业的利润在很大程度上不受某些决策的影响，而这些决策可以影响个人福利。例如，某个飞行员到底是飞夏威夷还是飞苏城，并不会对企业利润有什么影响。在这种情况下，公司就很可能采用官僚的决策原则。决策过程的特定结果对公司没有明显影响，而企业却可以从影响成本的减少中受益（对企业来说仍然会有潜在的成本：因为企业在做工作安排时并未考虑个人偏好，而企业为了吸引和留住员工又不得不付高工资——我们将在第 14 章讨论这个问题）。

决策管理与决策控制的分离：并非一个新观念

英国商人互助会成立于 12 世纪。这些现代公司的先驱者得到王室的许可，从而可以在其所在的城镇垄断有关贸易。作为回报，他们通常要支付给王室一定费用。每一个互助会专做一种贸易（地毯、石料、金属等等）。互助会持有相应的财产，并选举官员来管理贸易和财产。获得特许实际上是拥有了依法经营有关业务的权利。

为保护互助会成员的利益，防止所选举的官员挪用公共资产或管理不善，互助会的特许权中包含从普通成员中选举审计人员的条款，审计人员将审计互助会的财务记录。比如，伦敦市的 Worshipful 公司就接受互助会成员的审计。1564 年公司的条款中就有下面的“审计声明”：

> 公司同样同意每年接受四次审计，公司保证业务的账务记录完整无缺。如果经查实有作弊行为，公司将按规定支付罚款。

互助会的成员审计是将决策管理与决策控制分离的早期例子。互助会的官员有决策管理权，但是，决策控制权体现在每年的财务监督上，由互助会内的审计人员所拥有。

资料来源：E. Boyd (1968) ，“History of Auditing,” in R. Brown (Ed.) , *History of Accounting and Accountants* (A.M. Kelley: New York) , 79. Also, R. Watts and J. Zimmerman (1983) ，“Agency Problems, Auditing, and the Theory of the Firm: Some Evidence,” *Journal of Law & Economics* 26, 613-633.

Reynolds 烟草公司的影响成本

Reynolds 公司长达一个世纪的谨让奉献公司文化结束了，今天，斯迪奇（公司总裁）的继任问题使公司变成了一个各派争斗的战场。大家再不愿一起努力。公司的成员各自都维护自己所信服的明星经理人：威尔逊、赫瑞根或者阿伯雷。在公司发布会预演时，威尔逊与阿伯雷就谁先发言的问题吵得面红耳赤，最终不得不由斯迪奇来平息争执。在公司会议发言的预演中，阿伯雷超过规定的时间，赫瑞根则不客气地撞门进去，跺着脚说“什么？什么？这里正在干什么！”，他吼着，“该我来讲了。”阿伯雷曾下令对出售海地分部进行可行性研究，威尔逊听说了这一事情（海地分部报告给他的），并质问财务总监约翰·当德尔（他负责这项研究）。约翰·当德尔说：“很抱歉，先生，我不能告诉你这些事情，如果我告诉你，阿伯雷会解雇我。”而赫瑞根为获得有关职位及人道主义奖（提升他的个人简历）的提名，聘用了公关公司。他最大的资本是：获得过一项 Horatio Alger 奖。

资料来源：B. Burrough and J. Helyar (1990) , *Barbarians at the Gate* (Harper Perennial: New York) , 58.

案例研究：梅福特大学

梅福特大学是一所研究性大学，大约有 10 000 名在校学生。它拥有一个不错的艺术本科专业，一个排名很靠前的医学院和一个很好的法学院。员工总人数大约为 12 000 人，大部分在校医院工作。近来，该大学面临着严重的财务压力，并且与其他大学之间对高质量学生的竞争非常激烈。最近的捐助人数及捐助数额较为有限。由于政府医疗政策以及保险业务方面的变化，校医院面临着很大的压力，所以必须有效地压缩成本。

在职工福利费（健康保险、退休计划等等）上，学校最近每年都要花费大约 1 亿美元。由于对当前和未来退休人员许诺了医疗福利，所以学校在未来还面临着巨大的开支。校长 Hiromi Kobayashi 已经安排一个小组来设计一个新的福利计划。该小组的成员包括来自学校各个部门和各个系所的工作人员。这个小组要考虑学校脆弱的财务状况，并按照校长的要求，缩减在福利方面的开支（同时要保持学校各单位及个人的工作条件和生活质量不变）。校长任命校医院的院长作为这个小组的组长。校长还任命自己的一个得力助手——一位副校长作为这一小组的秘书长（处理有关事务及协调有关会议时间安排）。

讨论问题

1. 校长 Kobayashi 为什么要安排一个小组来考虑福利问题？她本可以责成学校的人事部门来设计新的福利计划。
2. 校长是否应该期望这一小组的所有成员都致力于压缩学校的开支？校长采取什么行动，可以促使这一小组成员将这一目标作为最重要的优先考虑？
3. 校长为什么让医院的院长作为这一小组的组长？这一任务小组的组长反过来又将这一工作分配给许多下级委员会（医疗保险委员会、退休安置委员会等）。在这些下级委员会负责人的安排上，你有什么建议？请解释。
4. 校长应该简单地接受各个委员会的建议报告，还是会保留对这些建议报告的修改权力？请解释。
5. 为什么校长要安排自己的得力助手作为这一小组的秘书长？

推荐书目

E. Fama and M. Jensen (1983), "Separation of Ownership and Control," *Journal of Law & Economics* 26, 301–326.

M. Jensen and W. Meckling (1995), "Specific and General Knowledge, and Organizational Structure," *Journal of Applied Corporate Finance* 8:2, 4–18.

R. Kaplan and A. Atkinson (1998), *Advanced Management Accounting* (Prentice Hall: London).

G. Miller (1993), *Managerial Dilemmas: The Political Economy of Hierarchy* (Cambridge University Press: Cambridge).

注 释

1. 本例的细节内容摘自 C. Chandler and P. Ingrassia（1991），“Just as U.S .Firms Try Japanese Management, Honda Is Centralizing,” *The Wall Street Journal* (April 11)，A1; M. Williams (1993)，“Redesign of Honda's Management Faces First Test with Unveiling of New Accord,” *The Wall Street Journal* (September1)，b1; E. Thornton, L. Armstrong, and Woodruff (1998)，“Honda: A Heckuva Time to Switch Drivers,” *Business Week* (August 31)，42–44; and Y. Kageyama (2005)，“Honda Profits Increase 27%,” Detnews.com (April 27)。
2. 作为对这一问题的标准处理，请参阅：R. Kaplan and A. Atkinson（1989），*Advanced Management Accounting* 3rd ed (Prentice Hall: Englewood Cliffs, NJ)。也可以参阅 M. Jensen and W. Meckling（1995），“Specific and General Knowledge, and Organizational Structure”，*Journal of Applied Corporate Finance* 8：2，4–18。以及 A. Christie, M. Joye, and R. Watts（2003），“Decentralization of the Firm: Theory and Evidence,” *Journal of Corporate Finance* 9:1, 3–36. 要了解有关这些问题的技术分析，请参阅：S. Athey，J. Gans，S. Schaefer，and S. Stern（1994），“The Allocation of Decisions in Organizations，” working paper (Stanford University：Palo Alto，CA)；M. Aoki（1986），“Horizontal vs Vertical Information Structure of the Firm，” *American Economic Review* 76，971–983；J. Crameer（1980），“A Partial Theory of the Optimal Organization of Bureaucracy，” *Bell Journal of Economics* 11，683–693；J. Marshak and R. Radner（1972），*The Economics Theory of Teams*（Yale Univresity Press：New Haven，CT）；and R. Sah and J. Stiglitz（1988），“Committees，Hierarchies and Polyarchies，” *Economic Journal* 98，451–470.
3. 在本田的例子中，分权决策要比集权决策慢。然而，在本田的例子中，权力是下放到员工团队而不是员工个人。因此，瓶颈是对团队中各个成员的信息输入的集中协调。在本章的后面，我们将讨论这种情况下的决策会如何耗费时间。
4. A. Sloan（1924），“The Most Important Thing I Ever Learned about Management，” *System*，124.
5. 甚至在集权决策中也有激励问题——决策者担心员工也许不会执行命令。与由于分散决策所带来的代理问题相比，这类激励问题通常比分权决策时的激励问题要轻一些。
6. 协调和集中信息的成本不一定非得是二次的，其他的收益和成本也不一定就是线性关系。我们之所以将这些函数写成上述形式，仅仅是为了方便对我们的例子求解，但我们分析的基本的原则并不依赖于这些函数的简单假设。
7. 技术说明：最大化解可以通过对某一要素求导数得出。另一方面，公式 12.3 是二次式，因此，你也可以运用二次方程求解公式得出方程的解。方程的两个根 0 和（$B-A$）/C，代表净收益等于 0 的位置。抛物线在这两个根的中间（$B-A$）/$2C$ 取得最大值。注意，最优点在收益与成本的垂直距离最大处，即 D^* 点。在这一点，收益曲线的斜率等于成本曲线的斜率。收益曲线的斜率是边际收益，而成本曲线的斜率是边际成本。因此，最优点就是分权的边际收益等于边际成本的点。
8. A. Christie，M. Joye，and R. Watts（2003），“Decentralization of the Firm：Theory and Evidence，” *Journal of Corporate Finance*（Forthcoming）.
9. 外国公司的竞争也使得美国的工会不再强行要求采用降低工作效率的原则（例如，通过合同限制特定员工可以完成的任务）。当竞争主要来自国内那些工会力量很强的公司时，公司就没有多少压力要改变现有工作以及决策权力的分配。而来自国外更有效率的竞争和没有工会压力的竞争者改变了这样一种环境。

10. Katzenbach and Smith（1993）.

11. K. Arrow（1963），*Social Choice and Individual Values*（Joho Wiley & Sons：New York）.

12. 例如，Katzenbach and Smith（1993）.

13. 本部分的材料选自：E. Fama and M. Jensen (1983)," Separation of Ownership and Control," *Journal of Law & Economics* 26, 301-326.

14. 这部分内容选自：P. Milgrom（1988），"Employment Contracts Influence Activities and Efficient Organization Design，" *Journal of Political Economy* 96，42-60.

第 13 章

决策权：组合任务形成工作和子单元

IBM 信贷公司是 IBM 公司的全资子公司，其主要业务是为 IBM 产品的分期付款提供融资业务。如果 IBM 信贷公司是一个独立的公司，那么它就是《财富》杂志前 100 位的财务公司，其资产价值已超过 100 亿美元。在 1993 年，IBM 信贷公司在金融媒体上宣称，他们已经将处理信贷申请的时间从 6 天压缩到 4 个小时。[1] 整个工作循环完成时间的压缩主要是通过重新组合每个员工执行的任务实现的。在重组之前，每一个人要完成的任务范围很窄。比如，一个职员审核申请者的信用状况，而另一个确定贷款价格。职员按照职能特性组成企业基本的子单元(例如，信用和定价部)。重组之后，申请是由“个案工作人员”来处理的。他们会处理绝大多数与申请有关的任务。相应地，公司基本的子单元结构也作了调整。

IBM 信贷公司的实践表明，将任务组合成工作和子单元，会使企业的生产效率大大改观。本章将着重讨论这类重要的管理决策问题。我们先从分析如何将任务组合为工作的问题入手。然后，我们考虑如何将工作融入企业的子单元。作为本章的结束，我们最后讨论决策权力分配(第 12 章的主题) 以及任务组合 (本章的主题) 的最新趋势。我们将进一步展开 IBM 信贷公司的例子，以说明其趋势。

组合任务形成工作

在第 12 章，我们讨论得出，工作至少有两个重要维度——决策权力的宽度以及任务种类。然后我们更为详细地分析了决策权的主题。现在我们集中于第二个维度的内容，即任务组合。任务应该如何组合显然是非常复杂的问题。遗憾的是，至今很少有对这一问题的正式分析方法。尽管如此，从性质上来说，这个问题还属于经济问题——在组合任务时，管理者会面临一系列经济权衡。幸运的是，与决策权的情况一样，通过简单的例子就可以看出这些权衡的本质。

专业化的还是宽泛的任务分配

FinWare 公司是一家财务软件的经销商。它的客户包括个人消费者和企业。在 FinWare 公司内部，有两个基本活动或职能，即销售软件和售后服务（帮助用户将有关软件安装到他们的

图 13.1　FinWare 公司的任务

FinWare 公司是一家财务软件经销商。它的客户包括个人消费者和企业。在 FinWare 公司内部，有两个基本的活动或者职能，即销售软件和售后服务（帮助用户将有关软件安装到自己的系统上，并进行调试）。因此，正像本图所显示的，FinWare 公司必须执行四种基本任务——分别对两类顾客群进行销售和服务。

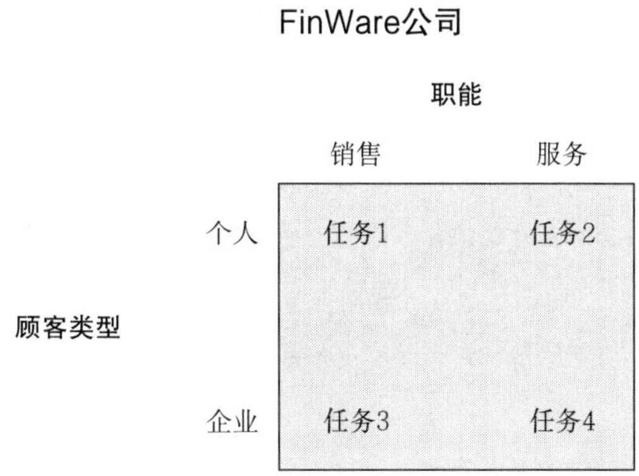

系统上，并帮助管理与其他软件的连接情况）。因此，正像在图 13.1 中所显示的，FinWare 公司必须完成四种基本任务——分别对两类顾客群进行销售和服务。当然，这四种基本任务可以再细分成更多的小任务。为便于分析，我们忽略更细的考虑，并假定企业只有这四种任务。显然，我们这种分析很容易扩展到其他更一般的情况。

FinWare 公司在全国设有多个营业点。在计划设立新的 Greensboro 办事处时，完成上述四种任务预期每天都要花费 4 小时。因此，在这个办事处，企业必须雇用两个全职人员。要分配这两个人的工作，有两个明显的方案：（1）每个人分管一种职能（销售或者服务），而每种职能都面对两类客户；（2）一个职员为个人消费者提供销售和售后服务，而另一个职员为企业用户提供销售和售后服务。我们称第一个方案为*专业化的任务分配*，第二个方案为*宽泛的任务分配*。下面我们讨论与这两种方案相关的收益和成本。

专业化任务分配的收益

应用专业化而不是宽泛的任务分配，至少可以带来两个重要收益：

- **利用比较优势**。在专业化的任务分配下，企业可以根据职员所接受的培训和所掌握的技能分配任务，这样使他们能够发挥自己的专长。比如，FinWare 公司可以聘用销售人员来销售，聘用技术人员来提供售后服务。比较优势原则表明，与一个人完成多种任务相比，专业化经常会带来较高的产出——集中完成少量任务，会存在潜在的规模经济。
- **降低交叉培训费用**。在专业化任务分配下，每一个职员经过培训能完成一种基本职能。而在宽泛的任务分配下，职员经过培训能完成不止一种职能，但这会更为昂贵。比如，假设在 FinWare 公司，服务职能需要一位有正规大学文凭的技能娴熟的技术人员做售后服务，而销售职能只需要一位具备高中文凭的人员。如果采用专业化的任务分配，公司可以聘用一位具有高等学位的职员，而另一位职员不必有高等学位。在宽泛的任务分配情况下，为顺利地开展业务，只能按照最高的教育水平要求聘用职员。因此，如果采用宽泛的任务分配，FinWare 公司就要聘用两位具有高等学位的人员，经过培训他们各自负责两个职能。

亚当·斯密有关专业化经济性的论述

在专业化任务分配下，员工可以集中完成种类更少的任务。18 世纪重要的经济学家和哲学家亚当·斯密是第一个发现这种专业化能带来潜在收益的人。在他的经典著作《国富论》中，他指出，在针的制造过程中，与每个人从头到尾负责全部工序相比，如果工人进行专业化分工，每个人负责一个简单的步骤，产出的数量会多得多。根据斯密的描述，专业化造针厂工人的工作情况如下：

> 一个人负责拉线，另一个人负责取直，第三个人负责切割，第四个人弄针尖，第五个人负责打磨针头。要做好针头需要有 2~3 个不同的操作步骤。上光是又一道工序，甚至用纸包装也是一道专门的工序。

斯密指出，在一个 10 人的小工厂中，经过专业化分工，工人每天可以生产出 48 000 根针，而如果是每个人各自独立制作，每天的产量达不到 20 根针。

资料来源：A. Smith (1776)，*The Wealth of Nations* (Modern Library: New York, 1937)，4.

因为聘用一个高等学历的人员比聘用一个中等学位的人员费用更高，因此宽泛的任务分配比专业化的任务分配所需费用更高。

专业化任务分配的成本

相对于宽泛的任务分配，专业化任务分配有其优势，但同样也有缺点。专业化任务分配的成本主要有：

- **损失了各任务间的互补作用**。有时，让同一个人在完成一项任务之后再去完成其他任务可以降低成本。比如，客户服务所要求的一些重要信息可以在销售活动中得到。在销售和服务职能由不同的人来承担的情况下，这种信息很难得到利用，信息从一个人传递给另一个人会花费成本。考虑另一个例子——在汽车装配线上的两个工人。第一个工人负责将车门安装到车框上，而第二个工人负责安装门锁，并要保证车门最终锁在车框上。如果第一个人没有将门装好，第二个人的工作难度就要增加。将这两项任务合并成一个工作，工人在装门时，自然会检查装得是否合适，以便于装上锁后能开关自如。
- **协调成本**。采用专业化分工后，员工的活动需要相互协调。例如，FinWare 公司需要建立一种程序，将销售订单转给服务技师。而且，也许还需要任命一位经理来处理这一过程中的一些例外情况（例如，在购买有关软件之前，用户也许要求专业安装的授权证明）。开发程序和协调活动都需要成本。
- **职能短视**。长期从事一项专业化任务，职员会习惯于将注意力集中于自己的职能，而不关心如何给客户提供好的销售和服务的整个流程。比如，主要靠佣金赚钱的销售人员有动力向用户推销软件，即便这种销售会给公司带来很大的服务成本，例如，软件与客户现有的计算机系统不兼容。

- **灵活性降低**。不对职员进行跨职能培训，既有好处也有坏处。比如，如果只有一个职员经过培训来执行具体执能，那么这个职员一旦生病或休假，情况会怎么样呢？同样，在一个企业中，对于某项工作，如果只有一个职员是经过培训的，那么在与这一职员进行工资和福利谈判时，企业就处于劣势。[2] 对于小公司来说，这些问题可能会很大，而对于大公司而言，通常任何一项给定任务都有很多经过培训的人来做。

激励问题

专业化和宽泛的任务分配都有相应的收益与成本，我们对它们的讨论主要在于信息和技术方面的考虑。在实际中，激励问题同样是非常重要的。从激励的观点看，有时让职员集中于一种专业化的任务较好，而在另一些情况下，则应该优先考虑更为宽泛的任务分配。

在宽泛的任务分配下，企业不仅关心职员如何努力工作，同时也关心他们如何在各项任务间分配其精力。[3] 比如，FinWare 公司的高管非常关心职员如何将其工作时间和精力在销售和服务之间进行分配。设计一种评价和薪酬方案，来激励职员在各种职能上合理分配工作时间和精力是非常复杂的，因为在某些任务上的努力容易计量，而有些任务上的努力不容易计量。在 FinWare 公司中，在销售上的努力程度通过销售量很容易得到评估，而售后服务的质量就很难计量——没有一个衡量服务质量的直接指标，服务质量差也只能在较长的时间内慢慢的发现（比如，顾客很少再来购买）。如果 FinWare 公司给职员支付销售佣金，职员将集中全力销售，而代价是不能给客户提供好的售后服务——销售有利于增加个人的收入，而提供良好的服务对个人收入没有多大影响（它对收入的作用只是通过客户的重复购买来体现）。为减少这种不合理激励，FinWare 公司可以取消销售佣金。然而，职员也许因此在两种职能上都不愿付出努力。一种可能的解决办法是采用专业化的任务分配。销售人员受到很大的激励而集中于销售公司的产品。服务人员的工作则不通过数量来评价，而使用更为定性的指标来评价，比如顾客满意度调查。我们在第 15 章和第 16 章将进一步讨论这些问题。

在有些情况下，生产一种产品需要协调几种不同的任务，因此对个人很难进行评价。这里，将所有的任务分配给一个人，这个人要对最终产品负责，这也许是个有用的方法。例如，在车门安装的例子中，将安装车门和门锁的任务归于一个职员，那么在车门没安装好的情况下，就容易识别究竟是谁的责任。类似地，在 FinWare 公司的例子中，如果客户很少重复购买，原因也许在销售环节，也许在服务环节。让一个职员全面负责一类顾客的销售和服务，就可以识别究竟是哪位职员应该对顾客的不满负责。

专业化任务分配的成本和收益 *

收益	成本
比较优势/规模经济	损失了任务间的互补作用
降低交叉培训费用	协调成本
	职能短视
	灵活性降低

* 激励问题可能有利于专业化的任务分配，也可能会有利于宽泛的任务分配，这取决于生产技术和信息流动的性质。

富有成效的任务组合

究竟是采用专业化的任务分配，还是宽泛的任务分配，这取决于技术、信息以及上面所讨论的激励问题。在做这种决策时，应该考虑的一个重要变量是在不同的职能领域以及各领域内各项任务之间的互补程度。在 FinWare 公司，专业化任务分配的收益大小主要取决于在销售上付出的努力在两类顾客之间的相关性。如果在个人客户和企业客户之间的销售没有多大区别，那么职员接受了针对一类顾客的培训，在做另一类顾客的销售时也会取得良好业绩。相比之下，如果销售任务在个人客户和企业客户之间差别很大，那么在专业化的任务分配情况下，培训一个职员完成两种销售任务，与分别培训两个不同的职员相比收效不大。因此，销售的专业化分工产生的规模经济可能非常小。类似地，在 FinWare 公司专业化任务分配的成本也取决于不同职能领域间互补作用的重要程度。当互补作用很小时（比如，通过努力销售所得的有关公司服务的有价值信息非常少），让职员执行单一职能就不会损失什么。通过运用一些常规方法，协调各个职员的专业活动也是非常容易的。最终，各任务之间的互补程度取决于专业化信息是如何产生的，以及这些信息传递的成本。此外，它还取决于生产过程中所采用的技术。

这里，FinWare 公司的例子过于简化。在大多数环境下，更复杂的任务分割是可行的。比如，销售职能也许可以分为两个阶段——初次接触和实现销售。初次接触需要的专业化产品和服务知识较少，而实现销售则通常要花费更多的时间。这里，初次接触由销售人员来完成，而最后实现销售由销售人员和服务人员共同完成也许是更好的安排。另一个例子，在有些地方，更完全的专业化也是可行的。比如，在一个办事处，某个职员完成的销售数量很大，他也许可以专门负责向个人销售或者向企业销售。我们有关 FinWare 公司的基础案例是从这些更为复杂的思考中抽象出来的，尽管如此，通过这个例子，我们还是可以看出，在决定如何将任务组合成工作的过程当中，应该考虑哪些关键问题。

组合工作形成子单元

我们在讨论专业化和宽泛的任务分配时，强调了把任务组合成工作的经济权衡问题。在把工作组合成子单元（例如，部门、事业部以及子公司等）时，管理者也会遇到类似的权衡问题。

将一些人集合到一个子单元，可以降低同一子单元内的沟通与协调成本。比如，这些人通常是向同一个管理者报告，他促进了信息流动和协调。如果雇员在同一地点工作（特别是如果他们按照子单元的绩效获得评估并取得报酬），就可能形成更为紧密的工作关系。然而，管理者必须设计合适的方法来协调不同子单元之间的活动。例如，必须建立相应的规章制度和操作规范，以协调各个相互独立的子单元的活动；管理者还必须有权或者授权其他人，来处理有关这些规章制度和规范的一些例外情况；通常必须设立联络人员和协调委员会，授权处理各单元内部的问题。总而言之，既有将一些人组织到一起的好处，也有不利之处——必须协调他们与其他单元之间的活动，必须在两者之间进行权衡。除此之外，同样重要的是要考虑激励问题——某些划分单元的方法可能更有利于建立高效的业绩评估和奖励系统，而另一些划分方法则不然（我们将在第 17 章更为详细地讨论这种激励问题）。

监管限制了工作任务的组合

9·11 之后，美国政府建立了运输安全局，它通过在登机前对乘客进行筛查来确保机场安全。这一联邦机构雇佣了 47 000 名全职筛查员，他们的工资水平在 23 600 美元~35 400 美元。联邦规定每一航班至少配备 4 名筛查员，并禁止他们执行其他任务，如检查登机手续或卸行李。在小机场，筛查员的数量比乘客还多，大多数时间他们都闲着，等一天中的两三个航班。航空公司支付运输安全局筛查员的成本，这些额外成本迫使航空公司暂停了地方小机场的服务。

资料来源：D. Wessel (2003)，"Airport Screening Allows Efficiency to Escape Attention," *The Wall Street Journal* (November 6)，A2.

下面，我们介绍组合工作形成子单元的两种标准方法——按照职能和按照产品或地区。然后，我们讨论这两种子单元设计方法在经济上的利弊。在这一讨论的基础上，我们也考察公司将工作组合成子单元的其他方法。

按照职能组合工作

按照专业职能（工程、设计、销售、财务等等）组合工作是一种常见的方法。这种组织的安排有时被称作单一型（unitary form）或者 U 形组织，因为它将每一个基本职能划归在一个主要的子单元（而不是划归在多个子单元）。按照这样一种职能划分方法，FinWare 公司的组织结构如图 13.2 所示。个人的工作是以专业化的任务分配为特点的。在组织中所有的销售工作都合到一起形成销售部，而所有的服务工作合到一起形成服务部。在企业的整个生产线上，各部门

图 13.2　作为一个职能型组织的 FinWare 公司

此图显示了 FinWare 公司的组织结构，在这里，工作是按照专业职能划分的。这些工作都以专业化的任务分配为特点。组织内所有的销售工作合在一起形成销售部，所有的服务工作合在一起形成服务部。在企业的整个生产线上，各部门都只负责他们特定的职能。在组织架构决策、协调部门间的活动和做出关键的经营决策中，高管起到了重要作用。

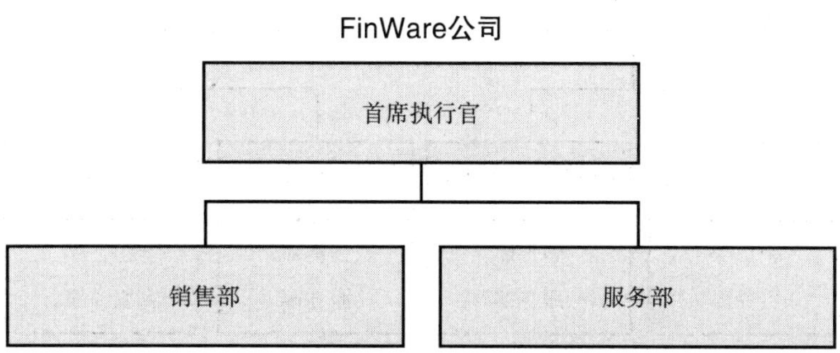

只负责自己特定的职能。高管的作用主要表现在确定组织架构、协调各部门的活动、做出重要经营决策以及制定公司战略上。为协调各职能部门的活动，要制定有关的规章制度和操作规范。例如，有关将销售订单传送到服务部的步骤要有详细规定。例外情况和特殊情况将由高管或者协调委员会（通常包括高级部门经理和公司职员）来处理。

按照产品或地区组合工作

另一种突出的子单元设计是多事业部制的（M型）组织形式，它是依据产品和地区将各种工作划归为一个业务单元。像产品供应以及产品定价等这类经营决策权，都下放到业务单元。企业的高管负责主要的战略决策，包括组织架构以及在各业务单元之间的资本分配。图13.3表明，按照产品和地区划分FinWare是如何组织的。在第一种情况中，公司分为企业产品事业部和消费者产品事业部。这两个事业部都有他们各自的销售和服务部，专门负责部门内产品的销售与服务（在业务单元内，也经常按照职能领域划分工作）。按照地区来确定组织架构，公司划分为西海岸事业部和东海岸事业部。在这种情况下，在自己的地区范围，每一个业务单元内的销售和服务部都将同时面向个人客户和企业客户。

图 13.3 作为产品和地区组织的 FinWare 公司

此图说明了FinWare公司是如何按照产品和地区来组织的。在第一种情况中，公司分为企业产品事业部和消费者产品事业部。这两个事业部都有他们各自的销售和服务部，专门负责本部门内产品的销售与服务（在业务单元内，也经常按照职能领域划分工作）。按照地区来确定组织架构，公司划分为西海岸事业部和东海岸事业部。在这种情况下，在自己的地区范围，每个业务单元的销售和服务部都将同时面向个人客户和企业客户。

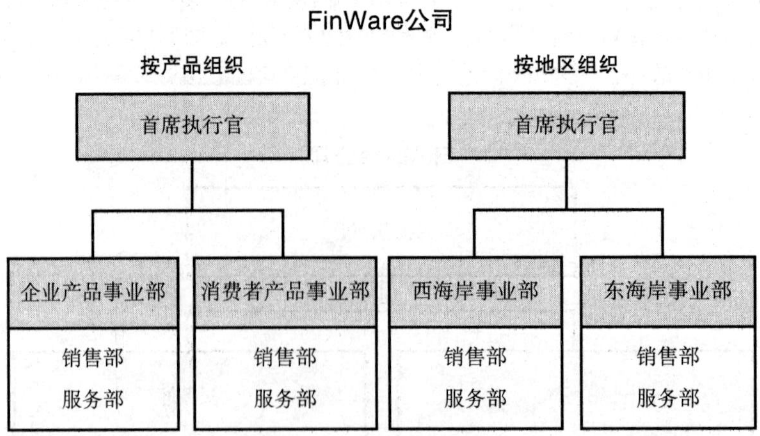

凯迪拉克的职能组织

在职能组织中，会出现某些协调问题。为开发新产品，凯迪拉克曾经利用过这种职能组织，确实遇到了这些问题。在这样的组织中，工程师都按照狭窄的职能特点分为各个职能小组，负责完成相关的一系列任务：

> 车身设计者会在适当的部位留下一个空间，以便放置发动机；动力设计师试图将发动机安装在这个空间，而制造工程师将研究如何根据这些设计进行生产；最后的服务工程师就要研究如何修理出了问题的汽车。结果可想而知。在一种车型上，排气装置阻塞了空调压缩机的通道，所以，季节性保养就意味着要拆掉这种换气系统。而在另一个车型的设计中，火花塞与火花塞线之间连得太紧，以至于机械师将其拉申检查火花塞时，很容易弄坏线路。

通过采用“并行工程”，汽车公司可以减少这类问题。在这种情况下，受设计影响的每个环节的人都要尽早地参与进来。经常的情况是，公司采用开发小组负责整个开发过程。开发小组是按照产品而不是按照职能划分的。

资料来源：W. Davidow and M. Malone (1993) , *The Virtual Corporation* (Harper Business: New York) .

按职能组织与按产品或地区子单元组织之间的权衡

职能子单元的好处

按照职能组合工作至少有三个好处。第一，这样一种组合可以促进职能领域内的有效协调。比如，服务部的主管可以根据当前的工作强度和专业水平，为特定项目分配工作人员。在同一个部门工作，职能专家们也更容易共享相关信息。例如，如果一位服务技师发现了解决某一问题的新方法，主管就可以按照这种方法培训本部门内的其他技师，从而可以加速这种方法的推广。第二，这样一种组合方法有助于促进职能领域专业知识的提高。由于每个人都致力于开发具体的职能技术，并直接受有知识的个体（他能帮助和支持这一开发过程）监督。第三，雇员都可以看到一条清晰的晋升路线。从而，雇员在职能部门内按照这一路径工作（例如，从销售人员晋升到区域销售经理，再升为地区销售经理）。这样，有固定的晋升渠道可以减少雇员职业生涯的不确定性，从而更容易吸引和留住合格的员工（回忆第 2 章对风险厌恶的讨论）。

按职能组织子单元的问题

按照职能划分有其优势，但也有其劣势。第一，高管既要协调各职能部门的活动，又要做出经营决策，花费这些时间是有机会成本的。这些时间也许应该花费在一些更有效率的活动上，比如战略规划（决定公司应该在什么业务上展开竞争，以及如何在这些业务上取得成功）（见第 8 章）。第二，部门间的协调问题很重要，但同时也耗时。在 FinWare 公司，当销售部门完成一笔销售业务时，订单要传到服务部门，依次，服务部门又要安排需要的客户服务。这一过程会造成客户服务的长时间延误。而且，在这种部门间传递的过程中，可能会丢失重要信息。第三，雇员有时会专注于他们个人的专业职能，而不是专注满足顾客要求的过程。比如，销售部也许会致力于完成部门的目标，即便这也许会增加企业内其他部门的成本。销售人员也许会向客户承诺很快帮他安装软件，即使服务部的工作负荷已经很高了。

按产品或地区组织子单元的好处

大公司实行 M 型组织形式的优势之一（特别是在变动的环境中）是，经营的决策权可分配给组织中较低层级的个人，而在很多情况下，相关的具体信息恰恰是掌握在这些个人手中。例如，对职能进行有效协调所需的信息更多地要依靠地方信息，而把这些信息传递到总部的高管那儿花费的成本是高昂的。正如我们在第 12 章所讨论的，把决策权下放到地区子单元的区域经理手中，有利于这种地方信息的有效利用。业务单元的经理根据单元的业绩来获得报酬，这有助于激励他们更为有效地利用具体信息。将决策权下放给业务单元的经理，也使高管层可以关注于其他更多的战略问题。公司总部与运营相分离，使高管的注意力集中于公司的总体业绩，而不是某些职能部门的具体事务。按照产品或地区组织的子单元促进了各职能领域之间的协调，为了生产和销售特定的产品或为既定的地区市场提供服务，所有的职能必须都发挥作用。

按产品或地区组织子单元的问题

业务单元的管理者一般都关注本单元的业绩。只要各业务单元的产品需求与成本是相互独

惠普公司两个运营事业部的合并

惠普公司面向企业销售计算机硬件的事业部在 2003 年的销售额为 211 亿美元，但利润只有 1 900 万美元，面对利润的下滑，惠普公司进行了重组。为企业提供计算机服务的市场规模为一年 480 亿美元，惠普公司在这个市场的份额也在逐年萎缩。惠普公司在服务市场上面临 IBM 公司全面提供服务，以及戴尔公司低成本的激烈竞争。惠普公司为企业提供咨询解决方案的事业部 2003 年创造的销售收入为 123 亿美元，利润为 35.7 亿美元。为了提高计算机硬件事业部的业绩，惠普公司将硬件事业部和咨询服务事业部合并成一个技术解决方案团队，负责电脑服务器、存储器、服务和软件。这个新的团队由安·利弗莫尔领导，她以前是服务事业部的领导。由于用户都希望建立一种战略合作关系，寻找一个能带来技术的合作伙伴，所以惠普公司的硬件销售也因咨询组织的带动而逐步增长。

2004 年，技术服务团队报告的利润是 13 亿美元，销售收入为 299 亿美元。2005 年 1 月，惠普公司更换了 CEO，由罗伯特·威曼代替了卡利·费奥莉娜。

资料来源：D. Bank and G. McWilliams (2003) ，"H-P to Reorganize Operating Units; Latest Executive Shuffle Combines Two Divisions in Bid to Increase Growth," *The Wall Street Journa* (December 9) ，A3; Hewlitt-Packard Company 2004 SEC Form 10-K (October 31) .

立的，那么这种关注就与整个企业的价值最大化是一致的。在这种情况下，企业的价值就是各业务单元价值的简单加总。经常的情况是，业务单元之间有着重要的相互依存关系，要想公司的价值最大化必须考虑这种依存关系。例如，各业务单元的客户经常相互重叠，子单元间也有中间产品的转移，业务单元之间经常共享同一种资源。如果业务单元的管理者只关注于自己的单元，而不考虑这种依存关系，其决策就有可能降低企业的总价值。例如，在 FinWare 公司，西海岸事业部和东海岸事业部也许在国内用户上相互竞争，从而会相互压低价格，这与他们合作营销相比，显然会减少公司的总利润。这种问题可以通过组成相互关联的业务单元组合，然后，各业务单元管理者的收入与这一组合的总业绩挂钩来得到缓解。然而，就像我们在第 14 章和第 15 章将要讨论的，建立一种能够合理激励业务单元管理者的薪酬制度并不是一件简单的事情。将职能人员分别安排在各个业务单元，与将相似的专职人员安排在同一个子单元相比，也会损失潜在的经济性。

与产品或地区组织相比，职能组织的收益与成本

收益	成本
职能专家间提高合作	本地产品或地区信息利用效率的下降
促进了职能专业知识和技能	高管时间的机会成本
清晰的晋升路径	子单元之间的协调问题
	职能组织焦点问题：很难设计一种薪酬计划，激励各单元关注企业利润和客户

什么情况下按职能组织最为有效

在公司规模小且具有同质的产品和市场时，按照职能划分工作最为有效。在这些企业中，

花旗银行利用重组来控制利益冲突

2002 年，花旗银行受到指控，指控称其分析员发布有倾向性的研究报告误导消费者，他们这样做的目的是为了提高投资银行交易的盈利性。花旗银行面临着证券交易委员会、纽约首席检察官和国会的调查。花旗银行决定重组，建立一个新的业务单元，将分析员与投资银行家分开，从而可以控制各证券业务之间潜在的利益冲突。纽约首席检察官埃利奥特·斯皮策欢迎这项新举措。首席检察官的发言人达恩·多普说：“任何强调将研究与投资银行业务分开的做法都是积极的，这样的行动有利于促进现在正在讨论的全行业改革。”

因此，虽然关于如何将工作组合成子单元的大多数决策都集中在如何便于信息流动和员工之间的合作上，但这个例子说明存在特殊情况：管理层想要让消费者和监管者信服，在企业协调各单元行动的过程中，没有发生什么不恰当的行为，而组合工作的选择有助于实现这一目标。

资料来源：T. Valdmanis (2002)，“Citigroup Banks on Reform Plan,” *USA Today* (October 31)，3B; G. Stein (2002)，“Citigroup Seeks to End Conflicts,” *Bloomberg New* (October 31).

对于高管来说，更容易协调不同部门的经营决策。而大企业产品种类较多，高管就很难掌握与各种产品有关的具体信息，也就难以为公司做出经营决策。不仅如此，让高管整日忙于经营与各部门的协调问题，而不是考虑重大战略问题，对于企业来说其机会成本是巨大的。[4]在这种情况下，企业往往愿意采用按照产品或地区组织。

另一个影响职能子单元选择的变量是行业中技术进步的速度。这里，我们对技术进步做广义地思考——包括新产品、新工艺以及组织创新。在技术稳定的环境中，职能子单元往往更为有效，因为职能部门和专家之间的沟通不再那么重要，只要通过正常的规则和程序，就可以很好地解决职能部门和专家之间的互动。此外，高管也有可能掌握更多的相关具体信息，从而可以协调职能部门的活动。

在不稳定的环境中，职能领域之间的直接沟通变得更为重要，同时也可能会出现新条件，这对于已经建立的协调程序会提出挑战。反过来，高管不太可能掌握所有相关具体信息，从而也难以应付这样的挑战。一般来说，具体信息更可能散布在企业中下层的雇员中。例如，不断引入新产品，会促进销售人员与设计工程师之间就有关顾客需求与偏好的沟通。类似地，在生产工艺和技术不断改进的情况下，开发人员与生产人员共享信息也很重要。

最后，在一个快速变化的环境中，到底什么是最优的组织架构可能有更大的不确定性。如果组织中的各个部门是按照产品或者地区组织的，那么不同的部门就可以尝试不同的组织架构。比如，当花旗银行开始提供互换业务时，它先在纽约、多伦多、伦敦以及东京开设交易平台。不同的业务部门除了与其他的金融机构竞争外，他们相互之间也有竞争。通过鼓励试验这些业务部门的组织架构，花旗银行在公司内部应用了经济达尔文主义。随着经验的积累，把全银行内确定出最佳的业务处理程序作为标准。因此，当外部环境更为不确定时，采用按产品或地区组织的愿望就会增加。

环境、战略与组织架构

在第 11 章，我们讨论了最优的组织架构是如何受企业经营环境与战略的影响的。我们对最优的子单元配置的讨论进一步突出了这种影响。环境因素（比如技术变化的速度）和企业经营战略（企业是否要生产多种产品，选择在多个地区运营，等等）都会影响企业究竟是按职能组织还是按产品或地区组织。

20 世纪初美国的一些大公司的经历充分说明，环境以及公司战略对子单元的设计有重要影响。在美国，最大的企业是铁路公司，它出现在 1850 年。[5]这些企业最初是按照基本职能组织的，比如财务、定价、运输以及维护等。到 1800 年代晚期，其他行业的大公司不断涌现（比如钢铁行业、烟草行业、石油行业以及肉制品加工行业），它们中的绝大多数都沿用铁路公司的做法，按照基本职能来组织企业。20 世纪初，一些大公司比如杜邦公司、通用汽车公司以及通用电气公司等不断地扩张（同时有地域的扩张和产品线的扩张），他们在产品市场上开始遇到更小的、更集中化的竞争者，那些大公司的组织架构已不能适应这种变化的环境和战略。为此，这些公司开始尝试不同的组织形式。经过实践，许多大公司开始采用 M 型组织。经济史学家艾尔弗雷德·钱德勒曾经总结道：[6]

只有当高管的管理任务增加到这样的程度，即他们再也不能有效地处理应负的职责时，这种集权的、按职能划分部门的公司的内在弱点才受到了批评。随着企业的运营变得日益复杂，以及协调、评估和政策制定的问题越来越繁杂，这种情况必然会出现。一旦这种情况出现，少数的高管就无力同时处理长期的战略性问题和短期的经营管理活动。

矩阵组织

有些企业试图通过采用相互重叠的子单元结构，获得按职能组织和产品或地区组织的优势。[7]在这类矩阵组织中，也有职能部门，比如财务、生产以及研发部门。但是，来自职能部门的职员同时被分配到围绕产品、地区以及其他具体项目的子单元组织。矩阵组织的最大特征是权力相互交叉。矩阵（matrix）是指这样的组织安排所导致的交叉关系。每个职员要同时向职能经理和产品经理汇报。职能部门通常具有人事和职业发展等基本权力。职能经理也有绩效审核（因为他们对评估职员的业绩有着更好的技术知识）的基本责任。产品或地区单元经理也会对这些审核提出建议和意见。例如，在医院，某一“产品线”的医院单元，比如，儿科或整形外科，护士与医生、医师一起工作，提供医疗服务。护士必须护理由医生指定的特殊病人。同时，在许多医院，护士是由其他护士聘用、监督和评估的，并且这些护士最终要向护士长汇报。在这个过程中，医生只有建议的权力。

有些行业，比如国防、建筑以及管理咨询，经常采用矩阵组织。这些行业的特点是经常有一些新产品或新项目（比如，建造一架新飞机或一个新的购物中心）。个人将按照具体的项目

图 13.4　作为矩阵组织的 FinWare 公司

此图显示出 FinWare 公司是如何组织成矩阵组织的。公司保留了职能部门，即销售分部和服务分部。来自这两个分部的雇员也许同时被分配到企业产品或者个人产品子单元(团队)。这些团队由有阴影部分的长方形表示。职能分部的经理专门管理两种产品的特殊职能，而产品经理则专门管理跨职能的特定产品。

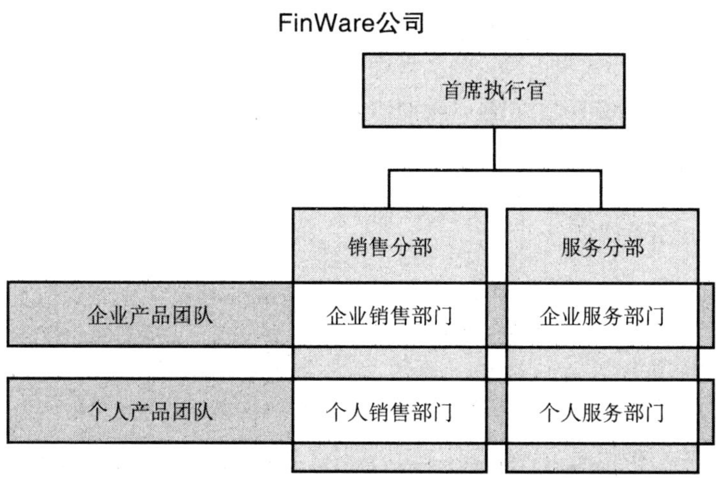

在小组内分配工作。当一个项目完成时，又按照新的项目重新分配到新的项目团队。在这些行业的项目性质给定的情况下，跨职能领域的个体能够紧密沟通和密切合作是非常重要的。例如，要成功地设计一架飞机，必须要满足客户的要求。因此，有必要采用产品导向的团队。然而，对于飞机的设计来说，必须要有气体力学的高深知识。因此，要做好这种项目，必须有高水平的专业知识，而这种专业知识只有长时间的待在职能领域才能得到提高。

图 13.4 显示，FinWare 公司是如何组织成矩阵组织的。企业将保留职能部门，即销售和服务分部。来自这两个分部的雇员会同时被分配到企业产品或者个人产品子单元（团队）。职能部门的经理专门管理两种产品的特定职能，而产品经理则专门管理跨职能的特定产品。

与职能组织相比，矩阵组织的潜在优势在于，雇员更可能关注整个业务流程，而不是自己狭窄的职能领域。然而，与单纯的产品或地区组织相比，又保留了职能监管。这一机制既可以保证提高专业技能，也为个人发展与晋升提供了更清晰的路径。

矩阵组织看起来挺好，但实际实施起来比较困难。矩阵组织的潜在问题产生于权力的相互交叉。尽管雇员被分配到产品团队，但他不一定有动力很好地相互合作，或者关注团队的成功。而且，雇员个人也许会更为关心职能经理如何评价自己的工作（因为职能经理将负责他们的绩效考核）。不仅如此，雇员还有可能将自己看做职能部门的代表。雇员也许过度关注某产品团队的决策对于自己的职能部门会有什么影响。通过改进业绩评估和奖励系统的设计，可以减少这些问题（在第 14 章到第 17 章中讨论）。如果他们的薪酬取决于整个团队的业绩，那么雇员个人就会更为关心产品团队的表现。矩阵组织中的一个相关问题是职能经理与产品经理有可能会有冲突，而解决这些冲突要耗费成本。既有职能经理又有产品经理也会增加影响成本——要影响两位监管者，而不是一位。例如，护士既要讨好她们的护士长，又要讨好医生，前者会给她们一个好的业绩评估，后者会给她们分配具体的工作。

混合设计

在现实中，企业经常不只采用一种方法组织子单元。美国大通曼哈顿银行针对不同的业务活动，采用了三种子单元。有些是按产品进行组织，有些是按地区组织，有些则按客户进行组织。例如，Chase Delware 处理银行所有的信用卡业务。而个人及中间市场业务则按照地区来组织。大企业客户则由在纽约市以外运营的特殊团队提供服务。通常，这些团队是根据行业建立的。另一个例子——大的跨国公司经常按照矩阵概念（国家和产品经理相重叠）来组织他们的

英特尔公司：矩阵组织

1992 年，英特尔公司的组织结构是一个典型的矩阵组织。公司按照 5 个主要的产品组来组织，包括初级产品、英特尔产品、微处理器、多媒体以及超级计算部件、半导体产品。这些产品组的成员来自于公司的各个基本职能部门，其中包括业务开发、财务与管理、营销、销售、软件技术、技术与生产等部门。这样，每个雇员既是某一产品组的成员，又是职能组的成员。

资料来源：A. Dhebar (1993) ，"Intel Corporation: Going into OverDrive," Harvard Business School Case 9-593-096.

国际业务部，而其国内的子单元则按照职能、产品和地区来组织。

网络组织

企业（以及企业集团）也曾经尝试其他组织子单元的方法。其中一种方法是所谓的网络组织。网络组织（network organization）按照职能、地区以及其他一些维度来划分工作组。这些工作组之间的关系由具体项目和工作活动的需求所决定，而不是由正式的权力分配决定的。这些关系是流动的，并随着经营环境的变化而不断变化。[8] 另外一个网络组织的例子是日本的经连会（*keiretsu*），这是一个由各相对独立的企业组成的财团，这些企业之间的关系是变化和流动的。网络组织有助于信息的流通以及工作组之间的相互合作。然而，它们严重依赖于相互的理解与非正式关系，这有可能导致误解或机会主义。

子单元内的组织

我们考察了将企业划分成子单元问题。同样的分析思路也可以用于在子单元内部将工作再分组（比如，分成部门）。在业务单元相对较小，所涉及的产品种类相对有限的情况下，在业务单元层面将工作分成职能部门可能最有效果。相比之下，在业务单元较大、产品种类较多的情况下，按照产品或者地区来组织将是更高效的方案。在快速变化的经营环境中，产品或地区组织也有可能更有效，因为在这种情况下，高管不太可能掌握相关的具体信息，也就很难做好经营和协调方面的决策。

决策权分配的新趋势

传统上，许多企业的工作具有有限的决策权（见第 12 章）和狭窄的任务分配。转而，这些工作又按照专业职能分组（在公司层面上或者在业务单元层面上）。在 20 世纪 90 年代，企业组织的设计有一个重要的变化趋势，就是给雇员更多的决策权和宽泛的任务分配。许多企业从职能子单元向以产品为导向的组织转化。就像我们下面将要讨论的，这些变化是由于全球竞争的加剧和各种技术进步的加速所推动的。

要说明推动这种组织变化趋势的因素，我们先来更为详细地考察一下 IBM 信贷公司。图 13.5 列示了 IBM 信贷公司的基本职能，即处理一份信贷申请的必要步骤。[9] 申请者的信用状况需要审核；发放的信贷必须定价（必须选择利息率）；必须起草正式的合同；最后各种文件必须归档并送交申请人。

在重组之前，IBM 信贷公司就是按照这四个基本职能组织的。公司被分成几个职能部门，包括信贷、定价、合同以及档案。图 13.6 显示了在这种职能结构下 IBM 信贷公司的组织结构图。所有的雇员都在自己的职能领域从事某一专项任务。对于如何完成这些任务，他们只有有限的决策权。比如，信贷部门的某一职员，其工作也许仅仅是按照规定的步骤，记录信贷申请。高级管理层负责协调各职能部门之间的活动，他们通常都依据正式的规定和程序行事。例

一个高管对国外竞争加剧的看法

在过去的几十年中，许多行业的竞争都加剧了。竞争的加剧有多方面的原因，包括运输成本的降低、放松管制、专利保护过期以及遍及全世界的技术进步。大卫·科恩斯是20世纪80年代施乐公司的总裁。他在任期间，公司正面临着国外竞争的迅速增加。这种加剧的竞争迫使施乐公司改进客户服务，提高产品质量。为达到这一目标，施乐公司通过提高对职员的授权程度，改变原有的职能组织结构，重新分配了决策权。用科恩斯的话说：

> 唯一可以聊以自慰的是，我很清楚我们不是唯一陷入窘境的。全球竞争降临到我们国家，每一个人都岌岌可危。美国企业不仅仅面临着日本和韩国公司的竞争，欧洲企业也是一支不容忽视的潜在力量。而且，当我环顾四周，我看到许多令人羡慕的大公司都束手无策。就像我们一样，他们正听任他们心爱的企业在自己手上一败涂地。
>
> 当我结束了日本之行，开始反思施乐的优势与不足之后，我开始意识到解决的出路在何方。我们仅仅希望通过大幅度提高产品和服务的质量来求得生存。这是许多公司所谈论的事情，但是做起来却很难。这意味着要彻头彻尾地改变施乐的公司文化。公司的每一个人，从无名小卒到董事长都要重新思考。

资料来源：D. Kearns (1992)，*Prophets in the Dark* (Harper Business: New York)，xv–xvi.

如，对于信贷申请应该如何在各个职能部门之间传递，IBM信贷公司有固定的程序。各职能部门的负责人组成一个委员会，支持协调过程。在这种组织架构下，客户所得到的服务质量不高。IBM信贷公司处理一项信贷申请要花6天时间，很难及时告诉顾客他的申请处于什么状态。然而，这种组织架构保证了每一份申请都经过严格的信用审核，而整个过程的每一步都经由各职能领域的专业人员执行。

当IBM是世界上唯一的大型计算机生产商时，客户流失的原因很少是由于融资申请处理延误。相反，公司注重详细谨慎的申请程序。随着日本竞争者的出现（比如，松下公司），IBM面临着日益加剧的压力，它必须改变战略，才能更为有效地提供客户服务，压缩信用申请的处理时间。否则，公司将面临销售收入的大幅下降。

借助新的信息和计算机技术，IBM信贷公司开发了内部系统，以支持组织变革。例如，以前在处理贷款申请时，一些必要的信息要储存在以手工填置的档案系统里。在这一系统下，任

图 13.5 IBM信贷公司的职能

该图表列举了为处理和完成一份信贷申请，IBM信贷公司最基本的四种职能。

IBM信贷公司的职能

- 信用审核
- 准备合同
- 定价
- 文件管理

图 13.6　IBM 信贷公司的职能型组织

在职能组织结构下，IBM 信贷公司被分成职能部门，其中包括信贷、合同、定价以及档案部门。在个职能部门将专业化的工作任务分配给雇员。

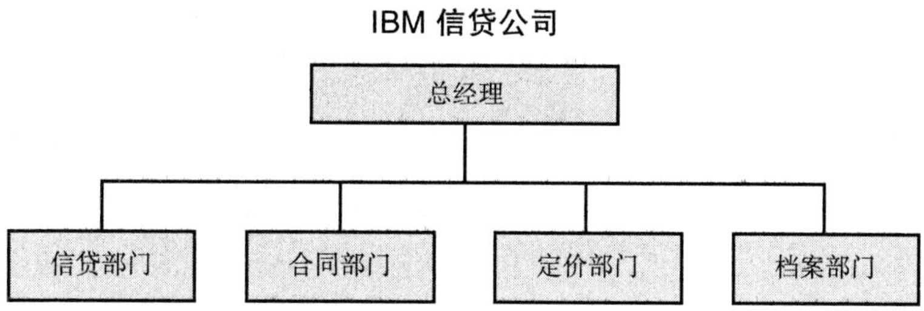

务只能给那些熟悉并接触这些数据的雇员才有意义。计算机数据库系统使公司的全体职员都可以直接调用相关数据，这种变化使公司更容易地分配任务。另外，IBM 信贷公司还开发了计算机程序，帮助那些对信贷定价并不熟练的雇员解决信贷定价问题。这类专家系统使职能知识变得不那么重要了，因此降低了原有组织架构的另一个优势的重要性。

借助于这些竞争压力和新技术，IBM 信贷彻底改变了它的决策权分配。如图 13.7 所示，在新的组织结构下，每一个个案职员都拥有信贷审批过程中需要完成所有步骤的重要决策权和责任。每一项融资申请都完全交给一位个案职员处理，他要审核客户的信用状况、确定价格、签署合同等。职员在完成这些任务时有重要的决策权，因此公司基本上放弃了原有的职能子单元。[10] 绩效评估以及奖励系统也相应做了调整，更注重于申请处理时间和客户服务质量。依靠这种新的组织架构，IBM 信贷公司可以在 4 小时之内处理一份信贷申请。结果证明客户满意度也随之上升。

图 13.7　IBM 信贷公司修正组织架构

在修正的组织结构之下，每个个案职员都有了完全处理信贷审批过程中完成所有步骤的决策权和责任。每一份融资申请分配给一个个案职员，他将审核申请者的信用状况、信贷价格、签署合同等等。公司仍然保留一些职能专家（在图中并没有表示出来），他们将在个案职员遇到困难和非同寻常的情况时，提供帮助。

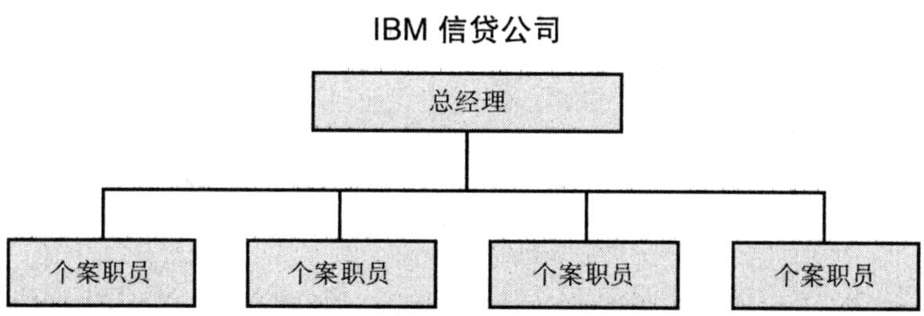

组织的最新趋势：GTE

在 20 世纪 90 年代，有一种转向以产品为导向的组织趋势。电话公司 GTE 就是遵照这一潮流的公司之一。过去，GTE 是按照职能部门组织的，比如修理部门、收款部门以及营销部门。这一组织结构经常使客户无所适从，他们很难搞清楚在公司中究竟哪个部门或哪个人可以解决具体问题。随着竞争压力的加剧，GTE 认识到应该给它的电话应用客户提供更好的客户服务。然而，GTE 并不是分别改进每一个职能部门的工作，而是决定要重组为客户提供服务的基本流程。特别是，客户希望一站式服务——比如，在每天的任何时间都可以办理固话号码、话费查询、签停机合同，或者三项一起完成。1992 年，在德克萨斯的加德兰建立了第一个客户服务中心试点后，GTE 开始满足这一客户要求。GTE 的管理层反映，这些试点的基础数据表明，工作效率提高了 20%~30%，与此同时，客户也得到了更好的服务。

资料来源：T. Stewart (1993)，"Reengineering: The Hot New Management Tool," *Fortune* 128 (August 23)，40–48.

在 20 世纪 90 年代，许多公司实现了类似的组织重组，IBM 信贷公司和 GTE 公司仅仅是其中的两个例子。这些公司重组的成功故事唤起了一些管理咨询顾问的热情，他们向全世界的企业大力倡导组织变革。然而，通过第 12 章和第 13 的分析表明，在特定的经营环境及经营战略下，企业在没有认真思考决策权是否被重新分配的情况下，不应该盲目进行重组。

尽管在许多公司，由于竞争和技术的变化，最优决策权分配都发生了变化，但这种变化并非发生在所有行业。在一些相对稳定的行业中，狭窄的任务分配和专业化职能结构的优势可能仍然很大。比如，以一个小的煤矿企业为例。显然，仍然有必要让一些员工专门进行煤炭的开采，而其他员工专做销售工作，另一些员工则负责运输和交付。

泰勒有关钢铁工人的论述

20 世纪初的工业工程师弗雷德里克·文思罗·泰勒，是著名的科学管理之父。他的观点对许多企业的决策权分配都很有影响。特别是，他指出，基层工人的特性表明，他们只能得到有限的决策权和范围狭窄的任务。用他的话来说：

> 对于以搬弄生铁为职业的人来说，首要的要求是要足够的愚蠢和足够的迟钝，他的脑力要像一头牛。头脑灵活、智力较好的人完全不适合做这样的工作，因为这是个单调乏味的苦差事。因此，最适合于搬弄生铁的人是那些不懂得这项工作背后的科学道理的人。他如此无知，以至于不知道"百分比"是什么意思。此外，还应该由一个更为聪明的人培训他，这样，才能按照科学的规律，形成工作习惯，然后才能取得成功。

大多数现代管理者不同意泰勒有关下层工人的观点。今天的劳动力比泰勒时代接受过更好的教育，现代生产技术也要求较少的体力和更多的知识。相应地，许多管理者都授予基层员工更宽泛的决策权和更少的任务限制。

资料来源：F. Taylor (1923)，*The Principles of Scientific Management* (Harper & Row: New York)，59.

非正式沟通的重要性

1993 年，有一部电影叫做《六度分离》，形象地再现了哈佛大学所做的一项实验。该实验在堪萨斯随机选择了一些人，分别交给他们一封信，信封上写着某个住在马萨诸塞州人的名字，这个人他们并不认识。要求参加实验的人把这封信寄给一个有可能把这封信带到目的地的熟人。平均来说，经过 5 个中间人这封信就可以到达收件人手里。社会科学家认为，我们一般与 6 个或更少的人进行相互联系。在一个全球性的大公司中，如果平均需要经过 6 个人的交流（即使是用 e-mail）才能找到解决问题的人，那么信息的延误和歪曲的成本都将是相当大的。康奈尔大学的两位学者开发出了一种数学模型，说明在组织中通过打破传统的单位界限，正确地安排人员所在的位置，可以大大地提高沟通的速度。

资料来源：N. Andreeva (1998)，"Do the Math—It Is a Small World," *BusinessWeek* (August 17)，54-55.

案例研究：Bagby 复印公司

Bagby 复印公司是一家世界性的复印机生产商。它生产 10 种不同的复印机，范围从低档的桌面复印机（售价在几百美元），到大型的文件处理机器（零售价超过 20 万美元）。

每台复印机都需要一个线包。每个线包都有几百根线和接头，这些接头可以按照相连的终端计算机的逻辑指令，通过连接线路板传送信息给走纸器、扫描仪以及图像接收器等。在装配过程中，线套要安插在各种各样的部件上。在这一过程中，可以安排不同的雇员负责一项主要工作。比如，一个雇员可以专门负责某一条线的连接，或者检验线套的安装。也可以采用另一个方案，一个雇员可以负责生产和检验线套。

无论在哪种情况下，都要分配给一组雇员具体的任务，来完成一台复印机的线套生产。总共有 10 组线套生产者。一个办法是将这组都安排在一个线套部门。另一个办法是让他们各自负责一种复印机，并向相应的产品经理汇报。

Bagby 复印公司在 5 个欧洲国家开展业务，并在每个国家中都有相互独立的子单元，都有一个负责该国所有 10 种复印机的生产和营销的经理。公司正在考虑两个方案，一个是要按照产品来组织国外的经营。在这种情况下，将有 10 个国际产品经理，分别拥有复印机在全欧洲的生产和销售的决策权。公司同时也在考虑矩阵组织，围绕产品和国家设计组织结构。

讨论问题

1. 讨论在面临专业化还是宽泛的任务分配选择时，Bagby 复印公司所做的权衡。
2. 讨论将线套生产者划归不同小组的两种方法的利弊。
3. 为开展国际业务，Bagby 复印公司在选择按国家、按产品和按矩阵形式设计组织结构时所面临的权衡。

推荐书目

A. Chandler, Jr. (1977) , *The Visible Hand: The Managerial Revolution in American Business* (Belknap Press: Cambridge, MA) .

A. Chandler, Jr. (1966) , *Strategy and Structure* (Doubleday: Garden City, NY) .

M. Hammer and J. Champy (1993) , *Reengineering the Corporation* (Harper Business: New York) .

O. Williamson (1983) , *Markets and Hierarchies* (Free Press: New York) .

注　释

1. 这一例子的详细情况请参阅：M. Hammer and J. Champy（1993）， “The Promise of Reengineering,” *Fortune*（May 3）94–97。
2. L. Stole and J. Zwiebel（1996） “Organizational Design and Technology Choice with Nonbinding Contracts,” *American Economic Review* 86，195–222.
3. B. Holmstrom and P. Milgrom（1991）， “Multitask Principal-Agent Analyses：Incentive Contract，Asset Ownership and Job Design,” *Journal of Law Economics and Organization* 7, 24–52.
4. O. Williamson（1975），*Markets and Hierarchies*（Free Press：New York）.
5. A. Chandler, Jr.（1977），*The Visible Hand：The Managerial Revolution in American Business*（Belknap Press: Cambridge，MA）.
6. A. Chandler, Jr.（1966），*Strategy and Structure*（Doubleday：Garden City，NY）382–383
7. 有关矩阵组织结构的更为详细的讨论，见 W. Baber （1983），*Organizing for the Future*（The University of Alabama Press：Tuscaloosa，AL）.
8. W. Baker（1992）， “The Network Organization in Theory and Practice,” in N. Nohria and R. Eccles（Eds.），*Networks and Organizations*（Harvard Business School：Boston）， 397–429.
9. 这一例子的详细内容见 M. Hammer and J. Champy（1993），*Reengineering the Corporation*（Harper Business：New York)。我们有关 IBM 信贷公司的讨论都是从实际公司经营中的许多细节抽象出来。比如，我们并没有考虑公司的合同执行与管理问题，也没有考虑贷款回收活动，所画的组织结构图也是经过高度简化的。这种简化使我们可以集中分析主要的问题，而不必为一些不相关的细节所干扰。
10. 组织仍然保留一些职能专家，他们将在个案职员遇到困难和非同寻常的情况时，提供帮助。

第 14 章

吸引和留住合格的员工

Sandler O'Neill 是一家只有 177 个员工的小投资银行，客户对象主要是一些小型和中等规模的商业银行。[1] 当客户银行上市时，Sandler 认购、交易与研究他们的股票。Sandler 还买卖这些客户银行的债券，帮助他们兼并和收购其他银行。在这个特别小的利基市场，Sandler 一直是条“大鱼”，有“争强好斗”的特点。2000 年底， 它的客户超过 1 000 家，总收入有 1 亿美元，债券交易额大约有 600 亿美元。Sandler 银行是一个很好的工作场所。它盈利，支付给员工的工资也很高。像大多数的投资银行一样，Sandler 也根据员工的生产率和银行的整体利润水平给员工发放高额奖金。Sandler 还是个紧密团结的企业，员工们同甘共苦。

在 177 个员工中，有 148 个人在世贸中心第二座塔楼的 104 层工作，这座塔楼在 2001 年 9 月 11 日遭受了恐怖袭击。当时，有 83 名 Sandler 的员工正在世贸中心上班，只有 17 人活了下来。负责企业运营的 3 个管理合伙人中有 2 人遇难。40%的员工死亡——所有的债券经纪人，股票交易柜台的 24 人当中的 20 人，在综合业务柜台工作的全体人员，以及负责信息和通信系统的 3 个关键人物，全都在这场灾难中丧生。

除了硬件损失（包括办公室和全部通信网络——通过此网络，Sandler 才得以与华尔街连接并进行交易）外，Sandler 还损失了大部分的脑力资源。恐怖袭击毁掉了公司的大部分信息——他们的合同、他们的交易方式、他们的数据库。在过去的几年中，Sandler 的交易员与其做过生意的客户电话号码记录全都不复存在了。令人惊奇的是，有一个在交易柜台工作几年的客服助理，凭借记忆把一个个名字和电话号码都重新记录了下来。

Sandler O'Neill 的生存受到了威胁。他们面临着巨大的挑战——要寻找新的办公地点，重建信息技术和通信系统这样的实物资产。而且还不得不替换人员资产，包括所有相关的脑力资源——也就是说，它必须吸引和保留一批新员工。首先，Sandler 必须充分利用那些幸存的脑力资源。把现存的人员提升或转移到关键岗位。恐怖袭击后的第一个星期，幸存下来的合伙人就又任命了另外两个合伙人来代替两个去世的管理合伙人。一个债券销售员变成了债券交易员。原来负责研究部门的一个人现在掌管综合业务柜台。一个 23 岁的助理工作还不到一年，现在成了惟一会使用 Sandler 专门用于银行分析的财务模型的人。而这个模型对一桩即将发生的价值 7 亿美元的交易特别重要。于是，这个助理顶替了在灾难中死去的上司的工作。第二，它要雇佣新的员工。9·11 之后，华尔街解聘了大批人员，这反到帮了 Sandler 的忙。在 9·11 以前 Sandler 雇不到的一些人现在都开始找工作了。幸存下来的那个合伙人打电话给他的一个朋友，这个朋友在另一家银行工作，而这家银行正在裁员。合伙人说：“你们解雇的人当中如果有好的，请告诉我，但我只要那些好的，我不能在那些不中用的人身上浪费时间。”他雇佣了已退休的51岁的原银行副总裁哥德曼·桑切斯，负责股票交易柜台的工作，并帮助招聘其他在股票交易柜台工作的人。到11月中旬，该银行已雇佣了24名新员工，包括4个债券经纪人、3个投资银行家和两个研究专家。但是，有一部分幸存下来的员工受恐怖袭击的刺激太大，在经过几个月的心理治疗后仍然无法恢复工作，有些人虽然开始工作，但他们的表现大不如从前。没办法，有些人被迫解聘，有些人则调往其他职位。

在恐怖袭击的两个月之后，Sandler O'Neill 又开始盈利。利息率的下降迫使一些小型和中型银行卖出更多的债券，Sandler 认购了大部分交易。Sandler 努力完成9·11之前接的每一笔生意。2001年，Sandler 给那些死去的员工的补偿比他们以往任何一年所得的薪酬都多。按照公司2001年年初总资产的价值来算，超过30%的总资产都付给了遇难者家属。到2005年，Sandler O'Neill 成为银行和保险业中最大的投资银行之一。

Sandler O'Neill 在9·11灾难后如何生存下来的例子，代表了所有企业都必须面临的管理问题——如何吸引和留住合格的员工，如何激励员工提高工作效率。企业提供的薪酬水平不但要吸引和留住员工，而且其架构要有激励作用，促使员工增加企业价值。

本章我们将着重探讨第一个目标——吸引和留住员工。在第15章中，我们将详细讨论激励性薪酬问题。由于这两个话题是有内在联系的，所以我们在本章也将讨论一些与激励有关的问题。特别是，我们将说明报酬水平的高低不但有吸引和留住员工的作用，而且还有激励作用。

我们从详细讨论薪酬合同的目标入手。然后，提出雇佣和工资水平的标准经济学模型。接着，我们将扩展这一基本模型，并探讨有关人力资本投资、差别工资、有成本的市场工资率信息、内部劳动力市场的含义以及在工资与福利之间的选择等问题。

合同目标

在第10章，我们强调过，合同各方的共同利益就是最大化合同涉及的关系所创造的价值。通过充分挖掘企业面临的商业机会，通过价值最大化，他们可以共同将“饼”做大，从而各方都会从中受益。这种一般性的原理在劳动合同中也是有效的。通过设计薪酬合同，使员工的产出减掉成本后价值最大，企业的价值就可以实现最大化，因此，雇主和员工的状况都可以变得更好。

员工期望在工作中至少可以收回机会成本，否则，他们是不会参与到聘用关系中来的。如果不能满足他们的*保留效用*（退而求其次的选择可以得到的满足水平），他们就将离职，去选择另一家公司工作（或者退出劳动力市场）。由于个人可以从薪酬中获得效用，所以薪酬的水平就是吸引和保留合格员工的关键因素。雇主也必须收到合理的投资回报，否则，他们将收回投资，并另投他处。在一个竞争性市场上，如果付给员工的工资高于市场的工资水平，公司就处于成本劣势，长此以往，将迫使公司退出经营。雇主们都希望通过薪酬包设计，能够以尽可能低的成本吸引和保留那些掌握企业所需技能的员工。

工资水平

基本竞争模型

在这一节，我们将提出聘用人员和确定工资水平的一个标准模型，它以我们在第 6 章讨论的标准竞争模型为依据。这一模型是分析与薪酬水平有关问题的一个良好开端。随后，我们将扩展分析，考虑其他的重要问题。

假设劳动力市场具有以下特征：

- 劳动力市场是竞争性的。在确定要付给员工的工资水平时，企业没有自由决定权。相反，工资是由市场上劳动力的总供给和总需求决定的。
- 市场工资率是不用耗费成本就可以观测到的。
- 每个人所受过的培训和掌握的技能都是一样的。
- 所有的工作都是相似的。他们在风险、工作地点、文化水平要求、出差机会等等方面没有差别。
- 没有长期合同。可以设想，所有的劳动力都是按照现行的市场价格聘用一段时间。
- 所有的薪酬都以货币的形式支付。企业不提供任何福利，比如带薪假期或者医疗保险。

图14.1 演示了一个公司在上述既定市场条件下做出聘用决策的情况。在边际产量收入降至市场所决定的工资率之前，公司都会不断增加员工的聘用数量。因为在这一点之前，增加员工的聘用数量，可以得到比聘用成本更高的收入。超过这一点，追加聘用成本就会超过追加聘用

图 14.1　企业如何确定聘用人数和工资水平：基本竞争模型

在我们的基本模型中，对于员工的工资水平，厂商没有自由决定权。相反，工资水平是由市场上的总供给和总需求所决定的。正像图中所显示的，在员工人数达到 E^* 之前，公司不断增加员工人数；而在 E^* 点，边际产量收入等于市场决定的工资率。在这一点之前，增加员工，可以得到比聘用成本更高的收入。超过这一点，追加聘用的成本就会超过追加聘用的收益。

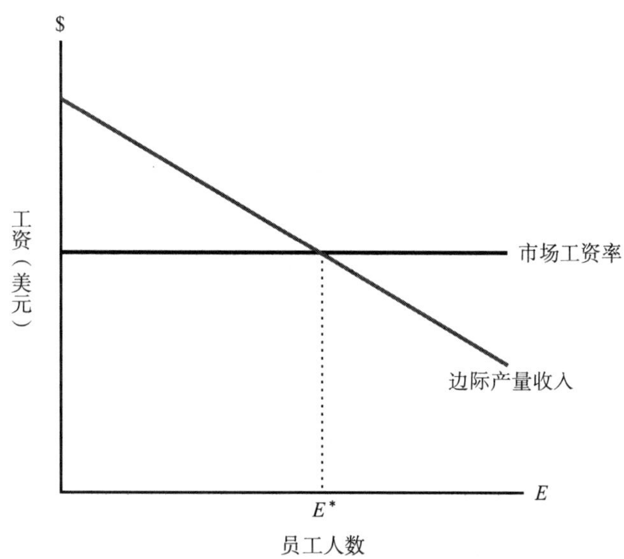

的收入。在市场上，所有厂商的聘用决策决定了劳动力的需求曲线。而供给曲线则由所有个人在既定工资水平下接受还是拒绝聘用的决策所决定。在市场工资率水平上，劳动力的供给等于需求。

这一分析表明，如果一个企业支付的工资水平太低（在市场工资率之下），就不能吸引合格的员工，或者不得不忍受频繁的员工流动。另一方面，如果一个公司支付的工资水平太高，就将有排队等候空缺的情况，而且公司内的员工很少辞职。然而，在市场上，相对于不付出更高工资的公司来讲，这样的公司成本水平较高，从而会降低企业利润。由于其产品所在的是一个竞争性市场，长此以往，将在其市场上无立锥之地。

人力资本[2]

在我们的标准模型中，所有的人都是类似的。然而，员工在能力、技能以及受过的培训等许多方面都是不同的。*人力资本*（human capital）这一术语是把人看做拥有一组技能并可以租用给企业主的个体。人力资本的价值由市场的供求所决定。个人通过接受教育、培训、移民以及寻找新工作来为他们自己的人力资本投资。这种投资的回报表现为较高的工资水平，它来自于更有价值的人力资本（大学毕业生通常比高中毕业生收入更高）。

区分*通用的*和*专用的*人力资本是有意义的。通用的人力资本指的是在不同公司都具有同等价值的培训和教育。投资于通用的人力资本包括获得 MBA 学位、掌握一般工程原理，或者学习流行的文字处理软件等。另一方面，专用的人力资本是指那些对目前的雇主比对其他雇主更为有用的技能。投资于专用的人力资本包括深入学习特定公司的会计系统和产品信息等。在 Sandler O'Neill，专用的资本包括用于银行分析的财务模型、客户信息及与客户的关系。

如果将我们前面介绍的标准模型扩展，将员工培训的差异也包括在内，那么公司通常不会投资于通用技能的培训。通用技能培训的收益归员工个人而不是归企业所有——员工在掌握新

所罗门兄弟公司确定了一种错误的工资水平

1983 年，豪伊·鲁宾刚刚完成培训计划的第一年，就在抵押担保证券交易中为所罗门兄弟公司赚得了 2500 万美元。数千万美元并非是一个小数目，鲁宾首先提出了这样一个问题：是谁赚的这些钱，是鲁宾还是所罗门兄弟？所罗门兄弟认为这应该是公司赚的钱，并拒绝付给鲁宾超过正常工资水平的收入。在所罗门兄弟公司的第一年，鲁宾得到了 9 万美元，这在只有一年工作经历的经纪人中收入是最高的。1984 年，也就是他工作的第二年，鲁宾又在交易中赚得了 3 000 万美元，他得到了 17.5 万美元，又成为只有两年工作经历的交易员当中最为出色的。1985 年初，他离开了所罗门兄弟公司，到了美林证券工作，美林证券给了他三年的保证：每年至少 100 万美元，加上他交易利润的百分之一。

1985 年之后，所罗门兄弟公司在抵押担保证券市场上丢失了大量的市场份额，而美林证券的市场份额却大幅度上升。

资料来源：M. Lewis (1989) , *Liar's Poker* (Norton Press: New York) , 126.

美国工人的人力资本技能落后了

2000 年的一项调查显示，在 17 个工业化国家中，美国劳动力的技能排在第 10 位。该调查从三个方面考察了劳动力的基本文化素质：读懂书和报纸上的文章；会使用地图和公共汽车里程表；进行简单的数学运算平衡账户或计算津贴。这些都是劳动力需要的通用人力资本所应具备的基本技能。问题似乎越来越糟。在 56~65 岁的成年人中，美国劳动力技能排在第 5，而在 16 岁到 25 岁的人当中，美国在 17 个国家中排在第 14 位。45%的美国人达不到高中生的读写水平。测试分值较低的大部分是移民和少数民族。自从 1990 年以来，移民占美国劳动力市场的 40%以上。美国国家制造协会的负责人说："我们的学校体系为少数民族和移民提供的教育是失败的，这对那些准备招聘的公司来说是个大问题。"

资料来源：A. Bernstein (2002)，"The Time Bomb in the Workforce: Illiteracy," *BusinessWeek* (February 15)，122.

的通用技能的情况下，如果公司付的工资水平低于市场工资率，那么这个员工就会更换工作，以得到市场工资水平。因此，员工自己会为其通用技能培训进行投资。相反地，员工不愿意投资于对特定公司有用的专门技能的培训，因为它不会增加自己的市场价值。因此，在标准模型中，企业必须为专门的培训来投资。

差别补偿工资[3]

我们的标准模型忽略了各种工作条件的差别。在现实中，工作可以在许多方面存在差异，包括工作环境的好坏、地理位置、距工作地的远近、工作的危险性、同事的特征以及工作的单调程度等等。假设各种工作工资水平相同，作为求职的个人，也会根据其他特征（比如受伤的风险低，选择很好的工作地点等）进行选择。为吸引员工从事吸引力低的工作，公司必须增加工资水平。[4]

通用人力资本的投资

利文斯顿郡警官雷·迪帕斯奎尔要调到一个大一点的 Greece 镇警察局去任职，他的工资也因此增加了 1 万美元——年工资总额达到 4.5 万美元。在乡村和小警察局工作的警察，年收入一般不超过 3.4 万美元，而在大警察局工作的警察，年收入大约有 4.6 万美元，其他的福利也较好。通过提供更具吸引力的薪酬包，大警察局能雇佣到更符合要求、更有经验的警察。事实上，Greece 镇 80%的警察都调动过工作。通常，乡村的警察局都比较小，他们只能雇佣一些没经过培训的人，然后再进行培训。培训一个没有任何经验的学员要花费将近 2.5 万美元，而且要培训 35 个星期。这个例子说明通用的人力资本（胜任警察工作）由雇员所拥有，而不是由进行这种投资的企业拥有。

资料来源：M. Daneman and K. Breen (1999)，"Big Bucks Lure Cops to Bigger Towns," *Democrat and Chronicle* (September 20)，A1.

对那些在“鱼类加工生产线”上工作的人的差别补偿

在阿拉斯加朱诺市的Taku Smokeries公司，取出鱼的内脏是由手工完成的，而不是靠机器。这是一项寒冷、潮湿又腥味刺鼻的工作，但那些在“鱼类加工生产线”上工作的人必须忍受这一切。Taku每天生产大约5万磅的鱼。生产线上有12名工人，他们都穿着橘红色的雨衣，血水和鱼的内脏到处飞溅。工人们用刀、汤匙和胶皮水管清理成堆的鱼，这中间伴随着不断的噪音和刺鼻的味道。但是有一个工人名叫比尔，他说他对这些不在乎。他每小时的工资是12美元，如果加班，每小时的工资就会再增加一倍半，这使比尔养活一家四口不成问题。比尔说：“有什么味？我不在乎，我已经清理了几百万条鱼，这条鱼跟另一条鱼没什么两样。我的生活就是一天又一天，一条又一条地处理死鱼。”

资料来源：E. Arnold (2002)，“Dirty Work: Fish Processing,” www.npr.org/programs/morning/features/2002/aug/dirtywork/slimeline/index.html (August 22).

为吸引潜在的员工到一个不具有吸引力的岗位工作所要付出的额外工资被称为*差别补偿工资*（compensating wage differentials）。比如，一个24小时营业的饭店，要吸引一个经理在夜间以及更危险的地方工作，比吸引一个经理在白天和更为安全的地点工作要支付更高的工资。

在其他条件相同的情况下，令人不快的工作的工资水平要高于令人愉快的工作的工资水平。工作要求的差别（包括教育、技能以及培训）也会要求工资水平的差别。比如，在办公室工作，工作环境令人愉快，但也要求更高的技能；而垃圾回收工作，虽然环境令人不快，但技能要求低。因此，前者可能比后者的薪酬高。然而，与技能要求不高但工作环境较好的工作相比，垃圾回收工作的工资水平会较高。

一些关于差别补偿工资的研究（工资水平与工作危险性关系的研究）提供了大量有说服力

招募和留住伊拉克士兵

2003年12月，美国军方透露说，新成立的伊拉克军队每700人中就有300人离开。那些离开的士兵多数是已婚的，他们只是为了一个月能节余60美元来养家。为了招募和留住伊拉克士兵，联合政府被迫提高伊拉克士兵的工资。到2005年6月，一个普通的伊拉克士兵的工资上升到一个月340美元，将军的工资是一个月950美元。伊拉克的失业率为30%，巴格达最好的医院里医生月收入也只有500美元，大多数伊拉克人的月收入只有200美元。因此，给伊拉克士兵的工资中很大一部分包含差别补偿工资，其中部分是为了补偿伊拉克士兵为了这个职业所冒的风险。

到2005年6月，伊拉克军队和正规的警察已达16.9万人。伊拉克军队的工资是如此之高，以至于在2004年11月的一个雨天，只因为一个招募新兵的传言，致使7 000人同时涌到了军队征兵中心。

资料来源：“Coalition May Hike Iraqi Army Pay,” www.cnn.com/2003/world/meast/12/13/sprj.irq.main/(December 13, 2003); S. Tavernise and J. Burns (2005), “As Iraqi Army Trains, Word in the Field Is it May Take Years,” *New York Times* (June 13).

的证据。[5]从世界各国的数据来看，在其他条件相同的情况下，工资水平与工作中的生命危险程度正向相关。在各种不同的研究中，差别补偿数额的大小有所不同，并且相当不精确，但它们表明，工作中有生命危险的概率每增加万分之一，年工资水平就将上升 20 美元~300 美元。这一估计意味着，一个拥有 1000 名员工的企业，通过改善安全措施，每 10 年减少一个死亡人数，每年就可以节省工资成本 2~30 万美元。

差别补偿工资有两个重要作用。第一，在所有的社会中，一些令人不快的工作都必须有人完成（例如，各地都需要殡仪员和垃圾收集工）。差别补偿工资吸引人们来做这样的工作，并对他们的努力给予奖励。愿意接受这些令人不快的工作者，通常是那些可以按照最低成本完成这些工作的人。比如，如果给在有噪音的工厂工作的人提供工资补偿，那些最有可能接受这一工作的通常是那些最不怕噪音干扰的人。那些不能忍受噪音干扰的人会宁可得到较低的工资，而选择在安静的环境中工作。第二，运用差别补偿工资吸引员工做令人不快的工作增大了人力成本。因此，雇主可以通过改善他们的环境来降低人力成本。这种可能性意味着提供更好工作环境的企业，将有可能按照较低的成本实现环境的改善（因为改善环境的边际成本比减少工资补偿的边际收益低）。

以上讨论表明，在劳动力市场有一个工作匹配的过程，厂商提供工作，而个人接受工作，最终双方都将最大限度地发挥自己的优势，并满足各自的偏好。组织有动力来减少工作中的伤害风险，以减少工资补偿。反过来，接受危险工作的人很可能是最能忍受风险的人（个人按照自己的风险偏好自我选择）。比如，渔业公司经常发现，要减少伤害的危险，代价非常昂贵，

紧缺的劳动力市场使竞争加剧

随着市场上对掌握一定技能的雇员，特别是经理人的竞争加剧，各个公司正在采取各种各样的竞争策略，而不是简单地提高工资。重要的雇员可以收到相当于其一年工资的 15%~50%的续聘津贴，并且如果他们不离职，这项政策可延续 3 年。在 NYNEX 和贝尔大西洋公司合并之后，高级管理者如果在本公司工作至少三年，就可以得到 100 万美元以上的续聘津贴。结果，没有一个人离开。

经常，企业表面上是要“增加企业的忠诚度”，实际上是想方设法地吸引和留住管理人员。为了使每月高达 1.1%的流动比率降下来，雇主现在正在改变僵硬的报酬制度，使员工在内部的横向移动更容易，以提高他们的技能。新的职业发展计划帮助员工设计好自己如何在公司内进一步升迁的计划。花旗银行为 1 万名管理人员制定的计划是，每一管理人员每年总结两次，以便明确下一步究竟应该怎么做。国际纸业公司要求管理人员每年都要与员工探讨他们的职业发展愿望，这种讨论与每年的业绩评估是分开的。博思艾伦咨询公司（Booz Allen）为其咨询师制定了职业转换计划。通过创造更多的弹性工作日，这个计划使员工能更好地平衡他们的工作与家庭生活。有一个咨询师，父母的身体不太好，他被安排到一所大学负责招生。这种工作时间比较灵活，使他有时间来照顾父母。当猎头公司给他打电话时，他说：“我对这家公司有一个承诺，他们也给了我一个承诺。”许多这样的计划都非金钱上的补偿，但员工对他们的评价却很高。

资料来源：A. Bernstein (1998), “We Want You to Stay. Really,” *BusinessWeek* (June 22), 67 - 72; B. Wysocki (1997), “Retaining Employees Turns into a Hot Topic,” *The Wall Street Journal* (September 8), A1.

差别补偿

许多专业人员、律师、牙医、会计师和管理人员放弃年收入6位数的工作，而去找一份只有其三分之一收入的工作——私人教练。健康教练在运动技巧和饮食上给他的客户一定的建议。在体育馆，教练简直就是名人，每个人都认识他们，他们看起来很伟大，客户也都喜欢他们。一个教练说："你想象不到，当我帮助一个女孩穿上了一条她从来没有想过能穿进去的牛仔裤时，我得到了多么由衷的感谢。"以前的软件程序员成了印第安纳波利斯小马队（美式足球队）的正式教练。培训师鲍勃说："每天早晨我醒来的时候都对自己说'这是美好的一天'"。大多数教练一般年收入在2万~4万美元，并且没有任何福利。但是，他们做这些工作是因为他们可以自由安排时间，他们可以整天穿着短裤和T恤衫，他们还可以经常在户外走动。其报酬的一大部分（在某些情况下占80%左右），来自于轻松的生活方式所提供的差别补偿。

资料来源：K. Helliker (1999)，"They Left Professions for a True Calling as Personal Trainers," *The Wall Street Journal* (February 25)，A1.

因此，他们必须为船员提供工资补偿。而愿意接受这类工作申请者，通常是最愿意以生命来冒险做这项工作的人。由于这是自我选择的结果，所以与从劳动力市场上随机选择的人所给的补偿相比，公司所提供的差别补偿会较低。以低成本提供安全环境的公司能提供低风险的工作，工资也随之降低。这样的职位就将由许多回避风险的员工来申请和接受。

有成本的市场工资率信息

与标准模型相反，在许多劳动力市场上，薪酬是不能直接观察到的。个体之间也有各种各样的特点，通常并不是相互替代的。因此，观察某个个人的工资水平，并不能为聘用其他个人和确定工资水平提供完全的信息。此外，公司之间也并不完全了解对方的工资水平。在市场上很难观测到劳动力的市场价格，这意味着很难识别一个公司的工资水平究竟是太低还是太高。

钮科的工资水平太高了吗

去年秋天，当南卡罗来纳都灵顿的钮科工厂发出广告说有8个空缺职位时，有超过1 300个应聘者前来应聘，以至于造成交通阻塞，不得不调用州警察来维持秩序。遗憾的是，职位并没有那么多——有3个在钮科工作的员工已经递交了申请。

在钮科申请工作的人中，也许有许多是不合格的。但是，申请者如此之多，人们还是会考虑这样的问题：是否钮科的工资水平太高了，或者公司愿意为这项工作付出比市场工资率更高的工资水平？

资料来源：N. Perry (1988)，"Here Come Richer, Riskier Pay Plans," *Fortune* (December 19)，58.

到现在为止我们的讨论表明，判断一个公司是否按照市场工资率支付工资，可以看两个重要指标：（1）申请公司空缺职位的人数；（2）公司现有员工的辞职率。如果一个公司宣布有职位空缺时，有大量合格的申请者，而公司内现有员工的辞职率又很低，那么公司所支付的工资水平很可能高于市场工资率。[6]相反，如果申请者很少，而员工流动率又很高，那么公司的工资水平可能低于市场工资率。

在确定工资率时，重要的是在增加薪酬与员工流动成本之间的取舍。员工流动成本包括重新聘用员工的成本、培训费用，以及因雇佣非熟练员工而引起的生产效率降低。除此之外，如果员工预期他们不想为企业长时间工作，那么他们就不太可能关心自己的行动对于公司长期现金流量会有什么影响。比如，销售人员也许会积极推销，并收回佣金，尽管他知道顾客对产品并不满意，并会减少将来的购买量。有时，随着员工的离职，他们会将公司的客户和一些商业秘密带到竞争对手那里。尽管如此，公司人员的流动也对企业有些好处，例如，它会为企业带来新鲜血液和新的思想。

对于现有员工来说，外部公司的招聘反映了市场工资率。虽然这些招聘能提供有关现有员工市场价值的重要信息，但是否要与这些工资水平取齐，企业还要慎重。与其他企业相比，如果工资水平太低，就会失去有价值的员工。但是，如果企业采取的政策是与所有的外部工资水平都取齐，就会鼓励员工去争取获得这样的机会。这不仅会耗去员工本该用在工作上的时间，而且也增大了员工接受诱惑离开企业的可能性。

内部劳动力市场

利用我们的标准模型，可以有效地描述某些劳动力市场的情况，比如非熟练农业工人的市场状况。然而，对于许多其他就业和工资情况，这一模型并不能给予满意的解释。与模型所描述的情况相比，许多企业很少减少员工的薪酬，而且经常投资于员工的通用性培训（比如，支付学费让员工攻读 MBA）。同样，员工也经常花时间和努力来学习本公司所需要的专业技能。

许多公司更具有*内部劳动力市场*的特征。在内部劳动力市场，从外部的招聘仅限于初级职位，而绝大多数其他工作职位所需的人员则通过公司内部晋升得到满足。有内部劳动力市场的企业就与员工建立起了*长期关系*。一项调查表明，在 45 岁~54 岁之间的员工通常都为当前的雇主工作了 10 年以上。另一项调查发现，在美国，有超过半数的男性员工和超过四分之一的女性员工为同一雇主工作了超过 20 年的时间。[7]

在建立了内部劳动力市场的企业中，确定的职业路径和未来的晋升前景起了重要的作用。这些公司仅以有限的水平与外部的劳动力市场相互作用。与简单地反映外部市场状况不同，在内部劳动力市场上，工资率（下面将更为详细地讨论）和工作分配经常是由内部管理规定以及一些不成文的规定来决定的。企业可以有不止一个内部劳动力市场。比如，白领员工的内部劳动力市场也许与蓝领员工的内部劳动力市场毫不相干。此外，在具有内部劳动力市场的企业，有一些职位空缺可以由基本的模型给予令人满意的描述，例如，一些低技能的职位。

在雇主和员工之间，有关薪酬和责任的协议是契约关系。公司通常并不与非工会员工签署正式的书面协议（*显性的合同*）。相反，绝大多数的员工都按照某种*隐性的合同*（有关公司和员工对于意外事件应该如何反应的、一致的非正式理解）[8]工作。隐性合同不同于显性合同，因为通常没有书面文件，在法庭上很难强制执行。然而，公司和员工通常都有很强的经济动力忠实于隐性合同，以保护他们的声誉（见第10章）。隐性合同之所以如此多见，原因在于，要在一个正式的书面合同中详细规定各种可能的事件以及相关的反应，其成本往往是很高的。

建立长期聘用关系的原因

在第3章，我们知道，组织所有经济活动都会发生契约成本。企业有动力去考虑这些成本，并以最有效的方式来组织经济交换。[9]在如何建立公司与员工之间的关系方面，现货市场交换并不总是最为有效的方式。至少有三个因素可以促成公司广泛利用内部劳动力市场中的长期雇佣关系。这些因素包括专用的人力资本、员工的动力以及员工特性信息。

企业专用的人力资本

长期关系可以促使雇主和员工有更大动力投资于针对公司的专用培训。如果员工和雇主预计他们的关系不会长久，那么他们就没有进行这方面投资的动力。相反，如果存在长期的关系，员工和企业就可以通过累积专用人力资本而获得收益。

员工的动力

员工如果期望与公司建立长期合作关系，就有强劲的动力来为雇主的利益而工作。小偷小摸或者其他有损公司的活动也许会为员工带来一时的利益，但员工必须要将其与一些后续的成本相比较：他们也许会被抓住甚至被解雇，这将减少未来的收益。在建立了长期稳定关系的情况下，有些行为所造成的损失比在短期关系下要大，这就会激励员工在长期关系中更加高效地工作，并避免不良活动。[10]而且，正像我们下面将讨论的，在建立了长期关系的情况下，公司

日本的内部劳动力市场

在日本，大公司都大力运用内部劳动力市场。日本公司中许多管理人员一生都在为同一个企业工作。高级管理人员基本上从来不从一个大公司跳槽到另一个大公司。公司通常并不在外部招聘高级员工，除非是一些初级职位。人员的流动率非常低。工资水平在很大程度上与职位的级别相关，员工之间的工资差别比美国公司的差别要小。

在日本，如果有活跃的外部劳动力市场，小的差别工资将很难维持。市场的压力将抬高业绩突出的员工的薪水。最近，由于公司业绩不佳，日本许多公司不得不重新考虑他们的终身雇佣政策。如果放弃这一政策的公司越多，外部的劳动力市场就会变得更活跃。

资料来源：M. Aoki and R. Dore (Eds.)，(1994)，*The Japanese Firm* (Oxford University Press: Oxford, UK).

可以更加灵活地设计薪酬包，从而可以激励员工努力工作。

熟悉员工的特性

随着时间的推移，管理者会更加熟悉员工各方面的信息，包括技能、工作习惯、兴趣以及智力等。利用这些信息，雇主就能够使员工与各种工作更好地匹配。比如，与依赖于外部市场的企业相比，存在内部劳动力市场的企业在高级职位的人员安排上，很少会发生决策失误。

内部劳动力市场的成本

并非所有的企业都有内部劳动力市场。有些公司严重依赖于外部市场来满足各级职位对人力的需求。这一现象说明，对于这些公司来说，建立内部劳动力市场的成本可能高于其收益。内部劳动力市场有一个潜在的重要问题，即限制了对组织中高级职位的竞争。如果一个公司在聘用高级人员时，仅仅考虑内部候选人，那么它就很难保证总是可以聘用到最合格的人员（这种人员很可能在公司外）。特别是当工作不需要专门的培训（在本公司工作的经验并不能产生做好这一工作的优势）时，那么在外部的劳动力市场找到最佳候选人的可能性最高。因此，只有在专用培训更为重要的情况下，公司才更有可能利用内部劳动力市场。的确，在钢铁、石油以及化工行业的企业中，需要花费一定的时间才能掌握复杂的生产技术，因此这些公司往往依靠内部劳动力市场，而那些在制鞋和服装行业的公司却不是这样。[11] 对于服装和制鞋业来说，针对本公司的某些技能并不像在钢铁、石油和化工行业的企业那么重要。

柯达从外部聘用总裁

曾经在很长一段时间内，柯达都从内部长期工作的员工中挑选高层职位的候选人。这一政策的一个优点是，晋升的高级员工掌握公司所需的重要经验和具体信息。而对于未来晋升的期望和长期的聘用关系也为员工提供了重要的激励作用。然而，这种政策有一个缺点，即有时某一高层职位的最为合适的人选恰在公司外部。

在 20 世纪 80 年代后期和 90 年代初期，公司股东对柯达的董事会施加压力，要求从公司外部聘用高管。许多股东认为，为引入新的技术和思想，有必要从外部聘用人员。1993 年 10 月下旬，柯达宣布，聘用前摩托罗拉的 CEO 乔治·费舍作为公司的新 CEO。股票市场对于这一消息做出了积极的反应，柯达公司的股票价格上升了 8%（从 10 月 26 日的收盘价格到 28 日的收盘价格）。这一反应意味着公司的总价值增加了 16 亿美元。在柯达公司任 CEO 6 年之后，费舍宣布他将于 2000 年 1 月正式退休。这次，柯达公司决定从内部寻找继任者——在柯达已工作了很长时间的丹尼尔·卡普。2005 年，柯达公司又从外部聘用了安托尼奥·普瑞兹替代了卡普。此前普瑞兹的大部分职业生涯是在惠普公司度过的。

内部劳动力市场的工资

职业与终身工资

在公司内部劳动力市场上获得工作的员工，通常会期望将职业生涯的大部分时间贡献给同一个公司。因此，在刚开始工作时，有远见的员工一般是依据预期的职业生涯能得到的全部收入流量来做决策的。比如，在面临两个职位选择时，也许会接受目前收入较低的 A 企业的工作，而不是接受收入较高的 B 企业的工作，因为这位员工预期，在 A 企业，他的个人薪酬会增加得更快。

既然个人是依据职业生涯的后续收入来做就业决策，这就使那些拥有内部劳动力市场的企业在选择工资水平和支付时间时比较灵活。与基本模型相反，企业不必在每一个时期都付出市场工资率（也就是在均衡情况下的边际产量收入）。实际上，企业可以在相当长的职业生涯中变化薪酬，只要保证在每一个时点上，剩余工资流量的价值在市场上是有竞争力的（价值不低于竞争公司在劳动力市场上付给员工的工资）。

经济学家们认识到，为提高员工的工作动力，公司至少有三种方法可以灵活地确定他们的工资水平及其时间分布。这些方法包括支付效率工资、收入递增计划以及工资增加与晋升相结合。然而，正像我们将要讨论到的，影响成本将会限制企业应用这一灵活性的程度。

效率工资

对于许多工作来讲，监督员工的行为是非常困难的。同样困难的是，如何设计激励薪酬计划才能激发出理想的员工行为。例如，制造企业希望生产工人更努力的工作。在绝大多数情况下，很难对员工的努力程度作精确的测量。而且，效率工资或其他以产量为基础的薪酬政策可能会造成产品质量下降。

高层职位的竞争

1999 年 4 月，百得公司（Black & Decker），这个拥有 45 亿美元资产的电动工具制造商宣布约瑟夫·加利辞职的消息后，该公司的股票价格下跌了 8%。现年 41 岁的加利负责65%的公司业务和新产品的开发与生产，并通过他的努力使公司的状况大为好转。他被认为是当仁不让的 CEO 人选。加利曾经劝说现年 55 岁的现任 CEO 努兰·阿其博德在 65 岁以前退下来，这样他就能够接替该职位。阿其博德已经在百得工作了 13 年，是公司的老资格了。阿其博德害怕加利会辞职，因此就找了另外一个人来接替自己，并宣布加利已经辞职。迫于压力，阿其博德承认了此事，说："我是故意这样做的。"这件事情很正常。它说明了公司继任计划的重要性，也说明某些管理者从高层职位的权力中所获得的非货币收入相当可观。

资料来源：A. Barrett (1999)，"How to Keep Rising Stars from Straying," *BusinessWeek* (June 7)，80.

三菱公司终身雇佣制的废弃

在颠峰时期，三菱的员工就好像是宇宙的主人。三菱公司的员工都毕业于名牌大学，被认为是社会的精英，他们有好的工作和保障，并且享有终身雇佣。但是，这个泡沫却破灭了。20 世纪 80 年代，该公司用从房地产赚取的大量资金投入到一系列的坏项目上，90 年代公司开始出现大量亏损。三菱公司实际上是由一组关联公司构成的经连会，其核心企业（由汽车、银行和重工业企业所组成）的股票回报率只有 4%。在美国，任何低于 15%的回报率都被认为是差的。现在，新雇的员工纷纷辞职并找新的工作。人们再也没有像以前那样的安全感了。

资料来源：B. Bremner and E. Thornton (1999) , "Mitsubishi: Fall of a Keiretsu," *BusinessWeek* (March 15) , 86–92.

在这种情况下，激励员工的一个潜在方法是给员工支付高于市场工资率的薪酬。为员工支付工资溢价显然会增加人工成本。然而，这会收到很好的效果，使员工不怠工。在收到工资溢价的情况下，员工通常都会减少怠工行为，因为他们害怕一旦被发现将被解雇，他们也很难找到像这样提供工资溢价的工作。对那些与公司建立长久关系的员工来讲，这种政策效果会更为明显，因为他们的损失更多。经济学家经常将这种工资溢价称为*效率工资*（efficiency wages）。效率工资同样会激励员工留在公司。当员工具有专门针对本公司的人力资本时，这种激励特别重要(公司也不愿意将这一员工换成另一个缺乏培训的人)。[12]

效率工资是否可以广泛运用，经济学家对此还有争议。虽然现实的经验事实并不确定，但

地方警察局对于诚实的激励

经济学家加里·贝克尔和乔治·施蒂格勒接受了一项咨询：如何才能减少芝加哥警察局中的腐败行为。这两位诺贝尔奖得主的建议是，将这些警察的工资提高到市场工资率以上。由于有足够高的工资溢价，警察就会受到激励，自觉地拒绝罪犯的贿赂。接受贿赂会有眼前的好处，但是有可能被发现并被解雇，所以也有工资溢价的损失，在这样一种眼下的好处能被期望的工资溢价的损失所抵消的情况下，警察就不会接受贿赂。因此，为避免腐败所需的工资溢价取决于贿赂的规模以及被抓住的可能性。贿赂的数额越大，以及被抓住的可能性越小，则需要的工资溢价就越高。

支付工资溢价会吸引更多的人来申请这类职位。为减少多余的申请者，加里和乔治建议将工作出售给警察。工作的价格将反映预期的工资溢价。在这一计划下，一项工作的工资水平可以看做向一位警员发行的不接受贿赂的债券。如果这位警员诚实，那么这位警员就将以带有溢价工资的形式收回债权。如果这位警员接受贿赂并被抓住，这一债券就会丧失。

买工作的概念看起来不同寻常。但是，这在英国早期的监狱看守（守卫伦敦塔的卫兵）中早就实行了。今天，当人们购买一个特许经营公司的专营权的时候，他们实际上就是在这样做。

资料来源：G. Becker and G. Stigler (1974) , "Law Enforcement, Malfeasance, and Compensation," *Journal of Legal Studies* 3, 1–18.

有研究表明，在某些行业中，效率工资非常常见。一些研究人员发现，在剔除工作和员工特性影响的情况下，行业之间的工资水平有系统差别。此外，他们还发现，行业工资水平差异与人员流动之间具有负相关关系。这表明在高收入的行业，员工会收到工资溢价。研究人员解释说，这些事实表明在有些行业中效率工资的确存在。[13]

工作级别与工资收入[14]

通常，随着员工在公司的级别上升，其薪酬也会增加。这种薪酬的增加部分可以归因于随经验积累其生产效率的提高。然而，在许多公司中，随着员工年龄的增长，薪酬的增长快于生产率的增长。公司也不断地提供有吸引力的退休计划，鼓励年龄大的员工退休，并且经常是强制性退休（除非法律不允许）。例如，公司可能规定，员工在年龄达到 65 岁时必须退休。[15]

对于这种与年龄相关的工资政策的一种解释是，建立强大的激励措施可激励员工为公司的利益而工作。要说明其原因，可考虑图 14.2 所提供的例子。这个图显示了在一个既定的企业中，边际产量收入以及一个典型的员工收益的增长。在这个特定的公司内，随着员工经验的不断增加，边际产量收入和薪酬都不断增加（如果该员工在以后的工作年份生产率有所下降，那么分析不会改变）。然而，薪酬增加的速度更快。在早些年，员工的工资低于边际产量收入，而在后来，员工的工资超过了边际产量收入。在早期，该员工所得的工资低于正常水平，但他愿意继续为公司工作，因为他预期在随后的几年能得到超过正常水平的工资。在这样一种薪酬计划下，年轻的员工有动力对该公司专用的人力资本进行投资并努力工作，避免被解雇和损失未来的工资上涨。而年老的员工，由于工资收入比在其他公司中高，也不愿意由于表现不好而被解雇。

采用这种薪酬政策的公司有一种短期激励，即解雇年老的员工，因为年老员工的工资水平高于他们实际上所值的工资水平。然而，实际上，从长期来看，无理由地解雇年老员工并不符合公司的利益，因为这将减少薪酬计划的激励效果——年轻的员工不再相信努力工作会在他们

压缩工资的成本

在竞争激烈的劳动力市场中，新雇来的员工比早几年入职的员工挣的工资还多并非罕见。1998 年，普华永道的战略咨询师斯科特·桑特说：“今年的 MBA 毕业生拿到的工资和奖金，差不多比我当年拿到的多 30%。这真令人丧气。”一位公司的发言人说，“我们正在使工资的增长速度赶上起始工资的增长速度。”员工们也对新来的员工比有经验的员工挣的工资还多感到泄气。一些管理者认为，他们支付给现有员工的工资可以比市场工资稍低一些，因为员工们寻找和调查新的就业机会是需要成本的。一个在本企业工作一年左右的员工，即便有新的企业给其提供工资水平上涨 5%~10%的职位，他也不太可能去。为了把那些最好和最聪明的员工留在企业，一些员工流动率较高的企业会每半年甚至每一季度就提高一次工资。

资料来源：T. Schellhardt (1998)，“Rookie Gains in Pay Wars Rile Veterans,” *The Wall Street Journal* (June 4)，B1.

图 14.2　收入递增曲线的一个例子

此图表示在一个企业中，一个典型员工的边际产量收入和薪酬。在这个特定的公司内，随着员工经验的不断增加，边际产量收入和薪酬都不断增加。然而，薪酬增加的速度更快。在早些年，员工的工资低于边际产量收入，而在后来，员工的工资超过了边际产量收入。在早期，该员工所得的工资低于正常水平，但该员工还愿意继续为公司工作，因为预期在随后的几年将得到超过正常水平的工资。在这样一种薪酬计划下，年轻的员工有动力努力工作，避免被解雇和损失未来的工资溢价。而年老的员工，由于工资收入比在其他公司中高，也不愿意因为表现不好而被解雇。

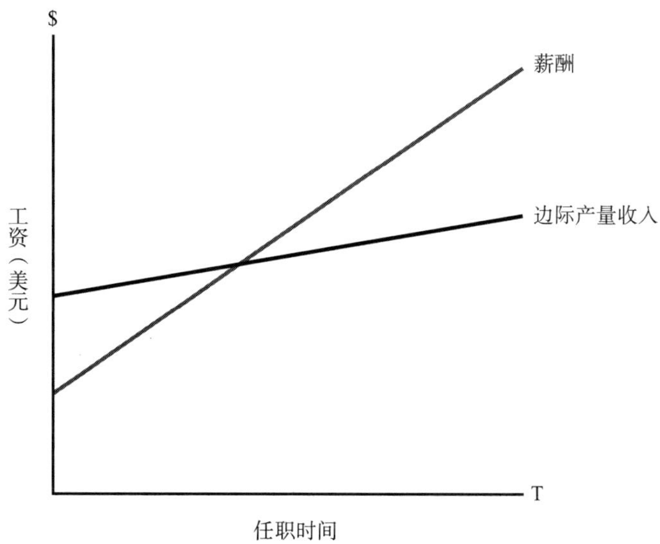

年老的时候得到工资溢价。为了使年轻的员工相信在他们老的时候不会被解雇，这些企业常采用工作级别制——在经济衰退期，年轻的员工首先被解雇。企业在不确定期内不能给所有的老员工支付工资溢价，让他们一直待在企业。绝大多数的公司难以无限期地为企业内所有的老年员工提供溢价。因此，这样的公司会采用相关的政策，以保证年老的员工达到某一个年龄的时候就会退休。比如，可以选择一个强迫退休的年龄，使这些员工早年少得的工资，正好可以被他们在以后的工作中多得的工资所抵消。这样，在他们的整个职业生涯中，员工最终还是得到了与他们的边际产量收入相当的工资（即在基本模型中所表明的）。这样一个条件可以帮助公司在竞争性市场中得以生存。

晋　升[16]

企业通常都会分成多个层级，在一定级别上工作的人，其工资会比下级职位的工资高。员工通过晋升能够升至公司层级的上层。由于员工都力争得到晋升，所以晋升会被视为在员工当中的竞赛或者需要进行的多场比赛。员工为了赢得这场比赛通常都会努力工作并提高效率。

显然，在许多组织中，晋升在提供激励上扮演着重要角色。[17] 以晋升为基础设计公司的激励政策有一个好处，就是使公司更认真地评价各位员工的业绩表现。错误地提升一个员工会造成重大的成本负担。在晋升时，雇主有很强的动力对相关员工的业绩做深入的分析，以避免做出错误决策。另一个重要好处是通过晋升竞赛，可以帮助公司更好地了解员工，剔除非正常因素对员工业绩的影响。通常的情况是，相对业绩最好的员工得到晋升。就像我们在第 16 章要讨论的，运用相对业绩而不是绝对业绩计量，会带来风险分担的好处。[18] 特别是，员工不会因为一些自己不能控制的因素而得到奖励和惩罚，那些影响所有晋升竞赛参与者的共同因素将从决策中剔除。

以晋升为基础的激励机制也有一些缺点。[19] 第一，根据相对业绩评判员工可能会忽略员工之间的合作，员工也许会故意破坏其他人的工作。对澳大利亚公司的一项调查显示，当晋升激励比较大的时候，员工就不太可能进行合作。[20] 第二，晋升作为一种激励缺少灵活性和精确性。晋升在时间上没有连续性，结果只有得到晋升和没有得到晋升两种可能。还有，在一些小企业，员工都具有专业技能，他们得到晋升的机会非常有限。而货币性激励，比如奖金支付，就比较灵活。第三，合格的人员可能不止一个，而只能提供一个晋升机会，那么在这些合格人员之间可能会产生严重的矛盾。而所谓的彼得原理，是说员工总是不断地得到晋升，直到最终达到一个自己力所不能及的职位。第四，员工并不总是看重晋升。比如，热衷于研究的科学家和教授们对于某些管理职位并不感兴趣。第五，晋升竞赛会使决策者严重受制于其他影响。[21]

尽管有这些缺点，在全世界，晋升还是一种得到广泛运用的激励方法。例如，在大公司中，相同级别的员工基于业绩的薪酬差别不大，但是，一旦员工被晋升到一个更高一级的职位，多数情况下工资也随之提高。[22] 如果得到晋升后，工资上升的幅度很大，员工就会付出更多的努力希望再得到晋升。在赢得赛事的奖金越大的情况下，职业高尔夫球员的得分越高，美国运动汽车比赛协会 NASCAR 的赛车手的速度越快。[23] 有越多的人想竞聘 CEO，则成为CEO 后工资上升得就越快。[24]

最近，在许多公司中，晋升的希望开始变小，因为普遍的中层管理职位减少。这就降低对许多员工的激励。他们认为，即使他们工作很出色，晋升的机会也非常有限。为此，许多公司重新调整员工的激励结构，采用了更为明显的按业绩支付薪酬的计划。1988 年的一项调查显示，在美国，75%的雇主对基层人员提供激励计划（比如利润或收益共享计划）。[25] 20 世纪90

通用电气公司的赛马

有时，公司会在内部候选人之间进行“赛马”。在这一过程中，候选人被明确告知他要为争取工资和声望更高的工作而竞争。这种比赛为候选人提供了强烈的激励，候选人力争有出色的表现，因为在比赛中取胜的奖励是很诱人的。在 1981 年，当 CEO 瑞金纳德·约翰退休时，通用电气公司就举行了这样的比赛，让多人竞争公司的 CEO 职位。最后，杰克·韦尔奇获胜。2000 年，杰弗瑞·伊梅尔特在另一场领导权竞赛中获胜，成为继韦尔奇之后 2001 年通用电气的 CEO。

资料来源：R. Vancil(1987) , *Passing the Baton* (Harvard Business School: Boston) ; and GE Proxy (2000) .

年代末期，在北美地区用股票期权来奖励高级管理者和员工的企业已逐渐增多。根据一项对《财富》200 公司的调查，20 世纪 90 年代用于股票期权激励计划的股份已翻了一倍多，占了90 年代末流通在外的股票的 13%。另外两项调查显示，美国大公司的员工行使的股票期权价值在 2000 年估计为 1 000 亿美元，而且在 1999 年，有 19%的员工享有股票期权，而 1998 年这一比例只有 12%。[26]

影响成本

同事之间会经常比较薪酬水平。同事之间的工资差别会引发员工寻求薪酬差别的原因。某些员工也会根据其他员工的工资水平提出抗议，要求增加工资。人们猜测，这将会导致公司减少员工工资的差别，以减少这种类型的活动。然而，这种政策又会带来成本。业绩不佳的员工可能会得到相对较高的薪酬，而效率较高的员工可能所得的薪酬过低，最终将离开公司。影响成本的存在也说明了为什么许多公司将薪酬决策秘而不宣。然而，在很多情况下，要阻止同事之间相互了解薪酬是非常困难的。

许多公司经常花费大量的资源来比较和评价组织内部的各项工作。一种常用的方法是海氏要素分析系统。[27] 在这样的系统中，组织内的每项工作都按照要素来评估，比如，该项工作要求有专业知识、解决问题的技巧、管理的人数以及责任。按照这样一种评价，每一项工作都得到一个总分数，并置于公司一个合适的组织层级上的职位。在公司组织层级的一定级别上，所有工作都有着类似的薪酬范围。比如，在同一层级上工作的工资水平可能在 2 万美元到 2.5 万美元之间，这依据个人的经验和资格而有所差别。虽然工资在某种程度上反映内部市场的工资率，但一定要注意保证内部工作的一致性（同工同酬）。内部的一致性旨在减少员工对薪酬政策的抱怨，并保证公司免受薪酬歧视的指控。然而，如果工资与监管的员工人数相联系，这样的计划就会导致管理人员随意增加员工人数。

大学中的影响成本与工资

如果在公司中，员工相互知道彼此的工资水平，有可能带来负面影响的活动就会非常活跃。按照我们的讨论，这样的公司也许应该限制工资的差别，以减少影响成本。有一项研究考察了大约2000 所大学系所的薪酬水平，得出有关这一问题的经验数据。在规模较小的系所、在同事之间有频繁交往的系所以及在那些公共机构（经常要求必须公开工资信息）中，有关工资水平的信息在员工之间更易于传播。与影响成本的观点一致，研究发现所有三个因素都与工资收入差别的减少相关。

资料来源：J. Pfeffer and N. Langton (1988)，"Wage Inequality and the Organization of Work: The Case of Academic Departments," *Administrative Sciences Quarterly* 33, 588–606.

就业市场如何凸显竞争优势

位于西雅图的WRQ公司是一家开发连接软件的公司。为了吸引稀缺的软件工程师和程序员，拥有700个员工的WRQ公司在招聘时必须使应聘者在竞争对手微软公司“巨大吸引力”的声音之外能感觉到他们的呼唤。微软公司与WRQ公司相隔不远，现拥有员工1.2万人。微软公司提供一份诱人的股票计划，它能使员工都变成百万富翁。WRQ公司则提供良好的工作环境以及善待员工的公司政策——团队管理，合理、灵活的工作时间，给员工时间参加志愿者工作，10层高的办公楼前庭都有自然光照射，此外公司还为员工准备了按摩室、给婴儿哺乳的办公室，从公司的回廊上可以俯瞰远处的湖面。这样的政策使WRQ公司能招聘到许多有经验的员工，特别是女性，公司的人员流动率也只有其他软件公司的一半。一位微软公司的前雇员，现年31岁，有一个刚出生的宝宝，他对过去在微软的工作也算满意，但是现在为WRQ公司工作。他并不怀念过去一天工作13个小时并且24个小时随叫随到的生活。员工通常都不喜欢工作压力大的环境，正是依靠这一优势，WRQ公司才有竞争力吸引到高科技人才。

资料来源：S. Shellenbarger (1997)，“Rooms with a View and Flexible Hours Draw Talent to WRQ,” *The Wall Street Journal* (August 13)，B1.

工资—福利组合[20]

在我们的标准模型中，个人以现金形式收到薪酬。然而，许多员工以福利的形式收到他们薪酬的大部分，即种类与时限均不相同的薪酬。

这些不同的薪酬包括医疗保险和公司娱乐中心的会员资格。在这种情况下，员工收到的是医疗保险或者某种服务而不是现金。退休金计划和社会保障计划是递延薪酬的例子。对于一个典型的美国公司的员工来讲，薪酬包的75%是因其工作时间而得到的，而其余的25%是以福利的形式得到的。从雇主成本的角度考虑，最为重要的福利是退休金和保险、带薪假期（休假、病假和其他假期），以及指定的社会保障和工伤赔偿。许多员工还从公司的教育开支、牙科保健、饭费补贴以及其他补贴性的娱乐项目中受益。1998年，有人对2120名大学生进行了调查，发现最重要的工作福利排列如下：医疗保险、退休金、每年增加的工资额、牙科保健和人寿保险。[29]

员工偏好

从员工的角度来看，工资和福利通常并不是完全的替代品。其中一个原因是税收因素——当员工收到某些特定的福利（比如医疗保险）时，并不需要缴所得税。例如，如果一个员工要购买费用为5 000美元的保险，会愿意让公司来支付保险费，而不是从公司得到5000美元的现金。因为保险费是用税后收入支付的，如果员工面临税率为33.33%的所得税，那么要额外收到7 500美元的现金收入，才够买这一保险。员工希望公司购买保险的另一个原因是，公司购买

图 14.3　员工对工资和福利的偏好

本图运用无差异曲线画出了员工在工资收入和福利之间的偏好情况。曲线的曲度说明员工在福利比较少的情况下，愿意追加福利来代替相当一部分工资收入（也许是出于税收的考虑）。然而，这样一种替代的愿望随着员工得到的福利数量的增多而下降（员工会由于其他原因更为偏好现金）。

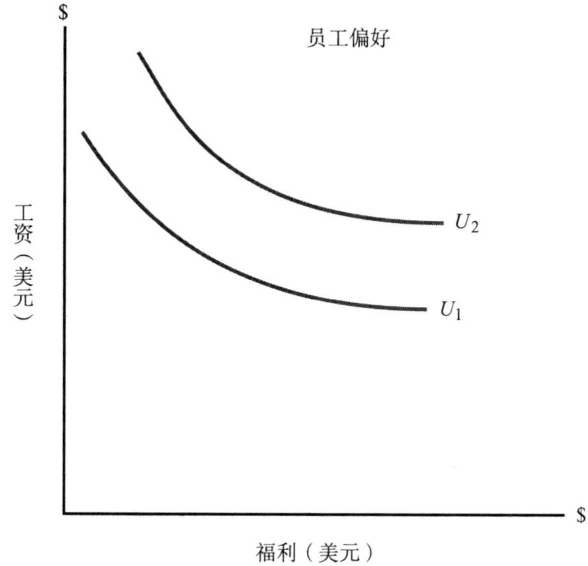

的价格可能会更低。比如，与员工自己分别购买保险相比，企业也许能够以更低的价格提供团体保险。健康和人寿团体保险的潜在成本优势包括两点：它减少了逆向选择问题；降低了管理费用和销售费用。另一方面，员工有可能更偏好得到 5 000 美元现金，而不是价值 5 000 美元的福利，因为拥有现金，可以自由支配这笔现金收入，购买自己真正想要的东西。[30]

至此为止，我们并没有将福利再细分成更小的类别来分析。我们仅仅是考虑工资与所有福利组合的选择。随后，我们进一步将讨论福利的构成。图 14.3 运用无差异曲线画出了员工在工资收入和福利之间的偏好情况。曲线的曲度说明了员工在所得基本都是现金收入的情况下，愿意追加福利支出来代替相当一部分工资收入（也许是出于税收的考虑）。然而，这样一种替代的愿望随着员工得到的福利数量的增多而下降（员工会由于其他原因更为偏好现金）。

员工的偏好——着装

硅谷的程序员对信息时代的贡献巨大。因为在电脑屏幕前待的时间太长了，这些程序员容易变成行为古怪的群体。有一位程序员对他的上司说，他工作时喜欢赤身裸体。他还说，他喜欢一个人工作，在夜深人静的时候工作效率尤其高，但是办公大楼在晚上 11 点就锁门了。因为好的程序员非常难找，所以经过一番协商，他被允许晚上 11 点之后还留在办公室里，并且可以脱掉衣服。

当然，故事还没有完，从那以后事情似乎一切都好。直到有一天晚上，这个程序员在他的小工作间里看错了表，当他赤身裸体地走进一个他以为一个人都没有的工作间时，大吃一惊的可不止他一个人。

资料来源：P. Bronson (1999)，*The Nudist on the Late Shift* (Random House: New York).

员工的偏好——身体艺术

现在，10个美国人中就有一个纹身，而在20世纪70年代，这个比例只有百分之一。而且这一现象不仅仅是在蓝领阶层中。联邦法官、律师和企业高层管理人员也在炫耀各种形式的身体艺术——纹身和挂饰。美国的公司不得不适应这种趋势，以便能够吸引和保留住合格的劳动力。当然，大多数员工选择在同事或顾客看不到的身体部位纹身，一些公司采取政策允许在看的见的部位纹身或戴挂饰，但内容必须是非冒犯性的且不会招致安全问题。例如，沃尔玛允许戴耳环和非冒犯性的纹身，但脸部不准戴饰物。一些管理者甚至认为身体艺术是员工展示个性的一种健康方式。一位旧金山对冲基金的前管理人员在他的后背和胳膊上都刺满了纹身，嘴唇上戴着饰物，耳朵上挂一块木头和骨制的圆片。他的老板声称，当他们与古板的银行职员打交道的时候，这种不同寻常的外表实际上有助于生意的达成。这位管理人员现在已经离职，在洛杉矶经营自己的纹身店。

资料来源：M. Org (2003)，“The Tattooed Executive,” *The Wall Street Journal* (August 28)，D1, D15.

当然，员工愿意尽可能地选择一个更高的无差异曲线。然而，企业则只想提供可以使员工留在公司的待遇水平。如果公司提供的薪酬可以达到这一效用水平（或更多），那么与在其他公司工作或者不工作相比，员工在这个公司工作就更好。比如，在图14.3中，假设这一员工的保留效用可以用无差异曲线 U_2 来表示。（如果其他公司提供的薪酬增加，其他公司就变得比较有吸引力，同时也意味着这个员工的保留效用将有所增加。）

雇主的考虑

我们先做这样的假设，公司的管理者并不在意给员工支付现金，或是用相同数额的现金为员工提供福利。比如，这两种支出都会抵扣公司的所得税，因此对公司来说有着同等的成本。图14.4画出了在这样一种假设情况下典型企业的等成本曲线。每一条曲线都是一条直线，斜率为-1。付给员工的报酬在工资和福利之间的不同划分不会影响公司的价值。沿着等成本曲线，吸引和保留员工所花费的成本都是相同的。在可能的情况下，选择最低的等成本曲线，公司的价值将达到最大（因为最低的等成本曲线意味着更低的劳动力支出和更高的利润）。

工资与福利的选择

假设公司雇佣的所有员工对工资和福利都有相似的偏好。图14.5描绘了有关典型员工保留效用的无差异曲线。沿着这条无差异曲线，企业使用任何一种薪酬组合都能雇用到这样一个员工。该图也描绘出了企业可选择的等成本曲线。管理者的目标是选择这样一种薪酬包，在能够满足该员工的保留效用的情况下，使成本最低。最优的选择点为（S^*，F^*），在这一点上，无差异曲线与等成本曲线相切。管理者也可以沿着无差异曲线选择其他组合。但是，这些其他组合都有更高的成本。尽管管理者也可以选择那些成本低于（S^*，F^*）的点，但是，这些组合都不

图 14.4　雇主对于支付工资和提供福利的偏好

本图显示了一个典型企业的等成本曲线。假定公司的价值不会因为付给员工现金工资或用同等数量的现金提供的福利而受到影响。每条曲线都是一条直线，斜率为-1。公司的价值不会受支付工资或以同样的金额提供福利的影响。沿着等成本曲线，公司在人力成本支出上是相同的。在可能的情况下，选择最低的等成本曲线，公司的价值将达到最大(因为更低的等成本曲线意味着更低的劳动力支出和更高的利润)。

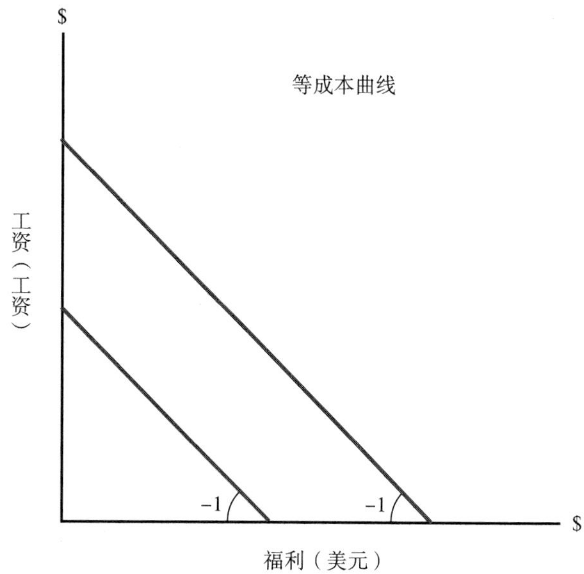

能满足该员工的保留效用。

这个分析表明，留心员工对于福利的偏好是符合管理者利益的。如果员工更愿意公司统一购买牙科保险，而不是获得相同数额的现金，那么公司就应该为员工提供这种牙科保险。提供这种牙科保险之后，公司的价值并没有降低，而员工的福利得到了增加。的确，如果这种调整使员工的报酬超过了他们的保留效用，那么公司可以适当降低现金薪酬，并分享这部分结余(公司在采用这一方式的同时，在未来年份还可以适当增加工资。）设计更为有效的合同可以使

福利和加班费

2003 年，当企业刚刚从经济衰退的困境中摆脱出来的时候，许多公司都不愿意增加新的员工以适应增长的需求。相反，许多公司开始为员工提供加班的机会，使每小时的工资相应提高。许多员工都利用这一机会。平均每星期的加班时间从 10 月份的 4.3 小时，增加到 11 月份的 4.4 小时。每周加班 10~15 个小时的一名工人评论说：“我有过一些尝试，感觉很好，但是你没有了自己的生活。”但是也有一些工人抗议加班甚至选择辞职。面对不断增长的需求，企业为什么不雇佣更多的员工、按照正常的工作时间工作，并按常规的工资率支付工资？主要有两点考虑：第一，解雇工人的费用很高，因此雇主直到确认需求的增长不是暂时的现象之前是不会轻易地雇佣更多的工人的。第二，福利不会随着工作时数的增加而增加。例如，健康保险率是由员工人数决定的，不是由工作时数决定的。因此，加班的总成本比雇佣更多工人的总成本要低。

资料来源：K. Maher (2003)，“Overtime Increases as Employers Remain Cautious About Hiring,” *The Wall Street Journal* (December 9)，D6.

图 14.5 工资与福利的最优组合

本图描绘了企业要雇佣的典型员工保留效用的无差异曲线 U。沿着这一曲线，应用薪酬包就可以聘用这样的典型员工。本图同时画出了企业可选择的等成本曲线。为了使企业的价值最大，就要选择能够满足这一潜在员工保留效用的薪酬包。这一最优的选择是点（S^*，F^*），在这点，无差异曲线与等成本曲线相切。管理者也可以沿着无差异曲线选择其他的组合。但是，这些组合都有更高的成本。管理者也可以选择那些成本低于（S^*，F^*）的组合，但是，这些组合都不能满足该员工的保留效用。

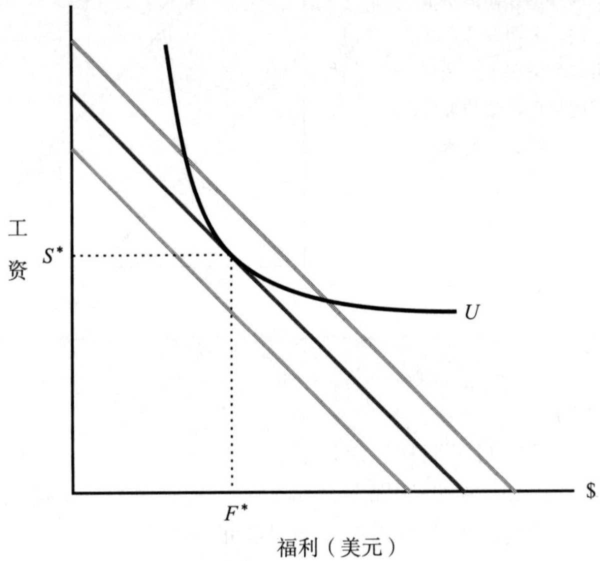

公司以较低的成本吸引和保留合格的员工。

我们一直假设，企业的价值不会因为支付给员工的现金工资与同等数量的福利开支的划分而受到影响。这种假设在很多情况下可能是成立的，但是，至少存在两种复杂因素。第一，对公司的税收可能有重要影响。比如，公司也许要为工资支付社会保险税，而福利则不必支付。这种税收会改变公司的等成本曲线的斜率。例如，假设社会保险税率为 6%，那么对于管理者来说，支付 1 美元现金与支付 1.06 美元的福利费用并没有什么区别。等成本曲线的斜率为–0.943。正如图 14.6 中所显示的，与没有税收的情况相比，在有税收的情况下，支付更高的福利和更低的工资会更好一些。注意，在图中，个人所得税已经包含在员工的无差异曲线中，而公司要支付的有关税收已经包含在公司的等成本曲线中。因此，我们的分析表明，设计薪酬包时，管理层应该考虑员工和公司的总税收成本。[31] 减少企业和员工总的税负意味着有更多的钱可以在公司和员工之间分配。仅仅考虑一方的税收是不合适的（比如，仅仅考虑公司的税收）。

第二个复杂的问题是福利会影响员工的行为，而员工的行为又会进一步影响公司的利润。比如，带薪病假的福利可能会鼓励员工故意旷工。类似地，慷慨的保险项目将会使员工不愿意节省医疗费用。这些类型的激励效果会影响合适的薪酬包。比如，有些公司减少医疗保险的范

图 14.6　有应付工资税的情况下，工资与福利的最优选择

该图说明，应付工资税如何影响工资和福利的最优选择。在开始的情况下，公司不需要为工资和福利支付工资税（比如，社会保险）。最优选择是点（S^*，F^*）。在第二种情况下，企业要为支付的工资付工资税，但不需要为福利开支付税。这种税收因素将使等成本曲线变得更为平缓，而最优选择将变为（S'，F'）。在第二种情况下，企业会支付更低的工资和更多的福利。

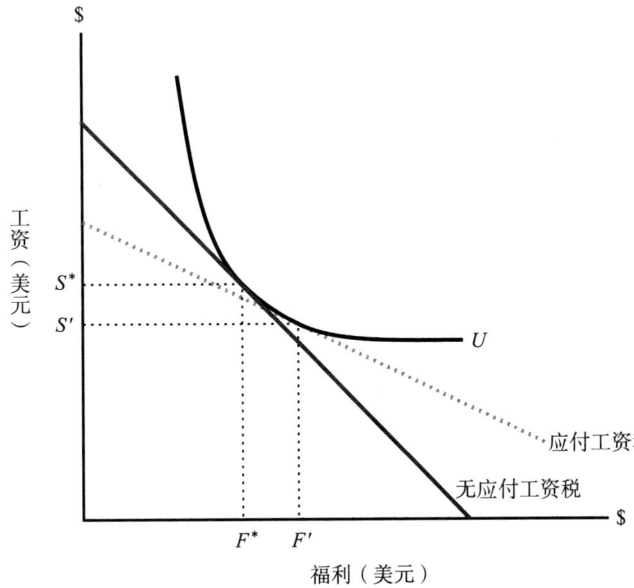

围，意在让员工就有关医疗费用与医生讨价还价。而反过来，员工通常不愿意与医生讨价还价，公司必须支付更多的工资来抵消这种讨价还价增加的成本，员工也会要求对医疗保险范围缩减给予补偿。然而，如果工资的增加小于医疗保险费的减少，那么企业的成本将会下降。这种考虑将使等成本曲线的斜率有所改变，从而会增加或者减少最优的福利费开支。

运用福利吸引特定类型的员工

雇主大多非常关心聘用人员的个人特征。比如，企业在面对更高的人员流动成本时，愿意聘用那些有家庭的人，因为他们辞职的可能性较小。还有的情况是，工作强度较高的企业，比如纽约的投资银行更愿意聘用单身员工，因为他们更有可能愿意延长工作时间。通过工资吸引

林肯电气公司提供员工福利

公司愿意听取员工个人偏好的事实表明，是员工自己支付了福利。比如，在绝大多数的公司中，如果员工不想要医疗保险，公司就愿意付更高的工资。因此，当他们收到福利时，员工就面临着一种损失工资的机会成本。林肯电气是一家位于克利夫兰的制造公司，管理者将工资与福利各自的利弊明确地告诉员工。林肯电气公司员工报酬的一半采用了年终奖金的形式。福利的成本从这种奖金中扣除，并在员工的工资单中给予说明。在很多场合下，林肯电气公司的员工对于牙科保险都投了反对票，因为绝大多数人更偏爱现金。

图 14.7 用工资和福利的组合吸引特定类型的员工

在该图中，我们可以看到公司的等成本曲线，以及代表两种保留效用的无差异曲线——一种代表着单身员工，一种代表已婚员工。在这个例子中，与单身员工（偏好现金）相比，已婚员工更为偏好福利（比如，健康保险）。如果管理者要吸引已婚员工，就可以提供更多的福利和更少的工资（$\$_M$，$F_M$）。在这种情况下，已婚员工就会更愿意申请该公司的工作。单身员工不太可能申请，因为薪酬包不能满足他们的保留效用。相反，如果管理者要聘用单身员工，就可以支付更高的工资和提供更少的福利，即（$\$_S$，$F_S$）。

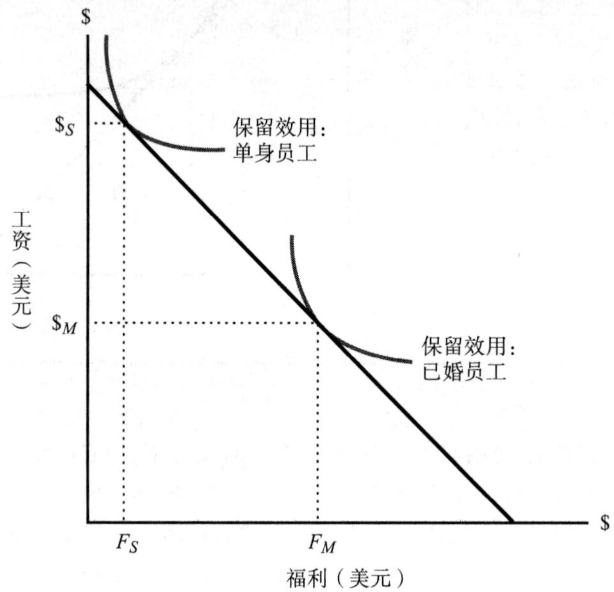

福特和沃尔沃的同等福利

1999 年，当福特汽车公司购买了沃尔沃公司 AB 轿车分部的时候，他们不得不决定的是如何处理两个公司的员工福利待遇的差异。虽然福特的工厂也有很不错的健身中心，但这些中心却比不上沃尔沃工厂里的那些娱乐设施，比如奥运会规格的游泳池、网球和羽毛球场、皮制的床和桑拿室等。沃尔沃工厂的福利水平之所以这么高，一个原因就是瑞典的税率相当高。公司提供的服务，比如豪华的保健设施，政府是不收税的。但是，在美国的福特员工会打着“同等福利”的旗号，在与企业签订用工协议的时候会与公司讨价还价。

资料来源：A. Latour (1999)，“Detroit Meets a ‘Worker Paradise,’” *The Wall Street Journal* (March 3)，B1.

特定类型的人力资源，企业是受约束的。例如，如果公司给有家庭的人提供了比单身雇员更高的工资，就有可能违反平等雇佣法。然而，企业有时运用工资与福利的组合来吸引特定类型的员工。[32] 图 14.7 所表明的就是这样一个例子。在该图中，我们可以看到公司的等成本曲线，以

临时工和兼职越来越多的趋势

在美国邮递包裹服务公司（UPS），兼职工人所占的比重越来越多。如果 UPS 的搬运高峰在早晨和下午，那么雇佣兼职工人就比雇佣全职工人更灵活些。许多兼职工都喜欢这种灵活的工作安排。

与兼职工相比，临时工是全职工（每星期工作 40 个小时），但不一定长期工作。当长期工的人手不够或出现临时性的工作时，许多公司都会通过中介公司聘请临时工。通常临时工的福利很少。在一个公司干了几年的临时工，是不是应该像长期工一样享受同等的待遇？为此，微软公司和时代华纳都曾被告上法庭。谁是真正的雇主——是中介公司还是雇佣这个"临时工"的公司？如果雇主是这个雇佣公司，该公司就应该给这个临时工发放养老金。一位国内收入署的官员抱怨微软公司说："微软 6000 名临时工中，有许多是属于适用于普通法的员工，应该享有公司养老金待遇。"

资料来源：M. Phillips (1997)，"Part-Time Work Issue Is Greatly Overworked," *The Wall Street Journal* (August 11)，A1; A. Bernstein (1998)，"When Is a Temp Not a Temp?" *BusinessWeek* (December 72)，67-72.

及两种保留效用的无差异曲线——一种代表单身员工，一种代表已婚员工。在这个例子中，与单身员工相比，已婚员工更为偏好福利（比如，健康保险）。如果公司要吸引已婚员工，就可以提供更多的福利和更少的工资（$\$_M$，$F_M$）。在这种情况下，已婚的人就更可能申请该公司的工作。单身的人不太可能申请，因为薪酬包不能满足他们的保留效用。相反，如果管理者要聘用单身员工，就可以支付更高的工资和提供更少的福利，即（$\$_S$，$F_S$）。

福利的构成

我们关于福利和工资选择的基本分析也可以应用于福利组合的选择。例如，每当员工更愿意要伤害保险（假定对公司来说，两种保险成本相同）时，与为员工提供牙科保险相比，也许伤害保险更有意义。正是基于这样的考虑，有些公司采用菜单式或自助式的福利计划，在这种情况下，员工可以以一定的福利费用为限额，选择各种各样的福利项目。这些计划的潜在好处是，即使是同一个福利项目，对不同的员工其价值也是不同的。通过允许员工自由选择，他们就更愿意以更低的总成本为公司工作。请注意，自助式的福利计划对双职工家庭可能更有价值。比如，夫妻双方可以一个人选择牙科保险，而另一个人则选择医疗保险。

采用自助式的福利计划会发生很多成本，从而限制了这种方式的广泛采用。第一，管理这样的福利政策更为昂贵。例如，必须告知员工所有的福利选项，并要建立相应的管理部门，以便记录员工的选择，确定合理的供应商和购买价格，允许选择变更，代交相关的税收等。

第二，自助式的福利计划会产生逆向选择问题，从而会增加福利的成本。逆向选择在医疗、人寿以及伤害保险中最有可能发生。正像在第 10 章中所讨论的，个人比保险公司更清楚自己生病的可能性。如果保险公司为全体员工作为一个整体提供保险，这种非对称信息问题不大。然而，在允许员工自由选择的情况下，那些更愿意选择医疗保险的人通常是那些觉得这样的项目更为划算的人。因此，在任何给定的价格下，保险公司都可能吸引了大批对公司不利的客户。为减少损失的可能性，保险公司可以采取一些行动，比如对员工进行体检，或者在接受医疗保险之前查看员工过去的病历。然而，这些行动都会增加提供福利的成本。为了减少这些逆向选择问题，公司经常规定，只有当员工能够证明其配偶已经在另一个公司上了同样的保险时，才可以免上医疗保险。这一政策限制了员工是否购买医疗保险的自由，也帮助了保险公司确保在所有投保人中既包括高风险的人也包括低风险的人。

推荐书目

M. Aoki (1988) , *Information, Incentives, and Bargaining in the Japanese Economy* (Cambridge University Press: Cambridge) .

G. Becker (1983) , *Human Capital* (University of Chicago Press: Chicago) .

P. Doeringer and M. Piore (1971) , *Internal Labor Markets and Manpower Analysis* (D. C. Heath: Lexington, MA) .

R. Ehrenberg and R. Smith (2006) , *Modern Labor Economics: Theory and Public Policy*, 9th edition (Addison-Wesley: Reading, MA) , Chapters 8, 9, and 11.

注 释

1. 这个例子的详细内容摘自：K. Brooker（2002），"Starting Over," *Fortune*（January 21），50–68。
2. 这一部分的资料引自 G. Becker（1983），*Human Capital*（University of Chicago Press: Chicago）。
3. 在这一节中，我们讨论差别补偿理论的重要内容，因为这与管理决策是相关的。对于这种差别补偿工资的进一步讨论，请见：R. Ehrenberg and R. Smith （1998），*Modern Labor Economics*, third edition (Scott, Foresman: Glenview, IL) , Chapter 8。
4. 这一预测假设，职员在接受聘用之前或之后，可以获得有关相应工作特征的重要信息。这种假设在多数情况下都是合理的。例如，对于干旱地区消防职位的申请者可能知道工作的危险性。他们也可以观察现有消防队的设备。申请者还可以通过目前和过去的职员来了解相关的工作环境信息。有人认为，大多数的雇员或工作申请者没掌握足够的科学知识，因此无法理解和推断特定职位的危险。尽管如此，有时认识到一些基本的关系就足够了。例如，早在 19 世纪，人们就用"mad as a hatter"表示"完全疯狂"的意思，而过了很长时间，科学家才搞清用于处理帽子中皮革的化学药品对人脑功能产生不利影响的具体过程。
5. 有关这一经验研究的详细容，请见 R. Ehrenberg and R. Smith （1998），266–270。
6. 通常，支付的工资水平超过市场工资率将使公司处于竞争劣势。然而，正如下面所讨论的，有些追求利润最大化的公司也有若干理由愿意支付超过市场工资率的工资水平。
7. J.Aley（1994），"The Myth of the Job Hopper," *Fortune* (September 19) , 32; and R.Hall (1982), "The Importance of Lifetime Jobs in the U.S. Economy," *American Economic Review* 72, 716–724.
8. S. Rosen（1985），"Implicit Contracts," *Journal of Literature* 23，1144–1175.
9. R. Coase（1988），*The Firm, the Market, and the Law* (University of Chicago Press: Chicago) .

10. 这一说法假设员工不能通过更换工作无代价地获得同样的收入流。例如，新的工作也许工资更低，也许会发生更换工作的成本，也有可能要经历一段失业的时间，等等。
11. P. Doeringer and M. Piore (1971), *Internal Labor Markets and Manpower Analysis* (D. C. Heath:Lexington, MA) .
12. 有关效率工资的更为详细的分析，请见 G. Akerlof (1984), "Gift Exchange and Efficiency Wages: Four Views," *American Economic Review* 74, 78-83; C. Shapiro and J. Stiglitz (1984), "Equilibrium Unemployment as a Worker Discipline Device," *American Economic Review* 74, 433-444; and J. Yellen (1984), "Efficiency Wages Models and Unemployment," *American Economic Review* 74, 200-208。如果一个行业中所有的企业都支付效率工资，就将出现失业（劳动力的供给将超过需求）。失业的威胁将激励员工积极工作，而不偷懒。注意，在基本模型中，边际产量收入与工资率是各自独立变化的。然而，效率工资的概念表明，他们之间是有联系的——由于存在激励作用（存在被解雇的可能性），员工的边际产量将受他们的工资率的影响。
13. A. Krueger and L. Summers (1988), "Efficiency Wages and the Inter-Industry Wage Structure ," *Econometrica* 56, 259-293。也可参见：P. Osterman (1994), "Supervision, Discretion, and Work Organization," *American Economic Review* 84, 380-384, and C. Prendergast (1999) , "The Provision of Incentives in Firms," *Journal of Economic Literature* 37, 7-63.
14. 这部分的相关材料引自：E. Lazear (1979), "Why Is There Mandatory Retirement?" *Journal of Political Economy* 87, 1261-1284。
15. 在美国，1978 年和 1986 年的《年龄歧视雇佣法案》修正案曾经禁止强迫员工退休的做法。
16. 这部分材料引自竞争理论的文献：E.Lazear and S. Rosen (1981), "Rank Order Tournaments as Optimal Labor Contracts," *Journal of Political Economy* 89, 841-64。
17. 在按照技能和能力分配工作和安排人员方面，晋升也扮演着重要角色。
18. 相对业绩指标是根据与一组同事的业绩比较的结果来确定一位职员的工作业绩。绝对业绩指标是将职员的工作业绩与某些事先确定的标准相比较。
19. G. Baker, K. Murphy, and M. Jensen (1988), "Compensation and Incentives: Pratice and Theory," *Journal of Finance* 43, 593-616.
20. R. Drago and G. Garvey (1998) , "Incentives for Helping on the Job," *Journal of Labor Economics* 16, 1-25.
21. 晋升的决策通常是依据主观的判断而不是某种客观的产出计量（比如生产的产量）。就像我们在第 16 章将要进一步讨论的，主观的业绩评估会引起非建设性行动，目的在于影响上级的评价。
22. M. Gibbs and W. Hendricks (2004) , "Do Formal Salary Systems Really Matter?" *Industrial & Labor Relations Review* 58:1, 71-93.
23. R. Ehrenberg and M. Bognanno (1990) , "The Incentive Effects of Tournaments Revisited: Evidence for the European PGA Tour," *Industrial Labor Relations Review* 43, 74-89; and B. Becker and M. Huselid (1992) , "The Incentive Effects of Tournament Compensation Systems," *Administrative Science Quarterly* 37, 336-350.
24. M. Conyon and S. Peck (2001) , "Corporate Tournaments and Executive Compensation: Evidence from the UK," *Strategic Management Journal* 22, 805-815.
25. N. Perry (1988), "Here Come Richer, Riskier Pay Plans," *Fortune* (December 19), 50-58.
26. E. Kupiec (2003) , "Are Stock Options Good Business Options?" *Management* (May) , www.manage-

mentmag.com.

27. 更为详细的讨论见：G. Milkovich and J. Newman（1993），*Compensation* (Richard D. Irwin: Burr Ridge, IL)，Chapter 4。
28. 本部分的资料选自 Ehrenberg and Smith（1988），Chapter11。
29. A. Kart（1998），"Special News Report about Life on the Job——and Trends Taking Shape There" *The Wall Street Journal*（May 5），A1.
30. D. Mayers and C. Smith（1981），"Contractual Provisions, Organizational Structure, and Conflict Control In Insurance Markets," *Journal of Business* 54, 407–434.
31. M. Scholes and M. Wolfson（1992），*Taxes and Business Strategy* (Prentice Hall: Englewood Cliffs, NJ).
32. 在这一部分中，我们的目的是要描述公司如何运用工资和福利的组合吸引特定类型的个人。我们的目的不是要证明在任何情况下，这样的政策都是符合伦理或者是合法的。

第 15 章

激励性薪酬

1988 年 10 月，杜邦公司的化纤分公司宣布了“全美最大的激励性报酬计划”。[1]这项计划几乎覆盖了分公司的所有两万名员工，包括管理层和一般员工。按照这一计划，员工的一部分报酬将放入“风险金”。如果该年度公司实际利润超过了利润目标，员工的“风险金”将作为奖金返还，并且根据利润目标超额完成的情况，按比率以高于原有数额返还。如果公司没有完成利润目标，员工就将损失投入风险金的报酬。按照这一计划，所有员工平均要将 6%的报酬放入风险金。开始，公司打算试行这一计划三年。许多公司都指出，他们将密切关注这个试验，并要吸取其中的经验教训。引用一家大型薪酬咨询公司韬睿（Towers Perrin）副总裁罗伯特·戈尔的话说，“全美的企业界都给杜邦公司这一计划以前所未有的关注。”

作为杜邦最大的化工业务，化纤分公司下设包括从汽车座套到衣服等多个产品部。在 1990 年，员工如果想收回其风险金，分公司实际利润必须达到 4%的增长目标。然而，在前 9 个月，由于经济形势不利和原材料价格意外上涨，公司的利润减少了 26%。由于住房市场和汽车市场的不景气，以及海湾战争爆发，石油价格大幅度上升，对分公司产品的需求明显下滑。到 1990 年秋天，趋势已经非常明显，员工将失去他们投入奖金池中的所有钱。公司内充满了不满情绪——员工面临重大的财务损失，而造成这种损失的因素是他们所无法控制的。在 1990 年 10 月，杜邦公司断然取消了这一激励计划。而按照原计划，试行期还有一年多。用分公司总裁的话讲，“我不得不说它是一项难以收到如期效果的试验。”

鉴于这个试验引起了广泛关注，探究杜邦计划失败的原因也就有非常重要的意义。正如有些批评人士指出的，也许激励性报酬本身就不是一个好主意。如果的确如此，那么任何公司，只要采用大范围的激励性计划就会犯错，就会重蹈杜邦公司的覆辙。另一方面，这一计划的失败也许可以追溯到其基本设计缺陷（这些基本设计缺陷可以通过更详细的规划得以避免）。本章将分析这些激励性薪酬中的经济学问题。根据我们的分析，杜邦公司的失败在很大程度上应该归于设计结构上存在问题。相应地，从我们的分析中也可以看出，公司如何才能设计出更有效的薪酬计划。

在本章开始，我们将详细讨论有关激励的问题。然后，我们将探讨所有权是如何通过提供有效激励，促使员工做出有利行为来解决这些问题。接下来，我们将考虑在激励问题的控制上所有权关系的局限性——无效的风险分担。我们将详细介绍薪酬合约设计中风险分担的作用。紧接着，我们回顾经济学文献，找出关于激励性薪酬问题的重要见解。我们从讨论标准的委托—代理模型入手，然后，通过考虑信息原则、集体激励性报酬、多任务的委托—代理问题、激励性报酬的各种形式，以及激励性报酬在个人与工作的匹配性中的作用等等，将这一基本分析扩展。在本章的结尾，我们将讨论有关激励性报酬是否有用的争论，我们会提供一个 CEO 薪酬的案例，让读者更好地理解我们所介绍的薪酬政策的基本概念。

基本激励问题

正如第 10 章所描述的，因为企业主和员工有根本不同的目标，因此，在企业中必然存在激励问题。例如，一个保险公司的所有者希望他的销售人员向客户推销保险，但是，销售人员却更愿意去打高尔夫球。类似地，一个研发公司的股东希望科研人员开发出有市场前景的产品，而科研人员也许只想按照自己的兴趣进行研究，而不管是否会有市场。可以想象，在杜邦化纤公司的员工都有自己各自的兴趣，而不是一门心思地制造和销售化纤产品。

考虑 AssemCo 公司的例子。这是一家小公司，为几家大的电子企业装配零部件。与许多公司类似，雇主的目标和员工的目标并不一致。雇主希望员工都努力工作，而员工都希望有更多喝咖啡的时间，工作节奏也要放慢一些为好。

说得具体点，在 AssemCo 公司中，考虑如何激励一个具体的员工爱恩·麦克劳德。为简单起见，我们只考虑一个给定时期的情况（比如，在一周中激励爱恩）。有关爱恩的收入和工作的个人偏好，可以用下面的效用函数来描述：[2]

$$U = I - e^2 \tag{15.1}$$

这里，I 是他在这一时期中的收入，e 是他付出的努力（例如，实际用于装配零部件的工作小时数）。这一以货币单位测量效用的效用函数说明，随着其总收入的增长，得到的效用就会增多，而随着他对装配零部件付出的努力的增加，效用就会减少。效用之所以会减少，是因为他更愿做其他活动。爱恩的保留效用是 1 000 美元。公司提供的薪酬水平必须能够满足爱恩的这种效用要求，否则，他将不会为这家企业工作。

企业会从爱恩的努力中获益，因为他努力工作的话，装配零部件的产量会因此增加。公司从他的努力中受益的情况可以用下面的函数表示：

$$B = \$100e \tag{15.2}$$

我们先从最简单的情况开始分析，假设公司可以不花费成本就观测到并能证实爱恩的努力情况。在这种情况下，公司可以与爱恩签订一项薪酬合约——在爱恩按照某一约定水平付出努力（$\hat{e}$）的情况下，付给他一定数额的报酬。只要这一报酬能够满足他的保留效用，他就会接受这一合约。要满足这个条件，企业必须支付给他的工资为$\$1000+\hat{e}^2$。如果付出这个努力水平，将得到$\$1\,000+\hat{e}^2$，那么他的效用就为 $U = (\$1\,000+\hat{e}^2) - \hat{e}^2 = 1\,000$ 美元。也就是说，他收到了他的保留效用。而他的努力带给公司的利润（π）为：

$$\pi = \$100\hat{e} - (\$1\,000+\hat{e}^2) \tag{15.3}$$

然后，企业将选择使利润达到最大的 $\hat{e}$。

图 15.1 提供了这一问题的图示说明。在该图中，我们可以同时看到企业的收益（\$100e）和成本（\$1 000+e^2）。企业的利润就是这两者之差。正像图中所表明的，当 $e^* = 50$ 的时候，公司达到最大利润。在这一努力水平上，爱恩将得到 3 500 美元，而 AssemCo 公司的利润是 1 500 美元。这一结果正是双方就工资进行谈判的有效结果。在这样一种努力水平上，爱恩已经没有其他选择来改善现有的状况（他已经得到了保留效用），而公司这时也达到了最大利润。公司可以通过付给他更多的工资诱导他付出更大的努力。然而，对于公司来说，这样做的边际成本会高于边际收益。在最优的努力水平上 $e^* = 50$，努力的边际成本等于边际收益。因此，双方的收益和成本都得到了考虑。[3]

至此为止，我们都是假定爱恩的努力可以无代价地观察到。但实际中这种情况是很少的，无论企业自己还是法庭都无法观察到努力程度（e）是否与合约相符。而且，仅仅观察爱恩的产量，公司也许不能判定他工作是否努力。经常的情况是，产量也很难观测，而且会受到员工所

图 15.1 AssemCo 公司最优努力的选择

此图描绘了在员工爱恩·麦克劳德的努力下 AssemCo 公司的收益（\$100e）和成本（\$1 000+ e^2）。公司的利润就是这两者之差。正像图中所表明的，当 $e^* = 50$ 的时候，公司达到利润最大。本例假设，只要公司付给他满足保留效用的报酬，爱恩就会付出约定的努力程度。为了满足这一约束，企业必须按照\$1 000+ e^2 支付工资。这一报酬数额将满足员工 1 000 美元的保留效用要求，并能够补偿员工因为付出努力而造成的效用损失。企业的收益为\$100e。在最优努力水平上，$e^* = 50$，总收益为 5 000 美元。爱恩将得到 3 500 美元，而公司的利润达到 1 500 美元。公司可以通过付给他更多的工资，说服他付出更大的努力。然而，对于公司来说，这样做的边际成本会高于边际收益。选择 50 的努力水平是有效的。而爱恩也没有其他选择来改善现有的状况（在每种情况下他都得到了保留效用），在这样的努力水平上，企业的利润达到最大。

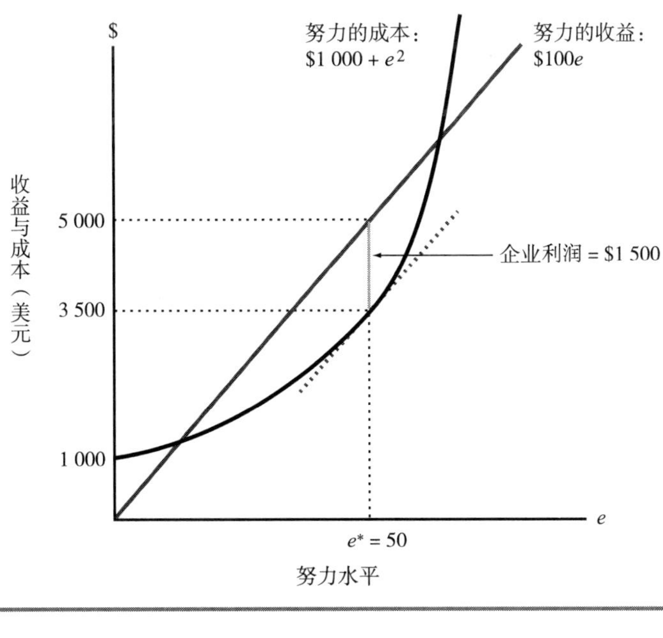

不能控制的因素影响。[4]在这种情况下，存在标准的激励问题。如果爱恩许诺提供 50 个单位的努力，并可以得到固定工资 3 500 美元，他就有可能违背诺言，只提供较少的努力。在不付出应有努力的情况下他也有可能得到 3 500 美元。公司也许会怀疑爱恩没有努力工作，然而，对此不能确定。在这种情况下，固定工资 3500 美元不能给爱恩提供合理的激励。相反，AssemCo 公司必须设计某些其他类型的合约，以便激励爱恩提供更多的努力。

这一简单的例子引申出有关激励问题的三个要点：

- 由于雇主和员工之间存在利益冲突，所以就会存在激励问题。如果员工的利益与雇主的利益完全一致，就没有必要考虑激励问题。
- 在行为可以观察的情况下，激励冲突不会引起什么问题。企业可以识别最为有效的行为，并按照这种行为来付给员工工资。例如，如果杜邦公司的员工行为可以不费任何代价直接观察到，企业就没有理由实行与利润挂钩的薪酬计划。在这种情况下，依照他们的行为直接通过合约就可以合理地激励员工。
- 在最优行为的选择中，要在企业从员工行为中得到的收益和员工承担的个人成本之间进行权衡。在竞争性的劳动力市场上，要求员工作出令人不快的行为，必须给予薪酬补偿（差别补偿工资）。让员工只要身体允许就全力工作通常是不明智的。

所有权激励

在特殊情况下，即使员工的行为是不可观察的，也有一种简单的方法可以解决激励问题。这一办法就是将每个员工生产产品的所有权卖给员工自己。激励问题之所以会出现，是因为付出努力的绝大部分成本由员工承担，而绝大部分的收益都归雇主所有。通过将员工自己的产品卖给员工自己，有关努力的成本和收益就被员工内化了，这样，员工就能够做出更为有效的选择。例如，在 AssemCo 公司的例子中，企业可以按照 1 500 美元的价格将爱恩的产量（$\$100e$）卖给他自己。与员工的努力可以不费成本观察到的情况相比，公司可以得到相同的利润。反过来，爱恩的目标仍然是使个人效用最大：

$$U = (\$100e - \$1\ 500) - e^2 \qquad (15.4)$$

这里，第一项代表付出努力的收入（产品的价值减去付给公司的 1 500 美元），而第二项代表由于付出努力造成的效用的减少。在这个问题中，爱恩将选择付出 50 个单位的努力，并获得效用 1 000 美元。[5]这一结果与具有完全信息情况下的结果相同。尽管雇主并不能观测到爱恩的努力，但也实现了这样一个结果。

以上的讨论说明，所有权可以提供强有力的激励效应。在实践中，所有权经常用来作为一种激励机制。例如，在美国，大部分的企业是私营企业。而且，在过去的 25 年我们已经目睹了大量的管理层收购（收购的对象是上市公司和其分公司）。收购之后，管理者由员工变为所有者。尽管从某些方面看，这种收购的结果是有争议的，但事实表明，当管理者变为所有者之后，他们会更有效地经营相应的企业。[6]此外，美国大约有三分之一的零售销售是通过特许经营门市实现的（包括汽车销售和天然气站）。在特许经营中，每一单位的未来利润都卖给了特许经营者，而特许经营者作为所有者，有着强烈的动力实现价值最大化。[7]

然而，在解决激励问题时，对所有权的运用至少会受到三个重要因素的限制：

- **财富制约**。有限的财富会使所有权解决方案不可行。比如，尽管杜邦公司的高管有强烈的愿望想拥有这家公司，但是在全世界，很少有管理层可以融得大量的资金实现对公司的收购。
- **风险规避**。通常，员工不能完全控制他们的产量。相反，在依赖于员工努力程度的同时，产量通常也会依赖于随机的外部事件。比如，杜邦公司的利润受到石油、房地产和汽车市场变化的影响。所有权在保证员工完全对自己的行为负责的同时，也使他们面对着自己不能控制又影响产出的随机事件。员工通常都不愿意冒险，因此员工所有权会造成一种风险承担成本（见第 2 章）。正如我们下面要讨论的，在设计激励性薪酬合约时，必须考虑这种成本。
- **团队生产**。在绝大多数的企业中，都有生产上的协同效应。也就是说，有组织的一起生产，比每个个人单独生产的产量之和要大。当存在这种“团队生产”的贡献时，要区分和识别个人的贡献是很困难的。即使企业由员工共同拥有，也不能解决激励问题——仍存在第 10 章所讨论过的搭便车问题。

最优风险分担

为了说明有效风险分担的基本原理，先来看看阿贝·罗斯和杰思·罗杰思的例子。阿贝的每月收入来自一个信托基金。随着这个信托基金业绩的变化，他的收入可能为 0 美元，也可能为 10 000 美元，两种可能性发生的概率各为 0.5。阿贝的期望收入为 5 000 美元。[8] 然而，这一收入流是有风险的——有一半的时间，阿贝的收入为 0 美元。杰思也有一个信托基金，收入情况与阿贝的相同。有一半的时间他的收入为 0 美元；一半的时间收入为 10 000 美元。阿贝和杰思的收入流是各自独立的（也就是说，不管阿贝的情况如何，杰思收入为 0 美元的概率仍然为 0.5）。[9] 在表 15.1 中，左边一列为阿贝和杰思联合收入分配的情况；[10] 中间一列为每种收入结果出现的概率。

假设阿贝和杰思都持风险规避态度（在期望收入相同的情况下，选择更低的风险），如果他们同意分配联合收入，他们的情况都会得到改善。每个人可能的结果如表 15.1 中的最后一列所示。每个人的期望收入仍然是 5 000 美元。然而，通过风险分担，他们个人收入的波动性减少了。这种波动性之所以会减少，是因为与杰思和阿贝各自幸运或者不幸运相比，两个人都幸运或者都不幸运的可能性要小。比如，通过分担风险，收入为 0 美元的可能性为 0.25；而不分担风险，收入为 0 美元的可能性就是 0.5。由于持有风险规避态度，他们都会选择波动更小的收入流（理想的情况是，他们希望收入流是确定的）。正是这种通过将风险合并可以减少波动性的原理，促使人们购买保险，这一原理也是人们购买多样化投资组合（例如，共同基金）的原因。

人们对于风险的态度通常是有差别的。有些人可能更愿意冒较大的财务风险，而另一些人却不愿意。风险的有效分配会将这种风险偏好的差别考虑进去。例如，假设杰思是风险中性的，而阿贝是风险规避型的（风险中性的人只考虑预期收益，而不关心围绕预期价值的潜在价

联合收入	概 率	平分收入后的个人所得
(0 美元；0 美元)	0.25	0 美元
(0 美元；1 万美元)	0.25	5 000 美元
(1 万美元；0 美元)	0.25	5 000 美元
(1 万美元；1 万美元)	0.25	10 000 美元
		收入的期望值 = 5 000 美元

表 15.1 风险分担的例子

在本例中，有两个人从不同的信托基金得到收入。每一个信托基金都可能支付 0 美元或者 10 000 美元，两种可能性各为 0.5。两种基金的收入相互独立。在此图中，左边一列为可能的联合收入结果，中间一列为每种可能结果发生的概率。例如，（0 美元，0 美元）是两种基金在同一期的收入都为 0 美元的情况。这种情况出现的概率为 0.25。如果两人同意将联合收入平分，每个人的收入所得如右边一列所示。与单纯依赖于自己的信托基金收入相比，平分联合收入使两个人的状况都得到改善。在两种情况下，期望收入都是 5 000 美元。然而，将两种基金合并到一起，风险就降低了。比如，在各自从自己的信托基金取得收入的情况下，每一个人都有 0.5 的可能性得不到任何收入。而当他们将基金合并时，得不到任何收入的可能性只有 0.25。

值的离差）。对于这两种随机的收入流，杰思评估的价值都是 5 000 美元（期望价值），而阿贝却不是。例如，阿贝也许愿意拿他的风险收入流交换一个确定的 4 000 美元的收入流。这里，让杰思购买阿贝的收入会产生交易收益。按照 4 500 美元的价格购买阿贝的收入，就可以将交易的收益在两人之间平分。每个人的情况都改善了 500 美元。

大公司的普通股票通常由许多投资者持有，而每个投资者的投资组合都是多样化的。由于这种多样化，投资者对于任何公司的命运都不会过分关心（在他们充分多样化的投资组合中，有利和不利的情况将会相互抵消。也就是说，当一个公司走运的时候，也许另一个公司在倒霉）。[11] 相比之下，员工往往从个别雇主（每个人通常有且只有一份工作）那里获得他们大部分的收入，当然会非常关心相应公司的命运。这种差别反映出，与企业的股东相比，员工没有那么有效的方法去管理具体企业的风险（请注意，我们并不是说公司的员工与雇主在风险偏好上有什么差别。相反，通过持有多样化的投资组合，使大公司的股东更愿意承担这样的风险——这就是他们管理风险的能力）。

假设企业的股东比员工更能有效地控制特定企业的风险，那么他们将会愿意以更低的价格承担风险。因此，从风险分担的角度来看，最好支付给员工固定的工资，从而使收入随机变动的所有风险都由公司的股东来承担。为了吸引和保留合格的劳动力，公司支付固定的工资，而不必支付承担风险的差别补偿工资。

有效的激励合约

基本原理
激励与风险分担之间的权衡。

到此为止，我们的讨论表明，薪酬合约至少有两个方面的重要功能。第一，可以用来激励员工。第二，可以用来有效地分担风险。遗憾的是，在这两个目标之间不得不作出取舍。有效的风险分担意味着最好付给员工固定工资，而激励的考虑又意味着最好将员工的工资与业绩挂钩。多数合约都是力争通过合理的平衡，兼顾这两种考虑。

- 当一个企业的所有者在承担具体企业的风险有比较优势时，从风险分担的角度考虑，最好付给员工更多的固定工资，而随机收入流的更多风险则由雇主来承担（例如，在大公司中股东的情况就是如此）。
- 固定工资难以提供有效的激励。只有与业绩挂钩的工资才能提供激励。
- 前两个观点表明，要在为促使员工更努力工作而支付的激励性薪酬和无效的风险承担的相关成本之间做出取舍。经常的情况是，有效的合约都包含固定工资以及一个或多个按照业绩变动的奖金。

经济学家投入了大量的努力研究如何设计有效的薪酬合约。在这一节，我们总结一些重要的研究成果。我们先介绍经济学文献中最基本的模型——标准的委托—代理模型。这一模型所考虑的合约情形，与我们前面讨论的在 AssemCo 公司中爱恩·麦克劳德的例子非常接近。然而，这一模型将这个例子一般化，着重于在雇主不能观测员工努力的情况下，选择最优的合约。介绍了这一基本模型后，我们将分析进一步扩展，考虑信息原则、集体激励性报酬、多任务委托—代理问题、激励性报酬的类型以及激励性报酬在自我选择中的作用。

委托—代理模型

基本模型

激励性薪酬的经济学分析通常都从基本的委托—代理模型入手。[12] 这一模型相对简单地反映了合约过程的特点，说明了在风险分担和激励之间的取舍，并提供了一系列关于如何设计更有效的薪酬计划的见解。在这个单期模型中，雇主（委托方）想让员工（代理方）按照雇主的利益工作。雇主是风险中性的，而员工是风险规避型的。作为最基本的分析，我们只考虑一个员工。在基本模型中，未考虑团队作业问题。

考虑一个例子，艾瑞卡·奥尔森是一家生物技术企业 DNA 公司的一名员工。艾瑞卡的产量 Q 是她努力程度的函数，再加上一些随机影响 μ（期望值为 0，方差为 σ^2）：

$$Q = \alpha e + \mu \tag{15.5}$$

这里产量定义为其市场价值。这一模型并不考虑艾瑞卡可能会操纵观测到的产量（比如，在记录上弄虚作假）。艾瑞卡和她的上司乔恩·张都可以观察产量。

如果艾瑞卡增加一个单位的努力，产量将增加 α 美元。因此，α 是艾瑞卡的边际产量——α 越高，她的边际产量越高。随机影响 μ 反映了某些会影响产量但艾瑞卡却无法控制（例如，设备故障）的因素。σ^2 越高，则产量的随机波动将会越大。

最优的风险分担意味着，由 DNA 公司的所有者承担产量风险，而付给艾瑞卡固定工资将会使双方受益。例如，艾瑞卡也许同意付出努力水平为 $\hat{e}$ 并得到固定工资 W。DNA 公司的所有者将得到产量的价值与 W 之间的差额。

$$股东的利润 = (\alpha\hat{e} + \mu) - W \tag{15.6}$$

然而，如果艾瑞卡的上级不能观察艾瑞卡的努力程度或者随机因素的影响μ，那么这样一种安排会存在代理问题。艾瑞卡同意付出$\hat{e}$水平的努力，而实际上付出的努力要少。当艾瑞卡偷懒时，乔恩有可能会观察到产量有所降低。然而，艾瑞卡可以解释说这是运气不好的结果(也就是说，μ为负值)。

员工的努力问题

通过将艾瑞卡的部分薪酬与实现的产量挂钩，可以给艾瑞卡提供激励。例如，考虑采用下面的合约时对艾瑞卡的激励：

$$薪酬 = W_0 + \beta Q \tag{15.7}$$

这里$0 \leqslant \beta \leqslant 1$。根据合约将付给艾瑞卡固定工资$W_0$，再加上一部分与产量$Q$成$\beta$比例的工资。[13] 为了说明艾瑞卡选择自己的努力水平，假设W_0=1 000美元，β=0.2，Q=\$100e+μ，且$C(e)=e^2$，这里$C(e)$是以货币表示的艾瑞卡努力的成本。依据这些价值，薪酬合约为：

$$薪酬 = \$1\,000 + 0.2\ (\$100e + \mu) \tag{15.8}$$

艾瑞卡付出努力的好处是薪酬会增大——每付出一个单位的努力，会增加薪酬20美元

图 15.2 员工努力的选择

此图显示，随着员工付出更多的努力，其薪酬和成本是如何增长的。薪酬函数为：薪酬=\$1 000+\$20e。员工的成本函数为e^2。员工的目标是选择一种努力水平，使自己的净收益最大。这一净收益最大点发生在e^*=10之时，在这一点上，努力的边际成本等于边际收益（20美元）。员工的期望报酬为1 200美元。

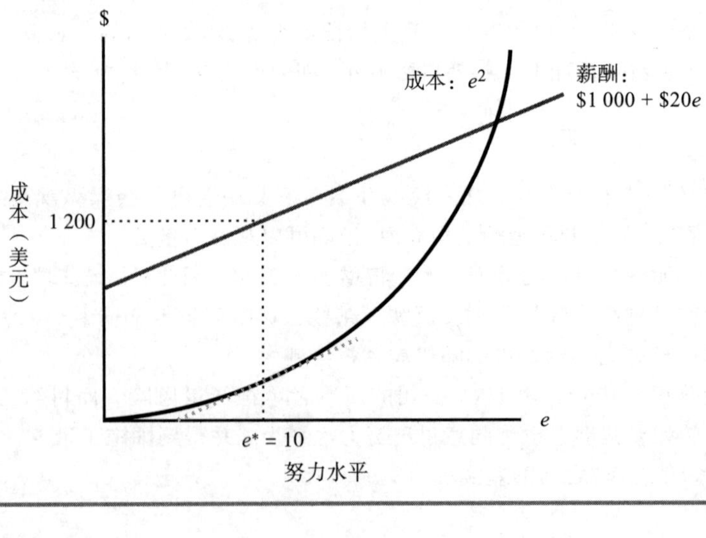

图 15.3 随着固定工资和激励系数的变化员工努力水平的变化

原来的合约为：薪酬 = \$1 000 + 0.2 × (\$100*e*)。此图演示出，将固定工资从 1 000 美元调整到 2 000 美元，薪酬函数会发生水平移动，但并不改变最优的努力水平（仍然为 10）。当激励系数从 0.2 增加到 0.3 时，薪酬线的斜率将会改变，并且最优的努力水平增加到 15 个单位。

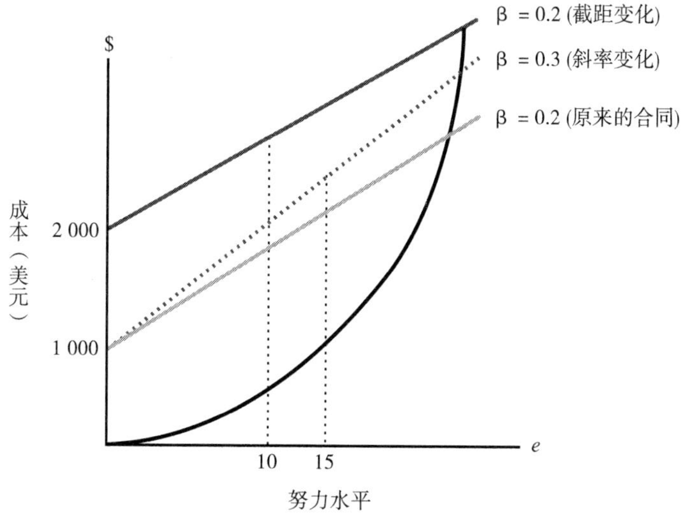

(0.2×100 美元)。随机波动 μ 会影响总薪酬，但不会影响与付出努力相联系的收益。在任何 μ 的水平下，总是每追加付出一个单位的努力，薪酬就会高 20 美元。因此，在选择最优努力水平时，艾瑞卡可以忽略 μ（这并不影响她付出努力的成本和收益）。[14] 艾瑞卡付出努力的成本为 e^2。她的目标是选择一种努力水平，使自己的净收益最大。

图 15.2 显示了随着艾瑞卡付出更多的努力，她的薪酬和成本的增长情况。就像图中所展现的，最优的努力水平为 10。请注意，我们从该图中可以同时看到艾瑞卡的总成本和总收益。在任何努力水平上，边际收益和边际成本分别等于曲线的斜率。当总成本曲线和总收益曲线斜率相同时，总收益与总成本之间的差额最大。因此，在最优水平上（e^*=10），努力的边际成本等于边际收益，净收益达到最大。如果艾瑞卡付出超过 10 单位的努力，所得的追加收入将不足以补偿这一个单位的努力所减少的效用。当 e 小于 10 时，增加努力会使艾瑞卡的情况变好，因为由增加努力所带来的收入的增加可以超过成本的增加。

图 15.3 演示出，随着固定工资 W_0 和激励系数的变化，艾瑞卡的努力水平是如何变化的。将固定工资从 1 000 美元调整到 2 000 美元，薪酬会发生水平移动，但艾瑞卡仍然要选择 e^*=10。由于固定工资并不影响努力的边际收益，所以固定工资的提高不能促使艾瑞卡更为努力地工作。无论固定工资为多少，边际收益是 20 美元。相比之下，当激励系数增加时，艾瑞卡会选择更高的努力水平。例如，当 β=0.3 时，艾瑞卡会选择 15 个单位的努力程度。在这种情况下，边际收益增加到 30 美元，艾瑞卡也将付出更多的努力。

在现实中，人们普遍认为，获得较高工资的员工将会更努力工作，因为他们对工作更为满

Allen–Edmonds 制鞋公司对于员工的激励

理论上认为，与固定报酬相比，将报酬与业绩挂钩更能给员工提供有效的激励。Allen–Edmonds 制鞋公司从痛苦的经历中理解了这一原理。Allen–Edmonds 制鞋公司是高档鞋生产商。多年来，公司按照计件工资来支付工人工资。1990 年，公司听从了一位质量专家的建议，放弃了计件工资制度，开始采用小时工资制。这一调整的目的在于鼓励工人注重产品质量和同事间的合作。在随后的一段时间，工人的劳动生产率出现大幅度波动，雇员偷懒和欺骗行为时有发生。当年公司损失了 100 万美元。因此，他们又重新采用计件工资制，生产率和利润又迅速回升。该公司的一位经理说：“我们的工人需要计件工资制带来的经律约束。”

资料来源：B. Marsh (1993) ，“Allen–Edmonds Shoe Tries ‘Just–In–Time’ Production,” *The Wall Street Journal* (March 4) , B2.

意。上述分析意味着，这种观点并不正确。我们的分析说明，更高的报酬并不能提供有效的激励，除非它与好的业绩相联系。请注意，我们的分析是在一个时期中的情况，这一点很重要。在多个时期中，如果被解雇的可能性是与业绩相联系的，高工资就会对员工形成激励。（参见第 14 章有关效率工资的讨论——在这种情况下，被解雇的威胁有效地将报酬与业绩相联系）。然而，在保证不会被解雇的情况下，高的报酬也不会产生激励效果。

最优合约

我们已经说明，在不同的薪酬合约下，艾瑞卡如何选择努力水平。在可以预计艾瑞卡努力选择的情况下，企业的问题是选择具体的报酬合约，以使公司的期望利润最大化。基本的选择变量是激励系数 β。在做出了这一选择之后，可以调整 W_0，以满足艾瑞卡的保留效用。选择一个较高的 β 会使企业雇主受益，因为它将促使艾瑞卡付出更多的努力。然而，选择一个较高的 β，也会给企业造成更高的成本。随着 β 的增长，公司付给艾瑞卡的工资会更高。原因有两个。第一，就像上面所讨论的，由于艾瑞卡付出了更多的努力，所以必须得到补偿。第二，增加 β，就增加了艾瑞卡的风险——报酬的变动部分增加了。随着风险的增加，必须支付差额补偿，以使艾瑞卡继续留在公司工作。最优的合约意味着要在成本和收益之间做出合理的权衡。

管理意义

如果雇主能够无成本地观察员工努力的各种选项，那么激励性合约就意味着要求员工所付出的努力通常要小一些。在能够根据努力水平签订合约的情况下，使企业价值最大化的努力水平 $\hat{e}$，可以在不给员工增加任何风险的情况下达到。如果员工的努力是不易观测的，那么通过支付足够高的激励报酬，可以使员工的努力水平仍然达到 $\hat{e}$。但是，对于高的激励报酬，员工被迫要承担较大的风险。从第 2 章的分析我们知道，风险规避型的员工必须因其承担的风险而得到补偿。在设计激励合约时，雇主必须在由激励性合约激发更多努力所导致的产量增加和员

支持高激励性报酬政策的因素
1. 产出价值对于员工的努力因素敏感。
2. 员工的风险规避程度不高。
3. 超出员工控制的风险水平较低。
4. 员工对于增加激励的反应强烈（员工会为之付出更多的努力）。
5. 员工的产量以较低的成本就能观察到。

表 15.2　委托—代理模型的启示

委托—代理模型表明，在决定如何将报酬与业绩挂钩的时候，上面列出的五个因素具有特别重要的意义。

工承担风险所导致的差额补偿之间进行权衡。因此，当努力程度（$\hat{e}$）可观察时，考虑到额外的风险溢价，为激发代理人付出最大的努力水平（使企业价值最大化）的激励性报酬合约需要补偿员工承担的风险。[15]

我们的分析表明，选择究竟要在多大程度上将报酬与业绩挂钩时，有 5 个重要因素需要考虑。表 15.2 中列出了这些因素。第一个因素是产值对于员工额外努力的敏感程度。在我们的例子中，这个因素由 α（艾瑞卡的边际生产率）反映出来。较高的 α 意味着激励性报酬（假设其他因素不变）是有效的，因为由激励所获得的努力收益较高。第二个因素是员工对于风险规避的程度。更高程度的风险规避，意味着无效的风险承担会造成更大的成本，因此，应该减少对其激励性报酬的使用。第三个因素是员工所不能控制的风险水平（σ^2）。当这种风险较低时，产量主要由员工的努力所决定，从而支付较高的激励性报酬是有意义的。当风险较高时，激励性报酬会带来较高的无效风险承担的成本。第四个因素是随着激励的增加，员工会额外付出多少努力。如果员工对于激励的增加没有反应，则高的激励薪酬只增加员工的风险而不会激发额外的努力。因此就没有理由支付高昂的激励性薪酬。对于激励性报酬的反应依赖于员工付出额外努力的个人成本。例如，在图 15.3 中，将成本函数从 e^2 改变到 e^3，将使艾瑞卡对激励的反应变弱。在原来的成本函数下，当 β 从 0.2 增加到 0.3 时，艾瑞卡增加 5 个单位的努力。而在第二个成本函数下，艾瑞卡将只增加 0.58 个单位的努力。[16] 最后，我们的分析假设，艾瑞卡的产量可以被无成本地观察到，但情况并不总是如此。计量其产量的成本越高，向其提供激励性报酬的可能性越低。我们将在第 16 章中进一步讨论这些计量的成本问题。

回顾杜邦公司

用委托—代理模型分析杜邦公司的激励计划，至少可以发现两个问题。这两个问题都是由将分公司的利润作为产量指标所引起的。第一，在这个计划下，员工个人承担自己努力的全部成本，但只实现了总产量的一小部分，因为全部努力是与其他 19 999 个员工共同承担的（员工个人的 β 很低）。这种有限的激励主要是由于第 10 章所讨论的搭便车问题引起的。我们将在下面讨论集体激励问题时进一步讨论这一问题。第二个问题是分公司的利润除了受整个分公司中其他员工的影响外，还受许多随机因素的影响（σ^2 非常高）。因此，这一薪酬计划使员工面临

激励性报酬与期望薪酬

有一项关于员工收入的研究，调查了美国制鞋和服装行业的500家公司，发现实行计件工资的员工平均比采用固定工资的员工多得14%的报酬。这一工资贴水是在剔除了包括工会会员、性别的差别以及其他有可能影响报酬的因素之后得出的。按照经济学理论，我们至少可以找出这一工资贴水的三个理由。第一，在计件工资制度下，人们会更努力的工作，所以，计件工资的工人收入比固定工资的工人高，实际上是对付出的额外努力的补偿。第二，计件工资使工人面临更大的风险，产量同时要受一些随机因素比如设备故障等的影响。因此，在实行计件工资的情况下，公司应该为额外的风险支付差额工资补偿。第三个原因（我们在上文中没有讨论）是计件工资有可能吸引更为熟练的、效率更高的工人，因为他们在计件工资下可以获得比在固定工资下更高的收入。作为公司，当然应该为熟练工人支付更高的工资。

资料来源：E. Seiler (1984)，"Piece Rate vs Time Rate: The Effect of Incentives on Earnings," *Review of Economics and Statistics* 66, 363-376.

很大的不可控风险。如果杜邦公司按照每一员工个人可以控制的指标（比如个人的产量）来确定个人的报酬水平，那么员工就可以得到更有效的激励。

信息原则 [17]

基本原理：信息原则

信息原则——在设计报酬合约时，从理论上讲，应该包括能够提供有关员工努力信息的所有业绩指标（假设可以以低成本获得这些指标）。更为精确地测量员工的努力，可以减少无效风险承担，从而得出更有效的努力选择。

正如我们已经看到的，激励问题之所以存在，是由于信息不完全造成的。如果可以以零成本观测员工的行为，通过签订合约来激励合理的员工行为将是轻而易举的。从而，激励问题导致的无效性可以通过信息传递的改进而改善。标准的委托—代理模型假设，只有一个能够反映员工努力的指标，就是产量。在许多情况下，还有其他信息来源可以用来决定员工是否努力工作。比如，通过观察石油价格的上升、其他公司的业绩，以及收集有关的信息（如政府关于总体经济环境的报告），杜邦公司自己能够识别1990年的利润下降不是完全因为分公司员工不努力工作造成的。正确运用这类信息可以增加测量员工努力的准确性，将这些信息包含在薪酬合约中（给予适当的权重），可以减少无效风险承担的成本。从理论上讲，在薪酬合约中，最优的情况是包括能够提供有关员工努力信息的所有指标（假设这些指标可以以较低的成本获得）。这一基本的思想被称为*信息原则*。

有关员工努力水平的一个重要信息来源是做类似工作的其他同事的产量。比如，如果一个销售人员在某一年份中销售业绩不佳，那么是因为个人运气差还是因为懒惰？如果在同一时间，公司所有销售人员的平均销售额均大幅度下降，那么很可能这位员工的业绩下降是因为运气不好。如果其他销售人员都有令人满意的业绩，那么这位销售人员的问题就很有可能是工作不够努力。信息原则表明，作为一种比较标准，有关其他员工销售情况的信息可以包括在薪酬合约中(也就是说，企业应该采用相对业绩合约)。在第 16 章中，我们对于相对业绩评估还要进行详细讨论，并突出说明由于几个潜在问题的存在，可能会影响和限制相对业绩评估的使用。

信息原则表明，将低成本指标包括在能改进员工业绩评估的薪酬合约中通常是有益的。同时，对于公司而言，追加投入一定的资源，开发更为精确计量员工业绩的指标也是必要的。这里，开发和实行更好的业绩评估指标要花费成本，而对于员工业绩更好的评估会给企业带来收益——有利于改进风险分担和激励员工，公司要在成本与收益之间做出取舍和权衡。

信息原则表明，杜邦公司可以通过在合约中包括其他指标来减少员工所面临的风险。比如，可以不采用一种绝对的业绩标准（如实际利润增长 4%），可以将指标设定为与其他同行业公司相比较的指标。这样的合约就有可能避免杜邦公司在 1990 年所遇到的问题，员工也不必因为非个人的原因而造成损失。

信息原则还表明，通过调整收益，使其反映外部市场条件的变化，杜邦公司可以减少员工所承担的不可控风险。例如，公司可以根据第一次海湾战争所导致的石油价格的变化调整分公司利润。事实上，公司想签订金融合约（例如，期货、远期、互换和期权）来将这样一些风险从化纤分公司转移到外部市场，以减少风险对于分公司员工的影响，从而需要在薪酬包补偿差额风险。[18]

集体激励性报酬

在基本的委托—代理模型中，依据个人的产量确定报酬而使员工得到激励。然而，很多公司依据集体的业绩确定激励性报酬（杜邦公司就是一个例子）。比如，美国薪酬协会在 1998 年的一项调查中，有 735 家上市公司接受了调查，在这些公司中，73%的公司在基本工资的基础上，向非管理人员的员工提供了与业绩相联系的变动工资。此外，有 46%的公司向非管理人员的员工提供了股票期权。[19] 这种集体报酬可以采取各种各样的形式：报酬的增减可以与工作团队、业务单元或者整个公司的业绩相联系；而计量业绩的标准可以采用股票价格、会计利润或者其他更能集中反映业绩的指标（见第 17 章关于集体业绩计量更为详细的讨论）。

与针对个人的激励计划相比，公司也许更倾向于集体的激励计划，其中有以下几方面的原因：

- 个人的业绩通常很难测量，而一组员工的业绩通常较为容易（以较低的成本）测量。比如，绝大多数公司都有现成的成本会计系统，为内部控制的目的计量业务单元的业绩。因此，只要再增加很少的成本，就可以将这些业绩指标用于公司薪酬计划的管理。然而，在此基础上将业绩指标进一步分解——在极端情况下，按照每个员工提供个人业绩指标，就将更困难、更昂贵。
- 集体报酬强调团队合作，而有些个人激励计划（依赖于设计的好坏）则更多的是激发以个人为中心的行为。
- 集体报酬可以激发员工相互监督，改善业绩。这对公司非常有利，因为个人业绩的具体信息往往是由同事所掌握。
- 集体报酬的设计往往考虑了如何保留有价值的员工。这种关键员工的离开通常意味着集体报酬的取消。尽管员工需要因为这种灵活性的丧失而得到补偿，但是，由此得到的员工留在公司的期望时间延长是一项重要收益，它会提高公司进行特定投资的预期回报。

- 最后，如果竞争者对员工劳动服务的需求与他们集体的成功正相关，那么采用集体报酬就有助于自动调整报酬，及时反映员工机会成本的变化。这样可以减少契约成本。[20]

然而，标准的搭便车理论却提出了强有力的质疑：集体报酬计划是否会提供有效的激励，特别是当集体规模很大时。在杜邦化纤分公司有 2 万名员工，单个员工的贡献对于公司的利润目标几乎没有影响（对于单个员工的产出而言，公司的利润是一个模糊的计量指标）。而且，每个员工只能得到自己所创造价值的很小的比例（他与另外 19 999 名员工以及公司的股东分享自己所创造的价值）。因此，利润分享计划看上去只产生有限的效果。当然，实际中出现这样的情况也不奇怪。谁又能期望在按照公司整体业绩支付门卫工资的情况下，会激励门卫更努力工作，或在其他门卫偷懒时去抱怨和提醒？[21] 所以，这些理论说明，大的集体激励计划（就像杜邦公司）会增加员工的风险，但产生的收益却十分有限。

尽管许多经济学家认为搭便车理论很有说服力，但在这同时，也有人给出相反的考虑——它可以解释为什么集体奖励得到如此广泛的运用（即使搭便车的确是一个潜在的问题）。第一，以股票期权和限制性股票的形式延期支付薪酬，使员工离开企业的成本很高，从而有利于企业留住员工。当劳动力市场的条件与股票价格正相关时，这种措施特别有效。在这种情况下，他们的延期报酬计划是针对员工的外部机会设置的。[22] 第二，让员工了解公司股票价格的表现和公司的盈利能力有利于公司。通过强调这些指标，员工就会了解管理者和员工的行为如何影响自己获利的基础。比如，当员工知道公司重组会提高股票价格时，他们对于重组就会更为理解和接受。的确，它可能需要拿出少量的股票所有权来激励绝大多数的员工，去监督公司股票的价格。因此，在对员工转嫁有限风险的同时，也让他们获得相应的收益。第三，员工不太可能采取行动损害集体中具有共同利益的其他成员的利益。因此，当实行集体激励性报酬的时候，员工也许不会在工作中偷懒去损害同事的利益。在这种情况下，相关的情感，比如羞愧或者罪恶感会激励员工，即使他们不直接面对偷懒的财务后果。[23] 第四，按照公司股票价格的表现和盈利的情况支付报酬，就会向员工传达公司重视什么的信号。这种信号将加强以业绩为基础的公司文化（见第 11 章）。然而，要取得最佳的效果，还必须与能够提供直接激励的其他组织架构特点相配合。

多任务的委托—代理问题 [24]

在标准的委托—代理模型中，努力程度只是一个维度——公司只关心员工如何努力工作。但是，大多数工作都涉及各种各样的任务。比如，一个装配线上的员工可以花时间增加产量、改进质量、进行预防性的维护或者帮助同事。类似地，一个大学教授可以安排时间，分别用于教学、科研、咨询以及行政事务。因此，管理者通常不仅要关心员工是否努力工作，还要关心他们在各种任务之间如何分配时间。大学的官员们会关心教授们是如何分配他们的工作时间的。

激励一个员工将个人的努力在各项任务上合理分配并不容易。一个复杂的因素是，在有些任务上努力容易得到监督，而结果也更容易测量；而在其他一些任务上，所花费的努力可能就不容易监督和测量。例如，大学的官员可以观察教学质量，而管理的质量则很难测量。仅仅按

激励性报酬意味着业绩不佳人员报酬的减少

给员工增加风险意味着业绩不佳的人员将受到惩罚。Oxford Health Plan 公司的前 CEO 斯蒂芬·威金斯就是一个例子。Oxford Health 曾一度是野心勃勃的医疗护理公司，但 1997 年发生了2.91 亿美元的巨额亏损。股票价格从一年前的高位跌了 80%。威金斯是这家公司的创立者，现在仍然拥有这家公司 5% 的股份，其报酬下降了 61%。在其他 6 位拿高薪的高管中，除一人之外，工资都减少了，而 1997 年还在公司的这 7 位高管到 1998 年只剩两位了。威金斯尽管仍然是公司董事会主席，但却不再担任公司的 CEO。1998 年，他又辞去了董事会主席的职位。

资料来源：R. Winslow (1998) , "Wiggins, Ex-CEO of Oxford Health, Took 61% Cut in Total Pay Last Year," *The Wall Street Journal* (May 4) , B8.

照可以测量的维度来支付员工的薪酬，将鼓励员工仅仅着重于与报酬相关的任务，而在其他任务方面会偷懒。比如，仅仅按照教学水平支付教授报酬，将鼓励教授将更多的努力花在教学上，而可能忽略管理服务和科研方面的任务。类似地，按照产量激励生产线上的工人，将鼓励工人生产更多的数量，却忽视质量和对于同事的帮助。这些多任务的考虑表明，公司经常要避免仅仅按照可测量的结果确定报酬水平。

然而，如果给予足够的时间，管理者有可能得到相关员工各方面表现的足够信息。比如，在大学里，各学院的院长有很多机会来观察各位教授在学术委员会中的服务；可以听取相关研究人员和同事的反映；也可以与学生交谈，了解教学质量。这些信息可以作为员工晋升、辞退和阶段性报酬调整的依据。的确，在目前的大学中，主要就是依据这样的机制来激励员工的。对这些信息的处理，通常需要管理者的*主观判断*。要为员工提供合理的激励，管理者必须建立起公正和客观的声誉。要想使激励最为有效，公司必须建立相关的业绩测量和奖励政策，促使管理者为此努力。在第 16 章中，我们将进一步探讨这些主观业绩评估问题。

激励性报酬的形式

通常，*激励性报酬*这一术语使人联想到计件工资、佣金和现金奖励计划，这些奖励都是按照可测量的结果来安排的。产生这种联想并不奇怪，因为在美国的制造业中，有超过四分之一的员工，其个人收入中至少一部分是通过这些类型的奖励计划得到的。[25] 我们在这一章中的讨论表明，将晋升和工资调整与业绩挂钩的机制，同样是激励性报酬的一种形式。宽泛地讲，任何薪酬合约（显性的或隐性的），只要能够因为业绩良好得到奖励，或者因为业绩不佳得到惩罚，都可以被看做激励性报酬（回忆一下我们在第 11 章讲到玫琳凯化妆品公司对于激励的独创性运用）。按照这一定义，以下都是激励性薪酬的具体形式：[26]

- 计件工资与佣金
- 因良好业绩得到的奖金
- 赢得比赛而获得的奖励（例如，假期）

红包、明星与奖杯

许多公司有正式的认可制度来表彰那些在特定项目上有杰出贡献的员工，也有的公司只是简单的表示感谢。施乐公司的谢里尔·奎因收到了装有100美元晚餐券的信封，作为她向高管提供自己工作范围之外的信息的奖励。在她所在的部门，每个人都看到奎因收到的红色信封，也知道了这是对她的表现的认可。事实上，有一个可称为“认可产品”的行业，专门向公司销售证书、标牌、匾、奖牌、奖杯、蜡烛、钥匙链以及各种有意思的小玩意儿。很显然，员工喜欢得到表扬和承认。然而，薪酬顾问就这类认可制度提出多种警告。不要向为公司拉来100万美元业务的人员只是发个奖杯，这贬低了他的价值。不要鼓动员工相互攀比，看谁获得的认可最多。而最为重要的是，一个证书或奖牌代替不了薪酬或福利的增加。

资料来源：R. Flanigan (2002)，“Will Work for Praise,” *Rochester Democrat and Chronicle* (November 4)，E1.

- 按照业绩进行工资调整
- 因良好业绩而获得的晋升和其他荣誉头衔
- 股票所有权与利润分享计划
- 由于良好业绩而得到办公条件的改善
- 由于业绩较差而被解雇或受到其他惩罚
- 延迟支付报酬或在解雇时取消未授予的退休金

重要的是，要认识到奖励不一定采取货币的形式。奖励可以包含任何员工认为有价值的东西。比如，在某些组织中的管理者在确定员工的工资报酬时，只有很少的灵活性。尽管如此，还可以通过得到令人满意的工作分配、提供更好的办公条件、较好的停车位、特殊的荣誉以及在有吸引力的地方提供培训课程等，对效率更高的员工给予奖励。

激励性薪酬与信息披露

基本的委托—代理模型假设，在进行最初的合约谈判时，雇主和员工掌握相同的信息。有些合约在签订前信息是不对称的。[27] 例如，与雇主相比，员工通常更为清楚下一年度自己辞职的可能性。类似地，与高级管理者相比，销售代表可能更清楚其所在区域公司的销售潜力。

有时，通过巧妙的薪酬合约设计，公司是可能引导员工说出他们自己的信息的。考虑Onex复印公司的例子。该公司通过销售代表向客户销售他们的复印机。每个销售人员被安排在一个特定的地区。有些地区比其他地区销售潜力更大。为简化起见，假设只有两类地区，好地区和坏地区。好地区有200万美元的销售潜力，而坏地区有100万美元的销售潜力。销售代表知道他们自己所在地区的销售能力。而高级管理者对于好的销售区域和坏的销售区域之间的区分没有充分信息。

在评估销售代表的业绩时，公司必须考虑具体区域是容易销售的地区还是不容易销售的地区。同时，公司也想依据这些精确的预测来计划生产周期。公司可以直截了当地询问销售代表

IBM 巴西分公司为员工提供工作和汇报事实真相的激励

没有系统的证据证明公司是不是常常通过设计薪酬合约提供激励，促使员工汇报事实真相，努力工作。我们知道一个例子，是 IBM 巴西分公司所发生的事情。在 20 世纪 70 年代，公司实施了一项薪酬计划，对能做出精确销售预测，并具有实际销售业绩的销售人员给予奖励。在每一时期的开始，公司总部都给销售人员提供各个地区未来销售水平的预测。然后，每一位在相应地区的销售人员都将提出自己的看法，指出他认为能够达到这一销售预测的比例。比如，数值 1 表示该销售人员认为预测比实际情况好 50%。按照这一计划，首先，通过将实际的销售额与公司的预测和个人的预测进行对比来奖励销售人员。实际的报酬设计同时鼓励努力工作和准确的预测。

按照 IBM 管理人员的说法，这一计划看起来效果不错。在实施过程中，公司的确遇到了一些意料之外的问题。比如，销售人员很快明白如何利用这一计划——他们根据需要将销售额在各个销售期内进行转移。比如，销售人员可能会推迟一项销售，以便促成下一期中较高的销售额，并改进个人对于未来的销售预测。然而，IBM 实施惩罚措施，可以限制这种行为。这种类型的薪酬计划在其他公司中并不常见，IBM 公司在实施这种计划时所遇到的困难也许可以解释其中的原因。

资料来源：G. Jacob(1978)，"Tie Salesmen's Bonuses to Their Forecasts," *Harvard Business Review* 56 (May–June)，116–123.

他们所在地区的销售能力。然而，处于容易销售地区的销售代表可能不会如实相告——如果公司认为某个容易销售的地区是不容易销售的，那么销售代表会因为销售数额高而得到高薪(而实际上，该销售代表不需要付出多少努力，就可以达到该地区的预期销售业绩)。

在这个例子中，通过提供以下合约，公司可以引导销售代表讲出所在地区的真实情况。如果销售代表说明自己所在的地区是容易销售的地区，那么其薪酬合约将按照销售额的 2.6%计算其应得的报酬。如果销售代表说明自己所在的地区是不容易销售的地区，那么将收到固定工资 50 000 美元。在给定这两个选择的情况下，从个人利益考虑，所有的销售代表都会说明真相——所在地区不好的销售代表将接受 50 000 美元固定工资的合约（因为 100 万美元的 2.6%仅有26 000 美元），而在好的地区的销售代表则更愿接受按照 2.6%的销售额支付报酬的合约(对他们来说，最后的报酬将为 52 000 美元)。要使这一计划起作用，关键是对每种类型的员工来说，如实报告信息总是会比隐瞒真相获得更高的报酬。

在这个例子中，有很多备选的薪酬计划可以引导员工汇报事实真相。对公司来说，要选择最有利的合约。Onex 希望薪酬合约能够提供有力的业绩激励，同时也能够引导员工讲出真实信息。因此，它也许会选择对两种类型的员工都付佣金，但通过佣金比例的差异来引导员工如实汇报有关信息。

激励性合约的选择效应

在第 14 章，我们描述了企业如何使用薪酬计划，特别是使用福利和工资的组合来吸引特定类型的员工。使用的例子包括健康、人寿和牙科保险计划，已婚员工对这些计划的评价比单身员工高。通过提供这样一种福利较多、工资稍低一点的薪酬组合，就能将较多的已婚员工吸引到企业中来。这一节将描述一种类似的选择机制，这种机制是激励性薪酬计划所固有的，能够将更多的生产效率高的员工吸引到企业来。

本章前面提出来的基本委托—代理模型假设，所有代理人的边际生产率都是相似的（等于公式 15.5 中的 α）。但是，员工的边际生产率通常是不同的。那些重视高生产率员工的企业愿意吸引这样的员工到企业中来。公式 15.7 描述的激励性合约，不仅仅是为了激励像艾瑞卡这样的员工付出更多的努力，还能够吸引 α 值更高的员工到企业工作。为了说明这个问题，假设员工知道他们自己的边际生产率（他们的 α 值），但企业不知道。为简化起见，进一步假设所有的员工拥有同样的保留效用，都为 1 100 美元。因为企业不知道任何单个员工的 α，所以企业可以确定一个 W_0^*（固定工资）和一个 β^* 系数（计件工资率），以确保工人愿意申请本企业的工作，同时保证在本企业工作的时候最低边际劳动生产率为 $\alpha>\alpha^*$。所以，激励性合约 $W_0^*+\beta^*\times$产量导致生产效率低的员工（$\alpha<\alpha^*$）离开了企业。

请回忆一下，艾瑞卡每单位努力的边际生产率为 100 美元，努力的负效用为 e^2。假设预期的薪酬合约为 1 000 美元+0.2×产量，她选择的努力水平为 $e^*=10$（请见图 15.2）。当 $e^*=10$，艾瑞卡预期的报酬为 1 200 美元，预期的效用为 1 100 美元（1 200 美元-10^2），这正好等于她的保留效用。假设艾瑞卡和里奥两个人申请这份工作，像艾瑞卡一样，里奥的保留效用也为 1 100 美元，但是里奥每单位努力的边际生产率只有 90 美元。一旦里奥知道了这个激励性合约，他最好是选择干点别的而不是在该企业工作。按照这个合约，里奥的预期报酬为 1 000 美元 + 0.2 ×（90e）。假设里奥像艾瑞卡一样，拥有同样的努力成本 e^2，他将选择付出 9 单位的努力，因此预期的收入是 1 162 美元，获得的预期效用为 1 081 美元（1 162 美元-9^2）。[28] 在既定的激励合约下，里奥的预期效用小于他的保留效用。里奥因此会选择在别处工作，而艾瑞卡选择留在该企业。通过提供更大的绩效工资的激励性合约，企业能够吸引生产效率更高的劳动力。

拉齐尔曾经研究了某企业中安装汽车挡风玻璃工人的情况。该企业曾经将固定工资改为计件工资。[29] 企业的劳动生产率上升了 35%，同时薪酬（固定工资加上奖金）上升了 12%。生产效率提高了 1/3 是因为效率低的员工离开了企业，被一些更有才能的员工所替代。拉齐尔的研究证明了激励性合约是如何激发选择效应的。

激励性报酬有效吗

在本章中，我们始终强调薪酬计划可以激励员工。虽然这一观点已经被许多人所接受，但并不是没有反对意见。质量大师爱德华·戴明是如此的极端，他断言，“不能将报酬作为激励工具。”无独有偶，心理学家阿尔菲·科恩在一篇反驳激励性报酬的文章中指出，“在工作上，简单的贿赂是没用的。”[30]

对于激励性报酬的批评一般都依赖于两个基本观点。第一个观点是金钱不能够激励员工。支持这一观点的人指出，员工在评估工作的吸引力时，货币收入通常不是一个最重要因素。而其他因素，比如工作的性质、同事的素质等更为重要。第二，更为严厉的批判是，设计一种有

激励的力量：中国农业的事实

有关激励性报酬有效性的一个有趣的事实来自人类历史上最大的经济改革试验——中国农业在 20 世纪 80 年代早期的改革。在 1952 年到 1978 年，中国农业在人民公社制度下发展。在这种体制中，劳动力被划分成生产小队。也有一些将报酬与业绩挂钩的尝试。然而，这些激励相对较弱，报酬在一定程度上是按照家庭规模分配，而与个人的努力无关。从1980 年到 1984 年，按照邓小平的思想，人民公社制度逐渐被“家庭联产承包责任制”所取代。在这样一种新制度下，每一个农民家庭长期租用一片土地。每个家庭每年都要向政府交纳规定数额的农产品，但超过定额的产量就归自己所有。这种额外的产量可以用于家庭消费，也可以出售。

根据经济理论，剩余产品的所有权会提供强有力的激励。因此，这一理论表明，在家庭联产承包责任制下，生产率会比在人民公社制度下大幅度提高。实证研究也完全支持了这种理论的预测。比如，一项研究估计，中国农业的生产率在邓小平所倡导的改革时期实际提高了 50%。

资料来源：J. McMillan (1992)，*Games, Strategies, and Managers* (Oxford University Press: New York)，96–98.

效的激励性报酬计划是非常困难的（如果能设计出来的话）。支持这一观点的人都能举出很多例子，说明薪酬计划的设计总是存在缺陷，从而导致事与愿违的结果（例如，第 2 章所讨论的美林证券的例子）。有趣的是，这两派批评者的结论并不相融。如果金钱不能激励员工，激励性报酬计划就不会产生第二个观点的支持者提出的功能失效行为。与此观点类似，经济学家乔治·贝克指出，“问题并不是激励性报酬不起作用，而是它们的效果都太好。”[31]

当然，很容易找出许多例子来说明薪酬计划误导了员工的行为。我们在本书中也指出了一些例子。激励计划同样会引起管理成本，比如要记录相关产量，要将这一体系向员工解释清楚。但重要的问题不是激励计划是否会带来成本（他们当然会带来一定的成本），而是设计出的激励计划带来的收益可能大于成本吗？如林肯电气公司的例子（将在第 16 章讨论的）说明答案是肯定的。同样，在竞争性市场上，激励计划（佣金、计件工资、奖励计划和股票期权）已经长期存在，这足以说明激励计划的净收益经常是正的。

科学研究的结论大多支持代理人会对激励做出积极反应的观点。[32] 普伦德加斯特描述了一组激励性试验的结果——从养鸡场场主到专业的运动员以及公司的 CEO，都证明了激励是起作用的。但是同样有说服力的研究也表明，代理人采取行动满足自我利益却损害了整体的效率，即代理人会利用激励计划的不完善之处。这为什么是一个令人吃惊的结果呢？代理理论的基本假定是员工按自我利益行事。在激励计划下，给定激励合约的基本框架，代理人会采取行动实现自我利益的最大化，有时这涉及到对制度的利用。在设计得不够完善的激励计划下，有利于代理人的行为可能会减少公司的价值。激励薪酬计划的设计目标如果是为了限制代理人的博弈行为，那么他们的价值很有可能被高估。试验结果同样证明了激励性合约的重要选择效应。生产效率高的员工喜欢绩效工资高的合约，因为在这样的合约下他们能挣到更多的钱。

尽管有证据支持激励是起作用的观点，但在某种程度上，如果考虑到我们本章所描述的代理理论的其他含义，那么结果是复杂的，有好有坏。尤其是，假设其他所有因素（产量对员工

教师在学生分数上的博弈

为改善公共教育，有些学区采取了只要学校的考试分数上升就给教师现金奖励的做法。然而，这种制度鼓励了教师通过欺骗方式提高学生分数。例如，在肯塔基州，设立了一种年度测验，主要是问答性的题目。按照学生入学和退学的情况对学校进行评价。测验的试卷由本校学生的老师批改。如果某个学校的学生成绩下降了，就要实施某种惩罚——学校要聘请咨询顾问，在极端情况下，要派来新校长，并且给予新校长解雇教师的权力。业绩好的学校会得到奖励，奖励的钱可以任由老师安排，可以作为奖金发放给老师，也可以购置教学用具。98%的情况是这些钱都会作为奖金发放给教师，相当于每位老师平均多拿 2 602 美元（平均工资的 7%）。

问题很快就出现了。在所调查的学校中，审计人员发现，有 96%的学校对学生笔试中问答题（占每个学校总分的 14%）的打分过于宽松。按照 140 分的标准，平均多给了 35 分。审计人员发现有种种不正常现象：教师为学生打印试题答案；学生提前拿到试卷复印件；在考场上，教师会为学生解释考题；在考试期间，教师还给学生讲解相关知识。

相关的考卷都是在考试前三周发给各学校，以便学校为考试做好准备。州学校评估委员会的主席爱德说："我是在这样的假设下操作的，即绝大多数人是诚实的，而对于那些不诚实的人，我们需要一定的程序来惩治他们。"这个例子说明，设计不完善的激励计划会引起不良行为。

资料来源：B. Stecklow (1997)，"Kentucky's Teachers Get Bonuses, but Some Are Caught Cheating," *The Wall Street Journal* (September 2)，A1.

努力程度的敏感性、员工的风险规避程度等等）都保持不变。表 15.2 表明，当员工不可控的风险水平较低时，我们能够看到激励报酬的水平比较高。遗憾的是，研究同样还令人信服地证明了这样一种简单的观点：环境的不确定性越大，激励性报酬使用得就越少。证明这个观点的潜在困难涉及我们在第 12 章讨论的问题。如果环境的不确定性越大导致将更多的决策权委托给员工，那么更多的委托权就要求更多（不是更少）的激励性工资。[33]

普德伦加斯特曾经给出一个案例，某企业承包了两项大型建筑工程：一个工程是在加拿大，这个项目的不确定性较小，因为该企业已经在加拿大做了很多类似的项目；另一个新工程在美国，该企业没有在美国做工程的经验，环境有高度的不确定性。加拿大项目经理得到一份固定工资外加一小部分奖金，美国项目经理的报酬则与项目的盈利状况相联系。在加拿大，项目经理被授予很小的决策权，因为总公司的管理者知道如何去做决策，而且能够直接监控加拿大的项目经理。但是总公司的管理者对美国项目的专业知识所知甚少，不得不给美国的项目经理授予更多的决策权。公司总部监控美国经理比监控加拿大经理的成本要高。为了激励美国的经理行使他们的决策权以实现公司价值的最大化，公司总部为美国经理设计的薪酬计划包括更多的激励性报酬。在这个例子中，对风险中立的管理者来说，不确定性与激励性薪酬的数量呈正比关系。但是，对于风险规避型的员工来说，这种关系可能是正相关的（如果授权激励决定风险规避的成本），也可能是负相关的（如果风险规避的成本决定授权激励）。

尽管经验证据并不支持表 15.2 中的观点，即风险与激励应该是负相关关系，但是一个潜在的问题是，在研究中没让其他要素保持不变。例如，不确定性既会影响代理人的风险，也会影

案例研究：关于 CEO 薪酬的争论

在绝大多数的公司中，数额最高、最引人注目的收入就是公司 CEO 的收入。对于公司来说，公司 CEO 的报酬有特别重要的意义，这里有三个原因。第一，薪酬计划对吸引和保留优秀的 CEO 有重要作用。第二，报酬合约的形式将有助于决定公司 CEO 是致力于公司价值最大化，还是另有其他目标。第三，组织内的其他员工都会密切关注 CEO 的报酬。在员工认为 CEO 报酬过高时，公司会发生严重的士气问题。例如，员工怨声载道，在公司遇到麻烦时，员工们被要求减薪而同时 CEO 却得到加薪。

近些年来，对于 CEO 报酬的微辞似乎日见增多。一种说法是 CEO 的薪酬水平太高了。人们认为不需要向 CEO 支付这样高的报酬。很容易举出许多公司 CEO 的年薪高达数百万美元的例子（报告的薪酬数字通常包括工资和奖金，以及通过执行股票期权所获得的收益）。考虑以下两个例子：一个是在 2001 年，当 E*Trade 集团公司披露向公司 CEO 克里斯托支付了 7 700 万美元的薪酬组合时，公司的股东表示非常愤怒，因为就在这一年中，这家金融服务公司亏损了 2.42 亿美元。当克里斯托表示一定会交回 2 100 万美元时，股东的抱怨也难以平息。在 2001 年，Qwest 通信公司发生了 40 亿美元的亏损，员工被大量解雇。然而，作为 Qwest 通信公司的 CEO，约瑟夫却收到了 150 万美元的奖金，2 400 万美元的工资，以及 7 400 万美元的执行股票期权和 725 万股的新股票期权。在 1980 年，CEO 的薪酬是普通工人的 42 倍。到 2000年，这一比例达到了 531 倍。

另一个有关 CEO 报酬的主要批评涉及 CEO 报酬的形式。一种批评认为，CEO 是股东的代理人，CEO 的工资报酬应该主要依据股票价格的表现。在一些典型的案例中，CEO 的报酬已经脱离了 CEO 的业绩表现。例如，2001 年福特汽车公司报告了 54.5 亿美元的亏损。大量的员工被解雇，几乎每个人的工资都受到影响。虽然前福特汽车公司 CEO 雅克·纳泽遭到解雇，但他在这一年中获得了 2 000 万美元的薪酬。自 1980 年以来，股票期权的普遍使用促进了 CEO的个人财富对公司业绩的敏感性。然而，CEO 的个人财富对公司业绩的敏感性仍然保持在低水平上。研究表明，对于大的上市公司 CEO 来说，公司价值每变动 1 000 美元，公司 CEO 的财富将只变动 10.57 美元。他们认为，这种关联（这些相当于 CEO 拥有公司 1.057%的普通股股票）太小了。对于大部分公司而言，如果他们增加 CEO 的激励性报酬，公司的状况还将得到更大改善。有些支持这一观点的结论来自于对相关文献的研究。这些文献表明，每当公司宣布要增加公司 CEO 的激励性报酬时，公司股票的价格就会上升。

问题讨论

1. 绝大多数美国公司 CEO 的报酬远远超出公司一般员工的报酬，你觉得这是否意味着公司 CEO 的报酬过高？请解释你的观点。
2. 一般来说，日本公司 CEO 的报酬远远低于美国公司 CEO 的报酬。这是否意味着美国公司 CEO 的报酬过高？
3. 公司股票总价值每变动 1000 美元，CEO 的个人财富只变动 10.57 美元，你认为 CEO 激励性薪酬明显太低了吗？请解释。
4. 许多公司在增加 CEO 的激励性报酬之后，股票价格也随之上升，这是否意味着 CEO 没有收到足够的激励性报酬？请解释。
5. 为什么说 CEO 的报酬过高可能有利于股东的利益（也就是最大化股东的价值）？

资料来源：J. Byrne (1991)，"The Flap over Executive Pay," *BusinessWeek* (May 6)，90–112; M. Jensen and K. Murphy (1990)，"CEO Incentives—It's Not How Much You Pay, But How," *Harvard Business Review* (May–June)，138–153; J. Haubrich (1994)，"Risk Aversion, Performance Pay, and the Principal–Agent Problem," *Journal of Political Economy* 102, 258–276; J. Brickley, S. Bhagat, and R. Lease (1985)，"The Impact of Long-Range Compensation Plans on Shareholder Wealth," *Journal of Accounting and Economics* 7, 115–129; P. Elgin (2002)，"E*Trade: CEO Pay Isn't the Only Problem," *BusinessWeek Online* (May 17)；L. Bebchuk, J. Fried, and D. Walker (2002)，"Managerial Power and Rent Extraction in the Design of Executive Compensation," *University of Chicago Law Review* 69, 751–846; and "CEOs: Why They're So Unloved," *Editorials, BusinessWeek* (April 22, 2002).

响决策权的授予。在第 12 章中我们曾分析到，决策权的分散化的一个好处就是可以更有效地使用当地的知识。在一个高度不确定的环境中，当地的经理很有可能比大多数的高级管理者拥有更多的信息。因此，正像普德伦加斯特所描述的那样，随着环境不确定性的增加，当地的经理期望得到更多的决策权。这个讨论再一次突出了图 11.1 的重要性。企业的组织架构随着战略选择的不同而不同。设计出的组织架构这个凳子的三条腿要相互补充，并共同支持公司的战略。简单的经验证明不能只考察一个时间段中一条腿的情况（比如报酬如何随着风险的变化而变化），还必须要控制其他两条腿是如何调整的（比如决策权的安排如何随着风险的变化而变化）。

推荐书目

G. Baker, M. Jensen, and K. Murphy (1988) , "Compensation and Incentives: Practice versus Theory," *Journal of Finance* 43, 593–616.

J. McMillan (1992) , *Games, Strategies, and Managers* (Oxford University Press: New York) , 91–129.

P. Milgrom and J. Roberts (1992) , *Economics, Organization, and Management* (Prentice Hall: Englewood Cliffs, NJ) , 206–247.

注 释

1. 有关这一实例的详细内容可以查阅：L. Hays（1988）, "All Eyes on Du Pont's Incentive Program," *The Wall Street Journal*（December5）, B1; and R. Koening（1990）, "Du Pont Plant Linking Pay to Fibers Profit Unravels," *The Wall Street Journal*（October25）, B1。
2. 我们选择这一特定的效用函数（以及下面要讨论的公司的收益函数），来简化分析中的计算。然而，我们所得出的基本结论适用于各种情况，而不仅仅适用于这一特殊的例子。
3. 技术说明：请回忆，在某一点的边际收益等于总收益在该点的斜率。对于边际成本和总成本来说，也存在同样的关系。应用基本的微积分知识，总成本曲线的斜率为 $2e$，而总收益曲线的斜率为 100。在最优的努力水平下，$2e = 100$；因此，$e^* = 50$。
4. 在我们简化的例子中，公司可以通过观测爱恩的产量 Q 来推测 e。一般情况下，Q 将受到员工自己不可控制的因素影响。比如，也许存在下面的关系：$Q = \$100e+\mu$，这里 μ 是随机误差。有可能影响爱恩产量的随机因素包括原材料的质量和设备的故障等。加入随机误差 μ 后，公司就不能简单地通过观察 Q 来推测 e。
5. 技术说明：通过运用微积分（注释 3）或图解分析（图 15.1），都可以得出这个解。在本章的后面我们将提供有关确定员工努力程度的更为详细的分析。
6. S. Kaplan（1989）, "The Effects of Management Buyouts on Operating Performance and Value," *Journal of Financial Economics* 24, 217–254.
7. P. Rubin（1978）, "The Theory of the Firm and Structure of the Franchise Contract," *Journal of Law & E-*

conomics 28, 223–233；J. Brickley and F. Dark（1987），“The Choice of Organizational Form: The Case of Franchising,” *Journal of Financial Economics* 18, 401–420. 在多数特许经营协议中，总公司将从特许经营者那里收到一个持续的特许权费。这一特许权费给总公司提供了激励，使其积极地培养和提升品牌知名度。而特许经营者对于未来利润的要求权通常是有一定期限的，比如 20 年，到期之后，通常重新签订合约。

8. 期望收入是阿贝在一个月内将收到的平均收入。通过加总所有可能的收入与相应的概率的乘积而得到：（10 000×0.5）+（0×0.5） = 5 000 美元。

9. 在本例中，为简化计算，我们假设收入流相互独立。在现实中，只要两种收入流不是完全正相关，我们这里的分析就是成立的。

10. 一种联合结果（*X* 美元，*Y* 美元）是指阿贝收到 *X* 美元而杰思收到 *Y* 美元。由于两个事件是相互独立的，所以这一联合结果发生的概率是第一个事件（阿贝的 *X* 美元）发生的概率乘以第二个事件（杰思的 *Y* 美元）的概率。例如，两个人都收到 0 美元的概率为 0.5×0.5 = 0.25。

11. 例如，H. Markowitz（1959），*Portfolio Selection*（John Wiley & Sons: New York）；and W. Sharpe（1964），“Capital Asset Prices: A Theory of Market Equilibrium under Conditions of Risk,” *Journal of Finance* 19，179–211。

12. 这一模型最初的描述见：B. Holmstrom（1979），“Moral Hazard and Observability,” *Bell Journal of Economics* 10, 74–91。

13. 为简单起见，我们仅限于分析线性薪酬合约。这样做的合理性在于，在现实中线性合约是极为常见的。例如，销售人员和房地产代理经常收到佣金，而工厂的工人也经常按计件工资拿奖金。线性合约的一个优点是可以给工人提供一致的激励，而不依赖于过去的产量（增加一个单位的产量所得的边际收益是一个常数）。相反，设置一个门槛，一旦达到这样的门槛，付给一个固定数额的奖金的做法就没有激励效果，因为一旦员工达到这样的目标，就没有继续努力的激励了。对线性合约的技术合理性感兴趣的读者，可以参阅 B. Holmstrom and P. Milgrom（1987），“Aggregation and Linearity in the Provision of Intertemporal Incentives,” *Econometrica* 55, 303–328。

14. 技术说明：在我们的分析中，假定艾瑞卡的对于风险的态度不会随着财富水平的变化而变化。去掉这一假设意味着，在选择努力水平时，她将考虑其他结果。特别是，努力水平的选择会通过改变她承担风险的成本，从而影响她的效用。我们忽略掉这些潜在的影响，因为它除了使我们的分析更为复杂，并不会有助于提供更为深入的理解。

15. 基本模型假设，雇主掌握解决这个问题的相关知识，包括生产函数、雇员的效用函数以及随机误差及方差的知识。对于这一部分结果的数学推导感兴趣的读者，可以见 P. Milgrom and J. Roberts（1992），*Economics, Organization, and Management*（Prentice Hall: Englewood Cliffs, NJ）中的第 7 章。

16. 技术说明：成本函数的二阶导数对确定反应程度更为重要；二阶导数越大（相当于边际成本曲线更为陡峭），反应程度越小。

17. 这部分的资料选自 B. Holmstrom（1982），“Moral Hazard in Teams,” *Bell Journal of Economics* 13,324–340。

18. C. Smith（1995），“Corporate Risk Management: Theory and Practice,” *Journal of Derivatives* 2，21–30.

19. 我们非常感谢 Kevin J. Murphy 依据 ACA 数据分析所提供的这些估计。

20. P. Oyer（2004），“Why Do Firms Use Incentives That Have No Incentive Effects,” *Journal of Finance* 59:

4, 1619–1649。

21. 本例是 Kevin J. Murphy 建议的。
22. P. Oyer and S. Schaefer（2005）， “Why Do Some Firms Give Options to All Employees? An Empirical Examination of Alternative Theories,” *Journal of Financial Economics* 76, 49–133.
23. E. Kandel and E. Lazear（1992）， “Peer Pressure and Partnership,” *Journal of Political Economy* 100, 801–817.
24. 这部分的材料引自 B. Holmstrom and P. Milgrom（1991）， “Multitask Principal–Agent Analysis: Incentive Contracts, Asset Ownership, and Job Dssign,” *Journal of Law, Economics and Organization* 7, 24–52。
25. J. McMillan（1992），*Game, Strategies, and Managers*， （Oxford university Press: New York）, 93.
26. G. Baker, M. Jensen, and K. Murphy（1998）， “Compensation and Incentives: Practice versus Theory,” *Journal of Finance* 43, 593–616.
27. 在第 10 章，我们区分了两种类型的非对称信息——合约前的非对称信息与合约后的非对称信息。在这一章中，到目前为止，我们所针对的都是合约后的信息问题，也称为*道德风险问题*。在这一部分，我们将讨论合约前的信息问题，也称为*逆向选择问题*。
28. 出于技术上的考虑，里奥会最大化他的预期效用，$1\,000+0.2\times(90e) - e^2$。为了找到能将他的预期效用最大化的努力水平，可以将这个函数式求导并让它等于 0，就得到 $e^*=9$。
29. E. Lazear（2000）， “Performance Pay and Productivity,” *American Economic Review* 90:5, 1346–1361.
30. A.Kohn（1993）， “Why Incentive Plans Cannot Work,” *Harvard Business Review*（September–October）, 54–63.
31. G. Baker（1993）， “Rethinking Rewards,” *Harvard Business Review*（November–December）,44–45.
32. 这部分资料主要引自 C. Prendergast（1999）， “The Provision of Incentives in Firms,” *Journal of Economic Literature*（March）, 7–63。
33. C. Prendergast（2002）， “The Tenuous Trade–Off between Risk and Incentives,” *Journal of Political Economy*（October）, 1071–1102.

第 16 章

个人绩效评估

林肯电气公司始建于 1895 年，总部位于美国俄亥俄州的克里夫兰，主要生产电动机和发电机。[1] 在 20 世纪早期，公司成为电弧焊接设备和焊接、切割用具的主要供应商。2005 年，公司在 18 个国家设有 29 个工厂，生产焊接设备和切割设备以及工业电动机。在 20 世纪 80 年代将制造工厂扩展到美国以外的地区之前，林肯电气公司经营获利的年份几乎从未间断，作为劳动生产率高和成本节约的典型，林肯电气公司总是被称赞。

林肯电气公司的成功应该归功于采用了正确的战略。长期以来，林肯电气公司致力于以低于竞争对手的成本生产高质量的产品，并通过降低价格，与客户共享成本节约的好处。林肯电气公司之所以能够成功实施这样一种战略，部分得益于它对员工的激励系统——通过与绩效挂钩的薪酬支付计划，来提高员工的劳动生产率。对于生产工人，工资全部采用计件工资。除此以外，到年终还将根据绩效情况，发放相当于平时工资一倍的奖金。

林肯电气公司组织架构的一个关键因素是绩效评估系统，这也是本章要讨论的主题。林肯电气公司的绩效评估包括两部分：生产数量与绩效评级。第一部分是一种客观的、易计量的绩效指标——每个工人生产的合格产品的数量。工人的工资等于单位产品工资率乘以生产的合格产品的数量（生产的残次品得不到报酬）。单位产品的工资率，由公司的生产工时研究部门确定，与当地劳动力市场上类似工作的报酬水平相比，员工只要能够生产标准的产量，就可以获得有竞争力的收入。然而，通过加倍努力的工作，有时甚至在用餐和中间休息时间加班，工人可以使自己的收入翻倍，甚至达到三倍。此外，按照林肯电气公司的政策，不得因为员工获得太多的收入而改变单位产品的工资率。最后，只要在林肯电气公司工作两年以上，就会保证被雇用的工时不少于每周标准的 40 小时的 75%。

林肯电气公司绩效评估体系的第二个部分是对工人的绩效评级。依据这种评级来决定员工在奖金总额中将分得多大的份额。尽管奖金的总额每年都会有所变化，但奖金的总规模接近于工资的总额，大约等于林肯电气公司税后净利润的两倍。每个员工的绩效评级依据员工的可靠性、素质、产量、工作的独创性和合作精神，评价基本上是由员工的顶头上司做出。

林肯电气公司出现了两个重要现象。第一，作为输入，绩效奖励系统应用绩效评估系统的输出结果——两个系统是相互联系的。第二，公司同时使用高度客观、明确的绩效指标（生产数量）和主观的绩效指标（可靠性与合作精神）。

评估员工绩效至少有两个原因。第一，绩效评估给员工提供了关于其工作成绩的反馈，为他们如何提高绩效提供重要的信息。第二，绩效评估可以用作决定奖励和惩罚（工资、加薪、

日本汽车制造商采用了绩效评估

日本一些大型汽车公司纷纷采用传统的西方绩效评估系统，将员工的薪酬和职位晋升更多的与个人的绩效挂钩。在日本汽车工业中，本田和丰田一直是终身雇佣制的典范。但是，在1993年和1994年，这两家公司分别宣布改变这一政策的计划。1993年，本田成为第一个采用按照员工绩效支付报酬的日本汽车公司，将管理者的工资与达到的绩效目标挂钩。1994年，丰田、马自达和尼桑也都宣布他们也不再固守按照级别支付工资和确定晋升的制度。2003年，三菱汽车公司也宣布它将把以绩效为基础的工资和晋升制度，进一步扩展到非管理层的普通员工。

资料来源：R. Johnson (1994)，"Advance or Perish, Honda Tells Managers," *Automotive News* (March 18)；and T. Crowell (2003)，"Gearing Up for Change," Asiaweek.com, www.asiaweek.com/asiaweek/95/0531/aa4.html.

奖金、职位晋升、工作调换和解雇）的依据。这两个目的会导致不同的激励效果。例如，如果评估仅仅为提供反馈，员工就很少有动力去歪曲评估，以使自己的绩效看上去更好。但是，如果按照计量的绩效决定报酬水平，员工就会想方设法歪曲上报的绩效。

在本章中，我们将着重从第二个目的——作为奖惩员工的依据来讨论绩效评估。本章和下一章将描述绩效评估系统，正如前面所讲的，这是公司组织架构的三条腿之一。绩效评估涉及公司中的个人和公司中的下级单位。本章将集中于个人绩效评估问题。第17章主要探讨公司子单元的绩效评估问题。

为讨论组织个人绩效评估，我们再回到第15章所介绍的基本委托—代理模型。在这个模型中，员工的产量 Q 依赖于所付出的努力 e 和随机因素 μ：

$$Q = \alpha e + \mu \tag{16.1}$$

这里 α 是员工的边际生产率。员工每付出一个单位的努力，将会有 α 单位的产量。在这一模型中，e 和 μ 是管理者所不能观察到的，但是，α 是管理者和员工都知道的。如果支付员工不考虑产量 Q 的固定工资，员工就有动机偷懒，因为较低的 Q 可以解释为是由于 α 为负值造成的，而这一数值本身不能观察到（请记住，努力对员工来说是要花费成本的）。要限制这样一种偷懒行为，公司就要将员工的报酬与产量挂钩：

$$\text{员工的报酬} = W_0 + \beta Q \tag{16.2}$$

这里，β 代表员工的薪酬对绩效的敏感性。这样一种报酬合同会使员工减少偷懒行为，更努力地工作。但是，这些合约也会给员工带来风险，因为这时报酬同时也是 μ 的一个函数，而 μ 是随机变量。由于员工是风险规避型的，所以公司必须为员工承担这样的风险提供补偿，否则，员工就会到其他公司工作。这种为承担风险所付出的额外补偿被称为*差额补偿*。因此，公司的所有者必须权衡两个方面：一方面，更有力的激励会刺激员工付出更多的努力；另一方面，为使员工愿意承担相应的风险，必须给予更大数额的差额补偿。

在这一基本的委托—代理模型中，假定产量是可观察的，因此也是可以计量的；Q 是一种客观的绩效指标。员工和企业可以执行以 Q 为依据的、成本相对低的薪酬合同。因此，薪酬和绩效评估（凳子的两条腿）明显是相联系的。

公式 16.2 和公式 16.3 所表示的简单模型还隐含着如下假设：

- 委托方知道员工的生产函数（$Q=\alpha e+\mu$），但不知道 e 和μ 的实际值。
- 产量可以以零成本观测到。
- 存在一种简单的定量绩效指标——产量。
- 员工只生产单一产品。
- 在绩效计量方面，员工无机可乘。
- 员工都独立工作，没有团队生产问题。
- 任何对于双方有利的合同都是可行的；劳动力市场不受政府管制。

显然，在现实中，管理者要实施绩效评估系统，所面临的环境并不完全符合上述假设条件。在本章的后半部分，我们将讨论上述条件不成立时会出现的各种各样的问题。

确定绩效标准

在公式 16.2 中，要想求解 β 的最优值，管理者必须要知道公式 16.1 中的 α。因为员工的边际生产率不是可以观察到的，管理者必须对它进行估算。为了说明在员工边际生产率估算中所遇到的有关问题，考虑下面一个简化的例子。康拉德·米勒可以装配一种特定型号的焊机，日生产量如下：

$$\text{装配的数量} = 5e_C + \mu_C \tag{16.3}$$

这里，e_C 代表正常努力情形下工作的小时数，而 μ_C 代表随机误差项。如果康拉德按照正常的努力水平工作 8 小时，则 e_C=8，那么平均说来，他将装 40（5×8）台焊机。误差项的期望值为零。如果康拉德同样工作 8 小时，但是提高了操作的速度（e_C>8）——这相当于，比如说，12 个小时的正常努力水平（e_C=12），那么康拉德平均每天将装备 60 单位。如果他工作懒散，经常停下来休息，e_C 也许只相当于为 5，那么他平均每天就只装配 25 个单位。

虽然误差项 μ_C 平均为 0，但组装的数量还是会受到意外因素的影响，这意味着 μ_C 的方差并不等于 0。例如，如果康拉德收到低质量的零件或者部件，那么每天组装的产量就将下降，即使康拉德付出了正常水平的努力（e_C=8），但因为要装配一些不太符合规格的零件，所以需要更多的时间。也许在每小时中，康拉德都必须花费几分钟等待某些部件送达。在这种情况下，μ_C 也是负值。而相反，他也许会非常幸运，装备的数量超过 $5e_C$ 单位，因为有些零件特别好装配，并有足够的零件存货和高效工具，且他工作起来很少分心。

在上面的例子中，装配部门可以建立每个员工每天装配 40 台焊机的标准。产量超过 40 可以认为绩效优良，而少于 40 则认为绩效不佳。40 的标准是绝对性数值，因为它是固定的，是在员工付出努力之前就确定了的。然而，管理者也许不知道努力水平与产量之间的这些关系（装配的焊机=$5e+\mu$），也不知道员工平均每天要付出 8 个单位的努力。因此，必须估算焊机的平均产量。至少有两种办法可以用于估算：动作和时间研究及历史生产数据分析。

时间和动作研究

在时间和动作研究中，工业工程师要估计一项特定任务需要多少时间，这样他们才能确定最有效的工作方法。动作研究涉及到工作方法的系统分析，要考虑原材料、产品及工艺过程的设计、使用的工具以及每个步骤的活动。除了要估算每一项具体活动花费多长时间，工业工程师还经常通过重新设计产品和工艺过程来减少所需的时间。时间研究利用各种各样的技术，确定在标准条件下一项特定的活动所需的时间。工作抽样（一种时间研究方法）则根据随机确定的时间间隔，选取较大数量的观测值，观察在完成工作的各个部分时，员工分别需要多长时间。以研究中所需要的工程时间来衡量，时间和动作研究经常是非常昂贵的。在产品设计发生变化或引入新设备时，这种研究工作就要重做。这种研究也经常存在潜在的偏差，因为员工都希望最后设定的定额较低，因此在时间研究阶段，他们都故意放慢节奏。

过去的绩效与棘轮效应

在确定绩效目标时，运用过去的历史数据是一种常见的做法。遗憾的是，这种做法经常导致事与愿违的激励，称为*棘轮效应*。[2] 棘轮效应是将今年的实际绩效作为来年的绩效标准。然而，绩效目标通常只按一种方向调整：就是上升。某一年较差的绩效通常不会使随后年份目标降低，或者只减一点点。这种“棘轮式上升”的标准使员工主动避免大幅度超额完成定额，以防未来的绩效标准过高。[3] 这样一种棘轮效应会引起许多不利行为，比如：

- 许多公司经常以上一年度的销售额作为本年度的销售目标，达到销售目标的销售人员才能获得奖金。如果销售人员遇到一个非同寻常的大好年份，他们就会将某些销售推迟到下一个财务年度。例如，他们也许会接受客户的订单，但故意拖延，推迟到下一个财务年度才完成销售。
- 在前苏联，中央计划者通常按照过去的经验来确定工厂的生产定额。在能够实现定额目标的情况下，管理者会收到各种各样的奖励，而那些没能完成定额目标的管理者将受到惩罚。这种做法会使管理人员不努力工作，使其只愿意仅仅达到或者略微超过生产定额。
- 在一个汽车发动机装配厂，生产工人的绩效目标每年调整一次。管理者在确定每个部门的目标时，总是根据上一年度的绩效，再加上一定的向上调整。这种做法使管理人员在任何一个年度都避免生产率产生极大幅度的提高，而宁愿将这种提高的潜力分散到诸多年份。[4]

林肯电气公司有效地避免了这样一种棘轮效应的失灵问题，其方法是采用固定不变的单位产品工资率，即使这会导致有的员工在某些年份收入特别高。时间研究部门一旦确定了单位产品工资率，除非生产方法和工艺技术出现大的改变，或者确定的工资率对于工人来说普遍过于轻松，必须重新进行时间研究，否则这种工资率就不再变更。

减少棘轮效应问题的另一个方法是通过更频繁的工作轮换不断提高每年的绩效目标。如果你知道在明年，会有另一个人以你今年的实际绩效作为绩效目标，你现在就会努力促销。然而，工作轮换会破坏与特定工作相关的人力资本，比如特定的客户关系等。

计量成本

当观察员工的产量要耗费较大的成本时，绩效评估就会变得更为复杂（也更为有趣）。比如，你也许发现餐馆服务员的服务非常热情，但即便如此，你并不能确定她所提供的咖啡是否带有咖啡因，直到你离开餐馆之后，在凌晨两点你没感觉困倦的时候才能确定。同样，在你的专利被其他人利用之前，很难确定一位专利律师的业务能力。测定一位小学教师的产出就更为复杂。按照标准的考试成绩显然只能考察学生学习的部分成果。同样，在研究领域的科学家的产出极难定量也很难观察。"可观察性"、"可证实性"和"可签约性"的确存在成本问题。如果肯花费足够的成本，几乎任何事情都是可观察的——即使是内在的努力。例如，工作岗位要求的物理努力，通过安装心律监督器，安装摄像机，员工努力的程度总是可以得到测量，但是，这样一种测量方法要耗费很高的成本。

在设计绩效指标的时候会发生成本。例如，必须建立和维护会计系统，以便持续地记录销售、成本、质量和分公司利润等指标。计算机系统及其相应的软件可以提供更为详细和复杂的报告。如果要运用相关指标来进行绩效评估，管理者和相关员工必须花费时间确保绩效指标的准确性。高的计量成本会降低按劳付酬所带来的净收益。

在简单的委托—代理模型中，员工的产量被用作确定薪酬的依据。然而，产量还依赖于随机因素的影响。即使产量可以不花成本就观察到，但追加投入一定的资源，以便更加准确地计量员工的努力程度仍然是最优选择。通过更为精确的绩效指标，公司在一定程度上可以减少随机因素对员工绩效评估的影响。所以，绩效评估指标越是精确，公司付给员工承担额外风险的差额补偿就可以越少。正如我们在第 15 章所指出的，根据信息原则，每当可以得到低成本的信息并据以对员工的努力程度做更精确的评估时，就应该采用这种信息评估员工的绩效。对于追求价值最大化的公司而言，为提高绩效计量的精确性而增加的成本（比如，通过更为精确的会计和信息系统）必须与收益的增加量相等。这些收益包括降低给员工过量支付的风险。

一般来说，在员工的薪酬包中包含越多的激励性报酬，员工就会承担越高的风险，而公司就要在计量系统中花费更多的成本，以量化随机因素对于绩效评估指标的影响。因此，应该同

测量真正关心的东西

要测量橘子的重量需要很低的成本，只需要精确的操作。但是，这样测量的结果通常并不是你所看重的。橘子皮将它的果肉全部包在里面，人们所关心的是果肉的质量，但显然，对这一特征的测量要耗费很高的成本。因此，橘子的味道以及它所包含的果汁数量通常才是人们关心的。

资料来源：Y. Barzel (1982)，"Measurement Cost and the Organization of Markets," *Journal of Law & Economics* XXV, 27–48.

减少个人绩效计量成本的技术

许多公司借助于新技术来评估个人绩效。英国航空公司采用了员工绩效评估软件，来跟踪和监测公司的客户服务代表花多长时间来处理顾客的投诉和签发机票。这种软件同样还可以监测有多少顾客打电话来投诉机票的错误，以及抱怨他们上次的投诉没有得到满意的处理，这样售票机构就不会漏掉签发原始机票。这种软件甚至能够监测客户服务代表花多长时间用于休息，打私人电话，或者网上冲浪。对于那些其电子记录有利于增加其报酬的员工来说，公司可以采用这种系统提供额外的激励。这是一个有代表性的例子，说明降低个人绩效计量成本，会使人们对员工的努力水平估计得更精确，因而可以减少随机事件（或误差）对员工绩效计量的影响，从而可以增加他们薪酬包中的激励性报酬的数额。

资料来源：M. Conlin (2002) , "The Software Says You're Just Average," *BusinessWeek* (February 25) , 126; and R. Richmond (2004) , "It's 10 A.M. Do You Know Where Your Workers Are?" *The Wall Street Journal* (January 12) , R1.

时考虑公式 16.2 中的β值以及在绩效计量上的支出。这是两条相互支持的腿。增加对员工的激励性薪酬β，应该同时提高计量努力水平的精确程度。[5]

在有些情况下，观察和计量员工的产出要付出的成本太高，所以公司开始寻找另外一些可替代的代理用于反映员工的绩效。例如，经理的绩效经常按照他所领导的部门的会计利润来评估，尽管公司对各部门经理为公司所创造的总价值感兴趣。这种价值不仅包括短期的部门利润（正如会计系统所计量的），而且包括未来期望利润，以及部门经理的努力对于其他部门利润的影响。类似地，学校老师的绩效经常按照标准考试中学生的成绩来评价，尽管学校最终真正感兴趣的是更广泛、更难以计量的学习指标。从绩效评估的角度考虑，一个特定的替代变量是否合理，取决于员工的行动对于该变量和相应的产出变量是否有类似的影响。[6]例如，如果按照部门利润支付经理的报酬，会激励部门经理更为勤奋和努力的工作，并采取有利于公司价值增值的行动，那么部门利润就将是一个有效率的绩效指标。如果按照部门利润决定经理报酬有可能激发不利于公司价值增值的行动（例如，以牺牲大量的远期利润为代价，获得短期利润的少量增长），那么部门利润就将是一个差的绩效指标。设计不佳的绩效指标将会引发各种机会主义和投机取巧行为。

机会主义

雇员经常采取一些机会主义行为以影响他们的绩效评估。这一节我们将说明机会主义的两个例子：投机取巧与任期问题。

客观绩效评估系统中的投机取巧行为

这个例子说明，不想丢工作的当地管理团队的成员，成功地利用了公司决定何时关闭不盈利矿井的绩效评估系统来投机取巧。

> 有一家公司，当从每吨矿石中获得的利润下降到某个水平以下时，就将关闭这一矿井。然而，一个接近关闭的矿井却维持了好多年，这得益于该矿井中管理者的战略行为。这口矿井碰巧有一个坑口，其矿石的含量丰富。管理者并没有立即将这些高等级的矿石全部挖掘出来，而是有所保留。每当开采的利润低于可接受的水平时，就加入一点高等级的矿石，从而使这个矿井不被关闭。

资料来源：E. Lawler and J. Rhode (1976)，*Information and Control in Organizations* (Goodyear Publishing: Santa Monica, CA)，87-88.

投机取巧

我们的基本委托—代理模型假设，员工会偷懒，会在这一时期减少其付出的努力。如果计量的产出与公司的价值不是完全相关，那么员工努力增加产出实际上可能会降低公司的价值。这样，对产出的客观计量可能会促使员工为了提高个人的绩效评估结果，做出不利于公司的行为。请回忆第 2 章中提到的美林证券公司，看看其分析师不恰当地向客户推荐证券时所发生的结果。这样做会增加分析师的个人收入，但却对美林证券公司造成极大的损害。还有一些其他例子：一位销售人员也许会向客户提供折扣，以便将销售从一个评估期转到下一个评估期；在按照产量确定报酬的情况下，员工也许会降低产品的质量来增加产量；在按照运送垃圾的重量计算报酬的情况下，垃圾运送车司机就会在过磅前用灭火用的高压水龙头往垃圾上浇水。在林肯电气公司，当打字机装上计数器后，秘书的工作将按照计数器显示的结果领取报酬，当有一位秘书所得的这种计件工资明显超过其他秘书时，人们才发现这位秘书在午餐和中间休息的时间，输入了一些与工作没有关系的文字，所以这种秘书工作的计件工资制不得不放弃。因此，有些看上去客观的绩效标准，比如销售量和产量经常使员工做出有损公司价值的行为（比如降低产品质量），原因是这样一些行为可以提高员工个人的可计量绩效。

绩效评估几乎总会涉及一些预想不到的、对个人有利但对企业不利的结果。工作是复杂的，通常涉及几种任务，有些甚至很难包含在合同条款里。一个令人印象深刻的例子就是橄榄球后卫凯恩·奥布莱恩。在 1980 年代其早期的职业生涯中，他扔出的球经常被人拦截。根据合约，每出现这种情况他就要受到惩罚。一个意想不到的结果是他从此经常拒绝传球，最终的结果是要么他被解雇，要么就是他该传球的时候还是不传。[7]

任期问题

客观的产量指标通常都着重于短期结果，因为计量一项结果的长期影响存在一定的困难。

利用薪酬计划投机取巧

在 Prudential 保险公司，保险代理、销售经理和一些管理人员都按照公司的销售收入获得佣金。为促进销售，保险代理都拼命鼓动客户购买保险。对于那些保险账户上有大量现金的客户，保险代理会说服他们购买更大数额的保单，许诺这并不会使他们损失什么。甚至有些客户在自己不知道的情况下，账户中的现金就被这样用了。一旦为支付新的保单而用光了账户中的现金，许多投保人，特别是年长的投保人，会因为这样巨大的意外保险费而受到损害。那些不能持续支付其保险金的客户就会失去保险。这种做法使保险代理可以长期通过新的保单获得大额佣金。在 1997 年，Prudential 保险公司同意为平息保险销售中存在欺骗行为的诉讼而支付了 4.1 亿美元。

资料来源：L. Scism and S. Paltrow (1998) ，"Prudential's Auditors Gave Early Warnings about Sales Abuses," *The Wall Street Journal* (July 7) ，A1.

在短期中，客观的绩效指标导致员工（特别是那些有意更换工作或离开公司的员工）专注于那些对其剩余工作时间中的绩效评估结果有重要影响的方面（见第 10 章）。例如，考虑一位 64 岁的销售人员，所得的报酬形式为佣金，他面临着到 65 岁强制退休的问题，因此他就没有多少动力来开发长期的客户关系。

相对绩效评估

如果有多个员工完成类似的任务，就可能提供额外的有用信号，说明哪些随机误差会影响员工个人的绩效。例如，除了康拉德之外，假设迪娜也装配焊机。她的产量为：

$$\text{迪娜装配焊机的数量} = 5e_d + \mu_d \tag{16.4}$$

这里，e_d 是迪娜正常工作的小时数，μ_d 是随机误差项。在装配焊机时，康拉德和迪娜都期望，如果他们付出平均努力水平 e=8，那么每人每天平均可以装配焊机 40 个。因为他们所依赖

银行业的相对绩效评估

研究表明，公司应该采用相对绩效评估。有一项研究专门调查了拥有多家银行的某控股公司中分行经理的行为。如果某家银行的绩效较差，而同一控股公司中平均绩效较好的时候，这家银行经理的流动性就较高。这一研究结果与实际市场和行业风险是一致的，它们渗透在薪酬决策和留任决策中。

资料来源：D. Blackwell, J. Brickley, and M. Weisbach (1994) ，"Accounting Information and Internal Performance Evaluation: Evidence from Texas Banks," *Journal of Accounting and Economics* 17, 331–358.

总裁的相对绩效评估

CEO 的薪酬（工资加奖金）和流动性依赖于相对绩效评估。吉本斯和默菲考察了 1974 年到1986 年间就职于 1 295 家美国大型上市公司的 2 214 名 CEO。他们发现，CEO 的薪酬与他们自己的股票收益正相关，与市场和行业的股票收益负相关。也就是说，所在公司的股票收益越高，市场和行业的股票收益越低，公司 CEO 的薪酬就越高。最后，他们还研究了 CEO 被更换的可能性。他们发现当企业股票收益越高、行业收益越低时，CEO 的流动率就越低。在其他条件相同的情况下，如果行业情况不好，CEO 就更有可能留在原公司。然而，CEO 还会以股票和期权的形式获得激励。这些奖励所能实现的价值很少会根据市场和行业的股票收益情况做出调整。因此，尽管 CEO 们的某些激励是依据相对绩效，但其他激励是依据绝对绩效的。另一项关于1993 年到 2003 年对大型上市公司 CEO 的研究也表明，CEO 的薪酬与他们自己公司股票的收益正相关，而与同类企业的股票收益负相关（Albuquerque 依据行业和企业的规模来分组）。

资料来源：R. Gibbons and K. Murphy (1990) ，"Relative Performance Evaluation for Chief Executive Officers," *Industrial and Labor Relations Review* 43, 30S–51S; and A. Albuquerque (2005) ，"Who Are Your Peers?" doctoral thesis, University of Rochester.

的影响条件（原材料质量、工作条件）相似。如果康拉德和迪娜的误差项 μ_c 和 μ_d 是正相关的，那么在评价康拉德的绩效时，管理者就可以通过查看迪娜的产量，得出哪些不可控因素影响康拉德的生产。如果迪娜的产量异常低，就有可能存在某种外部冲击，这也会降低康拉德的产量。

更为一般地，假设除了康拉德和迪娜，还有其他一些员工也在装配相同的焊机。正如我们在第 15 章所指出的，根据信息原则，做同样工作的其他员工的产量，是能够反映员工努力程度的，这也是一种重要的信息源。因此，要减少不可控因素的风险，管理者必须采用所有员工平均装配焊机的数量。在没有意外事件发生、装配的焊机质量正常的条件下，每个员工每天装配焊机 40 台。假设在某一天中，所有员工平均装配的焊机数量为 43 个，那么，在这一天平均的 μ=3（43–40）。如果在这一天康拉德装配了 41 台焊机，他的薪酬就将按照两个单位（41–43）所占的比例向下调整。在薪酬合约中，根据其他员工的产量来调整某一员工的产出被称为相对绩效评估。通过去除随机性因素对激励性报酬的影响，相对绩效评估能够降低员工所承担的风险。这使企业能够减少因员工承担公共风险而必须支付给员工的风险溢价，从而减少了企业的总劳动成本。

企业内绩效

如果员工销售或制造同样的产品，面对的是同样的竞争者和经济性因素，那么利用同一公司内部其他员工的产量来估计平均误差，可以减少员工在激励性薪酬上所承担的风险。然而，在企业内部员工中选择参照组也会有缺点。在绝大多数情况下，员工的工作并不是完全相同的。例如，有些销售人员可能占有潜力较大的销售区域，而另一些销售人员所在的区域可能销

相对绩效评估的潜在成本

员工在绩效评估中投机取巧的情况屡见不鲜。本例说明，当员工的晋升依赖于相对绩效评估的时候，某些人对他人的破坏程度。

> 我有一个朋友在大银行工作，最近我们坐到一起聊了一次。当我问及他最近的晋升时，他告诉我他是如何获得成功的。他设法解开公司的网络系统，从而可以查看所有的记录。他也破坏过晋升人选决策小组的软件，从而使小组在全公司范围内重新考虑晋升的候选人。他们并没有认识到是有人操纵了晋升决策的日程。作为决策小组的成员，他们有可能错过了重要会议，并在他们出席他人更改过的会议时，完全像小丑一样狼狈。但是，当这些乡下佬明白过来这一切是为什么的时候，他们已经换了一位新的副总裁。

资料来源：J. Dvorak (1988)，"New Age of Villainy," *PC Magazine* (September 27).

售潜力有限。在不同的销售区域客户的类型可能差别很大。

如果确定了一个内部参照组，并应用组内绩效的平均值来评估正常绩效，那么组内的员工就会想办法去惩罚“出头鸟”——尤其是产量较高的员工，因为他们会抬高平均的绩效标准。在一项经典研究（霍桑实验）中，曾经出现员工因为产量超过正常水平而挨打的情况。[8]因此，员工之间的共谋可能会使绩效评估的标准降低。同样，在相对绩效评估中，也发现过各种破坏行为。有些员工不是通过努力工作来提高自己的绩效，而是通过破坏参照组里同事的绩效来降低参照组的绩效。同样，员工也会力争加入平均绩效较差的参照组，从而使自己的绩效高出平均水平。

相对绩效评估同样会影响招聘。员工经常会参与到招聘面试中，并决定未来同事的选择。如果报酬是按照相对绩效确定的，那么这些员工就会建议聘用能力较差的新员工。这种做法有助于提高目前员工的相对绩效。

不同企业间的绩效

证券交易委员会要求，上市公司在确定其经理人薪酬的时候，要选择一个由其他公司组成的参照组来确定标准，并在报告中说明与这一参照组相比公司的绩效如何。这是在公司外选择参照组作为标准的一个例子。为避免恶性破坏和共谋行为，有些公司也采用外部标准。公司可以与其他公司直接相互交换信息，也可以通过相关的贸易协会得到一些综合信息，消除单个企业的影响。有时这一信息可以从薪酬顾问那里获得，他们可以将自己客户的信息进行综合分析。这样，公司就可以将其他公司的平均绩效作为参照组数值。

在公司外部寻找绩效评估标准也有一些缺点。使用这种方法时经常受到所需数据的限制——有些公司将涉及其绩效的数据看做一种商业秘密，因此不愿意与其他公司共享信息。甚至，即使有的公司愿意共享数据，但是在反垄断法下，这样一种同行业内的合作有可能被指控为是违法的。而且，非本公司的员工与本公司的员工相比，也会受到不同随机因素的影响。因此，采用这样一种标准可能会增加而不是减少公司员工面临的风险。

主观绩效评估

绝大多数工作都涉及方方面面。例如，棒球运动员就需要发球、击球（范围从短打到本垒打）、跑垒以及其他团队支持。描述和计量一项工作的所有方面是非常困难的。如果在某些方面只采用某些明确指标，员工就会故意忽略工作中非计量的内容。例如，如果只按照击球来评价一个棒球老手，他就没有动力花时间指点年轻的队员。经常的情况是，公司在使用诸如产量等客观外在指标的同时，也更多地使用主观的、综合的绩效指标。主观绩效指标的关键特点是它们不能由第三方来证实。

正如我们在第 12 章所指出的，公司会向公司内的个人下放决策权利，鼓励他们更多地参与将湿件转化为软件。公司经常采用主观绩效评估给员工提供激励，激励员工利用其技能和见解（湿件），并使之系统化为有价值的方法、程序或配方（软件）。这种软件就可以通过组织发挥更大的作用。许多公司都将有关机制正规化，从而达到这一目的。比如，设立“建议箱”，收集可以改进组织生产效率的好主意。

公司之所以采用主观绩效评估，是因为在有些情况下，对员工产量（企业看重的）的各个方面进行精确的计量是非常昂贵的。主观的绩效评估是从历史的角度来看员工的绩效，因为客观评估通常不包括难以观察的工作任务，或者因为随着当前环境的变化，客观评估的相对重要性发生了变化。事实上，许多公司都不完全依靠客观指标评估员工的绩效。相反，他们在绩效评估中，都会包含某些主观因素。比如，绝大多数的员工会收到上级主管写的年度绩效评估报告。这样一些评估经常会作为加薪和职位晋升的依据。即使在薪酬完全依赖客观指标(农业中的计件工资制）的情况下，公司也保留因为产品质量太低、工作过于拖拉、无法与其他同事共事或者其他不好的行为而解雇员工的权利。林肯电气公司完全按照计件工资这一客观指标支付员工报酬，但除了这一客观指标，也靠主观的行为评价来确定员工的奖金，而这样的奖金数额接近于工资总额。

我们将首先描述公司采用主观绩效评估指标的一个重要原因——给员工分配多个任务。然后，我们将介绍各种主观绩效评估系统。最后，我们将总结主观绩效评估中的一些问题。

多任务与非平衡努力

正像在第 13 章所讨论的，由于将多种任务结合在一起会获得高效率，公司经常将多种任务分配给同一个员工。比如，秘书既要接电话、做相关的文字处理、整理文件，又要安排预约和出差计划。同样，一位员工也许既要销售产品给现有的客户，还要开发和培育潜在的新客户，并撰写销售报告。所有这些有关产品销售的任务都有互补作用。

假设康拉德执行两项任务，即装配焊机和培训新的员工装配焊机。有些任务的完成情况很容易计量，比如康拉德装配的焊机数量就很容易确定；而其他的一些活动，比如培训新的装配工人就很难评估。如果对康拉德的绩效评估限于某些易于计量的任务（装配的焊机数量），他就会将努力全付诸于这项活动，而不会分配太多的时间到其他不能计量的任务上（见第 15 章）。请记住：*付出才会有回报，经常的情况是，有多少付出，就有多少回报*。

请回忆第 13 章的内容，这种多任务问题可能影响最优的工作设计。比如，各种任务之间

自我评估

在主观绩效评估方面，最近的流行趋势是员工的自我评估，然后是老板的复查，依此作为薪酬调整和晋升的依据。在自我评估中，员工们列出自己的成绩、讨论弱点并指出自己的优势。有一位员工将自我评估看成“是一个机会，可以提醒老板注意我给公司带来的价值。但是，因此也害怕我没给公司带来任何价值。”“你要给自己打分，分值从1~5，通常你要准备好随后的面谈。但坦率地讲，最终你将按照以下两种方式中的一种来描述你自己：（A）自贬作乐，夸大自己的缺点，并成为日后于己不利的证据；（B）无所不能地自我吹嘘，侮辱是一种恭维——这种情况离被开除也就不远了。”

自我评估可能并不可靠，当然也是一种矛盾的方法。高的自我评估会导致分数膨胀。85%的人在自我评估中认为自己属于前25%的水平。女性对自己的评价程度没有男性那么过度。过度评价往往导致更多的金钱收入和更多的晋升机会，但也会降低绩效，缩短职业生涯。

资料来源：J. Sandberg (2003)，“Better than Great—And Other Tall Tales of Self-Evaluations,” *The Wall Street Journal* (March 12).

的互补性较低时，一个公司也许会让一部分员工专门装配焊机。那么这些员工将按照其装配的焊机产量来评估绩效。其他员工将专门负责新焊工的培训，并按照其培训的效果来评估绩效。通过这样的工作分配，每一个员工都会更加专注地去执行有限的任务。

主观绩效评估方法可以更综合地评价一个员工的绩效。所有与工作有关的不易计量的各个方面，都可以与更易于计量的活动结合起来考虑。比如，主管可以综合考虑员工的合作精神、在团队中的作用、对于潜在客户的反应以及工作报告的准确性等。康拉德的主管可以观察康拉德如何指导新工人，是否有足够的耐心，以及在评价康拉德作为培训师的绩效时，新工人的工作效果如何。进一步，如果康拉德钻绩效评估指标的空子（采取了能够增加个人绩效而同时会减少公司价值的行为），主管（如果能够确知这样一些不利行为）可以通过主观绩效评估，给予康拉德以相应惩罚。

主观绩效评估的方法

有两种广泛采用的主观绩效评价系统，标准评分系统和基于目标的系统。与标准评分系统相比，基于目标的系统通常易于理解和更为客观。

标准评分系统

标准评分系统要求评估人员按照若干不同因素来评估员工的绩效等级。例如，五分制等级：远远超过要求、超过要求、符合所有要求、部分符合要求、不符合要求。在不同的公司以及同一公司的不同职位，所采用的绩效评估因素是不同的，但是经常包括如下几个方面。

- 达到预测、预算、目标

- 通过口头和书面沟通，有效地组织工作
- 设定并达到了个人和团队的高绩效目标
- 与工作相关的技能与知识更新
- 强调下属之间的配合
- 识别和解决问题
- 客观地评估下属工作
- 保证所有下属均有平等的机会

在按照上述狭隘的标准对员工打分之后，评估人员就可以对整个工作做出分级：优秀、相当满意、满意、需改进、不满意。绝大多数的主观绩效评估要求主管提供有关员工优点和缺点的详细说明，并提供改进工作和未来发展的具体建议。

基于目标的系统

在基于目标的系统中，每个员工在每一年度都得到一组目标。比如，这些目标也许是“在 11 月 1 日前对本部门所有员工进行培训”，或者“再招收 4 名符合要求的少数民族人员”。与标准评分系统中所用的比如“强调团队工作”等模糊的绩效评估因素相比，这些目标相对较为客观，也易于计量。尽管如此，与标准的计件工资制相比，这些目标更为主观。在每年的年底，主管要撰写备忘录，详细说明每一个目标的完成情况。根据各种目标的完成情况全面评估员工的工作绩效。

不管是运用标准评分的方法还是基于目标的方法，在对员工的工作做出评估之后，评估人员通常都要与主管一起讨论评估的结论。这将有助于保证评估的准确性，以及在公司内部保证

360 度绩效评估

私人所有的 W.L.Gore & Associate 公司拥有 6 000 名员工，生产 Gore-Tex 牌防水化纤用品，2005 年销售收入达 15 亿美元。Gore 公司经常被列入“员工最愿意为其工作的美国 100 家公司”之一，所有的员工都被称为合伙人。没有“老板”，每一个员工都是一位“出资人”，并作为管理者工作。Gore 从 1958 年开始就采用 360 度绩效评估作为其绩效反馈系统的组成部分。在这样一种系统中，所有合伙人的年度绩效评估都由各个同事、下属和上级共同做出。评估是匿名的，按照员工在过去一年中对于公司业务的贡献来做出。对于每个员工的所有绩效评估结果给予相同的权重。薪酬委员会由在这一领域中具有专门知识的出资人组成，他们根据评估的结果提高员工报酬或者发出警告。

一位大型电信公司的营销副总裁，在一次 360 度绩效评估中被她的员工评价为“太爱发火。”“这种反馈对我来说是人生的转折点，”她说。

资料来源：J. Lopez (1994) ，“A Better Way?” *The Wall Street Journal Supplement* (April 13) ，R6, www.gore.com; and C. Hymowitz (2003) ，“Managers See Feedback from Their Staffers as the Most Valuable,” *The Wall Street Journal* (November 11) .

员工之间评价的一致性。下一步，主管要将这种评估的结果复印分发给员工，与他们一起复查评估。员工可以对评估提出书面意见，可以对评估中某些具体问题表达不同意见。最后，评估人员和主管要阅读和分析这些员工的反馈意见。

在大多数情况下，员工的直接上级主管做出绩效评估。在少数情况下，有些公司也会尝试采用同事的评估——特别是在团队合作非常重要的情况下。同事评估的好处是，他们掌握着小组的具体绩效信息，以及个人对团队的实际贡献。虽然掌握具体信息是一个好处，但同事的评估也存在一些缺点，如首先要培训团队中所有的员工，让他们学会做出较为公正的评估。再者，同事的评估还可能增加团队内员工之间的矛盾。例如，有些团队的成员可能会有意降低对于其他成员的评价，以使自己在团队中的绩效相对更好。同样，如果是好朋友，也会给予更高的评价，以使好朋友更有可能得到提升。最后，各成员之间有可能形成共谋，给每一位成员都打出高分。

评估的频率

绝大多数主观绩效评估每年进行一次，这主要是因为工资通常每年调整一次。频率更高的绩效评估（比如月度绩效评估）虽然会带来收益，但通常不足以补偿由此所带来的更高的成本。然而，现实中也存在一些以更高频率来评估的例子。例如，新聘用人员的绩效评估较为频繁，在入职三个月之后就要做出评估。在这段试用期内，公司必须决定是否继续留用这一员工。同样，在这一试用期内，新员工也会得到更多关于绩效评估的反馈，有助于他学习和改进绩效。另一个例子是咨询顾问，在每完成一项咨询任务之后都由负责项目的同事做出评估。特别是在不同的项目团队的组成不同时，及时获得相关评估信息是非常重要的。既然已经知道员工的表现，就没有理由非要等到年底再做出绩效评估。而且，评估所得出的及时信息有助于改进下一个项目的工作安排。

主观绩效评估的问题

主观绩效评估存在若干潜在问题。

主管逃避责任[9]

通过纪律约束员工以及当面指出其缺点不是一项令人愉快的任务。主管并不能从中得到好处。因此，主管逃避责任会导致绩效评估不准确。这种情况的发生有几种形式。主管可能把所有的员工都评估成一样，即把评估结果集中在正常水平上。或者，主管把绩效差的人也评估成好的。也就是说，主管太仁慈了。主管可能是为了避免与下属的冲突而不愿意给下属差评。在其他情况中，主管把评估结果集中在某个正常水平上，而不愿意做出差别明显的评估。或者，还有可能，主管完全按照个人的喜好而不是真正的工作绩效进行评估。绩效评估系统会有偏差。这种偏差通常会降低士气，进而减少员工努力工作的激励，因此降低公司整体的绩效。

间接的经验事实表明，管理者通常都愿意给员工相对差不多的绩效评估。在一项关于两个公司的管理者和评估人员的 7 000 份绩效评估中，研究者发现，95%的绩效评估的结论非常简单，只有两类，良好或者优秀（突出）。[10] 在一家大的美国制药公司——默克公司的员工态度调查中，得出的结果如下：[11]

- 管理者通常不敢给予有经验的员工 1 分、2 分或 3 分，通常是给每个人 4 分，而对于新来的人则给 3 分。
- 查理干这项工作已经有 20 年了。过去 15 年来，他从来没有做出任何有创造力的事情。你认为我们的经理会给他 3 分？不可能！如果给他 3 分，至少要准备听查理抱怨 12 个月。
- 努力工作有什么用呢？你仍然会得到与其他人相同的分数，也只能得到同样的 5%加薪。这种评估只会使大家丧失斗志，产生反向激励的作用。

这一事实表明，得到低等级分数和对绩效评估结果不满的员工会给主管带来损失。相应地，主管的评估就会有偏差。因此，绩效评估只是一种对于员工真实绩效的非精确反映。评估的偏差和不精确会使员工不去努力改进绩效，从而使员工做不出更好的绩效。这里，问题不在于激励系统本身，而在于对评估人员的激励。

在林肯电气公司，主管有动力做好工作，因为公司会按照他们对下级员工评估的准确性来评估他们的工作，并发放薪酬。同样，员工也可以与中层管理者讨论自己的绩效评估。如果主管对于员工个人的未来负责，而且每个人要基于主管的建议获得晋升，那么评估的偏差可能会更小一些。

强行分布

在绩效评估时要克服这样一种趋势，即给所有的员工“超过平均水平”的评价，有些公司会强制按比例将所有员工分配到各种类别（也就是说，主管必须将一定百分比的员工确定为绩效较差这一档次）。然而，强制性的比例分配有可能无法精确反映每一个工作组的绩效分配状况。强制的等级系统会引起许多问题，特别是当被评估的集体规模相对较小的时候。比如，在四个人当中硬要将一个人的绩效定为较差，有可能迫使主管将一个绩效好的员工确定为绩效较差。与主管做出不公正的评估所带来的消极影响相比，强制性的比例结构所造成的不精确可能还要大。而且，强制的比例分摊并不会减少主管的费用。在一个强制的比例分配下，主管也许会按照员工给他造成的潜在成本，而不是按照员工实际的绩效做出评估。

影响成本

影响成本（第 12 章介绍过）包括一些无助于生产的活动，即员工致力于通过这些活动影响最终的结果——在这种情况下，员工会做出各种政治性行为，以争取主管更好的评价。为减少这些成本，一个潜在的方法是，主管或员工均实行经常性的工作轮换（从而使争取主管好感所获得的收益有限）。然而，员工的工作轮换结果往往是，新的经理对于下属员工的具体技能知道得很少，经理与员工之间的配合不好，协同性以及降低成本的可能性都大大降低。同样，更为频繁的工作轮换会增加总的影响成本，因为员工有了更多的游说机会。

对主观绩效评估的建议

如下方法可以改进贵公司今后的绩效评估：

- 列举出你可以在资源有限的情况下创造性解决问题的一系列方法。例如，为减少差旅成本，你可以开次数更少但是更综合的会议。
- 表明你的工作将如何增加公司的利润。例如，你可以要求购置新的计算机，但不是因为这样可以使用最先进的计算机，而是因为新计算机将节省操作人员10%的时间。
- 面向未来。不是反复考虑过去的失败，而是强调未来的具体计划，比如参加培训项目。

在下列情况下给予表扬：

- 给予诚实的反馈。不要因为担心冲突就给予有问题的员工超过平均水平的好评。这只会推迟或怂恿不可避免的冲突。
- 如果员工有疑问或感到有压力，询问他们是否理解自己目前的任务。
- 面向未来，考虑近期的目标、可能的培训项目，而不是反复强调过去。
- 与员工就公司的目标进行沟通，通过绩效评估调整轻重缓急的次序。

PPG 工业公司说明了一家企业是如何应用上述建议的。PPG 公司采用的"SMART 目标"来确定员工目标。SMART 是以下英文单词的首字母：Specific、Measurable、Agreed-upon by employee and manager、Realistic 和 Timebound。按照 SMART 目标的做法，不是简单地告诉销售经理促进来年的销售，而是要说："到 5 月 1 日，在东部地区新开发 3 个年销售潜力为 5 万美元的客户。"

资料来源：S. Scherreik (2001)，"Your Performance Review: Make It Perform," *BusinessWeek* (December 17)，139-140.

违背诺言

有一种可能：公司最初向员工许诺，绩效良好者将给予奖励，但公司会违背诺言。[12] 例如，管理者也许会许诺提高绩效良好员工的工资。而最后，管理者也许会不公正地断言，员工的工作绩效并不佳，从而就可以避免支付更高的工资。与显性合同的客观绩效评估相比，在采用主观绩效评估的情况下，在法庭诉讼上，员工很难获胜。

正像在第 10 章所讨论的，在一个健康的公司中，管理者有动力保持好的声誉，遵守隐性合同。然而，在公司面临财务困境（接近破产）的情况下，违背隐性合同似乎对公司的吸引力最大。如果主管的任期所剩时间已经不长，而公司是按照其业务单元的利润来决定其薪酬，那么就很可能发生违背诺言的情况（在短期中，不给相应的员工提高工资，业务单位的利润就会增加）。我们将在第 22 章中进一步讨论这些问题。

客观绩效指标与主观绩效指标的结合

绩效评估系统通常会落在两种极端情况(客观绩效评估系统和主观绩效评估系统）之间。客观绩效指标包括像产量和销售额等一些很容易定量也很容易进行计量的指标，客观的激励也可以在员工和公司之间的正式合同中采用。主观指标包括一些不能在合同中写明的有关员工绩效的判断（如主管的年度评估），主观指标通常含在隐性合同中。很少有工作绩效指标是纯主观的或纯客观的，绝大多数的指标都是两者的混合。在许多情况下，组织会对同一员工同时运用客观指标和主观指标进行评价（正如林肯电气公司的例子）。投资银行员工奖金的发放通常依据其创收情况，同时也依据一些主观指标，比如交易的质量。[13]

在计量员工对于公司的贡献方面，客观和主观绩效指标可能都是不精确的。随着主客观指标精确性的降低，为确定员工真实的绩效，应该给其他指标更大的权重（假设这一指标的精确性保持不变)。随着每个指标精确性的下降，员工所承担的风险增加，随之，员工应该得到的差额补偿也增加了。[14]

除了不精确之外，客观指标和主观指标也都会引起一些对公司不利的行为。我们前面指出，客观指标可能会激励员工投机取巧，这会减少公司的价值，正像前面所讲的 Prudential 保险公司的保险代理们鼓动客户购买保险的例子。在撰写主观绩效评估报告时，如果主管偷懒，就会降低对员工的激励。同样，为了获得更好的主观评价，员工也会采取某些活动，从而发生游说的影响成本。最后，与运用客观指标采用正式的合同相比，依据主观指标的隐性合同做出的评估更容易被公司取消。员工必须相信公司不会违背隐性合同。对于公司来说，公司违约的重要约束是其声誉受损。因此，当公司面临严重财务问题的时候，会发现运用主观绩效评估的成本更高。

在不同工作岗位之间，运用客观指标与主观指标的成本和收益各不相同。在有些情况下，公司只采用客观绩效指标；而在有些情况下可能是两类指标都采用；还有某些情况下，只采用主观指标。每个公司都将面临客观和主观指标的特定成本和收益，公司应该根据具体情况决定客观和主观绩效评估指标的采用。而且，在公司内不同的部门和工作之间，应用这些绩效指标的成本和收益也是互有差别的。然而，在同一行业做类似工作的员工通常都有类似的绩效评估系统，因为对于这些员工来说，各种绩效评估方法都有类似的成本和收益。

客观和主观绩效评估指标都要耗费成本。成本越大，公司就越不会依据绩效评估决定奖惩。支付固定工资或者为所有员工支付生活费的做法会导致员工偷懒和其他的激励问题。然而，这些成本可能仍然低于实施某些激励计划的成本。

团队绩效

正像在第 12 章所讨论的，在组织中的任何层级都可能运用团队。人们之所以要组成团队，是因为它能够更好地组合有关某项决策的专业知识，这比使用传统的层级来完成效率要高得多。例如，许多公司经常组成新产品研发团队，其成员有工程师、市场营销人员、制造人员、财务人员和分销部门的人员，依此把设计、制造和销售盈利产品所需要的相关知识都组合到了一起。就像下面将要讨论的，当一个员工的生产率会影响其他员工的生产率时，团队就是一种

菲亚特的客观与主观绩效评估

这个例子说明了一个规模非常大的公司是如何将客观绩效评估与主观绩效评估相结合，形成一个综合的系统。

意大利的菲亚特公司是世界上最大的公司之一，有22万名员工，分布在10个运营部。尽管汽车是菲亚特最大的产品，但同时还有一些部门在铁路、航空、出版以及通信、金融和房地产服务等行业中开展业务。菲亚特引进了一套正式的目标管理（management by objectives，MBO）评估系统，其覆盖范围为公司内的500个高级管理者。在这样一个MBO项目下，只要达到计划目标，管理者就将收到相当于他们基本工资30%的奖金。管理者有一套与其特定情况相符合的目标。每个利润中心的经理同时有利润和负债两个目标，利润目标是以税前利润来衡量的。因为菲亚特在20世纪80年代有过高债务，利润中心的经理同样有降低本中心债务的目标。除了这些具体的财务目标，经理还有其他的绩效指标，比如在特定市场上增加销售；完成对相关公司的收购；改进产品的质量和客户服务；引入新产品和新工艺，等等。

除非更大的集团达到了目标，否则，即使经理达到了自己的特定目标，也不会得到奖金。比如，菲亚特集团有16个分部，每一个分部有一个经理。如果整个菲亚特集团没有达到目标，16个业务分部的经理都不能发放奖金，即使其中某些分部达到了他们的目标。各种目标都有其相应的权重。除非经理达到了税前利润的最低要求，否则将不发放奖金。一旦达到了这一门槛利润，那么就将按照利润的权重(20%~40%)、降低债务的权重(10%~20%)，以及三个或四个绩效目标的权重（10%~15%）来评估相应管理者的绩效。每一个绩效目标按照5分制打分，3分是最低的合格分数。高管确定每一个目标的标准。在设定绩效目标的时候，要用到下面达到每一个目标的可能性：

绩效水平	理想的实现可能性
3（起码要求）	90%~99%
4（好）	50%~60%
5（优秀）	10%~20%

比如，假设“安装新的生产控制系统”是一个目标（有20%的权重）。如果这个系统在11月份安装完毕，就得到3分。要达到4分，必须在10月份安装完毕。如果在9月全部安装完毕，则得到5分。如果实际完成是在10月份，就将得到4分，由于权重为20%，就得到0.8（=4×20%），再加上该经理在其他目标上所得的分数，就得出一个总的分数，比如说，3.69。绩效评估达到3分，将收到相当于工资12%的奖金。绩效评估低于3分就得不到奖金。绩效评估达到4分，将收到18%的奖金，而5分将得到30%的奖金。同时，将采用小数的级别（比如，得3.69分的经理收到的奖金比率为：12%+0.69×（18%-12%），即16.14%）。中层管理者的绩效评估分数在4.1到4.4之间。在任何既定年份，大约有10%的管理者所得分数低于3分，而有15%的管理者所得分数达到4.9分或者更高。

菲亚特公司所采用的这一绩效评估系统与许多美国大公司所采用的类似。

资料来源：K. Merchant and A. Riccaboni (1992)，“Evolution of Performance-Based Management Incentives at the Fiat Group,” in W. Bruns (Ed.)，*Performance Measurement, Evaluation, and Incentives* (Harvard Business School: Boston)，63–96; www.fiatgroup.com

非常有用的组织形式。比如，在林肯电气公司，员工们抱怨的一个问题是，在一条组装线上，当前一个环节的员工效率低下，不能为他们提供足够的工作时，他们的收入会受到影响。

团队生产

为了说明团队的绩效评估问题，再次考虑康拉德和迪娜装配焊机的例子。为简化概念，假设无论是在个人操作还是在组成团队的情况下，康拉德和迪娜都付出正常的努力水平 e。如果他们各自独立工作，他们各自的产量为：

$$个人产量 = 5e + \mu \tag{16.5}$$

这里 e 代表康拉德和迪娜所付出的个人努力，而 μ 是随机误差项，平均值为零，方差为正。如果康拉德和迪娜组成一个团队，他们的产量将为：

$$团队产量 = 4e^2 + \mu \tag{16.6}$$

如果 $e>2.5$，组成团队的产量就高于两人各自独立工作获得的产量之和：

$$期望的团队产量 = 4e^2 > 期望的个人产量 = 5e+5e \tag{16.7}$$

如图 16.1 所示。只要他们各自付出的努力为 2.5 单位（他们共同付出的努力为 5 个单位），康拉德和迪娜的团队产量总是比个人各自的产量之和大。

在这个例子中，存在团队生产效应——当康拉德和迪娜作为团队一起工作时，产量就会更高。团队产量之所以会更高，可能是由于康拉德和迪娜相互帮助的结果。有些危险部件的装配在两人各自独立工作的情况下会格外困难，而如果两人互相配合，所用的时间就会比一个人装

图 16.1　个人产量与团队产量的比较

当康拉德和迪娜每人所付出的个人努力都超过 2.5 个单位时，组成团队所生产的产量就高于两人各自独立工作获得的产量之和。

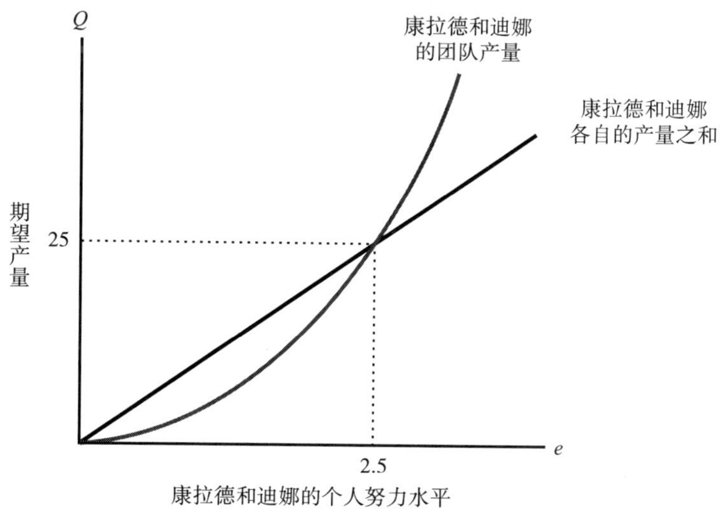

团队中同事之间的绩效评估

这个例子描述了在一个具体领域组成团队的各个成员之间如何进行绩效评估。一个小的公司组成了9个管理团队。每一个团队的成员按照五分制就以下10个方面评估其他的团队成员：

- 自由发表意见
- 有准备地参加会议
- 主动工作
- 接受批评
- 听取别人的意见
- 下放权力
- 自由地分享信息
- 根据有说服力的数据做出决策
- 重视所有客户
- 承认其他人的贡献

这些同事将这10个方面的评分收集上来之后，再做平均计算。工资报酬、晋升决策以及未来的团队分配都依据这些评估以及团队的整体表现来确定。

配所用的时间少一半还多。还有一些情况下，两个人可以共享他们所掌握的相关知识，从而使团队的产量大于他们分别工作所取得的产量之和。

团队绩效评估

之所以建立团队，是因为它能够产生联合生产效应。[15]然而，这些团队生产效应使每个团队成员的绩效评估变得相当复杂。尽管没有个人的产量指标（只能观测到团队产量），但根据团队的产量（至少部分）来评估团队中各个成员的产量一般来说是最优的。团队产量让团队中的成员都集中于团队的共同目标，这有助于促成成员之间的合作。然而，按照集体的产量为个人提供激励，就会出现搭便车问题。在小规模的团队中，这种激励问题相对不突出。但是随着团队规模的扩大，这种免费搭车问题会变得比较严重。

在团队产量的基础上，再结合其他的评估指标来评估团队成员，搭便车问题可以得到控制。比如，我们还可以采用以下的因素来评估康拉德和迪娜的绩效：工作的小时数；主管对他们工作努力程度的主观评价；他们所使用的工具的情况，以及同事之间的评估。同事的评估包括迪娜对康拉德工作的评估，以及康拉德对迪娜工作的评估。在评估团队成员个人绩效的时候，同事的评估往往是重要的，因为同事掌握着团队成员工作表现的具体信息。

团队内控制搭便车问题的成本有时超过了团队生产的收益。在这种情况下，与其形成团队，不如各自独立工作。例如，如果按照康拉德和迪娜所组成的团队的产量来评估他们的绩效，会降低他们两人各自的激励，而且监督团队成员个人绩效的成本（例如，通过主管或者同

团队中同事的压力

Levi 牛仔裤制造商利瓦伊·施特劳斯在其美国的制衣厂中建立了多任务小组，用来代替原来的计件工作系统。每个小组有 20~30 名员工，负责完成各个工序——加工整条裤子，而不是让某个成员专门负责上拉链、上裤腰。本质上来说，工作进行了重新设计，从原来的按照功能划分工作转向多任务和过程导向型的工作（请回忆第 13 章的讨论）。这种重新设计工作的趋势为人们所津津乐道，它向一般员工授权，减少独断决策，减少压力，提高劳动生产率。

员工的激励性薪酬是以团队的产量为依据决定的，这产生了搭便车问题，反过来又导致了缺勤和偷懒行为（这又导致了愤怒情绪）。车间主管花费了很多时间来阻止员工之间的"战斗"。一位工厂经理报告说，"同事的压力会造成邪恶、野蛮的行为。"在建立多任务小组之前，每一个成员都通过各种动态的小组接受了为期两周的训练和一天的讨论，包括与私人咨询顾问讨论"如何一起合作"。但是这些训练和讨论会都没有解决小组成员之间的冲突。事实上，公司的生产率在下降，而成本在上升。在 1993 年，每小时生产的裤子数量降低到组成多任务小组之前水平的 77%。在一家工厂中，一条 Dockers 裤子的生产成本从组成小组前的 5 美元上升到多任务小组生产时的 7.5 美元。

后来，Levi 在国内男士牛仔裤市场的份额从 1990 年的 48% 下降到 1997 年的 26%。在 1997 年，Levi 公司关闭了 11 家在美国的工厂，解雇了 6 400 名员工。虽然公司还想在留下来的美国工厂中继续采用团队生产的策略，但最终这些工厂大都非正式地回到个人计件工作的状态。Levi 公司的总裁罗伯特承认，"团队生产造成了员工的压力、冲突和许多不愉快，有些人宁愿回到原来的做法。我们公司的文化是一种勇于实践和创新的文化，我们并不保证永远成功。"在 1997 年到 2004 年间，伊瓦尔关闭了 45 家工厂，解雇了 2.7 万名员工。2004 年，Levi 公司在欧洲和亚太地区拥有 5 家工厂，但在北美一家也没有了。

资料来源：R. Mitchell (1994)，"Managing by Values," *BusinessWeek* (August 1)，50; R. King (1998)，"Levi's Factory Workers Are Assigned to Teams and Morale Takes a Hit," *The Wall Street Journal* (May 20)，A1; Levi Strauss & Co., Form 10-K, Securities and Exchange Commission (November 28, 2004).

事的评估）很高，那么他们各自独立进行生产和绩效评估时的产量净值加在一起可能会更高。

新项目小组的关键任务之一是建立小组的内部结构。决策权（任务分配）要在组内成员之间进行划分。相应地，小组的成员也必须考虑应该如何评估小组成员的努力。最后，小组成员必须决定如何对组内的成员进行奖励和惩罚。有时，这种奖励和惩罚是社会性的。比如，在小组作业中偷懒的成员在以后的分组作业中会遭到排斥。

作为评估团队产量的另一个例子，考虑商学院课程中学生项目团队的情况。通过这种合作项目，学生既可以锻炼领导才能，又可从中学习如何在一个团队中更有效地工作。这种项目同样使学生在团队中相互帮助，共享他们对相关问题的理解和一些相关知识，这样做会使他们比各自独立完成有关项目收获更大。在按照小组分配项目的时候，老师通常都会给每个小组的成员相同的分数。因此，小组成员的分数通常是依据小组的联合产量得出的。

如果不是给所有成员相同的分数，有些老师也会根据小组成员之间的相互评估，给各个成员不同的分数，这时给出不公平的分数是可能的。这样，当小组的项目得分为 B+时，有些成员

为什么团队会失败

与母亲和苹果派一样，团队工作在美国企业中已经成为毋庸置疑的思想。然而，由美世管理咨询公司（Mercer）所做的调查发现，在179个团队中，只有13%的团队得到了较高的评价。“从某种意义上讲，我们一定要抛弃这样的思想，即认为我们必须手挽手，高唱 *Kun Ba Yah*，并说‘我们已经走向团队工作’”。许多公司已经缩小了工作团队的任务范围和时间期限。在德州仪器公司的一位团队经理建议，并不是每一个人都要加入团队工作，只有5%的工人需要加入自我指导的团队。

团队的失败可能有多种原因，包括：

- 脑力限制。极度忙碌的经理不得不参加没完没了的团队会议，经常会“干脆选择投降——不做任何努力。”因此，团队达成的决策至少有一半不会实施。
- 意见相左。“团队成员往往是先礼后兵——开始时相互谦让，后来就吵得不可开交。”到真正能解决或决定一件事情时，往往几个月过去了。
- 陈旧的工资制度。公司在采用团队作业后，往往还保留个人绩效指标和工资制度。并没有采用按照团队工资制度来奖励完成任务和达到要求的团队。这是一个典型的例子，因为凳子的三条腿中有两条腿不匹配，因而就难以平衡。

资料来源：E. Neuborne (1997)，“Companies Save, But Workers Pay,” *USA Today* (February 25)，1B.

也许会得到A⁻的成绩，而另一些成员得到B的成绩，只要小组的平均成绩是B⁺。让小组成员相互评价会减少搭便车的问题，从而增加小组绩效。但同时也会降低士气，以至小组成员会相互游说，从而带来影响成本的增加。或者，一些小组成员会通过不公正地贬低小组成员来增加自己的分数。如果小组的组成仅仅是为了完成一个项目，这种不利的激励就可能更大。正像第10章所描述的，如果小组内的成员也同时选择其他多门相同课程，从而就会有动机来维护自己的声誉，那么搭便车问题会相对较少。

政府对劳动力市场的监管

基本的委托—代理模型假设，委托—代理双方都可以自由地签署双方同意的合同，这意味着劳动力市场不存在政府干预。然而，政府的确对劳动力市场有干预，因此会对员工和企业签署的协议形成限制。自20世纪60年代以来，美国的联邦法律一贯对劳动力市场进行干预，有关平等就业机会（EEO）的法律对于公司的绩效评估系统和奖励系统都有重要影响。联邦政府和州政府的规定以及法庭的诉讼，都迫使公司要整理并保存他们有关薪酬和晋升决策档案，以说明这些相关决策不受员工的种族、宗教、性别、年龄以及国籍的影响，只与员工的绩效有关。

劳工法和法庭的判决对于公司的绩效评估系统有着重要影响。在有关非平等就业的法律诉讼案中，法庭判决的如下依据似乎对公司更有善意：[16]

- 公司的工作职位要有明确的定义和书面说明。
- 评估系统要有清楚的绩效评估标准，比如书面的、客观的评分标准和范围。
- 应该有如何完成绩效评估的具体的书面步骤。
- 员工要得到有关绩效评估的反馈。
- 高级主管的绩效评估要纳入整个评估系统。
- 在公司中，接受类似评估结果的个人将受到平等和一致的对待。

尽管这些特点对许多公司来说看上去是合理的和有价值的，但政府监管也有负面效应。法律不允许公司及其员工违反这些规定。即使这些特点是合适的，且绝大部分公司会自愿采用，它也会强加给这些公司，并因此对那些不主动采用它的少数公司造成成本。

潜在的法律监督使公司的绩效评估系统变得更为正式、客观，更少地依赖于主观评估。每一个决策和评估都要记录和存档。公司的人力资源部门通常要保证，公司在相关方面的行为符合劳工法。

然而，在没有政府监管的情况下，公司的绩效评估系统符合法律的条文并不意味着公司的价值实现了最大化。比如，在许多日本公司中，管理者努力“使每一名员工相信，他有希望获得高层职位的提名”，[17] 为此，将员工从群体中区分出来的绩效评估被推迟到员工进入公司 12~15 年后进行。在美国，对于员工年度绩效评估反馈的拖延违反劳工法，因此会遭到许多大公司的人力资源部门的反对。因此，美国公司发现，与外国竞争者相比，公司运用非正式的、较为主观的绩效评估系统更为困难。即使这些评估系统在政府监管较少的情况下有利于提升公司价值。

美国税法（内部收入法案第 162 章第 4 款）规定，上市公司高管的年收入抵税的最高限额为 100 万美元。但是，如果 100 万美元以上的薪酬是以“绩效为基础的”，那么这 100 万美元的所得税抵扣限额就不起作用了。为了能够将超过 100 万美元以上的高管薪酬也作为税费从应税额中扣除，这 100 万美元以上的薪酬必须与一个或更多的“绩效目标”相联系。为了合乎要求，这些薪酬目标必须由董事会中的薪酬委员会批准。而且，薪酬目标和公司高管的的薪酬组合必须披露给大多数股东，并得到大多数股东批准。还有，任何薪酬在支付前，董事会的薪酬委员会必须证实绩效目标已经实现。

政府监管（包括税法）导致了美国企业在绩效评估方面要花更多的钱，这包括要满足法庭要求、保存能够证明公司遵守相关法规的资料和文件。因此，政府监管很可能导致某些美国企业采用不同的绩效评估系统。

美国不是惟一对劳动力市场进行监管的国家。例如，法国有一套复杂的条例，来监管公司解雇工人前面临的状况；终止员工的各种合同前必须等多长时间；必须支付的解雇费，等等。例如，法国公司必须证明“长期工”被解雇是因为经济状况的原因，而且必须提前三个月通知员工。拥有 50 个以上员工的法国公司若想关闭一家工厂，必须向政府提供一份“社会计划”，对解雇的总人数有一个限制，而且还要提供一份重新雇佣或重新培训被解雇人员的计划。[18] 但是这样的法律也增加了法国员工的成本，还鼓励企业去雇佣“临时工”（这样解雇时比较容易）；将工作外包给其他国家或更小的法国企业；用资本替代劳动力。

美国和法国劳动法是政府监管如何影响公司选择组织架构的又一个例子（第 21 章更详细地描述了政府监管，并提供了更多的组织架构选择的例子）。

推荐书目

A. Alchian and H. Demsetz (1972), "Production, Information Costs and Economic Organization," *American Economic Review* 62, 777–795.

G. Baker, R. Gibbons, and K. Murphy (1994), "Subjective Performance Measures in Optimal Incentive Contracts," *Quarterly Journal of Economics* CIX, 1125–1156.

Y. Barzel (1982), "Measurement Cost and the Organization of Markets," *Journal of Law & Economics* XXV, 27–48.

E. Lazear and S. Rosen (1981), "Rank Order Tournaments as Optimal Labor Contracts," *Journal of Political Economy* 89, 841–864.

G. Milkovich, J. Newman, and C. Milkovich (1999), *Compensation* (Irwin/McGraw–Hill: Burr Ridge, IL).

G. Milkovich and A. Wigdor (1991), *Pay for Performance* (National Academy Press: Washington, DC).

C. Prendergast (1999), "The Provision of Incentives in Firms," *Journal of Economic Literature* 37 (March), 7–63.

注　释

1. 这个例子的详细内容请见 N. Fast and N. Berg（1975），"The Lincoln Electric Company," Harvard Business School Case 376–028; and Lincoln Electric's financial report。
2. A. Leone and S. Rock (2002), "Empirical Tests of Budget Ratcheting and Its Effect on Managers' Discretionary Accrual Choices," *Journal of Accounting & Economics* 33, 43–67.
3. 如果职员的奖金是超过目标产量的函数，那么不会大幅超过目标产量的激励就会减少。由棘轮效应所引起的实际的不利激励，取决于具体的激励薪酬合同的形式。例如，如果根据过去的绩效，确定公式 (16.2) 中的β，与将过去的绩效作为目标绩效，超过目标就给予固定数目的奖金相比，激励效果会大为不同。
4. R. Kaplan and A. Sweeney（1993），"Peoria Engine Plant," Harvard Business School Case 9–193–082.
5. 对于这一原则的更为正式的论述，参见 P. Milgrom and J. Roberts（1992），*Economics, Organizations, and Management* (Prentice Hall: Englewood Cliffs, NJ)，226。
6. G. Baker (1992), "Incentive Contracts and Performance Measurement," *Journal of Political Economy* 100, 598–614.
7. C. Prendergast (1999), "The Provision of Incentives in Firms," *Journal of Economic Literature* (May), 21.
8. H. Parsons（1974），"What Happened at Hawthorne?" *Science* 183（March 8 日），927.
9. C. Prendergast and R. Topel（1993），"Discretion and Bias in Performance Appraisals", European Economic Review, (June), 355–365; C. Prendergast and R. Topel（1996），"Favoritism in Organizations," *Journal of Political Economy* 104 (October), 958–978.
10. J. Medoff and K. Abraham（1980），"Experience，Performance，and Earnings"，*Quarterly Journal of Economics* 95，703–736.

11. 引自 K. Murphy（1992）1985 年莫克（Merck）公司的报告，“Performance Measurement and Appraisal: Motivating Managers to Identify and Reward Performance,” in W. Bruns (Ed.)，*Performance Measurement, Evaluation, and Incentives*（Harvard Business School：Boston），37–62。

12. G. Baker, R. Gibbons and K. Murphy（1994），“Subjective Performance Measures in Optimal Incentive Contracts”，*Quarterly Journal of Economics* CIX，1125–1156.

13. Baker，Gibbons and K. Murphy（1994）。

14. 参见 C. Prendergast（1999），“The Provision of Incentives in Firms，” *Journal of Economic Literature* 37（March），7–63，for a survey of the relevant papers.

15. A. Alchian and H. Demsetz（1972），“Production, Information Costs and Economic Organization”，*American Economic Review* 62，777–95.

16. 相关的重要联邦法律包括 1963 年的《平等工资法》（*Equal Pay Act*），第七部分，1964 年的《公民权利法》（*the Civil Right Act*）。A. Barnes, T. Dworkin, and E. Richards (1994)，*Law for Business* (Richard D. Irwin: Burr Right, IL)，Chapter 23; G. Milkovich and J. Newman (1993)，*Compensation* (Richard D. Irwin: Burr Right, IL)，316–318.

17. N. hatvany and V. Pucik（1981），“Japanese Managerial Practices and Productivity”，*Organization Dynamics* 13, 4. Also, M. Aoki (1998)，*Information, Incentives and Bargaining in the Japanese Economy* (Cambridge University Press: Cambridge)．

18. F. Kramarz, and M. Michaud (2004)，“The Shape of Hiring and Separation Costs,” Forschungsinstitut zur Zukunft der Arbeit Institute for the Study of Labor, IZA Discussion Paper No.1170 (June)．

第 17 章

部门绩效评估

百力通公司（Briggs & Stratton）是世界上最大的户外动力设施汽油引擎冷却设备生产商，2004 年的销售收入达 19 亿美元，利润 1.36 亿美元。[1] 百力通引擎主要是 3~25 马力的，由原始设备生产商购买并安装到草坪和花园设备上，比如，割草机和耕地机。20 世纪 80 年代，该公司的绝大多数工厂都加入了工会。工会的规定降低了百力通的劳动生产率，导致百力通的生产成本超过了其竞争者。在 20 世纪 80 年代，为减少劳动力成本，百力通公司大力投资于生产自动化。在自动化消耗其成本的同时，市场竞争（主要来自日本企业）又压缩了其利润。而且，销售渠道从独立经销商向诸如沃尔玛、凯马特和家得宝这类大型贸易商转变，它们都要求供应商提供大的价格让步，这对百力通的利润率造成进一步的压力。1989 年，百力通报告了 2 000 万美元的亏损。

日益恶化的财务状况再加上正在变化的竞争前景，促使百力通重新审视公司的战略并进行了重组，采用了新的绩效计量指标和薪酬制度。百力通的传统市场一直是大批量的小引擎。公司也曾进入高端市场，但其结果只是增加亏损。百力通重新回到原来的战略，集中发展核心业务，成为低成本大批量引擎生产商。为实施这一战略，促进大型贸易商对其产品的销售，百力通不得不同时节约资本和劳动力成本。为此，要重新分配公司的决策权。百力通原来是按照职能组织的。在其引擎产品较为简单、外部环境相对稳定的情况下，这样的组织结构较为有效。但是现在，公司的引擎产品已变得复杂多样，运营环境也越来越恶化，所以百力通重新按照主要产品来组织（制造手推式割草机的小引擎事业部、制造坐开式割草机的大引擎事业部、铝铸造事业部和铁铸造事业部）。事业部的决策权下放给产品经理，产品经理对运营决策和资本支出负责。进一步，为确保产品经理对经营成本和资本成本给予足够的重视，公司改进了绩效评估和奖励系统。

1990 年，百力通公司采用了经济增加值法（EVA），改变了原来的绩效评估方法。事业部的经济增加值为：本事业部税后营业利润减去本事业部投资的年机会成本。年总资本成本等于事业部的资本成本乘以投资于该事业部的资本总额。经过重组的事业部经理现在要负责本事业部使用了多少资本。而且，他们获得了增加 EVA（通过增加销售收入，或者减少经营成本和资本成本来实现）的激励，因为他们奖金的 40%与公司的 EVA 挂钩，40%与事业部的 EVA 挂钩，还有 20%依据主管对其个人绩效的评估。

这些组织结构的变化——新的战略重心、分权化以及奖金与经济增加值挂钩——产生了惊人的效果。1989 年，在采用 EVA 绩效评估方法之前，百力通的 EVA 为–6 200 万美元。这意味着其经营收益还差 6 200 万美元才能补偿其资本成本。到 1993 年，百力通终于实现了正的 EVA，从 1993 年到 2000 年 EVA 一直保持在正值，1999 年更是达到了创记录的 5 090 万美元。股票市场对这种绩效的提升给予了肯定，百力通的股票价格从 1990 年秋天的每股 10.25 美元，上升到 2000 年的大约 70 美元。股票价格的上升绝大部分发生在百力通进行战略调整和组织结构改变后的头三四年间。大约从 1995 年开始，百力通的股票价格随着整个股票市场指数的波动而波动。应该指出的是，与图 11.1 一致，百力通采用了综合方法进行重组，也就是根据新的战略修正组织架构：将决策权下放、按照 EVA 计量绩效、将收入与 EVA 挂钩。

在第 16 章，我们描述了个人绩效评估系统。在本章中，我们将扩展这一讨论，探讨企业内经营单元的绩效评估。就像第 13 章所说明的，公司的具体组织方式多种多样：按照职能、按照产品线或者按照地区等组织。大多数组织都要将决策权分配给企业的子单元。本章要描述组织经营单元绩效的不同计量方法。我们首先描述广泛运用的成本中心、费用中心、收入中心、利润中心以及投资中心。不同类型的子单元被赋予不同的决策权，并相应地运用不同的绩效评估指标（例如，成本、收入、利润或经济增加值）。组织中的子单元又相互合作，经常交换产品和服务，所以，涉及交换的中心报告的绩效取决于用于评估交换的规则。评估交换产品或服务的经营单元的绩效需要确立这些交换的内部转移价格。因此，接下来的一节将讨论转移定价问题。最后，因为绝大多数公司依据内部会计系统来计量这些子单元的绩效，因此，我们将讨论绩效计量中涉及会计制度运用的一般问题。

计量事业部绩效[2]

除了最小的组织外，所有组织都一定能分为多个子单元，每一个子单元都被授予特别的决策权，然后，每一个子单元都将按照确定的绩效目标进行评估，再依据这些评估结果实施奖励。绩效评估和奖励系统应该与下放给单元管理者的决策权相一致（三条腿应该相互平衡）。第 13 章描述了几种不同的组织架构：U 型组织架构、M 型组织架构、矩阵组织架构。在 U 型的组织架构中，一个子单元也许负责生产，而另一个单元负责研发，还有的单元负责营销，等等。组织的这种基本结构块是定义了企业各个部分的工作组。高级管理者要评估这些子单元的绩效，一方面是为了奖励低层管理者，另一方面也是为了要做出经营决策。例如，公司的哪部分业务需要扩张。

我们在第 12 章曾经指出，团队的产出经常比个人独自生产的效率高。组织内的各种经营单元实际上就是大型的生产团队。比如，维护公司所有设施的维修部；设计和实施营销计划的营销团队；负责研究和开发新产品的团队；为消费者提供产品和服务支持的团队。根据授予的决策权以及绩效评估的方式，基本可以将子单元归于 5 大类型：成本中心、费用中心、收入中心、利润中心、投资中心。例如，在百力通公司，公司对各事业部的评估，开始是作为成本或利润中心来评估，后来改为作为投资中心来评估。

成本中心

成本中心需要生产出一个约定产量，并根据其效率来评估绩效支付报酬。成本中心的管理者有权决定按照某种投入要素组合（劳动力、原材料和外部服务）生产某一产量。成本中心管理者的绩效是按照他们运用投入要素生产产品的效率来评估的。由于他们不负责销售产品，所以不以销售收入或者利润来考察他们的绩效。

为评估成本中心的绩效，必须计量它的产量。而且，成本中心的管理层必须有必要的具体知识，以决定部门（成本中心）的产量和预算。公司中的生产部门，比如在林肯电气公司的焊接部门，通常是成本中心。焊接部门的产量是通过完成的焊接产品数来计量的。除了生产部门，一些服务性组织也经常作为成本中心，比如铁路车辆维护部门（在这里维护的车辆数是其产量）；银行中的出纳部门（处理收付款的笔数）；或者医院中的供餐服务（供餐的人次数）。除了产量易于测量，质量也必须易于监测。如果不是这样，由于按照花费的成本评估绩效，所以成本中心的管理者就会通过降低质量来达到目标。因此，林肯电气公司必须建立一种机制，确保焊接工人达到质量要求，这意味着质量必须容易观察。

可以用各种不同的目标来评估成本中心的绩效。两个广泛应用的目标是：

- 在一定产量水平上成本最小
- 在一定预算水平上产量最大

在第 5 章我们指出，要使利润最大，管理者必须选择最优的产量 Q^*，并以最低的成本生产这一产量。作为成本中心的管理者，他们注重第二项活动——成本最小化。他们的任务是选择有效的要素投入组合。比如，在铁路运输公司，车辆维护部门的经理安东尼按照规定的要求和质量每天要维护 100 辆机车，他的绩效就要根据生产计划的满足情况和车辆维护的成本控制情况来评估。产量的决策通常是由公司总部的管理层决定的。首先可以想到的一个潜在评估标准就是成本最小化。如果以合适的数量 Q^* 作为目标产量，那么在这一目标产量下，使成本最小显然是与利润最大化相一致的。

第二个可以想到的潜在的评估标准，是在给定的预算约束下使产量最大化。只要确定的预算是生产产量 Q^* 所必要的最小预算，那么就会得到与第一个标准相类似的激励。例如，部门经理安东尼得到批准的固定预算为每周 27 500 美元，在不超出预算的情况下，按照提供的符合质量要求的服务的车辆数评估其绩效。无论按照哪一个标准，安东尼都有动力为生产产量 Q^* 来选择成本最小的要素投入组合。

对于这两个标准，部门经理不是受到总产量的约束，就是受到总预算的约束。为了有效实施成本中心的绩效评估，成本中心的管理者就必须选择利润最大化的产量水平，或者有效生产这一产量的预算水平。然而，在两种成本中心的绩效评估安排下，安东尼有动力通过降低质量来降低成本（或者增加产量）。因此，在成本中心，必须对产品的质量进行监督。

有时，成本中心的管理者是按照平均成本的最小化来评估的。在这种情况下，管理者有动力去选择一种产量，在这一产量水平下，如果进行有效的生产，可以使平均成本达到最低。必须说明，利润最大化并不一定要求平均成本最低。一般地，平均单位成本最小化与价值最大化是不同的。例如，在表 17.1 中，当销售 6 个单位时利润达到最大。但是，平均成本是在生产 9

产 量	价 格	收 入	总成本	总利润	平均成本
1	$35	$35	$78	$-43	$78.0
2	33	66	83	-17	41.5
3	31	93	90	3	30.0
4	29	116	99	17	24.8
5	27	135	110	25	22.0
6	25	150	123	27	20.5
7	21	161	138	23	19.7
8	23	168	155	13	19.4
9	19	171	174	-3	19.3
10	17	170	195	-25	19.5

表 17.1 举例说明平均成本最小的产量并不一定与利润最大化的产量一致

平均单位成本最小与利润最大是不同的。利润最大化时的产量出现在边际成本与边际收入相等的时候，而并不一定是在平均成本最低之时。在这个简单例子中，利润最大化的产量是 6 个单位。然而，平均成本最低的产量为 9 个单位。

个单位时达到最小。最大利润发生在边际收入与边际收益相等之时，这并不意味着平均单位成本最低。另一个例子是，假设一个成本中心有固定成本和不变的边际成本，那么随着产量的增长，平均单位成本将持续下降。我们可以假设总成本为：

$$TC = 6Q + 300\ 000 \tag{17.1}$$

固定成本为 30 万美元，而单位产品的边际成本保持不变，为 6 美元。已知总成本表达式，那么平均成本就是总成本除以 Q，因此：

$$AC = TC/Q = 6 + 300\ 000/Q \tag{17.2}$$

随着生产产量的增加，如果边际成本为常数，平均成本将会下降。在这种情况下，如果按照平均单位成本来评估一个成本中心的管理者，将促使成本中心增加产量，即使产品已经大量积压。所以，如果绩效评估中注重单位产品的平均成本，就会激励成本中心的管理者生产过多或者过少，具体取决于利润最大化的产量与平均成本最低的产量哪个大，哪个小。

在下述条件下，成本中心会运转得最为有效：成本中心的管理者清楚相关业务单元的成本结构，可以确定利润最大化的产量水平，可以监督产品的产量和质量，可以建立起恰当的奖励制度。此外，成本中心的管理者具备如何能使投入要素组合最优的具体知识。

费用中心

成本中心是组织生产单元的常用方法。然而，有些活动，比如人事、会计、专利、公共关系以及研发等，经常为费用中心。与成本中心类似，费用中心的管理者要在既定的预算约束下，生产最多的产量或提供最多的服务。费用中心与传统的成本中心的主要区别在于，费用中

消除一个费用中心

不愿受劣质服务所困，具有叛逆精神的员工多年来一直秘密在网上预订自己的商务旅行。今天，商务旅行者越来越多地获得许可，可以不必经由公司内部设立的旅行服务处安排行程。从历史上看，公司之所以设立旅行服务处，是因为当时网上预订技术还不成熟，而且，如果大家都使用旅行服务处，就更容易与酒店和航空公司谈判批量折扣。但在新的在线服务条件下，让员工自己安排旅行经常可以节省资金。而且，如美国仲量联行的首席营运官佩顿·欧文所说："我清楚地知道我想要什么。网上订票容易掌控，而且我已经掌控了。"

资料来源：Leiber (2003)，"An On-the-job Hazard: The Corporate Travel Office," *The Wall Street Journal* (June 25).

心的产量计量更为主观，而成本中心的产量计量更为客观。因此，费用中心是产出不易计量的成本中心。

确定费用中心的产量有一定的难度，这会引起一系列的问题。作为人力资源主管，沙曼受到公司的预算约束，并要求提供尽可能多的服务。由于单位产量的成本很难计量，需要费用中心服务的部门一般不为这种服务支付费用。[3]因此，使用者通常会过多地使用这种服务，所以沙曼总是要求加大预算。相应地，公司总部在分配预算的时候，就很难确定什么样的预算水平会使公司价值最大化。同样，因为产量不容易观察，所以费用中心的管理者通常会从额外增加员工人数（增加办公面积）获益，这反过来又进一步促成了费用中心的过度膨胀，以致形成费用中心快于公司整体的增长趋势。如果公司总部要压缩人力资源部的预算，沙曼就会以要减少相应的服务相威胁，而这些服务通常对使用者是极有价值的，因此会争取使用者帮忙游说反对削减预算。这种行为是影响成本的又一个实例（见第 12 章）。

为控制费用中心的规模，有若干方法可以采用。一种方法是以在规模上与此公司类似的公司中相应部门的预算作为标准。另一种方法是重新组织公司，并将相应的费用中心置于最大的用户部门来控制，作为这样一个内部用户，它掌握着费用中心价值的具体知识，并有权决定费用中心的预算。但是，这样一种结构重组也有不利之处，会使其他部门得到的服务减少。如果对于其他的使用部门收取高于边际成本的费用，也会使这些部门对相应服务的需求减少。而相反，如果要让这些费用中心免费提供服务，那么具有控制权的大用户会减少向其他业务单元提供资源，也会使这些使用部门无法得到足够的服务。

收入中心

收入中心多用于组织销售、分销以及为生产部门的产品提供附加服务等各种营销活动。收入中心激励背后的思想是对中心的管理者销售一定数量的产品提供报酬和奖励。例如，公司的某一地区的销售部门也许就会作为收入中心评估。地区的销售经理伊娃收到相关人事和销售费用的预算，并拥有如何利用这些预算，使销售收入最大化的决策权。伊娃在确定销售价格方面的决策权有限，通常，她必须在规定的价格范围销售产品。

与成本中心类似，在评估收入中心时，有若干目标可以使用。一个目标是，在既定的产品价格（或者数量）以及人员和费用预算的情况下，使销售收入最大化。在这种情况下，收入中心将被告知产品的销售价格，并给以固定的经营费用。对于收入中心所销售的产品，只要中心的管理层选择了正确的价格预算组合，那么这一目标就与利润最大化相一致。

如果给予伊娃决定产品价格或者产量的决策权，然后按照总收入最大化来评估她的绩效，那么这通常与利润最大化的原则并不一致。要使收入最大化，伊娃会倾向于选择边际收入等于 0 的产量，而不是边际收入等于边际成本。因为边际成本通常大于 0，所以，在以价格小于边际成本销售时，伊娃领导的收入中心将遭受损失。

当中心的管理者了解总体的市场情况，比如，可以选择正确的价格-数量组合以及最优的产品组合（否则，销售人员也许会努力去销售可以产生更多收入而不是创造更多价值的产品），如果销售经理具备一些关于其销售区域内客户需求曲线的具体知识，明白如何才能更有效地实现销售，那么收入中心将会运转得最好。

利润中心

利润中心经常是由若干成本中心、可能的费用中心以及收入中心所组成。在给定预算的情况下，利润中心的经理通常有权决定投入要素的组合、产品的组合以及产品的销售价格（或者产量）。当制定产品组合、数量、定价以及质量决策所需的知识集中于一个特定的事业部，且这种知识的传递成本较高时，就适合于建立利润中心。

中心的管理者依赖于内部会计系统为利润中心提供绩效计量指标。通常，依据各部门的实际会计利润与预算会计利润的差别，评估利润中心的绩效。尽管利润中心的绩效计量看上去简单明了，但也有两个复杂问题需要引起管理者的注意，即如何确定业务单元之间的产品和服务的转移价格（转移定价问题），以及如何给各个业务单元分配公司的生产管理成本。在任何一家大企业，管理者都会在这两个问题上争论不休（我们将在下一部分讨论转移定价问题）。

当各业务单元之间存在相互依存关系的时候，各个利润中心致力于实现本中心的利润最大化，并不一定就意味着公司作为一个整体也会实现利润最大化。例如，各个利润中心在专注于增加本单元利润的同时，通常会忽略他们的行为给其他单元的销售收入和成本所带来的影响。[4] 一个事业部也许会“免费搭乘”另一个事业部的质量声誉，从而以其他事业部或整个企业的利益为代价，攫取短期利益。例如，雪佛莱和别克是通用汽车公司的两个利润中心。假设雪佛莱为追求本部门的更高利润而提高轿车的质量。这会影响消费者对于通用汽车公司汽车质量的平均印象——包括别克轿车质量的印象。这种会提升通用汽车公司轿车质量声誉的做法也有利于别克轿车的销售。但是，如果雪佛莱并没从别克轿车产生的额外利润中获得任何好处，就有可能会忽略其做法对别克汽车销售的好处，从而在提高质量的决策上投资不足。要促使管理者在做决策时，考虑对其他利润中心的影响，公司可以采用激励性薪酬，其依据不仅仅是利润中心自己的利润，而且还依据与利润中心相关的一组利润中心的总利润或者整个公司的利润。除非整个公司达到了一个利润目标，否则每个利润中心的经理都不能得到奖金。百力通经理的奖金其中有 40%是与整个公司的经济增加值挂钩的。

投资中心

投资中心与利润中心类似。但是，它们还有资本支出的决策权，并根据投资回报率之类的绩效指标进行评估。在业务单元的管理者可以掌握投资机会的具体知识以及本单元经营决策相关信息的情况下，最适合建立投资中心。

投资中心通常包含多个利润中心。他们拥有成本和利润中心的全部决策权，以及投资数额的决策权。例如，假设拉斯·艾利克斯管理着一家电器企业的家用电器集团，它由三个利润中心组成：电视分部、录相机分部以及音响分部。拉斯拥有集团内部资本投资的决策权，并依据资本投资的回报率来评估其绩效。对于投资中心，两个常用的绩效评估指标是：投资的会计回报率和剩余收益。

会计 ROA

资产收益率（ROA）是投资中心最为常用的绩效评估指标。ROA 是投资中心所创造的会计净利润与其总资产的比率。它有着清楚的直观意义，因为将 ROA 与外部市场的收益率作比较，就可以得出部门的绩效标杆。[5]然而，用 ROA 作为绩效指标也会产生潜在问题。ROA 并不是相应分部投资的经济回报率指标，因为会计利润（分子）并非是一个经济利润指标，而资产（分母）也不是分部资产的市场价值。经济利润是相应投资中心的价值在某一期间的相对变化。会计原则偏向于保守：会计利润中不包括某些价值增值，却包括某些价值贬值。例如，在会计净利润中，直到相应的土地卖出为止，并不包括土地价值的升值；但是，当土地价值已经发生持久性下降时，即使还没有出售，也要确认这种价值下降。同样，从会计利润扣减的会计折旧，其实并不反映折旧资产经济价值的变化。

拉斯很可能会拒绝 ROA 低于集团内平均 ROA 的项目，即使这样的项目有利可图，因为接受这样的项目将会降低整个集团的 ROA。例如，假设整个集团平均的 ROA 为 19%，比其 15% 的资本成本高出 4%。[6]一个新的投资项目数额为集团当前总资产的 10%，其 ROA 为 16%，高于资本成本 15%。因此，接受该项目将增加公司的价值。但是如果接受这样一个项目，整个集团的 ROA 就会下降到 18.7%（$0.90\times19\%+0.10\times16\%$）。如果集团的绩效按照 ROA 的增长来衡量，拉斯就会拒绝这一项目，即便其收益超过资本的机会成本。

ROA 还可能导致企业接受不盈利的项目。盖尔负责运营一个分部，其资本成本为 15%，平均的 ROA 为 12%。一个新的项目只要其 ROA 达到 14%就是可以接受的，即使它的回报率低于部门的资本成本。盖尔接受这个项目的原因是它可以提高部门的平均 ROA。

对于风险较大的项目，由于投资者会承担更高的风险，所以就需要以更高的资本成本补偿投资者。如果只按照部门 ROA 的增长来奖励部门经理，而不考虑接受项目对公司总风险的影响，部门经理就有动力采用高风险的项目。最后，如果一个经理接近于退休年限，在按照 ROA 评估和奖励的情况下，他就愿意选择在近期内会提高部门 ROA 的项目，即便从长期来看，这个项目也许是个不盈利的项目——这是任期问题的一个具体例子（见第 16 章）。

会计剩余收益

为克服 ROA 所带来的激励不足，比如，剥离那些 ROA 低于分部平均 ROA 但高于资本成本的项目，有些公司采用剩余收益来评估绩效。[7] 剩余收益等于部门的利润减部门占用资金的机会成本。例如，假设阿米塔管理的一个分部在某一年度获得利润 2 000 万美元（税后，但在支付利息费用之前），而总资产为 1 亿美元。而且，该分部的资本成本为 15%，ROA 为 20%——超过它的资本成本（15%）。剩余收益为 500 万美元（20 000 000 美元−15%×100 000 000 美元）。用剩余收益方法评估，将回报率大于 15%而小于 20%的项目放弃，就会降低剩余收益，尽管它提高了部门的平均 ROA。

尽管如此，将剩余收益作为绩效指标也存在问题。剩余收益是一个绝对数值，因此，大的部门比小的部门自然有更多的剩余收益。这使评估和比较规模不同的投资中心更为困难。要运用剩余收益指标，高管还得估算每一个分部资本的机会成本。为了控制各个分部之间风险的差别，原则上，每一个分部都要采用不同的资本成本率，这样才能精确地评估分部的绩效。然而，风险的调整会导致更大的影响成本，因为从本部门的利益考虑，分部经理会采用各种方式要求降低所采用的资本成本。

与 ROA 一样，剩余收益指标是按照一年的时间来反映分部绩效的，它并不能计量当前的行为对于公司长期价值的影响。例如，通过削减维护费用，当前的剩余收益（以及 ROA）会增加，但是，未来的现金流量以及公司的价值却可能减少。任期短的经理就有动力在任期的早期避免采用 EVA 为负的项目，即使是这些项目从长期来看相当盈利。因此，在做投资决策时仅使用 EVA 是不够的。

表 17.2 归纳了我们对公司内各种类型的子单元的讨论。它总结了不同类型中心绩效评估所用的指标、被赋予的决策权，以及有效使用一些特殊中心的条件。请注意，绩效评估指标与决策权分配要保持均衡：分配给中心的决策权应与绩效指标相匹配。同样请注意，每个中心所得到的决策权与相应的具体知识之间的联系。例如，如果一个中心对客户的需求曲线没有充分的认识，它就不能拥有定价权，从而，也只能作为一个成本中心来评估。

尽管在表 17.2 中并没有明确表示要保持我们所说的凳子三条腿相互平衡，但绩效奖励必须与绩效评估相联系。例如，百力通公司除了在 1990 年引入 EVA，还改进了其管理者的薪酬计划。百力通公司管理者的薪酬同时依赖于自己部门的 EVA 和整个公司的 EVA。因此，除了将工资与绩效计量指标 EVA 挂钩，百力通公司同样改进了其绩效奖励系统。

转移定价[8]

就像上面所讨论的，企业要组织成业务单元。如果各业务单元之间有产品和服务的转移和交换，要计量这些业务单元的绩效，就要为这些转移的产品和服务确定转移价格。例如，请回忆百力通公司的例子，该公司重组并创建了多个投资中心，其中包括铸铝和小发动机部门。生产的产品除了向外部客户销售外，铸铝部门有些半成品也会向公司内部的其他利润中心销售。要计量这些投资中心的绩效，就要确定这些内部交易的转移价格。采购部支付转移价格，生产

单元类型	绩效指标	决策权	适用条件
成本中心	在给定产量的情况下，使总成本最低 在给定预算的情况下，使产量最大 平均成本最小	要素组合（人力、原材料、其他投入品）	中心的管理者可以测量产量，了解相应的成本函数，并确定最优的产量和合理的奖励机制 中心管理者可以观察成本中心产出的质量 成本中心的管理者具有最优要素投入组合的知识
费用中心	在给定服务水平的情况下，使总成本最低 在给定预算的情况下，使服务最优	要素组合（人力、原材料、其他投入品）	产量很难观察和计量
收入中心	在给定价格（产量）和经营预算的情况下，使销售收入最大	要素组合（人力、原材料、其他投入品）	中心的管理者具有选择最优生产组合所需的知识 中心的管理者具有选择正确的价格和产量所需的知识 收入中心的管理者了解自己的销售区域顾客的需求曲线
利润中心	实际利润；与预算利润相比较的实际利润	要素组合；产品组合；销售价格（或产量）	利润中心的管理者有选择正确的价格和产量组合的知识 利润中心的管理者有选择最优产品组合的知识
投资中心	投资回报率；剩余收益；EVA	要素组合；产品组合；销售价格（或产量）；中心的资本投资水平	投资中心的管理者有选择正确的价格产量组合的知识 投资中心的管理者有选择最优的产品组合的知识 投资中心的管理者充分了解面临的投资机会

表 17.2 成本中心、费用中心、收入中心、利润中心和投资中心

在组织内不同子单元之间，决策权与绩效指标要均衡考虑，具体应用要依据相关具体知识是如何分布的。

部则接受相应的转移价格。

从整个公司的角度考虑，有些管理者觉得，转移定价的问题并不重要。他们认为，改变转移定价的方法只是将收入从一个部门转移到另一个部门，所以只能影响相对绩效评估，而对其他并没有什么影响。但这是一个错误的认识：转移定价方法的选择不仅仅会影响公司总利润在不同业务单元之间的分配，也会影响到公司的总利润本身。我们可以将公司的总利润看成是一张大饼。转移定价方法的选择不仅会影响这张饼如何在公司内各业务单元之间的分割，也影响

EVA 经常与薪酬计划的变动相联系

在本章的开头，我们提到百力通公司运用经济增加值作为绩效评估的指标，这一指标也被许多公司广泛采用，比如，AT&T、CSX、可口可乐、Equifax 和 Quaker Oats 公司。EVA 是剩余收益指标的变形。EVA 的计算公式为：

EVA = 调整的会计利润 – (加权平均资本成本 × 资本总额)

这个公式与剩余收益公式一样。惟一的差别是，在计算 EVA 的时候，有关变量的计量比正常的算法考虑得更为周全。在计算“调整的会计利润”时，所运用的方法不同于对外财务报告中所采用的会计方法。例如，标准的美国会计原则要求，每年所有研发费用都要从净收益中扣除。这使任期不长的管理者有动力来削减研发费用。在计算调整的会计收益时，一种调整是将研发支出再加回到会计利润中，并将它作为一种资产逐年提取折旧，通常采用的期限为 5 年。上述公式中的总资本，包括所有的公司资产，也包括研发上的投资以及其他的利润调整项目。

在计算 EVA 时所运用的另一个变量是加权平均资本成本，它反映权益资本和债务资本的成本。权益资本的成本是价值增值和股东在公司的投资组合（有类似风险）中所赚得的红利。这也是股东持有公司的股票所承担的机会成本。债务资本的成本是目前市场上具有类似风险债务的收益率。按照债务和权益在公司价值总额中的比重，加权债务资本与权益资本的成本，就得到部门总的资本成本。假设权益资本的成本为 18%，债务资本的成本为 10%，公司的资本结构为 40%是债务，60%是权益，那么加权平均的资本成本为 14.8%（0.6×18%+0.4×10%）。*

就像剩余收益一样，EVA 计量了扣除公司占用全部资本的成本后的总收益。它实际上是估算了公司在一定时期（通常一年）中的经济利润。许多公司采用了 EVA 来计量分部的绩效，这也是公司重组的决策。AT&T 是一家大公司，它作为一个整体向几个大的子集团公司提供资产负债表，比如，长途电话业务分部。在 1992 年，AT&T 重组为投资中心，每个中心作为一个独立的公司。长途电话公司已经拥有 40 个子单元，对外提供 800 多种服务，如电话营销和公用电话。每个分部都采用 EVA 进行绩效计量。除了下放决策权并采用 EVA 进行绩效计量，公司还改变了组织架构的第三条腿——奖励系统。分部经理的奖金以 EVA 为依据。

* EVA 是按照税后的基础计算的。调整的会计利润为税前利润减掉所得税和资本的成本。具体的计算如下：用 1 减去边际税率，所得的差乘以具有类似风险的债务的市场收益率，可以得出债务的税后成本。例如，假设风险相当的债务的市场收益率为 15%，公司税率为 38%。债务的税后成本为 9.3%［15% ×（1–0.38）］。如果权益资本的成本为 20%，而债务和权益的比重相同，那么最后加权平均的资本成本为 14.65%（0.5×9.3%+0.5×20%）。

资料来源：B. Stewart (1991), The Quest for Value (Harper Business: New York); and S. Tully (1993), "The Real Key to Creating Wealth," *Fortune* (September 20), 38–50.

到这张饼的大小。

管理者要依据他们所面临的转移价格进行投资、采购以及生产决策。如果这些转移价格不能从总公司的角度准确反映各种资源的价值，业务单元的管理者就会做出错误的决策，从而引起公司价值的降低。例如，如果百力通生产一件铝件的机会成本为 20 美元，但是转移价格为

30美元，那么小发动机事业部就会减少使用这种半成品，公司的总价值也会因此而降低。采购事业部的管理者也许会有动力将这种铝件外包，而实际上，对于公司整体来说，这样做的成本更高。同样，由于转移价格会影响业务单元管理者的绩效评估，所以不正确的转移价格还会导致不正确的晋升和人事调整决策。

在组织中，转移定价问题比大多数的管理者所认识到的更为普遍。公司经常有大量收费的内部服务项目。我们不妨考虑一下后勤部门从广告部门收取的看门费、电话费、安全服务费、数据处理费，以及法律和人事服务的费用。许多公司都存在这种对内服务项目收费的情况。这种内部收费系统在医院、大学以及其他的非营利组织中也存在。无疑，这种内部收费系统就是一种转移定价。

因为转移定价（包括内部收费系统）在许多公司中广泛采用，同时，也因为转移定价会影响业务单元的绩效评估，从而会影响管理人员的奖励报酬，因此部门之间对转移定价的争执从来没有停止过。在任何公司，转移定价都是一个敏感的问题。在许多事业部制的大公司中，管理人员在其职业生涯中卷入转移定价纷争的事情屡见不鲜。

在确定最优转移价格的时候，另一个重要因素是税收问题。如果采购分部与生产分部位于不同的国家，并采用不同的税率，那么税收就将影响相应转移产品的机会成本，因此也影响最优的转移价格。生产分部支付的所得税是基于各业务单元的收入与生产成本之间的差额，而这是由转移价格所决定的。一般而言，要使总税收最少，公司应该通过转移价格的确定，使利润尽可能流入税率较低国家的分部。[9]虽然这种税收问题也很重要，但为简化我们的分析，这一节我们将不再考虑，而着重分析有关转移定价的组织经济学问题。

转移定价与税收

2004年，丰田澳大利亚子公司的总资产是4亿澳元，按照转移价格计算，澳大利亚大约有价值10亿澳元（包括罚款）的进口丰田汽车。在美国，每年有大约30%的公司税由于转移价格方面的争议而需要做出调整。在20世纪80年代晚期，美国根据转移定价的问题制定和实施了更为严格的会计记账，开始对由于转移定价而引起的漏税行为按照漏税金额处以20%~40%的罚款。结果，公司税务部门很快明白，如果他们低估了其对美国政府的应纳税数额，他们将受到巨额处罚；如果他们低估了对其他国家的应纳税数额，他们所受的处罚就没有那么严重。但其他国家也很快效仿美国。加拿大增加了一倍的人力来检查转移定价问题。澳大利亚、巴西、日本和法国则实施了新的处罚办法。

为规范转移定价争议与裁决的程序，美国国内收入署制定了预先定价协议（advanced pricing agreement，APA）程序。公司的税收支付小组和国内收入署的小组一起工作，制定出纳税人使用的转移定价方法。只要纳税人遵守这个协议，国内收入署就不会追究公司的转移定价问题。到2001年底，国内收入署已经谈判并签订了350个预先定价协议。

资料来源：S. Wrappe, K. Milani, and J. Joy (1999)，"The Transfer Price Is Right," *Strategic Finance* (July)，39–43; "Announcement and Report Concerning Advance Pricing Agreements," *Internal Revenue Service* (March 29, 2002)；and www.theage.com.au/articles.

转移定价的经济学问题

转移定价的原则说起来非常简单：产品和服务的最优转移价格是其机会成本——由其最优用途转移到次优用途损失的价值。遗憾的是，正如我们将要看到的，尽管描述起来简单，在实践中，运用这一简单原则却非常困难。

无成本信息的转移定价

要说明机会成本的概念，我们来考虑一家跨国公司的两个利润中心——美国的生产分部和欧洲的分销分部。公司高管层正在考虑，由美国生产分部制造产品，然后转移到欧洲分销分部销售。假设生产分部的边际生产成本为每单位 3 美元，并且有剩余的生产能力。如果产品转移到欧洲，在扣除了分销分部的边际成本之后，通过产品销售，分销分部每单位产品净得 5 美元。而且，两个分部的收入和成本数据是大家都知道的。

如果少生产一个单位的产品，公司将节省 3 美元生产成本，但是却失去了 5 美元在欧洲的销售收入，从而利润降低 2 美元。如果多制造一个单位的产品，并转移给分销分部，公司就将耗费 3 美元（生产的边际成本），并同时收到 5 美元，从而净收益为 2 美元。显然，更好的方案是转移这一单位的产品。这一生产分部到分销分部的转移，会发生转移的机会成本，也就是资源损失——每单位 3 美元，它等于生产分部生产的边际成本。

正如这个例子所说明的，生产一个单位产品的边际成本通常就是它的机会成本。但情况并非总是如此。有时，这种机会成本是销售这一中间产品到外部市场的边际收入。例如，假设生

是否应该采用双重转移定价系统

有些咨询顾问建议采用两个独立的转移定价系统，一个定价的目标是满足税收报告的要求，而另一个则按照内部决策的要求来定价。为 Answer Think 咨询集团提供解剖方案的 CEO Solution 公司的主管杰伊说，“相对于其税收计算中的盈利性而言，采用独立的系统可以使高管更清楚地看到……真实的盈利性。”然而，安永会计师事务所的合伙人迈克尔·巴顿反驳说：

> 分别报告的一个基本问题是这一价格已经反映了一个部门或项目的盈利性。如果你试图就新的活动或者设施做出决策，并试图判断资本投资的回报，你就需要依照一个好的标准做出判断，而合理的转移价格必然是这种标准的一部分。基本上，这里的问题是你目前的转移价格是否反映了经济现实。如果反映了经济现实，那么就不需要新的系统。如果没有反映经济现实，税收当局就会在几年之内对你提出若干问题并进行审计。

Case 公司是一家农用和建筑设备制造商，资产规模高达 60 亿美元。该公司反对外部税收报告和内部报告分别采用不同的转移定价系统。他们提出，同时采用两种系统要耗费巨大的成本。Case 公司依据各部门出于税收目的所采用的实际转移定价，按照美国的会计操作规范在全世界范围内对管理的绩效和薪酬进行账务处理。

资料来源：I. Springsteel (1999)，“Separate but Unequal,” *CFO* (August)，89–91.

产分部花费 3 美元可以生产一个单位的产品，它可以将这一产品转移给欧洲的分销分部，也可以在美国市场按照 6 美元来出售，但是，由于生产能力所限，不能两者兼顾。在这种情况下，如果美国的生产分部将这一单位的产品转移给欧洲的分销分部，公司就失去在美国市场销售这一中间产品的机会。因此，即使生产这一单位产品的边际成本为 3 美元，现在进行内部转移的机会成本也为 6 美元。所以，现在的最优选择是在外部市场出售，而不是转移给欧洲的分销分部。

一般而言，美国生产分部的最优产量将确定在最后一个单位产品的边际成本等于转移价格的水平上。类似地，欧洲分销分部将按照每一产品的净收入能够补偿转移价格来确定从美国生产分部购买的数量。假设这两个业务部门相互独立（后面我们将考虑这个部门间相互依存的情况），当利用机会成本确定转移价格，而且生产分部和分销分部分别可以实现利润最大化时，公司的总利润也实现了最大化。因此，在这个简单的例子中，转移价格反映了转移到欧洲分部的边际成本。如果与机会成本相比，转移价格太高或太低，分销分部就会购买太少或太多数量的产品，从而公司整体就不能实现利润最大化。

信息不对称情况下的转移定价

前面的讨论假定，大家都知道美国生产分部的边际生产成本为 3 美元，而中间产品的外部价格为 6 美元，欧洲分销分部的边际收入为 5 美元，无论美国的生产分部是否有剩余生产能力，情况都是如此。如果所有这些信息都是现成的，就没有必要在组织中下放决策权。如果利润中心的管理者掌握这些信息，就可以保留这些决策权，并做出相应的决策；或者如果将决策权下放，也可以以很低的成本监督整个过程。在现实中，对于利润中心的管理层来说，许多相关的信息并不是现成的。特别是在大的事业部制的公司中，这种知识和信息通常都分布在公司的较低层级。对于高管层来说，收集这些分散的知识和信息并确定它们是否属实，既困难又耗费成本。某些情况下，在向高管报告时，下层管理者有动力故意歪曲信息。为了说明这些问题，我们可以以一个有市场能力的公司为例（见第 6 章）。

假设赫希是生产部门的经理，是惟一知道本部门边际成本的人。假设赫希追求自己部门的利润最大化。即使允许分销部门从外部市场购买产品，如果生产部门有一定的市场能力，在确定转移价格的时候，就会试图抬高价格，使其超过边际成本，从而增加可计量的利润。如果这一切真的发生，企业生产和销售的产品数量就会减少。这种情况与第 6 章所描述的由于垄断交易造成的社会损失是类似的。生产部门由于在信息方面有垄断权，在确定生产产品数量的时候，其行为类似于一个市场上的垄断者。就像垄断者获得“垄断利润”一样，生产部门会通过限制产量抬高价格来获得更高的利润。这导致产量降低到最优水平之下，减少了公司的总价值。

这个问题可以通过具体例子来说明。为简化起见，考虑一家公司只生产一种产品，并面对下面的需求：

$$P = 110 - 5Q \tag{17.3}$$

假设生产该产品的边际成本为 10 美元，并保持不变。当边际收入等于边际成本时，利润达到最大。此时，$Q^*=10$，$P^*=60$，公司的利润为 500 美元（\$60×10−\$0×10）。图 17.1 描绘了这

图 17.1　利润最大化时的价格

一家公司面临着下面的需求曲线：$P = 110-5Q$。其产品生产的边际成本为 10 美元，并保持不变。当边际收入等于边际成本时，利润达到最大。此时，$Q^*=10$，$P^*=60$，公司的利润为 500 美元($60×10−$10×10)。

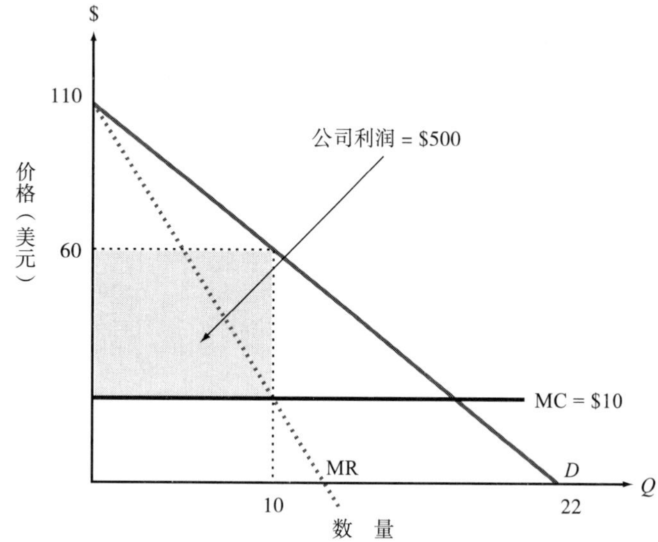

样一种情况。

假设生产部门生产这一产品，$MC=10$，并以转移价格 P_t 转移到销售部门。假设销售部门的惟一成本等于转移价格（为简化起见，假定额外的分销成本为 0）。

销售部向外部市场销售产品，所以产品的需求曲线就是公司的需求曲线。在各种转移价格水平上，销售部门的经理愿意购买多少数量的产品呢？注意，销售部门的边际成本是转移价格，即 $MC_d = P_t$。通过选择采购数量，使 $MC_d = MR_d$，销售部门就实现了部门利润最大化。因此，在这种情况下，公司的边际收入曲线代表了这一产品的销售需求，由此可以得出，生产部门的派生需求曲线：$P_t = 110-10Q$（图 17.1 中的边际收入曲线）。

下一步，假设生产部门确定转移价格。由于它有垄断权，而且信息成本很高，所以高管层不能监督这种决策。生产部门将确定多高的转移价格、选择多大的产量？赫希只有惟一的一个客户，即本公司的销售部门。为实现生产部门利润最大化，赫希将按照边际成本等于边际收入做出决策，即 $MC_m = MR_m$。已知边际成本 = 10 美元。那么生产部门面临的边际收入曲线是什么？要回答这个问题，我们需要看它的客户，即销售部门。销售部门有市场能力，面临的需求曲线为：$P = 110-5Q$。销售部门的边际成本就是转移价格，即 MC_d = 转移价格。销售部门将接受这一转移价格，并使它等于其边际收入，现在边际收入曲线为：$MR_d = 110-10Q$。这一销售部门的边际收入曲线说明，赫希改变其转移价格从而改变生产部门客户的边际成本之后，赫希的客户（销售部门）需求将如何变化。例如，如果赫希将其转移价格确定在 50 美元的水平上，销售部门将按照边际成本等于边际收入做出决策，即 50 美元 = $110-10Q$，实现其利润最大化。解得 $Q^* = 6$ 单位。因此，如果赫希确定转移价格为 50 美元，那么销售部门将购买 6 单位。这里需要理解的要点是，赫希面临的需求曲线就是销售部门的边际收入曲线。赫希面临的需求曲线并不是公司的(或销售部门的）需求曲线，而是公司的边际收入曲线。因此，生产部门面临的

图 17.2 分权化的公司

在这一分权化的公司，生产部门以 $MC=10$ 生产产品，并转移到销售部门，转移价格为 P_t。销售部门的需求曲线就是公司的需求曲线。销售部门的边际成本就是转移价格，即 $MC_d = P_t$。通过选择采购数量，使 $MC_d = MR_d$，销售部门达到利润最大化。因此，公司的边际收入曲线代表了这一产品的销售需求，由此可以得出，生产部门的需求曲线：$P_t = 110-10Q$。生产部门的经理将按照边际成本等于边际收入确定转移价格，即 $MC_m = MR_m$。已知边际成本 = 10。生产部门的边际收入曲线为：$P_t = 110-20Q$。为实现利润最大化，生产部门确定的转移价格为 60 美元，并销售 5 个单位的产品（见左图）。面对转移价格 60 美元，销售部门将在外部市场上按照价格 85 美元出售 5 个单位的产品（见右图）。公司的总利润为 375 美元（5×\$85 – 5×\$10），这显然低于产量为 10 个单位时公司的最大化利润 500 美元。生产部门获得利润 250 美元，而销售部门获得利润 125 美元。

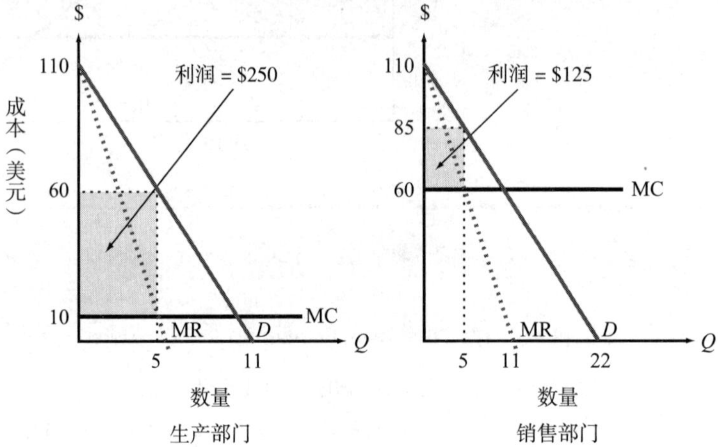

派生需求曲线等于公司的边际收入曲线：$P = 110-10Q$。因此，根据这一需求曲线，赫希的边际收入曲线为：$MR_m = 110-20Q$。为实现部门的利润最大化，按照 $MC_m = MR_m$，即 $110-20Q = \$10$，生产部门确定的转移价格为 60 美元（转移价格 = $P = 110-10\times5 = \$60$），并向销售部门转移 5 个单位的产品（见图 17.2 中左图）。面对转移价格 60 美元，销售部门将在外部市场上按照价格 85 美元出售 5 个单位的产品（见图 17.2 中右图）。公司的总利润为 375 美元（5×\$85 – 5 × \$10），这显然低于产量为 10 个单位时公司的最大化利润 500 美元。生产部门获得利润 250 美元，而销售部门获得账面利润 125 美元。两个部门都获得了利润，但是，与图 17.1 相比，图 17.2 中公司的总利润却下降了。

一个根本问题是，销售部门面临着转移价格 60 美元，这远远超出了公司追加生产一个单位产品的机会成本（10 美元）。因此，从公司角度看，销售部门在外部市场上没有达到最优的销售数量。在这个例子中，能够保证公司利润最大化的转移价格为生产的边际成本。然而，请注意，赫希不愿意按照这样一个转移价格将产品转移给销售部门，因为生产部门的利润会因此而降低（在这个例子中为 0 美元）。

因此，上面的讨论表明，当信息被部门经理独占的情况下，内部的转移价格会引起激励问

连续的垄断案例

经济学中的一个基本原则是要实现公司价值最大化。当所有其他的转移价格是按照边际成本决定的，在这种情况下，垄断价格只能使用一次。为了说明这个问题，假设一个纸箱生产公司既有纸箱设计的专利也有纸箱制造的专利。生产专利属于生产部门，而独特的设计专利则归销售部门。销售部门从生产部门购买纸箱，两个部门都是利润中心。进一步假设，生产部门有足够的生产能力，可以满足内部转移和外部销售的需要。因此，生产部门产品转移的机会成本就是生产的边际成本。

根据转移定价理论，在这种情况下，利润最大化的解决方案是，应该按照边际收入等于生产和销售部门联合的边际成本，来确定对于外部顾客的销售价格。如果销售部门以边际成本的价格从生产部门购买纸箱，就会实现这个结果。在这种情况下，为使自己部门的利润最大，在对外销售时，销售部门会按照边际收入等于本部门的边际成本加上转移价格来确定价格，即加上生产部门的边际成本。

然而，在这种情况下，如果转移价格为边际成本（假设边际成本小于或等于平均成本），生产部门就没有利润。如果生产部门将转移价格提高到边际成本之上，通过向销售部门转移产品，就可以获得利润，但这时，公司的总利润将会降低。如果生产部门可以确定转移价格，并提高到边际成本之上，那么当最终销售部门再将产品销售给顾客的时候（设定最终价格），销售的边际收入将等于一个更高的边际成本——也就是说，是销售部门的边际成本加上转移价格。要实现本部门的利润最大化，销售部门确定的价格可能会“太高”，从而生产部门购买的数量会减少。因此，与前面公司总利润最大化的情况相比，销售的数量将会更少。

因此，当同一家公司中的两个部门都有市场力量（也就是说，他们能够以高于长期边际成本的价格出售产品）时，应该规定，两个部门都不能以高于自己成本的价格出售。当在公司内部确实存在这样一种连续垄断的时候，可以只允许一个部门以高于成本的价格出售。如果在生产过程的两个阶段都采用垄断价格，公司的利润就不能实现最大化。

题。机会成本是能够使得公司价值最大的转移价格。但是，通常与公司的高管层相比，业务单元的管理者有更全面的有关机会成本的知识和信息，而同时，由于转移价格通常影响部门管理者的绩效评估结果和得到的奖励，所以部门管理者就有动力扭曲信息来影响转移价格。

进一步，还有更复杂的问题。对公司高管层来讲，获得有关信息来计算机会成本通常特别困难，因为机会成本取决于公司将这些产品和服务用于次优方案的选择。而与生产部门的管理者相比，高管层掌握的有关产品次优用途、生产所需资源等方面的信息通常都较少。而且，随着公司经营机会的变化，次优方案也将发生变化。例如，有些情况下，生产部门有剩余的生产能力，可以同时向企业内部其他部门和外部市场销售。而在其他情况下，生产部门的生产能力接近充分利用，产品供应必须在内部和外部用户之间做出取舍。这些不同方案的具体知识更多的都是由部门管理者所掌握。

在销售部门或者生产部门之中，如果有一方拥有相应产品和服务转移价格的决策权，而不允许另一方从外部购买或者向外部销售，就会引起问题。如果生产部门拥有转移价格的决策权，为获取垄断利润，会将转移价格抬高到机会成本以上，而在这样的转移价格下，销售部门相对于合适的转移价格情形下会购买更少的数量。反过来，如果销售部门拥有定价权，就会将转移价格确定在机会成本以下，在这种情况下，生产部门会减少供给量。同样，转移的产品数量会低于公司利润最大化的水平。如果高管层知道这种机会成本，就不必下放决策权给利润中心，可以规定产量及其转移价格。

转移定价的经济学问题可以归纳如下：

> 经济学家的第一直觉是要按照边际成本确定转移价格。但是，确定边际成本并不那么容易。从实务操作方面考虑，在公司中，有关边际成本的信息并不为许多人所掌握，因为它依赖于在各种生产能力利用率水平上生产的机会成本。即使掌握了边际成本信息，也不见得就可以确定出令人信服的最优转移价格。[10]

常用转移定价方法

综上所述，正确的转移价格是机会成本。但是，确定机会成本是要花费代价的，部分原因是计算这样一种成本所需的信息由相应的部门管理者所掌握，而这些部门管理者会有意扭曲这种信息。为强调这个问题，公司有时会外请专家来研究公司的成本结构。然而，这种研究不仅仅要花费成本，而且一旦公司的经营机遇或生产能力发生变化，研究的结果也就过时了。另一方面，如果公司的高管层简单地下放决策权，让生产部门或销售部门确定转移价格，转移价格就可能太高或太低，两者都将导致转移的产品数量太少，最终公司不能实现价值最大化。

由于确定机会成本本身是需要耗费成本的，所以管理者都会致力于采用各种近似的方法来降低成本。至少有四种不同的方法可以用于公司估算内部产品和服务转移的机会成本：市场价格、边际生产成本、全部成本以及谈判价格。就像下面要讨论的，上述四种方法的每一种都在某些情况下有优越性，而在另一些情况下则不如其他的方法。比如，如果各个部门在不同的国家开展业务，面临不同的税率，那么在选择各种方法时，也将考虑税收的影响。如果与销售部门相比，生产部门面临更低的税率，与边际成本定价相比，采用全部成本定价将使更多的利润分配到低税收的部门。我们这一节讨论的目的就是要说明每种方法，并详尽解释它们的优缺点，从而管理者可以根据自己特定的环境和条件选择最好的转移定价方法。

依据市场确定转移价格

绝大多数教科书中所提供的标准的转移定价规则为：在存在竞争性外部市场的情况下，产品应该按照外部市场价格确定转移价格。如果按照外部市场价格转移，生产部门不能得到长期利润，那么公司最好不内部生产，而应在外部市场购买这种产品。如果按照外部市场价格，采购部门不能够获得长期利润，那么公司最好不加工相应的中间产品，而应直接在外部市场上销售这种产品。

简而言之，人们通常认为，依据市场价格的转移定价会做出正确的生产与购买决策。然而，在很多情况下，市场价格并不能精确地反映机会成本。如果公司和市场都可以提供中间产品，那么“两者都能够在长期生存吗？”这一根本性问题就会产生。如果其中之一的长期平均成本比另一个低，那么高成本的提供者将不能长期生产这种中间产品。

柯达公司通过内部生产控制质量

柯达公司每年要购买 8 亿磅牛骨。在马萨诸塞州的 Peabody 工厂，公司将这些骨头加工制作成骨胶，再用卡车运往柯达公司的其他工厂，与其他的化工原料混合制成感光乳胶，并涂在胶片上。骨胶的制作过程非常复杂，并受到所使用的骨头质量的影响（雄性的骨头比雌性的骨头要好；嫩牛骨比老牛骨要好；较长的骨头比较短的骨头要好；干燥的骨头比湿的骨头要好）。柯达公司的创始人乔治·伊仕曼在 1930 年创立了工厂，从那时起就对骨胶的制作过程进行严格的控制。有一次，公司从一个牧场购买的一批骨头质量不好，制作的骨胶使胶片普遍出现过度曝光，几乎毁了他的事业。就像其他许多公司一样，柯达公司将许多业务活动外包出去，包括从公司的内部咖啡馆到工厂的保卫工作等。但是，柯达公司仍然将骨胶制作过程保留在公司内部，以便对生产中使用的关键投入要素进行严格的质量控制。

资料来源：A. Klein (1999)，"Who Knew Kodak Would Keep So Many Skeletons in Its Closet?" *The Wall Street Journal* (January 18)，A1.

然而，不应该忘记，每当内部购买的合同比外部购买的合同便宜的时候，交易就通常发生在公司内部，而不是在外部市场。[11] 比如，当不同产品之间在生产上有重要的相互依存或协同性的时候，这些产品的生产通常都会发生在同一个企业内部。当然，这种协同性越是重要，公司就越有可能继续采用内部生产来满足原材料和半成品的需求。[12]

然而，与此同时，这也是使转移定价问题变得更困难的一个问题——有可能在公司内部生产产品的情况下，外部市场的价格信息就不太可能精确反映内部生产的机会成本。例如，经常的情况是，其他企业不生产这种中间产品，或者其他企业的产品与本企业内部生产的产品并不完全相同。在前一种情况下，并没有市场价格；在后一种情况下，市场价格也不是估计生产的机会成本的可靠依据。即使产品完全一样，而外部产品更为"便宜"，内部生产也有合理性，因为可以更有效地控制质量、交货时间，或者更好地保护专利信息。当在分析中考虑这些因素的时候，外部市场相对就不那么"便宜"了。

在这种情况下，采用市场价格作为转移价格就可能会低估相应产品的盈利能力以及它对公司价值的贡献。[13] 例如，假设可以从外部市场上购买（但不能销售）一种中间产品，价格为每单位 3 美元。由于存在协同性（比如在市场上购买会发生较高的交易成本），会使内部生产更有效。内部生产避免了契约成本和强制执行的成本。假设有价值 0.5 美元的协同性，从而正确的转移价格为 2.5 美元，因为对公司来说，2.5 美元是生产的机会成本。但是，如果市场价格 3 美元为转移价格，与转移价格 2.5 美元的情况相比，销售部门就会减少购买数量，公司就不能实现价值最大化。

依据边际成本确定转移价格

如果中间产品没有外部市场，或者公司内部各部门之间有很大的协同性，从而不能通过外部市场价格精确判断产品生产的机会成本，那么边际生产成本也许是确定转移价格最有效的方案。就像我们在前面讲到的，边际成本代表生产最后一个单位的产品所放弃的资源价值。

就像其他转移定价方法一样，用边际生产成本来测量生产的机会成本也存在问题。其中的一个问题是，按照这种方法确定转移价格，生产部门不一定能完全补偿固定成本。如果所有的产量都在内部转移，而且边际成本低于平均总成本，那么生产部门的固定资产就得不到补偿。这样，生产部门就会发生亏损。[14]

边际成本转移定价的一个变形是，在所有的转移产品按照边际成本收费的同时，再对销售部门收取一个固定的服务费用。销售部门为增加一个单位的购买支付边际成本，同时按照能够实现公司利润最大化来确定购买的数量。与直接的边际成本定价不同，这种方法使生产部门可以补偿全部成本，并获得利润。固定的费用代表销售部门获得按照边际成本购买产品的权利。固定费用的确定是依据能够补偿生产部门的固定成本再加上权益资本的收益。

边际成本转移定价的另一个问题是，随着生产数量的变化，单位产品的边际成本可能也随之变化。假设单位产品的边际成本随着产量的增加而提高（比如说，随着生产时间的增加，夜班工人会要求更高的小时工资率）。如果边际成本高于平均成本，所有的用户都将支付更高的边际成本，那么所有用户的总成本就高于公司发生的总成本。那些没有增加产量的用户成本也会上升。在这种情况下，在公司内部会发生冲突，即如何确定边际成本，更高的边际成本应该由所有用户支付，还是仅由那些产量增加从而要求增加夜班的用户来支付？

当生产能力接近充分利用的时候，也会出现类似的问题。要说明这个问题，我们不妨假设生产部门正在考虑是否追加投资 250 万美元以扩大生产能力。从长期来看，追加生产能力的成本 250 万美元是变动成本，但是在短期中却属于固定成本（表现为折旧和更高的日常费用及维护费）。因此，在生产部门和销售部门之间也会发生冲突——这种追加的扩大生产能力的成本是否应该包括在转移价格中。这种冲突难以解决的原因在于，没有一种无争议的客观方法用于计算边际成本。《华尔街日报》也没有告诉我们这种方法。相反，必须对这种边际成本进行估算，会计记录通常也将它称为“变动成本”。尽管绝大多数边际成本的构成部分都是易于观察的，比如直接人工成本和直接材料费用，而有些边际成本的内容就很难估计，比如，为追加生产一个单位的产品，采购部门的边际成本就很难估计。

边际成本转移定价也会给生产部门提供激励去设法增加边际成本，也许会拿固定成本冒充变动成本。例如，哪些电费属于固定成本，而哪些电费属于变动成本？这种分类在一定程度上都是主观的。由于生产部门和销售部门的管理者会就各种成本项目及其分配争论不休，而高管又不得不花费时间来平息这种争论，因此，就会发生资源浪费。

不仅如此，在边际成本转移定价下，生产部门甚至有动力将 1 美元的固定成本转化为超过 1 美元的边际成本。例如，以高价的外部购入部件代替内部生产的便宜部件——这显然会减少公司的价值。对于生产部门来讲，用外部购入部件可以减轻在产品转移过程中固定成本的负担，但是对销售部门或者整个公司来讲，这样的决策会增加额外成本。

全部成本转移价格

根据上面所描述的信息与激励问题，与给部门管理者更多决策自由的转移定价原则相比，简单、客观、难以改变的转移定价原则会更有利于公司的价值增值。客观的转移定价原则，比如按照全部会计成本定价，为许多企业所采用，它避免了边际成本估算中无谓的争论造成的成本浪费。因为全部成本是固定成本与变动成本之和，所以业务部门不可能通过固定成本与变动成本之间的转换改变全部成本。

然而，问题是按照全部成本定价通常会过高估计公司内部追加生产和转移一个单位的产品所发生的机会成本。因此，销售部门通常会从内部购买更少的数量。按照全部成本确定转移价格也会使生产部门将所有的非有效成本转嫁给销售部门。因此，在按照全部成本确定转移价格的情况下，生产部门将没有提高效率的激励。[15]

然而，尽管存在这些问题，但按照全部成本确定转移价格是常见的。在各种各样的公司实践的调查中，按照全部成本确定转移价格的公司大约占 40%~50%。[16] 在大多数情况下，全部成本的定义既包含直接的原材料和劳动力，也包含管理费用。

按照全部成本确定转移价格之所以会得到广泛运用，一个可能的原因是它们处理生产能力变动的能力。如果一个工厂的生产接近于最大生产能力时，机会成本可能会有所上升，因为会产生排队和现有生产能力不足带来的成本。因此，生产的机会成本可能会高于直接的原材料和人工费用。在这种情况下，按照全部成本确定机会成本也许比仅仅根据原材料与劳动力成本更接近于真实情况。

然而，也许全部成本转移定价的最重要的好处是简单以及在操作上的低成本。由于简单、客观，全部成本转移定价减少了影响成本。也就是说，由于与边际成本的定价计算相比，业务部门的管理者不容易操作全部成本，所以高管就不必花费太多精力来解决计算转移定价的争端。尽管如此，管理者应该认真考虑在自己的现有条件下，全部成本定价是否是最好的方法。如果机会成本与全部成本大不相同，那么公司采用全部成本确定转移价格将会损失很多利润。

依据谈判确定转移价格

也可以通过生产部门和销售部门的谈判来确定转移价格。这种方法可能会形成接近于机会成本的转移价格，因为生产部门不会同意将转移价格确定在低于它的机会成本的水平上，而销售部门也不愿意支付超过它在别处购买所花费的价格。

惠普公司的转移定价

乔恩是惠普公司的首席财务官，依据财务和税收法律规定，他负责监督部门间的转移定价机制。“我们目前依据产品的利润率来奖励管理者，这是我们的转移定价系统所决定的。”管理者“经常在相互的谈判中争执不休”，因为他们都不愿意牺牲自己部门的利润和个人利益。由此产生了一系列最终的产品价格——它会阻碍公司销售代表对于最终用户的收费。另一位在Answer Think 咨询集团的管理者抱怨说，“最大的问题是，当计量一个业务单元的盈利能力时，与那些影响股东价值的因素和经济利润相比，部门管理者在公司内部就转移定价进行谈判的技能会有更大的作用。”

资料来源：I. Springsteel (1999)，“Separate but Unequal,” *CFO* (August)，89–91.

在这种情况下，两个部门都有动力确定最优的产品数量，以使两个部门的共同利润达到最大。一旦价值最大化的产量确定，转移价格将决定总利润在两个部门之间的分配。根据图17.1，如果两个部门就价格和产量进行谈判，他们就会有动力将产量确定为 $Q=10$，因为这会使他们可以瓜分的总利润达到最大，为500美元。如果两个部门只就价格进行谈判，就不能确保他们最终会确定一个能实现公司价值最大化的转移价格。

虽然谈判是一种常见的方法，但它也有缺点。谈判通常很费时间，也会产生部门间的矛盾。部门绩效计量的结果将受到两个部门管理者谈判技能的影响。进一步，如果两个部门通过谈判确定转移价格，而同时并没有确定相应价格下转移的数量，就不能保证他们所达成的转移价格能够使公司的价值最大。

重组：别无选择时的方法

在有些情况下，转移定价在利润中心间引起难以调和的矛盾，给企业造成很大的成本。这种成本可能表现为影响成本，当选择了不利于公司价值最大化的转移价格时也可能产生机会成本。高成本的转移定价争议通常发生在转移支付的数额较大的情况下。此时转移价格的微小变化都会对部门报告的利润有很大影响。因此，部门管理者参与机会主义的转移定价活动的可能性（和破坏性的影响）就非常大。

如果转移定价足以造成部门功能失调，就应该重组公司。比如，高管层可以将有大量产品和服务转移的两个利润中心合并为一个部门。与此同时，将生产部门作为成本中心而不是利润中心，并按照生产效率奖励部门管理者将会更合理。或者，也可以考虑将两个部门都作为成本中心，这样，就将定价和产量的决策权保留在公司总部。

最后一种可能是给销售部门决定生产投入的权力。也就是说，改变决策权分配的状况，同时允许生产部门和销售部门生产内部转移产品。然而，因为资源和精力的重复消耗，这种方案可能代价高昂。

内部会计系统与绩效评估[17]

会计成本、收入、利润、投资回报以及剩余收益通常分别可以作为成本中心、费用中心、收入中心、利润中心以及投资中心的绩效指标。会计成本也通常用作转移价格。会计系统是公司的绩效评估系统的重要组成部分，因此也是公司控制系统（绩效评估与奖励系统）的重要组成部分。本节将说明会计在公司内的作用。

会计系统的运用

许多人都是根据其对外公布的财务报告——向股东、税务当局、政府监管部门以及借款人提供的资产负债表和损益表，来考虑公司的会计系统。对外的财务报告（季度报告和年度报告）是大量内部数据的综合和归纳。在公司内部，管理者依赖于公司会计系统的相关费用、产品成本以及客户账户余额详细的营业报告。

公司管理者使用内部报告的基本目的有两个：决策管理与决策控制。就像在第 12 章所讨论的，决策过程分为决策管理（提出决策和执行决策）以及决策控制（审核决策和监督执行）。管理者经常同时具有决策管理和决策控制的权力，但通常并不是同一项活动的决策管理和决策控制权。在公司中，高管拥有更多的决策控制权，而将决策管理的权力更多地下放给更低层级的管理人员。执行决策控制和决策管理都需要有相应的信息，这些信息部分来自于公司会计系统。因此，虽然会计系统可以同时运用于决策管理和决策控制，但在绝大多数公司中，它的基本功能是决策控制。

决策管理要求对未来的成本和收益做出估计。提出一项投资决策，比如建立一个新的工厂，要求管理者预测这一新工厂未来的各种使用情况；设计一项营销方案，要求判断可能的未来销售情况，以及竞争者的反应。管理者经常使用会计系统的数据作为他们决策的依据。会计数据也成为预测某个建议的活动未来的可能结果的出发点。绝大多数公司都建立了依据会计的预算系统。管理者通过编制预算来预测未来一年的成本和收入。这些过程都鼓励管理者不断地向前看，与那些直接受其决策影响的管理者协调有关的经营活动，共享有关市场和产品技术的专业知识和信息。基于会计的预算提供了这种协调和信息共享的基础框架。

尽管会计系统有助于决策管理，但它在决策控制方面有更大的作用（审批决策和监督执行）。事实上，这是会计系统不断演化的基本原因。会计系统是建立在历史成本和历史收入上的。历史数据记录了公司为目前的资源所付出的费用，从这个意义上说是向后看的。内部会计系统保护了公司的资产，使其免于被盗、被骗和挪用。通过记录成本、利润以及剩余收益，内部会计系统还提供了计分卡，以真实地反映经营单位的发展过程。根据定义，监督就是一种历史函数，而会计系统很好地提供了这种服务。既然会计系统主要用于决策控制——防止不法行为并计量过去的绩效——当管理者为做出管理决策需要信息的时候，会计系统往往是不可或缺的。

律师事务所的内部审计

由于担心付账失误会引起不利的公众影响，律师事务所就求助于内部审计，以便在付账之前发现问题。由于担心付账之后会陷于窘境，律师事务所都会非常仔细地检查他们的账单。Bartlit, Beck, Herman, Palenchar & Scott 公司就在一次付账之前发现了问题。在两起外地案件的审判中，一位客户几乎要收到公司 8 000 美元的住宿费，而事务所的律师并没有在那个旅馆住过。在芝加哥的 Winston and Strawn 公司聘用内部审计人员之前，公司的前管理合伙人从公司以及几个客户中骗取了超过 75 万美元，因此受到拘役。在有些公司中，这些内部审计人员直接向财务部门的主管报告。在其他一些公司中，由于担心会出现利益冲突，审计人员直接向公司的执行总裁或者公司的执行委员会（相当于公司的董事会）报告。

资料来源：E. White (1998)，"More Law Firms Are Auditing Themselves to Catch Billing Errors," *The Wall Street Journal* (July 14)，B8.

决策管理与决策控制之间的取舍

考虑企业的会计系统如何用于决策管理和决策控制，可以发现一系列有用的见解。第一，会计指标在用于监督目的时，不会被被监督人（业务单元的管理者）完全控制。

第二，具有决策管理权的运营经理在进行经营决策的时候，对于财务指标并不满足。这些数据经常是太综合了，因此并不能提供决策所需的详细信息。相应地，运营经理可能会积累他们自己独有的非财务信息系统提供的决策管理所需要的知识和信息。但与此同时，他们也依赖于会计系统的结果来监督要向他们汇报的管理者。

第三，与会计指标相比，非会计指标经常是更有时效性。并不是每一项决策都需要批准和监督。依据综合数据的决策监督将随机波动因素剔除在外。不是要监督每台机器的启动成本，而是通过某一段时间，比如一个星期或一个月监督所有机器的启动成本，将平均的启动成本控制在可接受的范围内。

一项调查报告称，管理者都依赖于非财务数据（职工人数、产量、库存量、残次品数量）管理日常经营。但是当被问及“通常他们认为哪些是最有价值的报告”时，他们都回答月度收入和费用报告，因为这是判断他们个人绩效的最重要的指标之一。[18]

当在不同的会计系统之间做出选择的时候，管理者经常要在决策管理和决策控制之间做出取舍。考虑一下转移定价决策问题。公司转移定价方法的选择，应该保证能够最精确地反映企业内转移产品的机会成本，但是，这样的方法也许不会对内部管理者形成有效激励，使其做出

圣达特公司的巨额财务欺诈

在大多数情况下，企业都有足够的控制措施，比如利用内部和外部的审计人员，以保证公司的会计报告精确反映组织的财务绩效。然而，在少数情况下，管理者也会“做假账”（cooked the books）。就拿圣达特公司（Cendant）的例子来说，它是在 1997 年由 HFS 公司和 CUC 公司合并形成的公司，当时的并购金额高达 140 亿美元。HFS 公司一直拥有如 Ramada、Howard Johnson、Coldwell Banker 以及 Avis 这些大品牌的特许经营权。CUC 公司则致力于多种业务经营，包括软件、广告、出版以及网络风险投资。CUC 公司的绝大部分收入来自于折扣商店、旅行社和娱乐俱乐部的会员购买。

在合并后的 4 个月中，现在仍留在圣达特公司的两位前 CUC 公司经理，向圣达特公司的财务总监揭露说，他们曾经接到命令将数百万美元的电话订单入账。他们还曾经接到命令将收入向上调整，或者将费用向下调整。进一步的调查表明，在 1995 年到 1997 年期间，有 5 亿美元的收入是捏造的，1997 年所报告的净收益有 61%是虚假的。大批投资者提起诉讼。美国检察官办公室和证券交易委员会发起了联合调查。CUC 公司的前 CEO 提出辞职，而他的财务总监也被解雇。最终，圣达特公司承认违反会计规范的事实，并不得不将 1997 年的收益下调 13%。这一事实公布的当天，圣达特公司的股票价格下跌 46.5%。由于圣达特公司股票的下跌，HFS 公司的前 CEO 和圣达特公司现任 CEO 的个人财富损失达 8 亿美元。

资料来源：E. Nelson (1998)，“How Whistle-Blowers Set Off a Fraud Probe That Crushed Cendant,” *The Wall Street Journal* (August 13)，A1.

案例研究：加德士公司

加德士公司（Celtex）是一家成功进行分权化的大型专业化工产品生产商，公司分为 5 个独立的投资中心。每个投资中心都可以自由地从公司内部或者外部市场购买产品，其绩效将依据剩余收益来判断。每个部门的绝大部分销售收入都是通过向外部市场的销售实现的。加德士在每一种产品市场上都是数一数二的公司。

利奥波多·加西亚是化纤部的头，瓦利德·穆拉德是消费产品部的头，两人长期不合。问题开始于两年前，当时，瓦利德要求利奥波多调整化纤制品，用于生产家用吸尘器。相应地，瓦利德将按照付现成本给化纤部门支付报酬。化纤事业部花费大量时间来完善产品之后，瓦利德要求利奥波多像外面的多家供应商一样提供报价，并在最后与公司外部一家低报价的供应商签订了合同。这一做法惹怒了利奥波多（他本以为自己的报价会得到特别对待），因为他为了开发新的化工产品，已经投入了大量资金，然而外部的生产商却利用了他的研发。

目前的冲突与化纤产品 Q47 的生产有关，Q47 是一种消费产品部使用的标准原料产品。由于经济萧条，所有的化纤生产商都有剩余生产能力。化纤事业部接到要求，为供应 Q47 向消费产品部报价。消费产品部正式上马了新产品的试验性生产线，Q47 成为一种非常重要的确保新产品盈利能力的投入要素。尽管这个订单相对于化纤部的业务总量来说比较小，但是 Q47 的价格在决定试验性生产线的盈利性上是非常重要的。利奥波多的报价是每加仑 3.2 美元，而外部生产商 Meas 报价为每加仑 3 美元。瓦利德很生气，因为他知道利奥波多的报价包含了大量的固定费用和利润。化纤部从有机化工部购买了基本的原材料 Q4，价格为每加仑 1 美元。有机化工部的付现成本（也就是说变动成本）为销售价格的 80%。然后，化纤部进一步将Q4 加工成 Q47，每加仑追加变动成本 1.75 美元。通过固定成本费用分摊每加仑又追加了 0.3 美元。

利奥波多反驳说，每加仑 Q47 中有 3.05 美元的成本。他最近正试图阻止销售人员降低报价，而让他们按照全部成本确定价格。如果他改变主意以低于 3.2 美元的价格卖出，之前的努力就白费了。利奥波多一直在致力于提高产品质量，他担心如果被迫降价为消费产品部生产 Q47，那么他前几个月的努力也都会付诸东流。他说：“我上次已经向消费产品部让过步，不会再有第二次让步。”利奥波多提了个问题：“如果我被迫按照不能补偿全部成本的价格报价，高管还期望我获得正的剩余收益吗？”

一个偶然的机会，瓦利德在机场遇到加德士公司的副总裁戴安娜·菲拉派多斯，他说明了这些情况，并要求戴安娜进行干预。瓦利德认为，因为利奥波多上次吃了亏，这次一定会摆平。瓦利德争辩说，他的新产品投资的成功，依赖于可靠、稳定、高质量、低成本的 Q47 的供应。

戴安娜聘用你作咨询顾问，并要求你做如下工作：

讨论问题

1. 准备一份报告，说明两种不同的 Q47 供应下，加德士公司的现金流状况。
2. 给出建议，说明戴安娜应该如何解决瓦利德所提出的问题。

有利于公司价值最大化的决策。例如，如果有转移定价方法能够准确计量转移产品的机会成本(决策管理)，那么它也需要生产部门公布他们独立掌握的、很难证实的成本信息，因此生产部门对确定转移价格有很大的决断自由。如果这些转移价格对管理者的奖励（决策控制）有重要影响，生产部门的经理就会扭曲信息系统使本部门受益。在奖励系统已定的情况下，与那些要求管理者公布独占的、需要证实的信息的方法相比，转移定价如果需要较少的管理决断，可能是更为精确的反映机会成本的方法。

所有的会计（和非会计）绩效指标都易于遭受管理机会主义的影响，比如，各种账目操纵以及功能失调的决策。换句话说，会计数字常被玩弄。管理者可能选择一种折旧方法以减少费用，从而增加报告的利润（直线折旧法）。这种会计方法的选择会人为地提高 ROA。投资中心的经理通过拒绝（或摆脱）那些虽然有利可图，但是 ROA 低于部门平均 ROA 的项目，以增加 ROA。绝大多数的会计指标都是对短期绩效的计量，都会存在期限问题。在这种情况下，管理者有可能会为强调短期绩效而牺牲长期利益。因此，每一种基于会计的绩效计量体系都应该由高管层严格监督，以控制由此引起的下级管理者的不良行为。

在美国，会计方法的选择受到政府的干预，公司管理者必须根据通用会计准则（GAAP）选择会计方法。然而，管理者也有相当的自由度。外部的、第三方审计人员可以确保公司会计报告的精确性和一致性。绝大多数的公司都采用了单一的会计系统，这有多个目的：要向股东、税务局、内部决策管理和控制以及政府监管部门报告。[19]债务合约、管理者薪酬计划和财务报告都利用了这些基于会计的数字。针对多种目的使用相同的数字，有助于控制为某一特定的目的而扭曲会计数字的激励。

最后，没有一种绩效计量系统和奖励系统是完美无缺的。没有任何一个系统可以消除所有企图提高管理者福利但牺牲了其他权利所有者利益的决策。关键的问题是：考虑了所有的成本和收益后，所采用的系统是否比所有其他可采用的系统更好？任何人都应该丢掉“涅槃幻想”，不能因为一种系统不完善就全盘否定。当拿一个现实的系统与理想的但不能达到的“完美”系统相比较的时候，人们就很容易陷入这种涅槃的幻想。[20]

推荐书目

R. Eccles (1985) , *The Transfer Pricing Problem: A Theory for Practice* (Lexington Books: Lexington, MA) .

J. Gould (1964) , “Internal Pricing in Firms When There Are Costs of Using an Outside Market,” *Journal of Business* 37, 61–67.

J. Hirshleifer (1964) , “Internal Pricing and Decentralized Decisions,” in C. Bonini, P. Jaediecke, and R. Wagner (Eds.) , *Management Controls: New Directions in Basic Research* (McGraw–Hill: New York) .

B. Holmstrom and J. Tirole (1991) , “Transfer Pricing and Organizational Form,” *Journal of Law, Economics, and Organizations* 7, 201–228.

D. Solomons (1985) , *Divisional Performance: Measurement and Control*, 2nd edition (Richard D. Irwin: Burr Ridge, IL) .

B. Stewart (1991) , *The Quest for Value* (Harper Business: New York) .

J. Zimmerman (2006) , *Accounting for Decision Making and Control*, 5th edition (McGraw–Hill/Irwin: Boston, MA) .

注 释

1. 有关这一实例的详细内容可以查阅：J. Stern and J. Shiely with I. Ross (2001)，*The EVA Challenge: Implementing Value-Added Change in an Organization* (John Wiley & Sons, Inc, New York)，28–33. EVA is a registered trademark of Stern Stewart.
2. 这一部分的内容引自 M. Jensen and W. Meckling (1986)，"Divisional Performance Measurement," in M. Jensen (1998)，*Foundations of Organizational Strategy* (Harvard University Press: Cambridge MA)，345–361.
3. 有时，公司会通过其成本分摊系统间接地收取这些服务费用。例如，人力资源部门也许不直接收取其提供服务的费用，但是，可能其他业务单元需要按照人头交纳某种费用。
4. 从概念上讲，可以通过让其他单元提供商支付来考虑这种效应。然而，在存在交易成本的情况下，这种费用的支付通常是有限的。
5. 对于有负债的公司而言，在比较公司的 ROA 与外部市场收益之前，必须将利息费用加回到会计利润上。
6. 资本成本是公司在市场上筹集资本必须支付的回报率。如果一个公司可以按照 15%的成本筹集到资金，并投资于一个项目，可以获得 16%的收益率，公司的价值就会增长。
7. 有关剩余收益更为详细的讨论，参见：D. Solomons (1968)，*Divisional Performance: Measurement and Control* (Richard D Irwin：Burr Ridge，IL)。
8. 这部分引自 J. Brickley，C. Smith and J. Zimmerman (1995)，"Transfer Pricing And The Control of Internal Corporate Transactions," *Journal of Applied Corporate Finance* 8，60–67。
9. 国际间税收协定以及地方法规的差别对于公司内部转移定价方法的选择有一定的约束。见：M. Scholes, M. Wolfson, M. Erickson, E. Maydew, and T. Shevlin (2005)，*Taxes and Business Strategy: A Planning Approach*, 3rd edition (Prentice Hall：Englewood Cliffs, NJ)。
10. B. Holmstrom and J. Tirole (1991)，"Transfer Pricing and Organizational Form," *Journal of Law, Economics, and Organizations* 7, 201–228.
11. 内部交易的优势还包括消除了信用风险，降低了营销成本以及学习了相关的生产知识。见第 3 章和 R. Coase (1937)，"The Nature of the Firm," *Economica* 4, 386–405。通过公司组织可以降低成本的成本类型，请见 R. Watts (1992)，"Accounting Choice Theory and Market-Base Research in Accounting," *British Accounting Journal* 24，248–26。这些观点包括合约中的规模经济、团队生产、监督、合同后机会主义以及知识产权。在第 18 章中我们将进一步讨论这些问题。
12. 导致发生在企业内部的相互依存和协同性是经济学中典型的外部性。如果存在生产和需求函数的相互依存性，市场价格将不反映这些相互依存性。而在公司内部生产自会得到这些相互依存和协同性的好处，从而使外部价格并不能正确反应内部产品转移的机会成本。
13. 这种观点在其他著述中也有表述。正如有人所指出的，"与对其每一行为都进行计量和定价相比，观察到的市场价格并不能直接指导投入要素的拥有者采用同样有效的做法。"比如，S. Cheung (1983)，The Contractual Nature of the Firm," *Journal of Law & Economics* 26 (April)，5。
14. 当然，如果总部的管理者知道固定成本的规模，他们就可以在预算中考虑这一损失。但是，如果总部管理者知道固定成本的规模，那么他就会知道边际成本，因此，一开始就没有理由成立一个独立的、分权化的业务单元，并要考虑转移定价问题。

15. J. Zimmerman (2006) , *Accounting for Decision Making and Control,* 5th edition (McGraw–Hill/Irwin: Boston, MA) , Chapter 5.
16. 技术说明：说得更为明确一点，边际成本转移价格也会引起销售部门将一些无效成本转嫁给采购部门，但问题不像在全部成本转移定价下那样严重。尽管如此，如果采购部门也可以从外部市场和销售部门购买，那么通过以成本为基础的转移定价将无效成本转嫁给采购部门的情况就会减少，因为销售部门面临着市场竞争。
17. 这一部分的内容引自 J. Zimmerman (2006) 的分析。
18. S. McKinnon and W. Bruns (1992) , *The Information Mosaic* (Harvard Business School:Boston) .
19. 即使公司有一个统一的会计系统，也经常会为某个特定的目的做出会计数据的调整。例如，在向股东报告时，采用直线折旧法，而在报告应税收入时，则采用加速折旧法。
20. H. Demsetz (1969) , "Information and Efficiency: Another Viewpoint, " *Journal of Law & Economics* XII, 1–22.

第四编

组织架构的应用

18 公司治理

19 纵向一体化与外包

20 领导：激发组织内变革

21 理解经营环境：管制经济学

22 道德与组织架构

23 组织架构与管理创新过程

第 18 章

公司治理

伯纳德·伯尼尔·埃伯斯曾经担任保镖、送奶工人、高中棒球教练以及旅店经理。1983 年，在密西西比的哈蒂斯堡的一家咖啡店中，他遇到其合伙人，并在餐巾的背面勾画出长途电话公司的战略设想。这次传奇的相遇导致了一家名为长途折扣服务（LDDS）公司的形成。公司通过折扣从 AT&T 购买长途电话服务并将服务转售给小公司。它有效地利用了 AT&T 的价格歧视战略（见第 7 章）。LDDS 通过并购获得了快速增长，在 1995 年它更名为世通公司（World-Com）。公司在 1998 年以 400 亿美元收购了 MCI，这在当时是历史上最大的并购。到 2000 年，世通公司已经成为全球通信公司，年收入达到 390 亿美元。

在 20 世纪 90 年代，世通公司是“华尔街最受宠的股票”之一，在 1999 年 6 月其股票价格一度达到 64.51 美元的最高点。公司 CEO 伯尼尔·埃伯斯拥有公司 0.27 亿股股票，在 2000 年 5 月价值达 12 亿美元。他在不列颠哥伦比亚的 50 万英亩农场是加拿大最大的可耕农场。埃伯斯脚蹬牛仔靴、蓄着大胡子、穿一身休闲装，在色彩艳丽的农场俨然是承载着“美国梦”的民族英雄。

2000 年 7 月，司法部阻止了世通公司以 1 290 亿美元对 Sprint 的收购，从此该公司的增长偃旗息鼓。公司的股票价格自此一路下滑到 2002 年 1 月的每股不到 10 美元。埃伯斯在 2002 年 4 月辞去了公司 CEO 的职位。在 2002 年 6 月，世通公司宣布，公司在过去的会计报表中总共隐瞒了 38.5 亿美元的生产成本。按照通用会计准则（GAAP）某些应该记为费用的项目被记成了资产。公司在 2002 年 7 月申请破产，成为有史以来最大的破产案。破产之后的公告称，世通公司在 1999 年到 2002 年期间的收入被高估了 38 亿美元。

美国司法部指控世通公司的高管犯有欺诈罪。公司的首席财务官和其他的经理人承认有罪，并同意协助调查埃伯斯。埃伯斯在 2005 年被判犯有 9 项欺诈罪，并被处以 25 年监禁。公司的董事会成员自己掏腰包，拿出 2 000 多万美元和解股东的上诉。曾经兜售股票的股票分析师受到严厉批评并遭到法律诉讼，正如审计师阿瑟·安德森所遭遇到的一样。通信业的明星级股票分析师杰克·格鲁布曼曾经为所罗门美邦国际（Salomon Smith Barney）分析过世通公司，他同意支付数以百万美元的赔偿，并承诺永远不再进入证券行业，才了结了所受指控。各个大投资银行和商业银行，比如华旗集团、摩根、ABN Amro（荷兰）、东京三菱银行（日本）、高盛以及瑞银（瑞士），都同意向世通公司的投资者支付数 10 亿美元的赔偿，以了结对其协助世通公司诈骗的指控。

世通公司的轰然倒塌与其他公司治理的丑闻（如安然、泰科、艾迪菲尔以及环球通信等公司)，促使许多人质疑美国公司治理机制是否有根本性缺陷。作为回应，国会在 2002 年通过了《萨班斯—奥克斯利法案》——这是自 20 世纪 30 年代以来最为重要的公司披露和治理立法。随后跨国公司的商业丑闻，如帕玛拉特（Parmalat，意大利）、阿霍德（Royal Ahold，荷兰）、壳牌（荷兰/英国）以及 SK Global（韩国），均再次表明公司治理已经成为全球问题。

*公司治理*是描述公司高层组织架构的一个常用术语。对于上市公司而言，高层的激励以及决策权在股东、董事会、高管以及外部监督者（如独立审计和银行）之间的分配，都是至关重要的问题。公司治理作为一个主题，需要大量的篇幅做深入讨论。本章仅利用前几章建立的公司组织架构的框架对公司治理做一个概括。我们的目的是让读者理解公司治理方面的关键问题，并对如何设计有效的公司治理机制有更深入的理解。本章同样会对当前公司治理丑闻的原因和影响做深入分析，并说明 2002 年《萨班斯—奥克斯利法案》的作用。

本章余下部分是这样安排的：第一节描述上市公司的基本特征和治理问题。第二节对美国公司治理（高层组织架构）机制做概括性介绍——着重于决策权以及对股东、董事会、高管以及外部监督者（如独立审计）的激励。剩余的部分从国际视角讨论公司治理、市场力量在公司治理中的作用、2002 年《萨班斯—奥克斯利法案》，以及从历史角度看公司治理等问题。

上市公司

组织可选择的重要的合法形式包括公司、个人企业、合伙企业以及非营利组织。按照就业和销售收入，公司是最为重要的组织形式。1997 年的经济普查报告指出，在美国，公司完成了 91%的总销售收入，承担了 89%的总就业量。这一活动的大多数又是在大型上市公司中完成的，比如通用电气和沃玛特。

公司的组织形式

填写有关文件并向各州的相应管理当局交纳费用后，即可组建公司。公司有与个人（不同于其股东）一样的法律地位，可以作为主体与他方签定合约，也可参与法律诉讼。公司有权发行股票，并可以无限期地存在。州法律要求公司成立董事会，以拥有对公司基本决策的控制权力。股东有权对某些“重大”问题投票表决，包括投票选举董事会。[1] 在美国，董事会有受托责任——代表公司及其股东的利益。在法律许可的范围内，公司可以自由选择其董事会和公司治理程序（例如，投票规则）。股东有有限的责任（他们初始投入的资本有风险，他们对公司的债务并没有偿还责任）。

有的公司是*紧密持股*的，而有的公司则是*公开交易*的。紧密持股的公司其特征是股票不能自由交易，往往只由少数股东（经常是在一个家族内）持有。尽管许多紧密持股的公司规模都不大，但也有一些紧密持股的公司很大。在 2004 年，最大的 3 家紧密持股的公司为 Cargill、Koch Industries 和 Mars，他们的年销售额分别为 667 亿美元、600 亿美元和 191 亿美元。公开交易公司的特征是，其股票在一般大众中出售和交易，例如，沃尔玛、通用电气、可口可乐、微软、奔驰（德国）、皇家/荷兰壳牌集团（英国），以及本田汽车（日本）等。

股票交易所

上市公司的股票经常在股票交易所挂牌交易。目前世界上最大的股票交易所是纽约股票交易所（NYSE），它为股票交易提供了极为活跃和流动的市场。在 2005 年，大约有 2800 家公司在纽约股票交易所挂牌交易，总市场价值超过 20 万亿美元。[2] 著名的国际股票交易所包括东京股票交易所、伦敦股票交易所和欧洲股票交易所，它们代表的国内股票资本价值在 2004 年年底总共近 9 万亿美元。[3] 在 2005 年，全世界有 54 家交易所成为世界股票交易所联盟（是一个股票交易协会，总共代表了全世界股票市场资本价值的 97%以上）的成员。

股票所有权格局

在 20 世纪下半叶，美国机构（如共同基金）持有股票的情况显著增多。在 1950 年，美国上市公司的股票有 90%由个人持有，而退休基金和其他机构投资者仅拥有 7%。到 2000 年，机构投资者拥有超过 50%的股票——共同基金拥有 3.6 万亿美元的股票，其后是私人养老金、州和地方养老金以及人寿保险公司，这些机构拥有的股票价值分别达 2.5 万亿美元、2 万亿美元和 1 万亿美元。

尽管典型的大公司有成千上万的“小”股东，但许多公司还是有*大股东*，他们持有的公司股票不可忽略。研究表明，在典型的美国上市公司中，前 5 位股东持有公司 25%的股票，而前 20 位股东持有公司 35%的股票。[4] 为方便描述，我们把*广泛持股公司*定义为没有人持有该公司 10%以上的股票。在 1995 年，在美国最大的 20 家公司中有 80%是广泛持股公司，“中型”公司中有 50%是广泛持股公司。在剩余的绝大多数公司中，重要的大股东控制着不到 20%的股票。[5]

广泛持股公司在其他国家出现的频率要低一些。在 1995 年，按照每个国家最大的 20 家公司中广泛持股公司占有的比例排序，日本为 50%，瑞士为 50%，德国为 35%，法国为 30%，意大利为 15%，新西兰为 5%，新加坡为 5%，墨西哥为 0%，葡萄牙为 0%。对于“中型”公司而言，各国的比较也类似。与美国相比，由家庭、州和银行大量持股的情况在其他国家更为突出。之所以广泛持股公司在美国的比例会相对较高，部分原因是美国有发达的股票市场和较为完善的法律体系，这有利于保护小股东的利益。同样，美国历史上的监管限制了银行对公司股票的持有。正如本章后面要讨论的，不同国家股票持有情况的不同，导致所遇到的公司治理问题也不同。

公司治理的目标

正如前面所提到的，*公司治理*是一个常用术语，用于描述公司高层的组织架构。公司治理着重探讨决策权利在股东、董事会、高管以及各种外部监督者（例如，独立的审计师、股票交易所、政府监管机构以及财务分析师）之间的分配，以及各方的相关激励问题。公司治理还涉及公司必须向各方披露的信息类型和披露频率。人们通常按照以下三个关键目标评价各种不同的公司治理机制，这些目标是与价值创造和公司生存相联系的：

1. 鼓励做出价值最大化的决策。
2. 保护财产免受未经许可的收购、使用或处置。
3. 编制出满足法律要求的财务报表。

所有权和控制权的分离

激励问题

在第 3 章中，我们讨论了私人财产权与自由市场的一致性，由此可以促进决策权和知识的配置，并对生产行为产生激励。我们的分析考虑了资产所有权和决策权同属于一人的情况。如果鲍伯·海耶克拥有一个农场，他就有动力种植最值钱的庄稼，因为如果种别的庄稼，他的财富就要受到影响并缩水。如果艾丽丝·科思知道如何使用这块土地来进一步提高生产效率，那么将这块土地卖给艾丽丝，鲍伯就可能从交易获得收益。

大型上市公司的股票很多都是由分散的投资者所持有，这些投资者在一家公司的公司治理中只占很少的份额。大公司的经营决策权授予职业经理人，这些职业经理人受公司董事会监督，而董事会成员只占公司权益的有限部分。因此，与第 3 章的分析相反，现实中存在*所有权和控制权的分离*。这种分离意味着与所有权和控制权都归同一人的小公司相比，公司的决策者没有很大的动力来更为有效地使用公司的资产。与所有者相比，管理者也缺少动力将公司的控制权转交拥有更多知识和信息的管理团队。（第 10 章有关公司中激励冲突的更为详细的讨论，包括股东和管理者之间以及公司中其他合约各方之间激励上的不一致。）

对所有权和控制权分离的关注导致一些学者质疑公司这一组织形式在社会效率和生产效率方面的问题。例如，法律学者阿道夫·伯利和加德纳·米恩斯在其 1933 年有影响力的著作《现代公司与私人所有权》（*The Modern Corporation and Private Property*）中指出，职业经理人领导的广泛持股公司效率低下。[6] 在最近的研究中，迈克·詹森提出，与更有效率的强调管理者持股的组织形式相比，上市公司已经暗然失色。[7] 2001~2002 年出现的种种公司治理丑闻引起了投资大众的担心，他们怀疑管理者是否主要考虑他们自己的利益（例如，为获得“额外”薪酬和津贴的目的）来进行公司运营的决策。世通公司和其他著名的公司都没有实现公司治理的三大目标(鼓励做出价值最大化的决策、资产保护和编制合法的财务报表)。

公司的生存

虽然存在这些担忧，但数十年来大型上市公司仍然生产出这个世界上绝大部分工业产品。从我们第 1 章介绍的经济达尔文主义角度看，在许多商业环境中，上市公司都有多方面的经济优势。否则，上市公司早已在竞争中被效率更高的组织形式所取代。

批评意见特别集中于美国的公司治理，尤其是公司经理人的报酬和津贴遭受广泛批评。鉴于这种批评的激烈程度，人们也许会认为美国股票市场一定表现很差。然而，情况从来都不是这样。[8]在过去的 80 年中，美国股票的年均收益率达 10%。尽管由于互联网公司股票的走弱以及公司丑闻的影响，美国股票在 2001~2003 年下跌，但在 2003 和 2005 年间，美国股票收获了相当高的回报率。尽管股票收益除了受公司治理还受其他很多因素的影响，但数据表明，公司治理状况并没有置美国公司于明显不利的竞争地位。

经济达尔文主义意味着，如果某些公司治理的特征天生优越于其他特征，那么国际公司治理机制将随着全球竞争的加剧而趋于一致。正如下面将讨论的，实际上存在向美国公司治理机制靠近的某些国际趋势。

上市公司的收益

与所有权和控制权的结合相比，所有权和控制权的分离会产生成本，因此必须有可以抵消的收益才能解释大公司为什么仍旧能够存在。在第 15 章，我们讨论了公司如何在公开交易的资本市场上向分散的投资者出售股票来降低募集权益资本的成本。要吸引具有风险回避态度的个人向企业投资，就必须对他所承担的风险给予补偿。投资者只要求对与公司的现金流相联系的一部分风险给予补偿，因为另外的风险可以通过持有分散化的投资组合而消除掉。对于需要大量资金进行投资的大公司而言，从分散的投资者那里募集资金非常重要，这也是为什么绝大多数大企业愿意组织成上市公司的主要原因。例如，Google 和 UPS 最近上市，募集到数十亿元的权益资本。有的人拥有巨大的财富，可以购买大公司，上市公司并不限制这些人成为公司的高管，而且公司还会从中受益。

公司的广泛存在表明，公司这种组织形式在许多环境中都有正的净收益。这个事实表明，有可能通过设计有成本效率的公司治理机制（高层的架构），来解决由于所有权和控制权分离所引起的激励问题。由于现有的组织架构总是相对而不是绝对的最优——也就是说，他们是各个备选的架构中最好的——随着时间的推移，公司总是可以改进其治理机制，因为总有一些新的、有助于价值提升的组织架构创新会被发现和得到应用。

美国公司的高层架构

与流行的观点相反，在典型的美国公司的组织架构中，职业经理人并没有绝对的权力。相反，决策权分散在股东、董事会、高管以及外部监督者（例如，独立的审计机构和贷款机构）之间，这种决策权的划分方式有利于区分决策控制（决策的审核和监督）和决策管理（提出并实施决策）。正如我们在第 12 章所讨论的，在上市公司中，当决策者并不承担其决策的全部财富效应时，这种区分是非常关键的。与第 15~17 章的论述一致，公司也试图通过基于绩效的薪酬和其他激励方式以及控制机制来提升高层决策者的决策效果。

以下内容从公司高层的决策权来源开始讨论。随后，我们对决策权以及对股东、董事会、高管以及外部监督者的激励进行更详细的分析。

亚当·斯密：市场的正确与企业的错误

亚当·斯密（1723~1790）是苏格兰著名的哲学家和经济学家。他的影响深远的著作《国富论》（1776）代表着自由市场的经济学基石，对自由放任经济政策的兴起和流行起了至关重要的作用。斯密明白，上市公司（那时称为股票合资公司）在募集资本方面具有优势。在《国富论》中，他写道：

> 由于免除了各种麻烦和风险，而且没有资本数额的限制，这鼓励了许多人变为股票合资公司的冒险家，而这些人如果在任何私人或合伙公司中，都绝对不会拿自己的财富去冒险的。因此，与任何私人或合伙公司相比，这样的公司都发行了大量的股票。交易中的南海公司（South Sea Company）的股票数额曾经一度达 3 380 万镑。目前英格兰银行的权益资本才有 1 070.8 万镑。

尽管如此，斯密认为，除非受到政府的支持，否则代理问题将会摧毁股票合资公司。

> 然而，这种公司的董事，作为别人的资金而不是自己资金的管理者，很难期望他们会像在私人或合伙公司中高度警觉地看管自己的资金一样，来看管股票合资公司的资金。正如富人家的管家一样，他们认为主人不喜欢小气，他们自己也就不应该小气。因此，玩忽职守和奢侈浪费就或多或少地出现在公司的管理事务中。由于这方面的原因，做国际贸易的股票合资公司很难保持与私人公司一样的竞争力。

斯密没有预见到设计完善的组织架构有助于控制上市公司的代理问题。对于世通公司、帕玛拉特公司和其他公司的丑闻，他就不会感到惊讶。而他感到惊讶的是，在我们这个时代，这些丑闻仅仅是例外的上市公司中，而不是普遍规律。

资料来源：A. Smith (1776) , *An Inquiry into the Nature and Causes of the Wealth of Nations*, Goldmiths'–Kress Library of Economic Literature, no. 11392.

决策权的来源

公司高层的权力要在股东、董事会和高管之间进行划分。也有其他团体在决策过程中会起一定的作用，包括债券持有者、优先股持有者、贷款人、独立的审计机构以及股票或信用分析师。公司高层决策权的分配取决于法律（规章）和公司的自愿选择，比如，可以通过签定合约的形式赋予特定签约方特定的权利。下面简单探讨一下这些高层决策权的来源。

在美国，有关公司的法律是由州而不是联邦制定的。影响决策权分配的州法律包括关于董事会规模的要求和对股东投票的限制等。例如，有的州允许公司在选举董事会时采用累计投票方式，而有的州则不允许（累计投票允许少数大股东选举董事，无论多数股东是否反对他们的选举）。

决策权的分配同样会受到联邦法律和政府干预的影响。例如，监管美国证券行业运行的证券交易委员会（SEC）最近在讨论新的规则，将授予大股东有限的权利，通过正常的代理投票过程任命董事会成员。目前这种任命是由现有的董事会做出的（除非有代理投票之争）。例如，通过限制公司与会计师事务所的沟通，2002 年的《萨班斯—奥克斯利法案》也影响决策权划分。它还给公司的首席执行官和首席财务官分派了责任，即要证明财务报表的真实性和对财务报表进行内部控制的有效性。违反这些法律都有相应的处罚。

法律是通过法院的判决得到解释的，这种判决对公司决策权的分配也有重要影响。例如，特拉华法院（许多公司在这里成立）已经有先例——在公司收购竞争中，一般强调董事会对股东（相对于其他方的利益而言，比如公司员工）的受托责任。

跨国公司将受到其所在国的法律和法规的影响。例如，在德国，公司的监督委员会必须有员工代表加入。

企业可以看作是一组合约的中心点（见第 10 章）。公司一直是组成企业的许多合约中的一方。合约方包括员工合约、供应商合约、贷款、债券、股票。合约经常包含将决策权划分给特定合约方的条款。股东的合约权利大部分在公司章程和规范中做出了规定。例如，在法律许可的情况下，有些公司会依据公司章程和规范，要求股东投票占压倒多数（超过 50%）的情况下才通过并购，而有的公司只要求简单多数票就可以通过并购。公司章程和规范会对诸如董事会规模、股东大会的程序、法定人数以及董事会及其下属委员会和公司高管的责任做出规定。优先股合约有可能包括这样的条款——在优先股的红利被拖欠的情况下，其持有人可以参与董事会成员的选举。

当一家公司的股票在某交易所挂牌时，它必须同意遵守交易所的交易规则。股票交易所经常要求其成员公司遵守特定的公司治理条款。在世通公司以及其他公司丑闻出现后，纽约股票交易所开始要求公司的董事会成员中必须是独立董事占多数。同时还要求成员公司必须实行独立审计、设立公司治理和薪酬委员会（全部由独立董事组成）。纳斯达克也采用了类似的规则。其他国家的交易所往往也有公司治理方面的要求。例如，意大利股票交易所在 1999 年采用了一个“行为规范”，目的是改进意大利公司的公司治理状况。绝大多数的股票交易所都有财务信息披露的最低要求。这种信息披露的目的往往都是允许外部股东更好地监督公司的管理层。

股　东

股东的决策权

尽管传统上股东被看作是公司的终极所有者，但在公司的管理中，他们实际上只有有限的参与权力。股东有权投票选举公司的董事会，而董事会掌握管理公司的主要权力。股东也经常就独立审计和“根本”问题进行投票和审核，比如，公司规章制度的变更（这是他们与公司签订的合约的一部分），以及超越常规业务的重要建议（例如，大的并购、增发股票、股权薪酬计划以及公司的解散）。

在股东大会之前，管理者会向股东提供代理声明，声明中包含的大部分信息都是由证券交易委员会规定的。管理者（在得到董事会批准的情况下）推荐待投票表决的问题，并请股东的代理人投票。在绝大多数的投票表决中，管理者都会获得足够的表决权，通过他们的建议，选举他们提名的候选人进入董事会。在极少的情况下，不满公司目前管理业绩的股东会持反对意见，因而发起“代理投票权之争”，号召大家投票选举不被公司管理层支持的董事会成员。学术研究表明，这种代理权之争使有利于公司股票增值的管理行为得到限制。[9]例如，股票价格在代理权之争前后往往会明显上升。在代理权之争之后，公司往往会有大的经营策略变化，否则就将被收购，即使持有不同意见的股东没有成功地选上他们提名的董事会成员。有时，管理者为避免出现代理权之争，会先行做出经营策略的改变。

正常来说，股东虽然根据持有的股票数量（每股可以投一票）进行投票，但也并不总是这样。有的公司有双级投票股票，其中一个级别的股票有对公司剩余利润的主要索取权，但只有很少的投票权；而另一级别的股票对公司剩余利润的索取权不多，但具有更多的投票权。同时确定投票控制和剩余索取权通常是最优选择，因为这样可以给予有最终控制权的人实现价值最大化的激励，并有助于控制权在股东之间的有效转移。[10]然而，有时发行有限投票权的股票也很有效。当个人获得控制权的收益（经常是非金钱上的）足够大，完全可以抵消由于控制权和剩余索取权分离所引起的代理成本，这时就会出现上述情况。比如，公司的创始人非常看重对

索斯比持股公司："B级股票杀手"的杀手锏

克里斯蒂国际有限合伙公司（Christie's International PLC）和索斯比持股公司（Sotheby's Holdings）是世界上两个最大的精品艺术拍卖行。在2000年1月，克里斯蒂发布公告同意与美国司法部配合调查其联合定价的行为，此举使索斯比持股公司的股票价格跌到20.5美元，每股下跌了3.5美元（约15%）。为换取宽大处理，克里斯蒂承认，他们曾经与索斯比持股公司合谋来搞定拍卖委员会。在美国和欧洲的反垄断法下，联合定价是非法行为。最终，平息这场诉讼花费了数亿美元，而索斯比持股公司的主席艾尔弗雷德·陶布曼被判入狱，并处以750万美元的罚金。

在联合定价丑闻暴露之前，索斯比持股公司发行了两种级别的普通股票。每股A级股票有一份投票权，总共有42 269 201股股票，而每股B级股票有10份投票权，共有16 585 650股B级股票。艾尔弗雷德·陶布曼拥有多数B级股票（被称为"B级股票的杀手"），并控制了该公司68.5%的投票权，但是只有23%的现金流量的权利。巴伦资本集团（Baron Capital Group，由罗恩·巴伦领导）则相反，持有48%的现金流量权利，而只持有11%的投票权。

在上述丑闻公布于世之前，罗恩·巴伦指出，他对于艾尔弗雷德·陶布曼的领导给予了充分信任，绝不担心他通过持有B级股票而形成对公司的控制。在上述丑闻公布之后，股票价格下跌，罗恩·巴伦和艾尔弗雷德·陶布曼之间发生了激烈的冲突。罗恩·巴伦希望艾尔弗雷德·陶布曼和他的儿子离开公司。罗恩·巴伦担心，艾尔弗雷德·陶布曼的激励不再与公司及其股东的利益相一致，他也许会利用公司的资金来解决不合理的诉讼争端，以保护他自己免受法律的追究。艾尔弗雷德·陶布曼拒绝放弃对公司的控制，而罗恩·巴伦自己未掌握足够的投票权可以强制他离开公司。在与罗恩·巴伦势均力敌的争斗中，艾尔弗雷德的儿子罗伯特·陶布曼宣布，父亲无意放弃对公司的控制。

冲突最终得到解决。然而，这个例子表明，当所有权和控制权相互分离时，就可能会有冲突发生。如果是在典型的公司中，陶布曼家族获得23%的现金流量，也就会有23%的投票权，从而他们就会被迫更快地放弃对公司的控制（请注意，这种冲突并不意味着发行两种级别的股票对于索斯比持股公司来说就是一种次优的选择。但它确实表明，在两种级别的股票并存的情况下，必然会带来问题）。

资料来源：S. Tully (2000)，"Sotheby's: A House Divided," *Fortune* (December 18)，264-273.

公司的控制权，就可能发行只有有限投票权的股票，即便具有相应投票权的股票可以卖更高的价钱。[11] 增加投票的控制权也为管理者提供了一种激励，使他们更愿意投资于组织特定的人力资本。[12]

尽管美国公司的股东有权批准董事会提出的建议，但他们无权发起公司的某种行动。股东可以向董事会提出建议，例如，就管理者薪酬和公司治理问题向董事会提供建议问题。然而，美国公司的董事会没有义务一定要接受这样的建议，即使这些建议在股东投票表决时获得了大量的支持。例如，从 1997 年到 2003 年，在美国的公司中，至少有 131 个股东解决方案在获得股东多数票的情况下，被轮流（staggered）董事会放弃了。[13] 2004 年秋季，有 69%的公司没有采用这样的建议。与美国公司相比，英国公司的股东拥有更多的合法权利。例如，英国公司的股东可以建议改变公司的章程和任何决策。如果股东的建议在股东大会投票时获得了 75%以上的支持，董事会就必须采用这些建议。有的评论家认为，美国公司的股东应该得到更多的合法权利。[14] 其他人则认为，绝大多数的股东在他们的投资组合中并没有详细的关于公司的具体信息。许多股东也没有动力参与公司治理的过程。因此，也许更有效的办法是，让股东将重要的决策权授予选出的董事，董事可以以更低的成本充分掌握关于公司具体问题的专门信息。[15] 给予股东过多的权力会使代理过程复杂化，并允许特殊利益集团给公司及其股东增加成本。在安然和世通公司丑闻曝光之后，就是否应该改变目前的法律法规，给予股东更多的决策权的争论在证券交易委员会和其他利益团体中仍在继续。尽管公司可以通过修订其章程和制度来增加股东权力，但在现有法律法规的框架下，这种做法的效果是有限的。[16]

与大陆法系国家，比如法国、意大利、印度尼西亚和巴西等相比，普通法系国家，比如美国和英国会给股东提供更强的保护。[17] 与其他国家相比，普通法系国家往往也会有更活跃的股票市场，政府的腐败现象更少，有效率更高的法庭和更好的财务信息披露。研究表明，健全的法律制度和金融市场帮助美国和其他普通法系国家实现了经济的高增长。[18] 股东保护、金融市场和经济增长之间的关系，仍是学术研究的领域。

股东激励

股东可以分为三个基本的类型：小股东、机构投资者以及大股东。所有的股东都会受益于股票价值的增长。然而，在参与公司治理过程的积极性，以及在参与与公司股票价值最大化不一致的行为方面，他们都有所不同。

小股东一般没有动力在公司治理过程中担当活跃的角色（除非他们可以在这些活动中得到某些消费性价值）。如果玛丽亚·克鲁兹拥有一家大公司的 100 股股票，她不可能有力量影响公司的发展或管理方向。即使她采取了某些行动促进公司的股票价格上升，但由此带来的大部分收益会归其他股东所有。尽管参与公司治理符合众多小股东的利益，但站在玛丽亚的角度看，理性的选择还是应该让别人去努力，自己免费搭便车。与这个观点一致，在公司投票表决中，与大股东相比，小股东参与投票的频率要低得多。

机构投资者（例如养老金、保险公司、积极管理的共同基金、指数基金和信托基金）持有美国大公司的大部分股票。机构投资者往往比大多数小投资者更清楚公司治理方面的问题，也更有可能由于法律义务或其他方面的关注而参与公司的投票过程。但是，机构投资者还是受到

Charles Schwab 公司拒绝将股东建议写进代理声明

公司的规定或章程经常给股东投票审批审计人员的权利。然而，并不是在所有的公司中股东都有这样的权利。

在 2004 年 11 月 23 日，带钢工人国家养老基金（Sheet Metal Worker's National Pension Fund）要求 Charles Schwab 公司将以下股东建议写入其 2005 年的代理声明中：

> **考虑：** Charles Schwab 公司的股东要求董事会及其审计委员会采用一项政策——选择独立审计公司应在股东年会上提交股东审议通过。

公司的法律顾问建议，Charles Schwab 可以不必服从这个要求。按照证券交易委员会关于股东建议的规则，如果它“涉及公司日常经营业务”，公司可以不采纳股东的建议。按照这个规则，证券交易委员会通过若干先例进一步明确，涉及公司选择独立审计的建议可以不予考虑。如下是 Schwab 公司法律顾问的话：

> 公司董事会中的审计委员会承担选择独立审计的责任。公司按照特拉华州的法律要求成立。特拉华州一般公司法（DGCL）第 141（a）款规定：每家公司按照本章程规定所开展的业务和公司事务，将由公司董事会管理或在其指导下运行，除非本章程或公司执照中另有规定。

在2005 年 2 月 23 日，证券交易委员会的公司财务咨询部的主任给该公司写了一封信。这封信强调，Schwab 公司的法律顾问对公司可以不采纳股东建议的观点是“有依据”的。证券交易委员会的工作人员声明，“如果 Schwab 公司按照第 14a-8（i)(7）的规定在其代理材料中删除那个建议，他们不建议对委员会采取强制行动。”

这个例子突出说明，尽管股东被看作公司的最终所有者，但他们实际上在参与公司管理方面只有有限的权力。管理公司的主要权力由股东授予董事会了。

资料来源：SEC and corporate documents provided by Robert Oppenheimer, Esq.

批评，因为他们在公司治理过程中扮演的角色不够积极。批评指出，机构投资者担心失去他们与公司之间的其他业务（比如保险公司），因此他们更有可能不去挑战管理行为。[19] 公共养老金（例如，TIAA-CREF、Hermes 以及 CalPERS 等）一直是最为积极的机构投资者，相对而言，它也是公司管理的主要压力来源。有某些证据表明，在世通公司事件之后，机构投资者在公司治理过程中变得更积极（例如，在管理者薪酬和股票期权核算等问题上）。

与小股东相比，大股东有很大的积极性参与公司的治理过程，因为他们可以将更多的收益内在化，从而更有能力影响公司的行为。当大股东采取行动增加股票价值时，小股东也可从中获利。当大股东能够从公司中攫取“私人利益”时，大股东和小股东之间的利益就会冲突。例如，作为 Green Food 公司的 CEO，华金也许会动用其 20%的公司所有权去阻止外部收购，这样他才可以继续从公司获得超额的薪酬和津贴。经验研究表明，管理者的股票所有权对公司的股票价值可能有正面的影响，也可能有负面的影响，具体取决于所有权的多少。负面影响（如果存在的话）最有可能出现在所有权的中间范围（例如，当管理者拥有公司股票的 5%~20%时）。

[20] 在这个范围之内，管理者最有可能同时具有能力和动机，在面对会使公司价值增值的收购时保护自己。在所有权程度更低时，他们没有这个能力；而在所有权程度更高时，他们又没有这样的动机（因为他们要承担由此带来的很大部分的负面效应）。

董事会

董事会的权力

尽管董事会拥有管理公司的合法权利，但董事会一般会将这样的权利授予职业经理人。与组织架构的框架一致，董事会的主要职能是高层决策控制——对公司运营的常规监控和对重要决策的审批。它不参与公司的微观管理。董事会的最重要职责包括对公司 CEO 实施监督、决定其薪酬以及必要时予以撤换。公司重要的战略和投资决策通常要经过董事会特别委员会授权。例如，大公司都有资本支出批准程序，要求董事会就大的投资项目进行投票表决。董事会成员同时也会根据自己过去的经验和专业知识，向公司管理者提供有关经营决策的意见和建议。

在美国，董事会成员负有信托责任，要代表公司及其股东的利益。具体的信托责任包括高度信任、合理的关注和忠诚度（避免不符合公司利益的自利行为）。董事会成员在经营判断规则下是受法律保护的。如果董事会成员认为经营决策是符合公司利益的，并且他们也给予了合理的关注，即使最终结果对公司而言是灾难性的，那么他们一般也可以免于法律追究。这种法律上的判决先例避免了法官或法庭在既成事实之外又去猜测“第二种可能的决策”。公司也会为董事会成员提供保险，避免他们受到法律诉讼。如果没有这样的保险，就难以吸引到合格的董事会成员。2005 年，在世通公司和安然公司董事会的判决公布后，对公司董事会成员开出了数百万美元的罚单，要求董事会成员自己掏腰包的判决，在美国历史上也是史无前例的。

美国典型的公司董事会大约有 12 人，这些成员中超过半数为外部董事（不是目前的管理者及其家庭成员）。然而，不同的公司董事会在规模和组成上有很大不同。例如，在 1999 年的《财富》1000 的公司中，董事会的规模从 4~33 人不等。公司的 CEO 基本都在董事会中，而且在美国的公司中 80%都担任董事长。典型的董事会中还有一两个其他高管（例如，总裁、首席运营官和首席财务官等）。典型的董事会一年开 7~8 次例会，此外还有其他特别会议。

为提高效率，董事会的多数工作都由各委员会来完成。委员会的报告和建议要在董事会会议上讨论并进行投票。绝大多数公司都有审计委员会、薪酬委员会、任命委员会以及执行（获得授权在董事会会议期间做各种决策）委员会。在许多公司中也有其他一些委员会，比如财务委员会。

在监督公司的财务报告、商业道德以及控制体系方面，审计委员会承担最高级别的职责。世通公司和其他公司的会计丑闻突出了这个委员会的重要性。按照 2002《萨班斯—奥克斯利法案》的要求，独立审计师要向审计委员会报告关键的会计问题和独立会计师与管理者之间的争议。法案还就审计委员会规定了职位和程序要求。因为满足《萨班斯—奥克斯利法案》的要求会增加很多工作量，所以很多公司增加了审计委员会主席的薪酬。

有些研究人员提出，公司价值会随着董事会规模的增加而系统性地下降。[21] 他们认为小的董事会更有优势，因为与大董事会相比，他们有更少的政治行为，更少的免费搭便车问题，以及更少的协调成本。然而，目前的经营和监管环境对董事会提出了规模更小的要求。在纽约股票交易所上市的公司必须具有独立的审计、任命和薪酬委员会。因此，如果这些委员会都有4个成员，而每个人都不能在两个以上的委员会任职，则至少需要6个外部董事。而且，典型的公司往往还想在执行委员会和其他委员会安插外部董事。

我们的组织架构框架表明，最优的董事会规模、组成、委员会结构和董事会的形成过程都可能随着公司环境和战略的不同而不同。例如，处于国防业的公司也许会建立一个专管政府关系的委员会，而处于零售业的公司则无需这样做。委员会结构的差异将导致董事会最优规模和组成的不同。与这一观点一致，随着时间的不同，不同公司的董事会构成、结构和形成过程会大不相同——没有一种设计对所有公司而言是最优的。分析董事会的设计可以先从处于类似环境并采用类似战略的标杆公司入手。

根据某些评论家的意见，好的董事会成员应该是一个怀疑论者，会细心检查并质疑经理人的行为和建议。独立性以及董事会和管理层的分离是需要强调的。然而，我们必须认识到，功能完善的董事会不仅仅要简单地监督管理者。董事会成员应该也是公司CEO最为信任的同事和咨询顾问。他们有本公司的具体信息，也有与公司CEO互补的经验和技能。尽管对于董事会成员而言，他们有必要严肃地对待其监督和失查的角色，但一般不需要将董事会和管理者之间搞成对立的关系。相反，公司CEO与董事会之间的和谐关系，并不意味着董事会没有履行其决策控制的职责。

对董事会成员的激励

外部董事通常会拥有公司有限数量的股票。例如，一项研究发现，在研究所用的样本中，有半数的董事拥有相应公司不到0.005%的普通股股票。[22] 促使这些董事关心公司及其股东的主要激励很可能来自于对个人声誉的看重。学术研究发现，董事会成员不太可能长期保留，当他们所在的公司财务业绩不好时，其他公司提供给他们的董事职位也更少。[23] 2001~2002年的公司丑闻以及相应媒体、法律和政府监管做出的反应，促使现有的和潜在的董事会成员更加重视其个人声誉和法律责任。从积极意义上讲，这些关注有利于董事会成员更为认真地对待其责任。从消极意义上讲，这将导致他们太过谨慎，并因此延缓公司的决策过程。这也将使愿意参加董事会的合格人选数量呈下降趋势。在世通公司自掏腰包平息诉讼之后，正如《首席执行官》杂志的编辑所观察到的，有些有远见的董事“开始离场……他们不想冒个人风险。”[24] 平均而言，外部董事每年可以收到11.5万美元的报酬。典型的情况是，这些报酬的一部分采用股权（或期权）的形式，这有助于使董事会和股东的利益保持一致。

批评意见提出，与投靠高管相比，财务和声誉对董事会成员的激励较小。董事会成员经常需要依靠高管来保持其董事会席位（即使他们是由独立的委员会正式任命的）。董事会成员也有动力来支持管理者，或者是为了促成业务合同，或者仅仅是出于友情的考虑。按照这个观点，除了因为受到法律和声誉的限制而不会做出过分有损于公司及其股东的行为外，大部分董事会都会被公司高管所“俘虏”。

CEO的更换率证明了董事会的独立程度。尽管CEO被解雇的可能性相对较小，但仍然有

惠普公司解雇了董事会主席兼公司 CEO

在 2001 年 9 月 4 日，惠普公司宣布，它将通过一个 250 亿美元的与康柏计算机公司的并购。尽管惠普公司的 CEO 卡莉·菲奥瑞纳大力吹捧并购会带来协同性，股票市场却高度质疑这个消息——惠普公司的股票价格因为这一消息的公布而下降了 5 美元（20%）。

这个并购建议需要得到股东的多数票才能通过。惠普公司的最大股东 Pachard 家族的慈善基金宣布它将对这起并购投反对票。主要的机构投资者则决定站在卡莉·菲奥瑞纳一边，支持这起并购。这起并购最终以微弱多数票通过。公司创始人的儿子沃尔特·休利特提起诉讼来组挠并购。在 2002 年 4 月，特拉华州法庭宣判，允许并购继续进行。

反对意见对卡莉·菲奥瑞纳的工作造成巨大压力。并购的收益没有如期实现，惠普公司的股票在随后的若干年中低靡不振。在 2005 年 2 月 9 日，惠普公司的董事会解雇了卡莉·菲奥瑞纳。惠普公司的股票价格在解雇当天每股上升了 1.39 美元，达到 21.53 美元。一些观察家认为，董事会从一开始就不应该支持卡莉·菲奥瑞纳，这是公司遭受指责中的部分原因。尽管如此，董事会的行动表明，董事会并没有完全“被 CEO 所俘获”。最终，卡莉·菲奥瑞纳要为公司没有达到如期业绩而负责。

董事会解雇位高权重的高管的著名例子。2005 年一个广为流传的例子是惠普公司解雇了董事会主席和 CEO 卡莉·菲奥瑞纳（详见本节的相关专栏）。研究表明，随着外部董事比例的增加，因为股票价格表现不佳而撤换经理人的可能性也会增加。[25] 也有证据表明，在并购和收购防御方面，外部董事有助于保持董事会与股东利益的一致性。[26] 尽管这些事实表明董事会并没有完全被高管所“俘获”，但董事会的独立程度仍然是有争议的问题。我们的观点是，对于世通和其他公司丑闻，公众和监管的反应促使董事会的独立性增加。

高　管

高管的权力

公司的CEO 是公司的最高执行者。尽管 CEO 在绝大多数公司被认为是最重要的人物，但他们仍然由公司董事会任命并要向董事会汇报。最终，CEO 的决策权来自于董事会。

在大型和复杂的组织中，总裁没有相关的信息和时间亲自做出所有或绝大多数决策。一个复杂组织包括多方面的事务（经营战略、财务、会计、公司法、内部控制、市场营销、定价、生产、研发等等），个人不可能具备所有的专业知识和信息。因为管理知识和时间方面的限制，绝大多数大公司都要不同程度地将决策权下放。事实表明，随着公司规模和复杂程度的增加，高管会下放更多的决策权。[27]

CEO 特有的知识、经验和职位很可能有助于解决广泛的公司层面的问题，比如，某个提议是否与公司战略相匹配？这个提议与公司内其他经营活动之间是什么关系？这个提议是否影响公司未来决断的能力？法学教授罗伯特·汉密尔顿总结了这个原理：[28]

> 在实践中，CEO作为大型层级组织的头，不能指望他可以亲自抓业务经营的细节。要提高效率，他必须将日常经营的决策权下放，包括人事、财务和融资、广告和生产。CEO应该集中处理与经营相关的最显著的问题。

尽管许多决策权都下放给了基层管理者，但特定的决策和行动还必须由CEO（或其他高管）亲自执行。例如，高管通常有责任修正公司的战略设想和方向，建立公司的总体组织架构，招聘和保留公司的关键管理者，负责各种计划的衔接，担任组织中重要的对外发言人等。

大公司往往采用“管理团队”来执行高管的职能。组织高层的决策权分配有多种可能。最优的分配方式可能取决于公司的环境和战略，也取决于公司经理人的特殊能力、专业知识和管理才干。一个相对常见的设计是将高管的职责在CEO和首席运营官（COO）[29]之间划分。在这种结构下，CEO往往侧重于对外活动，例如，处理投资者关系、媒体联络、政府关系以及客户关系等，而COO则侧重于内部运营的管理。正如下面将描述的，COO经常会成为下一任CEO。

在CEO要做的决策中，经常会牵扯到复杂的财务、会计和法律问题。尽管某些CEO接受过财务、会计或法律的培训，但大多数没有接受这方面的培训。要求CEO在上述三个领域都有技术专长是不现实的。典型的CEO会依靠外部和内部专家组来提供相关问题的咨询和建议。典型的专家组包括首席财务官（CFO）、其他财务经理、首席会计师、内部法律专员、独立的会计师事务所、税务顾问、外部律师事务所、投资银行和商业银行，以及拥有适当专业知识的董事会成员（尤其是审计委员会的成员）。

CFO在公司中是一个重要的职位。正如劳工部所描述的：

> CFO指导公司的财务目标和预算。他们监管投资的资金并管理相关的风险，监督公司的现金管理活动，执行资本筹集战略以支持公司扩张，以及处理公司并购的相关问题。[30]

CFO经常管理其他高级财务经理，比如主计长、司库和风险经理。典型公司中CFO的角色已经从狭义的财务和财务报告扩展到更为广泛的管理责任。

世通和其他公司的丑闻凸显出对CFO进行合理监督的重要性。在这些丑闻中，CFO扮演着一个突出的角色，有若干的CFO被控有罪，或被发现犯有欺诈罪和其他问题（例如，安然公司、世通公司和泰科公司的情况）。大公司往往设置了内部审计来监督公司的内部控制和交易。他们的作用之一是限制欺诈行为。在世通公司中，会计欺诈最初是由公司的内部审计主任塞西亚·库珀发现的。库珀向CFO斯科特·苏利文直接汇报，斯科特最终受到指控并被判有欺诈罪。尽管苏利文曾经命令库珀关注公司的其他活动，但她仍然坚持查清公司的不合理会计行为，并最终引起审计委员会的注意。审计委员会发起的调查证明她的关注是有用的。世通公司的例子突出表明，公司的内部审计与董事会的审计委员会保持紧密关系是多么重要。尽管内部审计人员可以向CFO汇报，但他们也经常直接向审计委员会汇报。在世通公司中，由于内部审计与审计委员会之间缺少独立关系，因此库珀不顾其上司的直接命令而继续其调查，面临的个人风险就大大增加了。

尽管公司可以无限期地存在，但目前的管理层最终会离开公司。高管连任是一个非常重要的程序，需要目前在任的CEO和董事会认真考虑。尽管董事会对CEO的继任负有最终责任，但CEO经常要参与实施继任的过程，并要着力培养接班人。

公司的 COO（或者公司二把手的任何其他称号）经常是“天然的继承人”。在个人和公司绩效良好的条件下，COO 很可能会成为目前 CEO 的继任者。经常的情况是，在原来的 COO 接任 CEO 后，原来的 CEO 仍然作为公司董事会主席在位一两年。然后，新 CEO 就成为董事会主席和 CEO，而退休的 CEO 或者离开董事会，或者作为一般董事留在董事会中。这个常见的继任模式被称为*传递指挥棒*。[31] 有些大公司，比如通用电气，采用了竞争上岗的做法——有若干个高级管理者相互竞争直到最终有一个被选为新的总裁。尽管竞争上岗可以在候选人之间产生有效的绩效激励，但这种竞争也会减少候选人之间的合作激励。因此，当有多个合格的内部候选人，而候选人之间的紧密合作对组织并不很重要时，竞争上岗是最为有效的做法（第 14 章描述了竞争上岗和其他比赛型竞争的激励过程）。

高管激励

根据绩效来计薪酬有助于高管与股东在利益上达成一致。第 15 章的分析表明，公司会向高管支付大量以绩效为基础的薪酬，而且在能够对公司价值施加重要影响的公司，管理者将收到更高的激励性薪酬。实际数据与这些预测基本上是一致的。在 2004 年，尽管标准普尔 500 中有代表性的公司 CEO 获得了 600 万美元的报酬，但这些收入中只有 20%是基本工资。其余部分包括以绩效为基础的奖金、股票期权，以及其他类型的以绩效为基础的报酬。按照目前美国的税法，除非高管薪酬是以绩效为基础的，否则，超过 100 万美元的部分是不能作为公司成本扣除的。在典型的公司中，高管一般拥有合理比例的公司股票。研究表明，在美国的上市公司中，管理者拥有公司股权比例的均值和中位数，从 1935 年的 12.9%和 6.5%分别上升到 1995 年的 21.1%和 14.4%。[32] 1995 年在最大的公司（按照销售额排序在前 10%的公司）中，管理者拥有公司股权比例的均值和中位数分别为 5.4%和 1.5%。研究者还发现，当他们更有可能对公司施加重要影响（如在高增长的公司中）时，高管收到的薪酬中会有更高的比例是以绩效为基础的报酬。[33]

卢西恩·布丘克和杰西·弗里德提出，一般的 CEO 会收到超过人力市场上竞争公司给出的报酬，以及相比标准经济学分析结果较少的以激励为目标的报酬。[34] 按照他们的*管理层权力理论*：（1）公司的董事会被经理人“俘虏”；（2）与其他公司相比，有些公司有更好的公司治理，不太容易被经理人绑架；（3）经理人更愿意要有保证的高报酬（而不是以绩效为基础的）；（4）“公愤”对经理人可以拿到的额外报酬起到限制作用；（5）在产品市场、劳动力市场和并购市场上的竞争有助于限制经理人的报酬，促成最优的聘用合同，但其作用并不尽如人意。他们的分析产生了三个有待验证的假设。第一，在公司治理状况较好的公司中，CEO 的薪酬水平可能会相对低。第二，在公司治理状况较好的公司中，高管可能会收到更多的以绩效为基础的薪酬。第三，公司有可能向经理人支付“隐藏”薪酬，从而可以避免对管理者报酬的完全披露（例如，通过特别的退休薪酬计划）。

目前的经验证据基本与管理层权力理论的假设一致。例如，在有大的董事会、董事会独立性较低而且所有权不集中的公司中，CEO 往往会获得更多的固定薪酬以及更少的激励性报酬。然而，由于存在各种各样的统计问题，研究结论也存在模糊不清的问题，有些很难通过数据得到证实。[35] 通过数据得到的研究结论也有很多不同的解释。事实上，有的学者提出，给 CEO

支付“高额”的报酬是合理的，因为这样可以对低层的管理者（想要成为 CEO 的管理者）形成强烈激励。[36]尽管在高管薪酬上明显存在滥用问题，但 CEO 的平均薪酬是过量还是不足仍是有争议的问题。无论如何，代理问题从来也没有大到可以阻止上市公司成为经济中的主要组织形式。

与激励的一致性的观点相反，有些批评提出，基于股权的薪酬（绝大多数是股票期权）实际上增加了管理者与股东之间的代理问题和利益冲突。这些批评提出，像世通这样的公司之所以会出现会计欺诈，部分原因是在高管执行股票期权期间，他们想暂时保持公司股票的高价格。然而，正如我们在第 15 章所讨论的，由设计不佳的激励计划引起的问题，并不意味着所有的激励计划都是不好的，即使设计完善的激励制度也难免还有漏洞可钻。在那些发生丑闻的公司，如果不是高管要执行其股票期权（也就是说，如果期权有更长的投资期），会计欺诈也许会更少些。这些丑闻的确表明，在有些公司中，高管的薪酬计划设计有改进的余地。这就说明，对于激励管理者而言，以股权为基础的薪酬不一定是不合适的方式。

外部监督者

外部团体（有时称为“看家狗”或“看门人”）也会监督公司的决策。本节对某些最重要的外部监督者进行简短的讨论：公共会计师事务所、股票市场分析师、商业银行、信用评估机构、律师和政府监管当局（证券交易委员会和州法律总署）。在 2001~2002 年商业丑闻曝光之后，这些外部监管团体也遭受到批评并面临法律诉讼。

所有的上市公司每年都要接受独立的会计师事务所的审计。[37]独立审计是一种“捆绑”机制，它会使投资者对公司财务披露充满信心，从而才会购买公司的证券。公司的董事会和高管也依赖会计师评价公司内部会计报告的有效性，这是他们进行决策和控制的依据。例如，独立的审计师会帮助部门经理，确保其不向董事会和高管报告虚假的会计信息。公司丑闻，比如世通公司，引起了人们对审计师独立性的关注——审计师是否完全独立于他们所审计的公司。随着安然公司丑闻的暴露，安达信公司紧接着也毁灭了。作为对这些关注的反应，2002 年《萨班斯—奥克斯利法案》的许多条款都是为了增加公共会计师事务所的独立性。例如，法律限制公共会计师事务所向其审计的客户提供特定的咨询服务，并成立上市公司会计监督委员会来监督公共会计师事务所的审计活动。

有研究提出，商业银行对公司决策形成了重要监督。[38]商业银行很可能对企业的借贷关系了如指掌。银行在财务和声誉上都有动力去监督其贷款客户的经营决策。然而，根据银行的组织架构，银行的员工可能有动力做出不合适的行动，发展与大公司客户的关系。在2001~2002年的商业丑闻暴露之后，大的商业银行也遭受到大量批评并面临起诉。全世界的投资银行和商业银行同意支付数十亿美元来平息与安然和世通相关的诉讼。投资者指控，银行在知情的情况下设计并支持有关企业的交易，除了制造虚假的会计报表误导投资者之外，无其他目的。

投资者经常依据股票市场分析师的意见进行投资决策。股票分析师经常为投资银行工作，比如美林证券公司，这些公司通过承销证券和从事并购这样的活动从公司获得收入。据说，如果投资银行的分析师写的报告对公司来说至关重要并因此令公司管理者不悦，那么投资银行就会大量损失其可能会获得的服务费。纽约律师总署的调查给出了各种各样的例子，反映出分析

商业银行与预付交易

商业银行受到指控和强烈的批评，因为他们参与了与安然和其他公司的数十亿美元的预付交易。尽管预付在某些条件下是合法交易，但看起来它们是被某些企业利用，企业的目的是让他们不合理地美化会计报表。

以下是对大银行（如摩根和花旗）与安然之间的可疑交易的描述。典型的操作是建立一家新公司来与银行发生交易。银行同意接受来自这家新公司的某些商品的未来交割，比如石油。相应地，银行向这家新公司支付现金，名义上是为未来的交割“预付”。然后，这家新公司就与安然公司签定合同，根据这个合同：(1) 安然公司同意在未来向这家新公司提供相应商品；(2) 该公司为未来的交割将从银行得到的现金再“预付”给安然公司。从这个意义上说，这家新公司完全是在做对冲交易。它没有现金，只有接受商品和交割商品的抵消合约。为完成这一循环，安然公司又与银行签定一个远期合约，同意在未来与银行进行商品交割。然而，与其他合约不同，安然公司不为未来的交割向银行“预付”现金，而是许诺在商品交割时付款。这一系列交易的净结果是所有三方都有相应商品的对冲头寸。然而，安然公司有了银行给的现金和一个承诺，即要在约定的商品交割日期归还现金（包括隐含的利息）。

这个预付交易的净结果完全等同于贷款。安然公司在时间 0 从银行获得现金，并同意在时间 1 连同利息一起归还现金。然而，这个复杂的预付交易并没有被当作一般的债务。而且，所得到的现金是作为经营现金流量来报告的。与标准的银行贷款相比，这些预付交易大大改善了安然公司财务报表的面貌。后来审核这些交易的会计师认为这些会计处理不合理。法律判决认定，银行在参与这些交易时，知道设计的这些交易是为了制造误导投资者的会计报表而没有其他合法的商业目的。许多帮助设计和执行这些复杂交易的银行和投资银行向原告支出了数额巨大的赔付，才解决了这场诉讼。

师如何向公众强力推荐股票，而自己私下里却知道这家公司问题严重。大投资银行同意支付大笔赔偿，并改变内部结构，以平息和避免潜在的法律诉讼。美林证券的几个高管被判入狱，原因是他们通过虚构尼日利亚发电厂上市，来帮助安然公司粉饰他们的财务报表。尽管管理者的压力会使分析师采取过分乐观的态度，但也有研究指出，关于声誉的考虑会限制分析师的乐观主义倾向。[39] 2002 年的《萨班斯—奥克斯利法案》包含了专门条款，意在减少投资银行对分析师的压力，为的是避免他们做出过于积极的分析报告。

标准普尔（S&P）、穆迪（Moody）和惠誉（Fitch）为大公司评估其债务风险。具体的监管机构允许这些评级机构从公司中获得那些不对外提供的相关信息。评级机构也受到批评，说他们没有积极地发现或阻止 2001~2002 年公司丑闻的发生。批评意见强调，公司向评级机构付钱请他们评估公司债务，会产生潜在的利益冲突。然而，这种冲突可能不大，因为公司债务的发行者在选择评级机构时只有很小的选择余地。同样，单独某一家公司也不会成为评级机构收入的主要来源。

公司经常从外部律师事务所获得关于公司信息披露和交易的建议。有些律师事务所从大公司客户那里获得了其收入的主要部分。因为 2001~2002 年的公司丑闻，律师事务所受到批评，说他们没有将公司管理、交易和信息披露的具体问题反映给公司的董事会。2002 年的《萨班斯—奥克斯利法案》也包含涉及律师的条款。例如，它要求证券交易委员会设立一个最低标

伊莱休·鲁特对律师行为永不过时的建议

学者们广泛认为伊莱休·鲁特（1845~1937）是美国历史上最重要并与众不同的大众公仆。伊莱休·鲁特是一位杰出的律师，曾经是国务秘书和罗斯福时代的战时秘书。他也是来自纽约的美国议员，而且因为他的多方面努力增进了国际间的相互理解而获得1912年诺贝尔和平奖。

西奥多·罗斯福是美国第26任总统（1901~1909），他是一个强势、极有威严的人。伊莱休·鲁特是罗斯福可以指望的、在他面前可以开诚布公的少数几个人之一。用罗斯福自己的话说，“值得尊敬的律师，其半数实践都是在告诉他的客户，他们是傻瓜，应该停止目前的行动”。

在2003年和2004年，证券交易委员会在超过30个强制执行中任命律师作为被告辩护人。常见的指控是律师没有就非法的会计交易向董事会或审计委员会给出开诚布公的法律建议。为说明这些指控，证券交易委员会的执行主任指出：

如果他们认真考虑了伊莱休·鲁特的建议，我们指控的许多问题就可以避免了。我们有许多例子表明，律师可能为迎合公司管理者的愿望而委曲求全，没有负起应有的责任——坚持公司应该遵守法律。

资料来源：Stephen M. Cutler, Director of the Division of Enforcement of the SEC (2004), “The Themes of Sarbanes-Oxley as Reflected in the Commission's Enforcement Program,” speech, UCLA School of Law, September 20.

准，来规范职业律师的实践行为。

包括股东在内的外部监督者，他们的监督基础是公司必须及时而准确地披露财务信息。1933年和1934年的证券法案的主要目标是改善公司披露。证券交易委员会的基本职能之一是确保投资者收到确实可靠的信息，以做出投资决策。证券交易委员会也负责调查可能违反证券法的公司。作为一个人数有限的政府机构，面对大约1.3万家上市公司的财务报表，证券交易委员会并不想对其合理合法性负主要责任。例如，证券交易委员会自1934年成立以来，并没有发现像2001~2002年的公司丑闻（包括安然公司、世通公司和泰科公司）。最终的责任落到由独立审计和其他私人团体监督的公司管理者头上。首席检察官也会监督公司（那些依照州法律成立的公司）行为。在2001~2002年的公司丑闻之后，纽约州首席检察官一直在积极调查公司。

国际公司治理

作为不同于美国的公司治理案例，人们经常引用德国和日本。与美国情况相反，德国和日本的公司主要不是以股东财富最大化为导向的。传统上他们更强调范围更为广泛的权益持有人，包括员工、银行、关联公司、更广泛的社区和股东。与美国相比，历史上这两个国家对股东的利益保护更弱。

与美国的公司相比，日本公司的董事会更大。在历史上，这些董事会由管理者、前雇员、关联公司的管理者和银行经理构成。在这些董事会中，独立董事即使有也很少。在公司治理中，银行扮演着活跃的角色——特别是当公司处于财务困境的情况下。传统的日本公司的另一个普遍特征是关联公司之间相互大量持股。因为政府干预和股票所有权分配上的特征，日本公司之间很少有恶意收购。

德国公司有两套董事会系统。监事会包括大股东（包括银行、公司和保险公司）和员工代表。员工代表在董事会中占有 50%的席位。监事会选举出管理委员会，负责公司的经营决策。与日本的情况类似，关联公司之间的相互持股非常普遍，在公司治理中银行扮演着活跃的角色，很少有敌意收购。

在全世界，高层管理者都获得激励性薪酬。根据韬睿咨询公司（Towers Perrin）在 2003~2004 年对全世界的薪酬调查，在一般的美国公司中，公司 CEO 报酬的 63%采用了非固定形式。[40] 在德国和日本，这个数字分别是 51%和 19%。在接受调查的 26 个国家中，美国公司 CEO 的变动报酬比例最高；第二位是新加坡（59%）。新西兰和中国（上海）的 CEO 变动报酬比例最低（分别为 15%和 18%）。根据韬睿咨询公司的调查，股权薪酬的主要形式是股票期权。在所调查的国家中，就股票期权而言，法国 90%的公司都使用股票期权，紧随其后的国家包括比利时、加拿大和美国（85%）。中国的公司，以香港和上海为代表，报告的比例分别为 55%和 35%。虽然中国在多数工业国家中排名靠后，但仍然超过其竞争者印度（20%）。韬睿咨询公司报告，由于期权费用和公众对期权激励计划的担忧与会计准则的变化相关，在美国和其他一些国家，限制性股票奖励相对增加。平均来说，美国的 CEO 获得的总薪酬远远高于其他国家的 CEO。

在美国，公司中最为普遍的激励冲突发生在外部股东和拥有有限股票数量的董事会成员（或管理者）之间。在那些股票不被广泛持有的国家中，常见的激励冲突发生在具有内部控制权的股东和外部股东之间。意大利公司帕玛拉特就是这种激励冲突的一个典型例子。帕玛拉特公司是由 Calisto Tanzi 在 20 世纪 60 年代初期创建的。到 2002 年，它正式成为上市公司，其报告的全球销售收入超过 75 亿欧元。尽管如此，Tanzi 家族仍保留着帕玛拉特公司股票的投票控制权，在公司董事会的 7 个席位中，Tanzi 家族就占了 5 个。在 2003 年 12 月，帕玛拉特公司披露出虚假编造的会计记录，公司高估资产达数十亿美元。Tanzi 承认侵吞了 5 亿欧元。其他 Tanzi 家族成员也有挪用公司资产的情况。证券交易委员会称帕玛拉特公司这一做法是“有史以来最大的、最厚颜无耻的公司财务欺诈”，而媒体则称该公司为“欧洲的安然”。[41] 在欺诈行为暴露之后，那些对公司行为没有多少控制权的外部股东的投资基本上血本无归。

美国公司在 20 世纪 90 年代取得了相对强势的绩效，由此激发了其他国家和公司都基于美国模式进行“投资者改革”。日本政府的监管政策做出了改变，允许公司实施经理人股票期权激励，同时日本公司也开始在董事会中加入外部董事。其他例子包括巴西、印度、吉尔吉斯坦共和国、马来西亚、南非、泰国和西欧各国。这些面向股东的公司治理变化都是想取悦外国投资者，因为在对股东权益保护不利的情况下，这些外国投资者不愿意向这些国家或公司投资。由麦肯锡公司对机构投资者的调查指出，在决定是否投资于一家公司时，机构投资者把公司治理看得与财务分析一样重要。向美国模式靠拢的趋势并没有因为 2001~2002 年的公司丑闻而停止不前。

从公司 CEO 的更换中可以看出，其他国家逐渐强调股东财富的增加。与绝大多数国家相比，历史上美国公司的 CEO 面临由于绩效不佳而被撤换的更高风险。但这不是 2004 年的情况。在2004 年，欧洲和各亚太国家的公司 CEO 更换率达到了历史的最高点。[42] 这其中许多更换都是

Hermes公司致力于日本的公司治理

Hermes养老金管理有限公司是英国一家大的机构投资者。在2000年，公司宣布聘用一个本土的公司治理专家来支持其国际公司治理项目的开发。

这个新职位由IBJ资产管理公司前首席执行官Ariyosh Okumura担任。他的首要任务是监督《Hermes公司国际治理实践》的日文翻译，并向Hermes持股的450家上市公司解释这些公司治理的原则。Hermes还打算与尽可能多的公司进行单独会议，讨论他们的公司治理问题。

Hermes在公司治理方面一直是欧洲最活跃的机构投资者。它曾经与美国大养老基金签定合作协议，就美国以及国际上有关公司治理的问题开展合作。

这个例子说明一些机构投资者（特别是公共养老基金）在公司治理的实践中发挥着积极作用。

资料来源：Hermes (2000)，company press release (March 28)．

与绩效有关的。例如，欧洲公司CEO的更换率从2003年的11%上升到17.5%；更换率在以前的年份较低。在2004年欧洲公司CEO近45%的更换是基于绩效。

有时，美国公司的治理也受到批评，说它过于强调股东利益了。公司员工和其他利益相关者难道就不重要吗？这些批评并没有意识到，如果公司不公正地对待员工、欺骗客户或者破坏地方社区，也就难以实现股东价值最大化。公司要在长期中获得利润，就要照顾到许多利益相关者的利益。公司要生存，工人要有工作，社区要获得税收，顾客要得到他们真正想要的产品。公司如果始终不能获得利润，最终就会从原来的业务领域退出，众多股东将受损。通过强调股东价值（剩余现金流量），管理者有动力搜寻新的利润增长机会以及更节约成本的生产方式。最终，这些活动将导致经济中有限的资源得到更有效的利用，生活水平将因此而提高。

在公司增长和盈利的情况下，股东和员工的利益在很大程度上是一致的。在这一条件下，强调更多的利益相关者的利益不会引起什么问题。一个突出的例子是，当公司为保持竞争优势而采取缩小规模，或者转向“海外”招聘时，各种利益相关者的利益就会不一致。在这样的条件下，公司如果不能减少国内股东的损失，最终公司将退出原来的业务领域。然而，如果公司不缩小规模（即使由此引起公司财务受损，并最终退出这项业务），预期会失业的员工的生活状况就会得到改善。在这种条件下美国公司治理模式为管理者提供了明确的指导——减少雇佣国内员工，因为这将增加股东价值。强调多方利益相关者的公司治理模式没有提供明确的指导，管理者不能据此权衡各利益相关者的利益。尽管竞争的压力最终也许会迫使公司为了照顾多方利益相关者而对雇佣员工的政策做出调整，但与标准的美国模式相比，这种调整可能会造成延迟，并且成本昂贵。在20世纪90年代，全球竞争给德国制造企业造成了极大压力，这促使国内工厂的员工人数减少，国外分工厂（付的工资较低）的雇员人数增加。德国公司做出了调整，但那是在经过公开的辩论以及与工会经过艰苦谈判之后做出的。作为例子，在1985和1995年之间，西门子公司增加了40%的德国本土以外的雇员，达到16.2万人，同时，减少12%在德国的雇员（从15.6万人减少到14.1万人）。[43] 做出这些改变要求德国公司要很好地应对员工代表对董事会、工会和媒体的抵抗。在20世纪90年代，日本公司为应对经济冲击，在

日本索尼公司增加外部董事

经历了 20 世纪 80 年代的疾速上升之后，在 20 世纪 90 年代，日本经济进入一个持续下降的阶段。在 20 世纪 90 年代，日本的股票市场下降了 50%，而美国股票市场却一路上扬。在新的环境下，传统日本公司的许多特征无法保持下去。例如，许多日本公司不得不食言，违背其隐性的终生雇佣合约。他们同样不得不改变公司治理体系，以促进国外投资。

在 2003 年 1 月，索尼公司通过媒体公布了其管理结构的"改革"，即旨在"强化并区分企业运营与监督"的改革。以下变化是新闻报道的一部分。

董事会的组成：董事会由 10~20 个董事组成。要建立董事候选人资格的规范管理，以尽可能消除利益冲突并保持董事会的独立性。基本意向是在目前 3 人的水平上进一步增加外部董事的数量。

董事会主席：董事会主席与公司 CEO 之间要严格区分。

委员会的组成：任命委员会——任命委员会将由 5 个或更多的董事组成，其中主要是外部董事。但至少要包括 2 名内部董事。

薪酬委员会：薪酬委员会将由 3 个或更多的董事组成，其中主要是外部董事。但至少要包括 1 名内部董事。公司 CEO 和 COO 不能作为该委员会成员。

审计委员会：审计委员会将由 3 个或更多的董事组成，其中主要是外部董事。但至少要包括 1 名全职人员。审计委员会的所有成员都参与企业运营，并且都要符合美国公司改革法规定的独立性要求。原则上，审计委员会的成员不能成为任命委员会或者薪酬委员会的成员。

资料来源：Sony Group (2003), company press release, "Reforming the Sony Group Management Structure to Strengthen Corporate Governance" (January 28).

进行调整时也遇到了类似的问题。

市场力量

公司的董事会和管理者要面临外部控制机制所造成的重要约束。在这一节，我们简要地讨论三个重要的外部控制机制：公司控制权市场、管理者人才市场以及产品市场的竞争。

公司控制权市场

最为重要的外部控制机制之一是公司控制权市场。如果管理团队不能实现公司价值的最大化，就会引发竞争性的管理团队做出恶意收购，因为他们认为他们可以做得更好。在美国，有相对利于收购的监管环境，尤其有活跃的收购市场。比如，在 1993~1999 年间，公司兼并的总价值占国内生产总值（GDP）的 8.4%。[44] 公司控制权市场尽管在许多国家都非常重要，但它在对收购有诸多法律限制的地方不那么活跃。

要想使市场的力量发挥其应有的控制职能，就必须有一定的信息量提供给这些市场。例如，公司控制权市场必须能够识别出哪些公司不能实现股东价值最大化。我们再次看到，一个经常被忽略而又极为重要的问题是，财务信息披露在公司治理中的作用。

管理者人才市场

另一个重要的外部控制机制是管理者人才市场。[45] 个人的声誉对于决定个人能够得到的职业机会非常重要。管理者在一家公司中表现不佳就很难在另一家公司中获得管理职位或者董事会席位。

产品市场

相对于高效率的公司而言，经营效率低下的公司就会有更高的成本，并最终将在竞争市场上失败。因此，产品市场是另一个限制管理者代理问题的外部机制。[46] 当收入无法补偿成本时，像安然公司、世通公司以及其他公司最近就暴露出丑闻，并最终宣布破产。管理者会因财务和声誉激励而尽量避免破产。

2002年的萨班斯—奥克斯利法案

在 2001 年年末到 2002 年年中发生的商业丑闻，给国会带来很大的压力，因此迫使他们必须采取措施。2002 年 7 月，国会做出了回应，通过了 2002 年的萨班斯—奥克斯利法案(SOX)。萨班斯—奥克斯利法案有方方面面的条款，涉及发生商业丑闻期间出现的众多问题，

公司 CEO 退休后的激励

有关职业生涯的考虑对于管理者和股东之间的代理矛盾会起到潜在的调和作用。这方面的考虑既来自于外部劳动力市场（为经理人提供了外部机会），也来自于内部劳动力市场（决定了在他所在的组织内，管理人员得到晋升的条件和速度）。管理者会认识到，如果他们表现不好，这两个劳动力市场将会降低对他们能力的评价，从而对他们的需求也将减少。

在过去的数年中，由于有活跃的就业市场，人们通常认为对于职业的关心和考虑可以忽略不计。然而，事实表明，即使在近期的就业市场中，管理者也会面临职业发展的考虑。退休的CEO 经常会占有多个董事会的席位，这让他们既获得了金钱上的收入，也获得了非货币收益。研究表明，CEO 通常会在退休后在其公司的董事会中再服务两年，也可能会在其他公司的董事会中作为外部董事提供服务，这与他们退休之前最后几年的公司财务绩效表现有很强的正相关关系。假设 CEO 重视这些职务，那么优秀的绩效会带来退休后的机会，这就会激励公司的 CEO 在退休前的几年也努力工作。

资料来源：J. Brickley, J. Linck, and J. Coles (1999) ，“What Happens to CEOs After They Retire? New Evidence on Career Concerns, Horizon Problems, and CEO Incentives,” *Journal of Financial Economics* 52, 344-377.

包括内部监督、公共审计、外部监督者行为、高管贷款和信息披露。[47]

萨班斯—奥克斯利法案建立了上市公司会计监督委员会（PCAOB），来监督公共会计师对上市公司的审计。PCAOB 的职位是由证券交易委员会（向美国联邦储备委员会主席和美国财政部秘书长咨询后）来任命的。萨班斯—奥克斯利法案包括各种规则和规章，会影响到公共会计师事务所、董事会、上市公司的管理层以及其他监督者，比如研究分析师。萨班斯—奥克斯利法案禁止公司与其管理层之间进行各种交易（比如为高管提供个人贷款）。它要求公司的 CEO 和 CFO 必须确保财务报表的准确性。违反法案的规定，就要受到民事和刑事处罚。

事实证明，第 404 款是萨班斯—奥克斯利法案中最有争议也是成本最高的条款。第 404 款要求公司每年报告对其财务报表的内部控制情况。独立审计师要证明并报告公司管理者对财务报告的内部控制情况的评价。事实证明，遵守这一条款并非轻而易举。业内人士估计，遵守萨班斯—奥克斯利法案中的第 404 款，国家花费的成本将为 350 亿美元。[48]

企业的不同组织形式有相对不同的成本和收益，这些成本和收益还会随公司经营环境和战略的变化而变化。萨班斯—奥克斯利法案代表了商业环境的重要变化。对公司董事会的新要求以及对管理合同和公司行为的限制，会大幅增加上市公司的组织成本。尽管许多大公司除了作为上市公司之外没有其他可行的组织形式选择，但许多小公司已经开始选择“私有化”，并转变为紧密持股的公司。其他一些公司也做出了推迟上市的选择。而且，刚启动的新公司可能获

世通公司：对所有员工都是重要的道德教训

2002 年的萨班斯—奥克斯利法案关注公司的高管。然而，世通公司中的贝蒂·文森的例子说明，较低层级的员工同样负有法律和道德责任。

贝蒂·文森是世通公司的中层管理者，她在公司的会计系统中输入了虚假的会计信息。她承认自己在 2002 年犯有欺诈罪，并配合政府在案件中揭露伯纳德·艾博斯。伯纳德·艾博斯入狱之后，她也于 2005 年 8 月 5 日被判 5 个月监禁。

贝蒂·文森承认，她在公司 CFO 的逼迫下做了虚假的会计记录。CFO 告诉她，伯纳德·艾博斯不希望华尔街降低对公司的预期。公司 CFO 向她保证“绝对不会出问题。”她说，“我觉得如果我不做那些虚假记录，我就不能再在公司工作。”当问起她如何选择会计账户进行修改时，贝蒂·文森坦白说，“我就是无中生有。我用电子表格进行计算。”

尽管贝蒂·文森承认她有罪，她还是希望自己可以避免牢狱之苦，因为她还有配合政府的立功表现。美国地方法官芭芭拉·琼斯富有同情心，但尽管如此，还是判贝蒂·文森为其行为负责。芭芭拉·琼斯在判决中说，“在世通公司的合谋成员中，贝蒂·文森女士是罪过最轻的。尽管如此，如果贝蒂·文森女士拒绝上司要求她做的事情，这场罪过就可能消灭在萌芽状态。”

公司的欺诈行为往往要求多人合作。较低层级的员工可能会感到有压力，不敢违抗上司要求的违法行为。世通公司和其他最近发生的公司丑闻的教训说明，公司员工不能简单地因为自己是“在执行命令”就可以侥幸逃避民事或刑事责任。每个员工都要对自己的行为负法律和道德责任，无论他们当时是否受上司的指使。

资料来源：M. Graybow (2005)，“Former WorldCom Accountant Sentenced,” *Reuters* (August 5).

得的融资支持会减少，因为风险投资者会提高其投资的门槛，以便更好地确保其所投资的新公司可以成功上市，从而可以将自己的投资变现。有些外国公司已经决定不在美国的股票交易所上市。如果遵守萨班斯—奥克斯利法案可以获得规模经济，这也许会鼓励公司间的并购。尽管该法案总体效果还存在争议，但是，一个难以预期的可能后果是它对组织选择的影响。

各路研究者都尝试估计萨班斯—奥克斯利法案所带来的成本与收益。尽管证据是有争议的，但多数观点认为该法案的成本是巨大的，而收益是难以确定的。[49] 对于遵守法案的成本的担心，推动了证券交易委员会采取实质性措施，比如推迟第 404 条款在小公司和外国公司中的应用。

萨班斯—奥克斯利法案的经济成本

为测算与萨班斯—奥克斯利法案有关的总经济成本，有一项研究考察了股票市场的总体变动（围绕导致萨班斯—奥克斯利法案通过的各种关键事件）。假设市场会将有关未来折现流的新信息以及时无偏差的方式纳入股票价格。研究指出，在萨班斯—奥克斯利法案通过之前，各种立法事件带来的表现在市场指数上的累计非正常收益大约为 14 000 亿美元。这个数额表示，在萨班斯—奥克斯利法案通过后，美国上市公司股票市场价值下降的总数额。

与萨班斯—奥克斯利法案相关的最大一次股票价格下跌，发生在布什总统 2002 年 7 月 9 日发表讲话之后，这一讲话暗示着华盛顿方面的态度变化，即联邦政府对公司犯罪问题不再袖手旁观。在讲话前，本来都以为政府方面不太可能接受萨班斯—奥克斯利法案类型的法律，而在布什总统表达了他同意民主党参议院的改革目标后，这样的法律已经指日可待了。在他发表讲话的当天，市场实现了一个大幅度的负的非正常收益（-2.28%）。考虑到萨班斯—奥克斯利法案的影响，拥有复杂商业链和大量的国外业务的公司，其市场收益有了更大程度的下降，这进一步说明了萨班斯法案对企业的经济影响。此外，某些将要扩张的企业也必须遵守萨班斯—奥克斯利法案，这一消息公布之后，与之相联系的累计非正常收益比那些早就遵守该法案的企业经历了更高的正的非正常收益。

这项研究也考察了在萨班斯—奥克斯利法案审议期间的其他新闻事件，这些事件也许会打乱由于萨班斯—奥克斯利法案带来的负的非正常股票收益。在萨班斯—奥克斯利法案审议期间，尽管还有其他政府法令的制定活动、其他会计丑闻和经济报告得以公布，但对这些新闻发布的准确时间的考察表明，在与萨班斯法案相关的关键立法事件发生期间，这些事件不可能是巨大的负市场收益的原因。

此项研究的作者提供了对萨班斯—奥克斯利法案 114 000 亿美元经济成本估计的解释。这个数字包含的不仅仅是萨班斯—奥克斯利法案的经济成本，也包含其他市场担忧，比如，萨班斯—奥克斯利法案也许意味着法律制定者的行为从此会朝向更严格的不利于企业的公司治理控制。

资料来源：I. Zhang (2005)，"Economic Consequences of the Sarbanes-Oxley Act of 2002," Doctoral dissertation, Simon Graduate School of Business, University of Rochester.

公司治理：历史的观点

2001~2002 年公司丑闻的集中爆发开始让全世界关注公司治理。人们担心，是否绝大部分（如果不是全部）上市公司都有根本性缺陷。这些担忧是造成 2002 年标准普尔 500 指数下滑 23%的主要原因。尽管如此，上市公司作为主要的组织形式仍在继续，股票市场也出现了反弹。在 2002 年底到 2005 年 8 月期间，尽管石油价格飞涨，全世界都在担心战争和恐怖袭击，但标准普尔 500 指数还是上升了近 40%。

如果从历史的观点来看，股票市场的持续强势并不奇怪。纵观历史，由于企业经营环境（市场、政府监管以及技术）发生变化，就会出现导致商业丑闻发生的新的控制问题。这个过程并没有导致上市公司的瓦解。相反，公司治理不断演化，而企业也不断进步。

我们可以思考一下 20 世纪早期经济中发生的根本性变化。在第一次世界大战之后，在总统柯立芝的亲企业政策下，美国经济快速增长。从 1923 年到 1929 年，制造业的产品数量基本翻了一倍。汽车的销售量从 1921 年的 150 万辆增长到 1929 年的 450 万辆。股票市场蒸蒸日上。在这期间，上市公司进一步确立了自己在工业部门中的主导组织形式地位。在“黑色星期二”（1929 年10 月 19 日），股票市场发生了崩盘，大萧条跟随而至。在整个 20 世纪 20 年代，道琼

泰科国际：公司治理失败还是成功

泰科国际有限公司（Tyco International Ltd.）是一家多元化经营的制造和服务公司，它也曾卷入一起大的公司治理丑闻。问题最初出现于 1999 年 12 月，当时公司披露证券交易委员会正在对公司进行非正式调查。在 2000 年 6 月，泰科公司公布它正在修正 1999 年和 2000 年第一季度的报告利润。在 2002 年的前 5 个月中，泰科公司的股票价格从每股 56 美元跌到每股不到 10 美元。2002 年 6 月 3 日，公司 CEO 丹尼斯突然辞职。2002 年 9 月 13 日，丹尼斯和公司前 CFO 被指控犯有贪污、欺诈和违反证券法等罪行。根据指控，他们将泰科公司当作了“个人提款银行”，购买了价值数百万美元的住房、游艇、艺术品、个人投资品，甚至价值 1.7 万美元的太阳伞。如果指控属实，非法金额大约为 6 亿美元。经过法庭审判，前 CEO 和 CFO 都被发现有罪。

在 2002 年 7 月，泰科公司从库托罗拉雇佣了爱德·比恩作公司的新 CEO。爱德·比恩的首要任务是改善泰科公司的公司治理，并恢复人们对公司的信心。他通过在公司中设立民意调查员，给予员工道德上的指导（指导员工“要做正确的事”），来鼓励更多的内部政策。他更换了泰科公司的所有高管，五个部门经理更换了两个，并要求前董事会辞职。他将泰科公司的总部从纽约搬到更为简朴的新泽西温莎西区的办公区。自爱德·比恩上任的三年里，泰科公司的股票价格翻了三倍，远远超过标准普尔 500 指数的绩效表现。

泰科公司作为公司治理失败的典型曾被引用，它也是美国公司治理制度存在致命缺陷的又一个例证。从长期来看，泰科公司可以被看作公司治理成功的典型。尽管当公司丑闻暴露后，公司及其股东受损，但最终犯罪的人被送进监狱，公司治理问题也得到纠正。三年后，公司又“回到正轨”，并表现良好。与经济达尔文主义原则一致，泰科公司对外部压力做出及时反应，改变了其组织架构，从而得以幸存。

斯工业平均指数（主要的股票市场指数）将近升至原来的 4 倍，在 1929 年 9 月 3 日达到历史高点 381.17 点，到 1932 年 6 月，该指数下降到 41.22 点（价值损失达 90%）。

随后的调查宣称，公司治理中存在会计“花招”、非法交易、利益冲突以及其他重大问题。然而，这些发现导致了私人部门和政府部门在公司治理上的变化，而不是上市公司的瓦解。没有哪个公司治理机制运转良好，其他公司丑闻在历史上也时有发生。在 1938 年，麦克森和罗宾斯经理盗用公款超过 1 800 万美元，并通过伪造一个相当于公司资产五分之一的虚假部门来藏匿盗用的公款。当时的审计公司普华永道没有发现这个骗局。在 20 世纪 60 年代和 70 年代，大的丑闻在合伙基金和股权基金中爆发。尽管发生了这些以及其他丑闻，上市公司仍继续存在，政府的监管体系也不断演化。在 2005 年 12 月 1 日，道琼斯指数达到了 10900 点上下，而在 20 世纪 20 年代，其最高点为 381 点。

20 世纪后半叶经历了重大的经济变化，包括信息时代和市场全球化的发展。上市公司面临着新的控制问题，这些问题对现有的控制体系形成挑战。正如联邦储备委员会主席艾伦·格林斯潘在 2002 年 7 月所说，“表达贪婪的绿荫大道已经大大拓宽了。”在安然公司，CFO 安德鲁·法斯托采用复杂的衍生产品来实施欺诈，这是一种在 20 年前根本不存在的金融工具。在只有股票和债券的“简单世界”中，欺诈更容易被发现和监督。

世界逐渐增加的复杂性意味着当管理者在考虑扩张进入新业务和新市场时，应该仔细地评估控制问题。当考虑公司治理的成本时，从纯经营角度考虑战略决策被证明是不明智的。考虑荷兰阿霍德集团（Royal Ahold）在 2000 年和 2001 年的战略——公司打算通过多起并购将其零售业务扩展到全世界。这家公司总部设在荷兰，仅在这两年内，就至少收购了美国、斯堪第纳维亚、西班牙、阿根廷以及荷兰的 13 家新公司。这种快速的扩张带来了控制难题，这是公司所始料不及的，在 2003 年，一件会计丑闻被暴露出来。国外的分公司编制出大量的虚假会计报表，一个明显的原因是部门经理想要根据这些会计数据获得更多的奖金。在丑闻发生后，阿霍德集团从其快速并购战略中撤退，出售了各种各样的“非核心”资产，在公司和部门层面上都加强了内部控制。

在最近的公司丑闻之后，关于如何改进公司治理的争论经久不息。这种争论是有意义的，因为它可以产生如何改进公司治理的新见解。然而，重要的是要明白，目前公司治理方面的缺陷并没有像某些批评所说的那样严重。与通常的描述不同，公司的高管没有得到绝对的权力把公司作为私人公司来运转。与组织架构的框架一致，美国的公司治理模式试图将决策管理与决策控制相互分离，从而给公司决策者提供激励以做出高效的决策。公司丑闻一次又一次地暴露出来，然而，在任何可行的公司治理制度下，这些都是不可避免的，在快速变化的环境就更是如此。要想通过设计公司治理机制来消除所有的代理冲突，成本往往会过于巨大。也许这种设计对某些丑闻的发生可能是有效的。正如萨班斯—奥克斯利法案所说明的，新的监管法令肯定会同时带来成本和收益，这正如在公司层面私自进行的公司治理改革一样。尽管从概念上讲，公司治理的改进是可能的，但在评价公司层面和政府监管层面的公司治理改革时，全面考虑成本和收益是非常重要的。

推荐书目

D. Chew Jr. and S. Gillan, Eds. (2005) , *Corporate Governance at the Crossroads, A Book of Readings* (McGraw-Hill/Irwin: Boston) .

注 释

1. 普通股股票的持有人有资格获得公司的剩余利润。在美国，绝大多数的股票都是普通股股票，也有一些公司同时也发行优先股股票。对优先股股票的红利支付是固定的，而且是有“保证”的。我们将着重讨论普通股股票持有人的情况。
2. 数据来源于纽约股票交易所网站（http://www.nyse.com/）和纳斯达克网站（http://www. nasdaq.com/）。
3. 数据来源于世界股票交易所联盟年报，2005 年 5 月 9 日。
4. 参见 H. Demsetz and K. Lehn (1985) , “The Structure of Corporate Ownership: Causes and Consequences,” *Journal of Political Economy* 93, 1155–1177.
5. 参见 R. La Porta, F. Lopez-De-Silanes, and A. Shliefer (1999) , “Corporate Ownership around the World,” *Journal of Finance* 54, 471–515.
6. A. Berle, Jr. and G. Means (1933) , *The Modern Corporation and Private Property* (MacMillan: New York) , 8–9.
7. M. Jensen (1989) , “Eclipse of the Public Corporation,” *Harvard Business Review*.
8. 参见 B. Holmstrom and S. Kaplan (2003) , “The State of U.S. Corporate Governance: What's Right and What's Wrong?” *Journal of Applied Corporate Finance* 15 (3) , 8–12.
9. 关于这个主题的学术文献，见 J. F. Weston, M. L. Mitchell, and J. H. Mulherin (2004) , *Takeovers, Restructuring and Corporate Governance*, 4th Edition (Prentice Hall: Upper Saddle River, NJ)。
10. 参见 S. Grossman and O. Hart (1988) , “One Share — One Vote and The Market for Corporate Control,” *Journal of Financial Economics* 20, 175–202; And M. Harris and A. Raviv (1988) , “Corporate Governance: Voting Rights and Majority Rules,” *Journal of Financial Economics* 20, 203–235.
11. 事实表明，与对应的有足够的股票投票权相比，有限投票权的股票基本上会按照 5%的折扣销售。因此，如果公司的创始人决定上市，发行有限投票权的股票，那么与发行同样规模有全部投票权的股票相比，他只能预期按照某个折扣获得销售收入。见 R. Lease, J. McConnell, and W. Mikkelson (1983) , “The Market Value of Control in Publicly-Traded Corporations,” *Journal of Financial Economics* 11, 439–471.
12. 例如，参见 R. Stulz (1988) , “Managerial Control of Voting Rights: Financing Policies and the Market for Corporate Control,” *Journal of Financial Economics* 20, 25–54.
13. 数据来源于 L. Bebchuk (2005) , “The Case for Increasing Shareholder Power,” *Harvard Law Review* 188, 854. 轮流（staggered）董事会和分类（classified）董事会是同义词。这种董事会的一个例子如下：公司董事会有 9 个董事，分为 3 类；董事会成员任期为 3 年；在任何既定年份，只有一类成员要选举。分类董事会的反对者提出，它将损害股东利益，因为在这种情况下，完成恶意收购需要更长的时间（在既定年份，董事会的大部分成员不重新选举）。也有人支持轮流董事会，指出它有助于保证董事会中总有有经验的人。

14. 参见 L. Bebchuk (2005) ，“The Case for Increasing Shareholder Power,” *Harvard Law Review* 188, 833–914；以及 L. Bebchuk and J. Fried (2005) , *Pay Without Performance: The Unfulfilled Promise of Executive Compensation* (Harvard University Press: Cambridge, MA) .
15. 参见 F. Easterbrook and D. Fischel (1991) , *The Economic Structure of Corporate Law* (Harvard University Press: Cambridge, MA) , 87–88.
16. 参见 L. Bebchuk (2005) ，“The Case for Increasing Shareholder Power,” *Harvard Law Review* 118, 888–891.
17. 法律传统在世界各地各不相同。有两个广义的分类：大陆法和普通法。在大陆法系国家，立法是法律的主要来源，而在普通法系国家，法律的主要来源是法庭的判决先例。大陆法系国家经常被分为三类：法国、德国和斯堪的纳维亚。荷兰大陆法很难归到这三类中的一类。俄罗斯的大陆法部分来源于对荷兰大陆法的演绎。在划分具体国家的法律体系时也有模糊的地方。例如，葡萄牙和意大利的法律制度均从法国和德国的法律演变而来。主要的法律制度形成于欧洲，并随着殖民主义的发展而传播到全世界。日本、韩国和中国的法律制度主要受德国式大陆法系的影响。研究表明，就股东利益保护、有效/公正的法庭制度和公司信息披露而言，法国式大陆法系国家往往是最弱的。
18. 关于这一研究主题的大范围调查超出了本书的范围。作为初步理解的需要，可以阅读 Rafael La Porta, Florencio, Lopez–De–Silanes, Andrei Shleifer Robert 以及 W. Vishny 的作品。
19. 关于其他商业利益会影响机构投资者投票行为的事实，见 J. Brichley, R. Lease, and C. Smith (1988) ，“Ownership Structure and Voting on Antitakeover Amendments”，*Journal of Financial Economics* 20, 267–291.
20. 见 R. Morck, A. Shleifer, and R. Vishny (1988) ，“Management Ownership and Market Valuation: An Empirical Analysis,” *Journal of Financial Economics* 20, 293–315.
21. 见 D. Yermack (1996) ，“Higher Market Valuation for Companies with a Small Board of Directors,” *Journal of Financial Economics* 40, 185–211.
22. 见 J. Core, W. Guay, and D. Larcker (1999) ，“Corporate Governance, Chief Executive officer Compensation, and Firm Performance,” *Journal of Financial Economics* 51, 371–406.
23. 例如，见 S. Gilson (1990) ，“Bankruptcy, Boards, Banks, and Blockholders,” *Journal of Financial Economics* 27, 355–387; S. Kaplan and D. Reishus (1990) ，“Outside Directorships and Corporate Performance,” *Journal of Financial Economics* 27, 389–410.
24. “The Big Chill in the Board Room” (2005) , *New York Times* (May 22) .
25. 见 M. Weisbach (1988) ，“Outside Directors and CEO Turnover,” *Journal of Financial Economics* 20, 431–460.
26. 见 J. Brickley, J. Coles, and R. Terry (1994) ，“Outside Directors and The Adoption of Poison Pills,” *Journal of Financial Economics* 35, 371–390; 以及 J. Byrd and K. Hickman (1992) ，“Do Outside Directors Monitor Managers? Evidence From Tender offer Bids,” *Journal of Financial Economics* 32, 195–207. 有关董事会更详细的理论和实证研究，见 B. Hermalin and M. Weisbach (2003) ，“Board of Directors as An Endogenously Determined institution: A Survey of the Economic Literature,” *Economic Policy Review*, Federal Reserve Bank of NY (April) , 7–26.

27. 例如，见 M. Colombo and M. Delmastro (2004)，"Delegation of Authority In Business Organizations: An Empirical Test," *Journal of Industrial Economics* 52, 53–80; and A. Christie, M. Joye, and R. Watts (2003)，"Decentralization of the Firm: Theory and Evidence," *Journal of Corporate Finance* 9, 3–36.
28. R. Hamilton (2000)，*Law of Corporations* (*In a Nutshell*) (West Group: Saint Paul, MN)，391.
29. 二把手可能会有其他头衔，比如"总裁"等。
30. Bureau of Labor Statistics, U.S. Department of Labor, *Occupational Outlook Handbook*, 2004–2005 Edition, Top Executives, http://www.bls.gov/oco/ocos012.htm.
31. 参见 R. Vancil (1987)，*Passing the Baton* (Harvard Business School Press: Boston)．
32. 见 C. Holderness, R. Kroszner, and D. Sheehan (1999)，"Were the Good Old Days that Good? Changes in Managerial Stock Ownership Since the Great Depression," *Journal of Finance* 54, 435–469.
33. 见 J. Gaver and K. Gaver (1993)，"Additional Evidence on the Association Between the Investment Opportunity Set and Corporate Financing, Dividend and Compensation Policies," *Journal of Accounting and Economics* 16, 125–160; and C. Smith and R. Watts (1992)，"the Investment Opportunity Set and Corporate Financing Dividend and Compensation Policies," *Journal of Financial Economics* 32, 263–292.
34. 见 L. Bebchuck and J. Fried (2004)，*Pay Without Performance: the Unfulfilled Promise of Executive Compensation* (Harvard University Press: Cambridge, MA)．
35. 我们所观察到的报酬与各种董事会特征之间的关系会受到遗漏变量的影响，同时它又会影响报酬与董事会特征。例如，B. Hermalin and M. Weisbach (1998)，"Endogenously Chosen Boards of Directors and Their Monitoring of the CEO," *American Economic Review* 88, 96–118, 提供了一个模型，其中 CEO 的才能同时影响总裁的报酬和董事会的独立性。在现有的数据和理论下，分析出原因和效果是很困难的。
36. 见 E. Lazear and S. Rosen (1981)，"Rank Order Tournaments as Optimal Labor Contracts," Journal of Political Economy 89, 481–864; and S. Rosen (1982)，"Authority, Control, and the Distribution of Earnings," *Bell Journal of Economics* 13, 311–323.
37. 术语独立会计师事务所是一个标准的表达。它代表与被审计的公司相独立的会计师事务所。正如我们所讨论的，关于独立审计师是否完全独立于其所审计的公司，仍有争议（例如，可能还会牵扯到其他业务关系）。用于描述独立审计师的另外一个常用术语是外部审计师。
38. 例如，见 D. Diamond (1984)，"Financial Intermediation and Delegated Monitoring," *Review of Economic Studies* 51, 393–414.
39. J. Wu (2005)，"Analyst Reputation and Forecast Optimism," Working Paper, University of Rochester, Rochester, NY.
40. http://www.towersperrin.com/hrservices/webcache/towers/united_states/publications/reports/2003_04_worldwide_remuneration/wwtr_2003_english.pdf.
41. 在艾迪菲尔公司，创建公司的家族成员受到各种各样与欺诈和挪用公司资产有关的指控（有些已宣判），因此人们也将帕玛拉特公司与美国的公司丑闻相类比。
42. 数据来源于由 Booz Allen Hamilton 进行的关于 CEO 更换的年度调查。见 http://www.boozallen.de/content/downloads/ceo_succession_2004.pdf.
43. 见 D. Audretsch and M. Fritsch (2003)，"Linking of Entrepreneurship to Growth: The Case of West Germany," *Journal of Industrial Studies* (March)．

44. 见 J. Weston, J. Siu, and B. Johnson (2001) , *Takeovers, Restructuring and Corporate Governance*, 3rd edition (Prentice Hall, Upper Saddle River, NJ) .
45. 见 E. Fama (1980) , "Agency Problems and The Theory of The Firm," *Journal of Political Economy* 88, 288-307.
46. 见 A. Alchian (1950) , "Uncertainty, Evolution and Economic Theory," *Journal of Political Economy* 58, 211-221; and O. Hart (1983) , "The Market Mechanism As an Incentive Scheme," *Bell Journal of Economics* 14, 366-382.
47. 关于该法案的详细内容，见 http://www.aicpa.org/info/sarbanes_oxley_summary.htm.
48. 见 T. Bisoux (2005) , "The Sarbanes-Oxley Effect," *BizEd* (July/August) , 24-29.
49. 关于这类研究的回顾和讨论，参见 L. Ribstein (2005) , "Sarbanes-Oxley after Three Years," Illinois Law and Economics, Working Paper, #LE05-016.
50. 请回忆在第 12 章，决策控制权力是组织中审核和监督决策的权力。对决策控制的最终权力通常是由组织的高层所掌握的。然而，这些权利可以通过组织授权下放到个人。

第 19 章

纵向一体化与外包

在1989 年，伊士曼柯达公司将其主机卖给 IBM 公司，并与 IBM 签订合约：在未来的 10 年中，IBM 公司要承担柯达公司所有的数据处理业务。[1] 按照与柯达公司签订的合同，IBM 公司将负责柯达公司数据中心的运行。IBM 公司提供相关的软件和硬件设备，并负责有关文件的备份和保护。柯达公司保留自己的员工，进行应用软件的开发，并负责绝大部分的数据输入。例如，柯达公司为 IBM 公司提供基础数据，以供对方建立销售预测模型，并开发许多相关专业应用软件。IBM 公司负责在自己的操作系统上运行柯达公司的项目。

这种对计算机服务的外包有极好的宣传价值，因为至今为止，还没有一个像柯达公司这样大规模或者这样有名的公司，将计算机操作外包出去。其他大公司也开始考虑类似的行动。在 1990 年，美国企业总共花费了 72 亿美元用于计算机外包服务。根据标准普尔公司的估计，2003 年，全世界用于外包的费用超过 1 700 亿美元。

在 1998 年，IBM 为联合技术公司（UT）开发并管理一个采购系统。联合技术公司是 Pratt & Whitney 飞机引擎、飞机空调和奥的斯电梯（Otis）的制造商。联合技术公司预期其外包有望在两年内节约7.5 亿美元的采购成本。IBM 承担了联合技术公司的部分采购操作，并建立了采购系统（在线采购和支付），包括与供应商谈判并签订合同。IBM 采购的东西包括办公室设备及临时需要的各种产品和服务，但 IBM 不负责采购生产所用的零部件。

外包的内容不仅限于信息和采购系统。常见的外包服务包括运输、供餐、数据处理、复印以及会计事务。例如，在 1992 年，杜邦公司将其复印机分部卖给 Lanier，根据合同，Lanier 向杜邦公司提供复印服务。从前，柯达公司曾经在其总部（纽约的罗彻斯特）开餐厅，为 4 万名员工供餐。在 1992 年，柯达公司将这一供餐服务卖给 Marriott 公司。作为全世界领先的运动鞋生产商之一，锐步并没有自己的工厂。相反，它与亚洲许多国家的生产商都签订了合同，进行各种鞋类产品的生产。1999 年，克莱斯勒汽车公司从外部供应商那里购买了 70%的汽车零部件。

外包引起了组织架构的一系列根本性变化。第一，与特定资产和员工相联系的决策权再分配的事情从一家公司转到另一家公司。比如，为了在数据中心安排新的员工，IBM 公司聘用了 300 名以前在柯达公司工作的员工。IBM 公司现在拥有为柯达公司提供大型运算服务的主机，并对设备的利用率、维护以及更换具有决策权。第二，随着有关项目转为外包，绩效评估与奖励系统也发生了变化。从前，柯达公司把数据处理单元作为成本中心来评估绩效。与 IBM 公司签订合同之后，在 IBM 公司领导下，数据中心的高管按照业务增长、经营效率以及柯达的用户满意度来评估绩效。总的来看，IBM 公司领导的数据中心更接近于一个利润中心，而不是成本中心。由于柯达公司按照时间支付计算机服务的费用，所以，如果 IBM 公司能够改进效率和降低成本，将直接从中受益。

这种关于外包的讨论涉及一系列重要的问题：

- 在选择组织架构时，内部生产还是外包的成本和收益分别是什么情况？
- 什么活动最适合外包？为什么数据处理、供餐、复印以及运输业务是最为常见的外包服务？为什么柯达公司将数据中心的运营外包给 IBM 公司，却保留了开发应用软件的职责？
- 当一家公司要利用外包时，最为重要的合同条款是什么？为什么柯达公司与 IBM 公司签署了一个为期 10 年的合同，而不是 1 年的合同？为什么有的公司在与分销商签订合同时，授予分销商在一定区域内独家代理的权利？
- 哪些因素促成了目前日益增长的外包趋势？

我们将从生产和营销一项产品的过程开始讨论。然后我们还将讨论这一过程中（市场交易、长期合同以及纵向一体化）不同组织步骤的利弊，合同的合理期限，与独立分销商的合同，以及最近外包进一步增加的原因。

生产的纵向链

消费品的生产要经过一系列环节，它可以用*生产的纵向链*来描述。[2] 图 19.1 描述了个人电脑生产的纵向链。在链条的顶部是原材料，比如化工、金属以及橡胶等微机生产所需的投入要素。这些投入品通过运输，将转到中间产品加工环节。相应的加工生产商（例如，塑料加工生产商、芯片制造商以及操作软件制造商）直接制造用于最后微机装配的中间产品。这些中间产品将通过运输，转到装配公司，装配成可以提供给用户的最终产品。最后，这些产品又要运送到零售商店，通过零售商店卖给顾客，并提供售后服务。这一纵向链的每一个环节都由管理服务，比如会计、财务以及市场营销来支持。公司可以定位于这一纵向链的不同位置。英特尔公司是一个中间产品生产商，专门生产电脑芯片；而戴尔销售个人电脑，它集中于最后的装配和分销。公司还可以将业务集中于提供各种支持服务（例如，提供运输和会计方面的服务）。

当一家公司沿着这一纵向链条参与了超过一个环节的活动，就被称为*纵向一体化*。公司的纵向一体化程度千差万别。戴尔电脑公司租赁许多生产厂地，事实上它自己不生产任何电脑零部件，也不生产甚至也不储存其所销售的多种软件产品。IBM 则采用了更高程度的纵向一体化，其产品的许多零部件和软件都是公司内部生产的。对于大型计算机，IBM 也通过自己的销售队伍销售。

公司纵向一体化的程度也会随着时间而变化。如果一个组织将某些投入品的生产纳入公司业务，就被称为*后向或者上游一体化*，而一个组织将其产品的销售或深加工纳入自己的业务，就被称为*前向或者下游一体化*。林肯电气公司采用了后向一体化，开始为自己的焊接设备生产某些投入品，而这些投入品原本是由外部公司提供的。当苹果公司开设苹果专卖店来销售其台

图 19.1 个人电脑生产的纵向链

在链条的顶部是原材料，比如化工、金属以及橡胶等个人电脑生产所需的投入要素。这些投入要素通过运输，将转到中间产品加工环节。相应的加工生产商（例如，塑料加工生产商、芯片生产商以及操作软件生产商）直接制造用于最后个人电脑装配的中间产品。这些中间产品将通过运输转到装配公司，装配成可以提供给用户的最终产品。最后，这些产品又要运送到零售商店，并通过零售商店卖给顾客。这一纵向链的每一个环节都有管理服务的支持，比如会计、财务以及市场营销。

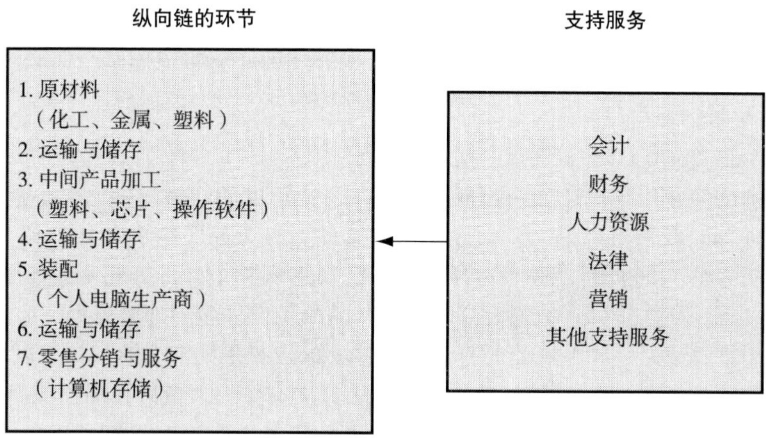

长期合同

在这一章，我们对于长期合同的各种类型不做区分，而着重讨论公司如何在现货交易、合同以及纵向一体化之间做出选择。然而，长期合同可以采用多种多样的形式。第一，在独立的公司之间有一种**标准的供应和分销合同**。例如，IBM 公司和柯达公司签订了 10 年的供应合同，IBM 公司同意按照事先商定的价格向柯达公司提供特定的计算机服务。这种合同包含许多具体的条款，规定相关服务的性质，以及合同各方的责任和义务。第二，**合资企业**的形式。在典型的合资企业中，两个或多个独立的公司合资建成一个新的公司。新公司可能会负责研究开发、供应零部件或者做一些下游的活动，比如营销和分销一种产品。制药公司经常为药品的开发研究成立合资公司，承担基本的新药研究的任务。这种研究的成果将由合资各方分享。类似地，美国公司和欧洲公司可能会组建一个合资公司，以便在欧洲市场上销售美国公司的产品。第三种形式为**租赁合同**，通过这种合同，一家公司将从另一家公司租借相关的机器或者厂房等资产。第四种合同形式是**特许经营协议**，这种协议将授予独立的经营者相关的权利，可以使用母公司的名字、声誉以及在特定市场上的经营模式。第五种形式是**战略联盟**。这一术语是用来描述独立公司之间旨在联合开发和营销某种产品的各种协议。比如，一家航空公司和一家汽车租赁公司也许会同意相互促销对方的产品，并参与联合的促销方案。

图 19.2 外包：连续统一体上的选择

通常，将外包决策看作在可能的连续统一体上做出选择是有意义的。在这种连续统一体的一端，产品和服务都可以从现货市场上大量的潜在供应商中的任何一家来购买。在连续统一体的另一端，公司可以在纵向一体化的分部内生产相关的产品和服务。在这两个极端之间，是各种长期合同。合同可以采用各种各样的形式，包括标准的供应和分销合同、合资企业、租赁合同、特许经营合同以及战略联盟。

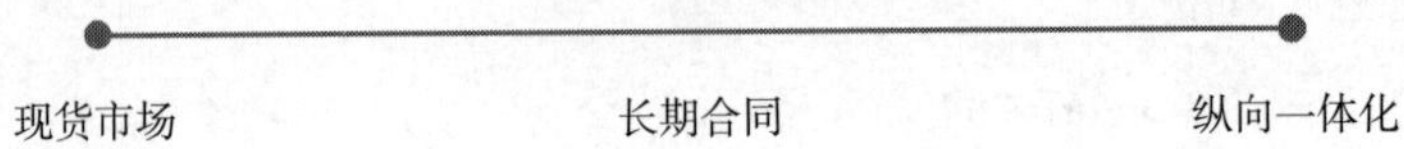

式电脑、笔记本和 iPod 后，它就实现了前向一体化。

外包这一术语经常用于描述公司降低其纵向一体化程度的行为——原来在公司内部的业务活动移到公司外部。我们可以说，“柯达公司将其计算机业务外包给 IBM 公司”。术语外包也用来描述一种正在履行的合约，按照这种合约，公司将从一个外部公司购买零部件或者服务。例如，我们可以说，“锐步一直把绝大部分鞋类产品的生产外包给外国公司。”

将外包的决策看成是一种在可能的连续统一体上的选择也是非常有用的。就像图 19.2 所反映的，在连续统一体的一端，产品和服务都可以从现货市场上大量潜在的供应商中的任何一家来购买（交易是按照当前的市场价格进行的，卖者和卖者之间没有长期承诺）。在连续统一体的另一端，公司可以实行纵向一体化，在内部生产零部件并提供服务。[3] 在这两个极端之间，是独立公司或准独立公司之间的长期合同。长期合同可以采用各种各样的形式，包括长期供应和分销合同、特许经营合同、租赁合同、合资企业以及战略联盟。许多最近的外包决策使公司从纵向一体化转向长期合同（柯达公司与 IBM 之间的计算机服务，柯达公司与 Marriott 之间的供餐服务，杜邦公司与 Lanier 之间的复印服务）。在分析外包的零部件和服务之前，我们首先

中国台湾半导体公司的纵向外包

中国台湾半导体生产公司 1998 年实现销售收入 15 亿美元，其绝大部分收入来自于芯片生产。多年来，像摩托罗拉这样的公司生产了绝大部分用于控制质量和设计的芯片。到 2002 年，摩托罗拉公司将它使用的大部分芯片外包出去。中国台湾半导体生产公司和摩托罗拉公司还宣布将进一步增加外包项目，其中中国台湾半导体生产公司到 2006 年将加倍扩张其芯片生产能力。中国台湾半导体生产公司还将超出芯片制造的业务，提供半导体设计服务。中国台湾半导体生产公司将设计普通的芯片，并帮助客户设计复杂的半导体。中国台湾半导体生产公司拥有芯片设计的资料室，可以快速“黏结”而制造出智能芯片。通过这种方式，可以更快更便宜地设计和生产芯片。请注意，中国台湾半导体生产公司计划在公司内部实现设计和生产的纵向一体化，以使客户能够外包这些功能。

资料来源：J. Moore (1999)，“TSMC's Chip Business Booms as More Companies Outsource,” *BusinessWeek* (June 21), 128; and Motorola.com (June 26, 2002).

物流外包

Deere 公司是农业设备的制造巨头，它不仅将厂内零部件的运送外包给卡车租赁公司 Ryder System，而且将送给农户的拖拉机维修配件的贴标和包装业务也外包给这家公司。Deere 公司的经理说，“我们认为农场主不会真正关心谁来存储零部件，但是，他们的确希望由Deere 公司来建造他们的拖拉机。你需要确定你真正擅长什么，并专注于这方面。”卡车运输公司和航运公司已经扩张进入这一长久不为人所知，但市场巨大的物流领域——计划、包装、存储和存货运输。通过大批量存货和加速运输，企业外包物流业务降低了成本。今天，美国大公司中的 75%都依赖于这些大型的运输公司。一位时事评论家说，“这是一站式外包。”耐克公司将其位于亚特兰大的大型高科技仓储中心外包给另一家公司——万络（Menlo）。万络公司的员工给篮球、橄榄球和足球充气时，只充满一半的气，以节省空间。他们还将这些球进行华丽的包装，甚至替零售商贴上价签。

资料来源：A Mathews (1998)，“Logistics Firms Flourish Amid Trend in Outsourcing,” *The Wall Street Journal* (June 2)，B4.

考察在现货市场上购买的优势。我们用术语市场交易指在现货市场上的销售和购买；我们用术语非市场交易来代表纵向一体化或长期合同。

在竞争市场上购买的好处

图 19.3 是标准的竞争均衡图（就像在第 6 章所讨论的）。该图表明，竞争市场将导致有效生产——将按照平均单位成本的最低点来生产。价格将等于平均成本，这意味着买者将按照成本购买相应的产品（其中当然包括正常的投资回报率）。[4] 随着时间的推移，供应商将采用先进的技术来降低生产成本，或者提高产品质量。成本降低的好处会通过价格降低的形式传递给买者。这一分析表明，当可以在竞争性的外部市场购买所需的产品和服务时，公司应该利用这种外部市场。在绝大多数情况下，公司通过非市场交易无法便宜地获得相关产品，也就是说，在许多情况下，这些产品价格会更高。

内部生产的一个问题是，能否生产足够多的数量，从而可以在生产中实现规模经济。在图 19.3 中，平均成本曲线的最低点在产量 Q^*。市场上的各家公司将按照这一产量进行生产。如果所需要的产量低于 Q^*，各家公司内部生产所需产量的平均成本就会较高。但企业可以生产 Q^* 单位，并把多余的部分在外部市场上出售。然而，这种选择要求公司进入一个新的市场——一个与其基本业务不一致的市场。就像我们在第 8 章所讨论的，分散投资于不相关的领域会降低公司的价值。经验研究表明，与集中于核心业务的公司相比，投资分散化的公司通常表现较差。[5]

非市场采购方法的另一个问题是，为了保持有效的生产就必须付出成本。大公司的部门决策行为经常是无效的，但只要这些部门由利润丰厚的其他部门来补贴，就可以长期持续存在。

图 19.3 竞争均衡

该图表明，竞争市场会导致有效生产。右图是行业的供给曲线和需求曲线。他们的交点决定了市场价格水平。左图表明行业中小部分企业的产量决策。生产的产量确定在长期平均成本曲线（LRAC）的最低点。买者将以最低的成本（P^* = LRAC = LRMC，这里，LRMC = 长期边际成本）获得该产品。这一分析表明，当存在投入品的外部竞争市场时，企业应该利用它们。在绝大多数情况下，企业不能通过内部生产更便宜地获得投入品，在很多情况下，这种内部生产的成本会更高。

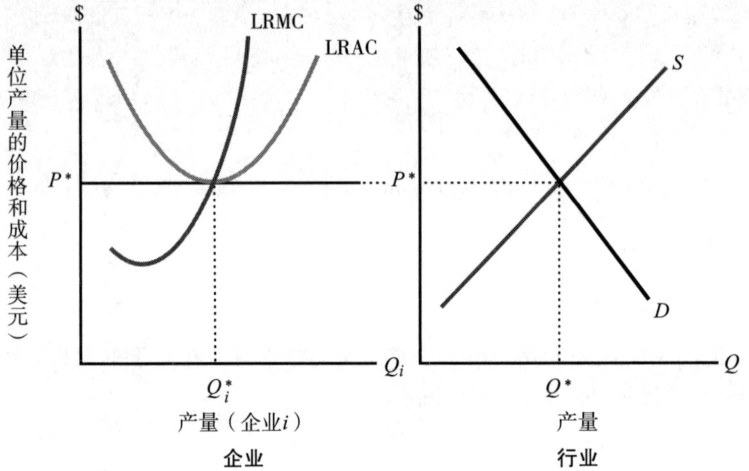

要促使内部管理者进行有效生产，公司就必须采用相关的激励和控制系统，这就需要花费成本。类似地，参与长期供应的合同各方也必须受到激励才会去执行协议。另一方面，独立的公司面临着更为直接的市场压力。如果在核心业务上不能实现有效生产，就将面临亏损，并最终不得不破产清算。

由于这些问题，绝大多数的公司都利用市场获得很多（如果不是大多数）投入品。很少有公司生产他们自己使用的卡车、汽油、复印机、铅笔、文具、电话、办公设备或者卫生设备。这些产品的绝大多数都是通过市场交易获得的。公司也经常依靠外部市场获得许多其他的下游活动服务，比如产品分销。例如，宝洁公司通过许多独立的商店和药店销售他们的产品（比如香皂和牙膏）。这里的要点在于，功能健全的市场将对有效生产和低价格提供强有力的激励。通过市场交易获得许多产品和服务，将会促成公司的价值最大化。

非市场交易的理由

我们的分析结论似乎不利于非市场交易——公司应该集中于产品生产和分销过程的某一个特定环节，并通过与外部供应商和分销商的市场交易获得其他投入品和服务。然而，至少存在三个可能的理由，说明公司为什么经常采用非市场交易，来获得相关投入品和下游服务：契约

Merck 和 Astra——合资企业

在若干年以前，位于美国的 Merck 公司和位于瑞典的 Astra 公司合资成立了各拥有 50%股权的合资公司——Astra Merck 公司。Astra 公司将其在美国的所有业务投入到 Astra Merck 公司中，而 Merck 公司在美国帮助 Astra 公司开拓市场，并获得政府监管部门的批准。这一合资企业一度是 Merck 公司的飞来横财，也是 Astra 公司的痛处。Astra 公司的 Prilosec 在美国和全世界都是销售最好的处方药品。这种药品用于治疗各种溃疡，Prilosec 在美国的年销售额达到 24 亿美元，在全世界的年销售额达到 42 亿美元。

在重组这一合资企业时，Merck 公司要出让特许使用金的管理控制权和投票权。分析人员预期，经过公司重组，在允许 Astra 公司寻找并购伙伴的同时，Merck 公司将获得价值 70 亿~100 亿美元的股权出让收入。

资料来源：S. Lipin and R. Langreth (1998)，"Merck, Astra Reach Restructuring Pact," *The Wall Street Journal* (June 19)，B6.

成本、市场力量以及税收或政府干预。

契约成本

在第 3 章，我们讨论了市场架构问题。我们得出，市场可以有效地将具体知识与决策权联系起来。而且，市场还会为决策者提供激励，使其更为有效地运用相应信息。我们也提出了问题：为什么不是所有的交易都通过市场完成？罗纳德·科斯回答了这个问题。他认为，市场交易并不是无成本的。[6] 例如，市场交易会涉及寻找交易伙伴、就交易价格进行谈判等成本。如

美国制造

公司有时会给他们的产品贴上"美国制造"的标签。这种标签有利于拉拢某些消费者的感情——美国人应该购买美国制造的产品，以保护国内的就业机会。有些公司也借助于这一方法从美国政府那里获得相关的项目合同。然而，许多公司都从外部市场上购买投入品，这使我们很难判断究竟哪些物品是美国制造的。在 1994 年 9 月初，FTC 公司状告两个小的运动鞋生产公司——New Balance 公司和 Hyde 运动用品公司，罪名是运用虚假广告，谎称他们的产品是"美国制造"。尽管这两家公司是在美国最后加工完成他们的运动鞋，但生产所用的绝大部分零配件，比如鞋底和鞋帮都是从亚洲进口的。Hyde 运动用品公司同意将广告词改为"进口部件美国制造"。New Balance 公司却反对受到的指控。这种问题会影响很多公司——从戴尔电脑公司到通用汽车公司，他们都强调自己的产品是地道的美国生产，只是许多零部件和服务却依赖于外国公司。

资料来源：M. Oneal (1994)，"Does New Balance Have an American Soul?" *BusinessWeek* (December 12)，86-90.

果非市场的契约成本更低时，参与交易的各方就有动力采用其他机制，比如内部生产。导致非市场交易的成本低于市场交换成本的因素至少有四个，包括：企业的专用资产、质量检验的成本、外部性以及协调问题。

企业的专用资产[7]

通常，要进行生产就要投资于一定的资产。例如，IBM需要大型计算机，以便为柯达公司提供计算机服务，所有的生产者都需要相应的设备来加工和装配零部件。有时，这些资产很容易转换作其他用途。大型计算机可以用于为柯达公司服务，也可以为其他公司服务。因为所采用的是通用计算机，所以可以为各种各样的客户服务。有一些资产，在目前的用途上，比在其他用途上价值要大得多。例如，铺设在阿拉斯加的石油管道对于输送石油来讲有着很高的价值，而任何可以想得到的其他用途则价值要低得多。如果IBM为管理柯达公司的工资编写了一个专用软件，与用于其他公司的工资管理软件相比，这样一个用于柯达公司的工资管理软件价值就要大得多（比如，可以用于计算不同的福利）。尽管这样的软件可用于其他公司，但程序调整的成本会非常高。如果一项资产在目前的用途比在其他的用途上价值大得多，就称为是企业的专用资产。在以下四种情况下，资产专用最有可能出现：[8]

- **资产的地点专用性**。资产放置在一个特定区域，它只对少数的使用者或供货商有用，而且不容易移动。正如上面所举的阿拉斯加输油管道的例子，它只能由在阿拉斯加北山坡的石油生产商所使用。
- **有形资产的专用性**。产品的设计使它对于少数的买者有特殊的用途。一个例子是用于生产某种特定类型汽车部件的专用生产工具。
- **人力资产的专用性**。交易需要参与交易的各方具有特殊的知识。一个例子是IBM公司的员工必须了解柯达公司的特定流程知识，才能为柯达公司提供计算机服务。
- **定制的资产**。设备性能有时会按照少数几个买者的要求进行扩展。一个例子是芯片生产商

柯达—IBM的外包更新

柯达和IBM公司最初的外包协议是一个10年期的合同。从1989年开始，到1999年截止。在这10年期间，由于盈利性较好，IBM公司大大扩展了它在这一业务领域的全球服务规模。在原有合同到期几个月之后，IBM公司照常宣布这一更新合同，然而柯达公司没有宣布合同的更新。

也许柯达公司认为，技术已经发生了变化，与原有的合同相比，IBM公司的成本大大下降，因此新订立的合同应该有更为优惠的条款。但是，IBM公司却不愿意下调价格，特别是柯达公司如果想转向另一个服务提供商必须再次付出大量成本的情况下。因为每家公司都在双方合作的关系上有沉没投资，所以分裂对于双方来说都是没有吸引力的选择。但是，这些沉没成本是一种特定关系的专用投资，当这一合同必须进行更新时，就会引起讨价还价问题以及谈判分歧。

资料来源：www.ibm.com; and A. C. Doyle (1893)，"Silver Blaze," *Strand Magazine* (December).

也许会为某个特定的计算机厂商提供有附加性能的芯片。

如果供应商投资于特定的资产，以服务于特定的顾客，那么面对未来的谈判，该供应商将处于弱势地位。假设有一位供应商，为制造一种特殊部件在加工工具上（比如金属冲压模具）投资了 5 万美元，而这个部件只有一位生产商使用，那么这种模具除了残值没有其他用途——是一种非常专用的资产。生产的变动成本为每单位 1 美元，这种模具的使用寿命为可以生产 5 万个单位。作为供应商，这种部件至少要卖到每单位 2 美元才会达到盈亏平衡。然而，作为购买方，在供应方已经投资 5 万美元的情况下将居于有利地位，可以让供应方做出价格让步。就这个问题而言，5 万美元的投资是一种沉没成本，只要能够补偿每单位 1 美元的变动成本，供应商就应该继续生产。因此，作为买方，可以迫使供应商接受最低为 1 美元的价格，即使在这种情况下供应商会损失全部的初始投资。如果能预计到这一牵制问题，供应商在一开始就不应该贸然投资，除非得到保障，买者将支付至少每单位 2 美元的价格，而且要购买5 万个单位。

对于买方来说，如果关键的投入要素来自单一的一家供应商，这家供应商已经对于相关的专用资产进行了投资，那么他们也将面临潜在的牵制问题。例如，如果芯片供应商得知作为其客户的计算机厂家有不可撤回的订货，并且该计算机厂家没有其他的芯片购买渠道，那么该芯片供应商也许会提高价格。

采用纵向一体化可以控制这种潜在的牵制问题。如果购买方企业投资于相关机器设备，通过内部生产获得相应的零部件，那么就不必担心随后与供应商的价格谈判。如果不采用一体化方案，在市场上，买者和卖者也可以签订长期供应合同。买者也许同意，在未来的 5 年内按照每单位 2.1 美元的价格从供应商那里购买 5 万个单位的产品。这种合同的签署和执行并不是无成本的。究竟应该选择哪种方案，取决于纵向一体化与长期合同两种方案的相对成本比较。在下面我们将更详细地讨论这两种方案的利弊。

质量检测

监督某些投入品和服务的质量是很困难的。对于买方来说，在没有使用较长时间之前，是不会发现部件有瑕疵的。在这种情况下，卖方公司有动力去欺骗买方公司：一旦价格确定，买方就可以通过降低产品质量，从而降低成本来增加利润。有时，通过与那些已经建立质量声誉或者提供信用担保的公司签订合同，买方可以避免这些问题。否则，买方就应该通过内部生产满足对中间产品的需求，或者，买方也可以尝试与卖方签订长期供应合同，使对方有积极性去保证产品质量。当零部件的质量对于公司产品的成功至关重要的时候，内部生产和长期供应合同就特别有用（请回忆在第 17 章中，柯达决定收购伊士曼骨胶公司，可以更好地控制骨胶的质量）。这些非市场组织形式未必会改变信息在相关各方间的分配。然而，它允许公司利用合同激励，保证产品质量（我们将在第 22 章中进一步讨论这个问题）。

控制外部性

企业经常致力于提高声誉和顾客忠诚度，这种投资可以增加对公司产品的需求。然而，企业如果想使独立的分销商为保持品牌声誉而投入大量资源，就会遇到问题——这里存在一个搭便车的问题。在分销系统中，独立的零售商在广告方面会有意偷懒，并依赖系统内其他单元的努力吸引顾客。这些零售商也可能会通过聘用不熟练的、便宜的劳动力来减少成本。零售单元的所有者会得到降低单元的劳动力成本的全部好处，但只承担服务质量下降的部分成本——未来销售量下降将由其他单元分担。当零售商接待的顾客不可能在同一单元重复购买的情况下，这种搭便车的激励会特别大。

通过纵向一体化可以控制搭便车问题。在纵向一体化的情况下，零售店的经理因避免搭便车而得到补偿。通过长期合同规定的条款，也可有效激励零售店扩大销售。我们将在本章的后面更为详细地讨论这种分销合同问题。

广泛协调

有些活动需要广泛的协调。比如，铁路运输依赖于广泛的交通线路支持。从原则上讲，在交通线路网络内运用价格体系解决各连接点之间的问题是可能的。铁路公司可以通过相互付费来使用铁路线，而价格将根据供求来调整。但这一体系有可能很复杂，运作起来会很昂贵。另一个方案是，将网络中的铁路公司合并，从而可以在内部解决各种协调问题。在美国，铁路公司是第一大企业。在这些大公司中，至少有一部分愿意由内部的管理者来协调所有的铁路运输活动，而不是通过市场交易来协调运输活动。[9]

纵向一体化的一个相关原因是需要协调各零售单元之间的定价和服务决策。在整个体系中，单个零售商的定价决策会影响其他单元——会产生外部性问题。例如，从公司整体角度考虑，让内部某些单元处于亏损状态的定价策略，可能是最优的（当麦当劳营业的时候，顾客就不太可能去 Burger King 就餐）。不能期望独立的零售商设定出一个从整个系统范围来看是最优的价格，因为这些零售商总是要从自己单元的利润来考虑问题。从原则上讲，应该让总公司确定零售价格。然而，反垄断法不允许这样做。如果公司拥有自己的零售店，价格就可以得到协调。

市场力量

通过运用纵向一体化，具有市场力量的企业可以采用不同的方式增加利润。下面的例子就说明了其中的一个方法——通过纵向一体化来实施差别定价。[10] 比如有一家制药公司 DrugCo，它拥有一项化合物的专利，这种化合物可以用于两种不同药品的生产。一种产品是止痛药，与市场上其他止痛药相比，很有竞争力。另一种产品是抗癌药，可以用于治疗一种特定类型的癌症，它在市场上还没有很好的替代品。这两种零售药品（止痛药和抗癌药）的行业需求曲线为：

$$\text{止痛药：}P = 100 - 5Q \tag{19.1}$$

$$抗癌药：P = 200 - 10Q \tag{19.2}$$

DrugCo 公司生产这种化合物的边际成本为每单位 10 美元。为简化起见，假设药品生产商可以以零边际成本，将一个单位的化合物加工成 1 克的零售药品（止痛药或者抗癌药），而不需要追加分销和促销成本。许多生产厂家可以生产和分销这种零售药品。这些零售生产商之间的竞争使止痛药和抗癌药的零售价格降到生产厂家边际成本的水平上，在这个例子中，也就是制药企业购买该化合物的批发价（见第 7 章）。因此，在批发价格上，DrugCo 公司面临的需求曲线与公式 19.1 和公式 19.2 所表示的零售需求曲线是一致的。

要使总利润最大，DrugCo 公司希望在每个市场上，都使边际收入等于边际成本。就像在图 19.4 中显示的，向生产止痛药的生产商收取的最优价格为 55 美元，向生产抗癌药的生产商收取的最优价格为 105 美元。[11] 由于两个零售市场都是竞争市场，也都没有其他成本，所以在两个零售市场上，消费者所面对的价格也将分别是 55 美元和 105 美元。然而，如果制药公司对某些企业按照 55 美元的价格出售，而对另一些企业按照 105 美元的价格出售，就会出现潜在的套利情况——按照 55 美元购进该产品的生产商就可以加价，转手以低于 105 美元的价格卖给其他生产商，从中牟利。这种套利使该公司以 105 美元出售的任何企图都化为泡影。

制药公司防止套利的一个方法是前向一体化，自己生产止痛药。公司将在零售市场上按照

图 19.4　通过纵向一体化实行差别定价

DrugCo 公司拥有一种化合物的专利，这种化合物可以用于两种不同药品的生产。一种药品是止痛药（与其他产品竞争），另一种药品是抗癌药。DrugCo 公司生产化合物的边际成本为每克 10 美元。这两种产品的行业需求曲线与 DrugCo 公司生产化合物的需求曲线相同。向生产止痛药的生产商收取的最优价格为 55 美元。向生产抗癌药的生产商收取的最优价格为 105 美元。然而，如果 DrugCo 公司对某些企业按照 55 美元的价格出售，而对另一些企业按照 105 美元的价格出售，就可能存在套利。要实现有效的差别定价，DrugCo 公司可以采用的一种方法就是前向一体化，进入止痛药的零售市场。它将按照 55 美元的价格向消费者卖止痛药，而卖给抗癌药生产商化合物的价格为 105 美元。

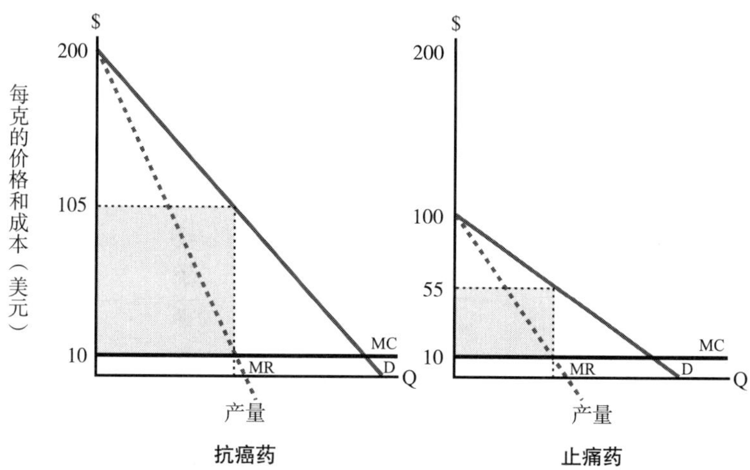

差别定价与反垄断法

为实现差别定价而进行纵向一体化的公司有时会受到反垄断法的制约。Alcoa 公司在一种中间产品铝锭的生产中具有市场力量。Alcoa 通过一体化进入低价市场（例如，管材市场），并对这一市场的竞争者构成威胁。在这一反垄断案中，法官建议进行"转移价格测试"，以测定公司是否通过转移定价排挤竞争者。假设一体化的公司为中间产品付出的价格与下游竞争者一样，这项测试会考虑一体化企业是否以普遍价格出售最终产品。法院对 Alcoa 的判决是，在这种情况下，Alcoa 不能以普遍价格出售最终产品（注意在前一节的例子中，DrugCo 公司如果为止痛药原料支付 105 美元，按照 55 美元的价格出售止痛药，就会发生亏损）。

资料来源：*United States v. Aluminum Company of America* (1945)，148 F. 2d, 416.

55 美元的价格出售止痛药，而在批发市场上按照 105 美元的价格出售化合物。在这种情况下，套利就是不可能的（假设止痛药不能通过逆向反应再得出化合物）。但通过前向一体化进入抗癌药的零售市场，就不能解决这个问题。如果公司试图将抗癌药定价为 105 美元，而出售化合物的价格定为 55 美元，那么其他的零售生产商就将开始生产和营销抗癌药（按照 55 美元购买化合物），制药公司就不可能保持 105 美元的零售价格。所以，它必须通过前向一体化，进入低价位的（弹性更大的）止痛药市场。

税收与政府干预

税收和政府干预也会促成纵向一体化。如果对生产中某个环节的收益课以重税，而对其他环节的收益征税较轻，那么利润将转到低税收的环节，总税收负担就可以减轻。通过纵向一体化，给低税收的产品定比高税收产品更高的转移价格，公司就能够充分利用税收方面的这种好处。如我们在第 17 章所讨论的，税务当局明白存在着这种可能性，所以经常会限制这类活动。[12]

类似地，受到政府干预的公司也会愿意实行纵向一体化，以便将利润从受政府干预的业务部门，转到一个不受政府干预的业务部门。在 1984 年，AT&T 通过将整家公司分裂成几家公司，平息了司法部门的反垄断诉讼。司法部门的一个观点是，在 AT&T 公司中，受政府干预的部门（例如，电话服务）与不受政府干预的部门（例如，电话设备）之间的成本转移很难监控。AT&T 的分裂消除了这种担心。[13]

其他考虑

采用非市场采购的另一个潜在动力是它可以确保重要投入要素的供应。与标准的经济学模型相反，实际的市场中经常会出现短缺。比如，电影院并不总是为受欢迎的电影提高票价。相反，当需求大于供给时，门票通常是按照先来后到的原则出售的。类似地，公司有时也会面临定量配给或特殊投入要素短缺。公司可能会通过纵向一体化或者长期合同，提高某种投入要素在供给上的可靠性。

企业也通过非市场采购来避免商业秘密的外泄。例如，一家公司也许不愿意向独立的供应商说明其生产过程的详细信息，因为担心这一供应商将这种信息也传给其他公司。而对于内部员工或者长期的合作者，控制敏感信息的外流相对就容易些。

另一个采用非市场交易的常见解释可归因于一些技术因素。例如，有些人认为，钢铁生产和钢材加工经常发生在同一家公司内，原因在于这两种加工过程在技术上的联系非常紧密。然而，这一解释并不充分。虽然这两种加工过程放在同一地点会有好处，但技术本身不能说明一定要放在一起。钢材加工生产也可以从同一个大楼里的另一个工厂购买热钢锭。他们没有这样做，原因并不是技术因素，而是源于合同问题——独立的公司不愿意面临牵制问题，而针对特定对象投资很容易引发牵制问题。

纵向一体化与长期合同[14]

我们已经讨论了为什么公司需要通过非市场交易获得相关产品和服务的原因。现在我们考虑两种非市场交易（纵向一体化和长期合同）之间的利弊。我们将通过新汽车制造商——AutoCorp 的例子来说明这些利弊。AutoCorp 正在考虑：是自己生产车身，还是通过长期合同从独立的供应商那里获得所需的车身。在这两种情况下，都必须建立新的车身生产厂。为此，将发生生产、维护以及资产更新成本。AutoCorp 想通过组织架构的安排使公司价值达到最大化。

非完备合同

如果合同的计划、谈判、签署和执行等环节均不耗费成本，那么 AutoCorp 究竟是自己生产车身还是从外部供应商那里购买车身都没关系。在两种情况下，都可以通过谈判得到完备的合同，合同规定在未来所有的可能性下双方的行为。违约将受到严厉的惩罚。每一方所选择的行动（投资数额、日常费用、生产数量、设计等等）都将实现价值最大化。在纵向一体化情况下，公司和员工之间将签订合同；在长期供应合同情况下，两个各自独立的公司之间将签订长期供给合同。

然而，合同的签订是要花费成本的。第一，针对未来所有可能的情况做出预测和计划是非常困难的。在未来，如果顾客偏好变化，或者竞争者公司设计出更为优良的车身，AutoCorp 就要改变它的车身设计。然而，除非已经面临真实的情况，否则 AutoCorp 的管理者不可能知道什么是最优的反应。第二，合同的谈判是要花费费用的。代表各自利益的双方将会发现，在合同上达成一致并不容易——职业运动员总是会不断打破记录。第三，合同的执行也是要耗费成本的。契约成本的存在使非完备合同成为必要：未来的许多可能性会被省略，留待未来通过协商解决。比如，柯达公司和 IBM 之间的外包合同说明，IBM 必须保证数据中心在技术上领先。但是，并没有说明具体应该采用什么样的技术、软件以及通信系统。[15]一旦合同出现纠纷，签约各方就可能发生法律费用，并且要花费宝贵的时间准备法庭辩论或者就合同条款重新协商谈判。

如果存在未来协商的可能性，将会促成双方达成次优结果。合同的各方明白，他们投资（资本或努力）的部分收益有可能会归于他方——他们没有受到一个完备合同的保护。比如，就像我们下面讨论的，如果买方通过协商可能以更低的价格购买投入要素，而获得大部分收益，那么供应商就不愿投入大量资本或者努力减少生产成本。

所有权与投资激励

所有者有权决定一项资产的剩余用途——与以前的合同、风俗和法律不矛盾的用途。剩余权利增加了个人获得投资收益的实力，并影响投资上的积极性。例如，房屋的所有者就对房屋拥有剩余权利。只要自己的行为与现存的合同和法律不相违背（比如，在房产契约中有住宅分区要求和限制条款），他们就可以自由地出售或者出租他们的房屋。所有者可通过抬高价格获取房屋修缮投资的收益，这使得房屋的所有者比租用者更为关心这所房子。如果房屋修缮的好处绝大部分归所有者，租用者就不会投资于房屋修缮。[16]

在分配所有权方面，纵向一体化和长期合同是不同的。纵向一体化保留企业内相关资产的所有权，而长期合同则将这种所有权在两家公司间分配。就像我们下面要讨论的，纵向一体化和长期合同之间的最优选择，至少部分地取决于哪种所有权结构会激励更有效的投资决策。

专用资产与纵向一体化

专用资产会引起合同各方的投资扭曲。考虑 BodyWorks 公司的投资问题。BodyWorks 公司是 AutoCorp 的一个潜在供应商。BodyWorks 公司将在 AutoCorp 的主生产厂附近建一个工厂。运输成本和专门的设计使这一工厂非常有针对性——对于其他汽车公司而言，其价值非常低，因为其他公司都采用差别较大的另一种车身设计。由于资产的专用性，BodyWorks 公司可能陷于尴尬的境地。因为缺少完备合同的保证，BodyWorks 公司非常担心（请回忆在第 5 章中我们讨论过，只要在价格高于平均变动成本的情况下，BodyWorks 公司就应该继续生产）一旦进行投

租赁与资产滥用

租赁者并不会独自承担滥用一项资产的全部成本，因为相应资产是归租赁公司所有的。因此，租赁资产经常被滥用。在一种情况下，一个人租用了一辆才跑了 20 公里的跑车。他取下这辆跑车上的高马力发动机，把它装在一辆赛车上，车速高达 800 公里/小时。在冲过终点线之后，他又将发动机装回到租用的车上完璧归赵。租赁公司不能指控这位租户，因为车上没有安装仪器可以直接记录发动机曾经达到多少转速。租用的车仍然显示出较小的里程数，而向这位出租人收取的费用仍然只有 24 美元。

资料来源：D. McIntyre (1988)，"Rent a Reck," *Financial World* (September 20)，72.

自建还是租赁网络

电子光波公司对外提供各种服务，包括市内电话、长途电话、网络接入以及企业网络的建立。它打算建立并拥有 2 000 公里的光纤网络——从洛杉矶到俄勒岗的波特兰，并在美国西部各州建立 2 500 公里的线路连接枢纽。通过进行这种公司专有的投资并拥有这些线路，电子光波公司可以提供高质量、低成本的服务，并且能够保持较高的利润率。此外，电子光波公司在建立起自己的线路之前，只能从其他的通信公司租借线路，以填补网络缺口。

资料来源：P. Stepankowsky (1998)，"Electric Lightwave Sees Advantages in Owning Network," *The Wall Street Journal* (September 14)，B11.

资，AutoCorp 会降低车身的价格。AutoCorp 宣称，BodyWorks 公司供应车身的质量较低，必须做出价格让步。由于面临法律诉讼的成本，BodyWorks 公司也许会不得不接受较低的价格。这种担心减少了 BodyWorks 公司投资这一工厂的积极性。类似地，AutoCorp 也不愿意为适应 BodyWorks 公司的产品而调整自己的汽车设计，因为一旦这样做了，BodyWorks 公司可能借此提高车身的价格，公司将会处于不利地位。在这个例子中，通过纵向一体化，可以改进投资积极性。如果 AutoCorp 建立自己的车身生产厂（或者将 BodyWorks 生产厂买下），就可以占有这种投资的收益。而且，不必担心某个外部公司会抬高车身的价格，来攫取一部分投资收益。其他的契约成本也会降低，因为公司不必通过谈判确立一个复杂的法律合同。

这些观点有助于解释为什么纵向一体化经常比长期合同受欢迎。但是，为什么情况并非总是如此呢？为什么不让一家生产所有产品的巨型公司服务于整个经济？同样，答案也在投资积极性上。考虑 AutoCorp 从 LightCo 购买车灯的情况。因为车灯不是专用产品，所以这种购买安排既不会降低 LightCo 的投资积极性，也不会降低 AutoCorp 的投资积极性。LightCo 愿意投资于降低车灯生产成本的项目，因为它会从这种投资中获得收益。如果 AutoCorp 试图通过更低的价格，获得 LightCo 投资的部分好处，LightCo 就可以简单地将车灯卖给另一个客户。如果 LightCo 试图通过更高的价格，获得 AutoCorp 的部分利润，AutoCorp 也可以从 LightCo 的竞争对手那里购买车灯，比如飞利浦电器公司。相反，如果 AutoCorp 购买了 LightCo，并将它作为企业的一个分部运作，那么投资积极性将会被扭曲。作为部门经理，LightCo 的管理者缺少投资于创造性活动的积极性，因为价值增值的部分好处会归 AutoCorp 的高管所有。此外，LightCo 的管理者也许会投资于非生产性活动，比如试图影响高管决策的活动（有关薪水、部门间的投资划分等等）。[17]

这些观点表明，随着资产的专用性增加，纵向一体化的可能性也增加。对于那些专用性不强的资产，市场交易或者长期合同更有可能提供有效的投资积极性。在有关组织问题的经济学文献中，这一命题是最为重要的思想。经验研究的结论也支持这一观点。例如，斯达基研究了铝土矿附近的炼铝厂。[18] 由于运输成本的问题，这些炼铝厂都面向特定的铝土矿，而且他们也投资于专用设备。斯达基发现，几乎所有的炼铝厂都是纵向一体化的。

研究表明，专用资产在不确定的环境中，更有可能促成一体化。在不确定的环境中，专用

租赁与购买

公司经常在租赁还是购买一项资产之间做出选择。经济学理论表明，企业最有可能拥有那些高度专用的资产。例如，Le Roy 工业公司租用了一些叉车和其他车辆，但是却购买了一些专用设备，公司需要这些设备来为福特公司、通用汽车公司和克莱斯勒汽车公司生产刹车部件。援引公司副总裁兼首席财务官查尔斯的话说：

购置这些我们需要的机器大约花费了一年的时间。很难找到能提供此类设备的出租人，因为交付周期太长。在合同到期之后，租赁公司也不愿意再要回这些设备。

资料来源：B. Gatty and M. Finney (1987)，"The New Attraction in Leasing," *Nation's Business* (March)，50–54.

资产的合同问题特别严重——要说明在未来各种可能的情况下，各方应该采用什么样的行动几乎是不可能的。在更为稳定的环境中，未来可能出现的情况有限，相对完备的合同就可以缓解各种牵制性问题，于是谈判的成本也就很低。

本节讨论的重点归纳在图 19.5 中。当资产的专用性较低时，无论不确定性水平如何，最好依赖于市场交换。随着资产专用性的程度增加，对非市场交易的需求增加。不确定性增加了公司对于专用资产的纵向一体化需求。当资产的专用性和不确定性都很高时，纵向一体化很可能是最受欢迎的方法。

这种关于公司专用资产的分析有助于解释为什么供餐、运输、复印以及大型计算机服务通常会转为外包服务。这些活动专用性较强，现货市场交易不能满足要求。尽管如此，这些活动

图 19.5 资产专用性、不确定性以及采购决策

当资产的专用性较低时，采用简单的市场交易来采购中间产品是最优的选择。随着资产专用性程度的增加，非市场交易（合同和纵向一体化）更为有利。在不确定性较低时，可以签署相对完备的合同作为解决方案。因此，可以利用合同解决由于存在资产专用性而造成的激励冲突。随着不确定性增加，契约成本变大。所以，随着不确定性的增加，专用资产更有可能纵向一体化。

资产专用性 \ 不确定性	低	中	高
低	市场交易	市场交易	市场交易
中	合同	合同或 纵向一体化	合同或 纵向一体化
高	合同	合同或 纵向一体化	纵向一体化

航空业的纵向一体化

斯科特·马斯滕研究了主要航空承包商关于内部制造和外购的政策。公司为美国政府提供了许多产品。公司需要做出选择，究竟是自己生产每一项产品，还是将有的产品通过合约转交其他公司生产。经济学理论表明，当资产具有专用性，签署合同面临着很大不确定性的时候，更有可能采用内部生产的政策。

马斯滕运用了两种指标来测量每种产品的资产专用性。第一个指标反映了设计的专用性（有形资产），而第二个指标反映了地点的专用性。他同样测量了产品设计的复杂性，这在一定程度上可以代表合同的不确定性。与理论研究的结论相一致，他发现，那些在设计上高度专用且更复杂的产品更有可能在内部生产。当产品在设计上具有专用性又复杂时，采用内部生产的可能性为92%。如果产品在设计上具有专用性，但并不复杂，采用内部生产的可能性为31%。当产品的设计既没有专用性也不复杂，只有2%的可能采用内部生产。对于这一特定公司，地点的专用性并不重要。

资料来源：S. Masten (1984)，"The Organization of Production: Evidence from the Aerospace Industry," *Journal of Law & Economics* 27, 403–417.

所涉及的资产并不是企业高度专用的。供餐设备、运输设备、复印设备以及计算机都可应用于不同的公司。因此，潜在的牵制问题相对不大。而且，像复印这类活动，容易签署一个相对完备的合同（不确定性通常较低）。同样，利用独立的公司（专门做大批量生产）也存在潜在的收益，而且交易的重复性很高。因此，从长期考虑，有必要与一个单一的供应商签订合同（供应商会进行专业化投资，以学习如何服务于客户。因此，改变供应商也是要付出昂贵代价的）。这些因素表明，为获取这些服务，签订长期合同经常是最优方案。

让 IBM 公司为柯达公司提供计算机服务的一个优势是，IBM 公司同时也向其他公司提供类似的服务。这意味着可以降低它为柯达公司服务的成本。培养技术专家的成本可以在更多的用户之间分摊，编写的软件可以被更多的公司运用。同样，IBM 公司也比柯达公司更有能力吸引更高水平的专家，因为 IBM 公司在这一领域的生产规模会提供更为丰富的职业机会。从理论上讲，柯达公司可以通过购买 IBM 公司，并将两家公司作为一个更大的企业运营，分享这些收益的一部分。然而，管理如此庞大和分散的公司所增加的费用可能会超过由此带来的收益。

资产所有权 [19]

我们已经集中讨论了初始投资之后可能发生的潜在牵制问题。我们的主要观点是纵向一体化可以减少这类牵制问题。然而，在我们的例子中，无论通过 AutoCorp 拥有 BodyWorks 公司的方式，还是通过 BodyWorks 公司拥有 AutoCorp 的方式，都可以实现共同所有权。这两种方式哪一种最好？考虑正在进行的具体投资可以回答部分问题。在相互影响的过程中，像 AutoCorp 和 BodyWorks 公司，一般都能够从专用资产的投资中获益，但这种收益很难直接观察到，也不宜以此作为订立合同的依据。例如，BodyWorks 公司的管理者也许会花一些时间来学习 AutoCorp

未来设计规划，从而对于可能的变化做出更有效的计划。这种计划也许可以增加公司新车型的开发速度，因此可以改善公司的整体绩效。类似的，AutoCorp 也许会学习更多有关 BodyWorks 公司生产过程的知识，以便开发出低成本的车身设计。进行这种类型的投资很难观察到，它依赖于管理者对这些活动的激励，而这些激励反过来又依赖于公司的所有权结构。

如果 AutoCorp 收购了 BodyWorks 公司，它就会将 BodyWorks 公司组织成公司的一个部门。正如第 17 章所讨论的，BodyWorks 公司的管理者将按照一个部门的绩效进行评估，因而他们没有太大的动力来做一些使其他部门受益的活动（尽管通过股票所有权和利润分享计划，他们这样做也有一定的激励）。因此，如果投资的收益主要归 AutoCorp，他们不会花费大量精力去学习 AutoCorp 的设计规划。尽管如此，处于公司高层的 AutoCorp 的管理层，仍然将按照公司的整体绩效进行评估。他们有积极性去做使整个公司受益的所有活动。因此，他们将尽量去降低 BodyWorks 公司的成本，只要这种努力能够增加公司整体的价值。相反，如果 BodyWorks 公司拥有AutoCorp，就会发生相反的情况。BodyWorks 公司的管理者有积极性去做能够增加公司整体价值的活动，而 AutoCorp 的管理者将注重部门绩效的提高。究竟哪一种所有权结构最好，取决于哪一种投资最为重要。一般的情况是，最好是让其投资对于公司整体价值有重大影响的一方拥有并购后的公司。如果两方投资同等重要，那么最好的方式还是保持各自所有权分离的状态，并通过合同进行合作。

其他原因

工会是另一个因素，它也会影响到选择纵向一体化还是签订合同。例如，一些大的航空公司威胁工会说，为避免支付工会费，他们将外包供餐服务。在汽车部件的供应上，一些大的汽车生产商也有类似的意见。有些公司不愿意将一些活动纳入工会，因为他们害怕这有可能促成员工组成更大的工会。

有时，对敏感性和专利信息的控制也会影响外包或纵向一体化的决策。比如，在柯达公司将计算机服务外包给 IBM 的例子中存在一个潜在的问题，就是柯达公司对于电子扫描的专用知识。柯达公司对于电子扫描的研发投入了大量资金。要充分利用这种投资，它必须严加保护这些信息。因为在电子扫描市场上，IBM 公司是一个显而易见的竞争者，柯达将计算机服务外包时必须解决一个潜在的问题——需要精心设计控制措施，以保证 IBM 公司的技术人员不能了解柯达公司的专利信息。需要注意的是，对相关控制措施的设计和管理成本将影响最优政策的选择。如果这些成本很高，柯达公司就会拒绝将 IBM 公司作为外包的合作伙伴，而会选择另一个也许在电子扫描市场上与柯达公司业务重合较少的公司（也许是电子数据系统公司），或者柯达公司干脆不外包计算机服务。在这个问题上，普拉尔德和哈梅尔提出，一家公司将“核心竞争力”外包（那些对公司绩效和战略有重要意义的能力）是不明智的。相反，在这种情况下，公司应该将其核心竞争力保留在公司内部，以促进其发展，并防止其他公司发展类似能力（见第 8 章）。[20]

财经杂志上经常有这样的观点——通过合同从其他公司获得相关投入，会使公司节省紧缺的资金，再将资金用于其他用途。由于存在完善的资本市场，这一观点是令人质疑的。让另一家公司生产投入品并不意味着投资费用会减少，它仅仅意味着资本费用转到另一家公司。通过产品的价格，购买者仍然要为这种投资支付费用。重要的问题是，选择内部生产还是外包，哪一个能够创造更多的价值。如果内部生产更有价值，公司可以在资本市场上筹集资金，用于购置相关资产——对于好的项目来说，资本从来不会紧缺。如果外部生产更有价值，资金就应该由外部供应商筹集。[21]

选择的连续统一体

尽管我们讨论了长期合同和纵向一体化这两种选择，但记住外包决策选择存在连续统一体，这一点非常重要。比如，有时公司拥有专用资产，通过合同交给另一家公司经营是更好的方案。这样一种所有权结构减少了潜在的牵制问题，因为如果出现合同争议，资产的所有者就可以简单地收回相应资产，而与另一家公司签订服务合同（原来的合同双方都不会有大的损失）。如果可以以低成本移动相应的资产，而资产的价值对于维护或滥用是不敏感的，那么这样一种所有权结构就更有效。或者，所有者必须能为使用者提供足够的激励，使其维护而不是滥用公司的资产。

一个相关的例子是柯达公司决定与 IBM 公司签约，按照合同，IBM 公司要提供操作软件和硬件，但柯达公司要负责应用软件。操作软件可以应用于许多不同公司，与之相比，应用软件的开发对于柯达公司更有专用性。因此，IBM 公司有更大的积极性开发操作软件，而柯达公司有更大的积极性开发应用软件。专有知识在两公司之间的分布情况也加强了这种激励——柯达公司对本公司的专门应用了解得更多，而 IBM 公司对于一般性计算机的运算更精通。实际的组织安排也恰恰反映了这种激励和效果。

短期租赁

汽车租赁公司知道许多我们不知道的事情。有些租赁汽车的人不太会开车，他们乱动仪表盘，不熟悉城市的交通线路，强行并线或左拐，因而他们经常撞车。每年，Hertz 出租公司的汽车中有 40%因交通事故而受到损害。一位租客说，“我开起车来就不顾一切，正因为有我这样的人存在，因此不能从租赁公司购买二手车。”一位租赁代理说，“他们甚至不知道如何换挡。我必须告诉他们，‘P 表示停车，R 表示后退’，不，P 应该表示祈祷。”一位在佛罗里达的租车人开车越过一条鳄鱼，蹭坏了车的底盘。这位顾客说，“这条鳄鱼挡住了我的去路。”租赁公司不得不对客户的驾驶记录进行检查，以避免风险较高的租车人。像汽车租赁这种短期的合作会吸引那些更有可能发生事故的顾客，而不鼓励顾客在安全方面多加注意。

资料来源：C. Quintanilla(1995)，“Hertz Is a Little Wary about Putting You in the Driver's Seat,” *The Wall Street Journal* (July 28)，A1.

外包合作伙伴之间的分裂

并不是所有外包都会获得成功，有些是以分裂而告终。Hibernia 国家银行和资本银行过去将计算机服务外包给 IBM。为削减成本，IBM 公司用相同的软件支持人员为这两家银行服务。这两家银行都用 Hogan 系统公司的软件，Hogan 系统公司从 1987 年开始成为 IBM 公司的业务伙伴。1993 年，Hibernia 银行预计，如果外包给另一家公司——系统财务服务公司，在 8 年中可以节省 4 000 万美元。资本银行也跟随 Hibernia 银行转向系统财务服务公司。随之，Hogan 公司和 IBM 公司也分道扬镖了。这个例子以及其他类似的例子说明，在选择外包伙伴时，应该预期到未来的合作有可能失败，并作相应的计划安排(例如，通过协商确定一个合作前协议——规定资产的使用、合作失败的补偿等等)。

资料来源："ISSC: A Tale of Marriage and Divorce" (1994), *Information Week* (July 18), 13.

合同的期限

相对于短期合同来说，长期合同的一个主要优势在于，它能使合同各方更愿意针对公司做专门投资。比如，如果柯达公司与 IBM 公司之间的合同是一个短期合同，IBM 公司就没有太大的动力去了解柯达公司对于计算机服务的特殊需求。[22] 另一方面，在不确定的环境中，很难对于技术、要素价格、产品需求之类的潜在变化做出预测和相应的计划，在这种情况下，签署一个有效的长期合同或者诉讼要耗费很高的成本。因此，当所需的投资相对是公司专用的，而环境是相对稳定的，公司将更有可能签署长期合同。或者，如果公司面临着高度不确定的环境，并需要对专用资产进行大量投资，就更有可能通过纵向一体化解决问题。最后，如果公司对于专用资产的投资相对较少，或者专用资产的寿命相对较短，公司就更有可能通过短期合同或者现货市场交易解决问题。

与分销商签定合同

尽管我们的例子都是有关供应合同的问题，但同样的分析也可以应用于分销合同。由于资产更专用，纵向一体化将更可取。然而，在这一节中，我们还将讨论有关分销合同的一系列其他有趣的问题。

搭便车问题

在本章的前半部分，我们讨论过，独立分销商对于有品牌声誉的产品有动力搭便车，以及这种激励如何刺激分销商做次优的销售努力（例如，在广告及其他方面的投入相对不足）。减少这一问题的一个方法是纵向一体化。[23] 另一个方法是，利用合同条款来控制搭便车问题。解决这一问题的两个具体合同条款是广告条款和排他性条款。

广告条款的冲突

根据北卡罗来纳州联邦地方法院的裁决，Meineke Discount Muffler 商店要向其特许经营人支付 3.47 亿美元。特许经营人开始注意到 Meineke Discount Muffler 已经缩减了在广告上的投入。报纸上的广告不见了，而电视上的广告也只在午夜之后才播出。最终，他们发现，Meineke Discount Muffler 没有按照合同约定的 2%提取管理费用，而是将共同广告基金中的 15%，合计为 1.7 亿美元装入自己的腰包。法官判定，Meineke Discount Muffler 有受托人职责——要确保特许经营人的资金得到妥善管理。

资料来源：N. Harris and M. France (1997)，“Franchisees Get Feisty,” *BusinessWeek* (February 24)，65-66.

广告条款

一般企业会在其所在地用几个相关方法增加广告宣传。第一，公司可以向零售单位收取一定的广告费，并由总公司统一负责广告宣传。例如，绝大多数的特许经营合同要求，除了要支付基本的特许权费用，每个经营单位还要按照销售额的一定比例给总公司支付广告费用。这种方法的一个潜在问题是，当地的部门（而不是总公司）更有可能掌握有效广告宣传的具体知识。考虑到这个问题，第二种方案是公司总部同时分担地方的广告费用。例如，总公司支付所有广告牌费用的一半。地方的广告宣传由地方管理者做出决策，但通过有效地降低广告成本，可以鼓励地方管理者更广泛地开展广告宣传。第三种方案是要求分销商出资支持当地的广告宣传。分销商掌握着如何使用广告基金的主要决策权。

排他性条款

减少搭便车问题的一个最常用方法是，在一定的市场区域，授予分销商排他性的权利。比

区域独家代理之间的冲突

给予分销商独家代理权可以减少分销商之间的搭便车行为，但也会引起公司内部的不和谐行为。例如，在 20 世纪 80 年代末和 90 年代初，麦当劳公司通过建立数以千计的连锁店获得了迅速增长。这些新开的连锁店从现有的特许经销店那里分走了部分顾客和利润。麦当劳有大量的小型特许经营商——全世界共有 4 500 家。到 20 世纪 90 年代中期，事情已经发展到非常糟糕的地步，美国的特许经营商告诉麦当劳公司的管理者，“现在的情况就好像你们驾驶着飞机，而我们这些经营者被困在充满烟雾的机舱后面，对正在发生的一切毫无办法。”为解决这个问题，麦当劳公司开始合并旗下的连锁店。公司 CEO 杰克·格林伯格说，“从现在开始，我们将与我们的特许经营店一起成长，而不是每年增加成百上千的新店。我希望现有的特许经营店都能够在最好的经营者的管理下成长。”

资料来源：P. Sellers (1998)，“McDonald’s Starts Over,” *Fortune* (June 22)，34-36.

如，AutoCorp 的经销合同规定，在 30 英里的范围内，不再与第二家经销商签订经销合同。通过在特定市场区域内给予分销商垄断的权利，就会减少搭便车的问题，因为经销商可以通过努力来提高自己的收益，而其他经销商从这一经销商的努力中获得搭便车的好处会更少。地区排他性条款可以为地方的经销商创造额外利润。这些利润会增加激励，并避免分销商搭便车。如果生产商发现经销商有搭便车行为，将终止合同，从而经销商会损失未来的利润。[24]

双重加价

虽然在特定市场范围内给予经销商市场垄断势力可以减少搭便车问题，但这也会产生另一个问题——*双重加价*。因为生产商和分销商都面临向右下方倾斜的需求曲线，所以每一方都有动力在边际成本之上通过加价确定产品价格。这无疑导致了顾客要负担双重加价，而不是一次加价。因而，产品的需求量以及生产商和分销商的联合利润都比这种激励受到控制时小。下面是说明这一问题的一个数字例子，我们还将就这个例子说明可以控制这一问题的合同条款。

例 子

假设 AutoCorp 在俄勒岗梅德福的 Rhino 汽车厂面临下面的需求曲线：

$$P = 55\ 000 - 100Q \tag{19.3}$$

AutoCorp 可以按照不变的边际成本 5 000 美元生产 Rhino 汽车。为简化计算，假设在生产或销售汽车的过程中，没有固定成本。为使利润最大化，AutoCorp 应该根据边际成本等于边际收益选择汽车生产的数量，并确定价格。正像图 19.6 显示的，最优的产量和价格分别为 Q^*=250，P^*=30 000 美元。公司的利润为 6 250 000 美元。

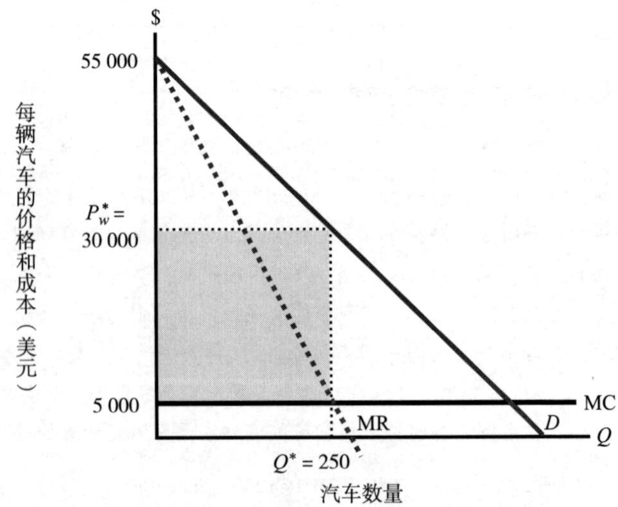

图 19.6 双重加价问题的最优产出案例

AutoCorp可以按照不变的边际成本 5 000 美元生产汽车。要使利润最大，AutoCorp 必须按照边际收益等于边际成本确定产量和价格。最优的产量和价格为 Q^*=250，P_w^* =30 000 美元。公司的利润为 6 250 000美元（假设没有固定成本）。

公司所有还是特许加盟

我们已经讨论了总公司如何通过设计合同激发销售动力，降低独立分销商在品牌声誉方面的搭便车动机。在搭便车问题较为严重的情况下，总公司自己拥有分销单元，可以节省开支。与独立的分销商相比，公司所有单元的管理者在声誉方面搭便车的动机更少，因为他们无法将自己单元的利润据为己有——成本的节省（例如通过减少广告）将惠及总公司，而不是单元的管理者。

大部分特许经营的公司都不是全部通过特许加盟建立他们的零售网点。一般的公司通过特许加盟建立了约 80%的零售单元，其他 20%则自己拥有。我们认为，总公司最有可能拥有的单元应该是，其接收的大量业务都是来自于不太可能在特定的单元重复购买的客户（在这种情况下搭便车的动机较大）。一般而言，与汽车服务公司（顾客倾向于重复性地在同一单元使用加油和汽车调试服务）相比，快餐店更容易遇到过路客。与理论相一致，一般的餐饮连锁店公司通过特许加盟拥有大约 30%的零售单元，而一般的汽车服务公司通过特许加盟拥有大约 13%的零售单元。

资料来源：J. Brickley and F. Dark (1987)，"The Choice of Organizational Form: The Case of Franchising," *Journal of Financial Economics* 18, 401.

现在，我们假设在梅德福所在的市场范围内，AutoCorp 通过一家独立的汽车分销商 SUVmart 公司作为这一地区的独家代理来销售它的 Rhino 汽车。在这一合同下，AutoCorp 将设定批发价格，而 SUVmart 汽车公司将决定进货数量和零售价格。为简单起见，假设 SUVmart 汽车公司所面临的惟一经销 Rhino 汽车的边际成本是 AutoCorp 所收取的批发价格（没有变动的分销成本）。SUVmart 汽车公司的所有者仅仅关心自己的利润，而 AutoCorp 公司的管理者仅仅关心 AutoCorp 的利润。现在，AutoCorp 所面临的问题是，要选择一个批发价格 P_w，使AutoCorp 的利润最大。

为求解这一问题，AutoCorp 的管理者很想知道在各种可能的批发价格下 SUVmart 汽车公司要购买的数量。AutoCorp 公司通过从 SUVmart 汽车公司的角度分析问题，推导出相应的需求曲线。SUVmart 汽车公司面临着公式 19.3 表示的零售需求曲线。为使利润最大，SUVmart 公司先根据这一需求曲线确定出隐含的边际收益曲线，并令边际收益等于 P_w，也就是边际成本。这样，SUVmart 汽车公司的边际收益曲线就是 AutoCorp 所面对的有效需求曲线（在任何批发价格下，SUVmart 汽车公司购买由边际收益曲线所表明的数量）。正如在图 19.6 中所示的，这一曲线为：

$$P_w = 55\ 000 - 200Q \tag{19.4}$$

已知 SUVmart 汽车公司对于 Rhino 的需求曲线，那么 AutoCorp 将采用多高的批发价格？AutoCorp 也将按照边际收益等于边际成本（5 000 美元）来确定这一价格，使利润最大化。因为AutoCorp 面临着需求曲线 P_w=55 000–200Q，所以边际收益 MR=55 000–400Q。由此得出，选择批发价格 P_w^*=30 000 美元，AutoCorp 可以实现利润最大化。在这一价格下，SUVmart 汽车公司将购买 125 辆 Rhino 汽车，并将零售价格定为 4.25 万美元。AutoCorp 将获得 312.5 万美元的利润，而 SUVmart 汽车公司将获得 156.3 万美元的利润，两家公司的利润合计为 468.8 万美元。

图 19.7 双重加价的例子

AutoCorp 公司将确定本汽车的批发价格，而 SUVmart 汽车公司决定进货的数量以及零售价格。SUVmart 汽车公司通过设定批发价格等于边际收益而使利润最大化。因此，SUVmart 汽车公司的边际收益曲线就是 AutoCorp 面临的需求曲线。为实现利润最大化，AutoCorp 也将按照边际收益等于边际成本 5 000 美元来确定批发价格。AutoCorp 最后选择的批发价格 P_w 为 3 万美元，在其边际成本之上加成 2.5 万美元。而 SUVmart 汽车公司将零售价格 P_r^* 确定为 4.25 万美元，在其边际成本之上加成 1.25 万美元。在这一价格下，SUVmart 汽车公司将销售 125 辆汽车。AutoCorp 将获得 312.5 万美元的利润，而 SUVmart 汽车公司将获得 156.3 万美元的利润，联合利润为 468.8 万美元。但这两家公司按照 3 万美元的零售价格，可以销售 250 辆汽车，他们的联合利润为 625 万美元。

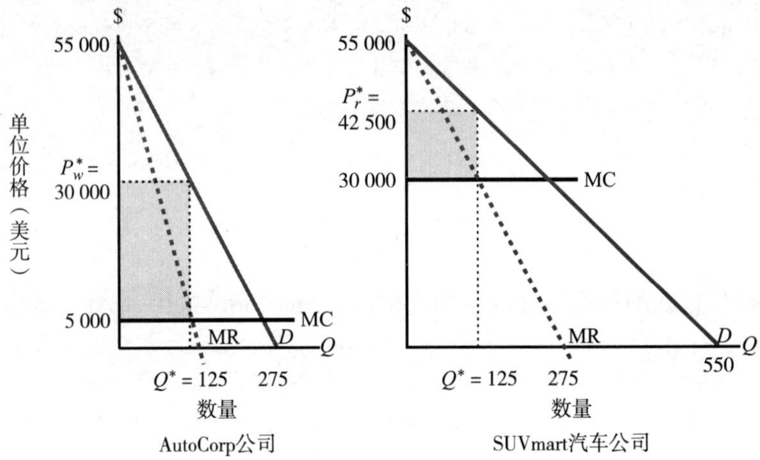

这一结果表示在图 19.7 中，是一个无效结果。AutoCorp 和 SUVmart 汽车公司并没有实现他们的联合利润最大化。通过协调双方的价格和数量决策，双方都可以改善现有的状况——我们已经说明，他们可以获得最高为 625 万美元的利润（而不是现在的 468.8 万美元）。而且，由于双重加价，消费者将为 125 辆 Rhino 汽车支付的零售价格为 4.25 万美元，而不是为250 辆Rhino 汽车支付 3 万美元的零售价格。

如果 AutoCorp 与 SUVmart 汽车公司合并，这个问题也不会自动消失。我们在第 14 章中已经看到，在企业内部，当产品在两个利润中心之间按照转移价格销售的时候，也会出现同样的问题。正像我们要讨论的，这一定价问题也可以通过适当的组织设计而缓解。现在我们关注的是在两个独立的企业之间，如何通过合同中的特定条款减少上述问题。

两步定价

如果 AutoCorp 将批发价格确定为 5 000 美元，SUVmart 汽车公司将购买 250 辆汽车。这样一个数量将使两家公司的联合利润达到最大，这时的零售价格为 3 万美元。然而，所有的利润都将归 SUVmart 汽车公司所有，因为 AutoCorp 是以生产成本在销售汽车。一个解决方案是，让

AutoCorp 先收取 SUVmart 汽车公司一笔特许经营费（通过收取这一费用，获得其利润份额），然后再按照每辆 5 000 美元的价格向 SUVmart 销售汽车。因为 SUVmart 汽车公司的进货决策是依据边际成本，而不是总成本，所以，仍然会购买 250 辆汽车，零售价格仍然为 3 万美元。如果 AutoCorp 预先从 SUVmart 汽车公司收取 312.5 万美元，给予 SUVmart 汽车公司在梅德福地区独家代理的权利，那么 625 万的总利润将在两个汽车公司之间平分。一旦预先收取了这一费用，AutoCorp 也许会尽量增加汽车的批发价格，以便增加自己的利润。因此，要使这种解决方案能够实施，AutoCorp 必须信守诺言，按照边际成本的价格向 SUVmart 汽车公司出售汽车。

定 额

为实现联合利润最大，还有另一个方法，就是两家公司就最低购买的定额要求达成协议。SUVmart 汽车公司要同意按照事先确定的批发价格（高于 5 000 美元）至少购进 250 辆 AutoCorp 的汽车。说得具体一点，在这个例子中，SUVmart 汽车公司将正好购进 250 辆 AutoCorp 的汽车，然后，按照 3 万美元的零售价格卖给顾客。事先确定的批发价格水平将决定两公司之间利润的分配。如果将批发价格确定为 1.75 万美元，两家公司就将平分利润。AutoCorp 必须信守批发价的诺言，而 SUVmart 公司也必须信守定额要求的诺言。

管制问题

有些政府监管者和学者怀疑，独家代理的合同条款可能会限制竞争。虽然如此，按照联邦反垄断法，绝大部分的非价格合同条款本身是合法的。是否违法要依据合理规则——法庭通常以相关条款带来的收益是否会有反竞争效果（比如增加销售）来判断。在有些州，汽车经销商和特许经营者成功地说服了立法者，来限制中心企业的控制（比如，在确定定额和终止合同方面）。而且，联邦法律还限制了总公司在零售环节对经销商定价的直接控制。有关这些法律法规的处理并不是本书的范围，在此不做详细说明。[25] 但对于公司来说，在设计供应和分销合同时，聘请法律咨询顾问是非常重要的。

外包的最新趋势

在过去的 20 年中，大公司的外包经历了巨大的增长。促成这一趋势的因素至少有四个。第一，新的弹性生产技术使供应商更容易根据客户的需求做出调整。因此，在有些情况下，资产的专用化程度降低了——新技术创新使通过合同解决中间产品供应比纵向一体化更为有利。第二，信息与通信技术的发展使识别潜在的合作伙伴，以及相互沟通并达成一致的协议变得更为容易。电子数据交换允许公司将内部的计算机连接起来。这些连接起来的计算机可以直接从供应商那里订货，不需要多少人为干预。第三，世界范围内的竞争显著加剧。这种竞争给公司造成更大的压力，使他们不得不减少成本并提高效率。有些学者提出，许多美国公司在20 世纪 60 年代和 70 年代积累了大量资金，而现在又倾向于通过某些行动，比如过分的一体化，来浪

国际外包政治

在 2001 年，戴姆勒克莱斯勒决定对其计算机系统进行大检修，并邀请 IBM、EDS 和其他美国大电脑公司对这一检修工作竞价。公司最终将这个任务委托给一家印度公司——Infosys 技术有限公司（印度历史上第一家在美国上市的公司——译者注）。Infosys 公司的要价低 25%。自此之后，经常有印度和中国的软件公司在竞争中要价低于西方的竞争对手，最低可达 70%。在 2000 年，美国 500 强公司有 125 家将软件项目外包给印度公司。到 2003 年，这些公司中有 285 家选择印度公司作为软件和技术供应商，其中包括波音公司、思科公司和雷曼兄弟公司。为与亚洲、印度和东欧的低劳动力成本竞争，美国大的技术公司，像IBM、埃森哲、戴尔和惠普等，不是收购印度公司，就是在印度开设办事处。在 2003 年，IBM 和埃森哲分别在印度聘用了 4 000~5 000 名员工。

并不是只有软件工作在向海外转移。呼叫中心、建筑服务、医疗记录和其他服务类工作都在向海外转移。按照高盛的估计，在 2001~2003 年，有 20 万项服务性工作外包到美国在海外的子公司。由于担心抢占美国工作机会的形象，可能引起美国立法——限制将美国的工作外包给印度，印度政府参与了若干在华盛顿的“游说”公司，设计出一个“教育”活动，大力颂扬美国拉近和印度关系的好处。在 2003 年，一家“请愿”公司获得了 60 万美元的支持，为印度摇旗呐喊，敦促国会阻止反对外包的立法。

在 2004 年的美国总统大选中，国际外包成为一个主要议题。总统候选人参议员约翰·克里指责布什总统想要“把更多的工作机会出口到海外。”布什总统的首席经济顾问曼基指出，将美国的服务性工作转移到海外，“从长期看可能有利于经济增长”，因为外国的工人可以更低的成本完成工作，因此可以减少美国消费者和公司的成本。

资料来源: M. Kripalani and S. Hamm (2004) , “Scrambling to Stem India’s Onslaught,” *BusinessWeek* (January 26) , 81; M. Schroeder (2003) , “India Aims to Calm U.S. Outsourcing Fears,” *The Wall Street Journal* (November 13) ; and B. Davis (2004) , “Some Democratic Economists Echo Mankiw on Outsourcing,” *The Wall Street Journal* (February 12) , A4.

费这些资金。[26] 因此，最近的某些外包决策也许是对于过去的过激投资决策的一种修正。第四，在 90 年代初期，由于着全球衰退，导致许多行业的生产能力过剩。在这样的环境下，公司通常可以从外部的生产商那里获得很大的价格优惠（这种影响是周期性的，而不是永久性的）。

最近的外包决策并没有使公司从内部生产的一端转移到连续统一体的另一端——现货市场交易。相反，这种运动呈现出一种中间趋势——长期合同。许多公司也改变了在现货市场上购买投入要素的做法。为提高质量和降低产品单位成本，像通用汽车和施乐这些大公司都大大减少了供应商的数量，并相应增加了与独立公司之间的长期伙伴关系。因此，目前的变动可以看作是从连续统一体的两端向中间变化的一种趋势。

最近的技术变化，比如适时生产方法、电子数据交换以及全面质量管理，要求生产商、供应商以及经销商之间更紧密的联系。与以前从为数众多的供应商那里得到原材料和零配件，并予以严格的质量检验不同，现在通常只选择少数的几家供应商，他们生产的产品质量已经得到认可，达到了较高的质量和标准。因此，尽管在生产和经销过程中，不同的活动有不同的公司来承担，但这些公司之间的紧密联系还是非常重要的。在这种情况下，现货市场交易就不那么受欢迎了。

案例研究：AutoCorp 公司

AutoCorp 公司生产汽车，它要求美国化纤公司考虑一项建议——成为其汽车座椅供应商。按照 AutoCorp 公司的提议，美国化纤公司要在 AutoCorp 的生产厂附近建立一个耗资 2 000 万美元的工厂。在未来的 15 年内，AutoCorp 公司将按照每个座椅 280 美元/年购买 10 万个汽车座椅——工厂的寿命为 15 年。（实际的建议还包括根据通货膨胀做出相关调整，在下面的分析中，我们将忽略这一复杂因素。）

美国化纤公司的财务分析专家分析了这一提议。这看上去是一个有利可图的机会。工厂的年均分摊成本为 260 万美元（按照贴现率为 10%计算）。年经营成本为 2 540 万美元。因此，平均每个汽车座椅的总成本为 280 美元——(25 400 000 美元+2 600 000 美元）/100 000 = 280 美元。这些财务分析专家也考察了 AutoCorp 的财务状况。尽管并不是在所有年份都有很高的收益，但在未来 15 年中，基本没有破产倒闭的可能性。因为建议的价格可以补偿成本，所以财务专家认为，这一建议可以接受。（在合理的资本投资回报率 10%的假设下可以达到盈亏平衡点。）

假定公司聘用你分析相关合同规定。你也看了相关的财务分析，并认为其中的成本估计是合理的。你知道，由于位置的缘故，提议建立的工厂除了为 AutoCorp 提供座椅之外没有其他用途。以变现出售价计算，工厂的残值为 200 万美元。

讨论问题

1. 你所关心的一个问题是，在这个工厂建起来之后，AutoCorp 也许会降低汽车座椅的购买价格（通过背弃合同，或者按照原有的价格要求更高质量的座椅）。一旦工厂建立，在美国化纤公司将工厂变现出售之前，价格可以降低到多少？
2. AutoCorp 有多大可能实施机会主义行为，决定这些可能性的因素是什么？
3. AutoCorp 需要担心美国化纤公司会实施机会主义行为吗？
4. 讨论有哪些因素会妨碍双方签署一项限制机会主义行为的合同？
5. 讨论 AutoCorp 采用纵向一体化，通过自己生产供应所需汽车座椅的收益与成本。
6. 讨论 AutoCorp 自己建立这个座椅工厂，并通过合同让美国化纤公司来经营的收益与成本。

推荐书目

D. Carlton and J. Perloff (1999) , *Modern Industrial Organization*, 3rd edition (HarperCollins: New York) , Chapter 16.

O. Hart (1995) , *Firms, Contracts, and Financial Structure* (Oxford Press: Oxford, UK) .

B. Klein, R. Crawford, and A. Alchian (1978) , "Vertical Integration, Appropriable Rents, and the Competitive Contracting Process," *Journal of Law & Economics* 24, 297–326.

P. Rubin (1990) , *Managing Business Transactions* (Free Press: New York) .

O. Williamson (1985) , *The Economic Institutions of Capitalism* (Free Press: New York) .

注 释

1. 有关这个例子的详细内容请见 W. Richmond, A. Seidmann, and A. Whinston (1992), "Incomplete Contracting Issues in Information Systems Development Outsourcing," *Decision Support Systems* 8, 459–477; D. Kirkpatrick (1991), "Why Not Farm Out Your Computing?" *Fortune* (September 23), 103–112; S. Tully (1993), "The Modular Corporation," *Fortune* (February 8), 106–114; R. Narisetti (1998), "IBM Picked to Develop, Run a System for United Technologies Procurement," *The Wall Street Journal* (June 29), B5; Standard & Poor's Industry Surveys (1999), "Computers: Commercial Services" (December 16), 1–5.
2. D. Besanko, D. Dranove, and M. Shanley (1995), *The Economics of Strategy* (John Wiley & Sons: New York), 71.
3. 见第 17 章关于公司如何将内部生产组织为部门的讨论以及转移定价问题。
4. 请回忆，如果价格高于长期平均成本，公司将获得经济利润，就会有新的公司进入该行业。随之，供应的增加将压低市场价格。相反，如果价格低于长期平均成本，公司就会亏损，并退出该行业。
5. P. Berger and E. Ofek (1995), "Diversification's Effect on Firm Value," *Journal of Financial Economics* 37, 39–65; R. Comment (1995), "Corporate Focus and Stock Returns," *Journal of Financial Economics* 37, 67–87; and K. John and E. Ofek (1995), "Asset Sales and Increase in Focus," *Journal of Financial Economics* 37, 105–126.
6. 有关科斯在这方面的研究成果，见 R. Coase (1988), *The Firm, the Market, and the Law* (University of Chicago Press: Chicago)。
7. 这一节的内容引自 B. Klein, R. Crawford, and A. Alchian (1978), "Vertical Integration, Appropriable Rents, and the Competitive Contracting Process," *Journal of Law & Economics* 24, 297–326.
8. O. Williamson (1985), *The Economic Institutions of Capitalism* (Free Press: New York).
9. A. Chandler (1977), *The Visible Hand—The Managerial Revolution in American Business* (Belknap Press: Cambridge, MA). Also, D. Carlton and M. Klamer (1983), "The Need for Coordination among Firms with Special Reference to Network Industries," *University of Chicago Law Review* 50, 446–465.
10. 其他方法，请见 Carlton and Perloff (1990), Chapter 6。
11. 我们在第 7 章中讨论过，通过将每种市场上的边际收益（通过两条需求曲线可以得出）设定为边际成本 10 美元，就很容易得出这些最优价格。
12. M. Scholes, M. Wolfson, M. Erickson, E. Maydew, and T. Shevlin (2005), *Taxes and Business Strategy: A Planning Approach*, 3rd Edition (Prentice Hall: Englewood Cliffs, NJ), Chapters 11–12.
13. D. Carlton and J. Perloff (1990), *Modern Industrial Organization* (HarperCollins: New York).
14. 这部分的资料引自 Williamson (1985). Important references on this topic include Klein, Crawford, and Alchian (1978); S. Grossman and O. Hart (1986), "The Costs and Benefits of Ownership: A Theory of Vertical and Lateral Integration," *Journal of Political Economy* 94, 691–719; and O. Hart (1995), *Firms, Contracts, and Financial Structure* (Oxford Press: Oxford, UK).
15. Richmond, Seidmann, and Whinston (1992), 463.
16. C. Smith and L. Wakeman (1985), "Determinants of Corporate Leasing Policy," *Journal of Finance* 40, 896–908.

17. P. Milgrom and J. Roberts (1994), "Bargaining Costs, Influence Costs, and the Organization of Economic Activity," in J. Alt and K. Shepsle (Eds), *Perspectives on Positive Political Economy* (Cambridge University Press: Cambridge), 57–89.
18. J. Stuckey (1983), *Vertical Integration and Joint Ventures in the Aluminum Industry* (Harvard University Press: Cambridge, MA). See also E. Anderson (1985), "The Salesperson as Outside Agent or Employee: A Transaction Cost Analysis," *Marketing Science* 4, 234–254; E. Anderson and D. Schmittlein (1984), "Integration of the Sales Force: An Empirical Examination," *Rand Journal of Economics* 15, 385–395; and W. Kim, D. Mayers, and C. Smith (1996), "On the Choice of Insurance Distribution Systems," *Journal of Risk and Insurance* 63, 207–227.
19. 这部分的资料引自 Grossman and Hart (1986)。
20. C. Prahalad and G. Hamel (1990), "The Core Competence of the Corporation," *Harvard Business Review* (May–June), 79–91.
21. 这种说法成立的一个条件涉及发达国家的企业和发展中国家的企业的国际商业交易。例如，波音公司也许会向中国某家航空公司出租飞机，因此，在提供产品的同时也提供融资支持——因为波音公司比其客户更容易进入全球资本市场。
22. 当合同具有不确定的到期期限时（合同各方希望续签合同），长期合同会提供最大的激励。而当一个合同有明确的到期时间，欺骗行为最有可能发生在合同到期前的一段时间，因为再保留一个好的合作声誉得不到多少收益（在不考虑第三方效应的情况下）。而参与合同的各方，已知他们将在最后一期中不合作，就有动力在最后一期之前采取欺骗行为（这里没有声誉问题，因为他们知道另一方在最后一期将采取不合作的态度）。这种在前一期欺骗的激励会影响更前一期的激励，依此类推。在这个例子中，合同的游戏规则表明，合同各方都有激励在第一期中实施欺骗行为。L. Telser (1980), "A Theory of Self-Enforcing Agreements," *Journal of Business* 53, 27–44.
23. H. Marvel (1982), "Exclusive Dealing," *Journal of Law & Economics* 25, 1–25.
24. B. Klein and K. Murphy (1988), "Vertical Restraints as Contract Enforcement Mechanisms," *Journal of Law & Economics* 31, 265–297; and J. Brickley (1999), "Incentive Conflicts and Contractual Restraints: Evidence from Franchising," *Journal of Law and Economics* 42, 745–774.
25. 有关这些问题的更详细论述，请见 R. Posner (1976), *Antitrust Law* (University of Chicago Press: Chicago); and D. Carlton and J. Perloff (1990)。
26. M. Jensen (1986), "Agency Costs of Free Cash Flow, Corporate Finance and Takeovers," *American Economic Review* 76, 323–329.

第 20 章

领导：激发组织内变革

施乐公司是世界上领先的复印机生产商，在 1982 年，大卫·卡恩斯被任命为施乐的 CEO。[1] 当时，公司面临着严重问题。在 1976 年到 1982 年之间，施乐复印机在美国的市场份额从 80%下降到 13%。在复印机市场上，一些日本公司，比如佳能、美能达、理光和夏普都成为重要的复印机生产商。对于同一类型的复印机来说，这些公司的售价甚至低于施乐公司的生产成本。

造成施乐公司市场份额下降的另一个主要原因是产品质量差。正如卡恩斯所指出的：

> 我们的退货不断增加，对于这一问题，我们所采取的对策始终是，更努力地推销，想通过获取足够的新订单来抵消失去的客户。而客户已经对我们复印机的故障以及售后服务厌烦透顶。

卡恩斯认为，如果不采取必要的行动，“施乐公司会玩火自焚，到 1990 年将关门大吉。生存的惟一希望是公司上下紧急动员，大幅度改进产品质量和售后服务。”

在卡恩斯看来，施乐公司绝大多数的员工并不清楚施乐公司的情况严重到何等地步，也不明白提高产品质量的重要性。他深深懂得，虽然身为公司 CEO，也不能通过简单的强制命令，让公司的 10 万名职工更注重产品质量，来实施他的改进产品质量的愿景。第一，员工并不一定具有生产高质量产品的技能。第二，除非员工认为，注重产品质量事关他们的个人利益，否则就很难激励他们改变长期行为。的确，卡恩斯没有时间来监督每一个员工是否在实施他的愿景。第三，卡恩斯面临艰难的权衡，他担心，将公司的状况描述得太差，会引起一些重要人员离开公司。

为解决这些问题，卡恩斯启动了调整公司方向的战略。他知道，他想实施的大幅度调整将引起施乐公司许多员工的反对。公司的员工会担心自己的工作，担心工作任务的变化，担心会被调往新的工作地点，如此等等。有些高管对实施以质量为重点的策略起关键作用，卡恩斯首先说服了这些人。这些高管不仅帮助卡恩斯完善了质量改进方案，还进一步说服其他员工相信这种改进质量的变革存在潜在收益。随后，全公司的员工都接受了大量的质量技术培训。卡恩斯还利用一切机会（媒体消息、管理者演讲、宣传栏等等）强调质量的重要性。此外，他还突出强调了日本公司的成功所带来的潜在危机。

虽然经过了一系列的培训和提升，但在施乐公司的文化中，期望的变化还没有发生。卡恩斯明白，要真正影响员工的行为，公司高管所要做的不能仅仅是劝说、引导和请求——绩效评估与激励系统也必须做出改变。正如卡恩斯所说：

> 除非人们因为自己的行为而受到奖励或惩罚，否则，人们都会认为，这不过是嘴上说说而已。在实施变革中挑选出的一个普遍问题是，员工们都在传，那些不相信也不在工作中实施质量改进的员工仍然得到晋升和奖励。我们的系统存在内部的不和谐，并发出了矛盾的信号。这种情况必须停止了。

于是，卡恩斯提出改变晋升和薪酬决策的依据，更多地强调客户满意度和产品质量。最终，施乐公司的文化彻底改变了。在 1989 年，施乐公司赢得了马尔科姆·鲍德里奇国家质量奖(Malcolm Baldrige National Quality Award)。

这个例子表明，有效的领导不只是为公司建立恰当的愿景，激励员工实施这一愿景也非常关键。在公司变革中，组织架构的改变（决策权分配、绩效评估系统以及奖励系统）起着重要作用。在员工中宣传和推行这一概念也是非常重要的。

在这一章，我们将运用本书所建立的分析框架来研究有效领导问题——包括设计合适的架构和应用新的思想观念。鲁道夫·朱利亚尼强调，领导者的一个重要责任是设计适合组织目的的结构。[2] 这是我们第三编的重点。在本章中，我们将集中讨论有效的领导者如何利用新的思想观念（其中可能包括新的组织架构）。因此，本章所得到的重要见解不仅对于组织中的高层管理者有用，对于组织中所有员工都有重要意义，因为他们都有机会担当领导职务，并希望贯彻自己的思想。我们提供了重要的例证，说明本书所使用的分析框架能为这一普遍主题（尽管存在许多误解）提供系统分析。

我们先从讨论领导的概念入手。然后，我们将讨论公司内的决策，并提供一个思想框架帮助读者理解组织内的变革态度。接着，我们将运用这一框架来分析各种可激励员工认同变革方案的战略。这些战略包括改变组织架构、分析每个提案的设计思想，以及如何在组织内推行每个提案。本章的最后一节分析组织中个人权力的来源，以及如何在领导中运用一些标志性象征(模范、正式的信条、故事以及传奇)。

领　导

在《韦氏词典》中，领导的定义为“带领并引导他人朝某个方向前进。”这一定义表明，好的领导至少有两个重要特征。第一，领导者必须帮助组织选择正确的路线（愿景、目标和计划）。第二，领导者必须能够激励组织内的成员遵循这一路线。大部分关于领导的文献都强调这两个特征。约翰·加德纳就说过，“领导定义说明，领导的两个核心任务是确定目标和激励成员。”[3] 因为这些任务是组织上下人人都肩负的任务，领导也就不是公司高管所特有的任务。公司内的许多成员都扮演着重要的领导角色。

建立愿景

我们这里所说的愿景，只是企业的行动方向。[4] 有时，公司领导者自己设计公司的愿景。比如说卡恩斯，他是提出施乐公司以质量为本的人之一。但是高管通常并不掌握所有相关的具

建立愿景：来自企业的教训

根据我的经验，那些运行良好的公司都有一种为员工所了解并理解的基本经营思想。有时，这种经营思想正式化为一种宗旨的表述。下面是我所见到的最好的宗旨的表述。

这是星际企业号的远航。她未来5年的宗旨是探索陌生而新奇的世界，寻找新的生命和新的文明，大胆地走向人类不曾到达的地方。

星际企业号的员工完全明白他们应该怎么做。假设你是企业中最笨的一个人，假如遇到了一个新奇的世界，你该如何做呢？也许是深入探索。在情感冲动支配下，你应该知道如何探索：勇往直前。

如果你的公司遇到了一个不曾遇到的机会，你将怎么做？如果没有基本的指导思想，即使你是企业中最聪明的员工，当遇到一个新的和富于挑战的处境的时候，也要临时决断该如何行动。不管从事什么样的事业，建立一个像“星际远航”那样的宗旨陈述会更好。这种陈述要做到语言准确，目标明确，那么即使是公司中最差的员工，也会做出令人骄傲的业绩。

资料来源：D. Marinaccio (1994) , *All I Really Need to Know I Learned fromWatching Star Trek* (Crown Publishers: New York) .

体信息，因而，不能完全靠自己来构思出重要的宗旨。在许多情况下，宗旨来源于公司的下层员工，甚至是公司外部的人（比如，咨询顾问）。经常的情况是，愿景的形成需要结合许多人的知识和信息。在一家公司中，既然愿景的构思和表述要涉及许多员工，那么有效领导的一个方面就是以一定的方式构建组织架构，通过这种方式激励员工运用其掌握的具体知识提出有利于公司价值增值的建议——参与愿景的确定。正是因为持有这一观点，许多有关管理决策的研究文献强调，要授权给员工，让员工“释放他们无拘无束的创造力”。

激 励

虽然合适的愿景很重要，但是，除非这一愿景得到贯彻，否则也不能增加公司价值。因此，激励至少与确定目标同样重要。制定出一个完美的计划，却没能成功地实施，与此相比，成功地实施一个次优计划也是更好的结果。有关领导的研究文献经常强调激励的技巧：[5]

- 领导是一种说服的过程，或者是一个人引导一群人追求由领导者或被领导者所坚持的目标的过程。
- 我将领导定义为领导者引导被领导者向特定的代表价值和动机（领导者与被领导者共同的要求和需要、希望和精神）的目标的努力。
- 那些知道什么是正确的事情，但却不能实现它的人是失败的，因为他们是无效的。伟大的领导者需要……达到目标的能力。

有些人提出，领导者通过个人的魅力、风格以及精神来激励人们追求愿景。按照这一观点，领导者和被领导之间的纽带更多的是感性的，而不是理性的。当然，强烈的感情纽带有时会激励众多的个人听从领导的指挥。领导者经常被看作是魅力非凡的人，比如，甘地、约翰·肯尼迪以及马丁·路德·金等。在特定的环境下（例如，某些宗教崇拜），个人的行为只能由神授的力量来解释。也许对于企业管理者来说，通过研究各种类型的精神领袖，可以学到一些有价值的东西，但对于绝大多数人来说，个人感召力是很难获取的。

根据经济学的理论框架，有效领导的其他特征是可以学习的。经济学强调，人们根据利益做出选择。他们更为关心自己的福利（这包括关心家庭、社区等），而不是公司所有者的福利。按照这一观点，激励员工追求确定的目标或行动路线就存在标准的代理问题。下面，我们讨论管理者用于解决这些问题的技巧。

企业内部的决策

代理问题与组织政治

在学术讨论中，决策经常被看作一种单纯的智力练习：找出一些相关的决策方案，对这些决策方案进行分析，在分析的基础上选择最优方案（考虑在财务课程中资本预算的标准方法）。决策实施的问题经常被忽略。在这种讨论中，好的领导者等同于可以提出好的建议并进行认真分析的人。在绝大多数公司中，决策的过程要比这一简单特征所反映的复杂得多。尽管提出好的建议并认真分析是非常重要的，但对于有效的领导来说，这还远远不够。好的建议会增加企业价值，但这并不能保证它就能被审核通过，并被成功实施。[6] 由于代理问题，企业内的决策经常类似于政治环境中的决策，比如政府决策。参与决策的组成人员都有个人利益。[7] 引用杰佛里·普费弗的话说：

> 组织，特别是大型组织，与政府一样，本质上是一种政治团体。要理解这种组织的行为，就需要懂得组织政治学，就像要理解政府行为就要理解政府政治学一样。[8]

理解变革态度

为更深入地理解企业中的决策过程，我们来考虑，克里斯·塞德勒面临的问题。他是 BCT 公司的总经理。正如施乐公司的大卫·卡恩斯一样，克里斯相信，他的公司必须采用质量改进计划，才能保持竞争力。克里斯需要公司 CEO 克劳迪娅·科巴茨基的支持，来审核并通过这个项目；也需要公司员工的支持，来实施该项目。克里斯认为，除非他得到本公司所有管理者的支持，否则，这一质量改进项目不可能成功。他也依赖于这些管理者提出好的提议，因为这些管理者掌握着重要的具体信息，能够判断他的提议是否是好主意。如果这些管理者都强烈反对他的建议，克里斯就要考虑放弃这一建议。为进一步说明，我们专门考虑一位向克里斯报告的部门经理莱恩的情况。

我们从莱恩的角度来考虑这一建议。莱恩是风险回避的，并致力于个人效用的最大化。她

图 20.1 理解变革态度的理论框架

在这个例子中，莱恩是 BCT 公司的一个部门经理。莱恩是风险回避的。她个人的效用将随着她从 BCT 公司所收到的期望报酬的增加而增加，而随着这种报酬标准差的增加而下降。图中显示出在目前情况下（假设公司没有采用克里斯建议的项目），莱恩的无差异曲线。如果这一变革建议会使莱恩处于图中的“支持建议”区域，她就会支持克里斯的建议。反之，如果使莱恩处于“反对建议”区域，她就会反对克里斯的建议。

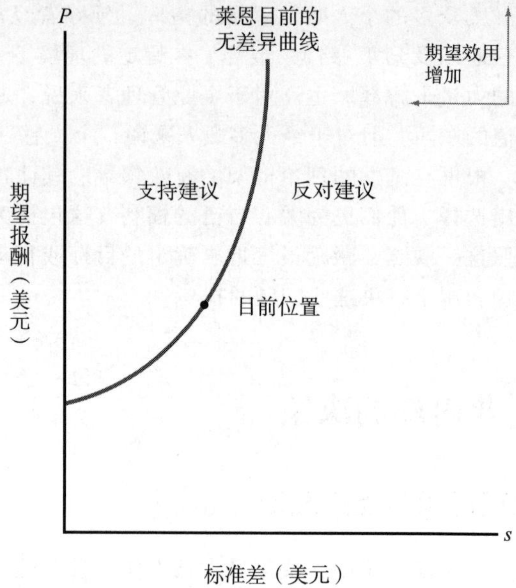

个人的效用将随着她从 BCT 公司所收到的期望报酬 P_L 的增加而增加，而随着这种报酬标准差 S_L 的增加而下降（见第2 章）：

$$U_L = f\ (\overset{+}{P}_L,\ \overset{-}{S}_L) \tag{20.1}$$

期望报酬包括从公司中收到的货币与非货币薪酬。比如，莱恩从自己的工资、管理为数众多的员工、在加利福尼亚工作、管理数额较大的预算费用中得到效用。莱恩将不支持克里斯的建议，原因很简单，因为这项建议旨在增加公司的价值，而莱恩想增加她个人的效用。

图 20.1 显示出在目前情况下（假设公司没有采用克里斯建议的项目），莱恩的期望报酬及其标准差。图中还显示了无差异曲线，也就是在目前情况下能够给莱恩提供相同效用的所有期望报酬与标准差的组合。（回忆一下，在图中，向左上方移动意味着效用增加。）在目前情况下，莱恩支持克里斯的建议，必须使她相信，这一建议会使她处于图中的“支持建议”区域。

如果这一建议会减少莱恩的效用，她就会反对。例如，如果她觉得这一建议会增加她被解雇的可能性，她就会反对变革。现在，莱恩不太可能直接出来说因为怕丢失工作她不喜欢这个建议。更可能的是，她会对克里斯的分析提出质疑——即使她认为这一分析是正确的。她也许会花费时间制造假证据，说服人们这一项目不可行。她也许会在新项目实施的过程中，对于自己应该完成的工作推脱耽搁，使项目不能有效实施。如果公司中许多员工采取类似的行为，这项建议将以失败告终。

克里斯不能观察到莱恩的个人偏好情况。但是，他可以分析这一建议将对她有什么影响，并能猜测出她将做出什么反应。一个需要考虑的重要因素是现有的组织架构。她目前拥有什么样的权力，这项建议的实施对她有什么影响？她是如何得到奖励的？如果莱恩是根据部门的销

亨利·基辛格关于决策的论述

美国前国务卿亨利·基辛格对于决策有如下看法：

我在作肯尼迪的顾问之前，我相信，就像许多学术讨论一样，决策的过程在很大程度上是智力活动。作为咨询顾问，所需要做的就是走进总统的办公室，说服总统某个观点是正确的。但我很快明白，这一不成熟的观点是危险的，尽管许多人都持有这样一种观点。

资料来源：H. Kissinger (1979)，*The White House Years* (Little, Brown: Boston)，39.

售额获得奖金，而这一建议有可能会减少她所在部门的销售额，那么克里斯就有理由预期，莱恩将反对这一建议。

假设克里斯预测出莱恩将反对这一建议。他可以通过三种策略来取得她的支持。第一，可以改变组织架构，那么以莱恩的利益考虑会支持这一建议。第二，可以改变建议本身，从而使她更有可能持支持这一建议。第三，可以向莱恩宣传这一建议，说明支持这一建议将有利于她的自身利益。下面我们分别讨论这些策略。

改变组织架构

为获得莱恩的支持，克里斯可以对整个分公司的组织架构做两方面的改变。第一，可以找出公司中那些可能支持这一建议的人，并给他们更多的决策权（相应地，减少那些可能反对这一建议的人的决策权）。第二，可以改变绩效评估系统和奖励系统，以便其更为符合多数员工

施乐公司组织政治方面的管理失误

在组织中，好的分析对于新创意的实施还远远不够。在多数情况下，以一种协同努力来获取员工的支持是必要的。施乐公司的帕洛阿尔托研究中心（Palo Alto Research Center，PARC）发明了第一台个人计算机，第一台图形显示器，最早的手控计算机鼠标，最早的非专家用户使用的字处理软件，最早的局域通讯网络，最早的基于目标的编程语言，最早的激光打印机。然而，这样一些发明创造在施乐公司都没有成功地推向市场。一个原因是 PARC 似乎与施乐的其他部门隔离，对于激励公司其他部门（例如市场营销部门）支持自己的技术发明认识不足。人们认为，PARC 的员工都是傲慢自大的，对于施乐的其他部门，则是持居高临下的态度。引用杰弗里·普费弗的话说：

由于不重视新产品推广中各部门间的相互配合，以及管理中需要部门间相互配合的技巧，PARC 的研究人员改变世界计算机现状的野心化为泡影，施乐公司也错过了重要的经济发展机遇。

资料来源：J. Pfeffer (1992)，*Managing with Power* (Harvard Business School: Boston)，38–39.

图 20.2 通过改变组织架构获得建议的支持

在这个例子中，在目前的薪酬计划下，莱恩不支持克里斯的建议。目前的状况将使她获得更高的效用。克里斯改变了组织架构，从而使莱恩目前的状况更差——如果莱恩不改变产品质量，还有可能被解雇。现在，当克里斯引入质量改进项目时，莱恩将支持这一项目，在项目实施过程中，她也将努力做好她那部分工作。

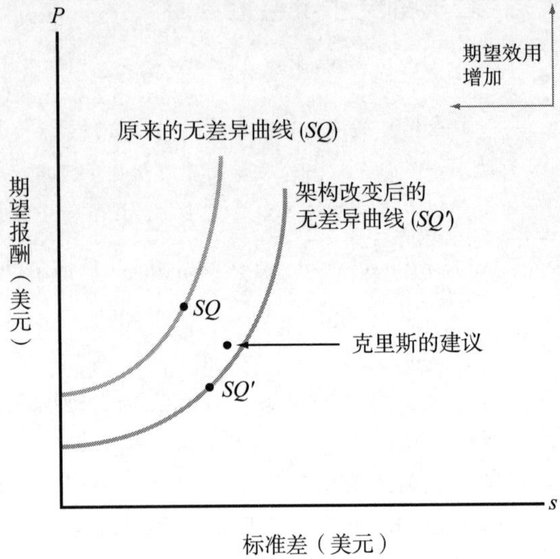

的个人利益，从而获得他们对新项目的支持。在施乐公司的例子中，卡恩斯同时对公司的组织架构作了这两方面的改变。

要说明绩效评估系统和奖励系统变动的效果，假设莱恩目前的报酬包括工资以及按照她所在部门的销售额确定的奖金。在没有实施克里斯建议的既定薪酬计划下，我们用 *SQ* 代表莱恩的期望报酬和标准差。与 *SQ* 相关的无差异曲线表示在图 20.2 中（标注为原来的无差异曲线）。克里斯的建议使莱恩的状况变差了——期望报酬更低，而标准差更高。莱恩试图说服克里斯这个建议不好，如果采用这个建议，她也不会努力工作来支持建议实施。现在，假设在提出这一建议之前，克里斯改变了绩效评估系统和奖励系统。莱恩的绩效评估需要依据产品质量。如果她所在的部门产品质量较差，她就更有可能失去工作，拿到更少的奖金。这种奖励系统的变革产生新的报酬状态（*SQ'*）。在不采用质量改进项目的情况下，莱恩会因在工作中追求质量而失去工作。组织架构的改变使她位于更低的无差异曲线（标注为架构改变之后的无差异曲线）。现在，当克里斯提出质量改进项目，她就会得到莱恩的支持。她会跑到生产车间，指导员工，改进技术并改进产品质量或以其他方式参与到这个项目中去。[9] 她会采取行动，改进自己部门的生产质量，因为这样做可以改善自己的状况。

项目获得 CEO 的批准，以及得到部门经理的支持，并不能保证克里斯的建议会成功实施。分公司内其他员工（比如生产工人）也存在代理问题。通过认真分析这些员工的激励，克里斯也可以预测出这些问题。比如，这些员工会担心失去工作，没有晋升机会，或者担心分配不到挑战性任务吗？通过这种分析，可以识别出哪些员工最不可能支持项目实施。克里斯同样可以通过改变组织架构来缓解预计到的问题。在建议的实施阶段，可以保证对一部分员工进行严密监督（回忆一下第 2 章，监督是决策过程的第 4 个步骤）。也可以进一步改变绩效评估系统和奖励系统。比如，对于成功实施质量管理的员工给予奖励（比如通过晋升）。或者，也可以向员工许诺，他们将不会因为实施质量改进项目而丢失工作。这种许诺将增加对项目的支持（见第 23 章）。

在施乐公司，作为公司 CEO 的大卫·卡恩斯想大幅度改变公司文化。为了激励员工支持这些变革，他改变了公司的绩效评估系统和奖励系统。但是，对于绝大多数的公司员工来说，必须在现有的组织架构下实施领导——他们只有有限的权力改变绩效评估或者奖励系统。即使是公司的 CEO，也不得不在目前的组织架构下工作，因为改变组织架构是要付出高昂代价的（不要忘记，绩效评估和奖励系统的经常改变会使员工不愿做长期努力，也不会注重同事关系的培养——见第 11 章和第 23 章）。在下面的讨论中，我们先提出一些方法，管理者可以用来在现有的组织架构下实施他们的建议。这些方法也可以与组织架构联合起来使用。

设计建议

管理者可以分析关键决策者的激励，并据此设计建议，才更有可能得到支持。下面我们讨论有关设计建议的三个问题：灵活性、承诺以及分配后果。

保持灵活性

在期望损益不变的情况下，如果新的建议可以使员工面临的风险更低，他们就更可能支持新的建议。说服人们相信新建议风险较低的一个方法是设计建议，使其在实施过程中很容易做出调整。管理者也许可以先在小范围内试行相应的项目，例如，限于某一地区或某一产品范

图 20.3　分析一个建议的最终分配

在这个例子中，克里斯对建议的初始设计将得到罗伯特的大力支持，但受到莱恩的略微反对（两人在目前情况下都有相同的初始无差异曲线）。通过重新设计建议，克里斯可以得到两个人的支持。例如，她可以重新分配员工，使原来向罗伯特汇报的员工，在新的设计下，向莱恩汇报。假设罗伯特和莱恩都可以从部门规模的扩大中获得收益，相对于初始的设计来讲，新的设计将增大莱恩的效用，而减少数罗伯特的效用。该设计的目标是，让莱恩和罗伯特都觉得这个建议会使他们的状况比现状更好。

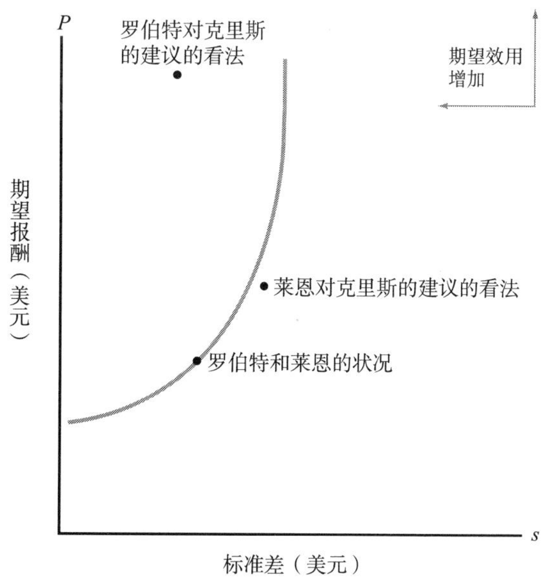

围。如果试验成功，就推广这一项目。如果不成功，就可以以低成本终止该项目。在企业内小范围的试验可以避免在全公司中采用这一项目，这为公司提供了全面实施或不实施这一项目的选择。通过这种类型的试验，可以更为准确地估计建议行动的收益和成本，同时投入的资源非常有限。这个信息既可以传递给公司的高管（他们要审批项目在更大范围的实施），也可以传递给公司其他领域的员工（这些领域也许随后就将实施该项目）。

承　诺

尽管保留灵活性存在收益，但同样会发生成本。如果员工认为，高管并没有破釜沉舟要实施变革，那么他们就不太可能认真对待这种变革。此外，那些反对这种变革的员工更可能采取行动使高管认为这种变革是不好的。卡恩斯清楚地表明了自己的态度，承诺将在施乐公司实施质量改进项目，员工必须对此认真对待。

分配后果

绝大多数的变革建议会产生分配后果——有些员工从中受益，而有些员工则遭受损失。例如，一项减少中层管理者职权的计划也许会损害中层管理者的利益，但有利于下层员工。管理者可以通过设计建议，利用分配效果获得关键决策者的支持。再回到我们的例子中，图 20.3 是关于莱恩和另一个部门经理罗伯特·刘易斯的案例。罗伯特和莱恩都有相同的效用函数。他们对目前的情况也有相同的看法（因此，他们也在同一条原有的无差异曲线上）。克里斯的建议非常有利于罗伯特，而略微不利于莱恩。克里斯可以通过调整最初的建议，使罗伯特从中获得

杠杆与承诺

企业通过权益和债务结合的方式融资。对于大型企业来说，普通股票是权益资本筹资的最为常用的来源。支付给普通股股东的红利有一定的自由度。在企业面临破产的情况下，董事会可以减少红利的支付。而对于债务人，公司必须及时足额支付本息，才能免于破产。在 20 世纪 80 年代，许多公司通过发售债券，回购股票，大大增加了债务的持有量。

提高的财务杠杆率可看作是一种承诺，意味着公司管理层打算实施某种变革，以增加现金流量，满足未来更高债务还本付息的要求（比如，通过削减成本）。因为在这种情况下，如果不能增加现金流量，就将导致破产。这种做法也使管理者处于危险境地，因为他们并不想失去现有的工作。在有的公司中，资金来源主要还是权益资本，这样管理者实施变革增加现金流量的压力就相对较小，因为他们对于股东的红利支付有更大的灵活性。在一家公司的资本结构中，债务的最优数量取决于很多因素。这一讨论表明，其中一个决定因素是，面对员工和外部股东，高管增加现金流量愿望的强烈程度。

资料来源：M. Jensen (1986)，"Agency Costs of Free Cash Flow, Corporate Finance, and Takeovers," *American Economic Review* 76, 323–329.

的收益相对减小，使莱恩可以有所改善，从而获得罗伯特和莱恩两个人的支持。比如，在原来的建议中，有些人也许要向罗伯特汇报，现在改为向莱恩汇报。如果莱恩比较看重管理更多的员工，她就更有可能支持这一修改过的建议。

营销建议

员工对于变革的态度取决于与目前状况相比，他们对新建议下期望报酬和风险的评价。建议的提出人通常掌握可以影响这种评价的信息。通过将这种信息以可信的方式传达给员工，建议的提出人可以更有效地说服员工支持这种建议。

认真分析与基础工作

因为人们都是风险回避的，所以克里斯可以预计，改进质量的建议会受到反对。面对新的政策，与目前的状况相比，相关的人都会感觉更不确定——因此，很有可能持反对态度。相应地，克里斯应该花时间对关键员工解释自己的分析，并让他们相信这种分析是正确的。也可以与员工讨论这一建议，并回答有关问题。还可以就有关问题发表演讲，可以写文章在公司内散

给领导者的一些提示

在战争或危机期间，出现了许多著名的领导人：丘吉尔、林肯和最近的鲁迪·朱利亚尼及乔治·布什。正如社会学家马克斯·韦伯所观察到的，人们愿意“危难中的领袖”来领导。人们希望领导人能够解除自己心中的恐惧。有几个简单的建议可以帮助你成为更为有效的领导人，特别是在危机期间。

站起来让人看到你。如果可以看到领导人，并且看上去他要对局势负责，那么追随者就会觉得更踏实。

不加思索地保持乐观。表现出担心会使团队成员产生悲观情绪。可以直白地告诉人们发生的坏消息，但提醒他们最终他们会成功的。请记住丘吉尔的名言：短期内我们“出力、流血、流泪和流汗”，但英国最终必胜，“不管道路多么艰辛漫长”。

坚持实事求是。不要夸大成功，不要掩饰风险，也不要攻击无法回答的问题。说话要么直截了当，要么不说。

要有长远眼光。不要为眼前的利益担心，这样会使团队成员误解为他们的利益是可以牺牲的。

使团队成员觉得自己是重要的。在解决危机的过程中，每个人都可以发挥重要作用。找出并灌输这种作用。

寻找合适的故事。用简单的故事，而不是复杂的 PowerPoint 幻灯片，来传达你的见解。要有远见卓识。请回忆丘吉尔的名言：“事情还没有结束，甚至这也不是结束的开始，但这是开始的结束。”

资料来源：A. Wheat (2001)，“What It Takes,” *Fortune* (November 12)，126.

发，如此等等。通过认真沟通变革计划的理由——降低其他人的分析成本，可以降低人们心中的不确定性。相应地，对建议的支持就会增加——更多的人会认为，在图 20.1 中，这种建议是处于支持建议的区域。

作为一般原则，在会议上提出建议并要求现场决策是不明智的。缺少合理的基础工作，这样的建议不是被简单拒绝，就是要等待进一步研究。因为人们总是风险回避的，除非他们被说服某个建议确实会改善现有的状况，否则，他们就不会随便同意某个建议。

依赖于声誉

人们有理由听取有良好声誉的人提出的合理建议。第一，过去的成功是一种信号，它代表了某个人的分析能力和组织能力，因此也代表了未来成功的可能性。第二，成功者有强烈的动力去认真分析，以避免毁坏已经建立的声誉。如果其他员工也相信，某位管理者通常都会做出好的决策，他们就会认为，这位管理者的建议风险较小，因此更有可能支持这位管理者的建议。有良好声誉的管理者只要坚持强调相应的建议是有益的，就会得到支持。另一方面，管理者也不要滥用声誉，避免支持摸棱两可的建议，这也是非常重要的。如果建议最终是不成功的，管理者的声誉就会受损。

作为苹果公司的总裁史蒂夫·乔布斯，一直是 USNews.com 评选的 25 位美国公司最佳领导人之一。他在事业上并非一帆风顺——创建了苹果公司，并在 1976 年建立了第一个 Macintosh 系统，1985 年因为其桀骜不驯的性格而被解雇，1996 年又重整旗鼓回来领导苹果公司。在他的整个经历中，乔布斯曾经被称为“变革的领导者”、商业创新家、文化启蒙者和创业精神的化身。他的富有激情的完美主义造就了许多新机型（比如 iMacs、iBooks、iPods 等）的灵魂，并改变了人们做计算、听音乐和看碟片的方式。耶鲁管理学院的维克托·弗鲁姆说，“乔布斯是变革领导者中极为突出的例子，他代表更高层次的价值，他让人们做了以前从没做过的事情。”自

声誉及其影响

决策者经常听从有良好声誉的人的建议。明兹伯格强调了这一趋势。

我发现总裁经常会面临复杂的选择。他们需要考虑每项决策对其他决策以及对组织战略的影响。他们需要保证，这些决策可以被能够影响组织的人所接受，也要保证这种决策不会耗用过多的资源。他们还必须清楚建议的可行性，以及相应的成本和收益。他们还必须考虑时间问题。所有这些对于是否采纳另一个人的建议也是必须考虑的。然而，在这同时，决策的延误将会耗费时间，快速的批准可能会考虑不周，而快速的拒绝也可能会影响下属的情绪，因为下属可能花费数月的时间才提出建议的项目。审核和批准项目的一个常用办法是看人而不是项目。也就是说，管理者对于下属的建议，如果是信赖的人提出的，就予以批准。

资料来源：H. Mintzberg (1975)，“The Manager's Job: Folklore and Fact,” *Harvard Business Review* (July–August)，49–61.

联合航空的工资让步

在 2002 年 11 月，联合航空公司宣布了总额 54 亿美元的工资让步。为避免公司破产，联合航空公司的工会已经同意接受这次工资压缩。鉴于在2001 年 9 月 11 日的恐怖袭击以及美联航申请破产后需求的下降和成本的上升，联合航空公司提出目前的状况不能长久维持当然就是可信的了。

资料来源：M. Maynard (2002)，"United and Machinists Reach Deal on Concessions," *The New York Times* (November 21) C1.

从他重回苹果公司作 CEO 后，苹果的股票价格已经从不到 10 美元上升到超过 60 美元。[10]

如果可以获得其他有良好声誉的管理者的支持，建议的提出人也得到更多的支持。因此，与这样一些管理人员进行详细的讨论是很有帮助的。如果他们同意这些分析，建议就更有可能是正确的。而且，这些管理人员的认可将会确保整个组织中有更多的支持，并防止组织内其他反对意见的产生。

强调危机

多数情况下人们更容易安于现状，克服这一问题的一个策略是，指出目前的状况比人们想象中的更差。大量的文献不断指出，组织在面临危机的情况下（如果不实行变革，就将导致组织失败），员工最有可能支持变革。如果管理者能够说服员工相信公司确实面临着危机，就有可能增加他们对变革的支持。在施乐公司，卡恩斯通过一再重复强调日本公司竞争的威胁，获得了对建议的支持。当然，如果公司真的面临实际的危机，这种战略更为奏效。组织内的个人会明白，建议的提出者必须说明组织面临的危机才能对个体有激励作用，否则，他们就不会相信这种宣传，除非危机确实存在。

在施乐公司的例子中，很容易用事实材料说明施乐公司所失去的业务。同样，也可以说明其他行业，比如钢铁与汽车行业，也曾经有过类似的经历。这些行动的效果在于，降低员工对于与目前状况相联系的效用的评价。这种效用评估的改变将导致对变革的支持，这与图 20.2 的分析类似。因此，如果克里斯能够给莱恩提供新的证据，说明她对目前的看法不太乐观，就会得到莱恩的支持。

组织的控制力

根据经济学理论，员工对于变革的态度将取决于变革方案对于个人的影响。而这些影响可能会依赖于建议者个人的情况。有些建议者比其他的建议者更有控制力，会对员工的个人所得有更大的影响。要有效地推行变革，管理人员必须明白这种控制力的来源以及如何获得这种控制力，这一点是非常重要的。

控制力的来源[11]

组织中的控制力从何而来？在一家公司中，没有法律规定要求某些人必须遵守和支持另一些人的愿望。公司的控制力不是来自于强制其他人听从命令的能力，而是来自于其他人自愿同意领导者的愿望和建议。要促成这种自愿行动，与领导者的合作必须符合这些人的利益。这节将讨论组织的控制力与影响的潜在来源。

正式授权

有些控制力来源于组织中的正式职位。如果一位管理者有权聘用、提升以及奖励一位员工，显然，这位员工就有可能顺从这位管理者的意愿。[12] 在我们的例子中，即使员工认为克里斯的建议有损于他们的利益，克里斯也可以获得一些员工的支持，因为如果员工不支持，他们的利益损失会更大——他们也很难在职位晋升时受到克里斯的支持，甚至克里斯还会解雇他们。例如，在公开的会议上，这些员工可能会说这种建议是有利的。此外，正式的职位给了克里斯做出决策的权利，而不必咨询他人。这种与正式的职位相联系的权力并不是无限的。通常存在代理问题，使员工可能忽略管理者的意愿。同样，员工也会采取行动更换管理者（“宫廷政变”）。心怀不满的员工也许会组成联盟，到公司 CEO 那里抱怨说克里斯不称职。最后，有些公司还实行 360 度绩效评估，员工可以通过正式的渠道评估管理者的绩效。

对于预算和资源的控制

在组织中，有些人获得了对于资源的控制权。有些人有预算权，而另一些人则决定办公空

领导者需要追随者

加利福尼亚大学的本·赫尔玛林提出，由于领导者必须有追随者，而追随是一种自愿的行为（你不可能强迫追随者追随），因此，要明白什么造就了领导者，就需要明白什么造就了追随者的追随。换句话说，追随者决定了他们的领导者。领导的诚实和值得信任的声誉是激发追随者的动力。

RubiconSoft 公司的创办人安·舒卡拉理解真诚追随者的价值。当她开始创办 Rubric 公司时，就有 Compuware 公司的几个员工追随她，在此之前她是 Compuware 公司的营销副总裁。在以 3.86 亿美元的价格将 Rubric 公司出售后，她又创办了一家新风险投资公司——RubiconSoft 公司。这几个前同事又继续追随她到这家新公司，其中有的人还成为新公司的投资人。舒卡拉女士明白保留有才能的员工的价值。“目前的科技行业竞争激烈，公司之间都在相互争夺人才。我完全明白长期与同样的人共事以及确信他们绝对忠诚于我的价值。”

资料来源：B. Hermalin (1998)，“Toward an Economic Theory of Leadership: Leading by Example,” *American Economic Review*, 1188–1206; and C. Hymowitz (2004)，“In the Lead: The Best Leaders Have Employees Who Would Follow Them,” *The Wall Street Journal* (February 10) B1.

控制力与资源控制——在反收购修正案中的投票

根据经济学理论，对于重要资源的控制给人以控制力，其他人就不敢不支持这个人的建议，因为他们害怕失去获得重要资源的机会。

这一观点的重要性可以通过在反收购修正案中公司投票的研究来说明。这些修正案使外部投资者很难通过收购活动控制一家公司。现有的事实表明，某些修正案会减少股东的财富，但是却有利于现有的管理人员，他们的工作会变得更有保障。是否要采用这种管理层建议的修正案，决策由股东做出，而股东在投票中，通常会反对这一修正案。然而，管理层对某些机构投资者有控制力，比如银行和保险公司，因为这些银行和保险公司的业务正是来自于由管理层所控制的公司——如果他们在投票中不赞成有利于管理层的修正案，他们就有损失重要业务的风险。经验事实表明，与其他独立的投资者相比，这种类型的机构投资者更可能支持有利于管理层的反收购修正案。这些事实还表明，那些没有足够控制力可以保证修正案获得通过的管理层，通常也不提出这种修正案，因为他们不想承担提出修正案却没获得通过的声誉损失。

资料来源：J. Brickley, R. Lease, and C. Smith (1994), "Corporate Voting: Evidence from Charter Amendment Proposals," *Journal of Corporate Finance* 1, 5–31.

间的分配或者使用复印机的优先控制。对这些资源的控制是权力的一个来源。个人通常不愿意触犯控制重要资源的人，因为他们害怕这会影响他们对于有关资源的使用。例如，部门经理有可能会支持克里斯，因为克里斯控制着部门的经费预算。

这一讨论表明，通过获得关键资源的控制权，个人可以增加他们在组织中的控制力。在决定是否在组织内申请某一工作和任务时——工作和任务如果包含他人看重的资源的决策权将更有吸引力，这一概念可能是很重要的。同样，一个人有时也可以通过在组织中开发一种对他人来说重要的服务和产品来创造控制力。例如，一个公司的数据处理管理人员通过在组织中提供计算机修理服务来增加个人影响和控制力。如果公司规定不允许接受相应的外部服务，员工只能使用内部的修理服务，那么这种行为将产生很大的控制力。

在本书中，我们始终强调，将决策权与具体信息联系起来是非常重要的。目前的讨论表明，管理人员需要考虑的第二种因素是对于关键资源的决策权的分配——将控制力赋予那些能够最大限度地增加公司价值的管理人员将是非常重要的。[13] 考虑公司的计算机资源，假设高管可以将相应的决策权分配给两个部门经理，桑佳·库玛和玛丽亚·洛佩兹两人的其中之一。两个人都掌握有效管理公司计算机资源的具体信息。然而，在通过自己的建议影响公司的价值方面，桑佳比玛丽亚有更大的潜力（桑佳管理的部门有更多的创造价值的机会）。而且，桑佳的建议要求公司内部其他部门的支持和配合。在这种情况下，高管就会将相应资源的决策权分配给桑佳，因为这将给桑佳控制更多资源的权利，这有利于说服其他员工来支持他的建议。

信息的控制力：来自法国烟草工厂的事实

这是一个有趣的关于信息控制力的例子，这个例子来自20世纪60年代法国的一家香烟加工厂。这个工厂的设备是高度自动化的，机器故障是其主要的制约因素。设备修理手册毁于一场火灾，惟一掌握修理机器知识的人是工厂的维护工程师。这种对于重要信息的垄断使这位工程师掌握大量的控制力。没有维护工程师，工厂将不能运行，更换这些工程师又是不可能的。的确，这些工程师有足够的控制力，使公司的管理者无法解雇他。当在工厂内培训新的工程师时，他们接受口头指导，并被要求销毁任何他们掌握的记录材料。这种行为使这些工程师可以在很长时间内保持自己的控制力。

资料来源：M. Crozier (1964)，*The Bureaucratic Phenomenon* (University of Chicago Press: Chicago)。

信息的控制

在绝大多数的组织中，一种特别重要的资源就是信息。任何员工所掌握的信息都依赖于员工的职位、办公地点、社会关系和特殊技能等类似的东西。并不是所有的员工都掌握相同的信息资源。由于绝大多数员工要求各种各样的信息，才能有效地工作，所以掌握信息的人就有控制力——他们可以利用信息获取支持。BCT公司的某些员工可能会支持克里斯，因为他们需要从他那里得知公司正在发生什么。个人可以尝试通过游说活动，要求位于市中心的办公室空间(例如，在公司总部)，从而可以在组织内有效地建立社会关系网络；也可以申请更有利于掌握重要信息的工作，或者可以申请委员会的关键职务，来获取更多的信息或控制力。

将公司看作是一系列合同的中心（见第10章），有助于思考在公司中的信息控制。按照这一观点，企业的特点就像公司和其他团体（比如供应商、客户和员工）之间的合同网络。许多合作都是非正式的，在不同的合约节点合同方掌握着重要信息。掌握这些信息会赋予相应的个人重要的控制力。如果在一家公司中，一位员工在长达20年中都是公司大客户的主要联系人，那么解雇这样的员工是非常困难的。这样的员工会掌握关于客户及其要求的具体信息，对于公司来说，更换这种职位的人员要付出昂贵的代价。[14]

朋友与联盟

与决策者保持紧密关系就会使决策者更可能按照你的意愿行事。管理者有时会聘用或提升他们的朋友到关键职位，而不是更为合格的候选人。这种做法的原因在于，管理者期望他的朋友到时候会给予支持。在公司中，有些员工会做出有利于另外一些人的事情（例如，在某些人做项目遇到困难时提供帮助，在他们不在时临时代为完成工作等），同样，这样可以增加这些人在未来支持自己的可能性。如果在公司内建立联盟，克里斯就更有可能获得支持。[15]因为担心控制力不恰当的集中，有些公司会针对“用人唯亲”的问题采取相关措施。

政府与企业中的互助组

许多互助组的经典例子都出自政府。比如，一个典型的例子涉及大公司、工会和农场主三方，成功的联盟将包括任意两方。在这一环境中，农场主总是占有优势，因为农场主的需求不可能与工会和大公司的需求相冲突，而大公司和工会的需求却更容易相互冲突。的确，农场主经常需要一些另外两方认为不重要的东西。反过来，农场主也经常并不在意另外两方的需求。这种各方之间的差异使农场主在联盟中成为一个很好的伙伴。相反，大公司与工会之间却很难结成好的联盟。这有助于解释为什么在政府的政策中，农场主总是会成功地获得有利的立法规定。

虽然很多互助组的例子来自政府，但这种互助组在其他组织中也很普遍。例如，一家公司中的营销经理和生产经理也许会达成这种互助组，以便相互支持对方的要求。相反，对某个项目有共同利益的两个生产经理之间却很难达成有效的联盟。引用詹姆斯·马奇教授的话说：

互助组不仅出现在美国国会中，也同样出现在企业经营中、军队组织中以及大学里。

资料来源：J. March (1994)，*A Primer on Decision Making* (Free Press: New York)，157–159.

将建议与其他提议结合起来

有时，在公司中有可能通过利用其他人的控制力搭便车，获得建议的支持。在我们的例子中，也许 BCT 公司的 CEO 通过名为“质量 2006”的项目向媒体或者客户强调产品质量的重要性。克里斯就可以宣称他的建议正是 CEO 对公司的愿景的一部分，非常契合“质量 2006”项目。以这种方式推出建议，就会减少可能出现的反对意见，因为员工不太可能对 CEO 所做出的重要提议持反对态度。

联盟与互助组[16]

管理人员有时也可以通过建立*互助组*增加控制力。互助组（logroll）由个人联盟组成，在这种互助组中，个人的建议互不相同，但可以同意相互支持彼此的要求，从而有利于实现各自的需求。这方面经典的例子是每年在美国国会通过河道和港口提案（Rivers and Harbors Act）时所形成的联盟。这种提案包括许多地方项目，而每个项目只会受到少数国会议员的支持。因为国会议员对对方的议案提供相互支持，所以，一般每个议案都会以多数票通过。在我们的例子中，克里斯可以与公司内其他的总经理组成互助组，从而可以获得更多的支持。他可以支持这些总经理所提出的扩展自己部门的建议，只要这些总经理支持他的质量改进建议。在公司经营中（在其他组织中也是一样），这种类型的协议基本上都采用隐含的相互许诺和相互理解的方式，而不是正式的合同。然而，在某些情况下，可以扩展建议的范围，从而将其他管理者看重的条款也包含进来。正如在河道和港口提案中的情况一样，如果相关问题同时得到考虑，各方的得失就更为明确，潜在的联盟缺陷就不会引起太多的问题。

通用汽车公司中的互助组

通用汽车公司的预算委员会主席普拉特指出，在阿尔弗莱德·斯隆担任通用汽车CEO之前，公司总部没有协调各个分部的活动。公司的执行委员会由公司各分部的经理组成。“当他们其中有一个人提建议时，这个人凭什么得到其他同等级经理的投票呢？如果其他经理为他投票，他就要为其他经理投票。这是一个讨价还价的交易。”

资料来源：A. Chandler (1962)，*Strategy and Structure*（MIT Press: Cambridge, MA），127.

联盟的障碍

在尝试组成互助组时，克里斯至少应该预测到两个潜在的问题。第一，存在着可信许诺的问题。公司的决策并不总是在同一时间做出的。克里斯也许马上就需要其他经理的支持，而这些经理的建议也许要在下一年度考虑。经理们有可能不愿意支持克里斯，因为他们并不相信克里斯会信守诺言。第二，为互助组找出合适的候选人并不容易。有关建议影响其他人福利的信息是非对称的。克里斯并不确切地知道，谁对他的建议持无所谓的态度。那些个人福利不受克里斯建议影响的人也许会宣布，这个建议会损害他们的利益，并提出克里斯答应他们的要求，否则将不支持克里斯的建议。就像在第10章所讨论的，这种歪曲真相的策略可能会导致谈判失败——在这种情况下，就不可能组成互助组。但是，尽管存在这些问题，还是经常会形成有效的联盟。的确，这种类型的私下交易在组织中是常见的。

建议的细节与互助组

就像我们所讨论的，克里斯不仅关心他的建议是否得到采用，也关心在项目实施的过程中出现的激励问题。通过详细说明每一个关键员工应该如何去做（从而，他就没有多少可以自由决策的余地），克里斯可以减少这类激励问题。然而，这种策略会引起两种重要的潜在成本。第一，在实施阶段，会限制员工运用他们的具体知识有效完成任务的能力。从这个意义上讲，在项目设计的时候，克里斯面临着一种取舍，即在有效地运用具体知识和激励问题之间的取舍——这是我们在本书中始终强调的问题。第二，在建议的审核阶段，如果建议过于详细具体，将增加克里斯组成有效联盟的困难。组成互助组通常要求建议的表述在一定程度上含糊其辞，以减少潜在的冲突。具体详尽的建议将增加员工就某些细节提出疑问的机会。[17]

组织控制力是坏事吗

我们已经说明，领导者经常运用个人控制力和政治技巧促成组织变革。对于许多人来说，控制力和政治这类用语通常是贬义词。它很容易令人想起玛奇威利为当时的王子提供增加个人控制力的建议。类似地，人们也容易想像管理者会完全陷于办公室政治。

政治技能与组织生产率

在组织中，建立和运用控制力是为了完成一些事情。组织的特性（是相互依存的、复杂的系统，并有许多行动者，也存在许多的观点）意味着采取某种行动会遇到各种各样的问题。实施失败几乎都是不能建立成功的联盟所造成的。尽管联盟的网络很明显会被滥用，但是，要做成事情，这种联盟网络还是必需的。

资料来源：J. Pfeffer (1992)，*Managing with Power* (Harvard Business School: Boston)，108.

显然，试图增加权力会涉及成本。例如，让公司内重要的员工花费时间组建自己的互助组花费的成本是很高的。在第 9 章，我们讨论了这些影响成本如何影响组织架构的选择。在市场上，能够长期生存的公司，可能是那些能够有效限制员工在这些非生产性活动上花费时间的公司。同样重要的是，要认识到，控制力和政治技能也会带来重要的收益。组织就是要让人们在一起工作。没有政治技能和控制力，领导者就不能成功地实施价值增值计划，组织就会因此大大受损。

总而言之，控制力和政治技能本身，既不好也不坏。他们的重要属性既可以用于生产性目的，也可以用于非生产性目的。如果管理者认为，不靠控制力和政治技能，也可以有效管理公司，那就太幼稚了。

象征符号的运用

本章至今为止，我们的分析都集中于正式的组织架构和为建议获取支持的策略。大多数文

象征符号在 Nordstrom 的运用

Nordstrom 是一家连锁百货商店，以强调客户服务和客户满意度而著名。Nordstrom 家族管理着公司，他们的愿景是为客户提供最好的服务、商品、质量和价值。

他们通过不断在员工中讲述相关的故事来强调客户服务的重要性，在他们讲述的优秀服务故事中，包括在停车场帮助顾客更换汽车轮胎，帮助顾客付停车费，顾客现金不足时借钱给顾客等等。一个特别有趣的故事是，一位顾客对新买的轮胎大为不满，Nordstrom 的一位店员就很痛快地接受了退货，并退还了这位顾客购买轮胎的钱，即便这位顾客没有发票。故事令人惊奇的是，Nordstrom 根本就不销售汽车轮胎！

Nordstrom 并不仅仅依靠这些故事来激励员工为客户提供良好的服务，Nordstrom 还有全面的激励系统，强调销售和顾客服务。

资料来源：H. Weston (1991)，*Nordstrom: Dissension in the Ranks*, Harvard Business School Case, N9-191-002.

献都强调有效的领导要求高明地运用象征符号，比如示范、正式的信念、故事以及传说。比如，对于改进客户服务感兴趣的管理者，也许会花费时间直接与客户交谈——确保这些行动通过媒体和录像可以传播给员工和其他人。高管也可以讲述，相关员工如何不辞辛苦地为客户提供服务的事实。公司也可以采用正式的口号和标语，强调管理者对公司的基本愿景。

我们将这些象征符号视为公司文化（执行重要的交流功能）的一个方面。这些象征符号告诉员工在公司中什么是有价值的（见第 11 章和第 18 章）。但是，再次强调，象征符号本身不可能有效地激励员工采取特定的行动，除非通过公司的绩效评估系统和奖励系统得到加强。大卫·卡恩斯明白这个道理，为成功推行它的质量改进项目，他最终改变了施乐公司的奖励系统。

案例研究：环球保险公司

环球保险公司是一家伤残保险公司。传统上，公司总部是按照职能组织的。对于一项保险政策的申请从销售一线传到公司总部之后，将通过一系列的职能部门予以处理。一个部门负责审核，比如是否所有的申请表格都正确无误地填写完成，另一个部门负责检查，比如申请者的医疗病史，如此等等。最后的步骤中包括接受决策，在这个步骤中，公司同意接受客户购买保险。这个任务由经过培训的员工处理。

在环球保险公司，最为重要的部门是人力资源部门。这个部门管理公司的人事系统（例如，筛选职位申请人，审核晋升决策，对工资水平与工作分类的决策，为组织提供培训）。目前，整个系统有 2000 个不同的工作职位。人力资源部的主管被许多员工看作是公司中的关键人物。

环球保险公司的一个主要问题是，处理一份保险申请要用几个月的时间。在从一个部门到另一个部门的处理过程中，相关申请可能会在内部信箱中放上数天。环球保险公司的 CEO 阿迈德·瑞吉夫已经决定公司必须重组，以保持竞争力。他想废除大多数的职能部门。保险申请将由个案员工处理，对于每一份申请，个案员工将从申请的初始审核到最后的接受决策全过程负责。这些个案员工将得到计算机系统支持，通过这种计算机系统，可以直接查阅申请人病历记录，以及其他的在处理申请中需要的信息。管理信息系统的管理者将负责建立和维护信息系统。个案员工将接受公司现有资深人员的签单决策培训。新进员工必须至少具有大专以上文凭。工作职位总数将大幅度削减。绝大多数人的工作职务将是合股人或合伙人。培训、提升以及招聘的权力，目前为人力资源部门掌管，改组之后将分散给高级个案经理（合伙人）。在向新系统的转换中，人力资源部门将发挥重要作用（撤销现有的培训项目，将培训的对象转向个案经理，减少员工规模，如此等等）。通过类似的项目，其他保险公司已经大大压缩了申请处理的时间，也大大削减了所需的人力。

讨论问题

1. 在这一组织中，你认为哪些员工会反对阿迈德的建议？哪些员工会支持这一建议？
2. 在这一计划的实施中，这些反对意见会引起什么样的问题？
3. 阿迈德应该采取什么行动，以便增加成功实施计划的可能性？

推荐书目

J. Gardner (1990), *On Leadership* (Free Press: New York).

D. Kearns and D. Nadler (1992), *Prophets in the Dark* (Harper Business Press: New York).

D. Kreps (1990), "Corporate Culture and Economic Theory," in J. Alt and K. Shepsle (Eds.), *Perspectives on Positive Political Economy* (Cambridge University Press: Cambridge).

J. March (1994), *A Primer on Decision Making* (Free Press: New York).

J. Pfeffer (1992), *Managing with Power* (Harvard Business School: Boston).

注　释

1. 有关这个例子的详细内容见：D. Kearns and D. Nadler (1992), *Prophets in the Dark* (Harper Business Press: New York)。
2. R. Giuliani with K. Kurson (2002), *Leadership* (Hyperion: New York).
3. J. Gardner (1990), *On Leadership* (Free Press: New York), 11.
4. 有关术语愿景、战略以及计划，各种管理文献说法不一。愿景代表目标和目的，而战略和计划涉及如何实现这些目标和目的。从我们的分析目的考虑，这种区别并不重要。我们所感兴趣的是涉及组织变革的任何形式的建议和方案。我们运用愿景这一术语作为所有这些建议和方案的总称。
5. 我们着重看下列引用，这些引用分别出自 Gardner (1990), 1; J. Burns (1978), *Leadership* (Harper & Row: New York), 19; and R. Nixon (1982), *Leaders* (Warner Books: New York), 5.
6. 我们在第 9 章曾说明，决策过程包括四个重要步骤：提出方案、审核通过、实施以及监督。
7. 就像我们在上一章所讨论的，如果没有交易成本，组织中的个人会一致同意价值最大化的行动方案。通过将大家共有的饼做大，每个人的境况也都会得到改善——每个人所得到的一片饼也会随之增大。在大型组织中，交易成本限制了这种结果出现的可能性。例如，假设解雇工人可以增加公司的价值，而工会有权阻止解雇工人。在没有交易成本的情况下，所有者和工人将达成一致，同意解雇工人。所有者可以享受到价值的增加，并给于被解雇工人适当的补贴。双方的境况都可以得到改善。但是，由于谈判成本的存在，这种结果通常很难达到（这里的具体问题是非对称信息）。在这种情况下，在价值最大化中，有关各方没有共同利益。与其他政治环境类似，由于各方都试图使自己的利益份额最大，所以就会产生矛盾。
8. J. Pfeffer (1992), *Managing with Power* (Harvard Business School: Boston), 8.
9. 在这个例子中，奖励系统的改变将影响莱恩对于目前状况的评价。克里斯对于奖励系统的改变也会影响莱恩的期望报酬和风险。基本的要点仍然成立——通过改变组织架构，克里斯可以影响琳达对于改进质量建议的态度。
10. 来源：www.usnews.com/usnews/news/articles/051031/31jobs.htm; and http://en.wikipedia.org/wiki/steve_jobs
11. 这部分的内容引自 Pfeffer (1992)。
12. 假设职员不能在另一个公司无成本地获得相类似的职位。
13. 这一观点与哈特的观点有关。哈特认为，分配控制力和资源控制会影响公司的投资决策，并因此影响公司的价值。O. Hart (1995), *Firms, Contracts, and Financial Structure* (Oxford Press: Oxford, UK).

14. Andre Shleifer 与 Robert Vishny 认为管理者有时会选择能给他们带来信息优势的项目，因此股东想替换他们就得花更多的成本。A. Shleifer and R. Vishny (1989), "Management Entrenchment: The Case of Manager–Specific Investment," *Journal of Financial Economics* 25, 123–139.
15. 有关送礼和交换的经济学分析，见 G. Akerlof (1982), "Labor Contracts as Partial Gift Exchange," *Quarterly Journal of Economics* 97, 543–569; and J. Rotemberg (1994), "Human Relations in the Workplace," *Journal of Political Economy* 102, 684–718.
16. 这部分材料引自 W. Riker (1962), *The Theory of Political Coalitions* (Yale University Press: New Haven, CT)。
17. J. March (1994), *A Primer on Decision Making* (Free Press: New York), 170–171.

第 21 章

理解经营环境：管制经济学

在1998 年 5 月，美国司法部指控微软公司压制竞争，抑制了软件行业的创新。[1] 这一法律诉讼闹得沸沸扬扬，在相应法律行动得到确认时，微软公司的股票价格下跌了 3.8%。从加利福尼亚到纽约的 19 个州参与了这场诉讼。起诉方指控微软公司采用了掠夺性定价，长期在其 Windows 操作系统中加入现存的功能，而不对其他功能分开收费——这将迫使其他竞争者退出该行业，也会迫使其他潜在进入者望而却步。特别是，微软公司对于其竞争对手网景公司（Netscape）和太阳微系统公司（Sun Microsystems）造成损害。

联邦政府认为，微软公司通过将其视窗操作系统加载到 90%的新电脑上，迫使个人电脑生产商不得不优先考虑微软公司的浏览器，而不是网景公司的浏览器。有证据表明，在 1995 年 6 月，微软公司和网景公司曾经有过会面。微软公司声称，在那次会面中，曾经提出两家公司平分浏览器市场的建议。在 1998 年 10 月的法庭判决中，微软公司提出，这场诉讼是由网景公司“引起的”。按照微软公司的说法，网景公司利用 1995 年 6 月的会面建立一种记录，将这种记录移交给司法部就可以成为进一步起诉微软公司的证据。

政府的考虑是建立在个人电脑的操作系统是一种“必需的装备”这一假设基础上的。因此，许多人依赖于带 Windows 的电脑，而现在，软件的“竞争者需要政府伸出援手，帮助他们在个人电脑的屏幕上获得一席之地”。对于个人电脑的操作系统来说，微软公司实质上是获得了市场的垄断地位——当然，他自己认为这不是非法的。政府还要证明，该公司利用了掠夺性定价来维持业务份额。例如，政府经常引用微软公司副总裁曾经说过的话，“有必要彻底打败（太阳微系统公司的）Java 软件，以保护我们的视窗资产。”但是，微软公司的董事局主席比尔·盖茨对此予以否认，认为这种说法意味着微软采取了非法行动。“让我也引用来自微软公司内部的话，‘让我们来竞争，让我们做出更好的产品’，对我来说这再熟悉不过了。”微软公司极力为自己的行为辩护，认为消费者并没有受到伤害，而“这场诉讼是有关微软公司能否有权去创新的诉讼。”

政府愿意考虑的补救方式是，在 Windows 桌面上的互联网图标中，禁止将微软公司作为惟一图标。例如，用户可以通过保留的上网记录进入微软公司的浏览站点。Sabre Interactive 公司经营着一个竞争性站点 Travelcity，公司总裁琼斯·特雷尔指出，这样的路径安排是不公平的。琼斯指出，微软公司拒绝在视窗界面给他一席之地。

在 1999 年 11 月 5 日，美国的地区检察官托马斯·杰克逊裁决，微软公司长期利用其垄断势力来压制竞争者。杰克逊法官发现的事实对于微软公司至关重要，它使拆分微软变得具有可行性。经过两年的上诉、法庭申辩（在此期间，白宫还换了新总统），到 2002 年 11 月 2 日，美国地区法院检察官 Colleen Kollar–Kotelly 接受了微软公司和司法部之间的调解方案。最终的协议禁止微软公司参与损害竞争对手的排他性交易，允许生产商和消费者在其视窗桌面上删除有关微软的图标，并要求微软公司向其竞争对手公布特定类型的敏感技术，从而使软件开发者像微软公司一样，可以在微软的视窗系统上写程序。有几个州仍然对微软公司提起诉讼，认为这种与司法部达成的协议不足以保护微软公司的竞争对手。微软公司已经平息了若干起这样的起诉，在 2003 年，微软公司同意支付加利福尼亚州高达 11 亿美元来平息那场诉讼。

管制对于管理者的重要性

请回忆图 11.1，该图提供了本书的框架流程图。在该图中，外部经营环境——技术、市场和政府监管，引导公司做出经营战略的选择，从而又进一步决定公司的组织架构。我们在本书中所列举的为数众多的例子都可以说明，在公司的经营环境和战略发生变化的情况下，组织架构包含的凳子的三条腿如何不平衡。在第 8 章，我们讨论了公司如何制定经营战略，既要保证为消费者创造价值，又要确保公司可以获得价值增值。

在联邦和州针对微软公司的法律诉讼中，政府监管者指出，他们是想通过培育竞争来保护消费者。与此同时，政府监管经常会限制某些行业的进入。例如，在电力行业，在特定地区范围内，政府总是给予电力公司向消费者有效供应电力的垄断权利。政府不允许有新进入者建立发电厂，或者以更低的价格向消费者出售电力。随着有些州现在放宽了对电力行业经营的监管，有新的公司进入电力行业，新进入者与原有的公司进行竞争。这种竞争导致了价格的降低，并产生了从咨询到电力经纪人的一系列新业务。咨询公司向大的电力用户建议，通过新的方式开发利用电力行业的竞争环境。电力经纪人则从新的电厂购买电力，然后再销售给大的电力用户。因此，这种政府监管方面的变化会改变公司的战略，也会改变公司的组织架构。

政府监管可以采用各种各样的形式：微软公司的法律诉讼只是政府监管企业行为的一个例子。以下是政府监管企业的部分方式：

- 美国政府颁布实施了一系列反垄断法规，从而使通过联合定价来限制交易的做法成为非法行为。
- 1970 年政府建立环境保护署，通过控制相关固体废弃物、杀虫剂、放射性物质以及有毒物质的丢弃和处理，来限制对空气和水的污染。
- 所有的上市交易公司都必须遵守证券交易委员会的法律法规。例如，有关定期财务披露的要求，这些公司必须编制符合通用会计准则的财务报表，并通过审计师的审计。
- 知识产权法、定价和行业准入限制、劳工法、职业安全法、进口和出口法，以及移民法都会对商业行为形成限制或保护。
- 集中于特定行业的某些法规，例如，有关金融服务的法规（涉及银行、储蓄和信贷机构、信用联合会、共同基金、投资银行以及保险公司），能源政策法规（涉及电力企业、天然气管道企业、煤炭企业和石油公司），以及交通运输法规（涉及航空公司、铁路公司和卡

欧洲放宽了其劳工保护法

欧洲曾经有相当严格的劳工保护法，详细规定了人们应该工作的天数、应该享受的假期、解雇员工的条件以及其他有关劳资关系的规定。一位管理者指出，“我们可以与我们的丈夫或者妻子离婚，但是，我们不能与我们的员工离婚。”根据这些法律，当企业的业务萎缩时，要想解雇员工就要花费非常高的成本。在这种情况下，在经济上升期，欧洲公司的扩张往往非常谨慎，而更愿意选择在政府监管相对不严的国家扩张生产能力，经常是在亚洲国家。这一结果导致了欧洲就业岗位增长缓慢。但是，在 20 世纪 90 年代中期，由于一些政治家的支持，公司越来越多地通过雇用兼职员工绕开有限制性的劳工法——绝大多数或者很多这种限制性法律只适用于全职员工。

现在，在绝大多数的欧洲国家，临时员工代理机构在法律上已经合法化，比如 Manpower 公司。这些临时员工代理机构为雇主提供了更多的灵活性，可以解雇“长期的临时员工”。而有些国家已经放宽了他们的劳工法，其中大多数国家的就业岗位获得了长足的增长。

资料来源：H. Cooper and T. Kamm (1998)，“Much of Europe Eases Its Rigid Labor Laws, and Temps Proliferate,” *The Wall Street Journal* (June 4)，A1.

车货运公司)。

- 连邦公司所得税率大致为 33%，这意味着事实上所有公司都有一个合伙人，这个合伙人有权获得公司经营利润的三分之一。

本章将讨论政府的各种角色（包括在监管企业中的角色），市场监管是如何起作用的，以及管理者如何成功地管理监管过程。

政府干预的经济学动因

政府要执行多种功能；他们要建立法律体系和法律机构，以定义和实施财产权利；他们要解决市场失灵。当经济中竞争、无序的市场不能够产生有效的资源配置时，人们就说发生了市场失灵。在后面我们将描述这种市场失灵的一系列原因：外部性、公共产品、垄断以及信息不对称。要给这种有益的政府功能（强制实施财产权和解决市场失灵）以资金支持，就必须获得收入——通常是通过征税。然而，政府也经常采用税收或者其他方式来重新分配资源，这些方式又可能给社会带来成本。现在我们就来讨论政府干预的这些方面。

定义和实施财产权

在进行交易时，参与交易的每一方通常都期望其在合同中的权利能得到保障。如果马克许诺下个星期二将向莫兰尼的商店提供 200 套服装，莫兰尼在今天支付了 2 万美元，并在 4 月份再支付 8 万美元，那么莫兰尼期望马克能够将她订的衣服及时交货，而马克则期望他能够按时

战争与饥荒

非洲、科索沃、车臣、阿富汗和伊拉克等地的战争，通常会在这些地区造成大面积的饥荒。在战争期间，中央政府强制实施财产权和执行合同的力量被大大降低了。没有政府的支持和保护，人们的收成得不到保障，农民就不愿意种植农作物。特别是在那些临近冲突的地区，农民都害怕他们的土地变成战场，而他们所种植的任何作物都将被占领方所占有。因为农民投资后获得收成的能力降低了，缺乏激励的结果将导致农业产量的萎缩。战争除了需要消费实际资源（劳动力和财产）而产生饥荒之外，还会通过减少农业投资的激励而产生饥荒。

足额地获得 8 万美元货款。如果衣服没有到货，而且莫兰尼没有相应的法律资源，那么她在未来再向马克购买衣服的愿望就会降低。类似的，如果莫兰尼不支付许诺的 8 万美元，马克也将没有法律追索权，那么他在未来也将不愿意向莫兰尼销售衣服。

政府建立了法律机构，比如法庭，来强制实施财产权。为强制实施其有关规定，法庭就有了国家赋予的警察权。如果马克违反了提供 200 套衣服的合约，法庭就将判他补偿对方的损失。如果莫兰尼没有支付货款，法庭就有权迫使她强制执行合同。

通过迫使合约各方强制执行合同，并调解其中的争端，政府就起到降低交易成本的作用。而通过交易成本的降低，人们将从交易中获得更多的收益，也会有更多的交易——更多的消费者剩余和生产者剩余，[2]整个社会也就有更多的财富。如果莫兰尼从信誉极好的供应商那里获得质量相当的衣服（没有违约风险的供应商），价格为 10.2 万美元，那么莫兰尼与马克进行交易，就期望发生法律诉讼的成本不超过 2 000 美元，否则她就不会购买马克的衣服。但是，如果她相信政府将协助强制实施合同，而由此带来的成本每件衣服不超过 10 美元，那么它将购买马克的 200 套衣服，从而可以获得消费者剩余 2 000 美元。如果政府可以按照低于 2 000 美元的成本强制实施这一合同，那么政府扮演的这一角色就是有效的（即使忽略所有的生产者剩余）。

第 3 章讨论了财产权的重要性以及从交易中所获得的收益。在可以强制实施的稳定的财产权利系统中，人们会有更多的投资动力。如果马克可以按照较低的交易成本销售其产品，那么他就会更有动力建造服装厂。不仅会有更多的消费者因为他们的交易成本更低而愿意购买马克的产品，而且马克的交易成本也将更低。政府也可通过其他方式来实施财产权。例如，马克期望政府提供法律保护，防止某些人在他交货之前偷盗他的衣服。

绝大多数政府都会强制实施专利、版权以及商标权。通过为发明者提供专利保护（保护发明者其发明在一定时期之内不被其他人所模仿），发明者和投资者会投入更多的资源进行发明创造活动。

在那些没有很好地强制实施财产权的国家，订立和实施合同的交易成本较高。交易的成本将降低交易的收益，也降低交易的总量，限制投资的动力，从而会限制和减少整个社会的财富。[3]

在发达国家，只有相对较少的商业交易会出现法律诉讼。有关诉讼的威胁以及个人名誉方面的考虑（特别是在重复交易的情况下），会导致大多数交易者主动履行合约。[4]尽管如此，商业诉讼在美国仍然是一个不断增长的问题。在 1971 年和 1991 年间，记录在案的联邦法律诉讼超过 400 万件，有接近 250 万件诉讼案至少涉及一方企业实体。而且，这些诉讼都是非常昂贵的。诉讼双方的财富损失估计占他们公司股权价值的 1%，每一场诉讼成本约为 2 100 万美元。[5]法律诉讼同样还增加了经营成本。比如，专家指出，在美国医疗成本之所以这样高，其中一个原因是医生愿意使用更为保守的药品——例如，通过进行更多而且往往是多余的测试，就可以对他们形成更多的法律保护，从而在出现医疗事故时容易免责。类似的，为了减轻自己的责任，很少有公共游泳池提供跳板。过量的法律诉讼会限制消费者的选择，因而也会减少他们的福利。

一方面，通过使财产权更有保障，降低交易成本，法律体系可以促进效率；另一方面，由于存在对无关紧要的法律诉讼的激励，法律又会增加许多成本。法庭判定麦当劳公司向斯特拉支付 270 万美元，原因是这位女士将盛着麦当劳热咖啡的咖啡杯放在她的两腿之间，并开盖往杯中加奶油，结果烫伤了自己。她起诉麦当劳公司提供的咖啡实在太热。通过严格监管经纪人，并要求上市交易的公司及时披露经营信息，美国证券法降低了证券市场的交易成本。然而，这些法案也增加了风险，比如当公司披露的信息最终证实是不真实的，投资者就有可能提起法律诉讼。这样一场法律诉讼原告需支付的现金成本不到 200 美元，而解决这样一场法律诉讼的平均成本为 700 万美元。这样一种巨大的不对称鼓励了大量不必要的法律诉讼（在某些国家中，由于规定诉讼中败诉的一方将承担对方的部分法律费用，这种不必要的法律诉讼被大大降低了）。

纠正市场失灵

第 3 章描述了功能完善的市场如何提供有效的资源配置，避免短缺和过剩。但是，市场并不总是在不受干预的情况下发挥完善的功能。外部性、公共产品、垄断和信息失灵都会导致市场失灵，从而会限制资源配置的有效性。在这些例子中，某些经济学家提出，政府的适当角色是进入并干预市场，以纠正市场失灵。但是，即使接受市场失灵存在的事实，要得出结论说应

跨国造假

假冒产品曾经多是盗版光盘、便宜的劳力士手表和电脑软件。今天，几乎所有品牌的产品都要与其假冒的孪生兄弟竞争。在 2004 年，巴西警察发现了价值超过 100 万美元的假惠普喷墨打印机墨盒。美国海关破获的假冒产品案从 2000 年的 5 000 万美元增加到 2004 年的 1.4 亿美元。有专家估计，在进入美国的所有假冒产品中，被截获的部分只有不到 5%。

许多假冒产品的制造者都是跨国经营的——其资源和生产跨越不同国家。投资者包括中东的中介、地方企业家，甚至是有组织的犯罪团伙。假冒产品的制造者既有打一枪换一个地方的经营者，也有合法经营的公司。有些是获得特许的某一品牌的制造商，但却可能还生产非授权的另一批产品。

资料来源：F. Balfour (2005)，“Fakes!” *BusinessWeek* (February 7)，54 - 63.

非诉讼解决方案

为降低商业诉讼的高成本，许多公司都求助于非诉讼解决（ADR）机制——仲裁和调解。许多商业合同现在都有这样的条款，约束参与各方要首先采用诉讼之外的ADR。专业的ADR公司会提供相应的服务，简化争议的过程，以避免长期的法庭审理和昂贵的法律议程。

该通过政府干预帮助市场发挥完善的功能，还必须解决两个问题。第一，政府解决市场失灵的成本是否低于市场失灵所引起的效率损失？政府的干预并不是免费的。政府监管必须相应地聘用监管者，才能执行监管。这些行为会消耗实际资源。为了增加福利，这些消耗的资源总量必须低于市场失灵的成本。第二，政府监管者是否会以公众利益为中心来解决市场失灵，而不是考虑其自身的利益？在本章的后面我们将探讨第二个问题。

外部性

政府监管可以减少因为外部性引起的市场失灵。在第3章中，我们描述了有关的外部性，比如由于一方的行动所引起的非参与方的成本和收益，而这种行动的后果不受价格体系的控制。空气污染就是外部性的一个例子。当你购买和消费汽油时，购买价格可以补偿从土地所有者到石油勘探者、采掘者、冶炼者以及加油站所有者这一石油供应链条上的每一方。然而，在

无意义的法律诉讼

在1994年6月，加州橘郡因为在交易利率衍生工具时发生亏损，在债务支付方面产生违约行为，它接受了美林证券4亿美元的庭外和解费用。美林证券是向橘郡销售衍生证券的投资银行。诉讼声称美林证券本应该知道橘郡官员进行交易是不合适的，如果的确如此，美林证券应该拒绝与橘郡做这笔交易。美林证券提出，橘郡的官员是训练有素的，他们完全是从公众利益出发而做出该行为的。

因为类似这种情况的例子经常采用庭外和解，所以金融产品的卖方对其客户有什么样的职责仍然不清楚。正因为如此，没有什么东西可以阻止遭受亏损的客户在和解中运用威胁手段。直到法律中不确定问题都得以解决，否则银行家最好应该记住，他们不可能真正彻底了解他们的客户。

橘郡发生的故事是运用法律手段解决问题这一“事后诸葛亮”的一个极端例子。只要橘郡在衍生证券上没有发生亏损，就不会有法律诉讼。通过法庭的介入，就可以对发生的交易进行逆向操作。因此，法律诉讼如同一个内嵌的期权。如果产品和服务按照预期发生作用，就不会有法律行动。如果产品和服务失灵，就会导致法律诉讼。只要在销售时，该产品和服务的卖方给出这一期权的定价，而买方愿意付费获得这样的期权，这就是一种纯粹的权利。如果卖方和买方不能就相应产品和服务（包括内嵌期权）的价格达成一致，相应产品和服务的市场也就不存在了。

资料来源：“Orange County Seller Beware,” *The Economist* (June 6, 1998) , 75.

食品和药品管理的直接和间接成本

“食品和药品管理局确保我们所吃的食物是安全的和合乎标准的，我们所使用的化妆品不会对我们造成损害，而我们使用的药品、医疗设备……是安全的和有效的。”为完成这项使命，食品和药品管理局有 9 000 名员工，1999 年的预算为 10 亿美元。但是，保护消费者免受不安全药品伤害的成本不仅包括食品和药品管理局的 10 亿美元的预算。根据食品和药品管理局规定的程序，要花费 15 年来证明一种新药的可用性。而在此期间，人们（病人）本可以得到有效的治疗。虽然做出了种种努力，食品和药品管理局的管理过程并非是绝对可靠的。许多新药品被排除在市场之外，因为存在某些不可预见的问题。在有 4 个病人死亡、8 个病人需要肝脏移植的情况下，相应的药品 Duract 被勒令禁用。预先的测试不能够检验出相应药品与其他所有药品是否存在相互作用。而医生经常根据病人的症状开药，而不是相应的药品疗效是否得到证实。

这个例子表明，政府的监管会同时产生直接成本和间接成本。间接成本是相关的机会成本——因为政府批准过程的延误，潜在的病人不能及时得到相应的药品与治疗。

资料来源：www.fda.gov/opacom/faqs/genfaqs.html; and A. Barrett (1998)，“The Big Hole in the Drug Safety Net,” *BusinessWeek*（July 6），37.

你使用这些汽油时，那些因此吸进一氧化碳的人们却没有得到补偿。科斯定理（见第 3 章）说明，在外部性存在的情况下，只要财产权的划分足够清晰，执行和交换财产权的交易成本足够低，资源配置就将保持高效率。因此，政府可以通过定义财产权，或者通过减少交易成本，就可以减少由于外部性所引起的市场失灵。[6]

考虑联邦政府在建立污染权交易的例子。在 1995 年，政府设立了允许向空气中排放二氧化硫的数量（吨数）上限。[7] 从此之后，每一年这一上限都不断向下调整。政府按照可以排放污染物的上限，向 110 家污染最严重的发电厂发行了代表排放权利的可交易证券。如果公司将污染物的排放控制在低于上限的水平，就可以将多余的权利出售给那些不能将污染物的排放控制在上限水平的公司。公司可以年复一年地节约使用这种排放权利，但是，联邦政府的清洁空气标准仍然会起到限制污染的作用。二氧化硫排放权利的交易在 2001 年达到 33 亿美元。[8] 例如，有一家公司要减少排放物 3 万吨。它通过使用含硫量低的煤很便宜地减少了 2 万吨的排放量。剩余的 1 万吨排放量可以通过花费 1.3 亿美元购置选煤设备而压缩下去。但实际该公司没这样做，它为剩余的 1 万吨排放量购买了排放权利，这样，就为公司节省了 1 亿美元。从全国范围来看，这个项目减少了 30%的污染物排放，这正是政府采用市场机制减少外部性的一个例子，其具体方法是定义并实施排放污染物可交易财产权。

污染权市场之所以会起作用，是因为那些减少污染的公司治理成本相对较低，而想要污染排放权的公司的治理成本相对较高，从而，前者可以按照市场价格将他们的权利卖给后者。因此，从全社会来看，是用最小的成本达到了最大程度地减少污染。而且，得到监控的二氧化硫排放者的数量是不确定的，因此，执行这些合同的成本是相当低的。

公共产品

公共产品是这样的物品，该物品被某个个人消费之后并不会减少可供其他人消费的数量。而且，公共产品的购买者对于非购买者没有排他性。有关公共产品的一个经典例子是国防。保护个人免遭国外的侵袭并不会减少对其他人的保护。进一步来说，即使你的邻居不为他们享受的保护支付费用，也很难将你的邻居排除在国防系统的保护之外。在大海中引导船只的指示灯是一种公共产品。一条船使用这种指示灯并不会减少另一条船对这种指示灯的使用，因此很难排斥其他的购买者。相反，一个苹果就是一种私人产品，你消费这个苹果，就排斥了其他人对这个苹果的消费。公共产品的合适数量和价格通常很难由市场来决定，因为很难将搭便车者排除在外。

如果将公共产品的数量确定在边际成本等于每一消费者的边际价值总和的水平上，社会的总福利就会达到最大。例如，假设公司考虑发射一颗新的卫星，可以播放500个频道的电视节目，那么只要卫星的成本低于每一个使用者愿意支付的费用总和，社会的总福利就将增加。假设有100万个潜在的使用者——其中有一半每人愿意支付100美元（总额为5千万美元），而另一半每人愿意支付10美元（总额为5百万美元）。如果卫星的成本低于5 500万美元，那么发射这颗卫星就是有效率的。但是，如果卫星信号的传输是公共产品，那么竞争性的市场也许就达不到这样的结果。如果公司试图为接收电视信号而向消费者收费，那么所有的使用者也许都会认为，接收这种信号的价值为10美元，因此，公司只能获得1亿美元。每一个使用者都会试图搭便车（请回忆，在第10章中我们描述过，涉及资产联合所有权的搭便车的激励冲突）。已知存在这种搭便车问题，只有当其卫星发射的成本低于1亿美元时，卫星公司才会发射卫星。现在的问题是，如何识别那些认为这种卫星服务值100美元的用户，并向他们收取使用这种卫星服务的费用——按照高于10美元的价格。

解决这一搭便车问题的一个办法是，由政府发射卫星并用税收收入来支付其成本。这是一个基本原理，即由政府使用一般税收所得来支付政府供给的公共产品（比如国家安全、监察和消防系统）。请注意，这一原理假设，政府在某种程度上能够准确地估计消费者的需求水平。然而，政府并不能避免，为确保某些项目能够得以实施，特定消费群体会过高估计相应服务价值。而且，政府将面临卫星制造者以及其他制造商的游说，他们将从相应项目的实施中获得利润和回报。

除了由政府来提供公共产品，还有另一个可行的办法：将公共产品转化为私有产品，将这些低定价的潜在消费者排除在外。例如，由公司来控制卫星信号的接收。那些想要购买这种信号的用户必须租用一种信号转换器，为此需要支付大约不到100美元的价格。现在，如果卫星的成本加上信号接收的成本以及信号转换设备的成本低于5千万美元，就有私营公司愿意提供这种服务。但是，在这种情况下，公司和将这种卫星服务估价为10美元的50万名潜在消费者之间的潜在交易收益就损失掉了。

垄 断

第6章描述了垄断将如何产生资源的不合理配置。垄断者将价格确定在高于竞争性价格

州际商业委员会

在 19 世纪 80 年代，中西部的农场主强烈地抱怨火车票价是不公平的。将货物从芝加哥运送到克利夫兰，从克利夫兰运送到布法罗，再从布法罗运送到纽约的成本显著地高于从芝加哥直接运到纽约的成本——短途运输单位距离的票价远远超出长途运输。在此期间，铁路公司都在长途运输方面展开竞争，而不是短途运输，因为通常只有一家铁路公司服务于下列城市之间的运输，比如芝加哥和克利夫兰之间，但是有多家铁路公司服务于远距离的城市之间，比如芝加哥到纽约（你应该经过匹兹堡和布法罗将货物从芝加哥运到纽约）。联邦政府建立了州际商业委员会来规范铁路货运的运费。为确保委员会的委员能够理解他们所监督的行业，铁路公司的执行经理被任命为州际委员会委员。州际商业委员会“确定”长途和短途运输之间的价格差，其方法是提高长途运输的收费，并禁止价格竞争。当卡车运输行业与铁路展开短途运输的竞争时（如果这个行业没有政府监管，卡车运输和铁路运输之间的竞争将会消除前面所提出的问题），州际商业委员会扩大了它的监管范围，将州际之间的卡车运输包含在内。在那些卡车会从铁路的短途运输中争夺业务的领域，监管者也提高了卡车运输的收费标准。州际商业委员会提供了一个例子，说明监管者可能被相应的行业所“俘虏”，最终起到保护生产者而不是消费者的作用。

（长期边际生产成本）的水平上，而将产量确定在低于竞争性均衡的产量水平上。某些消费者愿意支付超过边际成本的价格，但是仍然不能获得相应的产品。因此，不能通过交易获得全部可能的收益。在这种情况下，政府的一个潜在有益角色是，限制垄断者的价格超过边际成本的数额，从而可以从交易中实现更多的潜在收益。例如，州和联邦政府的监管者仍然保留确定或者批准公共物品价格的权利。然而，担当这一角色要求监管者要搞清楚有关公共事业经营的真实成本函数。

在美国，反垄断法可以追溯到 1890 年的谢尔曼法案。根据谢尔曼法案，联邦政府有权限制将价格确定在高于竞争价格水平之上的垄断者。美国司法部和联邦贸易委员会具有宽泛的权力，可以通过监控市场定价行为、审核批准公司并购、审查广告内容和干预其他经营行为来保护竞争，确保市场的有效性。

在决定是否存在垄断时，政府必须能够证明，受到指控的被告人有巨大的市场控制力，可以将价格确定在高于竞争性价格的水平之上。在绝大多数反垄断案例中，如何定义相关市场就成为法庭诉讼的中心。在微软公司的案例中，政府认为，微软公司控制的相关市场涉及操作系统，而微软公司在这个市场上占有 90%的份额。而微软公司反驳说，相关的市场是浏览器市场，而在这个市场上，微软公司的浏览器不占主导地位。

而且，为实施这种改进整体资源配置的监管政策，政府监管者必须按照公众利益来运作，而不是受有关企业或者某些团体所左右。例如，某些政治家认为，互联网的用户应该支付一定的税收，从而可以补贴低收入的家庭上网。这些政治家提出，穷人与富人一样需要上网，而向富人征收上网税是一个好办法，由此可以达到这样的社会目的。虽然这种目标也许看起来是值得的，但这种税收的做法是无效率的。每当这种税收超过了用户的边际收益，就将减少对互联网的使用。再者，某些低收入的用户会更看重其他的产品和服务，而不是上网。

说起来有些讽刺，虽然人们都知道，具有市场控制力的公司会引起一系列的效率问题，但政府却建立起许多垄断行业。例如，公共事业型公司（比如电力公司、有线电视或者电话公司）经常获得排他性的经营特许权，在一定的地域范围内提供服务。

最终，强调增加政府监管的某些倡导者的隐含假设是，政府的行动可以精确无误，既可以识别并阻止不合理的经营行为，又可以让合理的经营行为不受影响。但是，要完善地应用政府监管仍然很难，即使善意的监管者也会出现失误。对于那些有不合法（或者不合理）行为的经理人而言，认识到监管的惩罚可能会降临到自己头上，就会理性地调整他们的行为，以便减少受到惩罚的可能性。这种调整的做法会减少公司的价值，因此，调整将持续到价值损失等于不合法（或者不合理）行为的成本为止——也许因为管理者仅仅偏离了增加公司价值的行为。

信息失灵

第 10 章描述了逆向选择如何导致市场失灵。逆向选择是指这样一种情况，其中拥有私人信息的个人会影响潜在的交易方，使他做出不利于自己利益的选择。其中经典的例子是“柠檬”问题——二手车的出售者通常比购买者更了解他们的情况。[9] 因此，在任何给定的价格水平上，卖方提供的汽车信息都有可能比车的实际质量更好。假设使用 1 年的福特车转手销售的平均价格为 2 万美元。二手车的购买者并不期望相应的二手车各方面完好无损。因此，在二手车市场，这 2 万美元的价格反映了购买者对于使用 1 年的福特车存在问题的预期。例如，莉娜·卡内多拥有使用了 1 年的福特车，这辆车没有任何问题。但是，如果莉娜·卡内多不能够令人信服地说服潜在的购买者她的福特车没有问题，而是她出售这辆福特车另有原因，那么她就必须按照 2 万美元的价格出售这辆福特车。已知她的福特车价值超过 2 万美元，莉娜·卡内多也许会选择不卖，某些经济学家认为，由此会导致市场失灵的结果。[10] 某些州的政府尝试限制这种市场失灵，方法是通过一种“柠檬法”，要求二手车的经营者在销售后 30 天内保修任何机械故障（请注意，尽管这种法律也许会通过刺激买方的需求提高二手车的零售价格，但它不会

监管的成本：专有信息

国内收入署的官员现在对外公布了他们与企业之间签订的部分“提前报价”协议。通过这些提前报价协议，公司同意提前与国内收入署就有关如何确定内部单位之间交易的转移定价达成一致。尽管国内收入署声称，它删去了敏感的细节（纳税人身份、交易秘密以及其他保密信息），但某些税收专家还是心存疑虑。税收执行机构的蒂莫西·麦科马利说，“公司在填写提前报价协议时往往绞尽脑汁。”他说，公司很可能会选择绕开这一项目，而不是冒风险去披露有关信息。

这是一个由监管带来机会成本的例子。通过与国内收入署谈判确定提前报价协议，公司可以减少预期的法律成本。然而，签订提前报价协议会使公司面临相当大的风险——绝大部分自己难以控制的敏感信息会落入政府监管机构之手。

资料来源：“Tax Report,” *The Wall Street Journal* (February 3, 1999) , A1.

提高卖方卖给中间商的批发价格）。

美国证券法试图克服受到指控的市场失灵，这种市场失灵在 1929 年的市场崩盘中受到强烈谴责。这里涉及到投资者和公司经理之间的信息不对称。证券法的倡导者提出，由于不诚实的经理人会披露并不客观的公司信息，所以投资者会被误导购买被高估的证券。当然，投资者有动力预测这样的行为，只愿意提供反映相应资产质量的价格。[11] 美国证券法要求这种披露以减少信息不对称，从而增加对证券的需求。

再者，这些法律并不是无成本的。为此必须聘用监管者，公司必须花费资源公布财务结果。根据规定，还必须披露有可能涉及专有信息的内容，相对于潜在的投资者而言，这些信息对于竞争者制定有效的战略有更大的价值。如果知道某些信息不能保秘，经理人就会减少在这一方面的投资。而且，还必须聘用外部审计来检验有关信息披露的准确性。请注意，对于同样的问题，个人的解决方法也许比政府监管成本更低。除非公司提供非常可信的信息披露，否则，投资者将给予证券一定的价格折扣。因此，公司会面临向投资者提供信息的个人激励。类似的，二手车的购买者可以聘用汽车检查专家或者二手车的经营者，来帮助他们确定要购买的二手车没有严重的问题，并会主动提供担保。买车人会为提供担保的二手车支付更高的价格。在这些情况下，签约各方都有动力克服潜在的信息不对称问题。

财富的再分配

至今为止，我们讨论了两种可能有益的政府角色——推进合同的强制实施以促进贸易，减少市场失灵。在这两个角色中，自由市场看不见的手可以通过政府的干预得到改善（至少在原则上）。然而，解决这些问题的政策执行细节，为考虑自身利益的个人利用这种干预增加自己的财富提供了机会。例如，国防很显然是政府所提供的一种有价值的服务——这种服务解决了潜在的市场失灵。但是，如果有影响的立法者确保国防合同按照赚钱的条款给予公司，就会形成大量的财富转移。而且，政府必须为其干预活动筹集资金。通常的做法是通过征税，但是，政府也可以通过征收使用费用或者公路收费、进口关税以及特许经营或者注册费用来提高收入。在为政府的干预活动筹集资金时，有可以调整财富转移的追加机会。贯穿本书始终，特别是本书的第 2 章和第 10 章，我们都采用了标准的假设，即每个个人都按照其自身利益采取行动。在解释有关个人为政府工作或者参与政治过程的行为时，这种假设同样非常有效。例如，审计师有动力为证券法进行游说，增加对财务报表审计的需求，特别是通过证券法限制相关人员进入审计行业。

作为政府影响财富转移的一个例子，考虑实行出租车特许经营限制出租车总量的情况。图 21.1 描述了出租车在完全竞争市场和不受干预的市场上的供给和需求曲线。每一辆出租车的所有者将按照价格 P^* 等于平均（以及边际）成本来收费，因此，假设所有的供给者都相同，就不会获得经济利润。在没有政府干预的情况下，乘坐出租车的价格为 P^*，乘坐出租车的数量为 Q^*。假设现在政府出面干预——名义是保护乘客不乘坐低质量的出租车——限制出租车的数量，因此也就限制了乘坐出租车的数量 Q'。为了要开出租车，出租车所有者必须有出租车牌照，而出租车牌照的数量是有限制的。乘坐出租车的价格将会上升到 P'，每次乘坐的边际成本为 P^*。消费者剩余将如图中阴影区域所示。每次乘坐的利润为 $P'-P^*$，而出租车的行业利润是长方形

图 21.1 政府对于出租车数量限制引起的财富转移

S 和 D 分别是乘坐出租车的供给曲线和需求曲线。价格 P^* 和乘坐量 Q^* 分别代表在没有政府干预的均衡情况下的数量。如果政府限制出租车的数量，因此出租车的乘坐量将为 Q'，出租车乘坐的价格将增长到 P'。消费者剩余将按照阴影部分减少。行业利润为区域 π。那些有望留下来的出租车所有者将愿意花费多达 π 向政府游说，来限制出租车的数量。

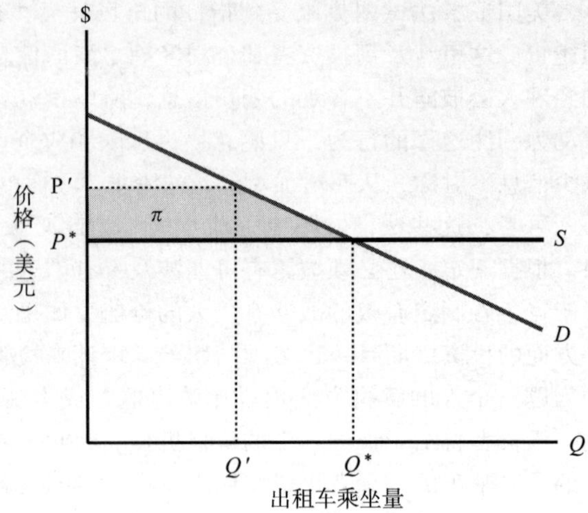

区域 π。出租车的所有者会更少，但是，那些有望继续在业内经营的司机，会花费多达数额 π 向政府游说，请求政府限制出租车的数量。在极端情况下，全部的利润都将花费在游说和政治活动捐助上。[12]

消费者应该愿意花费有可能失去的消费者剩余（阴影部分）向政府游说，阻止对出租车数量的限制。然而，因为存在搭便车问题，所以很难筹集到足够数额的资金来开展有效的游说活动。因此，只要出租车所有者更容易组织（出租车的数量就会更少，出租车所有者就会集中更多的财富），有关出租车的法规会得到通过，尽管即将放弃的乘坐出租车的消费者剩余会超过出租车所有者的剩余。对于整个社会来说，出租车所有者和乘车者的游说费用不产生收益。如果将出租车的数量限制在 Q'，财富将从出租车乘坐者向出租车所有者、游说者、政治家和监管者转移。这个例子说明，政府的监管将如何导致财富在各种团体之间的转移。这个例子同样表明，消费者和生产者都有动力向政府游说。

有关财富转移的其他案例也存在。税收是最为明显的例子。进口限额和关税会造成国内消费者的财富向国内生产者转移。进口限额同样会使外国生产者结为卡特尔行动。医生、牙医以及律师职照会限制这些专业领域的进入，从而导致财富从这些服务的消费者向现有市场中的经营者转移。尽管地区性的限制会增加外部性，从而提高土地的价值，它同样也会造成财富的转移。一般来说，这些财富转移的流向是从受限制的土地所有者向不受限制的土地所有者转移(或者向那些土地的限制预期不是非常严格的土地所有者转移)。限制用途的土地所有者是按照更低的价格购买到土地的，它反映了这种限制的价值。政府对于农业经营的支持，即向不种植特定作物的农户支付补贴，造成了财富从消费者向农作物生产者的转移（再者，只要相应的土地可以享受补贴，随后的土地购买就要支付更高的价格）。对于学生的资助、政府对于大学研究的支持、福利以及向小企业提供低于市场利率的管理贷款都涉及到财富的转移。

管理者如果有兴趣理解政府监管将如何影响其公司价值，就必须理解政府监管的内在“市

拉斯维加斯对于大轿车经营的监管

内华达州运输服务总局（TSA）要求，所有大轿车的经营者都必须有交通运输业许可证。有一位将要获得许可证的所有者这样描述系统，“运输服务总局的监管规定有利于保护大型公司，而阻止了像我这样的公司参与进来展开竞争。”为获得大轿车的经营执照，申请人必须说明，“政府发放执照将不会对于该地区现有的运输经营者有不利的影响”。现有的获得执照的大轿车公司将提出相关问题和反对意见，申请者必须予以正确的回答和解释。一位申请人填写了上千页的信息调查表，范围从车辆维修记录到客户名单，在整个申请过程中的花费超过1.5 万美元。而最终他的申请还是遭到拒绝。这 20 年来，只发放了三个新的执照。这个地区的两家大公司（两家共有 170 辆大轿车）成为所有新申请人的不可逾越的障碍。

因此，现有的大轿车运输服务公司利用运输服务总局系统来限制行业准入，减少竞争，从而可以保持轿车服务的高价格。

资料来源：R. Fitzgerald (1999)， “Mugged by the Law,” *Readers Digest*（January），98–103.

场”。现实中既存在对政府监管的需求也存在对政府监管的供给。如果忽略了这个市场，管理者就会将自身及其企业至于风险之下。许多组织发现，他们自己时常要游说、请求或者反对各种地方、州和联邦以及国际层次上的各种监管。例如，通用汽车公司就请求降低财产估价和地方财产税，减少州环境立法监管，增加联邦安全部对他们产品的订购，以及国际贸易组织更为积极的干预，以帮助它进入国外消费市场。在下一节中，我们就来说明政府干预市场的经济理论。

政府监管的经济学理论

在提出政府如何监管市场的理论之前，我们先来描述其基本原则（需求、供给、利己的政治家以及联盟的形成）。

政府监管的需求：特定利益群体

特定利益群体是由利己的个人所组成，他们的自身利益是由其目前的环境所决定的，他们可以从自己所提供的政府立法建议中获得好处。特定利益群体也许是自行车运动爱好者，要求设置专用的自行车道；也许是土地所有者、建筑公司以及其他工会，要求政府在他们所在的地区建设新的国家级公路；他们也许是奶牛场的农场主、有组织的劳工或者其他俱乐部，支持有利于他们利益的政府立法。在绝大多数情况下，他们所要求的立法会牺牲其他群体的利益，其具体形式可能是其他群体因为新的立法而支付额外的费用，或者原有的权利受到新的立法限制。要求通过政府税收支持建立新的运动场馆的特定利益群体，也许由该地区的足球爱好者、

特定利益与微软公司的反托拉斯诉讼

在全部50个州中，只有19个州参加联邦政府指控微软公司违反反托拉斯法的诉讼。看一下哪些州参与了这场诉讼，以及在相应的州中有哪些特殊利益是非常有趣的。微软公司的主要竞争对手太阳微系统公司和网景公司是总部位于加利福尼亚州的公司。Novell公司是位于犹他州的公司。加利福尼亚州和犹他州都参与了这场诉讼。华盛顿州可以算是微软公司的家乡，当然没有参与这场诉讼，得克萨斯州也没有参与。得克萨斯州的计算机制造商戴尔公司、康柏公司以及Tandy公司（都将微软公司的视窗系统直接捆绑到他们的电脑上）则反对这场诉讼。看起来，各州的政治家和监管者在考虑是否参加联邦政府针对微软公司的诉讼时，都代表自己州内的电脑公司的利益采取行动。

资料来源：C. Georges (1998)，“Politics Play a Role in States' Status in Microsoft Suit,” *The Wall Street Journal* (May 28)，A24.

建筑公司、经验丰富的商人、饭店和酒吧的所有者，以及当地媒体的体育记者等组成。新运动场馆的建立将使这些群体中的每个人都受益。而相反，那些非体育迷则会因为更高的税收而受到损害。对于绝大多数根据建议做出的政府行为，可以识别出两个特殊的利益群体——因此而受益的群体和因此而受损的群体。

政府监管的供给：政治家

政治家（包括立法机构的成员和政府分支机构的执行人员）是政府监管供给方的主要市场参与者。他们作为支持和反对某项立法的特定利益群体的经纪人而采取行动。但是，不仅仅限于作为经纪人进行这些交易，他们还经常是活跃的活动家，通过提议某些立法帮助实现某些特定利益群体的利益。政治家必须参与选举和被选举。他们通过许诺（或者反对）某项立法来实现（或者损害）其选民的利益。这经常涉及提出新的立法建议。

经济学家假设消费者、企业所有者以及企业管理者都是利己的（第2章和第10章）。而政治家也会受到类似的激励。虽然政治家可能宣称他们是按照公众的精神来行动的，但事实并非如此。如在私人组织中一样，代理问题在政府部门中也同样存在。政治家的行动是很难监控

政治支持

为自己和其他共和党代表的竞选活动，美国参议员特伦特·洛特从144个人手中收集了85万美元。《华尔街日报》采访了这些人，报道说，“在该参议员（政治行动委员会）的每5个捐助者中，有4个可以看出与特定的政府项目和政策有利益关系。一位船运公司的经理说，‘我之所以投他的票，是因为我对他关于船运问题的观点感兴趣。这是出于自身利益的考虑。’”

资料来源：G. Hitt and P. Kuntz (1998)，“The Money Trail,” *The Wall Street Journal* (May 28)，A1.

在微软公司的反诉讼案中监管者表现出的利己性

各州对微软公司的诉讼由每个州的总检察官（AG）来审。总检察官或者是选举出的或者是任命的官员。按照《华尔街日报》的报道：

> 在聘请法庭上的总检察官（字母 AG 有时候也代表“有抱负的政府官员”）时，往往会力争请到更高级别的官员。微软公司诉讼案是总检察官们梦寐以求的案件，不管它的影响有多深远（或者没有直接的影响），对他们所在州的消费者或者企业来说，这都将是一个载入史册的有政治转折意义的案例，也将是一个受到高度关注的案例。“我们一直期待着审判大的案例”，西弗吉尼亚总检察官吉尔·米尔斯说。

因此，监管者（或者至少是总检察官）所代表的不仅仅是其选民的利益。还不如说，他们也代表他们自身的利益，这种利益经常包括获选更高级别公共官员的职位。

资料来源：C.Georges (1998)，“Politics Play a Role in States' Status inMicrosoft Suit,” *TheWall Street Journal* (May 28)，A24.

的。简单地许诺提供特定的立法，并不意味着政治家一定会付出很大的努力去这样做。对于投票者来说，很难观察到政治家所付出的努力，尽管政治家获得的选票数是可以观察到的，但在这种支持选票背后的行动通常是难以观察到的。

认为政府官员是利己的、在通过提供立法支持某些团体利益的同时也谋求个人状况的改善，这种观点是建立在各种各样的对公众选择认真研究的基础上的。[13] 我们这里的目的是从这些研究中归纳出与管理相关的主要见解。

搭便车和形成联盟的激励

政府监管市场是一个由支持和反对相应立法的特定利益群体所形成的相互竞争的市场。联盟的政治力量取决于相对于对手而言，该联盟规模以及提供投票和政治贡献的组织的完善程度。例如，民意调查通常会显示，大部分的美国人愿意支持更为严格的枪支控制；而只有相对较少的人，但却是组织有序和资金充足的国家来福枪协会，会经常性地击退大部分枪支管制的建议。尽管绝大部分美国人愿意有更多的武器监管，但他们并不觉得自己有足够强的影响力，可以花时间和资源来组织有效的联盟。他们只是理性地选择站在哪一边。这个例子体现出几个要点。要建立政治上有效的特定利益群体是要花成本的。其成员必须对于悬而未决的立法保持信息灵通。他们必须随时准备向有关政治家写信，组织捐助活动，并最终向这些支持他们观点的人投票。不管是出于情感的原因还是财务的原因，人们都必须克服他们自身所具有的强烈的搭便车激励。组织有效的联盟涉及许多本书所探讨的组织架构问题——比如，建立激励和监督机制，促成过程中更多的参与。

为使联盟发挥作用，联盟中政府监管的每一方都期望得到的收益超过在建立联盟和游说时所花费的成本。考虑政府要实施车辆进口限额，从而将国产车的价格提高 100 美元。如果消费

在华盛顿游说议员

哈罗德·伊克是前白宫克林顿总统的内政部长，现在成为每个月向客户收取 1 万~2 万美元的游说者。他的客户包括美国教师联盟、纽约城市委员会、纽约大医院联盟以及波多黎各共同福利组织。有一个客户——石棉解决联盟，要寻求为大企业中的工人健康提供保护。而另一个客户，美国农作物保护协会——代表杀虫剂制造商的利益，担心 1996 年通过的新的杀虫剂法案涉及面如此广泛，以致美国的环境和农业当局的强制实施将会造成多方面的利益损害。哈罗德·伊克说，“我在华盛顿认识许多人，也知道这地方的规矩。企业是在纷繁复杂的环境中胆战心惊地经营。这种担心导致了信息饥渴——与我签订合同，我就可以提供相关的信息。”

资料来源：L. Walczak (1998)，“Got a Problem? Dr. Ickes Is In,” *BusinessWeek*（July 13），106.

者购买汽车的平均使用年限为 5 年，他们会每年节省大约 20 美元，用来反对这种进口限额的提案。然而，这种分散化的成本通常太小了，不足以证明建立广泛联盟、主动获得悬而未决的立法信息，以及根据这种信息采取行动所发生的成本是值得的。因此，绝大多数的消费者都会理性地选择保持不知道这种信息的状态。然而，对于每一个国产汽车公司来说，价格上升 100 美元则意味着数以亿计的销售收入。这种集中的收益将更充分地证实：为建立并保持他们的联盟所花费的成本是值得的。

市场监管[14]

为说明市场监管，考虑图 21.2 左边的需求曲线所代表的行业。边际成本为常数 MC。如果

图 21.2 在竞争市场和垄断市场的行业利润

左边的图是行业需求和边际成本。不存在政府干预的竞争价格是 P_c，垄断价格是 P_m。右边的图代表作为价格函数的行业利润。当价格在垄断价格 P_m 的情况下，就得到最大化的利润 π_m。

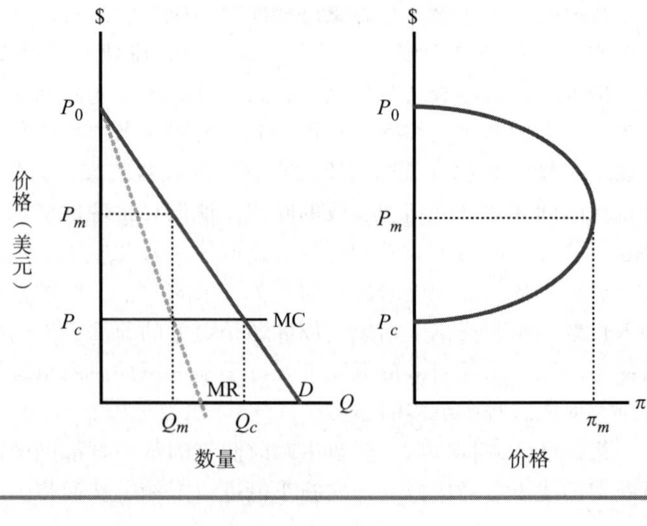

行业是竞争性的，并且不受政府干预，市场的价格将为 P_c=MC。但是，如果行业内的所有企业可以通过共谋作为单一的垄断者采取行动，价格将为 P_m——垄断价格将确定在边际成本等于边际收入的水平上。图 21.2 中右边的图代表了作为价格函数的行业利润。[15] 当价格确定在垄断价格 P_m 的水平上时，就会获得最大化的利润 π_m（假设在消费者中没有价格歧视）。如果价格为 P_0，销售就为零，因此利润为零（没有固定成本）。当价格确定在竞争定价的水平 P_c 上时，利润也同样为零。

在图 21.3 中，假设存在行业的干预者安·梅尔维尔，她的兴趣是使从选民中获得的政治支持最大化——这里的选民包括行业中的公司以及消费者。监管的地位给予她确定行业价格的权利，因此也就可以决定行业的利润。公司的所有者希望获得高利润，而消费者则希望降低价格。

图 21.3 演示出两种曲线，分别代表了通过活动捐款和投票获得相同政治支持的价格和利润组合。[16] 例如，对于安来说，价格 P_x 和利润 π_x 以及价格 P_y 和利润 π_y 的组合是没有差别的。这两个组合都代表同等的政治支持。在 P_x 和 π_x 组合下，她从消费者中得到更多的支持，但是从生产者中得到更少的支持。在 P_x 和 π_y 组合下，她从消费者中得到更少的支持，但是从生产者中得到更多的支持。安愿意选择右下方的政治支持曲线——例如，相对于 PS_1 来说，她更愿意选择 PS_2。在 PS_2 上，对于给定的利润水平，消费者有更低的价格，因此安会获得更多的消费者支持。例如，假定行业利润保持在 π_x 水平上不变。如果安处于 PS_2 上，消费者就会面对更低的价格 P_x；相对而言，安在 PS_1 时，则消费者就会面临更高的价格 P_z，安因此会获得更少的消费者支持。这种政治支持函数有正的斜率。更高的价格会减少消费者的支持，从而会抵消通过更高的利润获得的行业支持。这些曲线是向上凸出的，因为在较低的价格水平上，价格的小变化不会为消费者所注意。但是，在更高的价格水平上，这将引起更大的注意，因此，会要求更多的行业利润来抵消。例如，在 2005 年，由于卡特里娜飓风对生产的破坏，当汽油价格大幅度

图 21.3　政治支持函数

PS 曲线描述的利润和价格水平的组合，代表了来自行业和消费者的等价支持。因此，对于价格为 P_x 和利润为 π_x 以及价格为 P_y 和利润为 π_y 两种情况而言，监管者是无差异的——两种组合都会产生同等水平的政治支持。然而，相对于 PS_1 来说，监管者更愿意选择 PS_2。

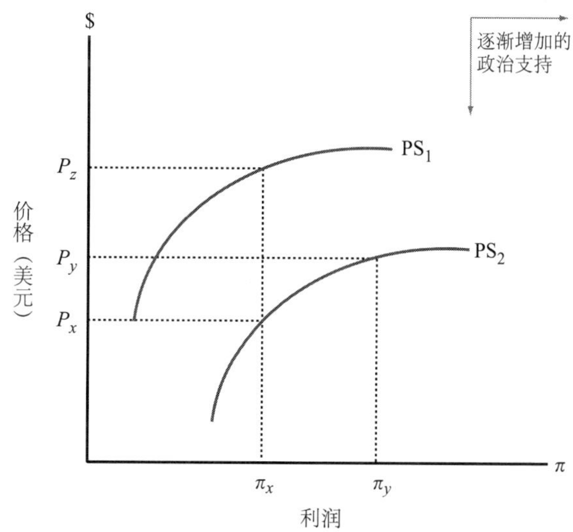

保护的成本：汽车进口限制

在 20 世纪 80 年代，美国和日本政府达成"自动限制"协议——限制日本车进口到美国，以保护美国汽车行业的就业机会。通过限制进口车的数量，日本车的价格升高了大约 1 000 美元，欧洲车的价格升高了大约 2 000 美元，而美国车的价格升高了大约 500 美元。根据一项估计，通过这个进口限制，保留一个美国汽车行业的工作岗位，就节约成本 20 万美元。因此，每保留一个汽车业工作岗位，美国的消费者都要支付 20 万美元。

资料来源：E. Dinopoulos and M. Kreinin (1988)，"Effects of the U.S.-Japan Auto VER on European Prices and on U.S. Welfare," *Review of Economics and Statistics* 70, 484-491.

上升时，政治家就上电视来支持消费者，许诺要就高的汽油价格展开调查。

尽管安更愿意选择尽量靠右的政治支持函数，但她达到的政治支持函数还依赖于由行业的特定条件所决定的利润和价格之间的权衡。图 21.4 将前面两个图的分析结合在一起。给定图 21.2 中的利润和价格的情况，安可以达到 PS_2 的政治支持水平。在这里，她将监管的价格确定在 P_r^* 的水平上。而行业利润为 π_r^*，低于最优的利润水平 π_m。安更喜欢行业的价格在垄断价格和竞争价格之间。如果她设定更高的价格，从而可以获得更多的行业支持，那么同时也会失去来自消费者的支持，最终会发现自己处于更低的政治支持曲线上。如果她设定更低的价格，那么她便获得更多的消费者支持，她也会失去更多的行业支持，从而她再次发现自己处于更低的政治支持总水平上。

从这个分析中可以获得几个重要认识：

图 21.4 均衡的监管价格

监管者设定监管价格 P_r^* 低于垄断价格 P_m，但高于零利润的竞争价格 P_c。在更高的价格水平上，监管者将失去更多的消费者支持，而同时获得来自行业的支持不足以补偿这种损失。在更低的价格水平上，监管者将失去更多的行业支持，而同时获得的来自消费者支持也不足以补偿这种损失。

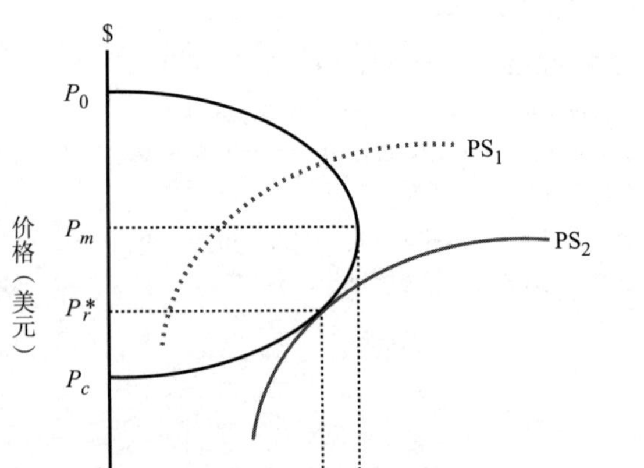

巴西减少对飞机票价的干预

“几十年来，巴西的航空公司都是只在首都巴西利亚的走廊上展开竞争（即各自争取政府监管方面的优惠政策——译者注），这样政治家可获得免费机票和其他物品的馈赠。”在里约热内卢和圣保罗之间的票价平均为 500 美元（往返机票）。而监管的放宽引起了激烈的竞争，这条线路的机票票价降低到 200 美元，巴西最大的航空公司不断抱怨他们因此损失了许多收入。这是监管者如何在价格和产业利润之间做出选择的一个例子。

资料来源：P. Fritsch (1998)，“Brazilian Carriers Plunge into First Fare War as Deregulation Ignites Ferocious Competition,” *The Wall Street Journal* (May 12)，A15.

- 监管者并不总是按照明显一致的方式来行动。他们也许会在垄断性行业中降低垄断价格，但是在竞争性行业中形成卡特尔，从而可以提高价格。尽管看上去也许会不一致，但两种类型的监管行为都会导致价格偏离完全有利于消费者或者完全有利于生产者的水平。
- 如果消费者是无组织的，相对于有组织的行业团体来讲，他们为监管人提供的政治支持就相对有限。在完全无组织和信息不灵通的情况下，图 21.4 的政治支持函数将变成垂直的（至少在某个相关范围内），而监管者将通过确定垄断价格获得最大化的政治支持。相反，如果消费者是有组织的，而行业内的企业所有者是无组织的，不能提供政策支持，那么监管者面临的政治支持曲线就是水平的，从而把价格设定在零利润的竞争性价格水平上。
- 政治过程的结果依赖于特定利益群体可以达到的政治支持水平。对于特定利益群体来说，组织越完善，规模越大，可以提供的政治支持就越多。公司经理将努力使政治支持函数斜率更大，方法是通过增加政治活动的捐助，组织他们的员工为相应的候选人投票，通过公共关系活动减少消费者的反对等。
- 政府项目倾向于让小的利益群体受益（如航天合同），而牺牲大的利益群体的利益（如纳税人）。假设发生转移的财富总额保持不变，发生损失的一方损失越大，每一个体平均的损失就越小。类似的，获胜一方的团体规模越小，每一成员获得的收益就越大。

会计方法的保守选择

与不太透明的小公司相比，大型的高度透明的公司，比如 IBM 公司、通用汽车公司以及微软公司，都倾向于采用更为保守的会计方法。例如，大公司更有可能采用快速折旧的方法，从而降低前期报告的利润。这一事实与这些公司试图通过报告更低的会计利润减少他们的政治风险是相一致的。由于较大的会计利润被视为垄断利润，会吸引更多的媒体注意，因此公司的管理者都愿意选择能降低收入的会计方法，这样可以减少公司所面对的政治上的反对。

资料来源：R. Watts and J. Zimmerman (1986)，*Positive Accounting Theory* (Prentice Hall: Upper Saddle River, NJ).

为什么船只要在利比里亚注册

你是否在迈阿密和加勒比海之间乘船航行过？为什么船只要在利比里亚注册？事实上，许多海运公司都在利比里亚注册了他们的船只。答案很简单，如果船只是在美国注册，它必须要由美国人所拥有，并由美国人开船，这要求他须要接受美国的劳工法律，包括最低工资法。而利比里亚没有这样的劳工法限制，因此在利比里亚注册这些船只，就可以免除美国法律的追究，从而可以节省船主的成本。这个例子说明，在监管成本较大时，公司就会寻求创新的方式来减少这种成本。

资料来源：R. Tucker (2001)，"Why Do Ships Register in Liberia?" *Fortune* (June 11)，42.

无谓损失、交易成本与财富转移

因为特定利益群体可以通过牺牲其他各方的利益来改善自己的处境，所以每一个群体都愿意花费与提供政治支持相关的收益或者损失数额。请回忆图 21.1 的情况——在这里，政府限制出租车的供应总量，因此，会抬高乘坐出租车的成本——由此会引起消费者无谓损失（阴影部分），这对于社会来说是一种剩余损失。留下来的出租车所有者会获得更多的利润，因为现在价格高于成本。但是，为限制出租车的数量，发放出租车牌照的政府管理机构必须建立发放标准。警察和法庭都会发生相应的成本，因为他们要抓住和处罚那些没有获得合法牌照的出租车所有者。除了这些成本以外，每一方还将发生组织、游说以及提供政治支持的成本。使这些成本以及无谓的损失最小化是在这场博弈中获胜方和失败方共同追求的利益。因此，对于经济效率损失较少的政策更有可能得到政府的采纳，因为失败的一方不致于被伤害得太重，从而不会有太高的热情去反对这种政策，而获胜的一方将更为努力地游说，因为他们将在社会福利的分配中获得更多的份额。

管理意义

我们已经指出了市场监管的重要特征，在这一节，我们将进一步描述政治过程中的行业进入限制、形成联盟以及企业参与的重要管理含义。

进入限制和有限替代

在第 8 章中，我们描述了公司如何制定创造价值和实现价值的战略。回忆一下，建立更好的策略诱使对方失败还不够，你必须防止其他人模仿你的思想进入相同的市场。我们讨论过专利、版权和商标权作为保护知识产权的手段。现在，我们再来考虑如何利用政府监管再形成一层进入壁垒。

限制竞争的最直接的方式是通过政府监管来限制进入。例如，工会法禁止有工会的公司聘用非工会的员工，因此提高了这些公司的工资成本。移民法限制外国工人进入本国的数量，以

对于进入欧洲零售业的限制

德国零售协会的主席说，“反对外国大商场的战斗还在继续。如果我们允许一家商场进入，将一发不可收拾，我们将被淹没在外国大商场的汪洋大海中。”美国和英国的零售商都试图进入欧洲市场。为将他们挡在门外，商店要保持在晚上和星期天不开门。而这些大商场开发者要开商场，就要满足高工资、地区性限制法以及高财产税。公共官员就有关签字和政府特许与开发者争执不下。在匈牙利，商务部正在努力游说政府将外国竞争者挡在门外。一位零售商说，“低价竞争将给我们带来灾难。”因此，为限制他们所面临的竞争（特别是来自外国公司的竞争），欧洲的零售商动用了各种各样的政府监管措施限制进入。

资料来源：E. Beck(1997)，“Outlet Malls Make Headway in Europe Despite Opposition by Local Retailers,” *The Wall Street Journal* (September 17)，A17.

保护国内的劳动力就业。政府还规定，私人直接向客户邮箱提供投递邮件服务是非法的。像律师、医药、会计和牙医等职业都通过设定职业资格证标准，比如要通过考试并要求有相应的工作经验等来限制竞争。有些公共事业，比如电话、煤气、电力以及有线电视公司在特定地理区域中拥有排他性的特许经营权。

作为限制竞争的一种间接方法，政府也可以采取一定的干预措施，使特定的竞争者和潜在的进入者发生某种成本。例如，卫生法规定，餐馆对于有关食品的准备和贮藏要满足各种监管要求。尽管这种卫生规定会增加所有餐馆的成本，但相对于那些提供全方位服务的餐馆而言，街边小吃店成本的增加比例会更高。因此，卫生监管条例限制了街边小吃店的数量和种类，因此有利于限制潜在进入者的竞争。或者，请回忆联邦政府在起诉微软公司的反托拉斯案件中网景公司的情况。微软公司提出，共同分享浏览器的想法是在 1995 年 6 月的会议上，由网景公司亲自确立的。在政府起诉的案件中，有关这次会议的文件是一个要点。在司法部的最终裁决中，微软公司同意公布各种目前开发软件的技术数据，以便其他公司可以在视窗操作系统下编写各种软件程序，从而可以与微软公司的产品相竞争。这种修正削弱了微软公司的竞争地位，从而也就加强了网景公司的竞争力。

为说明政府监管将如何改变企业的相对竞争地位，考虑地毯市场。[17] 假设有两种方法可以生产相同的地毯。一种是劳动密集型企业聘用了 10 名工人，每小时每名工人的工资为 15 美元，每小时加工消耗羊毛 30 磅，每磅羊毛价格为 5 美元。每小时生产一块地毯，总成本为 300 美元（10×$15+30×$5）。资本密集型企业也是每小时生产一块地毯，成本也为 300 美元，但是他们采用 5 个工人，每小时工资为 15 美元，每小时加工羊毛 45 磅，每磅价格为 5 美元。资本密集型企业不能转化为劳动密集型企业，相反的转化也不行，而且，企业的规模是固定的。地毯市场是竞争性的，每块地毯售价都为 300 美元。行业中只有 200 家劳动密集型企业和 200 家资本密集型企业。生产和销售的总量为每小时 400 块地毯。在图 21.5 中，市场需求曲线和最初的供给曲线的交点为数量 400 块和价格 300 美元的组合。两种类型的企业都没有获得超额利润。

现在，由于政府征收工资税，资本密集型企业要从每个工人每小时工资拿出 1 美元交给政

图 21.5 征收工资税使用工量少的公司获得利润

有 200 家劳动密集型企业和 200 家资本密集型企业在销售 400 单位的地毯，地毯的单价为 300 美元。征收工资税使所有企业的供给曲线发生位移，但是，对于劳动密集型企业来说，工资税的位移幅度更大。均衡的价格将上升 10 美元，而均衡的交易量将下降到 250 单位。有150 家劳动密集企业退出了该行业，而每一家资本密集型企业则可以获得 5 美元的单位利润——只要他们能够阻止新的资本密集型企业进入。

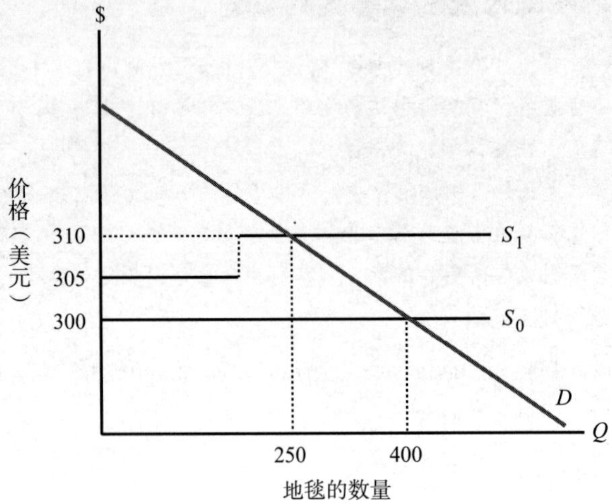

府。所有的企业都要求支付这种工资税。对于劳动密集型企业来说，总成本将上升为 310 美元 (=10×\$16+30×\$5)。而对于资本密集型企业来说，总成本将上升到 305 美元（5×\$16+45×\$5）。地毯的价格将上升到 310 美元，因为需求曲线与新的供给曲线相交于价格在 310 美元的水平上。资本密集型企业因此将获得每块地毯 5 美元的超额利润。留下的劳动密集型企业则处在盈亏平衡的状态。但是，现在每小时将只能生产 250 块地毯。最终的结果是，有 150 家劳动密集型企业将退出该行业。200 家资本密集型企业将继续在行业中经营，并且每块地毯获得 5 美元的超额利润，只要没有新的资本密集型企业进入该行业，这种情况将保持下去。

这个例子说明了重要的管理意义。企业也许会理性地支持政府的监管给它带来的成本，只要竞争性企业的成本更高就没有问题。这将迫使高成本的企业退出该行业，而保留下来的企业将获得经济利润，因为边际企业（或者下一个将进入的企业）有更高的成本。管理者经常以他

钢铁产生者与钢铁消费者

在 2002 年 3 月，美国实施了一项进口钢铁关税，此举使进口钢铁的成本增加了 30%。美国的汽车生产商和其他消费钢铁的行业都抱怨新的关税增加了他们的成本，减少了他们的利润，延误了他们的扩张，并导致他们不得不解雇工人。然而，自从实施新关税，美国钢铁工业投资超过 30 亿美元来更新其生产线。在 2003 年 12 月 3 日，布什总统废除了这项进口钢铁的关税。这个例子说明，一个行业（钢铁行业）可以如何利用政府监管减少竞争，并给国内其他行业（消耗钢铁的行业）造成成本上升。

资料来源：E. Becker (2003)，"U.S. Tariffs on Steel Are Illegal, World Trade Organization Says," *New York Times* (November 11)，A1; and J. Curl and J. Sparshott (2003)，"Bush Rescinds Steel Tariffs," *Washington Times* (December 5)，Washingtontimes.com.

们站在公众利益一边为借口支持这种监管措施。例如，管理者也许会提出，工资税可以用于支持社会项目，比如员工的健康福利项目。

我们的例子说明，很多增加成本的政府监管措施会限制行业进入。通用汽车公司在 20 世纪 80 年代早期就曾游说设立严格的每公里油耗标准。Burlington 工业公司支持在纺织行业中实行职业安全和健康管理的棉花灰尘标准。这些标准给小工厂增加了相对较大的成本，因此使大工厂可以获得经济利润。卡车所有者支持货车安全的监管措施。地方商人要求更严格的建筑法规。在 19 世纪，英国采用蒸汽动力的工厂主提出，设立规则限制工厂中采用童工的做法（这个例子正如图 21.5 所示的增加工资税的情况。它将有利于资本密集型企业——蒸汽动力工厂——而不利于其他劳动密集型企业）。最后，大的会计企业都愿意支持立法，要求所有的注册会计师要有全面的、定期的、同行的绩效评估。这种要求对于小会计师事务所来讲，将增加很高的成本，这迫使他们退出市场（比如不再审计那些上市交易的客户公司），而大的注册会计师事务所则可以趁机获得这些客户。

建立联盟

有关监管的经济学理论强调组成联盟的极端重要性。与失败的联盟相比，成功的联盟会给政治家提供更为有利的政治支持（投票和捐助）。一种增加政治支持的方法是扩大支持监管的人数。这种方法有时会产生非同寻常的联盟。例如，在 20 世纪早期的南方，非法的酒类制造商（私自酿酒者）想要通过法律来减少竞争。私自酿酒者支持教堂联盟，这个联盟想要禁止所有含酒精的饮料销售。对于游说的回应，南方各州有多个郡通过禁止销售酒精类饮料立法而开始禁酒。由于酒类制造商已经非法经营多年，并可以逃避联邦税收征收员的诉讼，所以现在不仅继续经营他们的地下业务，而且很少遇到新问题。这是一个有关“政治造就特殊联盟”的经典案例，被称为“私自酿酒者与浸信会现象”。[18]

我们经常观察到，一些游说行业限制的特定利益群体，因为与没有联盟的情况相比，通过加入游说纠正社会偏见的特殊利益群体队伍（如南方的浸信会教友），增进了他们的经济利益（酒类制造商）。另一个例子是西部的煤炭生产商支持环境组织的要求，即提高空气质量标准，限制东部地区高含硫量煤的使用。获得成功的联盟经常包括行业组织，“公共利益”团体以及有强大政治力量的监管者，可对消费者和竞争公司施加重要的影响。例如，航空承包商与科学“巨匠”组成联盟，一起说服国会拨发更多的太空研究基金。

请回忆，在第 20 章中我们有关领导力的讨论。建立政治联盟类似于在公司内形成倡导新建议的联盟。政治联盟的成员通常是风险回避的，因此，如果有不确定的结果，新的政府立法就更有可能遭到反对。联盟支持立法的方式包括减少监管中的不确定性，更多地考虑危机，并组成互助组。

对企业参与政治过程的评论

某些人也许会提出这样的问题，企业是否应该积极地参与政治过程？当然，根据我们的分析，总体来说，如果我们限制了政府通过限制竞争的法律法规的能力，我们的状况就都会改

微软公司的案例对于其他电脑公司的影响

我们也许会期望，政府针对微软公司的反托拉斯行动会影响其他电脑公司的价值。特别是那些微软公司的直接竞争者，比如网景公司和太阳微系统公司的状况将得到改善，而那些销售微软公司互补品的公司，比如戴尔公司和康柏公司的状况将不如从前。观察从 1991 年 3 月到 1997 年 12 月之间的 159 家有电脑业务公司的股票价格波动情况，可以得出一些有趣的发现。这一期间正是针对微软公司的反托拉斯诉讼发布新闻的时间。在 1997 年 12 月，这 159 家计算机公司（微软公司除外）的股票市场总价值达到 7 540 亿美元。在微软公司反托拉斯裁决执行的 29 条消息公布的前后 3 天当中，这些企业的股票总价值下降了 350 亿美元。相反，当那些有利于微软公司的消息公布时，这些公司的价值增加了 700 亿美元。在反托拉斯执行案期间，微软公司股票价格的向下（向上）波动与整个行业的收益波动是相一致的。请注意，这 159 家计算机公司包括那些愿意政府在反托拉斯诉讼中获胜的公司。令人惊奇的是，没有事实表明，在有关针对微软公司的反托拉斯裁决公布之日，像网景公司、太阳微系统公司、Novell 公司或者苹果电脑公司等实现了更高的股票收益。针对微软公司的多次反托拉斯行动并没有增加其他电脑公司的期望收益。“奇怪的是，政府针对微软公司的行动看上去导致了整个计算机行业作为整体在资本市场上遭受损失。而有关政策的取消却给整个计算机行业带来了收益。”

资料来源：G. Bittlingmayer and T. Hazlett (2000)，“DOS *Kapital*: Has Antitrust Action against Microsoft Created Value in the Computer Industry?” *Journal of Financial Economics* 55, 329–359.

善。在这种情况下，消费品的价格将降低，因此，就可以节省那些为政府出台以及实施相应的法律法规进行游说而产生的成本和交易成本。

但是，在评价企业参与政治过程时，我们认为，有几个要点必须考虑。首先，经理人对于其所在公司的价值最大化（而不是社会福利最大化）有信托责任。政府监管对于公司的价值有重要的影响。第二，企业应该建立一种机制，迫使有损福利的法律法规不能得到采纳——政治家会这样做。遗憾的是，消除这种浪费活动看起来是不可能的，因为这涉及到大量的财富。有太多的利益群体（包括政治家、监管者、游说者以及法律工作者），他们都认为，同行业的人愿意采用法律降低对他们服务的需求。第三，即使一家公司决定不参予带来财富转移的政治活动，它也几乎会面对如何阻止有关立法，以免降低其公司价值。保持消极的状态并不意味着每一个人都对事情的发展听之任之。管理者不参与政治过程有利于公司减少股东财富。这将造成公司能否继续生存的风险，并令人质疑他们对于股东的信托责任。

最后，要认真地评估参与这种政治过程的战略因素，这非常重要。正如第 9 章所描述的，管理者必须认真考虑政府监管者和其他相关方对于管理者的游说活动做出什么反应。例如，管理者必须判断，在游说活动中，他作为“首先行动者”还是“跟随行动者”更为有利。管理者必须确保，他们的游说活动是“可信的”，也就是会改变竞争对手的认识和判断，因为公司的管理者对于相应的战略有足够的投入。管理者必须考虑，他们对于目前政府监管的游说会在未来影响双方之间重复的相互作用。政府监管是另一个博弈论的例子（见第 9 章），它可以帮助管理者更好地理解和计划他们的行动。

案例研究：AutoCorp 公司

AutoCorp 公司（WM）是一家大型的美国汽车生产企业。该公司 80%的生产工厂和销售都在美国本土。AutoCorp 公司正在考虑它是否应该雇佣游说者来影响一系列悬而未决的法规。在国会中有一个提案，要求执行更为严格的汽车尾气排放标准，作为清洁空气法的一个部分——法律将限制工会的活动，增加工人安全守则，减少汽车每加仑里程的尾气排放标准，并设进口配额。AutoCorp 公司愿意支持有利于公司价值增加的立法条款。待通过立法的每一款都按照这一标准进行评价。以下简单地描述待通过方法的每一条款。

排放标准　更严格的排放标准将增加汽车的成本，因为它要求更昂贵的排放控制装置，比如更为精确的汽油注入系统以及汽油气化装置。AutoCorp 公司的主要竞争对手之一有汽油排放系统的专利，各厂家生产的汽车都可以通过这种技术满足更为严格的尾气排放标准。AutoCorp 公司的竞争者可以应用这种专利技术，在生产的汽车上装载这种装置，而 AutoCorp 公司如果也装载能够满足更高的尾气排放标准的装置，成本就会高得多。

工会法　劳工法增加了工会的谈判实力，因此也增加了他们获得更高工资报酬、福利补贴，或者减少工作量的能力。待通过的立法所提出的规则使地方工会组织工人罢工更为困难。

工人安全守则　职业安全和健康管理局正在建议，那些金属焊接（比如汽车引擎装置）工厂要安装空气流通系统，按照现有空气质量标准要求，可以加速工厂内的空气置换。AutoCorp 公司的绝大部分有焊接工艺的工厂都在海外，而其竞争对手往往都在美国本土进行有关引擎部件的焊接。

每加仑里程数的标准　为了节省汽油，联邦政府曾经强令每家公司生产的汽车必须达到最低限要求的每加仑里程数标准。这些标准可以通过生产更轻型的汽车和更为高效的燃油系统来达到。而现在又出了新的规则，要求汽车更为轻便，燃油系统效率更高。在汽车大小和燃油效率方面，AutoCorp 公司的产品结构与其主要的竞争对手基本相当。在改进燃油效率方面，没有任何一家汽车公司有专利技术。

进口配额　由于存在不利的贸易逆差，美国政府正在考虑限制外国汽车进口。

讨论问题

1. 对于每款立法提议，AutoCorp 公司应该采取支持还是反对的态度？
2. 你预期 AutoCorp 公司的地方工会会支持还是反对哪一款立法提议？

注　释

1. J. Wilke (1998), "U.S. Sues Microsoft on Antitrust Grounds," *The Wall Street Journal* (May 19), A3; "Microsoft Says It Was 'Set Up,'" *Democrat and Chronicle* (October 27, 1998), D12; D. Bank (1998), "Is Microsoft a New Public Utility?" *The Wall Street Journal* (May 19), B1; and M. France, P. Burrows, L. Himelstein, and M. Moeller (1999), "The Microsoft Ruling," *BusinessWeek* (November 22), 38–41.
2. 第 7 章中定义了消费者剩余，即对于一个产品，消费者愿意支付的价格和实际所支付的价格之间的差额。按照类似的思路来定义，生产者剩余是生产者销售产品所获得的价格与生产该产品的成本之间的差额。

3. A. Grief and E. Kandel (1995), "Contract Enforcement Institutions: Historical Perspective and Current Status in Russia," in E. Lazear (Ed.), *Economic Transition in Eastern Europe and Russia: Realities of Reform* (Hoover Press: Stanford, CA).
4. 在第 22 章中，我们将更为详细地讨论这些问题。
5. S. Bhagat, J. Brickley, and J. Coles (1994), "The Costs of Inefficient Bargaining and Financial Distress," *Journal of Financial Economics* 35 (April), 221-247.
6. 请注意，某些监管措施建立和实施财产权，但是并不那么有效。例如，职业安全和卫生管理局实施工作场所安全法规，规定工人有权利在满足安全条件的环境中工作。员工不能忽略这种权利。因此，即使员工为获得更多的报酬（这些报酬低于降低风险的成本）愿意冒风险，这种雇佣协议也是不允许的，而且从这种交易中所获得的收益是无法利用的。
7. J. Fialka (1997), "Breathing Easy," *The Wall Street Journal* (October 3), A1; J. Fialka (1998), "EPA Plans Emission-Trading Program to Reduce Nitrogen-Oxide Pollution," *The Wall Street Journal* (April 30), B11.
8. www.epa.gov/airmarkets/trading.
9. G. Akerlof (1970), "The Market for 'Lemons': Quality Uncertainty and the Market Mechanism," *Quarterly Journal of Economics* 84, 488-500.
10. 我们认为，这种观点要认真对待。可如果信息真的是免费的，那么交易中将会存在无法利用的收益。但是，信息是一种商品，生产和传递它都需要花费成本。具备了信息的分散，以及生产和传递信息的技术，资源就会得到有效的分配。我们看到，在"信息成本相对较低，目前的资源配置是无效的"和"钢的成本相对较低，目前的资源配置是不合理的"两者之间几乎没有差别。最终，必须在可用技术成本给定的情况下，来判断资源配置的有效性，而不是以零成本为标准。这是第 17 章所讨论的 Nirvana 想像的又一个例子。
11. 而且，虽然价格太高，但并不足以误导某些投资者（或者即使大多数的投资者有可能因为不很成熟而被误导）。边际投资者一定会被高价所误导。边际投资者（那些处于买和不买之间的投资者，因此，价格或信息上的微小变化都会影响其购买决策）很可能是信息灵通的。
12. 请注意，利润 π 是一种流量。因此，出租车所有者应该愿意花费这种增量利润流量的总现值进行游说活动。
13. 对于相关材料的总结，见 R. McCormick (1993), *Managerial Economics* (Prentice Hall: Englewood Cliffs, NJ), Chapter 15。
14. 这部分摘自 G. Stigler (1987), *Theory of Price*, fourth edition (Macmillan Publishing Company: New York), Chapter 20。
15. 尽管我们通常认为利润是价格的函数，我们还是将价格作为纵轴，以方便各图之间的比较。
16. 请注意，这种曲线概念类似于在第 2 章中所讨论的无差异曲线和第 5 章所讨论的等产量曲线。
17. 这个例子是基于 R. McCormick (1993), Chapter 15。
18. McCormick (1993), 649.
19. 假设我的报酬为每小时 20 美元，H 和我的工作效用函数为20H(1-t)-0.5H^2$。我工作造成的负效用是二次方项。所得税率为 t。针对 H 求其 1 阶导数，并令其为 0，得到 $H^*=20-20t$。如果 $t=0$，我就工作 20 小时，如果 $t=50\%$，我就只工作 10 小时。

第 22 章

道德与组织架构*

1990 年 12 月，所罗门兄弟公司（Salomon Brothers）政府债券交易柜台的主管保罗·莫泽提交了四年期的中期国债（其中的 35%）的拍卖报价。与此同时，他又以 Warburg 资产管理公司的名义提交了另一个价值 10 亿美元的报价。Warburg 资产管理公司是所罗门兄弟公司的客户，但此次并没有得到客户的授权。这两个报价涉及的总金额占这次债券发行数额的 46%，违反了财政债券拍卖原则——所有报价者购买发行数量的上限为 35%。[1] 莫泽在第 2 年 2 月和 4 月在长期国债的拍卖中重复使用了同样的策略。

在 4 月份，莫泽已经非常担心财政部会发现他的非法竞价策略。在 2 月份的拍卖中，他在与索罗门兄弟公司的主席约翰·哥特福伦德、总裁托马思·斯特劳斯、副主席约翰·梅里韦瑟以及总顾问唐纳德·福伊尔斯坦会面时，承认了他的违法报价。显然，他们接受了他的坦诚，并允许他只此一次，下不为例，但他们均没有采取补救措施。

在 5 月份另一个中期国债拍卖上，莫泽继续运用这种报价。6 月份，证券交易委员会和司法部根据有关债券拍卖记录，向所罗门兄弟公司及其客户公司发出传票。于是，在 8 月份，所罗门公司被勒令全面检查其政府债券的业务，并披露了在 12 月到 5 月份之间的非法报价。

到 1992 年 5 月份，政府对所罗门兄弟公司实施了多项罚款。财政部禁止所罗门公司在政府证券拍卖上运用客户账户报价。尽管仍然允许所罗门公司保留其重要交易商的资格，但纽约联邦储备银行已经终止了与所罗门公司的交易达两个月。公司因违反证券法规向财政部支付了 1.22 亿美元的罚金，由于相应的诉讼向司法部支付了 6 800 万美元。由于这种舞弊行为造成的丑闻，公司还面临着大约 50 多个投资者的起诉，为支付相应的私人财产损失，公司建立了 1 亿美元的赔偿基金。在支付了对原告的赔偿之后，这一基金的剩余数额将转交财政部，而不是归所罗门兄弟公司所有。

尽管这些法律和政府监管方面的罚金已经是数额巨大，但他们实际上仅仅代表了公司舞弊成本的一部分。在非法报价消息传出后的一个星期，所罗门兄弟公司的股票价格下跌了三分之一。市场总价值损失高达 15 亿美元。这意味着市场投资者普遍预期，所罗门兄弟公司舞弊行为所造成的成本将远远超出法律和政府监管罚金所反映的数额。除了罚金和所罗门股票价格的

---

* 本章的部分内容发表在 C. Smith （1992）， “Economics and Ethics: The Case of Salomon Brothers,” *Journal of Applied Corporate Finance* 5:2, 23–28; and J. Brickley, C. Smith, and J. Zimmerman （1994）， “Ethics, Incentives, and Organizational Design,” *Journal of Applied Corporate Finance* 7:2, 20–30。

下降，公司内的高级官员如果已知这种非法报价行为，却没有立即采取有效行动，都将被迫离开公司——所有这些人员都不可能再在一个大的证券公司任职。所罗门兄弟公司在1997 年被旅行者保险公司（Travelers Insurance）收购，之后被花旗银行合并，成为花旗的一部分。2002 年花旗宣布重大的重组决定，并大幅减少“所罗门”名称的使用。所罗门兄弟公司的这一案例表明，人们一旦发现公司有非道德行为，市场的力量将给予公司严重的惩罚。

在过去的 10 年中，有关商业伦理和公司社会责任的问题引起了公众的注意。政治学家和社会批评家也在悲叹物质主义。媒体也通过耸人听闻的报导将公司的舞弊行为公布于众。全国的商学院都开设了有关商业道德的课程。

在近些年，许多美国公司都制定了正式的行为规范并任命道德的官员，以及对员工进行道德培训。这些规范和项目涉及广泛的行为，但是，绝大多数都强调以下三个方面：

- 遵守法律法规。
- 在与客户和其他员工的交往中诚实正直。
- 避免与公司利益相冲突的行为。

虽然很少有人对这些目标提出疑问，但也很少有人明确支持这些提议，因此也就不必费心考虑类似这样的问题：这些规范和项目是否会有效地阻止公司管理者和员工的非道德行为？更为具体地说，在目前公司的组织架构下，这种规范所约定的行为与员工和管理者所得到的正常激励是相一致的吗？

尽管在绝大多数公开的讨论中很少涉及这些问题，但公司的道德与组织架构的确是紧密相联的。不管是管理者还是员工，要使他的行为符合道德，公司的绩效评估系统、奖励系统以及决策权分配的设计就应该鼓励道德的行为。

在本章中，我们提出以下 5 个基本观点：

第一，道德经常被忽略。这一术语有许多不同的含义，而这些含义随着文化和时间的不同而改变。商业道德这一术语可以指从公司的社会责任到使股东价值最大化的所有事情。

第二，在竞争环境中，公司要想获得生存，就必须实现所有者（主要是股东）价值最大化。考虑公司的其他利益相关者的利益，比如员工和地方社区，也是很重要的。但是，这样的考虑可能会过分。如果公司减少了所有者的价值，这种考虑就可能危及公司的生存。

第三，公司的道德行为声誉，包括在处理与非投资利益相关者的关系时保持诚实和正直，是公司品牌资本的组成部分。正因为如此，这种声誉也将反映在公司的证券价值中。同样的道理，个人的人力资本（决定未来的收益）在很大程度上取决于道德行为的声誉。从这个意义上讲，对于偏离社会所能接受的道德标准的行为，市场将给组织和个人造成很高的成本，从而会形成对于符合道德行为的强有力的激励。所罗门兄弟公司的交易丑闻表明，这种舞弊所造成的损失和成本是非常大的。

第四，有许多公司的道德项目错误地强调并试图改变员工的个人偏好，试图说服员工将公司与客户的利益置于个人利益之上。与此相反，我们的方法是接受个人的偏好，并以人们追求个人利益为假设前提。我们注重以有效的方式设计组织结构，以便更好地为员工和管理者提供激励，使他们对于个人利益的追求与公司的价值最大化目标相一致。

第五，虽然论理道德规范和培训项目不可能改变个人的基本偏好，但通过更明确地与员工交流企业的期望就会有增加价值的可能性。然而，要使这些规范和项目最为有效，就必须通过企业组织架构来强化。

道德与选择

人们不断面临着各种各样的选择。本书的一个理论基础是，个人总是按照自己的效用最大化做出选择。在食品、交通、住房、慈善捐助以及其他购买上如何消费，每个人都有不同的选择和偏好。人们要在工作、休闲和慈善活动上选择如何分配时间，以及如何在各种闲暇活动上分配时间——例如，看电视、打高尔夫以及去听交响音乐会。经济学是有关人们如何做出选择的科学。它要解释人们是如何做出决策的，它基本是一种描述性的研究。在本书中，我们的分析一直是描述性的，而不是规范的研究。我们并不建议人们应该做出什么样的选择，我们也不建议人们应该花更多的时间为地方慈善活动募捐，花更少的时间看电视。我们认为，在人们偏好一定的情况下，他们要按照自己的福利最大化做出选择（见第 2 章）。

本章也是关于选择的问题——具体来讲，是在社会公认符合道德的行为之间做出选择。有关道德的研究大部分都集中于人们应该如何做出选择——研究那些人类应该追求的行为。在更大的程度上，道德是一种规范性研究，而不是描述性研究。当哲学家说到道德时，他们是在讨论已经有千年之久的规范和约束，目的在于说明相关的行为是对的还是错的，是好的还是坏的，是善的还是恶的。从远古时代起，道德哲学家就在为道德问题争论不休，所有的宗教都涉及什么样的行为是符合道德的、而什么样的行为是不符合道德的。所有主要宗教——佛教、基督教、儒教、印度教、伊斯兰教以及犹太教——都信奉一条金科玉律："己所不欲勿施于人。"[2]西方的宗教以十戒（一组道德行为规范）为基础。

有些行为，比如说谎、欺骗、偷盗以及杀人几乎被一致认为是错误的——除非在某些需要抵制不道德行为的情况下（比如，为正当防卫而导致的杀人通常被看作是合理的）。然而，有些行为在某些人看来是错误的，而在另一些人看来却是正确的。比如，有些人认为流产是错误的，而另一些人认为，剥夺妇女流产或不流产的权利才是错误的。在涉及生育控制和个人死亡选择的情况下，也存在着类似的意见冲突。在这些情况中，并没有单一的广泛认可的符合道德的行为规范，也就没有简单的评判对错的依据。

商业道德试图禁止企业从事不应该涉足的行为。这些行为包括给予和接受礼品、贿赂政府官员、提供假数据、歧视性招聘以及拒绝与第三方交易等等。比如，有的人认为，当南非实行种族隔离时，企业在南非做生意是不道德的。

商业道德与组织架构是相互依存的。正如我们在本书中一贯强调的，组织架构建立了相应的激励，因此可以影响管理者和一般员工的决策行为。无论是作为管理者还是一般员工，如果他们的道德行为对于公司有重要影响，在组织结构设计中，考虑如何促成符合道德的行为就是非常重要的。在探讨这些问题的时候，我们首先注重考虑外部的道德政策控制，这涉及到公司与其他各方，比如客户、投资者以及当地社区等。然后，我们将转向内部的道德政策，这将涉及公司管理者和一般员工。

马莎·斯图尔特为节省 8 万美元而损失掉 2.75 亿美元

在 2001 年 12 月 26 日，马莎·斯图尔特按照每股 60 美元的价格出售了 3 928 股生物技术公司 ImClone 的股票，当时正是 ImClone 公司在证券市场上披露美国食品和药品管理局拒绝审批其癌症治疗药物的前一天。联邦管理当局宣布，马莎·斯图尔特接受了其朋友——ImClone 公司的 CEO 塞缪尔·瓦克斯萨尔的暗示，得知了美国食品和药品管理局的决定，因此，马莎·斯图尔特是根据内部信息进行了非法交易。马莎·斯图尔特否认所有的指控。在 12 月 26 日，马莎·斯图尔特在 ImClone 公司的投资价值为 24 万美元。一周后，ImClone 公司股票的每股价格下降了 20 美元。如果马莎·斯图尔特等待一周再销售她的 ImClone 公司的股票，她就将损失 8 万美元。通过在 2001 年 12 月 26 日销售股票，她节省了 8 万美元。但是，这一行为的成本是多少呢？如果马莎·斯图尔特是在已知内部信息的情况下进行交易，那么她就是将自己的声誉、她公司（Martha Stewart Living）的声誉置于重大的风险之下。

在自己的公司中，马莎·斯图尔特拥有上市交易的 3 100 万股股票。她是公司的 CEO，她在该公司中拥有超过 90%的投票权。在 2002 年 6 月，媒体上有消息说，马莎·斯图尔特和塞缪尔·瓦克斯萨尔私下串谋，对 ImClone 公司股票进行内部交易，并因此招致联邦调查。在未来的两个月中，证券监管人员开始就马莎·斯图尔特涉嫌违反内部交易条令展开调查。她公司的一位股东指控马莎·斯图尔特，认为她对投资者负有责任，她应该“保持良好的名声和声誉，并避免出现对她的名声和声誉不利的情况。”在股东提出诉讼，国会召开听证会——马莎·斯图尔特在听证会上否认了所有有关她的错误指责后，其公司的股票价格从 2002 年 6 月的每股 17 美元，下降到 8 月的每股 8 美元。在这一期间，马莎·斯图尔特公司的股票价格下跌了 47%，而整个市场在同期平均下跌了 10%。股票价格每股下跌了 9 美元，这意味着马莎·斯图尔特的财富损失达 2.8 亿美元。这还不包括任何可能为解决法律诉讼需要支付的费用。

道德就是关于选择。如果在卖掉自己的股票之前，马莎·斯图尔特收到来自塞缪尔·瓦克斯萨尔的任何有关 ImClone 公司的内部信息，她就不应该出售相应的股票。为节省部分或者所有在 ImClone 公司的 24 万美元的投资，马莎·斯图尔特的个人声誉以及其公司 90%的所有权都受到影响。如果马莎·斯图尔特女士的确是按照塞缪尔·瓦克斯萨尔在电话中所提供的信息做出出售股票的决策，那么她在 12 日 26 日就做出了错误的决策。

资料来源：//money.cnn.com/2002/08/05/news/companies/martha_lawsuit/index.htm; //money.cnn.com/2002/10/21/news/martha/; Dow Jones News Service, “Martha Stewart Down 12% on Concerns about Ex-Imclone CEO” (June 12, 2002); Martha Stewart Living Omnimedia, Inc., Schedule 14A, Proxy Statement (April 3, 2002).

公司使命：道德与政策制定

公司的使命是什么，它是否涉及道德？当人们说起一个人道德品质很好时，大多数人通常都非常清楚人们的意思。我们中的绝大多数都会同意这样的金科玉律，即自己按照希望别人对待自己的方式来对待别人，我们对于正直、诚实、公正以及助人为乐等品质都比较看重。但是，如果说一家公司的行为符合道德，这又是指什么呢？首先，我们要搞清楚道德的含义是什么，然后，我们再探讨它与公司使命之间的关系。

道　德

道德是哲学的一个分支。西方的道德哲学至少可以追溯到 2 500 前的苏格拉底、柏拉图以及亚里士多德时代。这些古希腊的学者研究了理解人类行为的一般原则。他们的研究涉及幸福和美德等问题。在 13 世纪，圣·托马斯·阿奎娜写道，“有关行为考虑的第一个原则是要做好事，避免做坏事。”[3]

有许许多多的道德理论——从利己主义（当且仅当一种行为有利于个人的长期利益时，这种行为才是正确的）[4]到功利主义（行为的选择应该能够得出这样的结果，所有受我们行为影响的每个人都尽可能地在好与坏之间做平衡）。[5]康德哲学按照行为的性质而不是行为的结果判断对错，康德提出，只有好的行为才是有价值的。[6]亚当·斯密提出，通过由追求个人利益的交易者驱动市场竞争所形成的看不见的手，资源被直接分配到最优用途，社会财富实现最大化。道德相对论认为，“道德原则并不是对每个人普遍适用的；……每个人都应该遵从他所在的群体的行为习惯。”[7]

粗略地回顾道德哲学，就可以得出两个基本要点。第一，道德是一个广阔的学科领域，在历史上曾经产生卓有建树的学者。第二，尽管人们在这个领域花费了巨大的努力，但并没有形成为人们普遍接受的哲学道德观。什么样的行为是符合道德的、什么样的行为是不符合道德的，这将随着社会和时代的发展而不同。

进一步，当要定义由众多的人员所组成的大公司的组织道德时，问题就显得更为复杂。毕竟，公司只是个体的集合——或者，更为精确地说，是通过各种契约连接的、利益不同并且经常存在冲突的个人所组成的组织（见第 10 章）。从这个意义上讲，组织本身并不存在符合道德的行为或者不符合道德的行为——只有个人的行为才可以这样考查。如果管理者和员工不追求他们的个人利益，那么他们为谁的利益工作呢？他们的老板？股东？董事会？如果这些群体存在重要的利益冲突，他们又为谁工作呢？

价值最大化

经济达尔文主义

公司价值最大化，这是绝大多数经济学家认为管理者应该具有的使命。通过将饼做到最大，与公司有关的合同各方可以分到的利益就更多——包括股东、债券持有人、管理者、员工、客户、供应商、慈善团体，以及当地文化机构。如果公司既面临投入要素方面的竞争，也面临产品销售的竞争，公司支付的投入要素价格和从产品销售所得到的收入都将趋向于完全竞争的水平（见第 6 章），那么公司就不能获得任何超额利润。

我们在第 1 章中就讨论了经济达尔文主义和适者生存。要想在竞争性的环境中长期生存，公司必须设法以最低的成本生产一定质量的产品。在不存在进入壁垒的情况下，能够长期生存

公司进行慈善捐助如同玩火

Pioneer Hi-Bred 国际公司是世界上最大的种子公司，为大爱荷华州的计划生育组织提供资金支持。但是，当生活权利团体在公司业务所在的农业领域发起强烈的抗议并组织抵制活动时，公司就不得不撤销其赞助。正如《华尔街日报》所报道的：

> "我们被恐吓了"，Pioneer Hi-Bred 国际公司的主席托马斯·厄本坦言，"但是"，他又说，"……你无法将公司的核心业务置于风险之下。"尽管该公司做出让步，撤消了赞助，并通过安抚使尽可能多的农场主回心转意，但抵制活动并没有结束。

资料来源：R. Gibson (1992)，"Boycott Drive against Pioneer Hi-Bred Shows Perils of Corporate Philanthropy," *The Wall Street Journal* (June 10)，B1.

的公司是那些以最低的成本生产消费者所需产品的公司。这意味着管理者必须采用实现公司价值最大化的政策，也就是说，可以分配给公司投资者的未来现金流量的净现值最大。如果管理者采用的政策使成本上升，就会有价值最大化的竞争者进入，并以更低的成本生产和销售产品。最终，那些偏离公司价值最大化的公司将关门大吉，退出市场。

政府监管的作用

有两个重要事实可以证明，价值最大化有可能不利于资源的最优配置。第一，如果公司具有垄断控制力，就将减少产量，并将价格确定在高于边际成本的水平上（见第 6 章）。第二，如果存在外部性——公司的行为会给不参与公司经营的第三方造成成本或收益——公司就会有动力生产过多或过少的产品（见第 3 章和第 21 章）。比如，由于不太可能迫使每个公司清洁空气，工厂就会造成过多的空气污染。在两种情况下，都需要一种限制因素，就是政府监管。因此，如果政府监管可以限制由垄断和外部性所造成的任何资源配置失误，公司就可以在政府监管允许的范围内，致力于价值最大化。[8]

差别补偿

要实现公司的价值最大化，就要求管理者能够精确地评价每种行动方案的所有成本和收益。假设乔治·威尔森是 DisposeCo 公司的管理者，他正在考虑进入有害废物处理行业。接触这种有害物质的工人应该要求差别补偿工资，以补偿工作所带来的高疾病风险（见第 14 章）。因此，当评估是否应该进入该行业时，乔治对于成本的估计必须包括这种差别补偿工资。

药品公司会面临尴尬的境地，其药剂师有可能拒绝开房事前后的避孕药物，因为这与他们自己的道德或宗教信仰相违背。如果拒绝配特定药品，药剂师在全国都会受到解雇或其他惩处。全国最大的药品公司 Walgreens 扣除了 4 名伊利诺斯州药剂师的工资，理由是他们违反了州法律对药剂师的要求，即应该销售美国食品和药品管理局所批准的药品。在有些药店，如果

可口可乐公司关于公司责任的观点

在可口可乐公司 1996 年的年度报告中，CEO 罗伯托·戈伊苏埃塔写道，“政府的建立是用于满足公民的需求；慈善事业的建立是为满足社会需求；而公司的建立是为满足经济要求。”在 1997 年，有 4 个位于亚特兰大的慈善机构为地方事业捐助了 2.2 亿美元。这四个基金持有可口可乐公司的股票价值为 76 亿美元。

资料来源：A. Ehrbar (1998) , *EVA The Real Key to Creating Wealth* (John Wiley & Sons, Inc.: New York) , 18–19.

有药剂师不愿开出特定的处方药，他们可以转给愿意配这类药品的药剂师开处方。[9] 但这样做会增加成本——除非两个药剂师同时有时间，否则，顾客将花费时间等待处方（或者只能换一家药店）。药店也许需要支付更高的工资，才能吸引到愿意开房事前后所用避孕药品处方的药剂师（当然，这种差别补偿工资会因为药剂师自愿选择和支持计划生育而减少）。在这种情况下，在那些认为相应的业务不符合道德的人看来，相应业务的决策成本就应该更高，原因在于更高的差别补偿、员工更换、违纪问题以及与相应决策相联系的对公共关系的不利影响。

公司的社会责任

公司使命之所以存在混乱，原因之一是“公司社会责任”的概念，这一概念经常与公司道德交替使用。在 1969 年，拉尔夫·纳德和其他几个律师，发起了关于公司责任的项目，其声明如下：[10]

> 今天我们宣布，我们将围绕一种老式的私人控制组织（大公司）努力开发一种新的公民身份。这一努力源于在美国社会中许多公民关注公司的角色及其复杂的控制力。我们的努力将致力于为公司开发出一批新的支持者，使公司运用自己的控制力，更为完善地承担

电话公司受到违反电子业务“标注”的指控

一个公共利益群体联盟对 4 家领先的电话公司违反电子“标注”的行为提出指控，说他们在开始建高级通讯网络业务时，忽略了低收入居民和少数民族社区的需求。这一利益群体要求，联邦通讯委员会应该阐明其原则，发布政策声明——在建设通讯网络的时候，反对歧视行为。通过提起违反“条例”的指控，这一利益群体想迫使这些电话公司为低利润市场更早地提供补偿性服务。其中一家电话公司的发言人指出，要在不提高收费率的情况下，在 2000 年之前使加利福尼亚州一半的家庭入网，公司必须先在可以开发新的业务并获得收入的地区建立网络，并最终让本州的每一个人享用到他们的网络。

资料来源：M. Carnevale (1994) , “Coalition Charges Phone Firms with ‘Redlining’ in Adding Networks,” *The Wall Street Journal* (May 24) , B6.

起增加民主价值的任务。

正像纳德的表述所说明的那样，公司社会责任的支持者无非是改变了公司的目标。按照纳德的观点，公司将从实现投资者财富最大化的工具转变为运用个人财富修正社会问题的一个工具。公司的社会责任运动追求的是管理者负起增加民主价值的更为宽泛的责任。支持这种民主价值的公司可以采取各种形式的慈善活动，包括为特定的社区提供救济物品和服务，或者捐赠公司的资源用于公共项目，比如教育、环境改善以及预防犯罪等。如果市场上所有的公司都面临相同的社会要求，那么任何一家特定公司的生存也就不再是问题。然而，如果在修正社会问题时，某些公司可以免责，那么在同一竞争环境中，其他公司是否能够负起更多的社会责任就存在疑问。[11]

经济学家的社会责任观点

纳德与经济学家关于公司的观点的冲突，也许并不像表面上那样突出。那些旨在追求价值最大化的公司经常发现，将大量资源捐赠给非投资者的利益相关者，比如员工、客户、供应商

税收与公司的慈善行为

捐赠慈善事业可以为公司的所有者带来的一个潜在好处是，它可以减少支付给政府的税收。假设公司和个人所得税率都是50%；假设公司有税前利润5 000美元，税后利润将全部以股票红利的形式分配给股东。公司有四个股份相同的股东，他们愿意为某慈善活动捐赠1 000美元。如果公司做这笔捐赠，将相应地减少公司的税前利润。因此，公司的应税所得为4 000美元（$5 000–$1 000），其中，2 000美元将用于交纳所得税，另外2 000美元用于支付股东红利，而股东将按照他们所得的红利支付个人所得税。上交个人所得税之后，每位股东拥有250美元（$2 000÷4×50%）。

现在假设每个股东捐赠250美元给慈善机构，而公司不再捐赠。公司的税前利润为5 000美元，支付税收2 500美元（$5 000的50%），分配股东红利2500美元。每位股东获得税前收入625美元（$2 500÷4），每人捐赠250美元，应税所得为375美元（$625–$250）。每人支付税收187.5美元，税后所得187.5美元（$625–$250–$1 875）。由公司捐赠，每位股东多得62.5美元（$250–$187.5），显然，这比股东捐赠要多。在公司捐赠的情况下，捐赠直接减少了公司应税所得1 000美元。

当所有的股东对于捐赠的性质和数额达成一致意见时，由于公司的慈善行为减少税收的收益将是最有说服力的。如果有某些股东并不看重这种对慈善事业的赠与，就将减少这些股东的福利。遗憾地是，关于公司应该在哪些慈善机构捐赠及捐赠多少，在公司股东之间很难达成一致意见。客户、员工以及独立的经销商如果不同意公司的捐赠选择，也有可能中断与公司的业务关系。进一步，在选择捐赠哪些慈善项目时，公司的管理者没有明显的相对优势。对于管理者来说，整理所有的慈善申请并做出选择要花费很多时间，如果这些时间要花在其他的活动上，一定会增加公司的价值。因此，即使公司参加慈善活动会有税收方面的好处，对于股东来说，由公司直接捐赠并不见得总是比由股东各自分散捐资更好。

和地方社区，经常有利于自身的利益。例如，一家公司在市中心有一家大化工厂，它决定将公司的资源和人力用于改善当地学校的条件，让求职者接受更好的培训，从而拥有更高效的员工，最终将降低产品的成本。为当地大学提供捐款，也许会通过改进公司的研究和开发活动，招聘到高水平的毕业生或者为员工提供文化和教育机会，使公司受益。改善环境会降低公司的法律风险、减少客户索赔、改善环境质量，也会以更低的成本吸引和保留员工，从而可以降低工资费用。

实现公司价值最大化，就意味着将公司的资源分配给所有能够影响公司价值的利益团体——但有一个界限，其追加分配资源所带来的收益至少应该等于追加的成本。因此，价值最大化要求公司将资源花在公司的重要客户身上，以改进其与公司的合同条款，保持公司的声誉或减少政府监管的威胁。

许多管理者都愿意引用诺贝尔奖得主米尔顿·弗雷德曼的描述，即公司的社会使命是“为公司的所有者赚取尽可能多的金钱，只要公司的行为不违背社会的基本原则。”正如我们已经注意到的，有些公司发现，投资于各种各样的社会事业将有利于公司股东的利益，但是，如果公司的投资总是不能给私人投资者足够的长期回报，作为财富转移的载体，公司最终不仅会减少个人的财富，也会减少转移给社会的财富。

除了税收利益之外，通常公司专注于创造财富，并让股东、员工以及客户选择慈善捐助的受益人，这样公司的运转就更有效。通过使股东（或业主）的财富最大化，公司有效地增大个人（而不是公司）用于慈善事业的总资源。[12]

那些极力倡导公司应该对社会和慈善事业做出更多贡献（比如保留并不合适的员工，为改善环境而投资，并不考虑公司自身的长期盈利能力）的人，通常也会倡导对公司征收更高的税收。如果对所有的公司都这样征税，最终，税收不但要由股东承担（形式为更低的资本回报），而且也要由公司的员工（形式为更低的工资）以及消费者承担（形式为更高的价格）。因此，具有讽刺意义的是，这样一种增加公司社会责任的做法会带来各种后果，包括经济增长率更低、公司价值更低、失业率上升以及慈善捐赠数额下降（个人捐赠数额的下降很难被公司捐赠的增加所弥补）。

米尔顿·弗里德曼对于公司社会责任的观点

公司高管作为商人具有社会责任，这指的是什么？如果这种表述不是单纯的玩弄辞藻，它一定意味着，在一定程度上，公司高管所采取的行动并不符合公司所有者的利益。比如，为了改善环境的社会目标，花费在减少污染上的支出也许超过了一定数量，对公司并非最为有利，或者超过了法律要求的数量……

这个例子中的问题是，公司高管为社会公众的利益而花费了其他人的钱……当公司的股东、客户或者员工将自己的钱用于这些用途时（如果他们愿意），他们完全可以自己支出这些钱。

资料来源：M. Friedman (1970)，“The Social Responsibility of Business Is to Increase Its Profits,” *New York Times Magazine* (September 13).

公司赠与的支持与反对意见

据估计，2001年美国公司的慈善捐助数额达90亿美元，相当于税前利润总额的1.3%。公司治理研究小组的尼尔·米诺指出，“应该将公司慈善捐助看作公司市场营销策略的一部分。如果能够达到促销公司产品和提升品牌知名度的效果，这种捐助就是好的。如果相关捐助提供给了芭蕾舞团，使公司CEO的夫人可以免费欣赏芭蕾舞；或者捐助提供给当地的大学，而该大学的校长正好是公司薪酬委员会的主席，那么这种捐助就是不好的。”越来越多的公司慈善赠与处于公众的监督之下。也许最为特殊的案例涉及泰科国际公司及其前主席丹尼斯，他因涉嫌敲诈勒索、诈骗、逃税、贪污以及滥用公司资金而受到指责。泰科公司承认，有250万美元的资金提供给Middlebury学院，但它是以丹尼斯的名义捐赠的。但是，还有其他案例也吸引了人们的注意。作为福特汽车公司的CEO，雅克退休后薪酬包的一部分包括，福特公司承诺按照雅克的选择在一所教育机构捐助奖学金。

作为孟山都基金公司的总裁迪博拉提出建议，公司应该建立明确的参数来规范公司的捐助行为，包括赠与的类型以及赠与的重点，比如教育、环境、医疗研究等等。公司的CEO可以建议赠与物，但是，如果不符合预先设立的参数，那么赠与将被拒绝。而且，公司的CEO应该清楚地区分究竟是个人赠与还是公司赠与。例如，当迪克在Equitable保险公司担任CEO时，他坚持个人的赠与不要与公司的赠与相混淆。

资料来源：S. Strom(2002)，“In Charity, Where Does a C.E.O. End and a Company Start?” *New York Times* (September 22)，B1-B12.

公司政策的制定

公司一旦确定了自己的宗旨，就要求制定一系列经营策略实施这一宗旨。这里会再一次出现道德问题。指望有人能将令人头疼的公司政策制定成简单的、全体一致的决策是没有意义的。考虑如下问题：

- 我们应该采用动物实验来测试新产品吗？
- 我们可以在中非地区出售婴幼儿配方产品吗？
- 如果一家公司在亚洲的纺织厂雇用童工，我们能与这样的公司做生意吗？
- 对于公司在拉丁美洲的工厂，处理有害物质的程序是否应该与在美国的工厂不同？
- 为获得非洲市场的出口权，我们是否应该付“费”，以加速办妥手续？
- 我们是否应该把北海油田过时的钻井设备拖到深海处，让它沉入海底？

因为并没有广泛认同的道德行为，在确立合适的公司政策时，这些问题都需要仔细分析。特别是对于各种不同的方案，管理者应该慎重地收集数据，来估计全部的成本和收益，包括负面宣传、声誉受损以及丢失客户的成本。尽管我们不能彻底解决上述问题，但我们可以建议以合理的步骤和方法制定政策。

制药公司帮助别人，也帮助自己

开发新处方药是一个颇为昂贵的选择。在得到批准之前，要花费若干年开发和测试新药，要研制出得到联邦政府批准的药品需要检测一大堆化合物。有些针对疑难病症的药品市场容量有限，为收回投资，制药公司就要将价格定得很高。例如，在2003年，美国食品和药品管理局批准了一种治疗罕见遗传病的药品MPS-VI，病人一年要支付30万美元的药费。为解决处方药品成本太高的问题，病人必须支付更高的保险费和共同支付基金（作为处方药品成本的一个比例）。但是，有些病人负担不起保险费和共同支付基金（在某些情况下，每周可达数千美元）。制药公司通过向慈善机构捐助，而慈善机构会给病人钱，使他们可以支付保险费和共同支付基金，从而就为制药公司实现了这部分销售。制药公司捐助的钱使病人可以坚持支付保险费，从而也使保险公司可以持续支付高价药品。

“这是一种双赢的决策，”从制药公司吸收捐助的慈善团体——病人服务中心的总裁达娜说。“病人得到了帮助，公司也得到了帮助。他们为帮助病人做了少许的贡献，当保险公司支付药品费用时，却收回了更多的钱。”在2004年，病人服务中心筹集了2 200万美元，其中1 700万美元是由12家制药公司捐的，帮助了2万个病人。Genzyme制药公司生产Fabrazme，它向病人服务中心捐钱，为每个购买Fabrazme的病人支付5 400美元作为共同支付基金。这5 400美元的捐献使Genzyme制药公司每年从每个病人收回了1.85万美元。在2005年，病人服务中心筹集了3 000万美元。作为从制药公司吸收捐款来帮助病人的慈善机构，病人服务中心只是众多此类机构中的一个。

除了捐钱给慈善机构帮助病人支付保险费，制药公司还捐献高价药品给未上保险的病人。这些项目使制药公司可以花费巨资进行研究开发，以便补偿其巨大的成本开支，并为股东提供回报——帮助病人支付保险费并获得所需药品。事实上，通过这些捐赠项目，制药公司可以更为有效地实现差别定价（见第7章）。制药公司借此对不同的顾客收取不同的价格，当然这种做法必须基于他们的收入和支付意愿。

资料来源：G. Anand (2005)，“Drugmakers Help People—and Themselves,” *The Wall Street Journal* (December 1)，A1.

观点的多样性

要探讨存在争议的道德问题，非常重要的一点是要从公司内各部门的利益相关者那里获得相应的投入。这里，不同的观点有着特别重要的意义，从中可以识别哪些政策更为敏感，并可以在制定政策之前对此做出进一步的分析。管理团队的成员的不同背景有利于团队更好地评价各种政策的潜在成本。

法律标准

了解政策选择的潜在法律后果是非常重要的。第一，最为明显的问题是——这样的政策合法吗？当然，这方面的知识本身原不足以形成政策的基本框架。例如，在1986年，美国轰炸了利比亚之后，有些美国银行就面临如下困境：美国联邦储备银行及各州联邦储备银行要求，利比亚在美国银行的所有资金全部冻结。但是，希腊的中央银行同时宣布，按照希腊法律，任何

让动物更快乐有助于公司盈利

爱德蒙·帕亚是普渡大学研究动物行为和福利的教授。他让猪做一个选择。这些猪可以用自己的嗅觉来选择，要么进入一个大猪圈里，在这里它们可以进入其他猪的社交圈子；要么它们就留在自己的圈里，孤独地生活。

“我们想知道社交和空间是何等重要？它们喜欢什么和需要什么？”帕亚教授的研究以及其他相类似的研究得到了像麦当劳、汉堡王、肯德基以及 Wendy's 这样大型的食品公司的资助，因为研究可以帮助这些公司制定新的标准，希望与他们的顾客一道更人道地对待动物。托德·杜威克是美国银行证券部的食品分析师，他曾经说过：“在上个世纪的美国，人们一直在为减少食品的成本而摇旗呐喊。现在，人们更关注如何生产食品和如何对待动物。”

大型食品公司赞助某些研究，即如何以更人道的方式对待最终进入厨房的动物，他们这样做的目的是希望增加其产品需求。这是企业通过慈善事业提高其业务保障的例子。

资料来源：D. Barboza (2003)，“Animal Welfare´s Unexpected Allies,” *NewYork Times* (June 25)，A1.

利比亚人在希腊的存款都可以按需提取。如果利比亚人在雅典的花旗银行分支机构有存款并要提取存款，银行就必须做出选择——是违反美国法律还是违反希腊法律。或者，考虑在巴基斯坦的一家纺织工厂中雇用童工的可能后果，即使在该国这种做法是合法的。某些顾客也会反对，因为在美国和欧洲，这种做法是违法的。

再者，是否合法也许并不是决定性因素。例如，在联邦快递公司，如果因为一位司机违章停车的做法违反有关法规就解雇这位员工，这种政策就会引发质疑。因此，重要的是要理解，如果违反某种法律规定会受到什么样的惩罚。

最后，法律和法规并不会永远保持不变。比如，尽管 1995 年国会驳回了一些环境法规，但有些公司并不愿意充分利用政府允许的经营活动。他们担心，如果政策制定者的态度改变，他们也许会在未来面对某些责任。

经营规范

在企业界，即使没有法律的强制约束，人们也有对交易行为的正常期望。这种规范很少写成条文，而相应的知识基本都是通过经验积累。在进入一个新市场时，这种问题特别重要。例如，当林肯电气公司决定扩张进入日本时，它在产品销售方面遭遇了意想不到的困难。林肯公司的管理者没有很好地理解日本公司长期形成的对商业伙伴的偏好。

在某些特殊情况下，这种标准将会规范化。采用外部团体制定的标准程序来处理各种敏感问题可能会非常有效。比如，美国农业部、国家医疗学会、公共卫生部就制定了通过动物实验检验产品的标准步骤。通过动物进行实验研究的绝大多数组织都遵守这些标准规定。非政府机构也参与这一过程。例如，动画制作公司经常自愿采用由美国禁止虐待动物行为协会（ASPCA）制定的标准。电影公司仅仅说明本公司完全遵守 ASPCA 的规范，就可以免受许多批评和指责。

媒体标准

管理者在制定公司政策时决定道德问题的另一个有用工具是判断公众的可能反应。前面提到 Pioneer Hi-Bred 国际公司撤销了对计划生育组织的支持，这个例子表明，道德、公共关系以及媒体之间经常有重要的相互作用。道德咨询顾问经常建议公司管理者运用媒体标准确定哪一种行为是符合道德规范的。按照这一标准，要判断一种行为是否符合道德规范，可以自问，当你在报纸的头版读到，或者在电视上看到你的决策时，你是否会感到舒服。[13] 有建议说，如果能使人保持自信，相应的决策就算是好决策。这种建议可能也是一个误解。请记住，商业媒体是复杂的。指望那些被忽略的、令人置疑的决策，其特征可能更多地是出于自愿考虑，而不是出于理性分析。因此，当面对道德问题而难以决策时，可以尝试编写一篇新闻报道。如果你自己不情愿发表这篇报道，那么这个决策就不可能是正确的。

运用媒体标准作为道德标杆判断一项决策，突出了道德行为与声誉之间的联系。下面，我们讨论市场的力量会产生有效的激励，使人和公司做出符合道德的行为。我们的观点是，非道德行为对于声誉有不利影响，而评价一项决策产生怎样的声誉，可以使用的一种方法就是自问，如果在《华尔街日报》或《金融时报》上读到相应的报道，你觉得怎样？

鼓励道德行为的机制

道德堕落正是现实中存在利益—激励问题的证明。就像前面所说的，在绝大多数市场交易中，参与合同的各方都有动力来设计机制减少契约成本，从而可以提高他们收取的产品和服务价格。比如，当公司第一次上市时，公司的创立者经常会保留大量的股票，并自愿限制自己的股票在未来出售，以保证他们的利益与新投资者的利益相一致。这种安排有效地提高了投资者

亚当·斯密关于商人声誉的论述

在欧洲的所有国家中，荷兰人是最具商业特质的，也最讲信用。在这方面，英格兰人比苏格兰人好一些，但比荷兰人要差得远。而在荷兰，偏远地区的人的信用就比商业发达地区的人要差。这一点并不完全说明国家的特征，因为有些人是伪装的。没有什么天然的原因决定英格兰人或苏格兰人在执行协议时一定比荷兰人差。一般的行为原则会规范每一个人的行为，也可以减少自利行为，这导致人们会以一定的行为方式做事，因此，英格兰人和荷兰人思想深处的东西是一样的。商人担心失去自己的优良品格，所以小心翼翼地遵守每一项协议。一个人也许一天会签 20 份合同，但是，如果是通过强加于他的贸易伙伴，就不能得到这么多，因为他的欺骗行为将使他遭受损失。我们发现，当人们之间很少相互交易时，在某种程度上，更容易引起欺骗行为。因为通过高明的欺骗行为，他们可以从交易中获得更多的收益，完全可以补偿此行为对自己的品格所造成的损害。

资料来源：A. Smith (1964)，*Lectures on Justice, Police, Revenue, and Arms*, E. Cannan (Ed.) (Augustus M. Kelley: New York).

通过外部监督来显示质量：Rice 飞机制造公司

在 1991 年，Rice 飞机制造公司成为行业中获得 ISO 9002 认证的第一家公司，这是一种质量管理的国际标准。它代表了公司内部一个重要的、有目共睹的变化。因为在 1989 年 8 月，Rice 飞机制造公司的总裁布鲁斯·赖思被告犯有欺诈罪，并判入狱 4 年。国防部禁止其签约公司在 5 年内与该公司有业务往来，公司的年销售额从 1 500 万美元下降到 500 万美元。在这个紧要关头，赖思的妻子葆拉·德朗·赖思走马上任，并通过明显、激进的变革来拯救公司。她实施了全面质量激励制度，并向公司全体员工引进了统计过程控制、时间管理和沟通方面的课程。

葆拉·德朗·赖思的战略看起来非常有效。在没有提高价格的情况下，销售利润率从 1992 年的 12% 上升到 1993 年的 27%，订单处理周期缩短了 50%，及时供货率增加了 98%。不仅如此，葆拉·德朗·赖思还作为质量管理的演讲者而受到广泛欢迎。

资料来源：T. Pare (1994)，"Rebuilding a Lost Reputation," *Fortune* (May 20)，176.

愿意为公司股票支付的价格。

类似的，外部的公共审计人员会自愿限制自己拥有被审计公司的股票。通过不拥有任何股票，审计人员就不会通过隐瞒不利的财务信息来获取任何收益。这增加了他们的独立性，提高了审计价值，从而也使客户公司更愿意支付相应审计服务的价格。

正如我们在前面曾经指出的，由于声誉资本对于未来收益有决定性影响，所以市场的力量会激励公司和个人做出符合道德的行为。但是，在减少利益冲突和保证合同实施的过程中，市场力量的有效性在各种交易中是大不相同的。这里，这类交易的最重要特征是购买之前很难确定产品质量以及重复交易的可能性。

考虑一位顾客购买一种产品的情况。对于那种在购买之前就可以以很小的成本确定质量的产品，市场已经解决了这个问题。如果购买者可以不花成本就能监测质量，那么他们就会这么做。例如，一位客户为柯达公司购买银粉，就可以通过化验来有效地确定银粉的质量。

对有些产品来讲，在购买之前很难确定产品的质量。例如，机票的质量只有在飞机着陆，

惩罚欺诈行为的证据

研究人员研究了股票市场对于公布某些企业因欺诈遭受罚款的消息的反应。他们特别注重那些受损各方与被指控公司有业务往来的情况，也就是说，他们关注那些针对客户、供应商、员工和投资者的欺诈行为（但并不构成对第三方的伤害，比如污染物的排放）。事实表明，在《华尔街日报》第一次公布相关消息的几天里，相应公司的股票价格平均下降 1.58%。因此，媒体公布因欺诈遭受指控的消息必然会引起公司价值的实际下降，并带来重大损失。而且，这些损失远远超过相应的法律成本和罚款数额。

资料来源：J. Karpoff and J. Lott (1993)，"The Reputational Penalty Firms Bear from Committing Criminal Fraud," *Journal of Law & Economics* XXXVI, 757–802.

下了飞机，乘客取出他们的行李之后才能知道。当质量很难测量时，尽管卖者有动力进行质量欺诈，但对于理性的卖者来说，只有当这种行为所带来的收益超过期望的成本时，卖者才会提供质量更低的产品。

重复销售

对于这种欺骗行为的一个重要约束是未来的潜在销售。[14] 而且，那些已经建立市场地位、并具有品牌价值的公司面临着更高的欺骗成本，因此，与新建的公司相比，他们更不可能实施欺骗行为。如果有关欺骗行为的信息更快、更广地在未来的潜在客户之间传播，质量欺骗行为的成本也会更高。比如，在纽约的钻石交易市场上，由于交易者之间联系紧密，质量欺骗极为少见。[15]

保　修

买方提供产品保修是另一种减少欺骗的机制。如果卖方有质量欺骗行为，他们会承担更高的保修成本，所以他们没有动力去欺骗购买者。如果产品故障是因公司能够控制的因素（比如加工精度等）所造成的，卖方更有可能提供保修。在这种情况下，保修直接给对产品质量有控制力的一方造成成本。然而，如果故障主要是由顾客所能控制的因素造成的，道德风险问题相对将会很大，而保修就不能成为一种有效确保质量的机制。

第三方监督

在有些市场上，专业化的信息服务会监督市场，确保质量，并有助于保障合同的执行。比如，《消费者报告》评估了从烤面包机到汽车等各种产品的质量；《投资经纪人文摘》随时报告各个投资银行的活动；《A.M.最佳公司》根据财务状况把保险公司分级。这些第三方信息来源降低了潜在顾客确定质量的成本，从而增加了欺骗的预期成本。

在信贷市场上，专业化的信用信息服务机构，比如穆迪和邓百氏（Dun & Bradstreet）同时执行监督和信息发布的职能。这种中间机构的存在为公司保证质量提供了机会。正是由于这个原因，公司发行方愿意给穆迪支付评估费用，让穆迪为他们发行的债券评级。通过发行那些经过评级的债券，公司就可以降低债券持有者在确定公司财务状况时所需付出的成本。[16]

信息披露

在决定质量方面，市场要求的披露水平也有重要作用。比如，有两个二手车批发市场要求的披露水平不同。研究发现，在披露要求更高的市场上，价格相对较高。[17] 对于披露信息的“预先承诺”能力减少了买方和卖方的信息不对称，从而也降低了买方要求的价格折扣。同样，在线拍卖的易趣公司鼓励参与者将他们与交易方的交易经历写出来。这给未来的参与者提供了更多关于潜在交易者的信息，使他们在交易中有更多的信心。通过建立这样一种反馈机制，易趣公司给卖方进一步提供了一种提高声誉的方法。同时这又改善了拍卖参与者的表现。

所有权结构

随着所有权结构的不同，提供高质量产品的激励也不同。考虑一下特许经营公司的情况，比如快餐业和草坪维护公司。这些公司通常都出售一些门市的特许经营权，而不是出售拥有的所有门市，这样可充分利用分散所有权带来的收益，而同时又保持了广告和培育品牌声誉方面的规模经济。

那些很少有重复购买的专营店会产生一个特殊问题。这些店的特许经营所有者有动力进行质量欺骗，因为尽管某些做法有损于整个组织的声誉，但他们可以从这种一次性销售中获得稳定的收入。这是标准的搭便车问题的又一个例子。在这些地方，总公司更可能拥有相应的门市，而不是出售特许经营权，部分原因是拿固定薪水的经理进行质量欺骗的动力较小。[18]

在资本结构中，债务比重较高的公司更可能面临严重的财务困境。与财务状况良好的公司相比，这类公司更可能进行质量欺骗，因为重复购买的可能性更小。因此，有些公司可以将产品质量政策和保守的财务政策“结合”运用。对于营销质量很难确定的产品的公司，财务困境会给公司造成更高的成本，因此，这类公司就会有动力采用相应的融资政策——包括较低的杠杆比率、更少的租赁以及更多的风险对冲，以减少财务困境出现的可能性。

契约成本：道德与政策执行

我们讲过安然公司（第 1 章）、美林证券（第 2 章）和所罗门兄弟公司（第 22 章）的例子，这些公司都没有正式的涉及非道德行为的公司战略。相反，这些公司中的道德问题来自于对个人行为的控制，而这些个人在公司中被赋予特定的决策权。这些都是典型的公司内的激励问题。第 10 章描述了一般的激励问题，我们知道，这些问题不利于公司管理以及员工按照与公司所有者的目标行事。在说明这些内部道德问题时，我们得出两个要点：第一，员工的偷懒和机会主义行为的激励问题经常被冠以道德堕落的名称；第二，如果所有员工减少机会主义行为(行为更符合道德规范)，那么契约成本就会降低。

要回顾在绩效评估和监督中所遇到的激励问题，不妨考虑艾丽斯·布朗聘用奥拉夫给她粉刷房子的情况。特别是在执行某些在工作完成后不易监督的任务时，比如清理表面（磨光、擦干净、上头遍油漆），奥拉夫有可能会偷懒——或者至少，工作做得没有艾丽斯想像得那么好。当然，出于其他方面的考虑，奥拉夫也会努力做好工作，也许会有个人良知的考虑。也就是说，奥拉夫也许会将工作的质量与个人价值实现相联系，而破坏这种自我设定的标准就有损个人形象，发生相应的成本。或者，奥拉夫也许想要维持商业信誉（尽管表面清理工作做得不好，其对质量影响需要较长时间才能表现出来，但最终的质量总会说明问题）。就像我们在本章开头和第 10 章所指出的，声誉对于一个人预期的未来收益（资本化的价值）是一个重要的因素。

但是，因为良知的驱使和维护声誉的需求既不是普遍的，也不是长久的，所以艾丽斯不可能知道奥拉夫在多大程度上出于这方面的考虑。艾丽斯面临着一个信息问题：当聘用奥拉夫时，她并不知道也不能断言奥拉夫的工作质量如何，直到所有的工作都做完，奥拉夫的劳务费也支付完之后，艾丽斯才会确切知道有关信息。

为改变在这种信息不对称情况下所处的不利地位，艾丽斯可以要求奥拉夫提供一系列质量指标（如果奥拉夫还没有提供这样的指标）。这些指标将有利于艾丽斯更好地评价奥拉夫的工作质量和奥拉夫对于个人声誉的态度。奥拉夫会提供或者艾丽斯也可以要求为期 1 年或更长时间的质量保修。（正像本章前面所讨论的，在实际经营中，如保修、第三方标准以及信用审核等在减少契约成本方面有着重要作用。）

尽管有这些保证，奥拉夫工作的质量水平仍然存在不确定性。例如，如果在一年中油漆出现剥落，他会来修复吗？也许奥拉夫负债累累，就要宣布破产。也许粉刷艾丽斯的房子是奥拉夫从事这一工作的最后一次，然后，他将从事别的职业——画静物画或者画人物肖像。

由于可能存在的偷懒和其他不确定性的后果，所以艾丽斯（作为雇主）会压低要支付的劳务费。或者，从另一个角度讲，如果奥拉夫有什么手段可以给艾丽斯承诺，那么艾丽斯才愿意给奥拉夫支付更高的价格。

从这个简单的例子中，可以得出三点结论。第一，假如艾丽斯可以设计一个完备的合同。为避免争论，不妨假设艾丽斯安装摄像机，可以随时监控奥拉夫的工作（奥拉夫也知道艾丽斯安装了摄像机），艾丽斯可以按照观察到的奥拉夫的努力情况支付劳务费。即使艾丽斯能够设计这样一种监督和奖励方法，但是显然，艾丽斯不值得这样去做。起草这样的合同、对工作进行有效的监督，以及最为重要的监督这种合同的执行，这些活动的成本将是非常昂贵的——也许比粉刷房屋工作的劳务费更贵。因此，正像这一简单的例证所表明的，在绝大多数情况下，要想消除所有可能的偷懒行为是不值得的。由于存在起草、签署合同以及监督合同执行的成本，所以在系统中留一些空间将是有效率的。正像在第 10 章中所指出的，代理者的偷懒和机会主义行为的最优数量并不等于 0。

第二，机会主义行为和偷懒行为的期望水平——再次说明，应该大于 0，可以在合同中标明价格。因此，委托方不应该负担代理人的机会主义行为的所有成本。通常，至少这些成本的一部分要返回给代理者，形式通常是更低的产品和服务价格。

第三，随着时间的推移，代理人（无论是公司员工还是市场交易中的参与方）之间更高的

一位总裁对于口头合同的看法

我们绝大多数的产品都是客户驱动的。客户通过电话下订单。订单价值从几百美元到几万美元不等，通常要求在 1~2 天之内交货。这意味着我们必须在收到确认的采购订单之前开始生产。客户的口头电话就是我们的生产命令。在我的 20 年总裁生涯中，从来没有一次客户退货。非同寻常吗？一点也不。没有这样的信任，就无法做生意。类似的交易每天都会发生……我们得出了两条规则：知恩图报；己所不欲勿施于人。在市场上，后一种哲学极为普遍，原因很简单，奉行这一规则你的情况就会变得更好。

资料来源：H. Aaron (1994)，"The Myth of the Heartless Businessman," *The Wall Street Journal* (February 7)，A14.

道德标准都将导致预期的机会主义行为减少，因此会降低契约成本。而最终，就会有更多的交易（包括创造出的更多的工作职位），而且委托方付给代理人的价格（包括更高的工资）更高。之所以会这样，不仅仅因为偷懒行为会减少，也因为起草合同和监督合同执行的成本会下降。委托人和代理人的状况都会得到改善。经济学家杰克·赫舒拉发对此做了总结：“利他主义节约了政策以及合同强制执行的成本。”[19]在讨论经济发展问题时，一位学者列举了妨碍经济增长的一些重要商业道德水平因素。在19世纪晚期，有些做法，比如股票销售中的泄密行为、宣布破产时藏匿资产、任意挥霍筹集来的资本等等，增加了为支持新的风险项目(比如铁路建设等）筹集资金的困难。[20]

专栏中退休总裁的故事说明了道德的重要经济后果：组织内或经济中的道德标准会影响用于确保合同执行的资源，从而也会影响整体的生产率。如果每个人能够积极主动地减少机会主义行为（比如隐瞒重要的产品质量信息），那么，那些用于监督和强制合同执行的资源就可以节省下来，用于生产更多更好的产品。[21]

道德规范

我们将公司道德问题的重要方面看作控制激励问题。将上面的讨论推而广之，有几种潜在的控制激励的方法。一种控制激励的方法是，使公司管理者和员工自愿采用更高和更严格的道德标准。第二种方法是采用合同约束，使公司管理者和员工的利益与持股人的利益更为一致。在公司中，这种合同的例子包括高管和员工的股票期权、奖金计划以及利润分享安排（见第15章)。这类合同同样会增强遵守道德规范的自觉性。成本—效率更高的激励合同和更高的道德标准预期都可以降低契约成本、提高工作效率、增加公司价值，从而增大社会福利。

就像以前所提到的，许多公司和大多数职业都有书面的行为规范，有些公司也为员工提供针对道德的培训项目。绝大多数的规范和项目都强调下面几点：[22]

- 员工必须遵守法律和有关规定。
- 由于公司的声誉和诚实度而影响客户关系是极为重要的。
- 员工必须支持公司对待客户的政策。
- 必须避免公司与员工之间的利益冲突。
- 不应该滥用在业务中获得的相关商业信息。
- 隐藏不诚实行为和保护他人的不诚实行为都是不正确的。
- 员工只有在有充分自信的情况下，才为客户提供建议。

为什么公司要采用这些道德规范？最为偏激的观点是，公司的道德规范除了可以作为一种文件保护公司免受违法行为的指控外，一无是处。美国判决委员会在1991年11月颁发的新刑法条例中，大力鼓励公司要通过培训项目和印发宣传材料，为员工和其他代理人建立可以沟通的服从标准和程序。比如，当一个人被发现犯有某种过失时，相应的组织也要遭受联邦制裁，如罚款。而如果可以说明，该组织已经实行了符合判决委员会标准的程序，这种罚金就可以减少50%以上。[23]执行程序至少包括道德规范和培训计划。因此，这些联邦判决条例已经将法律问题和道德问题结合在一起了。

但是，就像我们刚才讨论的，公司道德规范还有减少监督成本、确保合同实施的潜在的经济价值。从减少管理者和员工的机会主义行为角度看，更好的道德标准可以提高组织的声誉，因此会增加股东的财富。

然而，关键问题是：道德规范在阻止非道德行为时是有效的吗？如果是，它是如何有效的以及为什么有效？

改变偏好

公司的行为规范有减少机会主义行为的作用，可以从两个角度来看待这个问题。一种方法是直接借助于员工的良知，试图在员工的良知中灌注组织的目标以及对组织的忠诚。经济学家将这种做法称为改变人们的“偏好”。

现在，这种方法无疑是有价值的。就像我们前面所指出的，不可否认，个人的行为规范以及因违反这些规范遭受的种种惩罚会限制许多人的行为。就像在第 2 章所描述的，个人的效用函数中包含许多非货币因素，包括良知和罪恶感。正像诺贝尔奖得主肯尼斯·阿罗下面的表述所表明的那样，即使像伦理和道德这种主观概念也与经济学家理性的自利观点也是一致的：

> 无疑，看待伦理和道德的一种方法……是，这些原则就是协议，有意识或在许多情况下是无意识地会有利于双方的利益……社会在其演化的过程中，形成了许多隐性的、特定种类的尊重他人的协议，这些协议对于在社会中生存很重要，或者至少是有利于促进社会的工作效率……事实上，我们并不能将所有对于他人应负的责任都通过价格体现出来……这使社会的运转需要一种被称为“良心”的东西，即考虑到自己的行为对他人的影响的一种责任感。[24]

然而，把这种逻辑应用到公司管理中存在的问题是，在有分散股权的大上市公司中，作为个人行为的实际指导，这种有利于双方利益的协议可能太模糊。如果员工们坚定不移地要服务于由“富有的”股东组成的匿名组织，那么上述道德究竟是要为谁的利益服务？员工在上述情况下该怎么办，比如，前面提到的，当公司的利益与组成公司的非投资人的利益（至少在短期中）相冲突时，该怎么办？毕竟，就像我们前面所指出的，稀缺资源的有效管理经常意味着对某些员工、客户和当地社区的要求说不。不仅如此，许多公司道德的倡导者还认为，公司追求的基本目标（为所有者赚钱）本身就是不道德的，使这个问题变得更为复杂。

鉴于这种学术上的道德目标和公司目标之间的混乱甚至冲突，我们不得不怀疑将良心和罪恶感灌输给内部员工的企业，也就是要改变员工偏好的企业，是否能够达到目的。某种程度上，这些公司道德计划的目标是试图引起员工偏好的巨大改变，因此我们怀疑他们是否会成功。

在大的公司中，各分公司之间会有产品的销售和采购行为，我们来考虑这其中的转移定价问题。第 17 章的讨论说明，按照卖方最后追加生产一单位的机会成本水平确定这种转移价格，即可得出公司价值最大化的解决方案。但是，我们现在假定，就像案例中描述的一样，与采购部门相比，生产和销售部门对于相应产品的成本有更充分的信息。

在这种情况下，只要部门管理者的报酬某种程度上是依据他所领导的部门利润，销售部门的管理者就有动力将转移价格确定在高于机会成本的水平上。在这种情况下，部门为追求本部门利润，将会以牺牲全公司的利润为代价（因为采购部门管理者采购的数量将少于最优的数量）。

现在，如果采用相应的道德规范，部门管理者就会或多或少在此驱动下披露他们的成本信息，相应的产品在公司内将按照机会成本转移，公司的利润会得到增加。但是，只要部门管理者是按照他所在部门的利润来支付报酬的，他们就不可能完全真正公开他们的实际成本。

绝大多数经济学家普遍假定，个人的偏好是一定的，而且在很大程度上是难以改变的。因此，我们建议，作为公司的管理人员，不是要努力去改变员工的偏好，而是应该重新设计公司的组织架构来改变员工所面临的激励，从而改变特定的行为。比如，在上述例子中，高管应该努力寻找一种方法，使销售部门管理者的个人收入能够在某种程度上与购买其产品的部门利益挂钩。一种常用的解决方案（虽然不能解决全部问题）是，除按照部门业绩发放奖金外，给于部门管理者股票期权，通过股票期权，将部门管理者的个人收入与整个公司的价值挂钩。

教　育

即使公司的道德规范不可能改变员工的偏好或者完全消除自利行为，这种规范在调整个人行为时也会起到重要作用。至今为止，我们假定公司的管理者和员工都清楚如何做才能增加组织利益。但是，这种假设并不总是成立的。在许多情况下，管理者和员工并不清楚道德的标准是什么，或者在实践中如何应用这种标准。在实践中努力遵守这些（已建立的定义清晰的）标准也许是公司面临的一个更大问题。

我们前面已经说明，从公司目标得出的公司使命与按照公司的社会责任所采取的行动之间存在某种混淆。造成这种混淆的另一个可能原因是，道德标准也是不断变化的。10 年或 20 年之前可以接受的行为，拿到今天就未必可以接受。一方面公民权利运动和妇女权利运动等带来社会变化，另一方面是公司重组，这显然都会改变社会普遍接受的行为概念。而且，产品市场的全球化进程不断地迫使公司的员工认识到各个国家和地区文化的差异，并适应这种差异。

花旗银行阿根廷分行不得体的形象

报纸上的一篇报道说，花旗银行阿根廷分行的总裁理查德·汉德利将花旗银行阿根廷分行的资产卖给了他的朋友，其价格现在看起来似乎过于便宜。花旗公司总部的发言人说这是无稽之谈，并指出，在出售资产时，阿根廷分行的价值出现升或降的可能性相同。

这一具体交易是否合适并不重要，重要的是这一交易对花旗银行在阿根廷的商业利益有重要影响。然而，这一案例突出表明，公司管理者假公济私的潜在成本，以及商业交易价格在低于正常水平的情况下应给出合理解释并执行相关政策的重要性。这一交易结构迫使花旗银行不得不采取行动，对其员工、投资人和政府监管者做出解释。

资料来源：*Miami Herald* (April 24, 1994) .

由于在大公司中，道德行为的组成在某些方面存在很大的而且是日益增长的不确定性，所以公司的道德规范和培训项目就可以起到重要的教育作用，可以有效地传达公司对于员工行为的期望，并向他们说明什么样的行为会减少公司价值。例如，不如实地向客户介绍产品和服务，虽然会赢得短期利益，但是会有损公司的声誉，因此降低了企业的价值，进而降低了公司的品牌资本。而且，在全球化进程中，要与全世界的客户打交道，公司必须要对不断增加的文化差异（在管理者和员式之间缺少共同期望）做出反应，增加对道德标准和期望的沟通。

公布一套清楚的规则不仅可以很好地规范员工与客户的关系，公司还可能从公司内的沟通准则（处理管理者与员工关系的准则）受益。例如，许多公司通过一系列的工作轮换培养公司高管。这种管理层的轮换破坏了管理者与员工之间的非正式协议。而公司范围内的直接沟通降低了执行非书面协议的不确定性，因此会增加内部效率。

可以说，所有的职业，比如医药、法律和会计，都有职业道德规范。未来的从业者必须通过入门考试，以检验他们对于这些规范的理解。绝大多数的职业规范都详细描述了有损专业服务价值的行为。例如，会计职业的道德规范就禁止职业会计师进入客户公司的董事会。这种成员资格会降低审计师在呈交客户财务报表的审计意见时的独立性。如果发现会计人员没有披露已知的财务欺诈，这就将减少其他会计人员审计意见的价值。因此，一个行业也像一个公司一样，存在一种激励，即要监督行业内的成员做出符合道德的行为。然而，会计行业的职业道德规范并没有阻止亚瑟·安德森因安然事件而走向失败。而且，安达信公司的倒闭和公众对整个会计行业的指责导致政府对会计行业的监管加强。

公司文化

更为一般地，道德方面的行为规范和培训计划有利于建立和维护以价值为基础的公司文化。与公司道德一样，公司文化也是一个难以定义的术语，但是正像在第 11 章中所讨论的，它一般包括公司内工作和权力的组织方式，以及组织特征，比如习惯、禁忌、公司口号、英雄模范以及社会礼仪。比如，联邦快递公司的口号——“隔天送达，绝无问题”，将公司期望员工严格遵守送达时间的信息传递给员工，同时，公司将根据员工这方面的成绩和表现给于认可和奖励。树立模范和英雄人物作为一项特殊奖励是传达公司价值观的另一种方式。类似的，社会地位，比如通过增加员工的相互接触，鼓励道德标准的讨论，培训计划和公司聚会也有助于相关信息的扩散。的确，在培育和保持所需要的公司文化方面，相关的过程，包括制定道德规范、通过培训传达相应的道德标准等，都比这种道德规范本身更为重要。

尽管如此，正如许多公司所追求的，要建立以价值为基础或者以消费者为中心的组织，这些公司文化无形的方面必须通过更为有形的行为来得到加强。也就是说，要通过更为正式的公司系统——分配决策权、绩效评估和奖励，以及对非道德行为进行惩罚，这些都必须相互协调一致，并设计相应的架构鼓励有利于公司价值增长的行为。

案例研究：泰诺悲剧和强生公司的信条

强生公司销售的产品范围很广，包括幼儿保育产品、急救产品、外科手术用品、处方药品以及工业产品。强生公司对分布在175个国家的190家公司采取分权式管理。每一个业务单元都有自己所强调的使命。某些业务单元雇用了数以千计的员工，而另外的业务单元只雇用6名员工。每一家业务单元都围绕特定的市场和特定的顾客群来组织。公司总裁罗伯特·伍德·约翰逊领导强生公司从一家家族企业成长为跨国企业。在1943年，罗伯特以强生公司信条的形式表达了公司的基本理念。其要点如下：

- 我们的首要责任是我们以合理价格给顾客（医生、护士、病人以及母亲）提供高质量的服务和产品。
- 我们对于员工负有责任，包括尊重他们、为他们提供安全的工作环境和工作保障。提供的报酬必须公平合理。
- 我们对于我们的社区负有责任，我们要支持社区的教育、提供良好的工作、提供慈善捐助，并承担纳税义务。
- 我们最终的责任是我们的股东。为提供充足利润，我们必须投资于研发、新产品以及基础设施。当我们遵守这些原则的时候，股东就应该实现较高的回报。

一位管理者描述了强生公司的信条是如何影响强生公司管理人员的：

> 我们所有的管理活动都围绕着按天计算的利润。这是我们工作的重要组成部分。但经常的情况是，在这种或那种业务中，人们愿意去思考，“我们最好这样做，因为如果我们不这样做，在短期中我们就会在利润数字上显露出来。”强生公司的信条允许他们说，“等一会儿，我不必这样做。管理层告诉我，他们对于长期效应感兴趣，他们希望我能够遵照这样的原则来经营。因此，我不想这么做。”

在1982年，强生公司开始做出调整。当时在芝加哥地区有7个人因为吃了含有氰化物的泰诺胶囊死去。泰诺（胶囊和药片）由McNeil产品部生产，这是强生公司盈利性最好的业务之一，销售收入占强生公司的8%。随后的调查确认，这起药品引起的事故是在强生公司的生产设施之外发生的。McNeil的运营经理马上采取行动，在美国本土中召回了所有的泰诺胶囊，并将他们换成了泰诺药片（泰诺药片在这次事件中没有卷入）。他们停止生产泰诺胶囊，并开始重新设计包装，改变了胶囊的外观。这一重新设计的过程花费了几个月的时间。强生公司的利润下降超过了1亿美元，而在第一例死亡病例公布的当天，强生公司的股票价格从46美元下降到39美元以下。

媒体大量报道了这场悲剧的发生和发展过程。在采访中，记者问McNeil的经理，在公司打算重新设计包装并改造相应的生产线的过程中，公司员工是否会获得某种补偿。这位经理并没有简单回答还没有做出这方面的决策，而是承诺，在这一期间不会解雇生产泰诺的员工。类似的，盘问包装设计成本的记者还问，泰诺的价格将提高多少。尽管这一问题还没有讨论，但他宣布，产品价格将不会增加。

讨论问题

1. 请解释强生公司的信条如何有助于指导McNeil经理的决策。
2. 绝大多数关于强生公司处理这个悲剧的讨论都是赞赏的，但公司股票的价格仍然下降超过7美元。这是否意味着股票市场认为强生公司的管理者反应不佳？
3. 分析公司不提高泰诺产品价格的决策。
4. 讨论将公司股东的利益列为强生公司第四个信条的优势和劣势，特别要联系泰诺产品的悲剧来说明。
5. 假设包装的重新设计和工艺的改造要求较长的时间及大量的成本，并可能影响到所有泰诺产品（并不仅仅是泰诺胶囊）。McNeil的经理是否会采取不同的行动，而强生公司的信条将如何指导这类决策？

推荐书目

T. Cochran (1964), *The Inner Revolution* (Harper & Row: New York).

T. Donaldson and P. Werhane (Eds.) (1999), *Ethical Issues in Business: A Philosophical Approach*, 6th edition (Prentice Hall: Englewood Cliffs, NJ).

M. Jensen and W. Meckling (1978), "Can the Corporation Survive?" *Financial Analysts Journal* 34, 31–37.

L. Nash (1991), "Ethics without the Sermon," *Harvard Business Review* (November - December).

L. Newton and M. Ford (1998), *Taking Sides: Clashing Views on Controversial Issues in Business Ethics*, 5th edition (Dushkin/McGraw–Hill: Guilford, CT).

E. Noreen (1988), "The Economics of Ethics: A New Perspective on Agency Theory," *Accounting, Organizations and Society* 13, 359–369.

W. Shaw (1999), *Business Ethics*, 3rd edition (Wadsworth Publishing: Belmont, CA).

W. Shaw and V. Barry (2000), *Moral Issues in Business*, 8th edition (Wadsworth Publishing: Belmont, CA).

C. Smith (1992), "Economics and Ethics: The Case of Salomon Brothers," *Journal of Applied Corporate Finance* 5:2, 23–28.

B. Toffler (1986), *Tough Choices: Managers Talk Ethics* (John Wiley & Sons: New York).

注　释

1. 在美国长期债券拍卖中，财政部首先将债券卖给最高报价的公司（按照他们的报价），然后，再卖给报价次高的公司。这一过程一直持续到将所有的长期债券发行完毕。如果财政部以一次发行完全部长期债券的价格接受多种报价，那么财政部将按照各种报价的规模比例配售债券。但是，按照政府债券拍卖规则，销售给单一公司的债券数额不得超过一次债券发行数额的 35%。
2. W. Shaw (1991), *Business Ethics* (Wadsworth Publishing: Belmont, CA), 12.
3. J. Haldane (1991), "Medieval and Renaissance Ethics," in P. Singer (Ed.), *A Companion to Ethics* (Basil Blackwell: Oxford), 135.
4. K. Bair (1991), "Egoism," in *A Companion to Ethics*, 197.
5. W. Shaw (1991), *Business Ethics*, 49.
6. Shaw (1991), 74.
7. R. Brandt (1970), "Ethical Relativism," in T. Donaldson and P. Werhane (Eds.), *Ethical Issues in Business: A Philosophical Approach* (Prentice Hall: Englewood Cliffs, NJ), 78.
8. 这部分简短的讨论中隐含着几个问题。一般来说，在政府内部，工作人员并不总是按照社会福利最大化来采取行动。因此，即使原则上合理的政府干预可以减少这些问题，但并没有保证所采用的干预本身是合理的。见 Chapter 21 and G. Stigler (1971), "The Theory of Economic Regulation," *Bell Journal of Economics* 2, 3–21。
9. R. Stein (2005), "Pharmacists' Rights at Front of New Debate," *Washington Post* (March 28), A1; and J. Suhr (2005), "Discipline of Pharmacists Spark Complaint," *The Associated Press* (December 8).

10. J. Collins (1979) , "Case Study—Campaign to Make General Motors Responsible," reprinted in *Ethical Issues in Business*, 90.
11. M. Jensen and W. Meckling (1978) , "Can the Corporation Survive?" *Financial Analysts Journal* 34, 31–37.
12. J. Brickley (1988) , "Managerial Goals and the Court System: Some Economic Insights," *Canada–United States Law Journal* 13, 79.
13. 汤姆斯·杰斐逊在一封给彼得·卡尔的信中提出了类似的建议："每当你要做一件事情的时候，尽管除了你自己，没有外人知道，你还是可以扪心自问，如果全世界都在看着你，你将怎么做，然后，按照自己的回答做。" T. Jefferson (1785) , in N. Beilson (Ed.) , *Thomas Jefferson: His Life and Words* (1986) (Peter Pauper Press: White Plains, NY) , 47.
14. L. Telser (1980) , "A Theory of Self–Enforcing Agreements," *Journal of Business* 53, 27–44.
15. 交易中存在种族社区的例子还有很多，像在新将坡的中国人。他们的经验表明，在本种族社区中选择交易伙伴会有利于节省契约成本。J. Landa (1981) , "A Theory of the Ethnically Homogeneous Middlemen Group: An Institutional Alternative to Contract Law," *Journal of Legal Studies* 10, 349–362.
16. L. Wakeman (1983) , "The Real Function of Bond Rating Agencies," *Chase Financial Quarterly* 1, 18–26.
17. H. Grieve (1984) , "Quality Certification in a 'Lemons' Market: An Empirical Test of Certification in Wholesale Used–Car Auctions," working paper, University of Rochester.
18. 一项研究发现，与那些有较少重复购买业务的特许经营公司相比（比如，汽车旅馆、汽车租赁机构以及餐馆），那些有较多重复销售业务的特许经营公司（比如，草坪维护公司、美容院等），其出售特许经营权的门市在门市总数中的比率会更高。J. Brickley and F. Dark (1987) , "The Choice of Organizational Form: The Case of Franchising," *Journal of Financial Economics* 18, 401–420.
19. J. Hirshleifer (1977) , "Economics from a Biological Viewpoint," *Journal of Law and Economics* 20, 28.
20. T. Cochran (1964) , *The Inner Revolution* (Harper & Row: New York) .
21. E. Noreen (1988) , "The Economics of Ethics: A New Perspective on Agency Theory," *Accounting, Organizations and Society* 13, 359–369.
22. 这些道德规范不仅仅美国有。例如，类似的道德规范在澳大利亚的公司中也可以见到。B. Kaye (1992) , "Codes of Ethics in Australian Business," *Journal of Business Ethics* 11, 857.
23. N. Gilbert (1994) , "1–800–ETHICS," *Financial World* (August 16) , 20–25.
24. K. Arrow (1974) , *Limits of Organization* (W.W. Norton: New York) , 26–27.

第 23 章

组织架构与管理创新过程

Humana 医院坐落于得克萨斯的达拉斯，有 555 张床位，最近从根本上重组了其为病人提供医疗服务的结构。从 1990 年开始，该医院实施了一种被称为“以病人为中心”的*业务流程再造*过程，目的在于提高医疗护理服务质量，并降低成本。[1]

在 20 世纪 80 年代和 90 年代早期，医院的成本增长超过通货膨胀，因此有可能导致医院的医疗危机。购买医疗服务的单位、个人、保险公司以及政府都将担负更高的费用。鉴于医疗成本的不断上升，政府不再按照发生的总成本给医院发放补贴，而是按照每个医疗程序的固定费用发放。而大的企事业单位则扬言，他们将通过保险公司，要求员工转向那些能更好地控制成本的医院和医生，以此威胁当地医院相并向其施加压力。因此，医院也开始实施各种成本控制项目，并开始与其他医院争抢病人。

在业务流程再造之前，Humana 医院采用了传统的医院架构，在这种模式下，给病人的医疗服务由按照职能组织的个人（医师、护士以及包括验血、X 光片和心电图等专科医生）来提供。绝大多数的大医院都是按照许多小的、以治疗为中心的护理单元组织的，各种专业人员集中统一调适并分配服务（理疗师、抽血人员、运送人员等等）。他们往往有 60~100 个部门领导，从医院的 CEO 到病房的护理人员中间可能有 7~9 个管理层级。在设计时，每个单元通常都要有剩余的处理能力，以保证应付最严重的病人以及最为复杂的情况。有 60%~80%的医疗处理都需要常规服务（X 光胸透、基础化验、心电图等）。因此，对于一个简单的医疗程序，主要的成本是基础设施成本和闲置成本，这部分占总成本的比重可达 75%。例如，在一般的有 650 张床的医院中，每 1 美元的医院收入中，只有 0.16 美元花在了对病人的直接医疗服务上。安排时间、整理资料以及闲置时间在每 1 美元中占到 0.63 美元。其余的 0.21 美元则用于床位占用、运送、管理和监督方面。

面对竞争加剧的压力，为了更好地控制成本和吸引病人，有些医院进行了业务流程再造，开展了以病人为中心的活动。护理的角色得到重新评价，任务也得到重新安排。在业务重组之后，对病人的护理是通过小组的形式提供的，在这种形式下，由护士和医生组成的两人护理小组负责一位病人的绝大多数治疗和护理过程。

以病人为中心进行护理的医院具有下面的特征：[2] 进入医院，每位病人都将分派到一个单元，并给以标准的治疗方案（有时称为*护理图*），详细说明所需要的标准化验，以及随后医护人员应该遵从的程序。这样，到相应的单元，有关职员无需再对治疗和有关化验做记录，只需要对超过标准治疗方案以外的处理进行记录。按照这种例外原则来记录减少了 50%的基础工作。

每一位临床护理人员都要会基本的临床处理服务、X 光透视、做心电图如此等等。日常的护理是由护士、医生、化验室技术人员、抽血人员以及其他分配给病人的两人小组人员提供。小组“拥有”病人：他们接收病人、记录有关的护理工作、提供饮食、换洗床单，甚至在病人离开医院后打扫病房。在原来的组织架构下，在医院待上三天，病人要接触 55 位医护人员，而在改组之后，病人只需接触 15 位。原来，为做一些常规化验，病人要跑遍整个医院，并要长时间等待化验结果，现在，这些大多数化验都在病房里完成。

绝大多数传统医院都根据病情的严重程度和宽泛的医疗类别安排组织架构。例如，心脏特护单元和整形特护单元是两个按照医疗类别区分的高级护理单元。以病人为中心的改组按照化验、治疗和所需医护资源的类型安置病人。无线电技术（寻呼机和移动电话）使病人的分类有更大的灵活性。从前，每个单元有 15~20 张病床，现在，每个治疗中心有 50~100 张病床，从而使服务更有效。

集中提供服务的大型官僚组织被拆除了，而代之以治疗中心来分配资源。每一个医疗中心都有外设化验室、放射科以及医药单位。临床护理人员接受多种培训，可以执行多种职能（从前是集中化的）。这些分散化的外设究竟在多大程度上是有效的，取决于设备成本。基本的 X 光设备是分散的，但是，CAT 扫描却不是，因为 X 光设备体积相对较小，价钱不贵，也易于操作，而 CAT 扫描设备却非常昂贵，操作也需要专业培训。

倡导以病人为中心进行护理，强调实现业务重组的收益，这需要一系列的组织变革。除非原有的专业部门层级解除，而代之以新的报告系统和激励机制，否则，以病人为中心的业务重组的大部分收益将无法得到实现。也就是说，所有的业务重组要素之间是互补的，而不是替代关系。

> 将重新设计的医疗方案与以病人为中心的护理原则相分离，将无法实现医疗系统的改进。我们需要更综合的努力，这就需要深入理解各种原则之间的复杂关系。[3]

这个以病人为中心进行治疗的例子说明，管理创新、流程再造如何应用于一家具体的医院。许多组织都成功地实施了流程再造项目，而也有一些组织的流程再造并不成功。除了流程再造，还有其他的管理创新也一度兴起。本章将探讨有关管理创新的一般问题——为什么有些管理创新受欢迎，为什么有些创新成功而有些却不成功，管理者将如何在他们的组织架构中实施变革。

管理创新

在任何一家书店，有关企业管理类的书籍都会有无穷无尽的关于这一题目的论述：全面质量管理、流程再造、标杆管理、基于活动的成本核算、适时生产、质量圈、外包、经济增加值、平衡计分卡、授权、自我导向团队、风险投资、激励性报酬、周期时间压缩、战略联盟、360 度绩效评估、矩阵式组织、规模小型化、学习型组织、以市场为基础的管理、核心竞争力、组件等等。由于有这么丰富的管理创新，所以人们也许认为，公司管理者尝试新方式的愿望肯定会得到满足。而根据咨询费、图书销售以及研讨会的增值情况判断，公司对于管理创新的渴求远没有得到满足。

就拿流程再造和全面质量管理来说，这是 20 世纪 90 年代两个最为流行的管理创新技术。一个有关 500 家美国大公司经理人的调查报告说，在被调查的公司中，有 76%至少尝试过全面质量管理，有 69%采用过某些形式的流程再造。[4] 这样高的采用率产生了大量的管理咨询顾问。许多管理咨询顾问声称，对于绝大多数公司的成功来说，全面质量管理或流程再造起着不可或缺的作用。甚至还设置了一个令人垂涎的高级国家奖项——Malcolm Baldrige 国家质量奖，这个奖项每年都奖励给运用全面质量管理原则最为成功的公司。

但是对于所有天花乱坠的广告宣传，大量的全面质量管理和流程再造项目遭遇了失败，难以达到人们的期望结果。新闻报道表达出，越来越多的人对于流程再造项目并不满意，以至于这一运动的创立者詹姆斯·钱普和迈克尔·哈默已经将他们咨询的重点从小型化方案的设计转向对增长机会的追求。对全面质量管理不满的有关报道最先出现于 20 世纪 90 年代早期。例如，盖洛普公司在 1990 年调查了 1 200 名公司职员，最终发现，虽然有超过一半的人认为质量应该得到优先考虑，但只有三分之一的人指出，他们公司所实施的质量管理项目是有效的。[5] 在 1991 年，《华尔街日报》对 300 家大公司的调查发现，公司管理者中只有 40%的人对于公司实施的全面质量管理感到满意。[6] 某些公司，比如像麦道飞机制造公司和佛罗里达电力和照明公司已经放弃了全面质量管理项目。在 1990 年获得 Malcolm Baldrige 国家质量奖之后，华莱士公司在 1992 年填报了破产申请。[7] 最终，在 1991 年，一项对美国、加拿大、德国和日本的 485 家公司的研究得出结论，“许多公司每年花费数百万美元实施质量改进战略，结果不但没有提高绩效，反而阻碍了绩效。”[8]

这种不同的观点并不限于全面质量管理和流程再造。图 23.1 中是最近根据大样本统计的各种管理创新技术应用情况的波动图，该图显示出在既定年份中发表的经营管理类文章中提到具体管理技术的百分比。比如，在图 23.1 中的第一个图所表示的，在 1993 年发表的所有经营管理类文章中，有大约 1.5%提到*全面质量管理*。该图还表明，在 1993 年达到高峰之后，全面质量管理的引用开始迅速下降。对于*流程再造*，也可以观测到类似的变化，该技术在 1995 年达到高峰。在 20 世纪 80 年代还有两个值得注意的管理技术，就是*适时生产*和*质量圈*，现在几乎在所有的出版物上都难以找到其踪迹了。最后的 4 个图——*标杆管理*、*基于活动的成本核算*、*外包*以及*经济增加值*，是最近仍然得到应用的管理创新技术。标杆管理和基于活动的成本核算的应用热潮已经开始消减；而经济增加值和外包的应用仍然在上升过程中。[9]

如果以史为鉴，可以相信，各种管理技术仍将继续兴衰更替。而新的创新技术（其中许多技术是从旧技术中产生的）无疑将不断出现。[10] 这些管理技术的兴衰更替提出了一系列重要的问题：

- 什么可以解释这些管理创新的流行与否？
- 为什么这些技术不能产生所标榜的收益？
- 在既定的公司环境下，管理者如何判断特定的技术是否合适？
- 经理人如何做才能增加成功采用某种管理技术的可能性？

我们将采用组织架构的分析框架来探讨这些问题。组织架构的理论有助于管理者评估在自

图 23.1 各年经营管理的文章中提到各种管理技术的百分比

在 1970 年到 1998 年之间在包含经营、管理、公司或者经理人的杂志文章中，提到选择管理技术的文章的百分比。

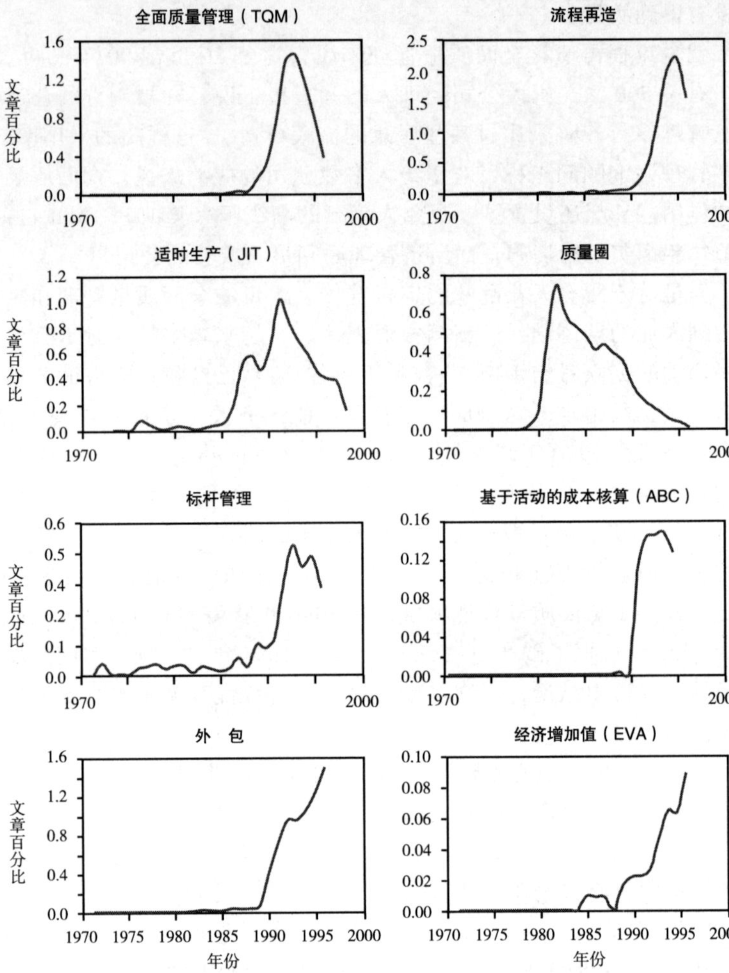

己的公司中应用相应管理创新技术的收益和成本。正如我们下面要指出的，基本上所有的管理技术都是针对相应组织所面临的特定问题的，但却忽略了这种技术的应用对于企业其他方面可能造成的影响。用我们的术语来说，这些管理创新的项目通常会影响组织架构凳子的一条腿或者两条腿，而企业在应用过程中通常没有考虑这些技术对于凳子的其他几条腿的影响。正如一个明显的例子所表明的，过于严格地执行适时生产原则会导致严重的客户服务问题。适时生产的采用者至少应该考虑增加客户服务部门的员工人数（也许还包括激励性的报酬），来适应由于实施适时生产技术所引起的变革。本书中我们开发的组织架构的分析框架有助于管理者考虑组织变革的潜在价值，以识别因此应该引起注意和进行补充调整的组织其他方面的问题。

对管理创新的需求

随着政府干预的不断减少，企业的经营环境发生了巨大变化——更加快速的技术变革以及更为激烈的全球性竞争，整个企业界都面临着新的挑战（请回忆图 11.1）。对于许多公司而言，曾经合适的组织架构已经开始表现出过时的迹象。曾一度非常成功的大公司在竞争中不断地丢失机会，输给小公司和更为灵活的竞争者（在有些情况下是海外竞争者），股东收益的下降反映了结构设计不佳的组织所付出的机会成本。这反过来又增加了对管理诊断和治疗的需求，由此使公司对于新的经营环境做出更为有效的反应。因此，我们相信，对于管理创新的需求（或者如有些人所愿意使用的词汇“*热衷*”），可以看作是管理者为防止组织架构过时而进行变革所做出的理性的、合理的反应。

全面质量管理的兴起[11]

不妨先考虑 20 世纪 90 年代全面质量管理原则广泛应用的情况。在全面质量管理出现之前，确保产品质量的标准方法是进行*内部检验*。工厂沿着生产线设置检验站和质量保证监督员，负责随时挑出残次产品。人们采用统计抽样的方法随机从每批产品中抽取样本，如果发现不合标准的产品的数量超过可接受的水平，整批产品就将遭到拒绝。[12] 不合格产品放在一边等待返工或者报废。在某些情况下，在一定时期内，如果市场需求超过了生产数量，那些问题轻微的产品也许会通过检验，而这些问题将留待组织的服务部门根据保修条款来修正。

20 世纪 80 年代中期，由于两个因素的共同作用，使许多行业在传统质量保证方法上发生了改变。第一个因素是技术变革：与通过人工检验和保修相比，用新的计算机控制工具发现问题和监督生产的成本大大降低了。由于劳动力成本的上升（包括福利的增加），与通过电子设备完成相应工作的成本相比，通过人工检测产品并提供保修服务要昂贵得多。与人工检测产品并在生产之后对于有缺陷的产品进行修补不同，改进后的自动化设备可以在生产过程中确认和纠正问题。

在全面质量管理兴起的过程中，第二个关键因素是全球化竞争的扩大。除了价格战之外，竞争的另一种形式是产品质量改进。消费者转向更为可靠的产品，而这些产品中许多是来自于海外厂家生产的。在这种以质量为驱动力的竞争中，也许最为戏剧化的案例是 20 世纪 80 年代早期的汽车行业。在与美国汽车制造商的竞争中，日本公司一旦获得了价格优势后，他们就将注意力转移到争取获得质量优势。

因此，全面质量管理运动是由产品检验成本的降低和全球竞争的增加两方面的因素共同引起的。为减少残次品，公司重新设计他们的产品，使整个产品需要更少的零部件，从而能够对供应商进行更为严格的质量控制。产品的设计者对于不合格的零部件进行重新设计。生产过程也从减少残次品的角度做了改进。工业机器人和生产设备的运用也确保了生产更加统一。[13]

其他管理创新

尽管许多全面质量管理项目是从产品的有形方面改进和改进外部顾客的服务质量角度发起的，但全面质量管理项目的实施最终扩展到全面改进内部和外部服务和过程的质量和效率。从这个意义上说，全面质量管理与其他流行的管理创新，比如流程再造之间的界限变得有些模糊。

流程再造

区分这两种运动的一种方式是将流程再造看作完成一套重大变革，[14]把全面质量管理看成一系列连续的改进。如全面质量管理一样，流程再造也源于20世纪80年代的技术变革和竞争的加剧。正如迈克尔·詹森所提出的，在过去的几十年中，我们正在经历“第三次工业革命”。[15]这次技术变革浪潮的一个主要副产品是产品过时得更快，以及最终全球某些行业的生产能力过剩。许多重大重组、整合以及与流程再造相关联的小型化改革都可以看作是针对过剩生产能力的有价值增值（如果不是完全自愿的）意义的管理反应。

适时生产

同样，对于适时生产的兴起，生产设备、计算机和通信技术的进步也是一个关键因素。这种技术进步使工厂可以重新设计流水线，达到适时生产的要求。供应商的计算机与客户的计算机连到一起，通过计算机处理订单已经是普遍采用的方式。但是，如果说适时生产是由于技术进步导致的，那么对它的需求同样反映了市场条件的重大变革。大的公司客户越来越多地要求

适时生产与国家安全

9·11恐怖袭击之后，美国海关和边防局对于通过卡车、铁路和轮船进入本国的国际货物运输制定了新的规则。这些新规定导致了进入美国的货物在检验过程中耽搁了更长时间。美国UPS公司的一位发言人警告说，新的检查要求将“从根本上禁止”国际包裹一天送达的服务。

由于许多工厂的装配线与货物的送达是同步的，所以延误时间对于这些公司的适时生产系统而言将是灾难性的打击。在新规则之前，通用汽车在加拿大安大略省温莎的一家供应商在15分钟内就可完成对通用汽车公司在底特律工厂的供货。但按照新的规则，同样的供货增加到4小时，从而迫使通用汽车的生产装配过程不得不为等待相应的部件而暂时关闭。

图11.1描述了经营环境的变化，例如实施新规定，将如何导致公司修改他们的战略，以及最终改变其组织架构。新的过境规定仅仅体现了这个反应链条的起始部分。国际货运的更长时间的延误，将引发某些公司重新评估并改变其生产战略——涉及国际外包和适时生产方式。

资料来源：R. Brooks (2003)，“Shippers Say New Border Rules Could Delay Just-in-Time Cargo,” *The Wall Street Journal* (August 29)，A1.

他们的供应商连续地提供产品，订单的规模越来越小——由此可以降低他们的存货，并改进效率。

外　包

为了减少过量资产和资本占用，以及增加经营效率和股东价值，许多美国公司在 20 世纪 80 年代和 90 年代都采用了重新聚焦战略。为使公司更为专注于核心业务，除了非关联业务的出售和剥离外，将公司内部的职能部门外包也是广泛采用的做法。正如第 19 章所指出的，外包将涉及组织架构的根本性变革。它重新分配特定资产的所有权及决策权，在许多情况下，许多员工本来是在公司内部执行这些权利，现在变为在另一家公司执行。请回忆在第 19 章中所提到的例子，柯达公司将公司内的大型计算机出售给 IBM 公司，并与 IBM 公司签订合同，让 IBM 公司为柯达公司完成大部分的数据处理工作。这种合作关系的形成部分是由于信息技术变革的推动，使公司与外部的合作伙伴进行交流和沟通变得更为容易。同样，更为弹性的生产技术降低了资产的专有性，因此也降低了外包的成本。除了允许管理者把注意力更多地集中在他们有比较优势的内部活动上，外包同样可使公司按照更低的价格从其他公司获得产品和服务，因为其他公司可以进行专业化生产，从而达到规模经济。

为什么管理创新经常失败

正如我们前面所指出的，许多采用管理创新技术的公司，其最终结果并不尽如人意。我们现在针对这种不理想的情况探讨其可能的原因——而更为一般地，对于成功的创新迅速兴起，而后又被人们所抛弃（经常是突然的）的情况，人们不得不对于这种“将管理创新视为一种时尚的做法”产生怀疑。

市场营销

对管理创新解决方案的需求可由管理咨询公司、学术领域和管理专家（这几个团体并非是相互排斥的）提供的服务中得到满足。经常的情况是，咨询顾问与客户公司一起研究和发现问题，并给出公司一系列变革的建议。特别是，如果应用相应的变革会改善客户公司的经营状况，咨询顾问就会寻找下一个条件类似的潜在客户。提供一种成功的管理创新是困难的，但是由此所获得的收益也是巨大的。管理创新的发明者所面临的一个潜在挑战是管理创新的所有权通常不能得到很好的定义。由此，名称的使用就非常重要。管理创新的发明者经常会尝试将他们的创新起一个新颖的名称，用比如流程再造、标杆管理或者组织架构等新术语来表述。[16]

形成不合理的预期

对于管理创新应用不理想的一个可能解释是，咨询顾问在推介管理创新时经常在客户心目中建立起不合理的预期。他们经常声称，所提供的管理创新技术将提高生产效率，增加公司的利润。但是，如果在同行业中竞争性的公司也同样采用这一创新技术，那么任何超常的利润都会因为竞争而损失殆尽。正如我们在第 8 章中所提出的，可持续利润的基础是拥有竞争对手不能复制的资产。因此，尽管管理创新技术是有效的，但采用的结果并不一定会带来更高的利润。因此，合理的比较应该不是未来的利润与过去的利润相比，而是未来采用创新技术产生的利润与未来不采用创新技术的利润相比。

第二个应用管理创新结果不理想的解释是，管理创新的推介者总是强调采用创新的预期收益，而同时低估成本。这并不是说管理咨询顾问不够诚实，或者与我们相比不够直率。然而，作为变革的支持者和受益人，咨询顾问很可能会提供有关技术在公司中起作用的详细信息，但是对于技术在成本方面的信息则提供得较少。掌握了解决公司特定问题的知识和经验以后，咨询顾问对于组织的其他方面和问题知道得不多也是可以理解的。正如我们后面要提出的，这些问题经常是有潜在联系并相互依赖的，而当组织进行实际变革时，这些问题经常会导致事与愿违的后果。

当然，管理者明白，咨询顾问都有动力对于他们的服务持乐观态度。在决定是否或者在多大程度上执行咨询顾问的建议时，绝大多数的管理者都会针对这种偏差做出调整。但即使如此，在采用管理创新的过程中，如果管理人员能够以低成本的条件无偏差地获得有关顾问建议的信息，公司失败的概率还是会明显地降低。

质量并不是免费的

在某些情况下，管理咨询顾问提供的建议违背经济逻辑。也许最为过分的例子是质量专家菲利普·克罗斯比于 1980 年在《质量是免费的》中的断言。在该书的第一页，菲利普·克罗斯比写道：

> 如果你专注于确保产品质量，你就有可能增加你的利润，数额大约是销售额的 5%–10%。这是你可以免费获得的一大笔钱……不注重质量是会带来成本的——包括所有一开始就没有做对的事情。[17]

菲利普·克罗斯比所说的“一开始就没有做对的事情”的成本是指非必需的或多余的成本，包括与预防残次品相联系的成本（设计检查、供应商评价、工具控制、预防性维护），与质量监督相联系的成本（原型试验、接受检验和试验、包装检查），以及与预防失败相联系的成本(重新设计、工艺次序的改变、返工、报废、质量保证、产品可靠性)。

但是，当菲利普·克罗斯比说“质量是免费的”时，他的确切含义是什么？从字面上讲，这句话的意思是指，管理者可以在零成本下，使产品失败的概率大大降低，同时还可以降低与预防失败相关的成本。但这不是这句话的真正含义，因为菲利普·克罗斯比肯定知道，改进产品质量需要耗费大量的管理时间和公司的其他资源。残次品必须检验出来，必须根据相应的原

图 23.2　质量与公司价值的关系

随着质量的上升，公司的价值也会上升，因为消费者的需求增加，而且生产的成本下降。超过点 Q^*，提高质量所带来的成本将超过生产成本的节约和和增加消费者需求所带来的收益。质量最好并不会使公司价值最大化。过分的高质量将降低公司的价值。

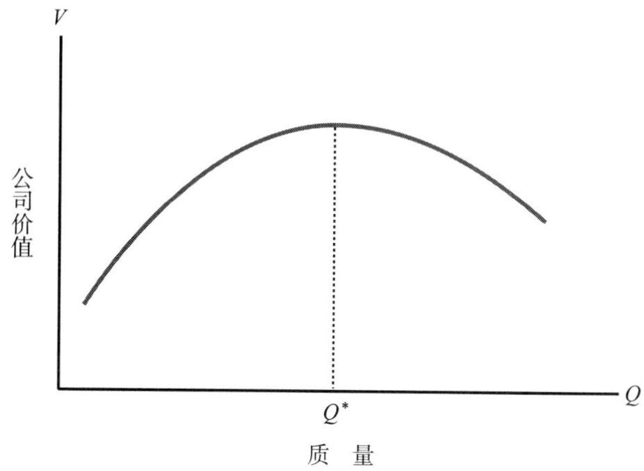

因做出调查，并给予有效纠正。职员必须按照确保质量的方法来培训，而产品也要重新设计。事实上，质量的改进是要耗费巨大成本的。

我们暂且不沿着克罗斯比的思路考虑质量问题。将全面质量管理项目看作是公司的一项投资，它会产生不确定的收益，只要收益相对较高，或者成本相对较低，或者收益高同时成本低，这项投资就是有意义的。改进产品质量通常会降低相关成本，包括产品返工的成本、检验的成本、质保成本以及客户投诉的成本。随着产品质量的提高，某种程度上公司品牌资本也会得到提高，公司的产品需求以及收入也会增加。但是，实现这种质量改进需要必要的资源投入，对于高管而言，关键的问题变为：将管理工作与组织变革相联系的其他成本考虑在内，预期收益率是否足够大，可保证原始投资和持续投资？[18] 克罗斯比断言，根据至今为止的情况，对于所有公司和所有大数额的投入而言，我们得出这一问题的答案是肯定的。然而，这样的说法难以让我们信服。

质量免费的断言还因为存在如下的事实而难有确切的结论：在现实中，要达到更高质量水平，通常要求公司进行大量的资源投入，在某一点上，对于质量改进项目，所有的公司都将面临投资的边际收益递减。这反过来又意味着，通常来说，有一个“最优”的或价值最大化的质量水平。

图 23.2 描绘了质量与公司价值之间的正常关系。在质量相对较低的水平上（曲线上升阶段），随着产品质量的提高，公司的价值将会增加。这包括两种方式：降低产品的生产、检验和保修成本，以及产品的价格需求。但是，在某一定点上（在图中由点 Q^* 表示），进一步改进质量的投资收益将低于可接受的水平。最终，公司的顾客必须支付为提高质量而发生的成本。到达某一点后，质量改进的追加成本将超过顾客愿意额外支付的收益——同时进一步节约了生产成本。为说明这个问题，考虑餐馆中酒类销售的情况。在许多餐馆，都陈列了有一定价格范围的各种各样的酒。一般而言，定价较高的酒质量也较好。我们可以看到，很少有顾客花高价格去买高质量的酒。与家藏 3 年 20 美元一瓶的酒相比，也很少有顾客会认为，275 美元一瓶从法国进口的窖藏 30 年的酒更值得购买。从追求价值最大化角度考虑，只有在增量收益超过增

量成本的情况下，管理者才会投资质量改进项目。

要使克罗斯比的说法有实际意义，一种可能的方式是指出某些管理者会经常低估质量低劣所造成的总成本。例如，某些公司也许会过于强调短期的财务指标。或者如果管理者面临退休，他们也许不愿意在自己任期内投资于质量改进项目，因为收益在他们退休之后才会产生。但这只是所有决策都面临的标准的期限问题，在这种问题中，支出发生在当前，而收益则会延迟到未来。从这个意义上讲，质量项目与资本投资项目（比如研究开发项目和广告项目）没有区别。成功的公司必须找到合适的方法控制这些决策的期限问题。

还有一种解释是，管理者经常因为疏忽而低估低劣的质量所造成的成本。有些管理者不清楚因为产品质量而使消费者信心下降所带来的成本，他们低估了降低残次品率的收益，因而在质量改进项目上投资不足。鉴于这种短视行为屡见不鲜，也许设立关于质量重要性的培训项目会使公司从中受益。

但是，无论质量改进的投资不足是因为管理者的疏忽还是因为不恰当的激励，质量仍然不是免费的。质量改进的决策，就像所有其他的投资决策一样，要求精确估计所有的预期成本和收益。与低估质量改进的收益一样，通过提出“质量是免费”的观点而低估质量项目的成本也是危险的。正如许多公司可能已经发现的，在质量改进项目上过度投资与投资不足一样，都具有破坏性。管理者的一项工作就是根据公司的市场状况和内部资源，确定价值最大化的质量水平——不太高也不太低。

低估变革的成本

全面质量管理和其他管理创新无效的另一个重要原因是，某些管理者会低估变革的成本。正如我们前面看到的，市场条件、技术或者政府干预的变动会影响企业的最优组织架构。但是，正如我们在第 11 章所指出的，组织变革并非是一个无成本的过程。在评估组织架构变动的优点时，重要的是在看到收益的同时还要评估追加的成本。

首先，组织变革有直接成本。新的组织架构需要设计并与员工沟通。公司的报告结构和绩效评估系统的变革，经常会给企业的会计和信息系统造成成本。对于公司的信息系统和会计部门来说，有时绩效评估系统的微小改变可能就会变成一个成本巨大的项目。

第二，有时更为重要的是间接成本。绝大多数组织架构的变革都会对部分员工造成积极影响，对另一部分员工造成消极影响（请回忆我们在第 20 章中的讨论）。因此，不同员工对于变革的态度预期是不同的，同时会产生激励问题，这些问题需要花费成本才能控制。组织架构的频繁变动会产生不必要的激励问题。变革可能会降低员工的动力，使他们不愿意投资于目前的工作，设计出更有效的生产过程，或者建立与团队成员的关系。经常性的重组将促使员工更注重短期收益，而不考虑长期投入。

没有考虑到凳子的其他几条腿

也许管理创新经常失败的更为重要的原因是没有考虑组织架构的三个组成部分。在表23.1中，我们列举了一组流行的管理创新技术，以及他们的关注点。

	决策权分配	绩效评估	奖励系统
全面质量管理	×	×	
流程再造	×		
外 包	×		
适时生产	×		
质量圈	×	×	
标杆管理*	×	×	×
基于活动的成本核算		×	
经济增加值		×	×
授 权	×		
自我导向性团队	×	×	
风险投资	×		
激励性薪酬			×
周期时间压缩	×		
战略联盟	×		
目标管理		×	
360 度绩效评估		×	
矩阵组织	×		

*任何公司政策都可以实行标标管理。因此，标杆管理可以应用于所有的组织架构。然而，在实践中，企业经常是针对组织的某一个方面实行标杆管理。

表 23.1 管理技术的重点

在该表中，我们指出每个管理技术的重点是在决策权、绩效评估，还是奖励系统。

比如，我们回到全面质量管理的情况。正如表 23.1 所表明的，全面质量管理项目通常要同时改变决策权和绩效计量指标，但是奖励系统将基本保持不变。实际情况将视具体设计而定。在回应质量管理专家爱德华·戴明否认财务激励的著名观点时，克罗斯比提出：

> 人们的确不是为金钱而工作，他们是为工作而工作。但是，一旦确立了工资水平，他们也就开始关心起工资来。应该公开地大张旗鼓地认可他们的贡献，但同时不否认可以采用价格来计量一切。[19]

很显然，这一战略曾经得到广泛采用。例如，1992 年，美国质量基金和安永会计师事务所的研究发现，在他们所调查的 80%的公司中，质量绩效指标并不是决定高管薪酬的重要变量。[20]

我们有一些建议。在向掌握公司业务过程和顾客偏好知识的员工分散决策权时，非常重要的一点是，公司要运用奖励系统来强化其新的绩效评估系统。[21]

激励性报酬的批评者比如克罗斯比指出，按绩效支付报酬不会收到效果，因为最终会奖励人们去做错误的事情。设计不佳的报酬系统的确会引发非正当行为，从这个角度考虑，这种批评无疑是正确的。但是，克罗斯比的观点并不能得出激励性报酬必然被放弃的结论。货币性和非货币性激励并不是相互排斥的——员工们显然都看重两种类型的奖励。[22]本书一再出现的主题是，将财务激励与新的绩效评估指标相联系，将更可能出现行为方面的变革。

流程再造

对于许多流程再造项目也可以做类似的批评。正如表 23.1 中指出的，在我们所提到的凳子的三条腿中，流程再造几乎无一例外地都只注重其中的一条腿——决策权的再分配。绝大多数流程再造的倡导者提到了绩效评估和奖励系统的重要性，但并没提供多少实质性的指导（在某些情况下，提供的是不合适的建议），比如绩效评估和奖励系统如何做出改变。例如，有关流程再造的最有名的倡导者哈默和钱普仅愿意提供如下建议：“采用奖金的形式，而不是工资提升的形式，大幅度奖励业绩突出的员工。”[23]但是，正如我们在第 14 章和第 15 章所讨论的，与这里哈默和钱普建议的处理相比，薪酬决策对于要得出的结果更重要。

例如，公司绩效评估和奖励系统的一个重要部分是晋升。流程再造通过建立较小的扁平化组织，减少了晋升机会。但是，绝大多数关于流程再造的文章都绝口不提在扁平的、过程导向型组织中如何建立新的职业生涯路径和晋升系统以激励员工。正如我们在全面质量管理的案例中所表明的，为了增加流程再造的成功机会，大量的管理工作还必须集中于绩效评估和奖励系统的流程再造。

经济增加值

另一方面，只考虑绩效评估或奖励系统也会导致问题。考虑*经济增加值*的例子，这一概念试图将经济学家的剩余收益概念作为激励性报酬的基础，不仅用于激励公司的高管和高级部门经理，而且用于奖励“一直到基层的各层级员工”。然而，如果它不考虑下层员工有限的决策权（和风险承担能力），那么这样的建议很容易产生事与愿违的结果。在驱动业务单元经济增加值方面很少有控制力的员工发现，他们几乎没有动力——事实上，公司采用这样一种绩效评估和奖励系统，会给他们增加额外的风险。

基于活动的成本核算

作为最后一个例子，让我们运用组织架构的分析框架来探讨表 23.1 中所列举的另一个管理创新技术。这一管理技术的实际成就也远没有达到某些管理者预期的水平。在 20 世纪 80 年代后期和 90 年代初期，一种新的会计系统——*基于活动的成本核算系统*——一度受到企业界的广泛称赞。《财富》杂志的一篇文章宣称，“减少浪费！改进服务！提高生产效率！其实，它可以做到所有这一切，甚至更多。”[24]

基于活动的成本核算系统如何发挥作用？在传统的会计系统中，一般资源的管理费用（比如工程服务），是采用非常简单的公式分摊到产品或者业务线上的，比如按照直接人工的百分比或者总收入的百分比来分摊。比如，假设坐式割草机和推动式割草机都在一个工厂中生产，而两种割草机都使用共同的资源。传统上，在计算各割草机的会计成本时，工厂的管理费用按照每种割草机所花费的直接人工百分比来分摊。在实际的经营中，如果直接人工是不可靠的生产管理费用指标，那么这种传统的会计系统就不能正确地反映成本。例如，在更复杂的情况下，产品也许只有很少的直接人工，但要耗费大量的工程服务，那么这种产品的成本就将被低估。如果管理者按照这种成本指导定价决策，那么就会降低定价。

在基于活动的成本核算体系中，各种管理费用，比如采购、工程以及检验是依据发生管理费用部门的成本动因来分摊的。例如，采购部门的成本将依据采购部门的订单或者为每一产品采购的不同零件数量来分摊的。通过这样分摊，基于活动的成本核算就提供了关于产品真实成本的更为精确的估计，相对于传统的会计数据来讲，这是更为可靠的决策依据。

尽管理论上有众多优点，但基于活动的成本核算系统的收益大部分不能实现。虽然许多公司审查了基于活动的成本核算系统，某些公司还进行了实验研究，但很少有公司放弃原来简单的成本分配方法。尽管某些公司为了特殊研究目的采用了基于活动的成本核算系统数据，但他们还继续采用传统的核算系统所提供的数据来进行绩效评估。[25]

基于活动的成本核算系统之所以没能代替传统的会计系统用于绩效评估，一个重要的原因可以追溯到这样一个忠告，即不能将核算系统的控制权交到受系统监控的人手中——决策管理与决策控制分离。基于活动的成本核算系统通常必须由运营管理者来设计，因为他们知道和掌握具体管理成本动因的知识最多。而在基于活动的成本核算系统下，这些人正是要评估其绩效的人员。

但是，这种成本核算系统不仅仅给运营管理者提供了有利于自己决策的机会，这还使大多数公司不愿意采用基于活动的成本核算系统进行绩效评估。这种变革存在潜在的失控，会造成内部混乱——发生在第 12 章中所讨论的影响成本。变化会计成本分配的过程中将产生利益受益者和损失者。而人们会做出努力，确保自己的利益不受损失。由于这种基于活动的成本核算计量指标还要依赖于大量的主观判断，所以这就很可能会导致长期的、激烈的和成本巨大的内部争斗。

举一个影响成本的例子。一家公司应用了基于活动的成本核算系统，但仅一年之后便放弃了这个系统。公司的财务总监解释说，在原有的系统中，只有少数几个成本动因，每个人都知道这个系统的缺点，并可以接受这个系统的误差。而在新的系统中，管理者不断地就如何选择合适的成本动因争执不下，因为改变成本动因就会改变产品的成本，因此也就会改变管理者的绩效评估指标。管理者和员工的大量时间被消耗在关于特定成本动因优缺点的争论上。为制止这种浪费，该公司的财务总监决定放弃基于活动的成本核算系统。

因为基于活动的成本核算系统会改变产品成本，也会改变产品线的利润，因此要成功地应用成本核算系统，就要求公司能为具有利润责任的管理者建立新的目标。为了控制影响成本，新的利润目标应该尽量避免这些管理者因为采用基于活动的成本核算系统而造成个人收入的增加或减少。这就要求公司在薪酬计划中做出详尽的调整。

因此，基于活动的成本核算系统没有得到广泛采用的一个主要原因是，它只改变了公司组织架构凳子三条腿中的一条腿——绩效评估系统。在决策权分配和绩效奖励没有做出相应改变的情况下（例如，在薪酬计划中要建立新的利润目标），就很难期望公司的业绩得到有效提高。

基于活动的成本核算系统和经营战略

尽管基于活动的成本核算系统致力于得出更为精确的产品成本（一个有说服力的目标），但获得和采用更为精确的产品成本不利于公司的经营战略。例如，假设一家公司的员工都是工会成员，而减少人工费用是公司经营战略的组成部分。在这种情况下，如果将生产管理费用的分配从依据直接人工转向其他指标（比如产品不同零部件的数量），就不会鼓励管理者通过有效降低人工隐性税收来减少人工费用分摊，因为生产管理费用不再按照直接人工来进行分摊。

不妨考虑日立公司的例子。它是一家日本的大型电子生产商，它的一家工厂生产录像机。虽然这家工厂是高度自动化的，公司的管理者也知道，直接人工并不反映生产管理费用与管理费用成本动因之间的因果关系，但日立公司还是继续按照直接人工来分配生产管理费用，目的在于使公司管理者更加致力于进一步推进自动化。通过传统成本核算系统向直接人工征税是达到这一目标的有效途径，由此降低生产成本。

资料来源：T. Hiromoto (1988) ，"Another Hidden Edge—Japanese Management Accounting," *Harvard Business Review* 66, 22.

组织架构的管理变革

我们坚持组织架构的变革必须相互协调的观点，但这并不意味着公司组织架构的各方面必须同时变革。相反，我们认为，最重要的是要理解公司在变革方面的整体政策，并制定这些变革政策的实施时间计划。有效实施重大重组的计划要足够具体，以便安排各种变革的顺序（也许是分阶段），而不是所有的变革立刻进行。

也许采用类比法有助于理解。可以观察一位优秀的高尔夫教师授课的情况。这位教师知道，至少有 30 个不同的因素共同决定了是否能完成一个完美的击球——比如像抓杆、站姿、启动、最高点、挥杆程度、放松、球速以及随挥动作。只要看新手击几次球，高尔夫教练就可

通用汽车公司的一系列组织变革

选择实施组织变革的合适次序是非常重要的。如果这方面做得不好，就会发生成本超出预算的问题。考虑通用汽车公司在采用适时存货政策之后尝试实施外包的情况。当通用汽车公司宣布，它计划将更多的经营活动外包后，在代顿制动工厂的工人停止了生产进行罢工。由于它的适时存货系统计划，在一周之内，通用汽车公司在北美的自动化生产受到了严重影响。该工厂的 3 000 名员工罢工，导致了通用汽车公司 43 000 名工人无法工作，有 12 家装配工厂关门。

事实上，适时存货系统项目增加了地方工会的讨价还价能力。在原有的政策下，通用汽车公司有足够的制动器存货可以满足几个月的生产需求。因此，可以留给公司更多的时间与工人进行谈判，而不会影响整体的汽车生产。

案例研究：软件开发公司

软件开发公司（SDI）为个人计算机生产和销售软件，包括电子制表软件、文字处理软件、桌面印刷软件和数据库管理程序。软件开发公司年销售额达 8 亿美元。

软件生产是一种耗费时间和大量人工的过程。在计算机软件市场上，软件的质量是获得成功的极为重要的一个方面。质量的一个方面是程序的可靠性。软件的性能如人们期望的一样吗？

	故障次数	产品成本	培训成本	预防成本	软件维护和客户服务成本	总成本
1	66	$3 455	$442	$ 770	$2 160	$6 827
2	86	3 959	428	446	2 658	7 492
3	14	3 609	417	1 167	687	5 880
4	73	3 948	221	655	2 334	7 148
5	17	3 104	290	1 013	544	4 951
6	48	3 179	253	547	1 556	5 535
7	80	3 112	392	508	2 633	6 645
8	41	3 529	276	577	1 563	5 945
9	50	3 796	557	634	1 666	6 653
10	67	3 444	365	947	2 140	6 896
11	42	3 922	453	869	1444	6 688
12	64	3 846	378	1 108	1 942	7 274
13	71	3 014	555	762	2 384	6 715
14	1	3 884	301	773	423	5 381
15	18	3 183	378	1 080	857	5 498
16	85	3 475	528	1 010	2 572	7 585
17	17	3 445	357	666	631	5 099
18	50	3 203	285	427	1 546	5 461
19	22	3 839	239	1 080	891	6 049
20	73	3 060	540	1 054	2 309	6 963
21	52	3 182	329	1 079	1 867	6 457
22	75	3 075	395	832	2 697	6 999
23	35	3 345	447	969	1 518	6 390
24	53	3 987	355	651	2 042	7 035
25	25	3 836	309	1 160	1 036	6 341
26	6	3 886	234	794	252	5 166
27	78	3 846	418	833	2 800	7 897
28	82	3 106	409	1 092	2 871	7 478
29	39	3 506	448	899	1 342	6 195
30	47	3 545	450	442	1 450	5 887
31	39	3 376	456	784	1 260	5 876
32	17	3 740	542	420	607	5 309
33	67	3 479	411	821	2 018	6 729
34	51	3 773	351	1 145	1 873	7 142
35	74	3 034	497	671	2 389	6 591
36	25	3 768	268	887	1 094	6 017
37	14	3 168	356	645	837	5 066
38	77	3 561	492	1 167	2 597	7 817
平均	48	$3 509	$390	$ 826	$1 671	$6 395

表 23.2 软件开发公司上市的软件的故障次数和成本（每 100000 行计算机代码）

图 23.3　软件开发公司总成本与软件故障次数的关系

在过去的 3 年中，公司对于 38 个软件版本在推向市场前 6 个月中报告的故障次数、质量成本进行跟踪。产品成本包括生产和销售软件发生的成本。质量成本包括培训、预防成本以及软件维护和客户服务成本。所有的数字都是按照每 10 000 行计算机代码的口径表达的。

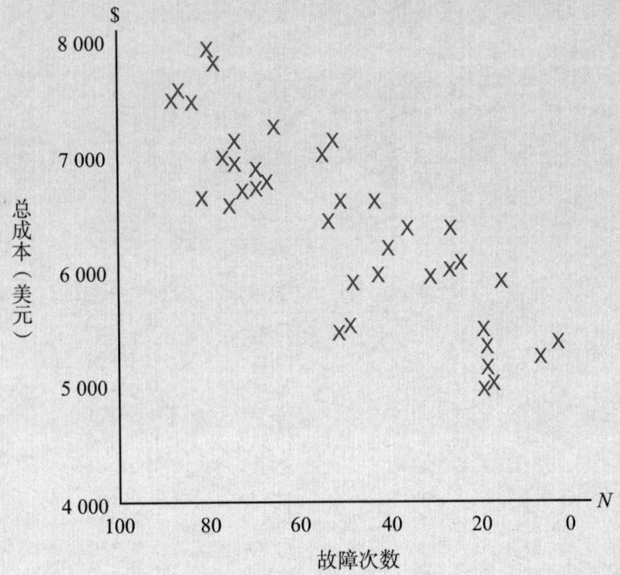

考虑到数据的传输和交换，这种软件能与其他的软件兼容吗？它是否会出现非正常故障？尽管经过大量的测试，但程序仍然会有某些缺陷。一旦软件推广上市，软件开发公司就将全力支持相应的软件产品。公司设有客户服务顾问，专门通过电话回答顾客提出的问题，并帮助解决有关软件的问题。软件开发公司还设有一个软件维护小组，负责修复或更换顾客的软件。

软件开发公司长期跟踪质量成本和质量之间的关系。所采用的质量指标是记录的某一软件的故障次数。当顾客打来电话抱怨软件问题，而公司的客户服务代表确定这是相应软件的新问题时，就增加故障记录一次。然后，软件维护程序员修改相应的软件，并消除故障隐患。为管理质量，软件开发公司也跟踪质量成本。在过去的 3 年中，公司对于已有的软件，推出了 38 个全新的或修订的版本。表 23.2 记录了推向市场前 6 个月的故障次数。在表 23.2 也列出了每个软件发行的总生产成本和每个软件包的质量成本。

生产成本包括所有为生产和营销软件所发生的成本，不包括在表 23.2 中的质量成本。质量成本包括如下内容：培训、预防成本以及软件维护和客户服务成本。培训成本包括编程人员的教育以及知识更新方面的培训费用。受过良好教育的编程人员做出的软件故障较少。预防成本包括软件上市之前测试相关软件的费用。维护和客户服务成本包括编程人员修复故障的费用、重新发行修订软件的费用，以及客户服务代表回答电话问题的费用。培训和预防成本是按照软件开发过程中所发生的成本计量的，而故障次数、维护和客户服务成本则是按照软件上市的最初 6 个月的情况计量的。

在表 23.2 中，所有数字都是除以特定软件的代码行数后的数据。具有更多代码行数的程序成本更高，也会有更多的故障。以前的研究发现，对于控制软件的复杂性来讲，代码的行数是一种可以接受的方法。因此，在表 23.2 中，故障和成本都是按照每十万行代码列出的。

图 23.3 描绘了全面质量成本和故障次数的关系。软件开发公司的质量副总裁喜欢运用图 23.3 来强调成本和质量是负相关的。她总喜欢说，“提高质量是值得的！我们的总成本是故障次数的减函数。我们在质量上花费得越多，我们的成本就越低。”根据这一分析，这位副总裁曾经提出了大量投资于质量改进的建议，主要是用于预防和培训。

讨论问题

评价这位副总裁的分析：

1. 究竟应该根据什么标准来确定是否应该在质量上追加投资？
2. 你是否掌握足够的数据来评价这样一种投资建议？

以发现至少几十种不正确的姿势。但是这位教练不一定会告诉学员要立刻考虑这几十个问题，好的教练会首先找出最主要的问题，引导学员集中精力改进这一个问题。在未来的授课中，其他的问题也将顺序得到解决。这位教练明白，一次让新学员考虑太多问题就无法击球了。因此，为了更好地击球，教练就将计划一系列的课程，随着时间的推移改正学员各方面的问题，从而达到更好的效果。正如一位传奇式的高尔夫教练哈维·佩尼克所说：“你一次只能纠正一点点，就象服用阿司匹林一样。适当的剂量可以治好你的病，但服用一整瓶却可能要了你的命。”

在组织内酝酿重大变革也类似于这种情况。告诉员工每件事情都需要做出改变会导致更多的不确定性、焦虑和混乱——组织的生产效率会因此降低。高管也没有足够的资源去监督每一次事情的变革。识别组织中的主要问题，并将员工的注意力集中到组织中最困难的方面是必要的。当这种变革实现后，就可以实施其他互补性变革。

这种组织变革的过程观点表明，公司的高管应该理解他们的基本经营环境，并且对各种类型的组织变革有良好的理解，知道什么样的组织变革会提高公司业绩。为了更好地理解整体变革，公司应该长期聘用咨询公司作为决策支持。但是，重要的是要知道，咨询公司通常都会专注于特定的问题和技术。尽管在实施某种特定类型的组织变革时，公司的管理层也会受益于专家所提供的相关专业知识和经验，但是，由于咨询公司缺乏处理组织其他配套变革问题的经验(超出了专家的知识领域)，由此会引起成本问题。

推荐书目

P. Crosby (1980), *Quality Is Free* (Mentor: New York).

M. Hammer and J. Champy (1993), *Reengineering the Corporation: A Manifesto for Business Revolution* (Harper Business: New York).

J. Juran (1989), *Juran on Leadership for Quality* (Free Press: New York).

J. Juran and Gryna, Jr. (1993), *Quality Planning and Analysis* (McGraw-Hill: New York).

S. Keating and K. Wruck (1994), "Sterling Chemicals Inc.: Quality and Process Improvement Program," *Harvard Business School Case* 9-493-026.

K. Wruck and M. Jensen (1994) , "Science, Specific Knowledge and Total Quality Management," *Journal of Accounting and Economics* 18, 247-287.

注 释

1. 这个例子的细节见 J. Lathrop（1991）, "The Patient-Focused Hospital," *Healthcare Forum Journal* (July-August), 17-20。
2. C. Schartner (1994) , "Principles of Patient-Focused Care," *Journal of the Healthcare Information and Management Systems Society* 7, 11-15。
3. Schartner (1994) , 15; and P. Milgrom and J. Roberts (1995) , "Complementarities and Fit: Strategy, Structure and Organizational Change in Manufacturing," *Journal of Accounting and Economics* 19, 179-208.
4. "Missions Possible," *The Globe and Mail* (September 13, 1994) , B22.
5. *The Wall Street Journal* (October 4, 1990), B1.
6. F Bleakley (1993) , "Best Laid Plans：Many Companies Try Management Fads" *The Wall Street Journal* (July 6), A1.
7. J. Mathews (1992) , "The Cost of Quality," *Newsweek* (September 7) , 48-49.
8. G. Fuchsberg (1992) , "'Total Quality' Is Termed Only Partial Success," *The Wall Street Journal* (October 1) , B7.
9. "FirstSearch" 是一种在线查询软件，用于进入 ABI/Inform 系统，它是一个数据库，包含 1000 份美国和国际出版物上有关经营和管理主题的 80 万篇文章。为计算已出版的文章的百分比，一年中的文章总数是按照包含经营、管理、公司或者管理者词汇的文章确定的。
10. 读者在阅读图 23.1 时要注意，某些管理创新技术也许使用很广泛，但采用的是另外的术语。媒体上往往发表"新"论题的文章，"旧"论题不容易吸引记者的注意。然而，在图 23.1 中，文章的计数不仅仅考虑了特定管理技术的专论，而且也将简单提到相应管理技术的文章也算在内。
11. 这节摘自 J. Zimmerman (2006) , *Accounting for Decision Making and Control*, fifth edition, (Irwin/McGraw-Hill: Burr Ridge, IL) , Chapter 14。
12. 统计质量控制（SQC）包括一组统计方法，用来判断一个特定的重复生产过程是否得到有效控制。运用一般的统计方法（均值和方差），就可以得出正常分布下的方差。如果产品超过正常分布的边界，生产过程就被看作是"失控"，就要对此进行管理调查。
13. 促成全面质量管理的其他因素是工厂自动化和弹性生产，从而使公司可以扩大生产线，并更为快速地更新产品。由于这些因素存在，所以在任何时间，在工厂内都将有更多种类的产品和更多的新产品。这意味着现在在车间内的员工可能具有更多的具体知识。
14. 正如哈默和钱普所定义的，流程再造是"为达到关键的和全面的绩效计量指标（比如成本、质量、服务、速度等方面）的大幅度改进，而对经营过程进行的根本性思考和激进的重新设计。" M. Hammer and J. Champy (1993) , *Reengineering the Corporation: A Manifesto for Business Revolution*（Harper Business：New York），32。
15. M. Jensen (1993) , "The Modern Industrial Revolution, Exit, and the Failure of Internal Control Systems,"

Journal of Finance 48, 831–880.

16. 好的“首字母缩略词”似乎是很有用的（比如 TQM、ABC、MBO 等），在这个神圣的业务领域又出现了一个新注册的首字母缩略词（EVA®）

17. P. Crosby (1980), *Quality Is Free* (Mentor: New York), 1.

18. P. Lederer and S. Rhee (1995), "Economics of Total Quality Management," *Journal of Operations Management* 12, 353–367.

19. Crosby (1980), 218.

20. R. Jacob (1993), "TQM: More Than a Dying Fad?" *Fortune* (October 8), 68.

21. See K. Wruck and M. Jensen (1994), "Science, Specific Knowledge, and Total Quality Management," *Journal of Accounting and Economics* 18, 247–287.

22. G. Baker, M. Jensen, and K. Murphy (1988), "Compensation and Incentives: Practice vs. Theory," *Journal of Finance* 43, 593–616.

23. Hammer and Champy (1993), 73.

24. T. Paré (1993), "A New Tool for Managing Costs," *Fortune* (June 14), 124–129.

25. See A. Sullivan and K. Smith (1993), "What Is Really Happening to Cost Management Systems in U.S. Manufacturing?" *Review of Business Studies* 2, 51–68; R. Cooper, R. Kaplan, L. Maisel, E. Morrissey, and R. Oehm (1992), "From ABC to ABM," *Management Accounting* 74, 54–57; and *Cost Management Update*, newsletter published by the Cost Management Group of the National Association of Accountants, Inc. (January 1991).

术语表

绝对绩效评估

absolute performance evaluation is based on a predetermined standard of performance—see *relativeperformance evaluation*.

作业成本核算

activity-based costing (ABC) assigns different categories of overhead (purchasing, engineering, inspection) costs to products by first estimating the underlying cost drivers of the activities performed within the overhead department and then assigning these activity costs to the products that benefit from or consume these resources.

逆向选择

adverse selection refers to the tendency of individuals with private information about factors that affect a potential trading partner's benefits to make offers that are detrimental to the trading partner—see *precontractual information problems*.

代理关系

agency relationship is an agreement under which one party, the principal, engages another party, the agent, to perform some service on the principal's behalf.

转让权

alienable property rights are private *property rights* that can be transferred (sold or given) to other individuals.

套利

arbitrage is a simultaneous set of transactions designed to make profits without risk (for example, if equivalent assets are traded in two markets, buying at the lower price and selling at the higher price).

弧弹性

arc elasticities are estimated between two points (elasticities also can be calculated at a point); they relate the percentage change in one variable, such as quantity, to a percentage change in another variable, such as price.

资产专用性

asset specificity occurs when a given asset is especially useful to one or to a small number of buyers—for physical assets, this results from product design or *site specificity*; for *human capital*, it results from investments in specialized knowledge or skills.

信息不对称

asymmetric information occurs when one party to a transaction has information different from that of another party.

审计委员会

audit committee is a committee of the board of directors responsible for oversight of the financial reporting process, selection of the independent auditor, and receipt of audit results.

平均成本

average cost (AC) is the *total cost* divided by total output; average cost can be defined for either the *long run* or the short run.

平均产量

average product (AP) of an input is the *total product* divided by the quantity of the input employed.

平均收入

average revenue (AR) is the *total revenue* divided by total output.

后向一体化

backward integration occurs when an organization produces its own inputs—also called *upstream integration*.

谈判失败

bargaining failures occur due to *asymmetric information*; parties fail to reach an agreement, even when in principle a contract could be constructed that would be mutually advantageous—see *precontractual information problems*.

进入壁垒

barriers to entry are factors that limit the entry of new *firms* to a market, even though the existing firms are making economic profits.

标杆

benchmarking is identifying the best practices of *firms* operating within similar environments, so that the benchmarking firm can learn from the experience of the others.

伯特兰德模型

Bertrand model examines producer interaction, assuming each firm treats the product price chosen by its competitors as fixed and then decides how to set its price—see *oligopolistic market*.

大股东

blockholder is a name given to the holder of a " large" amount (at least 5 percent of the outstanding shares) of common stock.

批量定价

block pricing sets a high price for the first unit or block of units purchased and lower prices for subsequent units or blocks.

设定的范围

boundary setting occurs when managers empower employees to make decisions within prespecified limits.

品牌资本

brand-name capital refers to a firm's intangible reputational capital; by establishing a reputation for quality products or living up to its end of a contract, the firm can receive more favorable terms from contracting parties because it is a more desirable partner.

宽泛的任务分配

broad task assignment has individual employees performing a relatively large set of tasks—see *specialized task assignments*.

捆绑销售

bundling occurs when a company packages two or more products together and offers the package for sale as a unit.

商业环境

business environment includes the technology, markets (product and input), and regulations facing the *firm*.

商业伦理

business ethics is the study of behaviors that businesspeople should and should not follow (however, this term also is used in a variety of ways that range from making *firms* socially responsible to attempting to induce employees to ignore their self-interest).

经营判断规则

business judgment rule states that in the absence of bad faith or some other corrupt motive, directors are normally not liable to the corporation for mistakes of judgment. The rule has functioned as a barrier to prevent courts from exercising regulatory powers over the activities of corporate managers.

经营规范

business norms are expectations in *market* transactions that do not have the force of law, yet nonetheless represent expected behavior.

经营策略

business strategy focuses on *strategy* at the business-unit level; the primary consideration is whether to focus on being the low-cost producer in an industry or to develop differentiated products for which customers are willing to pay a price premium.

公司

ccorporations are the most common form of organization among large companies; income faces *double taxation*; shareholders have *limited liability*; there are few restrictions on the number or type of shareholders that can own stock in the firm—see *S corporations*.

自助式的福利计划

cafeteria-style benefit plans are plans in which individual employees allocate a fixed-dollar fringe-benefit allowance among a variety of choices—also called *menu plans*.

职业收入

career earnings are the total wages that employees expect to earn over their entire careers.

卡特尔

cartels consist of formal agreements among a set of *firms* to cooperate in setting prices and output levels.

集权决策系统

centralized decision system is one that assigns the most important decisions to senior executives within the organization.

确定等值

certainty equivalent is the certain income that an individual considers equivalent to an activity with risky payoffs.

需求变化

changes in demand are movements of the *demand curve* motivated by factors other than changes in the good's own price (such as changes in income or changes in the prices of related goods).

需求量变化

changes in the quantity demanded are movements along a *demand curve* that are motivated by changes in the good's own price, holding all other factors constant.

民法

civil law is based on a series of written codes or laws and constitutes the basis for the legal systems in various countries such as Germany and France.

紧密持股公司

closely held corporations are characterized by stock that is not freely traded and often held by only a few shareholders (often within the same family).

科斯定理

Coase Theorem states that the ultimate resource allocation will be efficient, regardless of the initial assignment of property rights, as long as *contracting costs* are sufficiently low, *property rights* are assigned clearly, and these rights can be exchanged readily.

普通法

common law is unwritten law developed primarily from judicial case decisions based on custom and precedent. It developed in England and constitutes the basis for the legal systems of most of the states in the United States.

普通股股票

common stock represents equity claims held by the "residual owners" of the firm. They are the last in line to receive any distribution of earnings or assets.

比较优势

comparative advantage occurs when one party can produce a good relatively more efficiently than other parties (relative efficiency means that alternative products which could have been produced from the same inputs are less valuable). It is conceptually possible for a party to have an absolute advantage in producing all goods (meaning that it can produce all goods with fewer inputs); however, it cannot have a comparative advantage in all goods. Aggregate output is higher if parties specialize in producing products in which they have a comparative advantage.

差别补偿工资

compensating wage differential is the extra wage that is paid to attract an individual to a less desirable *job*.

竞争性市场

competitive market is a *market structure* in which no buyer or seller has *market power* (all trades are made at the going market price); it is characterized by a large number of potential buyers and sellers, low costs of entry and exit, product homogeneity, and rapid dissemination of accurate information at low cost.

互补

complementarities exist when doing more of one activity either increases the benefits or reduces the costs of doing another activity.

互补品

complements are products that tend to be consumed together; a price reduction of one good tends to increase the quantity demanded of the other good.

完全契约

complete contracts are contracts that specify exactly what is expected of each party under all possible future contingencies.

规模收益不变

constant returns to scale for a production function occur when a 1 percent change in all inputs results in 1 percent change in output.

消费者剩余

consumer surplus is the difference between the maximum amount a consumer would be willing to pay for a product and what the consumer actually pays when buying it.

契约成本

contracting costs are the out-of-pocket and *opportunity costs* of negotiating, drafting, and enforcing contracts; they include search and information costs, bargaining and decision costs, and policing and enforcement costs, and the efficiency losses that result because incentive conflicts are not completely resolved.

合同问题

contracting problems occur within contracts because individuals have incentives to take actions that increase their well-being at their contracting partner's expense; they occur within both *explicit* and *implicit contracts*.

控制系统

control system encompasses the reward and *performance evaluation* systems within the *firm*.

公司文化

corporate culture is the set of explicit and implicit expectations of behavior within the *firm*; it usually encompasses the ways work and authority are organized, the ways people are rewarded and controlled, as well as organizational features such as customs, taboos, company slogans, heroes, and social rituals.

公司治理

corporate governance is a popular term that is used to describe organizational architecture at the top of a corporation. Corporate governance focuses on the allocation of decision rights among the shareholders, board of directors, top managers, and various external monitors (e.g., independent auditors, stock exchanges, governmental regulators, and financial analysts) and the associated incentives of these parties. Corporate governance also encompasses the type and frequency of information corporations must disclose to various constituents.

公司利益相关者

corporate stakeholders is a term used to describe employees, banks, customers, communities, and other parties that are affected by the operations of a *corporation*.

公司战略

corporate strategy focuses on *strategy* at the *firm* level; the primary consideration is the degree of corporate diversification chosen by the firm (the array of different products that the firm sells).

公司

corporation is a legal form of organization formed by filing the appropriate paperwork and fees with officials in the state of incorporation; has the legal standing of an individual (distinct from its shareholders) and can enter contracts, participate in lawsuits, and so on; corporations also have the right to issue stock and to exist indefinitely; shareholders have *limited liability*—see *C corporations and S corporations*.

成本中心

cost centers are business units whose performance is evaluated based on their efficiency of production.

成本加成定价

cost-plus pricing is where *firms* set prices by marking up average total cost by an amount designed to yield a target rate of return.

古诺模型

Cournot model examines producer interaction, assuming each *firm* treats the output level of its competitors as fixed and then decides how much to produce—see *oligopolistic market*.

信用评级机构

credit rating agencies rate the publicly traded debt of corporations in terms of the probability of default (e.g., Fitch, Moody, and Standard and Poors).

交叉弹性

cross elasticity relates the percentage change in the quantity of a good purchased to a percentage change in the price of some other good.

跨职能培训

cross-training occurs when employees are taught to complete more than one task or *function*.

累计产量

cumulative production is the total output produced by the *firm* across all previous production periods.

净损失

deadweight loss involves the forgone gains from trade (for instance, the forgone producer and *consumer surplus* when a *firm* with *market power* sets price above *marginal cost*).

分权系统

decentralized system is one that assigns many important decision rights to lower-level employees.

决策控制

decision control encompasses the ratification and monitoring of decisions.

决策管理

decision management encompasses the *initiation* and *implementation* of decisions.

决策权

decision rights represent the authority to decide how resources will be used within the organization.

规模收益递减

decreasing returns to scale for a production function occur when a 1 percent change in all inputs results in a less than 1 percent change in output.

专用资产

dedicated assets are those whose purchase is necessitated by the requirements of one or only a few buyers.

需求曲线

demand curve displays the relation between the quantity of a product that will be purchased at each price over a stated period of time, holding all other factors fixed; demand curves slope downward because customers are more likely to purchase if the price is lower—see *law of demand*.

需求函数

demand function is the relation between the quantity demanded for a product and all factors that influence its demand.

占优策略

dominant strategies exist when it is optimal for a *firm* to choose a particular *strategy* no matter the choices of its rivals—especially used in *game theory*.

双重加价

double markups are the increments in the product's price above *marginal* cost first by the manufacturer and then by the distributor; this problem occurs with decentralized pricing decisions when the producer has *market power*.

双重税收

double taxation refers to the case with *C corporations* where income is taxed both at the corporate level when earned and at the personal level when distributed to the owners (shareholders).

下游一体化

downstream integration—see *forward integration*.

双层股票

dual-class shares are common stock shares issued for a single company with varying classes indicating different voting rights.

双头垄断

duopoly is a market setting in which two *firm*s compete in a market—see *oligopolistic market*.

经济达尔文主义

economic Darwinism is the economic counterpart of the biological theory of natural selection; an organization selects features that increase its ability to survive within its environment; the basic idea is that a competitive marketplace creates pressures that favor organizations that are relatively most efficient.

经济利润

economic profit is an above-competitive (or extra-normal) rate of return on assets; *economic profits* are eroded in *competitive markets*.

经济增加值

Economic Value Added (EVA-registered trademark of Stern Stewart) is a measure of *residual income*; it is the after-tax operating profit of the division minus the total annual cost of capital invested in the division.

规模经济

economies of scale occur in industries in which *average cost* declines over a broad range of output levels.

范围经济

economies of scope occur when the cost of producing a set of products jointly within one firm is lower than the cost of producing the products separately across independent firms.

效益工资

efficiency wages are wage premiums paid to reduce shirking because employees are afraid that if they are caught, they will be fired and lose this premium; efficiency wages also discourage employee turnover.

弹性需求

elastic demand occurs when the *price elasticity* is greater than one; in this case, a small increase in price decreases total revenue.

需求弹性

elasticity of demand relates the percentage *change in the quantity demanded* to a given percentage change in its price. Higher price elasticities mean greater price sensitivity. Although the *law of demand* implies that this ratio will be negative, convention dictates that this elasticity is stated as a positive number—also called *price elasticity of demand*.

均衡

equilibrium refers to a stable situation where no party has a reason to change its *strategy* (for example, in a *competitive market*, this occurs when the quantity supplied of a product equals the quantity demanded).

道德

ethics is the study of behaviors that people should and should not follow.

排他性条款

exclusive territories grant individual distributors the exclusive rights to operate within a specified *market* area.

费用中心

expense centers are business units that are given fixed budgets and asked to maximize some hard-to-measure service or output; it is essentially a *cost center* that does not produce an easily measurable output.

体验商品

experience goods are those that must be tried by the customer to ascertain *quality*.

显性合同

explicit contracts are formal written agreements with a party related to the *firm* (for example, employees, customers, suppliers, and capital providers).

外部性

externalities are costs of or benefits from the actions of one party that affect the *utility* or production possibilities of another party.

要素平衡方程

factor-balance equation states that at the costminimizing level of output, the ratios of *marginal product* to price for each factor are equal.

要素需求曲线

factor demand curves display the relation between the quantity of an input the *firm* demands and its price, holding other factors constant.

企业

firm is a basic organizational unit of production; for purposes of this book, it is a focal point for a set of contracts.

企业的专用资产

firm-specific assets are assets that are significantly more valuable in their current use within the *firm* than in their next best alternative use outside the firm.

一级价格歧视

first-degree price discrimination—see *personalized pricing*.

首动优势

first-mover advantages are the expected benefits derived by the first *firm* to introduce a product.

固定成本

fixed costs are those costs that do not vary with output over the time horizon of the analysis.

正式授权

formal authority is the power that comes from explicitly assigned decision rights within the organization.

营利组织

for-profit organizations have owners (for example, shareholders) who have title to the residual profits of the organization—see *nonprofit organization*.

前向一体化

forward integration occurs when the firm begins to conduct additional finishing work or to market its own goods—also called *downstream integration*.

特许经营协议

franchise agreements are contracts between the franchisor (parent) and the franchisee that grant to the franchisee the rights to use the parent's name, reputation, and business format at a particular location or within a stipulated *market* area.

自由现金流问题

free cash flow problems are incentive conflicts between owners and managers over retaining cash within the *firm* beyond that necessary to fund value-increasing investment projects; managers prefer to take projects which expand firm size beyond that which maximizes the firm's value, rather than to distribute the cash to owners.

免费搭便车问题

free-rider problems occur in team efforts; each member of the team has an incentive to shirk because each receives the full benefit from shirking, but bears only a part of the costs.

福利

fringe benefits are components of the compensation package other than salary and incentive compensation; they are either in-kind or *deferred* (such as medical insurance and pensions).

全部成本转移价格

full-cost transfer prices use full cost to value goods exchanged between business units; full cost is the sum of *fixed* and *variable cost*.

职能

function refers to a primary activity within the process that a *firm* employs to provide a product to customers; major functions include research, manufacturing, finance, marketing, sales, and service.

职能短视

functional myopia occurs when employees focus on their individual *function* at the expense of the larger array of activities that must be accomplished to capture as much value as possible given the firm's business opportunities.

职能子单元

functional subunits group all *jobs* performing the same *function* into the same department.

贸易利得

gain from trade is the difference between the minimum value that an owner or a supplier is willing to accept for an item and the maximum price that a prospective buyer is willing to pay.

博弈论

game theory is concerned with the general analysis of strategic interaction; it focuses on optimal decision making when all decision makers are presumed to be rational, with each attempting to anticipate the likely actions and reactions of its rivals.

通用人力资本

general human capital consists of training and education that is useful across a wide variety of different *firms*.

一般知识

general knowledge is that which is relatively inexpensive to transfer.

公认会计准则

Generally Accepted Accounting Principles (GAAP) are that set of accounting methods commonly used or proscribed by the Securities and Exchange Commission (SEC) and the Financial Accounting Standards Board (FASB) for financial reporting.

基于目标的系统

goal-based system provides each employee a set of goals for the year and then evaluates employees based on the extent to which the goals are achieved.

集体激励性报酬

group incentive pay bases employee compensation on group performance.

分组定价

group pricing occurs when a *firm* separates its customers into classes and sets different prices for each class—also called *third-degree price discrimination*.

历史成本

historical costs reflect the original purchase price of resources and not necessarily their current *opportunity cost*; historical costs generally are not relevant for decision making (except for their tax effects).

牵制问题

holdup problems can occur when parties invest in *specific assets*; for example, after the investment is made, the buyer might be able to force a price concession, since it will be in the interests of the seller to continue to operate as long as *variable costs* are covered.

任期问题

horizon problems are the incentive conflicts that can arise between owners and employees due to differential horizons with the firm; employees' claims on the firm generally are tied to their tenure with the firm, but owners are interested in the present value of the entire stream of future cash flows.

赛马

horse race is a model used by some companies for top management succession. A pool of internal candidates compete to replace the CEO. The "winner of the contest" becomes the new CEO when the existing CEO retires.

人力资产的专用性

human asset specificity—see *specific human capital and asset specificity*.

人力资本

human capital is a term that characterizes individuals as having a set of skills that can be "rented" to employers.

识别

identification is a statistical problem that arises in separating the effects of simultaneous equations; for example, separating supply versus demand shifts in explaining the observed changes in market prices and quantities.

执行权

implementation rights involve the execution of ratified business decisions.

隐性合同

implicit contracts consist of promises and shared understandings that are not expressed by formal legal documents.

激励系数

incentive coefficients are weights that the compensation plan places on the various tasks assigned to an employee.

收入弹性

income elasticity relates the percentage change in the quantity purchased for a good to a given percentage change in income.

不完全契约

incomplete contracts do not specify actions under all possible contingencies.

规模收益递增

increasing returns to scale for a production function occur when a 1 percent change in all inputs results in a greater than 1 percent change in output.

无差异曲线

indifference curves display all the combinations of goods that yield the same *utility*.

独资企业

individual proprietorships are unincorporated businesses owned by individuals.

行业需求曲线

industry demand curve relates total quantity demanded across all firms in an industry to price of the product.

无弹性需求

inelastic demand occurs when the *price elasticity* is less than one; in this case, a small increase in price raises *total revenue*.

劣质品

inferior goods are goods for which the quantity purchased declines with income.

影响成本

influence costs include those nonproductive activities in which employees engage to influence decisions.

信息失灵

information failures refers to the case where information asymmetries and *adverse selection* can lead to a breakdown of markets and the failure to consummate potentially beneficial exchanges.

信息原则

informativeness principle states that it is typically desirable to include in the compensation plan all performance indicators that provide incremental information about the employee's effort, assuming the measures are available at low cost.

启动权

initiation rights are the *decision rights* to generate proposals for particular business decisions such as resource utilization or contract structure.

内部劳动力市场

internal labor markets fill *jobs* from within the *firm*. In firms that rely primarily on internal labor markets, they are used to fill most non-entry-level jobs; employees typically spend a significant fraction of their careers with the firm.

投资中心

investment centers are business units that have all the *decision rights* of cost centers and *profit centers* as well as the *decision rights* over the amount of capital to be invested.

等成本线

isocost lines display all combinations of the factors of production with the same cost.

等产量曲线

isoquants display all possible ways to produce the same quantity (*iso* meaning "the same," *quant* from "quantity").

工作

jobs define the basic roles and responsibilities of employees; jobs have at least two important dimensions: the variety of tasks that the employee is asked to complete and the decision authority that is granted to the individual to complete the tasks.

合资企业

joint ventures establish new *firms* that are owned jointly by two or more independent firms.

适时生产

just-in-time production (JIT) is a production system whereby each component is produced immediately as needed by the next step in the production process.

企业集团

keiretsu is a form of *network organization* employed in Japan; it consists of an affiliation of quasi-independent *firms* with ongoing, fluid relationships; typically, the firms have cross-holdings in each other's common stock.

需求定律

law of demand states that normal *demand curves* slope downward to the right—quantity demanded varies inversely with price.

边际收益递减规律

law of diminishing returns states that the marginal product of a variable factor will eventually decline as the use of the factor is increased—also called the law of diminishing marginal product.

领导

leadership is the process of persuasion or example by which an individual induces a group to pursue objectives held by the leader; it has at least two important components: establishing goals and motivating others.

学习曲线

learning curves display the relation between *average* cost and *cumulative production*; learning-curve effects refer to average cost falling as production experience accumulates.

杠杆收购

leveraged buyout (LBO) is defined as a takeover of a company, financed by borrowed funds (often, the target company's assets are used as security for the loans acquired to finance the purchase; the acquiring company or group then repays the loans from the target company's profits or by selling its assets); leveraged buyouts occur at both the corporate and divisional levels (sometimes only part of the firm is sold off); through these buyouts, the companies (or divisions) are converted from *publicly traded* to *closely held corporations*.

有限责任

limited liability refers to organizations (like *corporations*) in which the owners' risk associated with the organization is limited to their capital contributions.

有限责任公司

limited liability company is a legal form of organization that is similar to an *S corporation*; it allows owners to obtain the benefits of pass-through tax treatment and *limited liability*.

有限责任合伙企业

limited liability partnership (LLP) is a legal form of organization available for partnerships consisting of groups of certain types of professionals (such as attorneys, doctors, and accountants); similar to *general partnerships* except that individual partners are shielded from certain vicarious liabilities.

有限责任合伙公司

limited partnership is a partnership in which one or more "general" partners manage the business while "limited" partners contribute capital and share in the profits but take no part in running the business; general partners are personally liable for the partnership's debts, while limited partners incur no liability with respect to partnership obligations beyond their capital contributions.

互助组

logroll consists of a coalition of individuals who are largely indifferent to one another's demands, but agree to support a variety of requests so that each can get what he wants.

长期

long run is the period of time over which the *firm* has complete flexibility; no inputs are fixed.

长期成本曲线

long-run cost curves—see *planning curves*.

M 型组织

M form organization—see *multidivisional form*.

马尔科姆·鲍德里奇国家质量奖

Malcolm Baldrige National Quality Award was instituted in 1987 by the U.S. government to recognize *quality* achievement by American companies.

边际分析

marginal analysis considers only the incremental costs and benefits in making a decision; costs and benefits that do not vary with the decision are sunk and hence are irrelevant.

边际收益

marginal benefits are the incremental benefits associated with making a decision.

边际成本

marginal cost (MC) is the change in total costs associated with a one-unit change in output—*marginal costs* can be defined for either the *long run or the short run.*

边际成本转让价格

marginal-cost transfer prices use marginal production cost to value goods exchanged between business units.

边际产量

marginal product (MP) of an input is the change in total output associated with a one-unit change in the input, holding other inputs fixed.

边际收益

marginal revenue (MR) is the change in *total revenue* given a one-unit change in quantity.

边际收益产品

marginal revenue product (MRP) is the incremental revenue that the *firm* obtains from employing one more unit of the input (the incremental output times the incremental revenue)-also called the *value of the marginal product.*

市场

market consists of all firms and individuals who are willing and able to buy or sell a particular product.

依据市场确定转让价格

market-based transfer prices use external market prices to value goods exchanged between business units.

市场出清价格

market-clearing price is the price at which the quantity supplied of a product is equal to the quantity demanded.

市场失灵

market failures occur because of *externalities, public goods, monopolies, and information failures*; they keep markets from then providing an efficient allocation of resources.

公司控制权市场

market for corporate control is a term used to describe how outsiders can obtain voting control in a publicly traded company through the purchase of shares in the open market; control transactions often are associated with corporate takeovers and mergers.

市场控制力

market power occurs when a *firm* faces a downward-sloping *demand curve*; it can raise prices without losing all sales.

市场结构

market structure refers to the basic characteristics of the *market* environment, including (1) the number and size of buyers, sellers, and *potential entrants*; (2) the degree of product differentiation; (3) the amount and cost of information about product price and *quality*; and (4) the conditions for entry and exit.

加成定价

markup pricing sets price by estimating its price elasticity and marking up *marginal costs*; the *firm* substitutes these estimates into MC*/[1-1/η*].

矩阵组织

matrix organizations are those that are characterized by intersecting lines of authority; they have functional departments (such as finance, manufacturing, and development), but employees from these functional departments also are assigned to subunits organized around product, geography, or some special project-individuals report to both a functional manager and a product manager. See *function and functional subunits.*

竞争者同价条款

meeting-the-competition clause is a contractual provision that guarantees that the seller will match the price offered by a competitor.

菜单计划

menu plans—see *cafeteria-style benefit plans.*

菜单定价

menu pricing involves offering all potential customers the same menu of purchase options. Customers self-select among the alternatives, thus revealing information about their *demand elasticities*—also called *second-degree price discrimination.*

最小有效规模

minimum efficient scale is the plant size at which long-run average cost first reaches its minimum.

监控权

monitoring rights represent the opportunity to oversee whether the obligations of another party have been met.

垄断竞争

monopolistic competition is a *market structure* that is a hybrid between *competitive markets* and *monopoly*; *firms* have downward-sloping *demand curves* for their differentiated products, but *economic profits* are limited by entry and competition (examples include the *markets* for toothpaste and golf balls).

垄断

monopoly is a *market structure* where there is only one firm in the industry; here, industry and firm *demand curves* are the same.

道德风险问题

moral-hazard problems—see *postcontractual information problems.*

最惠国待遇条款

most-favored-nation clause is a contractual provision that guarantees the seller will not sell to another buyer at a lower price.

动作研究

motion studies are the systematic analysis of work methods considering the use of raw materials, the design of the product or process, the order of work, the tools, and the activities at each step.

多重共线性

multicollinearity is a statistical problem that arises when the factors that affect a dependent variable in a regression are highly correlated (tend to move together); it can make it difficult to estimate the individual effects of the explanatory variables with much precision.

M 型

multidivisional form of *firm* organization groups *jobs* into a collection of business units based on factors such as product or geographic area; operating decisions such as product offerings and pricing are decentralized to the business unit and each business unit has its own *functional* subunits—also called *M form organization.*

多任务委托-代理模型

multitask principal-agent model examines the incentive problems that arise when an employee is assigned multiple tasks.

纳什均衡

Nash equilibrium occurs when each firm is doing the best it can, given the actions of its rivals.

依据谈判确定转让价格

negotiated transfer prices use prices set by negotiation between the two business units to value goods exchanged between them.

网络效应

network effects occur where the demand for a product increases with the number of users (for example, fax machines are more useful the more people that use them).

网络组织

network organizations are those that are organized into work groups based on *function*, geography, or some other dimension; the relationships among these work groups are determined by the demands of specific projects and work activities, rather than by formal lines of authority; these relationships are fluid and frequently change with changes in the *business environment.*

非营利组织

nonprofit organization is a legal form of organization in which persons who control the organization are forbidden from receiving the residual profits; these organizations receive significant tax breaks; only organizations with a social purpose can organize as nonprofits—see *for-profit organizations.*

正常品

normal goods are those for which the quantity purchased increases with income.

客观绩效计量

objective performance measure is a measure that is easily observable and quantifiable.

寡头市场

oligopolistic market is a *market structure* that has only a few *firms* which account for most of the production in the *market*; products may or may not be differentiated; firms can earn *economic profits.*

重要变量的缺省

omitted variables problem is a statistical problem that arises from estimating equations without all the relevant explanatory variables.

经营成本曲线

operating cost curves are used in making near-term production and pricing decisions—also called *short-run cost curves.*

机会成本

opportunity cost is the value of the resource in its next best alternative use.

组织架构

organizational architecture comprises the three critical aspects of corporate organization: (1) the assignment of *decision rights* within the company, (2) the methods of rewarding individuals, and (3) the structure of systems to evaluate the performance of both individuals and business units.

外部董事

outside directors are commonly defined as board members who are not existing managers or their family members. The stock exchanges have more stringent definitions of outside or independent directors.

外包

outsourcing is moving an activity outside the firm that formerly was done within the firm; it can also refer to an outgoing arrangement for using external firms either to supply inputs or distribute products.

帕累托效率

Pareto efficiency occurs when there is no feasible alternative that keeps all individuals at least as well off but makes at least one person better off.

传递指挥棒

passing-the-baton is a prominent model used by companies for top management succession. An heir apparent to the CEO is identified and given a title such as president or COO. Contingent on firm and individual performance, the heir apparent eventually becomes the new CEO.

组织转稼

pass-through organization is one in which the income of the organization is passed through to the owners' tax returns and is taxed only at the personal level.

绩效评估

performance evaluation is the process of appraising the correspondence between employee productivity and employer expectations.

个性化定价

personalized pricing occurs when the producer extracts all potential *consumer surplus* from each potential consumer-also called first-degree price discrimination.

资产专用性

physical asset specificity—see *asset specificity.*

计划曲线

planning curves play a key role in longer-run planning decisions relating to plant size and equipment acquisition—also called *long-run cost curves.*

合约签订后的信息问题

postcontractual information problems are *agency problems* that occur because of *asymmetric information* after the contract is negotiated; individuals have incentives to deviate from the contract and take self-interested actions because the other party has insufficient information to know whether the contract was honored—also called *moral-hazard problems.*

潜在进入者

potential entrants are all *firms* that pose a sufficiently credible threat of *market* entry to affect the pricing and output decisions of incumbent firms.

合约签订前的信息问题

precontractual information problems are contracting problems that occur because of *asymmetric information* at the time the contract is being negotiated; these problems include *adverse selection* and *bargaining failures.*

优先股

preferred stock is a type of stock whose holders are given priority of common stockholders in receiving dividends. The dividend is typically fixed at the time of issue.

价格歧视

price discrimination occurs whenever a *firm's* prices in different *markets* are not related to differentials in production and distribution costs; it involves charging different consumers different prices based on their *elasticities of demand.*

需求的价格弹性

price elasticity of demand—see *elasticity of demand.*

委托-代理模型

principal-agent model examines incentive problems among

contracting parties, especially within organizations.

囚徒困境

prisoners' dilemma is a *game–theory* model that examines the tension between group interest and individual self-interest; the *equilibrium* is for the two prisoners to confess, even though it is in their joint interest not to confess.

产品特征

product attributes are the various characteristics of a product that buyers value.

产品的寿命周期

product life cycle is the pattern in the demand for products over their life cycles; it is divided into four stages: introduction, growth, maturity, and decline. Typically, the demand for a successful product increases rapidly through the growth phase; the demand tends to level off during the maturity phase; it eventually drops when the product enters the decline phase.

生产函数

production function specifies the maximum feasible output that can be produced for given quantities of inputs.

利润中心

profit centers are business units whose managers are given *decision rights* for input mix, product mix, and selling prices (or output quantities) and are asked to maximize profits given a fixed capital budget.

产量的利润最大化水平

profit-maximizing level of production occurs when *marginal revenue* equals *marginal cost*.

财产权

property right is an enforceable right to select the uses of a good.

股东签署的委托书

proxy statement refers to a document, which the SEC requires a company to send to its shareholders, that provides material facts concerning matters on which the shareholders will vote.

上市公司监视会

Public Companies Accounting and Oversight Board (PCAOB) oversees public accountants' audits of publicly traded corporations. Created by the Sarbanes-Oxley Act of 2002.

公共物品

public goods are those commodities whose consumption by one person does not diminish the amount available to others.

上市公司

publicly traded corporations are characterized by stock that is sold to and traded among the general public (often on organized exchanges, such as the New York Stock Exchange).

质量

quality can refer to high mean, low variance, more options, or meeting customer expectations.

质量圈

quality circles are voluntary work groups that meet regularly to discuss how to improve the *quality* of products and work processes.

棘轮效应

ratchet effect refers to basing next year's performance standard on this year's actual performance; such standard setting can induce employees to restrict production in the current period in order to limit the increase in their future performance benchmarks.

批准权

ratification rights are those that involve the choice of the business-decision initiatives to be implemented.

反应曲线

reaction curve displays one *firm's* optimal choice (of output, for instance), given the choice of another firm.

流程再造

reengineering is a management technique defined as the fundamental rethinking and radical redesign of business processes to achieve improvements in measures of performance, such as cost, *quality*, service, and speed.

相对绩效评估

relative–performance evaluation measures employees' performance relative to peers.

相对价格

relative price is the price of one good as compared to another.

保留价格

reservation price is the maximum price that the buyer is willing to pay, or the minimum that the seller is willing to accept.

保留效用

reservation utility is the *utility* that the employee can obtain in the next best alternative; the employee must be paid her reservation utility or she will not work for the *firm*.

剩余索取权

residual claimants have the legal rights to the profits of the enterprise once the fixed claimants of the firm (for example, bondholders and employees) are paid.

剩余收益

residual income measures business-unit performance by subtracting a stated return on investment from division profits.

剩余损失

residual loss is the dollar equivalent of the remaining loss in value that results because incentive problems have not been completely resolved by out-of-pocket expenditures on monitoring and bonding.

剩余使用权

residual use rights for an asset are the rights to select any use that does not conflict with prior contract, custom, or law.

资产收益率

return on assets (ROA) is the ratio of accounting net income generated divided by total assets; ROA is a commonly used investment-center performance measure.

要素收益

returns to a factor define the relation between output and the variation in only one input, holding other inputs fixed.

规模收益

returns to scale is the relation between output and a proportional variation of all inputs taken together.

收入中心

revenue centers are business units that evaluate performance based on revenue generation.

逆向风险

risk–averse individuals prefer a lower level of risk, holding the expected payoff fixed.

风险中性

risk–neutral individuals care only about expected value and are indifferent to the level of risk.

风险溢价

risk premium is the difference between the expected value of a risky income stream and its *certainty equivalent*.

2002 年萨班斯—奥克斯利法案

Sarbanes–Oxley Act of 2002 (SOX) is an important U.S. law relating to corporate governance and financial disclosure adopted in the aftermath of the 2001-2002 corporate governance scandals.

二级价格歧视

second–degree price discrimination—see *menu pricing*.

证券交易委员会

Securities and Exchange Commission (SEC) is the primary federal regulatory agency for the securities industry. The SEC's mandate is to promote full and accurate disclosure and to protect investors against fraudulent and manipulative practices in the securities markets.

自我选择

self–selection occurs when people with differential private information identify themselves to outsiders by choosing contracts that best fit with their private information.

股东建议

shareholder proposals are voting proposals that are initiated by shareholders and often not supported by management. They are included in the proxy statements sent to shareholders. In the United States, boards of directors do not have to adopt shareholder proposals even if they receive a majority of affirmative votes.

短期

short run is the operating period during which at least one input (frequently capital) is fixed in supply.

短期成本曲线

short–run cost curves—see *operating cost curves*.

短期利润最大化

short–run profit maximization occurs when *marginal revenue* equals *short–run marginal cost*.

短缺

shortage occurs when the price in the *market* is lower than the *market–clearing* price and quantity demanded is greater than quantity supplied; as inventories are depleted, suppliers have incentives to raise prices.

关停条件

shut–down condition in the short run occurs when price is lower than *average variable cost*; in the *long run* it occurs when price is lower than *long–run average cost*.

资产的地点专用性

site specificity occurs when an asset is located in a particular place that makes it useful only to a small number of buyers or suppliers and it cannot be moved easily—see also *asset specificity*.

专业化的任务分配

specialized task assignments are those in which individual employees concentrate on a limited set of tasks—see *broad task assignment*.

专用资产

specific assets are those that are worth more in their current use than in alternative uses.

专用的人力资本

specific human capital is created by learning things that are expected to be useful only within a specific contractual relationship—see *asset specificity*.

具体知识

specific knowledge is that which is relatively expensive to transfer.

现货市场

spot market is one in which the exchange is made immediately at the current market price with no long-term commitment between the buyer and the seller.

利益相关者

stakeholders describe various parties affected by a corporation's actions, such as shareholders, employees, and the broader community.

标准评分系统

standard rating scales require the performance evaluator to rank the employee on a number of different performance factors using a scale (for example, far exceeds requirements, exceeds requirements, meets all requirements, partially meets requirements, does not meet requirements).

战略联盟

strategic alliances are any of a variety of agreements between independent *firms* to cooperate in the development and/or marketing of products.

战略

strategy refers to the general policies that managers adopt to generate profits; rather than focus on operation detail, a firm's strategy addresses broad, long-term issues facing the *firm*.

主观绩效评估

subjective performance evaluation is an evaluation that is based on the personal opinion of the supervisor rather than on some objective measure (such as the quantity of output).

替代品

substitutes are goods that compete with each other; if the price of one good is increased, the consumer will tend to shift purchases to the other good.

替代效应

substitution effect in producing a product occurs when the firm shifts among inputs due to changes in their relative prices.

沉没成本

sunk costs are those nonrecoverable costs that have already been incurred and the resources have no alternative use.

供给曲线

supply curve displays the quantity producers are willing to sell at each price; the curve typically slopes upward-at higher prices producers are able and willing to produce and sell more units.

剩余

surplus occurs when the price in the *market* is higher than the *market–clearing price* and quantity supplied is greater than quantity demanded; as inventories build, suppliers have incentives to reduce prices.

适者生存

survival of the fittest is a principle implied by the concept of *economic Darwinism*; companies have the greatest chance of survival if they are organized efficiently given their particular environment.

团队生产

team production occurs when interdependencies among employees and assets cause the value of the inputs as a team to be greater than their *opportunity costs*.

远程办公

telecommuting occurs when employees work out of their homes and communicate with the central office via fax, computer, or telephone.

三级价格歧视

third-degree price discrimination—see *group pricing*.

凳子的三条腿

three legs of the stool is an analogy used to characterize *organizational architecture*; like a balanced stool, a welldesigned organization should have an architecture in which the three components (the assignment of *decision rights*, the *reward system*, and the *performance-evaluation system*) are coordinated.

时间研究

time studies are a wide variety of techniques employed for determining the duration a particular activity requires under certain standard conditions.

总成本曲线

total cost curve (TC) displays the relation between total costs (total *fixed costs* plus total *variable costs*) and output.

总产量

total product (TP) of an input is the schedule of output obtained as the input increases, holding other inputs fixed.

全面质量管理

total quality management (TQM) includes those management processes and organizational changes necessary to meet customer expectations and to achieve continual improvement.

总收入

total revenue is the product of price times quantity sold.

交易成本

transaction costs—see *contracting costs* (note that this term frequently is used to refer only to out-of-pocket contracting costs).

转让价格

transfer price is the amount one business unit pays another for goods and services that are exchanged between them.

分步定价

two-part tariff is a *pricing* mechanism in which the customer pays an up-front fee for the right to buy the product and then pays additional fees for each unit of the product consumed; two-part pricing is sometimes used in contracts between manufacturers and distributors.

双层董事会

two-tier board is a board structure used in countries following the German model. The supervisory board consists of large shareholders (including banks, corporations, and insurance companies) and employee representatives. Employee representatives have 50 percent of the board seats. The supervisory board selects a management board that has primary operational authority.

U 型组织

U form organization—see *unitary organization*.

需求的效用弹性

unitary elasticity of demand occurs when the *price elasticity* is equal to one; a small increase in price is associated with no change in *total revenue*.

单一型组织

unitary organization groups *jobs* by *function* (engineering, design, sales, finance, and so on); it places each primary function in one major subunit (rather than in multiple subunits)—also called *U form organization*.

无限责任

unlimited liability refers to organizations (like *general partnerships*) in which the owners face unlimited personal liability for debt and other claims against the organization.

上游一体化

upstream integration—see *backward integration*.

效用

utility is an index of personal well-being.

效用函数

utility function is the relation between an individual's well-being (*utility*) and the level of goods consumed.

边际产品价值

value of the marginal product (VMP)—see *marginal revenue product*.

可变成本

variable costs are costs which change with the level of output.

生产的纵向链

vertical chain of production is the series of steps in the production process.

纵向一体化

vertically integrated *firms* are those which participate in more than one successive stage in the *vertical chain of pro-*

duction.

愿景

vision refers to a course of action for the *firm*—see also *corporate strategy*.

工作抽样

work sampling is one type of *time study* that involves selecting a large number of observations taken at random intervals and observing how long employees take in performing various components of the *job*.

参考文献

Alchian, A. (1950), "Uncertainty, Evolution, and Economic Theory," *Journal of Political Economy* 58, 211-221.

Alchian, A., and Demsetz, H. (1972), "Production, Information Costs and Economic Organization," *American Economic Review* 62, 777-795.

Aoki, M. (1988), *Information, Incentives, and Bargaining in the Japanese Economy* (Cambridge University Press: Cambridge).

Baker, G., Gibbons, R., and Murphy, K. (1994), "Subjective Performance Measures in Optimal Incentive Contracts," *Quarterly Journal of Economics* CIX, 1125-1156.

Baker, G., Jensen, M., and Murphy, K. (1988), "Compensation and Incentives: Practice versus Theory," *Journal of Finance* 43,593-616.

Barzel, Y. (1982), "Measurement Cost and the Organization of Markets," *Journal of Law & Economics* XXV, 27-48.

Becker, G. (1983), *Human Capital* (University of Chicago Press: Chicago).

Becker, G. (1993), "Nobel Lecture: The Economic Way of Looking at Behavior," *Journal of Political Economy* 101, 385-409.

Besanko, D., Dranove, D., and Shanley, M. (2000), *Economics of Strategy* (Wiley: New York).

Brandenburger, A., and Nalebuff, B. (1996), *Co–opetition* (Doubleday: New York).

Carlton, D., and Perloff, J. (1999), *Modern Industrial Organization*, 3rd edition (HarperCollins: New York), Chapter 16.

Chandler, Jr. A. (1966), *Strategy and Structure* (Doubleday: Garden City, NY).

Chandler, Jr. A. (1977), *The Visible Hand: The Managerial Revolution in American Business* (Belknap Press: Cambridge, MA).

Chew, Jr. D., and Gillan, S., Eds. (2005), *Corporate Governance at the Crossroads, A Book of Readings* (McGraw-Hill/Irwin: Boston).

Coase, R. (1988), *The Firm, the Market, and the Law* (The University of Chicago Press: Chicago).

Cochran, T. (1964), *The Inner Revolution* (Harper & Row: New York).

Collis, D., and Montgomery, C. (1995), "Competing on Resources: Strategy in the 1990s," *Harvard Business Review*, 118-128.

Crosby, P. (1980), *Quality Is Free* (Mentor: New York).

Dixit, A., and Nalebuff, B. (1991), *Thinking Strategically* (Norton: New York).

Dixit, A., and Nalebuff, B. (1993), *Thinking Strategically* (W.W. Norton & Company: New York).

Doeringer, P., and Piore, M. (1971), *Internal Labor Markets and Manpower Analysis* (D. C. Heath: Lexington, MA).

Donaldson, T., and Werhane, P. (Eds.) (1999), *Ethical Issues in Business: A Philosophical Approach*, 6th edition (Prentice Hall: Englewood Cliffs, NJ).

Earwell, J., Milgate, M., and Newman, P. (1989a), *Allocation, Information, and Markets* (W.W. Norton: New York).

___ (1989b), *The Invisible Hand* (W.W. Norton: New York).

Eccles, R. (1985), *The Transfer Pricing Problem: A Theory for Practice* (Lexington Books: Lexington, MA).

Ehrenberg, R., and Smith, R. (2006), *Modern Labor Economics: Theory and Public Policy*, 9th edition (Addison-Wesley: Reading, MA), Chapters 8, 9, and 11.

Fama, E., and Jensen, M. (1983), "Separation of Ownership and Control," *Journal of Law & Economics* 26, 301-326.

Gardner, J. (1990), *On Leadership* (Free Press: New York).

Gould, J. (1964), "Internal Pricing in Firms When There Are Costs of Using an Outside Market," *Journal of Business* 37, 61-67.

Hammer, M., and Champy, J. (1993), *Reengineering the Corporation* (Harper Business: New York).

Hammer, M., and Champy, J. (1993), *Reengineering the Corporation: A Manifesto for Business Revolution* (Harper Business: New York).

Hart, O. (1989), "An Economist's Perspective on the Theory of the Firm," *Columbia Law Review* 89, 1757-1774.

Hart, O. (1995), *Firms, Contracts, and Financial Structure* (Oxford Press: Oxford, UK).

Hayek, F. (1945), "The Use of Knowledge in Society," *American Economic Review* 35, 519-530.

Hirshleifer, J. (1964), "Internal Pricing and Decentralized Decisions," in C. Bonini, P. Jaediecke, and R. Wagner (Eds.), *Management Controls: New Directions in Basic Research* (McGraw-Hill: New York).

Holmstrom, B., and Tirole, J. (1991), "Transfer Pricing and Organizational Form," *Journal of Law, Economics, and Organizations* 7, 201-228.

Jensen, M. (1983), "Organization Theory and Methodology," *The Accounting Review* 58, 319-339.

Jensen, M., and Meckling, W. (1976), "Theory of the Firm: Managerial Behavior, Agency Costs and Ownership Structure," *Journal of Financial Economics* 3, 305-360. Pay particular attention to the first 11 pages.

Jensen, M., and Meckling, W. (1978), "Can the Corporation Survive?" *Financial Analysts Journal* 34, 31-37.

Jensen, M., and Meckling, W. (1992), "Specific and General Knowledge, and Organizational Structure," *Journal of Applied Corporate Finance* 8:2, 4-18.

Jensen, M., and Meckling, W. (1994), "The Nature ofMan," *Journal of Applied Corporate Finance* 7, 4-19.

Jensen, M., and Meckling, W. (1995), "Specific and General Knowledge, and Organizational Structure," *Journal of Applied Corporate Finance* 8:2, 4-18.

Jensen, M., and Smith, C. (1985), "Stockholder, Manager, and Creditor Interests: Applications of Agency Theory," in Altman, E. and Subrahmanyam, M. (Eds.), *Recent Advances in Corporate Finance* (Richard D. Irwin: Burr Ridge, IL), 93-131.

Juran, J. (1989), *Juran on Leadership for Quality* (Free Press: New York).

Juran, J., and Gryna, Jr. (1993), *Quality Planning and Analysis* (McGraw-Hill: New York).

Kaplan, R., and Atkinson, A. (1998), *Advanced Management Accounting* (Prentice Hall: London).

Kearns, D., and Nadler, D. (1992), *Prophets in the Dark* (Harper Business Press: New York).

Keating, S., and Wruck, K. (1994), "Sterling Chemicals Inc.: Quality and Process Improvement Program," *Harvard Business School Case* 9-493-026.

Klein, B., Crawford, R., and Alchian, A. (1978), "Vertical Integration, Appropriable Rents, and the Competitive Contracting Process," *Journal of Law & Economics* 24, 297-326.

Kreps, D. (1990), "Corporate Culture and Economic Theory," in J. Alt and K. Shepsle (Eds.), *Perspectives on*

Positive Political Economy (Cambridge University Press: Cambridge).

Lazear, E., and Rosen, S. (1981), "Rank Order Tournaments as Optimal Labor Contracts," *Journal of Political Economy* 89, 841-864.

March, J. (1994), *A Primer on Decision Making* (Free Press: New York).

McMillan, J. (1992), *Games, Strategies, and Managers* (Oxford University Press: New York), 91-129.

McMillan, J. (1996), *Games, Strategies, & Managers* (Oxford University Press: New York).

Milgrom, P., and Roberts, J. (1992), *Economics, Organization, and Management* (Prentice Hall: Englewood Cliffs, NJ), 206-247.

Milgrom, P., and Roberts, J. (1995), "Complementarities and Fit: Strategy, Structure and Organizational Change in Manufacturing," *Journal of Accounting and Economics* 19, 179-208. Focus particular attention on pages 191-208.

Milkovich, G., and Wigdor, A. (1991), *Pay for Performance* (National Academy Press: Washington, DC).

Milkovich, G., Newman, J., and Milkovich, C. (1999), *Compensation* (Irwin/McGraw-Hill: Burr Ridge, IL).

Miller, G. (1992), *Managerial Dilemmas: The Political Economy of Hierarchy* (Cambridge University Press: Cambridge).

Miller, G. (1993), *Managerial Dilemmas: The Political Economy of Hierarchy* (Cambridge University Press: Cambridge).

Nagel, T. (1994), *The Strategy and Tactics of Pricing: A Guide to Profitable Decision Making*, 2nd edition (Prentice Hall: Englewood Cliffs, NJ).

Nash, L. (1991), "Ethics without the Sermon," *Harvard Business Review* (November-December).

Newton, L., and Ford, M. (1998), *Taking Sides: Clashing Views on Controversial Issues in Business Ethics*, 5th edition (Dushkin/McGraw-Hill: Guilford, CT).

Noreen, E. (1988), "The Economics of Ethics: A New Perspective on Agency Theory," *Accounting, Organizations and Society* 13, 359-369.

Pfeffer, J. (1992), *Managing with Power* (Harvard Business School: Boston).

Pindyck, R., and Rubinfeld, D. (1992), *Microeconomics* (Macmillan: New York), Chapters 8-13.

Porter, M. (1980), *Competitive Strategy* (Free Press: New York).

Prendergast, C. (1999), "The Provision of Incentives in Firms," *Journal of Economic Literature* 37 (March), 7-63.

Romer, P. (1998), "Bank of America Roundtable on the Software Revolution: Achieving Growth by Managing Intangibles," *Journal of Applied Corporate Finance* 11(2): 8-27.

Rubin, P. (1990), *Managing Business Transactions* (Free Press: New York).

Shapiro, C., and Varian, H. (1999), *Information Rules: A Strategic Guide to the Network Economy* (Harvard Business School Press: Boston).

Shaw, W. (1999), *Business Ethics*, 3rd edition (Wadsworth Publishing: Belmont, CA).

Shaw, W., and Barry V. (2000), *Moral Issues in Business*, 8th edition (Wadsworth Publishing: Belmont, CA).

Smith, C. (1992), "Economics and Ethics: The Case of Salomon Brothers," *Journal of Applied Corporate Finance* 5:2, 23-28.

Solomons, D. (1985), *Divisional Performance: Measurement and Control*, 2nd edition (Richard D. Irwin: Burr Ridge, IL).

Stewart, B. (1991), *The Quest for Value* (Harper Business: New York).

Stigler, G. (1987), *The Theory of Price* (Macmillan: New York), Chapter 3.

Stigler, G. (1987), *The Theory of Price* (Macmillan: New York), Chapters 6-10.

Toffler, B. (1986), *Tough Choices: Managers Talk Ethics* (John Wiley & Sons: New York).

Williamson, O. (1983), *Markets and Hierarchies* (Free Press: New York).

Williamson, O. (1985), *The Economic Institutions of Capitalism* (Free Press: New York).

Wruck, K., and Jensen, M. (1994), "Science, Specific Knowledge and Total Quality Management," *Journal of Accounting and Economics* 18, 247-287.

Zimmerman, J. (2006), *Accounting for Decision Making and Control*, 5th edition (McGraw-Hill/Irwin: Boston, MA).